U0956372

西南财经大学全国中国特色社会主义政治经济学研究中心资助

中国《资本论》年刊

（第十九卷）

全国高等财经院校《资本论》研究会 编

2021 Capital Yearbook of China

西南财经大学出版社
Southwestern University of Finance & Economics Press
中国·成都

图书在版编目(CIP)数据

中国《资本论》年刊. 第十九卷 / 全国高等财经院校《资本论》研究会编. —成都:西南财经大学出版社,2022. 3
ISBN 978-7-5504-5282-4

Ⅰ. ①中… Ⅱ. ①全… Ⅲ. ①《资本论》—马克思著作研究—年刊②马克思主义政治经济学—年刊 Ⅳ. ①A811. 23-54

中国版本图书馆 CIP 数据核字(2022)第 033848 号

中国《资本论》年刊(第十九卷)

Zhongguo Zibenlun Niankan(Dishijiujuan)

全国高等财经院校《资本论》研究会 编

责任编辑:刘佳庆

责任校对:植苗

封面设计:何东琳设计工作室

责任印制:朱曼丽

出版发行	西南财经大学出版社(四川省成都市光华村街 55 号)
网　　址	http://cbs. swufe. edu. cn
电子邮件	bookcj@ swufe. edu. cn
邮政编码	610074
电　　话	028-87353785
照　　排	四川胜翔数码印务设计有限公司
印　　刷	四川五洲彩印有限责任公司
成品尺寸	185mm×260mm
印　　张	37
字　　数	1095 千字
版　　次	2022 年 3 月第 1 版
印　　次	2022 年 3 月第 1 次印刷
书　　号	ISBN 978-7-5504-5282-4
定　　价	98. 00 元

序　言

马克思的《资本论》不仅具有重大的理论意义，而且具有重大的实践意义，这已是不可否认的事实。一百多年来，《资本论》经历了许多风风雨雨，受到了许多责难乃至攻击，然而历史的考验、实践的检验，不断证明着《资本论》的真理性和科学性。

诚然，一百多年来，世界经济社会格局发生了巨大的变化，如今的世界状况与马克思所处时代已不可同日而语，西方发达国家在过去工业革命所创造的生产力的基础上，又实现了第二次技术革命和第三次技术革命，进入了后工业社会或知识经济、信息社会时代。尽管资本主义国家经济社会中出现了许多新情况，资本主义基本矛盾仍然存在，马克思《资本论》中有关资本主义的基本理论仍然没有过时。

随着世界经济一体化进程的加快，商品、资本、货币更具有了全球性的意义。马克思《资本论》中揭示的商品社会或市场经济中的基本原理和规律，在更高层次和更大范围内得到了印证。当代纷繁的社会经济现象不仅成为我们进一步深入研究《资本论》的理由，也为我们继承和发展马克思主义政治经济学提供了鲜活的材料及新的经验。

当前我国正处于中国特色社会主义新时代加快完善社会主义市场经济体制时期，建立社会主义市场经济的诸多方面都需要理论和实践的支持。马克思《资本论》中阐述的商品社会中的市场机制、市场运行原理等，在任何市场活动中都是具有普遍意义的必不可少的内容，是我们搞社会主义市场经济的重要理论基础。特别是面对我国建设社会主义现代化强国、坚持高质量发展的重大历史任务，我们更需要以《资本论》中阐述的马克思主义基本理论作为指导。

我们要坚持马克思主义，坚持认真学习《资本论》，也需要科学的方法论。要坚持唯物辩证法和历史唯物主义，既要坚持马克思主义与马克思《资本论》的基本原理和基本方法，又要与时俱进，立足于新时代的新情况、新实践进行理论创新，不断丰富和发展马克思主义。我们应用发展中的马克思主义思想理论武装青年一代特别是青年大学生，并以马克思主义基本理论、习近平新时代中国特色社会主义思想来指导社会主义政治经济学的构建。在大学经济学理论的教材建设中，《资本论》的教学研究对其也会起到重要的指导作用。

马克思《资本论》的重大理论与实践意义，需要更多的理论工作者和实践工作者来加以研究和阐发。可喜的是，全国高等财经院校《资本论》研究会汇集了一大批研究《资本论》的专家、学者。他们自研究会成立至今的38年中，坚持传播《资本论》的思想，坚持学术研究与改革实践相结合，坚持学术研究与教学相结合，坚持学术研究与学科建设、人才培养相结合，有力地推动了《资本论》的学习和研究。38年来，全国高等财经院校《资本论》研究会成绩斐然。一是通过研究会的凝聚力，形成了一支由颇具研究实力的老、中、青专家学者组成的理论队伍，这支队伍已成为在全国颇有影响力的《资本论》研究力量。二是科研成果硕果累累，出版了一批颇具分量和水平的学术论著，如《〈资本论〉教程》《〈资本论〉与当代中国财经专题丛书》《〈资本论〉节选本导读》等。三是建立了财经大学《资本论》教学、研究的框架，奠定了学科建设坚实的学术基础。全国高等财经院校《资本论》研究会2021年学术研讨会暨第38届年会由江西农业大学经济管理学院和乡村振兴研究院举办，来自全国近48所高等院校的170多名代表交流了过去一年来研究马克思《资本论》的最新成果。这些成果紧扣时代主题，不仅进一步深入探讨了《资本论》的基本理论、习近平新时代中国特色社会主义经济思想、新发展理念、高质量发展、劳动价值理论、所有制理论、资本理论、分配理论等，还就中国经济发展的深层次问题、数字经济、脱贫攻坚、“三农”问题、经济发展战略、《资本论》的研究与教学、经济体制改革等问题进行了探讨与交流。这些成果与过去的成果相比，内容更丰富、更全面、更深入。

我们希望并相信，《中国〈资本论〉年刊（第十九卷）》的出版能引起更多学术界同仁的关注和参与，引起社会更多的关注和反响，从而推动中国《资本论》研究与时俱进，为中国特色社会主义市场经济的发展提供更多更好的理论依据和决策支持。

是为序。

刘诗白

2022年3月

目　录

第一编　《资本论》基本理论研究

第二编　习近平新时代中国特色社会主义经济思想研究

第三编　发展战略研究

第四编　人工智能与数字经济研究

第五编　乡村振兴研究

第六编　经济体制改革研究

第七编 经济理论比较研究

第一编

《资本论》基本理论研究

马克思社会再生产理论视阈下
中国经济“双循环”新发展格局研究

徐志向[①] 丁任重[②] 张敏[③]

摘　要：马克思社会再生产理论充分表明，社会再生产顺利实现的规模效应和结构效应离不开生产、交换、分配、消费四个环节的动态匹配以及各要素和阶段的连续循环周转与世界市场。中国推动构建新发展格局的实质在于修复社会再生产的失衡，关键是要加快提高中高端消费资料生产部门的产品增速。当前，我国在具备优越经济条件的同时，依然在产业结构升级、要素流动、分配异质性、扩大消费等方面存在困境。只有抓住新一轮技术革命的重要机遇，以扩大内需为战略基点，坚持供给侧结构性改革战略方向，进一步完善体制机制，提高人民收入水平，在更高水平上推动建设开放型世界经济，才能推动实现生产、交换、分配、消费“四驱联动”的社会再生产动态匹配式平衡。

关键词：社会再生产；新发展格局；消费结构；动态匹配

一、问题的提出

近年来，世界格局深刻演变，国际形势纷繁复杂。特别是 2008 年国际金融危机以后，世界经济陷入了深度调整期和低迷期，加之全球产业链和供应链又因非经济因素而面临冲击，西方国家等不断强化贸易保护主义和单边主义，国际经贸规则制定出现政治化、碎片化苗头，经贸摩擦加剧，直接导致我国出口需求增速放缓。习近平总书记强调：“现在，技术变革加快、消费结构升级、国际市场增长放缓同时发生，相当部分生产能力达到峰值，许多生产能力无法在市场实现，加上社会生产成本上升，导致实体经济边际利润率和平均利润率下滑。……正是由于这个原因，大量资金流向虚拟经济，使资产泡沫膨胀，金融风险逐步显现，社会再生产中的生产、流通、分配、消费整体循环

---

① 徐志向，西南财经大学经济学院讲师。
② 丁任重，西南财经大学经济学院教授、博士生导师。
③ 张敏，四川大学经济学院博士研究生。

不畅。”①

基于此，2020年5月14日，习近平总书记在主持召开中共中央政治局常委会时首次提出了“构建国内国际双循环相互促进新发展格局”的科学论断。紧接着，5月23日在参加全国政协十三届三次会议经济界委员联组讨论时、7月21日在参加企业家座谈会时以及7月30日在主持中央政治局会议时，习近平总书记都反复强调，未来要“逐步形成以国内大循环为主体、国内国际双循环相互促进的新发展格局”。此后，习近平总书记又多次在重要场合对加快形成新发展格局的背景、内涵、重点等进行了深刻阐释，并提出了一系列极具针对性的要求。显然，这是以习近平同志为核心的党中央基于国内、国际发展大势做出的重塑我国国际合作和竞争新优势的重要战略抉择。那么，在此基础上，如何进一步正确认识和把握新发展格局的理论遵循和现实实践，形成科学有效的发展路径，对于我国能否在百年未有之大变局中顺利转危为机，能否为中华民族伟大复兴在第二个百年奋斗目标开局之际打下坚实的经济基础，具有重要意义。

二、文献综述

自“双循环”新发展格局提出以后，学术界纷纷就其内涵、理论遵循以及实现路径进行了深入探讨。代表性观点有：

首先，内涵方面。黄群慧提出，“双循环”发展格局的实质是力促改变外向型经济主导的发展格局，形成国内外经济循环相互促进和平衡增长、经济增长动力更加协调的新发展格局②。徐奇渊认为，“双循环”在一定程度上是对供给侧结构性改革的延续和扩展，涵盖了生产、分配、消费、流通各个方面，强调对外开放的主动性，是着眼于中长期的发展战略③。张明认为，构建“双循环”新发展格局的关键在于“以内促外”，即以内循环带动外循环④。张杰等指出，“双循环”的核心要义在于我国正在进入内需驱动型发展阶段，强化内需具有核心支撑作用⑤。樊纲则认为，“双循环”包括扩大内需，但是这个概念的重点不是扩大内需，而是供给侧如何使得产业链、供应链能够更好地循环，更多的是供给侧的问题⑥。巴曙松认为，“双循环”的核心是促进生产要素的流动和循环⑦。

---

① 习近平：《习近平谈治国理政》（第二卷），外文出版社，2017年，第240-241页。

② 黄群慧：《“双循环”新发展格局：深刻内涵、时代背景与形成建议》，《北京工业大学学报（社会科学版）》2021年第1期。

③ 徐奇渊：《双循环新发展格局：如何理解和构建》，《金融论坛》2020年第9期。

④ 张明：构建双循环新发展格局的关键在于“以内促外”，搜狐网，2020年9月10日。https://www.sohu.com/a/417583197_729263。

⑤ 张杰、金岳：《我国扩大内需的政策演进、战略价值与改革突破口》，《改革》2020年第9期。

⑥ 樊纲：《双循环的重点不是扩大内需，国企改革要防止民企国企化》，《新浪财经》2020年10月14日。https://finance.sina.cn/2020-10-14/detail-iiznezxr5906759.d.html? vt=4。

⑦ 巴曙松：双循环的核心是促进生产要素的流动和循环，搜狐网，2020年10月15日。https://www.sohu.com/a/424780152_120109837。

其次，理论遵循方面。王东京指出，从国内循环到国际循环的理论逻辑来源于马克思资本循环理论中所揭示的产业资本运动的一般规律①。刘元春强调，应以马克思主义社会总生产循环理论来把握国内经济大循环和国际经济大循环的内涵和边界，充分运用生产力与生产关系等基本政治经济学原理，梳理新发展格局这一战略决策的基本命题和核心内容②。王晋斌也认为，“双循环”战略是对马克思主义关于生产力和生产关系思想在开放体系下的创新发展和运用③。钱学锋等则认为西方经济学中的大国经济发展理论、经济增长理论、国际贸易理论构成了“双循环”的理论逻辑④。姚树杰等还指出以内生增长为核心的“马阵跨阱”和“板链拉动”等新时代经济发展的理论创新可以为做大做强“内循环”提供重要理论支撑⑤。

最后，实现路径方面。黄群慧指出，应从构建完整的内需体系（包括现代化市场体系、现代化产业体系、收入分配体系和消费体系等）入手形成新发展格局⑥。徐奇渊认为，应从生产、分配、流通、消费的畅通来推动构建“双循环”新发展格局，包括生产端加快科技创新、分配端注重效率与公平、流通端建设全国统一大市场等⑦。贾根良认为，国内大循环战略的突破口是“六亿人收入倍增计划”。具体建议是，在城镇和乡村实施就业保障计划⑧。沈国兵指出，我国的当务之急是培育和提升有效市场需求和有效供给，首要举措是推进全面开放，加快形成国内国际竞争有序的统一大市场⑨。王微和刘涛认为，促进国内大循环的核心在于加快形成强大国内市场⑩。张兴祥和王艺明认为，自由贸易试验区是促进“双循环”的重要载体，特别是在构建国际循环中可以发挥重要作用⑪。

综合已有研究可以看出，目前学术界关于新发展格局的理解既存共识也有分歧，后者主要体现为：一是有的学者认为“双循环”的关键内涵在于扩大内需，而有的学者认为在于供给侧的改革，或者是促进生产要素的流动和循环；二是有的学者认为“双循环”的理论遵循是马克思主义政治经济学的基本原理，而有的学者认为是西方经济学中的相关理论；三是不同的学者分别从不同的角度提出了构建新发展格局的实践路径。无

① 王东京：《构建新发展格局的理论逻辑与目标取向》，《经济日报》2020年9月2日。

② 刘元春：《深入理解新发展格局的丰富内涵》，《光明日报》2020年9月8日。

③ 王晋斌：“双循环”是中国经济的新开放政治经济学，中国宏观经济论坛（CMF）2020年8月31日。https://baijiahao.baidu.com/s?id=1676550102995795510&wfr=spider&for=pc。

④ 钱学锋、裴婷：《国内国际双循环新发展格局：理论逻辑与内生动力》，《重庆大学学报（社会科学版）》2021年第1期。

⑤ 姚树洁、房景：《“双循环”发展战略的内在逻辑和理论机制研究》，《重庆大学学报（社会科学版）》2020年第6期。

⑥ 黄群慧：《“双循环”新发展格局：深刻内涵、时代背景与形成建议》，《北京工业大学学报（社会科学版）》2021年第1期。

⑦ 徐奇渊：《双循环新发展格局：如何理解和构建》，《金融论坛》2020年第9期。

⑧ 贾根良：六亿人收入倍增计划：国内大循环战略的突破口，乌有之乡网刊，2020年8月19日。http://www.wyzxwk.com/Article/jingji/2020/08/422565.html。

⑨ 沈国兵：《疫情全球蔓延下推动国内国际双循环促进经贸发展的困境及纾解举措》，《重庆大学学报（社会科学版）》2021年第1期。

⑩ 王微、刘涛：《以强大国内市场促进国内大循环的思路与举措》，《改革》2020年第9期。

⑪ 张兴祥、王艺明：《“双循环”格局下的自贸试验区》，《人民论坛》2020年第27期。

论哪种观点都为更加深入系统地分析提供了有益参考。毋庸置疑，“双循环”发展战略是在贸易保护主义抬头、经贸摩擦不断升级和新冠肺炎疫情全球蔓延的背景下提出的，但显然这仅是外部因素。从马克思关于生产力与生产关系的辩证关系原理来看，生产关系的变革要以适应生产力的发展为基准，所以“外因只是条件而内因才是根据”[①]，因此问题的根本仍然要从我国自身所处发展阶段的内部因素中寻找。基于此，我们认为，马克思社会再生产理论不仅能充分阐释“双循环”新发展格局的关键内涵，还能为其现实实践提供坚实的理论指导。究其原因，推动构建“双循环”新发展格局的实质就在于社会再生产失衡的修复。首先，马克思社会再生产理论所揭示的实现条件为再生产是否顺利进行提供了科学的评判标准。其次，马克思社会再生产理论所蕴含的生产、交换、分配、消费四个环节之间的辩证统一为社会再生产失衡的病理学诊断提供了方向。最后，社会再生产所应具备的过程性、连续性和世界性还可以为我国社会再生产失衡的修复提供思路。

本文的边际贡献在于：一是从马克思社会再生产理论的视角出发，对两部类和四部类划分下社会再生产的实现条件和增长效应进行了模型演绎，并对社会再生产顺利进行所必备的过程性、连续性和世界性进行了理论探讨。二是从生产力与生产关系的辩证关系视角出发，结合中国经济发展的现实实践和发展阶段，对我国社会再生产的特征性事实以及生产、交换、分配、消费四个领域所具备的经济条件和现实困境进行了系统研判。三是在充分厘清我国形成“双循环”发展格局的关键环节的基础上，进一步明确了具体的路径选择。

三、理论遵循：模型演绎与内涵重识

马克思在研究社会总资本再生产时开宗明义地揭示道：“总的再生产过程既包括资本本身的再生产过程，也包括以流通为中介的消费过程”[②]，分析社会再生产应当分析 $W'\cdots W'$ 这个流通公式，“在这里，消费必然会起作用；因为起点 $W'=W+w$，即商品资本，既包含不变资本价值和可变资本价值，也包含剩余价值。所以，它的运动既包括生产消费，也包括个人消费”。而“正是要通过说明这个总产品 W' 的每一价值部分会变成什么，才能认识社会再生产的条件”。“在分析全年社会总产品的流通时，必须研究该产品各个组成部分的确定用途，即消费因素。”[③] 因为，全部年产品价值最终必须由个人消费者和生产消费者来支付，即一部分作为资本来执行职能，另一部分作为收入来消费。可见，生产和消费的同一性是社会再生产的核心。马克思就是在此基础上将社会总生产分成了两大部类，进而展开了对社会再生产实现条件的研究。

---

① 逄锦聚：《马克思生产、分配、交换和消费关系的原理及其在经济新常态下的现实意义》，《经济学家》2016年第2期。

② 卡尔·马克思：《资本论》（第2卷），人民出版社，2004年，第436页。

③ 卡尔·马克思：《资本论》（第2卷），人民出版社，2004年，第436、455页。

（一）模型演绎：实现条件与增长效应

考虑到社会扩大再生产是在简单再生产的基础上进行的，而且扩大再生产更加符合社会经济发展的实际，所以下文将着重从扩大再生产的视角进行分析。先对基本符号做如下假定：①某经济体在第1期（初期）的社会总产品价值为Y，且第Ⅰ部类占比为λ，第Ⅱ部类则为$1-\lambda$。其中，第Ⅰ部类总产品$Y_{\mathrm{I}}=\lambda Y$，第Ⅱ部类总产品为$Y_{\mathrm{II}}=(1-\lambda)Y$；②两大部类的不变资本、可变资本、剩余价值分别为$C_i$、$V_i$、$M_i$；③两大部类的资本有机构成$C_i/V_i=\partial_i$；④两大部类的剩余价值率（价值增殖率）为$M_i/V_i=M'_i$；⑤两大部类剩余价值的积累率为$x_i$，则剩余价值中用于消费部分所占比例为$1-x_i$，剩余价值中用于积累的量为$x_i M_i$，用于消费的量为$(1-x_i)M_i$。其中，$i=\mathrm{I}$，Ⅱ；且$0<\lambda$，$x_i<1$。

根据假定，两部类划分下的生产恒等式可以表示为

$$\text{两大部类：}\begin{cases}\text{第Ⅰ部类：}C_{\mathrm{I}}+V_{\mathrm{I}}+M_{\mathrm{I}}=Y_{\mathrm{I}}\\ \text{第Ⅱ部类：}C_{\mathrm{II}}+V_{\mathrm{II}}+M_{\mathrm{II}}=Y_{\mathrm{II}}\end{cases}\tag{1}$$

按照马克思的观点，社会扩大再生产就是第Ⅰ部类的资本家没有将剩余价值（M_{I}）的全部作为收入消费（与C_{II}相交换），而是将其中一部分转化为了用于自身扩大再生产的资本。这就要求，第Ⅰ部类生产的生产资料在用于补偿两部类的简单再生产所需要的生产资料以外必须还有剩余，同时要使再生产顺利进行，从而也就进一步要求第Ⅱ部类生产的消费资料在满足两部类工人和资本家消费的同时也必须有剩余用于自身的扩大再生产以满足第Ⅰ部类扩大再生产的需求。因此，社会扩大再生产的基本前提可以写为

$$V_{\mathrm{I}}+M_{\mathrm{I}}>C_{\mathrm{II}}\tag{2}$$

$$C_{\mathrm{II}}+x_{\mathrm{II}}M_{\mathrm{II}}>V_{\mathrm{I}}+(1-x_{\mathrm{I}})M_{\mathrm{I}}\tag{3}$$

实现条件则为

$$V_{\mathrm{I}}+\Delta V_{\mathrm{I}}+(1-x_{\mathrm{I}})M_{\mathrm{I}}=C_{\mathrm{II}}+\Delta C_{\mathrm{II}}\tag{4}$$

（4）式表明，要想顺利实现社会扩大再生产就必须确保两大部类之间保持一定的比例关系，而该比例关系又体现为扩大再生产的规模效应和结构效应两个方面。

1. 规模效应：两部类生产规模的比例关系与积累率的决定

一方面，如果开端公式为$V_{\mathrm{I}}+(1-x_{\mathrm{I}})M_{\mathrm{I}}=C_{\mathrm{II}}$，那么，两部类之间的产品比例满足：

$$\lambda=\frac{1}{\dfrac{(1+\partial_{\mathrm{II}}+M'_{\mathrm{II}})(1+M'_{\mathrm{I}}-x_{\mathrm{I}}M'_{\mathrm{I}})}{\partial_{\mathrm{II}}(1+\partial_{\mathrm{I}}+M'_{\mathrm{I}})}+1}\tag{5}$$

显然，（5）式反映出在扩大再生产条件下，第Ⅰ部类的总产品在两大部类中所占的比例是由两大部类的资本有机构成、价值增殖率，以及第Ⅰ部类的积累率共同决定的，而与第Ⅱ部类的积累率无关，且在其他条件一定的情况下，第Ⅰ部类的总产品在两大部类中所占的比例与第Ⅰ部类的积累率和资本有机构成呈正向关系，与第Ⅱ部类的价

值增殖率呈负向关系。

同时考虑到第Ⅱ部类的积累规模和积累率都是由第Ⅰ部类的积累决定的，那么根据 $x_{Ⅱ}=(\Delta C_{Ⅱ}+\Delta V_{Ⅱ})/M_{Ⅱ}$ 的决定公式又可将 $x_{Ⅱ}$ 表示为

$$x_{Ⅱ}=x_{Ⅰ}\times\frac{\lambda M'_{Ⅰ}B}{(1-\lambda)\partial_{Ⅱ}M'_{Ⅱ}A} \tag{6}$$

其中，$A=(1+\partial_{Ⅰ})(1+\partial_{Ⅰ}+M'_{Ⅰ})$，$B=(1+\partial_{Ⅱ})(1+\partial_{Ⅱ}+M'_{Ⅱ})$，下同。

可见，在两大部类的资本有机构成、价值增殖率以及产品总量已定的条件下，第Ⅱ部类的积累率与第Ⅰ部类的积累率呈正相关关系。

另一方面，如果 $V_{Ⅰ}+(1-x_{Ⅰ})M_{Ⅰ}>C_{Ⅱ}$，此时，两部类之间的产品比例以及第Ⅱ部类的积累率分别可化简为：

$$\lambda=\frac{1}{\dfrac{B[1+\partial_{Ⅰ}+(1+\partial_{Ⅰ}-\partial_{Ⅰ}x_{Ⅰ})M'_{Ⅰ}]}{\partial_{Ⅱ}A(1+\partial_{Ⅱ}+x_{Ⅱ}M'_{Ⅱ})}+1} \tag{7}$$

$$x_{Ⅱ}=\frac{\lambda B[1+\partial_{Ⅰ}+(1+\partial_{Ⅰ}-\partial_{Ⅰ}x_{Ⅰ})M'_{Ⅰ}]}{(1-\lambda)\partial_{Ⅱ}M'_{Ⅱ}A}-\frac{1+\partial_{Ⅱ}}{M'_{Ⅱ}} \tag{8}$$

显然，在 $V_{Ⅰ}+(1-x_{Ⅰ})M_{Ⅰ}>C_{Ⅱ}$ 的情形中，在其他条件不变的条件下，两大部类生产规模之间的比例关系是由两大部类的资本有机构成、价值增殖率以及积累率共同决定的。而且第Ⅱ部类的积累率依然是由第Ⅰ部类的积累决定，其中的逻辑在于，第Ⅰ部类资本家不断积累更多剩余价值的根本动机决定了第Ⅰ部类扩大再生产所追加的不变资本和可变资本的数量，从而决定了第Ⅱ部类为及时补充第Ⅰ部类扩大再生产需要而追加的不变资本数量，进而也就决定了第Ⅱ部类所追加的可变资本的数量，最终决定了第Ⅱ部类的积累率。

2. 结构效应：两部类增长速度的比例关系及其决定

从马克思所讲的开端公式，即 t_0 满足 $V_{Ⅰ}+(1-x_{Ⅰ})M_{Ⅰ}=C_{Ⅱ}$ 的情形下来看，第1期结束后两部类的产出增长率分别为

第Ⅰ部类的总产出增速：

$$g_{Ⅰ}=\frac{x_{Ⅰ}M'_{Ⅰ}}{1+\partial_{Ⅰ}} \tag{9}$$

第Ⅱ部类的总产出增速：

$$g_{Ⅱ}=\frac{x_{Ⅰ}M'_{Ⅰ}}{(1+\partial_{Ⅰ})[1+(1-x_{Ⅰ})M'_{Ⅰ}]} \tag{10}$$

由（10）式可以看出，两大部类之间的经济增速存在明显的联动关系。另外，由（9）、（10）[①] 式可得：$\frac{g_{Ⅱ}}{g_{Ⅰ}}=\frac{1}{1+(1-x_{Ⅰ})M'_{Ⅰ}}<1$，也就是说在扩大再生产的第1期，第Ⅰ部类的总产出要比第Ⅱ部类的总产出增长得快。然而，在此需要说明的是，第Ⅰ部

① 具体推导过程详见徐志向、丁任重：《中国经济增长驱动因素识别研究——基于马克思扩大再生产理论的视阈》，《政治经济学评论》2020年第2期。

类增速快于第Ⅱ部类的结论仅限于在 $V_{\mathrm{I}}+(1-x_{\mathrm{I}})M_{\mathrm{I}}=C_{\mathrm{II}}$ 的前提下，且扩大再生产进行了一期（调整期）时的情况，如果在此基础上继续进行扩大再生产，那么之后每一期两大部类的总产出及其各个构成部分的增速都将完全相同。模型推演如下：

假设 t_i 期两大部类社会总产品的构成为

第Ⅰ部类：
$$C_{\mathrm{I}}^{t_i}+V_{\mathrm{I}}^{t_i}+M_{\mathrm{I}}^{t_i}=Y_{\mathrm{I}}^{t_i} \tag{11}$$
第Ⅱ部类：
$$C_{\mathrm{II}}^{t_i}+V_{\mathrm{II}}^{t_i}+M_{\mathrm{II}}^{t_i}=Y_{\mathrm{II}}^{t_i} \tag{12}$$
并且满足：
$$V_{\mathrm{I}}^{t_i}+(1-x_{\mathrm{I}})M_{\mathrm{I}}^{t_i}=C_{\mathrm{II}}^{t_i} \tag{13}$$

一方面，由（11）式化简可得
$$Y_{\mathrm{I}}^{t_i}=C_{\mathrm{I}}^{t_i}\times\frac{E}{\partial_{\mathrm{I}}}=V_{\mathrm{I}}^{t_i}\times E=M_{\mathrm{I}}^{t_i}\times\frac{E}{M'_{\mathrm{I}}} \tag{14}$$
其中，$E=1+\partial_{\mathrm{I}}+M'_{\mathrm{I}}$。

显然，从（14）式可以看出，在第Ⅰ部类的资本有机构成和价值增殖率一定的情况下，第Ⅰ部类总产品的增速与其不变资本、可变资本、剩余价值的增速完全相同，都满足（9）式，而且该结论对于第Ⅰ部类在进行了任意 $i(i\geqslant 1)$ 期扩大再生产后都成立。

另一方面，由（12）式和（13）式联立可得
$$Y_{\mathrm{II}}^{t_i}=C_{\mathrm{I}}^{t_i}\times\frac{Z}{\partial_{\mathrm{I}}}=V_{\mathrm{I}}^{t_i}\times Z=M_{\mathrm{I}}^{t_i}\times\frac{Z}{M'_{\mathrm{I}}} \tag{15}$$
其中，$Z=(1+\partial_{\mathrm{II}}+M'_{\mathrm{II}})[1+(1-x_{\mathrm{I}})M'_{\mathrm{I}}]/\partial_{\mathrm{II}}$。

由此可以看出，在两大部类资本有机构成、价值增殖率以及第Ⅰ部类积累率一定的条件下，第Ⅱ部类的总产出增速必然与第Ⅰ部类总产出的增速以及两大部类的不变资本、可变资本、剩余价值的增速完全相同，同样都满足（9）式。当然，要想达到两大部类增速的相同总是离不开第1期的调整过程，所以此处应满足 $i>1$。同时，根据马克思的观点，即便是在开端公式为 $V_{\mathrm{I}}+(1-x_{\mathrm{I}})M_{\mathrm{I}}>C_{\mathrm{II}}$ 的情况下，由于扩大再生产顺利进行的需要，第Ⅱ部类的资本家也总会及时抽取其剩余价值的恰当量以完全补充第Ⅱ部类需要补偿的不变资本，所以无论任何时候满足（13）式都是十分必要的。而且，事实上，$V_{\mathrm{I}}+(1-x_{\mathrm{I}})M_{\mathrm{I}}=C_{\mathrm{II}}$ 的开端公式在经历了1期扩大再生产后就会自然变成 $V_{\mathrm{I}}+(1-x_{\mathrm{I}})M_{\mathrm{I}}>C_{\mathrm{II}}$ 的情形①，也就是说 $V_{\mathrm{I}}+(1-x_{\mathrm{I}})M_{\mathrm{I}}>C_{\mathrm{II}}$ 才是扩大再生产的常态。

3. 四部类划分下社会再生产的增长效应

马克思将第Ⅱ部类内部的产业部门划分为必要消费资料的生产部门（记为 II_a）和奢侈消费资料的生产部门（记为 II_b）的同时，又进一步将第Ⅰ部类做了相应的划分：

---

① 证明过程为：假设 t_0 期两大部类社会总产品构成分别为 $C_{\mathrm{I}}^{t_0}+V_{\mathrm{I}}^{t_0}+M_{\mathrm{I}}^{t_0}=Y_{\mathrm{I}}^{t_0}$、$C_{\mathrm{I}}^{t_0}+V_{\mathrm{I}}^{t_0}+M_{\mathrm{I}}^{t_0}=Y_{\mathrm{I}}^{t_0}$，且满足 $V_{\mathrm{I}}^{t_0}+(1-x_{\mathrm{I}})M_{\mathrm{I}}^{t_0}=C_{\mathrm{II}}^{t_0}$。那么，在进行1期扩大再生产后，两大部类社会总产品构成分别变为 $C_{\mathrm{I}}^{t_0}+\Delta C_{\mathrm{I}}^{t_0}+V_{\mathrm{I}}^{t_0}+\Delta V_{\mathrm{I}}^{t_0}+(V_{\mathrm{I}}^{t_0}+\Delta V_{\mathrm{I}}^{t_0})M'_{\mathrm{I}}=Y_{\mathrm{I}}^{t_1}$、$C_{\mathrm{II}}^{t_0}+\Delta V_{\mathrm{I}}^{t_0}+V_{\mathrm{II}}^{t_0}+\Delta V_{\mathrm{I}}^{t_0}/\partial_{\mathrm{II}}+(V_{\mathrm{II}}^{t_0}+\Delta V_{\mathrm{I}}^{t_0}/\partial_{\mathrm{II}})M'_{\mathrm{II}}=Y_{\mathrm{II}}^{t_1}$。此时，在 t_1 期便很容易推导出 $V_{\mathrm{I}}^{t_0}+\Delta V_{\mathrm{I}}^{t_0}+(1-x_{\mathrm{I}})(V_{\mathrm{I}}^{t_0}+\Delta V_{\mathrm{I}}^{t_0})M'_{\mathrm{I}}>C_{\mathrm{II}}^{t_0}+\Delta V_{\mathrm{I}}^{t_0}$ 的结论。

必要消费资料的生产资料的生产部门（记为 I_a）和奢侈消费资料的生产资料的生产部门(记为 I_b)①。由此，便产生了四部类的社会再生产。如果假定各部类工人收入中用于生活必需品消费的份额为 p，则用于奢侈品消费的份额为 $1-p$②，各部类资本家消费总额中用于必要消费资料的比重为 q，则用于奢侈消费资料的比重为 $(1-q)$。其中，$0<p$、$q\leqslant 1$。

那么，在 $V_{\mathrm{I}}+(1-x_{\mathrm{I}})M_{\mathrm{I}}=C_{\mathrm{II}}$ 的条件下，按照徐志向和丁任重的研究假设与研究结论③，四部类总产出增长率分别为

$$g_{\mathrm{I}_a}=g_{\mathrm{I}_b}=g_{\mathrm{I}}=\frac{x_{\mathrm{I}}M'_{\mathrm{I}}}{1+\partial_{\mathrm{I}}} \tag{16}$$

$$g_{\mathrm{II}_a}=\frac{x_{\mathrm{I}}M'_{\mathrm{I}}}{1+\partial_{\mathrm{I}}}\times\frac{k}{1+k}\times\frac{1}{p+q\varepsilon_{\mathrm{I}}} \tag{17}$$

$$g_{\mathrm{II}_b}=\frac{x_{\mathrm{I}}M'_{\mathrm{I}}}{1+\partial_{\mathrm{I}}}\times\frac{1}{1+k}\times\frac{1}{1-p+(1-q)\varepsilon_{\mathrm{I}}} \tag{18}$$

其中，k 代表第Ⅰ部类中两个分部类的社会总产品比例，即 $k=\frac{Y_{\mathrm{I}_a}}{Y_{\mathrm{I}_b}}$。$\varepsilon_{\mathrm{I}}=\frac{M_{\mathrm{I}}-a_{\mathrm{I}}}{V_{\mathrm{I}}}$，$a_{\mathrm{I}}$ 为第Ⅰ部类剩余价值中用于积累部分的绝对数量，则 ε_{I} 代表第Ⅰ部类资本家绝对消费量与工人绝对消费量的比值。

我们已经知道，虽然在工业化时期“生产资料有限增长规律”总会导致 $g_{\mathrm{I}}>g_{\mathrm{II}}$，但社会再生产良性循环的趋势则是 $g_{\mathrm{I}}=g_{\mathrm{II}}$。因此，通过（16）—（18）式可以看出，在工业化中后期，随着消费升级的出现，p、q 必然呈现出下降趋势，则在 x_{I} 和 M'_{I} 相对稳定的情况下，实现良性循环的逻辑就在于：相对降低 g_{I}（$g_{\mathrm{I}_a}=g_{\mathrm{I}_b}=g_{\mathrm{I}}$），相对增加 g_{II_b}，g_{II_a} 相应发生改变这就要求，首先是增加 ∂_{I}，其次是降低 k 和 ε_{I}，最后 g_{II_a} 随之发生相应变动。

总之，根据以上模型推演可以得出结论：①社会总资本的扩大再生产具有规模效应和结构效应，且两大部类之间时刻存在联动关系。假定资本有机构成、价值增殖率已定，那么两大部类生产规模之间的比例关系以及第Ⅱ部类的积累率都取决于第Ⅰ部类的积累率。②不论扩大再生产的开端公式如何（只要满足 $V_{\mathrm{I}}+M_{\mathrm{I}}>C_{\mathrm{II}}$），在进行了1期的调整后，两大部类总产出增速以及各部类产品价值构成要素的增速全都相同且等于第Ⅰ部类的总产出增速。③在工业化中后期，随着消费升级的出现，要想保持社会再生产良性循环，关键核心在于提高第Ⅰ部类的资本有机构成、提高第Ⅰ部类中生产奢侈品的生产资料的生产部门的总产品相对占比、提高第Ⅰ部类中工人的绝对消费量。

---

① 卡尔·马克思：《资本论》（第2卷），人民出版社，2004年，第452页。

② 按照马克思的观点，工人的工资是会全部用于消费必要生活资料的，即 $p=1$。但考虑到随着经济发展水平的提高，工人必然也会存在消费奢侈品的一般情况。特别是在中国特色社会主义分配制度下，在我国消费升级的现状下，工人阶级消费奢侈品也属正常现象，所以为了更好地指导我国的现实实践，此处设定 $0<p\leqslant 1$。

③ 徐志向、丁任重：《中国经济增长驱动因素识别研究——基于马克思扩大再生产理论的视阈》，《政治经济学评论》2020年第2期。

（二）内涵重识：过程性、连续性和世界性

事实上，马克思对社会再生产理论的研究并不只是局限于社会再生产的实现条件，即价值补偿和实物补偿层面，而是贯穿了其政治经济学研究的整个过程。所以，从社会再生产理论的整体性内涵来看，还理应包括社会再生产顺利进行所应具备的过程性、连续性和世界性，具体体现为以下三个方面。

首先，社会再生产的顺利进行离不开生产、交换、分配、消费四个环节的辩证统一。马克思认为，社会再生产的总过程由生产、分配、交换、消费四个相互联系的环节构成，其中“生产表现为起点，消费表现为终点，分配和交换表现为中间环节”①。具体关系表现为：一是生产与消费、分配、交换之间的直接同一性。生产过程中对生产要素的消费体现为生产直接是消费，而产品的消费则体现为劳动力的再生产；生产要素的分配（包括生产工具和社会成员在各类生产之间的分配）作为生产的前提，决定着生产的结构和产品的分配；生产要素在各种不同生产之间的交换也包含在直接生产过程中。二是生产与消费、分配、交换之间的相互作用。生产决定消费的对象、方式、需要等，而消费则使生产的产品得以最终实现，并创造新的生产需要、动机、目的；生产决定分配的对象和形式，产品的分配则可以激励生产、引导要素流动、影响生产效率；生产决定交换的社会性质、深度、广度和方式等，而交换范围扩大又会促进生产规模的扩大和分工的细化。三是消费与分配、交换之间的相互作用。消费程度决定可供分配的价值总量，分配的关系反过来又通过影响消费力而决定消费的程度；消费为交换提供目的和动力，消费的水平、结构和方式决定着商品交换的规模、结构和方式，而交换又是消费必不可少的中介要素，交换影响消费的对象和结构。

其次，社会再生产的顺利进行离不开总生产过程每个要素和阶段的连续循环。马克思指出：“总生产过程同时就是再生产过程，从而是总生产过程的每一个要素的循环——这对总生产过程来说，特别是对社会资本来说，是一个必要的条件。”② 根据马克思的观点，资本在它的任何一种形式和任何一个阶段上的再生产都应是连续进行的，“连续性是资本主义生产的特征”③，这种连续性离不开总生产过程各个环节在时间上的继起和空间上的并存。一方面，“产业资本的连续进行的现实循环，不仅是流通过程和生产过程的统一，而且是它的所有三个循环的统一”④。此处的“三个循环”指的是货币资本的循环、生产资本的循环以及商品资本的循环，这三个循环是过程的连续性借以表现的不同形式，只有在三个循环的统一中才能实现总过程的连续性，即资本的每个不同部分必须依次经过相继进行的各个循环阶段，既不能跨越也不能停滞不前。另一方面，资本每一部分在时间上的相继进行又是由各部分在空间上的并列存在即资本的分割所决定的，“资本的分割必须按一定的比例数字进行”⑤，如果分割比例不合理就会对循

① 《马克思恩格斯选集》（第2卷），人民出版社，2012年，第689页。
② 卡尔·马克思：《资本论》（第2卷），人民出版社，2004年，第120页。
③ 卡尔·马克思：《资本论》（第2卷），人民出版社，2004年，第118页。
④ 卡尔·马克思：《资本论》（第2卷），人民出版社，2004年，第119页。
⑤ 卡尔·马克思：《资本论》（第2卷），人民出版社，2004年，第119页。

环的连续性造成干扰。总之，资本作为整体必须同时在空间上并列地处在它的各个不同阶段上。同时，马克思还清醒地认识到，社会再生产的连续性难免有时会或多或少地发生中断，造成中断的原因包括货币回流速度的滞后、价值总量在不同阶段和职能形式中分配比例的偏差，以及固定资本的大规模更新等。

最后，社会再生产的顺利进行离不开对外贸易和世界市场。马克思曾鲜明地指出："正是市场——交换者——和资本之间的比例失调，某个国家生产上的比例失调，把资本推向世界市场，也从一个市场推向另一个市场。合乎比例的生产……在现代产业的条件下，为了通过生产以引起对应的生产从而引起实际的需求，的确需要整个地球。"① 所以，不断开拓世界市场是使社会总资本再生产的失衡得以修复的重要基础。马克思在分析社会再生产的实现条件时发现，如果出现第Ⅱ部类不变资本中每年需要用实物更新的固定资本组成部分与第Ⅱ部类不变资本中另一个固定资本组成部分的年损耗不相等时（这种情况在扩大再生产条件下毫无疑问都会出现），就会存在失衡的问题，而问题的解决则必须依赖对外贸易②。不论是需要更新的固定资本占比很高（技术进步）还是需要更新的固定资本占比不高，"在两个场合，对外贸易都能起补救作用；在第一个场合，是使第Ⅰ部类保留货币形式的商品转化为消费资料；在第二个场合，是把过剩的商品销售掉"。马克思还特别强调道："商品来源的全面性，市场作为世界市场的存在，是产业资本流通过程的特点。"③ 尤其是随着生产力的发展和生产社会化程度的不断提升，全球经济一体化作为必然趋势和必然结果，不仅不可逆转，而且将日益加深。

（三）社会总资本再生产循环图式：理论基础和现实指导

综上所述，构建"双循环"新发展格局的关键在于充分考虑两大部类（或四大部类）之间的双向动态匹配关系，而这一动态匹配又离不开生产、交换、分配、消费之间的"四驱联动"以及对外贸易和世界市场的辅助。具体可将马克思社会再生产理论视阈下社会总资本再生产的循环图式如图1所示。

一方面，图1所呈现的社会总资本再生产循环图式为我国构建"双循环"新发展格局奠定了坚实的理论基础。循环①代表某经济体社会再生产两大部类之间的辩证关系，即"第一部类起主导作用，而消费品的生产归根到底表现为生产资料生产的界限"④。循环②代表某经济体社会生产总过程中四个环节之间的辩证关系，即"一定的生产决定一定的消费、分配、交换和这些不同要素相互间的一定关系。当然，生产就其单方面形式来说也决定于其他要素"⑤。循环③代表任何一个经济体社会再生产的顺利进行都离不开对外贸易和世界市场。

另一方面，图1中社会总资本再生产循环图式还可以为推动我国构建"双循环"新

① 卡尔·马克思，弗里德里希·恩格斯：《马克思恩格斯全集》（第44卷），人民出版社，1982年，第143-144页。

② 卡尔·马克思：《资本论》（第2卷），人民出版社，2004年，第523页。

③ 卡尔·马克思：《资本论》（第2卷），人民出版社，2004年，第127页。

④ 卡尔·马克思，弗里德里希·恩格斯：《马克思恩格斯全集》（第44卷），人民出版社，1982年，第Ⅳ页。

⑤ 《马克思恩格斯选集》（第2卷），人民出版社，2012年，第699页。

发展格局的现实实践起到重要的指导作用。具体体现为：循环①——“发现问题”，可以为我国社会再生产是否顺利进行提供科学的评判标准；循环②——“分析问题”，可以为我国社会再生产失衡的病理学诊断提供方向；循环③——“解决问题”，可以为我国社会再生产失衡的修复提供思路。因此，下文将着重基于这一分析逻辑对我国社会再生产的现实实践进行系统研究。

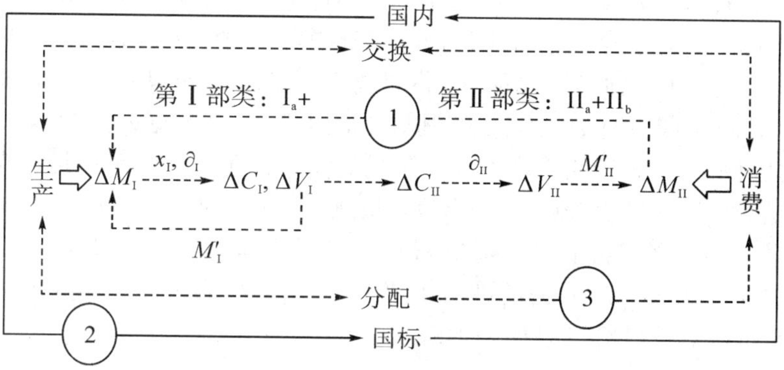

图 1 社会总资本再生产循环图式

四、现实镜鉴：经济条件和实践困境

马克思关于生产力与生产关系的辩证关系原理表明，生产关系的变革要以适应生产力的发展为基准，这对中国推动构建“双循环”新发展格局的指导作用在于要始终联系社会发展阶段研究社会再生产，进而研究新发展格局。鉴于此，有学者指出，“双循环”的提出背景应该从 2010 年以来中国经济下行的整个过程来分析，内循环为主与稳中求进、扩大内需的方针是一脉相承的①。然而，事实上，早在 20 世纪末中国就已提出了要坚持实行扩大内需的方针，努力增加有效需求。可见，如果从“双循环”与“扩大内需”之间的承接关系来考虑，那么关于“双循环”的提出背景理应从 20 世纪末中国经济发展阶段的时间维度加以考察。

（一）1990—2018 年中国社会再生产的特征性事实

本文以张忠任（2019）的研究方法为基础②，对两大部类的价值构成进行了估算。所用数据来自中国投入产出学会公布的 1990—2018 年中国的 13 个投入产出表。需要说明的是，在具体的数据处理过程中会面临一个问题，即在传统的以投入产出表为基础的两大部类估算方法中，各部门总产出中的进口和出口因素并未予以考虑。然而，在实际

① 贾康：《关于当前经济发展中的内循环的三点思考》，《新浪专栏》2020 年 9 月 8 日。http://finance.sina.com.cn/zl/china/2020-09-09/zl-iivhuipp3192840.shtml。

② 张忠任：《数理政治经济学——原理、方法与问题》，社会科学文献出版社，2019 年，第 368-373 页。

统计中，投入产出表包含了每一部门的进出口数据（1990 年、1992 年和 1995 年仅包含净出口额）。因此，本文还需要对具体方法做进一步的补充说明。

本文将各部门总产出中的进出口部分计入最终产品的“积累”中，这样各部门最终产品的“消费”部分仅由“农村居民消费支出”“城镇居民消费支出”和“政府消费支出”构成。原因在于，一方面，实际投入产出表中的进出口统计数据实际上是未经处理的原始数据。换言之，单从这些数据无法得知每个部门中有多少出口产品是用于国外生产的中间产品，有多少是用于资本形成和国外消费，对于进口数据同样也是如此。另一方面，实际上进出口数据只占最终产品的很小一部分，如果要将进出口部分包括在“积累”中，只需要在原有数据结构的基础上加上净出口数据，因为后者所占比例很小，所以不会对本文的分析结论产生太大影响。此外，还需要说明的是，在新创造价值中，劳动报酬对应投入产出表中的“劳动者报酬”，社会纯收入对应于投入产出表中的“生产税净额”“固定资产折旧（计提折旧）”和“营业盈余”之和。在此基础上，就可以根据张忠任（2019）的方法估算出 1990—2018 年中国两大部类的价值总量和价值构成等相关数据，具体计算结果如表 1 所示。

表 1　1990—2018 年两大部类相关指标数据

年份	第Ⅰ部类				第Ⅱ部类				部类比
	∂_{I}	M'_{I}	Y_{I} /亿元	g_{I} /%	∂_{II}	M'_{II}	Y_{II} /亿元	g_{II} /%	$\frac{\lambda}{(1-\lambda)}$
1990	3. 545	1. 333	31 554. 7	—	2. 001	0. 774	10 658. 8	—	2. 960
1992	4. 289	1. 504	51 872. 9	28. 215	2. 053	0. 704	16 591. 1	24. 762	3. 127
1995	4. 008	1. 274	121 516. 8	32. 810	2. 289	0. 807	35 028. 1	28. 286	3. 469
1997	3. 405	0. 935	155 340. 4	13. 064	2. 015	0. 559	44 503. 8	12. 717	3. 490
2000	3. 875	0. 983	201 475. 9	9. 055	2. 057	0. 556	56 076. 8	8. 010	3. 593
2002	3. 955	1. 233	241 739. 3	9. 537	1. 865	0. 740	71 691. 2	13. 068	3. 372
2005	5. 576	1. 585	444 939. 4	22. 551	2. 266	0. 859	97 822. 7	10. 915	4. 548
2007	6. 027	1. 599	687 115. 4	24. 269	2. 393	0. 941	131 743. 5	16. 050	5. 216
2010	5. 374	1. 255	1 055 958. 4	15. 400	1. 999	0. 740	196 686. 5	14. 292	5. 369
2012	4. 871	1. 175	1 329 908. 5	12. 224	1. 929	0. 675	271 718. 6	17. 536	4. 894
2015	4. 817	1. 044	1 718 412. 6	8. 919	1. 878	0. 624	363 033. 9	10. 139	4. 733
2017	4. 007	1. 053	1 813 556. 5	2. 731	1. 898	0. 683	444 177. 0	10. 613	4. 083
2018	3. 959	1. 060	1 999 729. 0	10. 266	1. 808	0. 664	495 769. 3	11. 615	4. 034
均值	4. 439	1. 233	757 932. 3	15. 972	2. 035	0. 717	171 961. 6	14. 698	4. 068

首先，从规模效应的视角来看。表 1 显示，第Ⅰ部类的资本有机构成长期大于第Ⅱ部类，这就表明，中国生产资料生产部门的技术性要显著高于消费资料的生产部门，由此也就造成了第Ⅰ部类的总产出规模明显大于第Ⅱ部类的现象，并且社会总产出在两部

类之间的规模分配存在一定的波动性，当然这与中国该时期处于快速而深刻的资本深化和工业化进程有关①。此外，在其他条件给定的情况下，同时考虑到 $V_{\mathrm{I}}+(1-x_{\mathrm{I}})M_{\mathrm{I}}>C_{\mathrm{II}}$ 的一般性，可以根据上文中社会再生产均衡的条件，即（9）式和（8）式测算出 x_{I} 和 x_{II} 的数值，同时与历年投入产出表中的总的积累和总的社会纯收入之比，即现实的投资率或积累率进行比对就可以检验中国社会再生产是否处于均衡状态。结果如图 2 所示，从中可以看出，均衡假定下测算出来的中国两部类平均积累率与现实积累率之间存在较大差异，由此反映出中国社会再生产确实存在失衡问题。而且仅从数值上来看，现实积累率处于［0，1］，而均衡假定下的两部类积累率以及两部类平均积累率均超过了该区间范围，因此，可以充分表明，中国两部类社会再生产存在长期失衡现象。

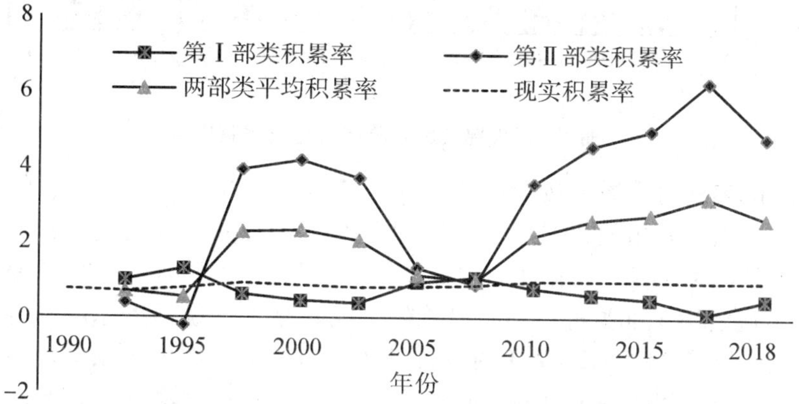

图 2　均衡假定下两部类积累率与现实积累率的对照

其次，从结构效应的视角来看。根据图 3 所示，中国两部类总产出增速存在一定差异且波动性较大，但总体上呈现出了很强的协同性变化趋势。具体地，两部类均表现出了“先降后升再降”的周期性特征，且 2010 年之前，第Ⅰ部类增速大于第Ⅱ部类，之后在 2008 年国际金融危机的影响下，我国实施了大量刺激消费的政策，加之新常态时期供给侧结构性改革的政策效应，从而使得第Ⅰ部类增速大幅下降，2010 年以后第Ⅱ部类的增速开始大于第Ⅰ部类，直至 2018 年二者才出现趋于迹象。进一步分析还会发现，中国经济运行最为突出的特征是，高资本有机构成往往对应着高增速，也就是说，两部类资本有机构成的差异与高波动性是增速差异及波动的最主要原因。第Ⅱ部类增速相对较低的大部分原因在于资本有机构成相对较低，而第Ⅰ部类资本有机构成的持续大幅波动又造成了第Ⅰ部类总产出增速的剧烈波动。当然，该结果是以现实中两部类的价值增殖率的相对稳定为前提的。

① 赵峰、赵翌辰、李帮喜：《马克思两大部类模型与中国经济的宏观结构：一个经验研究》，《中国人民大学学报》2017 年第 2 期。

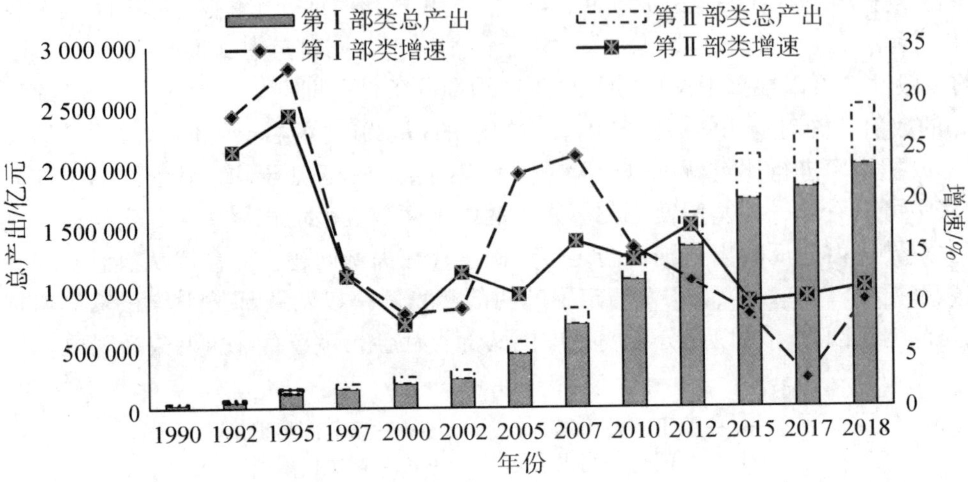

图3　两大部类历年总产出与增速变化

最后，从国际视角来看。按照赵峰等（2017）根据投入产出表测算的2000—2010年中国两部类进出口的相关数据显示，21世纪初期中国两大部类进出口规模与结构同样存在较大差异。图4显示，第Ⅰ部类的进口和出口总额显著高于第Ⅱ部类。特别是2005年以后，随着第Ⅰ部类进口和出口总额（尤其是出口额）的急剧上升，尽管第Ⅱ部类的出口额经历了2005—2007年的短暂下降后与第Ⅰ部类出口额呈现出了平行增长的态势，但两部类之间的进出口差异依然很大。这就在一定程度上反映出中国两部类增长早就出现了失衡现象。此外，从两部类的净出口都在不断攀升的趋势中还可以看出，出口导向型经济增长模式与中国部分行业的产能过剩现象不无关联。总之，现实已然充分表明，中国社会再生产着实存在明显的失衡问题。

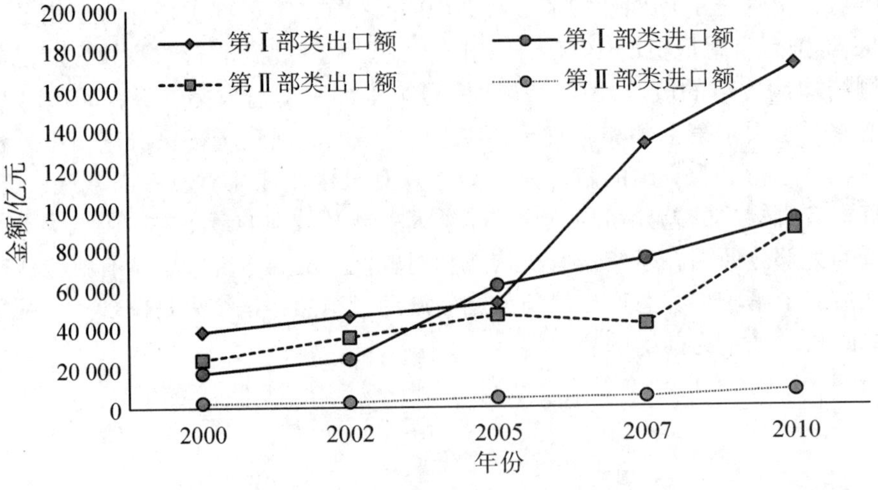

图4　2000—2010年中国两大部类进出口变化情况

数据来源：赵峰、赵翌辰、李帮喜：《马克思两大部类模型与中国经济的宏观结构：一个经验研究》，《中国人民大学学报》2017年第2期。

（二）我国构建“双循环”发展格局的经济条件

针对我国社会再生产中的失衡问题，党的十八大以来，我国从生产、交换（流通）、分配、消费各个领域采取了一系列解决措施，成效显著，为新时期构建“双循环”发展格局提供了优越的经济条件。具体体现为以下四个方面：

其一，就生产领域而言，产业体系日臻完备，生产能力显著提升。自2010年，我国国内生产总值超过日本成为世界第二大经济体以来，经济长期持续保持中高速发展态势，产业结构日趋合理化和高级化①，具体表现为农业生产布局和工业结构持续优化，现代服务业蓬勃发展②，推动形成了全球最完整、规模最大的现代化工业体系，成为全世界唯一拥有联合国产业分类中全部工业门类的国家。同时，世界工厂和制造业中心的国际产业链定位充分彰显了我国的庞大制造和生产能力③，而生产能力的提升还体现为创新势头的强劲。国家统计局相关数据显示，以2005年为基期，2018年中国创新指数为212，平均每年实现了6%的高速提升，无论是创新环境、创新投入、创新产出、创新成效各个领域都得到了极大改善，2019年中国科技进步贡献率达59.5%，比2010年提高了16.9%。

其二，就交换（流通）领域而言，体制机制不断完善，流通规模大幅提高。2013年党的十八届三中全会通过的《中共中央关于全面深化改革若干重大问题的决定》中指出，要“紧紧围绕使市场在资源配置中起决定性作用深化经济体制改革”，而“建设统一开放、竞争有序的市场体系，是使市场在资源配置中起决定性作用的基础”④。2015年，国务院颁布的《关于推进国内贸易流通现代化建设法治化营商环境的意见》中提出了“到2020年，基本形成规则健全、统一开放、竞争有序、监管有力、畅通高效的内贸流通体系”的目标。2020年，中共中央国务院颁布的《关于构建更加完善的要素市场化配置体制机制的意见》进一步对土地、劳动力、资本、技术、数据各生产要素市场的发展、价格市场化改革、运行机制等提出了详细建议。在改革不断深化的过程中，随着体制机制日趋完善，我国业已形成了多元化、多样化、多层次的超大规模流通体系。

其三，就分配领域而言，人民收入水平较快增长，基本公共服务均等化总体实现。分配包括生产要素的分配和劳动产品的分配两个方面。我国生产要素的分配总体上是适合我国发展要求的⑤。劳动产品的分配方面，我国已经进入了中等偏上收入国家并接近高收入国家的行列，人民收入不断提高、中等收入群体不断扩大。国家统计局的数据显示，2013—2019年，我国居民人均可支配收入从18 311元增加到了30 733元，增加了

---

① 王桂军、张辉、金田林：《中国经济质量发展的推动力：结构调整还是技术进步》，《经济学家》2020年第6期。

② 黄群慧：《改革开放40年中国的产业发展与工业化进程》，《中国工业经济》2018年第9期。

③ 冯俏彬：《加快形成经济发展新格局》，《红旗文稿》2020年第18期。

④ 《中共中央关于全面深化改革若干重大问题的决定》，人民出版社，2013年，第3、11页。

⑤ 逄锦聚：《马克思生产、分配、交换和消费关系的原理及其在经济新常态下的现实意义》，《经济学家》2016年第2期。

近 1.7 倍，每年平均增速高达 9%。其中，人均可支配工资性收入由 10 411 元增加到了 17 186 元，每年平均增速高达 8.7%。此外，2020 年不仅是党的全面建成小康社会的发展目标的实现之年，同时也是基本公共服务均等化总体实现之年①，标志着中国人民的获得感、幸福感、安全感都有显著提升。

其四，就消费领域而言，需求市场不断扩张，消费能力日益增强。2000 年以来，我国最终消费规模持续攀升，2019 年最终消费总额较 2000 年增加了 8.65 倍，需求市场不断扩张，目前已经形成了拥有 14 亿人口的巨大需求市场。从图 5 中显示的最终消费支出对 GDP 增长贡献率的线性趋势来看，消费在拉动我国经济增长方面长期处于主导地位，且拉动作用不断提升。此外，从消费的构成来看，一方面，居民消费占最终消费的比重稳定保持在 70%左右，且居民消费中城镇居民消费占比不断增加，2018 年达 78.2%，从而反映出居民消费（尤其是城镇消费）在经济增长中所发挥的重要作用。另一方面，以 2010 年为分界点来看，生产性消费（投资）占比呈现出了“先升后降”的变化态势，而生活性消费则表现出了“先降后升”的趋势，进而表明 2010 年以来我国居民的生活性消费的能力不断上升。

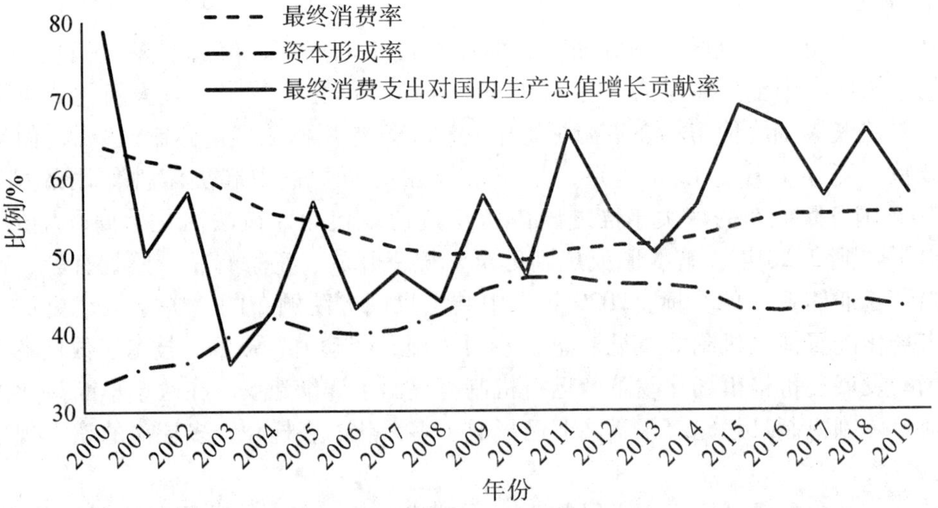

图 5　消费变动情况（2000—2019 年）

资料来源：国家统计局。

（三）我国构建“双循环”发展格局的现实困境

着力打通生产、交换、分配、消费四个环节的关键就在于明确各个环节所存在的关键问题。当前，囿于我国经济发展所处转型升级阶段的现实约束，分别在生产、交换、分配、消费四个环节遇到了以下“四重困境”：

第一，生产困境：产业结构升级乏力。我国经济发展进入新常态以后，生产领域存

① 按照“十三五”推进基本公共服务均等化规划的目标，2020 年基本公共服务均等化将总体实现。（参见亢舒：《2020 年基本公共服务均等化总体实现》，《经济日报》2017 年 3 月 3 日。）

在的问题包括供给能力下降、部分行业产能过剩、创新驱动不足、发展方式和产业结构不合理、生产和投入效率不高等诸多方面[①]，而这些问题的核心就在于产业结构升级乏力。当前，我国产业“大而不强”的现象凸显，产业附加值总体较低，产业基础相对薄弱，核心技术受制于人的现状短期难以改变[②]。洪银兴教授认为，我国的制造业处于低端水准，突出表现在科技含量上，推动产业结构转型升级的引擎是创新，突出在产业化创新[③]。从国际视角来看，上述分析已经表明，长期以来，我国第Ⅰ部类的出口额远大于进口额和第Ⅱ部类的进出口额，加之第Ⅰ部类处于产业链的中低端水平，所以很容易受到金融危机、贸易保护主义与新冠肺炎疫情等外部突发事件的影响。特别是生产性服务业在整体上提供服务增值和价值创造的能力较弱，在全球价值链中主要负责承担下游环节，而这些环节价值增殖能力较低，盈利能力较差，面临一定程度的低端锁定状况[④]。

第二，交换（流通）困境：要素流动不充分不合理。目前，我国流通体系现代化程度仍然不高构成了社会再生产受阻的重要因素。2020 年 5 月 11 日，中共中央国务院发布的《关于新时代加快完善社会主义市场经济体制的意见》中明确指出，“我国市场体系还不健全、市场发育还不充分，政府和市场的关系没有完全理顺，还存在市场激励不足、要素流动不畅、资源配置效率不高、微观经济活力不强等问题”[⑤]。其中，最主要的就是关键要素的流动问题。关键要素流动受政府干预较大，不同所有制企业获取关键要素资源的能力存在体制性差异[⑥]，而且城乡之间、区域之间、行业之间的要素流动也存在一定的异质性。一是劳动力和人才流动方面，劳动力市场不完善、就业结构失衡、区域间不公平竞争、档案管理服务滞后等问题突出，主要原因在于户籍制度、兜底保障机制、用人制度、评价激励机制等仍不完善。二是资金流动方面，经济“脱实向虚”现象凸显。在利润平均化的过程中，金融资本在各行业间的择优投资行为，以及资本的不完全流动，共同导致了金融业的高利润[⑦]。三是信息流动方面，数字经济时代信息监管体制机制不完善，数据保护和流动规则不健全，垃圾信息泛滥。

第三，分配困境：分配异质性尚存。从社会再生产的实现条件来看，两部类之间的价值补偿和实物补偿必须及时充分弥合扩大再生产的需要。一方面，从生产要素分配的视角来看，存在盲目投资导致产能过剩的问题，这也是近年来我国实施供给侧结构性改革的原因之一。另一方面，从劳动产品的分配视角来看，“橄榄型”分配格局尚未形

---

① 丁任重、李标：《供给侧结构性改革的马克思主义政治经济学分析》，《中国经济问题》2017 年第 1 期。

② 黄群慧、倪红福：《基于价值链理论的产业基础能力与产业链水平提升研究》，《经济体制改革》2020 年第 5 期。

③ 洪银兴：《产业化创新及其驱动产业结构转向中高端的机制研究》，《经济理论与经济管理》2015 年第 11 期。

④ 黄蕙萍、缪子菊、袁野、李殊琦：《生产性服务业的全球价值链及其中国参与度》，《管理世界》2020 年第 9 期。

⑤ 《中共中央国务院关于新时代加快完善社会主义市场经济体制的意见》，人民出版社，2020 年，第 1-2 页。

⑥ 张杰、金岳：《我国扩大内需的政策演进、战略价值与改革突破口》，《改革》2020 年第 9 期。

⑦ 文书洋、牟爽、刘锡良：《中国金融业利润过高了吗——基于马克思生息资本理论的分析与实证证据》，《经济学家》2020 年第 6 期。

成。2000—2019 年我国基尼系数虽整体呈下降趋势，但一直处于大于 0.4 的水平，表明我国收入分配尚存较大改进空间。具体从城乡、区域、行业之间的差异来看，如表 2 所示：一是城乡居民收入差距较大，城镇居民人均可支配收入约为农村的 2.7 倍；二是东部与中、西部地区收入差距较大，中、西部地区收入差距则相对较小；三是金融业和信息业与农业和制造业行业之前的收入差距较大。

表 2　2013—2019 年分城乡、分区域、分行业收入分配情况　　单位：元

年份	分城乡		分区域			分行业			
	城镇	农村	东部	中部	西部	农林牧渔	制造	金融	信息
2013	26 467	9 430	25 391	15 495	13 624	25 820	46 431	99 653	90 915
2014	28 844	10 489	27 813	17 074	15 041	28 356	51 369	108 273	100 845
2015	31 195	11 422	30 212	18 550	16 546	31 947	55 324	114 777	112 042
2016	33 616	12 363	32 774	20 038	18 066	33 612	59 470	117 418	122 478
2017	36 396	13 432	35 651	21 740	19 795	36 504	64 452	122 851	133 150
2018	39 251	14 617	38 670	23 575	21 599	36 466	72 088	129 837	147 678
2019	42 359	16 021	41 936	25 653	23 619	—	—	—	—
均值	34 018	12 539	33 207	20 304	18 327	32 118	58 189	115 468	117 851

注：①城乡和东中西三大地区的统计数据为人均可支配收入，并且东、中、西部地区历年数据为所包含省级行政区的均值，行业统计数据为城镇单位就业人员平均工资；②所有数据均四舍五入，保留整数。

资料来源：国家统计局相关数据整理或计算所得。

第四，消费困境：有效需求不足与消费结构畸形。首先，从总体来看，现有研究表明，无论是进行同期比较，还是在相同的人均 GDP 水平上进行比较，中国最终消费率和居民消费率都是偏低的，既大大低于发达国家，也明显低于中国周边的代表性国家①。而且，虽然我国的潜在市场需求规模庞大，但由于尚有 42.9%的人口的人均可支配收入还很低，导致真正的现实有效市场需求规模还相对有限②。其次，我国居民消费结构正在加快从生存型向发展型进而向享受型转变③，然而，从我国社会再生产的特征性事实来看，第Ⅰ部类的出口额远远高于进口额和第Ⅱ部类的进出口额，这种随着消费需求的不断升级而呈现出的中低端工业制成品过剩与中高端消费供给严重不足并存的现象逐渐凸显。最后，消费结构畸形严重。一是生产性消费，即投资的方向和结构不合理，不仅存在“脱实向虚”，而且结构性不足过剩并存；二是生活性消费结构不合理，奢侈品消费的规模远远低于生活必需品；三是 2008 年全球金融危机后，随着我国对外贸易依存度（包括出口依存度和进口依存度）的持续下滑，国外需求的比重不断下降。

① 方福前：《从消费率看中国消费潜力与实现路径》，《经济学家》2020 年第 8 期。

② 沈国兵：《疫情全球蔓延下推动国内国际双循环促进经贸发展的困境及纾解举措》，《重庆大学学报（社会科学版）》2020 年第 9 期。

③ 戴建华：《科学把握新发展阶段》，《红旗文稿》2020 年第 18 期。

五、路径选择：关键环节和政策建议

本文在重识马克思社会再生产理论深刻内涵的基础上，结合我国经济发展现实，对“双循环”新发展格局进行了系统研究。分析结果表明：①“双循环”新发展格局旨在推动社会再生产的顺利进行，而社会再生产本身具有的规模效应和结构效应内在要求社会再生产离不开生产、交换、分配、消费各个环节的“四驱联动”，离不开总生产过程每个要素和阶段的连续循环以及对外贸易和世界市场。②20 世纪末和 21 世纪初期，中国社会再生产就存在失衡现象，主要是生产端对外贸易依存度（特别是出口依存度）过高和消费端动力不足，具体表现为第 I 部类总产出规模和增速明显大于第 II 部类，原因则在于高资本有机构成往往对应着高增速。③党的十八大以来，中国在社会总生产各个环节都做了相应的改革和调整，成效显著，但囿于结构转换的阶段性特征，依然存在产业结构升级乏力、要素流动不充分不合理、分配异质性尚存，以及有效需求不足与消费结构畸形“四重困境”。

总之，从马克思社会再生产理论视角来看，中国社会再生产失衡修复的核心在于加快提高消费资料（特别是中高端消费资料）生产部门的生产速度。这就要求，一方面要提高为生产中高端消费品提供生产资料的生产部门的增速和相对比重，主要手段就是技术创新，即提高资本有机构成；另一方面要提高劳动者的绝对消费量。显然，这其中蕴含着供给侧结构性改革与扩大消费的双重政策含义。同时，鉴于社会再生产的顺利进行离不开生产、交换、分配、消费之间的动态匹配过程以及世界市场，所以得出新时期推动构建“双循环”新发展格局的关键环节如图 6 所示。因此，本文也将着重从生产、交换、分配、消费以及开拓世界市场五个方面提出相应的政策建议。

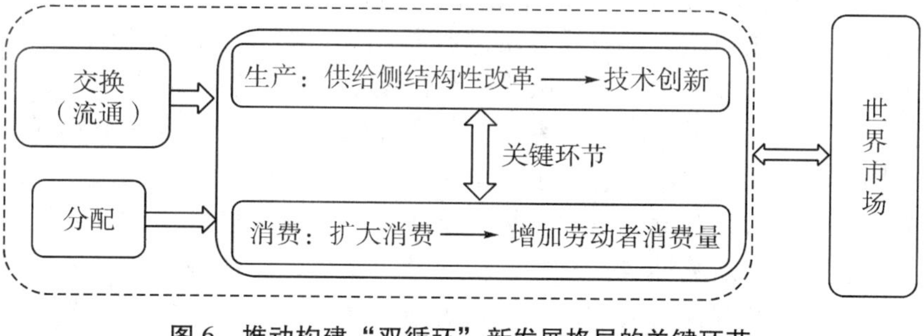

图 6　推动构建“双循环”新发展格局的关键环节

第一，抓住新一轮科技革命的重要机遇，加快产业结构转型升级。产业链升级和维护产业链的安全是当前我国生产领域面临的两大核心问题，二者的辩证关系体现为产业链升级有利于保障产业链的安全，而产业链的安全又为产业链升级提供了必要条件。新一轮科技革命背景下，以大数据、人工智能、云计算等为代表的数字经济高速发展，为我国加快产业结构优化升级提供了重要契机。首先，要加快科技人才队伍建设。人才作为建设社会主义现代化强国的第一资源，在我国长期存在人才流失严重和人才结构畸形的问题。应尽快完善人才培养机制，努力培养科技工作者的使命感和责任感。同时，要加快分类推进人才评价机制改革，明确人才引进机制，努力用好国际国内两种人才资源，切实做到尊重知识、尊重人才。其次，要努力打通科技和经济转移转化的通道，尽快建立以企业为主体、市场为导向，产学研深度融合的技术创新体系。一是要充分发挥政府的激励和保障作用，当务之急是尽快完善产权制度、专利制度和融资制度。二是要坚持企业在创新中的主体地位，并发挥大学和科研单位的基础研究能力的作用。企业作为市场信息最快和最直接的接收者，应始终以企业的创新应用需求为导向，引导大学和科研单位发挥在核心技术攻关方面的优势。三是要加快形成全方位的创新协同效应。要充分借助数字经济和数字金融的发展，积极组建"互联网+"联盟、高端芯片联盟，加强战略、技术、标准、市场等领域的沟通协作，加快发展新产业、新业态、新模式。最后，技术创新推动产业结构转型升级应始终以贯彻创新、协调、绿色、开放、共享的新发展理念为原则。一是要依靠科技创新，加快向产业链高端迈进，持续推进以现代服务业为主、战略性新兴产业引领、先进制造业支撑的新型产业体系建设。二是要充分考虑到我国区域之间发展条件和发展阶段的异质性，实施因地制宜的创新扶持政策，发挥东部地区的示范和引领作用。三是坚持绿色发展的科技和产业变革导向，特别是在水资源安全、能源安全、粮食安全等关系国计民生的重点领域要科学运用绿色科技的重要手段。四是要坚定不移地秉承国内自主创新、国际协同创新的发展模式，既要树立自力更生的创新意识，同时也要努力用好国际国内两种科技资源，积极参与国际创新交流与合作。五是要始终坚持科技创新应以满足人民需求为根本导向，实现创新成果由人民共享。

第二，加快完善社会主义市场经济体制，构建完备的现代流通体系。建设现代流通体系作为构建新发展格局的重要战略任务之一，在国民经济中发挥着基础性作用。首先，要进一步完善社会主义市场经济体制，规范市场秩序，完善政府职能。一是要积极稳妥推进国有企业混合所有制改革和自然垄断行业改革，为非公有制企业发展营造良好的制度环境。在做强做优做大国有企业的目标指引下，规范有序发展混合所有制经济，提高自然垄断行业的供给质量，依法破除行政性垄断。同时，要加强非公有制企业的融资增信支持力度，进一步激发市场活力。二是要加快完善市场经济基础性制度，包括产权制度、市场准入负面清单制度、公平竞争审查制度等，以规范市场秩序，保障公平竞争。三是要创新政府管理和服务方式，特别是要创新宏观调控机制，借助新型技术丰富调控手段，增强调控的前瞻性、针对性、协同性。其次，要加快推进要素市场化配置体制机制改革，努力建设现代流通体系。一是土地流动方面，要建立健全城乡统一建设用地市场，深化产业用地市场化配置改革，鼓励盘活存量建设用地，完善土地管理体制。二是劳动力和人才流动方面，要继续深化户籍制度改革，提供全方位公共就业服务，增加就业创业渠道，破除妨碍劳动力、人才社会性流动的体制机制弊端。三是资本流动方面，要加快建立规范、透明、开放、有活力、有韧性的资本市场，完善股票市场，发展债券市场，加大重点外资项目支持服务力度。四是技术和数据流动方面，既要加快实施创新驱动发展战略，又要加快培育数据要素市场，形成"技术+数据"的有效融合发展。最后，要尽快扭转经济"脱实向虚"局面，加强金融服务实体经济的能力。实体经济作为国家经济的立身之本，必须拥有充足的资金支持才能得到更好的发展。过去一段时期，资金流向虚拟经济现象明显，不仅增加了系统性风险，而且限制了实体经济的发展。当前，伴随我国数字普惠金融发展的强劲势头，在大力发展智能制造的同时，应尽快引导资金流向实体经济的优质项目中。

第三，提高收入水平，完善收入分配制度，进一步缩小收入差距。收入分配异质性是经济发展过程中客观存在的长期现象，而尽可能提高劳动者收入水平，缩小收入差距是实现消费扩大的根本动力。首先，要进一步提高劳动者收入，在实现全面建成小康社会目标的基础上，增加中等收入群体的数量。一是要全面高质量决胜脱贫攻坚。只有切实解决了贫困地区和贫困人口的“两不愁三保障”问题，才能为扩大消费打下良好的市场基础。而脱贫工作的重点则在于精神脱贫的长期性和精准脱贫的靶向性。二是要尽快实施“国民收入倍增”计划。针对我国目前拥有的4亿多中等收入群体和9亿多低收入群体，增加收入的关键就在于拓宽居民劳动收入和财产性收入的渠道，主要手段就是充分发挥数字经济的就业吸纳能力的作用。三是要努力调节城乡、区域、部门间的分配差距，即以实施乡村振兴战略为契机，提高农村居民收入；以实施区域协调发展战略为契机，提高西部地区收入；以深化供给侧结构性改革为契机，提高农业、制造业、工业等行业的收入。其次，要进一步完善收入分配制度。一是要健全劳动、资本、土地、知识、技术、管理、数据等生产要素由市场评价贡献、按贡献决定报酬的机制。二是要健全以税收、社会保障、转移支付等为主要手段的再分配调节机制，强化税收调节，完善直接税制度并逐步提高其比重。三是要重视发挥第三次分配作用，发展慈善等社会公益事业。最后，要进一步完善社会保障制度，继续提高基本公共服务均等化水平。一是要切实建立健全覆盖基本养老保险、基本医疗保险、失业保险、住房等直接关系人民生活水平的制度体系，尽快推动形成“一体化”管理的高效模式。二是要健全国家公共卫生应急管理体系，特别是在国家生物安全风险防范和治理、公共卫生服务、重大疾病救助等重点方面要尽快加以完善。三是要建立健全基本公共服务标准体系，重点在于覆盖全面、质量达标、责任明晰、机制创新四个方面。

第四，以扩大内需为战略基点，提升供给体系对国内需求的适配性。长期以来，我国始终面临着的供给与需求错配的问题，新时期在做好“六稳”“六保”工作的前提下，在加快产业结构优化升级、完善市场体系和收入分配制度的基础上，应着重推动形成需求牵引供给、供给创造需求的更高水平动态平衡。一方面，要以扩大内需，特别是扩大消费为战略基点。收入分配制度的完善终究是为提高劳动者收入服务的，而提高劳动者收入的目标则在于增强消费对经济增长的拉动作用。首先，要改变消费者的传统消费观念和消费倾向，提高劳动者的消费水平和消费能力。受传统观念的影响，当前国内部分地区和群众依然保持着“收支相抵，略有节余”的消费倾向，以致对信用消费、超前消费等新型消费方式存在抵触心理，限制了消费水平的进一步提升。为此，应着重通过宣传教育倡导现代消费理念。当然，鼓励消费并不代表鼓励过度消费、盲目消费、跟风消费，要正确认识鼓励消费与合理消费之间的辩证关系，更加重视理性消费。其次，要加强对信用消费的金融支持和风险监管。数字金融的发展推动了超前消费和信用消费观念盛行，特别是新生代群体越来越崇尚超前消费和信用消费，已然成为拉动消费的生力军，但同时也催生了许多网络诈骗信贷现象，这就要求相关部门应加强监管，尽快建立完善的企业和个人征信体系。最后，要促进消费形式多元化。数字经济时代，消费方式网络化、支付方式移动化特征凸显，应促进以网络代购、直播带货等为代表的新型消费模式的大力发展。同时也要加强监管，特别要严厉打击欺诈消费者的行为，包括欺骗和误导消费、恶意诱导捆绑式消费等，以净化消费环境，提高消费质量和消费安全感。另一方面，要努力提升供给体系对消费需求的适配性，引导投资结构趋于合理化。数字经济时代，生产者和消费者的边界日趋模糊，“生产型消费”应运而生，生产者应借助大数据、云端融合等手段即时全面获取消费者的需求信息，并及时调整生产结构和投资结构，提前对市场进行科学合理分析，尽可能提高生产性消费的效率。

第五，积极促进“一带一路”国际合作，在更高水平上推动建设开放型世界经济。新发展格局要求国内国际双循环相辅相成、相互促进。纵观当今世界，全球经济一体化不断向纵深发展，国家之间的全方位交流与合作日益频繁，各国人民的长远利益和根本利益逐渐趋同，构建“人类命运共同体”是大势所趋。习近平总书记特别强调道：“中国的发展离不开世界，世界的繁荣也需要中国。”① 这就昭示着“以国内大循环为主体，绝不是关起门来封闭运行，而是通过发挥内需潜力，使国内市场和国际市场更好联通，更好利用国际国内两个市场、两种资源，实现更加强劲可持续的发展”②。首先，要继续深化“一带一路”经贸合作，加快构建对外开放新格局。对等反制并非长久之计，有效应对美国螺旋式加征关税的核心就在于积极推进贸易多元化，与更多国家、经济体建立经贸合作伙伴关系。一方面，要始终秉持互利共赢的开放战略，推动与“一带一路”沿线国家的互联互通，尽最大可能扩大国家间的要素流通范围，提高流通速度。另一方面，要积极拓宽多边和区域经贸合作的覆盖面，充分发挥“一带一路”、金砖国家、二十国集团等区域合作的引力效应以及中欧班列、国际贸易新通道等的枢纽作用，吸引更多的国家加入中国经贸“朋友圈”。其次，要加快自由贸易试验区、自由贸易港的建设，充分发挥自由贸易试验区示范引领作用。不仅要在更大程度上赋予自由贸易试验区自主发展、自主改革和自主创新的权限，发挥贸易投资自由化和便利化的优势，加快对成熟自由贸易试验区的推广。而且要积极稳妥地推进海南自由贸易试验港的建设，努力培育更加优质的开放新高地。最后，要加快完善高水平对外开放的保障机制。要以坚决破除非关税贸易壁垒为重点，尽快完善对外开放的政策协调机制，特别是在财税、金融、产业、贸易等方面要加强政策的衔接性，加强知识产权保护，建立健全征信体系，严厉打击违信违规行为。同时，还要积极参与全球经济治理体系的改革和建设，提出更多中国倡议、中国方案。

① 《习近平谈治国理政》（第一卷），人民出版社，2018 年，第 60 页。

② 习近平：《在企业家座谈会上的讲话》，《中华人民共和国国务院公报》2020 年第 22 期。

供给侧与需求侧统一于新发展格局的内生逻辑和施策重点

——基于马克思主义政治经济学理论研究视角

孔祥利[①] 刘立云[②] 谌玲[③]

摘　要：构建“以国内大循环为主体、国内国际双循环相互促进”的新发展格局，是立足新发展阶段、贯彻新发展理念，推动经济高质量发展的必然选择。基于马克思主义政治经济学理论视角的分析表明，供给侧结构性改革和需求侧管理统一于新发展格局，供给侧结构性改革通过提高供给体系的质量来更好匹配需求侧管理中扩大内需这个战略基点，通过需求牵引供给、供给创造需求的相互作用，提升供给体系对国内需求的适配性，在更高水平的社会生产和再生产的循环中不断满足人民日益增长的美好生活需要。高质量发展作为构建双循环新发展格局的应有之义，关键在于把供给侧结构性改革和需求侧管理二者有机结合起来，以供给侧结构性改革为主线，从源头上创新自立、提质增效；立足需求侧管理，把扩大内需作为经济发展的战略基点，着力打通阻碍内需潜力释放的难点和堵点；从供需两侧协同发力畅通国民经济循环，实现供给和需求的高质量均衡。

关键词：供给侧结构性改革；需求侧管理；双循环；新发展格局；政治经济学视角

一、供给侧结构性改革、需求侧管理与新发展格局的演进轨迹

改革开放以来，我国利用经济全球化和国际分工的良好外部环境，充分发挥劳动力成本的竞争优势，全面参与到国际经济大循环中，创造了持续30余年经济高速增长的

① 孔祥利，陕西师范大学国际商学院教授，博士生导师。
② 刘立云，陕西省社会科学院副研究员。
③ 谌玲，陕西师范大学国际商学院博士研究生、信阳师范学院副教授。

奇迹，1978—2011年的GDP年均增长率达到9.5%。2008年，国际金融危机爆发，使得我国高度对外依赖的“出口导向型”经济增长模式难以为继，为应对金融风暴的冲击，政府出台了“四万亿”财政刺激计划，并打出了一系列扩大内需的组合拳，经济施策的重心开始由国际循环转向国内循环，通过扩大内需拉动经济增长，这种积极的经济措施效果明显，使得我国在全球经济不景气的大环境下率先复苏，但同时也出现了产能过剩、需求外溢等一系列问题。2015年11月10日召开的中央财经领导小组第十一次会议上，习近平总书记指出，“在适度扩大总需求的同时，着力加强供给侧结构性改革、着力提高供给体系质量和效率，增强经济持续增长动力，推动我国社会生产力水平实现整体跃升”[1]。2015年以来，供给侧结构性改革持续深入推进，从“三去一降一补”到“巩固、增强、提升、畅通”八字方针，供给侧结构性改革不仅有效提高了产品供给质量，促进了产业结构升级，也扩大了国内有效需求，增强了经济持续增长动力，但同时也出现了一些结构性失衡的现象，突出表现在供给结构对需求变化的适应性和灵活性明显不足。

2016年以来，逆全球化思潮开始蔓延、贸易保护主义和单边主义盛行，全球经济陷入持续衰退期，加之2020年新冠肺炎疫情暴发及其在全球蔓延，“中国威胁论”“去中国化”以及“脱钩”等言论甚嚣尘上，中国不仅面临着丧失原有良好外部环境的严峻挑战，还面临着转变经济发展方式、优化经济结构、推动经济从高速发展向高质量转变的内部压力。在这种情况下，“把发展立足点放在国内，更多依靠国内市场实现经济发展”[2]53是不以人的意志为转移的必然选择。2020年5月14日，中共中央政治局常委会会议首次明确提出了“构建国内国际双循环相互促进的新发展格局”，并强调从供给和需求两端同时发力构建新发展格局。“供给端”要进一步深化供给侧结构性改革，“需求端”要充分发挥我国超大规模市场优势和内需潜力，畅通国内经济循环形成强大的国内市场，以国内经济的稳定发展来应对错综复杂的国际政治经济局势。2020年12月16—18日的中央经济工作会议进一步强调要“紧紧扭住供给侧结构性改革，同时注重需求侧管理，打通堵点，补齐短板，贯通生产、分配、流通、消费各环节，形成需求牵引供给、供给创造需求的更高水平动态平衡，提升国民经济体系整体效能”[3]。从“供给侧结构性改革”到“紧紧扭住供给侧结构性改革，同时注重需求侧管理”，建构“以国内大循环为主体、国内国际双循环相互促进的新发展格局”，体现了以习近平同志为核心的党中央对经济发展本质规律及长远趋势的准确判断和科学引领，也是我党始终遵循经济发展的客观规律，贯彻落实“以人民为中心”的新发展理念，立足中国国情解决经济社会发展面临主要问题的具体实践。

二、新发展格局与供给侧结构性改革的内生逻辑

党的十九届五中全会指出，在“十四五”期间，要“以推动高质量发展为主题，以深化供给侧结构性改革为主线，以改革创新为根本动力，以满足人民日益增长的美好生活需要为根本目的，统筹发展和安全，加快建设现代化经济体系，加快构建以国内大

循环为主体、国内国际双循环相互促进的新发展格局”[2]6。

（一）以高质量发展为出发点的新发展格局与供给侧结构性改革目标一致

发展是解决我国一切问题的基础和关键。马克思、恩格斯曾经指出，无产阶级夺取政权以后，要“尽可能快地增加生产力的总量”[4]421。改革开放以来的40多年间，我国利用低劳动力成本的优势积极参与国际经济大循环，在发达国家主导和控制的全球产业链和价值链的低端环节进行国际代工，从最早的“三来一补”到“加工贸易”，再到后来的“世界工厂”，这种“出口导向型”经济发展战略在增加就业、提高劳动者收入、拉动经济增长等方面发挥了积极作用，但也带来了我国经济发展的质量不高、对外部市场的依赖性较强等弊端，并且由于我国部分企业长期被锁定在处于全球产业链和价值链的低端，原始创新和自主创新能力不足，技术进步水平跟发达国家相比还存在较大差距。这种“市场在外，技术在外”的卡脖子局面，在全球化遭遇逆流、单边主义和保护主义猖獗的背景下，直接威胁到我国产业链和供应链的安全和地位，进而影响国内经济的可持续发展。“国内大循环为主体、国内国际双循环相互促进”的新发展格局，正是以习近平同志为核心的党中央根据中国经济发展阶段的变化，着眼于经济高质量发展做出的重大战略决策。新发展格局不仅要畅通国民经济循环，更要让经济在循环发展中实现更有效率、更加安全、更可持续的高质量发展。这种高质量发展必须要摆脱对要素投入和外部需求的依赖，依靠内生技术的发展解决“卡脖子问题”，形成高端的内循环能力，提升中国在全球价值链中的位置，重塑更高水平的国际合作和经济发展模式，推动形成国内国际双循环互相促进的新局面。从这个意义上来说，高质量发展是构建双循环新发展格局的题中应有之义，也是构建新发展格局的主要出发点，通过“提升供给体系对国内需求的适配性，形成需求牵引供给、供给创造需求的更高水平动态平衡”[5]5，这正与供给侧结构性改革的目标不谋而合，供给侧结构性改革就是“把改善供给结构作为主攻方向，实现由低水平供需平衡向高水平供需平衡跃升”[6]118，在更高的质量水平和效益水平上实现经济的长期持续增长。

（二）供给侧结构性改革为构建内循环为主的“双循环”新发展格局奠定了基础

2014年，我国经济发展进入“新常态”，针对国内经济增速不断下滑，经济下行压力持续增大，经济增长动力明显减弱的不利局面，党中央提出要“着力加强供给侧结构性改革”，强调以优化要素配置、提高资本效率等扩大有效供给，实现经济结构的优化和发展动力的转换。供给侧结构性改革是适应和引领经济发展新常态的重大理论与实践创新，是实现我国经济结构转型升级的重要推动力量。在过去的五年间，中央和地方政府始终坚持将供给侧结构性改革作为工作主线，着力破解经济运行中的结构性矛盾和问题，随着改革的持续推进，以“三去一降一补”为施策重点的供给侧结构性改革取得了明显成效，初步形成了适应人民日益增长的美好生活需要为特征的内循环体系，为构建“双循环”新发展格局奠定了坚实的基础。首先，供给侧结构性改革通过“去产能、去库存、去杠杆”，综合运用市场化、法治化等手段，化解钢铁、煤炭、铝锭、玻璃、化纤等行业的过剩产能，并且采用新技术对过剩产能进行开发与利用，使其能够适应新的市场需求，提高了供给结构对需求变化的适应性和灵活性，为扩大内需、畅通国内经济循环打下坚实的基础；其次，在“降成本”方面，通过积极开展降低企业用能费用、清理规范相关服务收费、降低多项行政事业性收费标准等措施，切实减轻企业税费负担，引导资源配置到创新型生产活动中去；最后，国家还进一步加大了高端制造业、新基础设施等领域的“补短板”力度，尤其是补“关键核心技术”的短板，加快技术创新来提升产业链水平。世界知识产权组织发布的《2019 年全球创新指数报告》显示，中国的排名从 2018 年的第 17 位上升至第 14 位[7]。“十三五”期间，我国重大科技创新成果竞相涌现，超级计算机、载人深潜、深空探索、量子通信、人工智能等进入世界先进行列，不仅提升了我国产业链的安全性，也有利于培育我国参与国际合作和竞争新优势，增强我国对外开放过程的韧性和主动性，进而推动形成“国内国际双循环相互促进”的新发展格局。

（三）加快构建新发展格局必须通过进一步深化供给侧结构性改革

构建新发展格局关键在于畅通国民经济循环，在消费、生产、分配和流通这四个环节中，生产是起点，也是起支配作用的因素，它决定着分配、交换和消费。马克思在《1857—1858 年经济学手稿》中指出：“一定的生产决定一定的消费、分配和交换和这些不同要素相互间的一定关系。当然，生产就其单方面形式来说也决定于其他要素。”[8]23 从根本上讲，生产不仅决定社会供给的总量，也决定着供给的结构。针对我国生产环节的供给质量不高、供给和需求结构不相匹配的问题，我国实施了供给侧结构性改革并取得阶段性成果，为构建内循环为主的“双循环”新发展格局奠定坚实的基础，但是供给侧结构性改革与既定目标仍有距离。现阶段我国经济发展的不平衡主要表现为供求之间的结构不平衡，“供需错位”已成为影响经济高质量发展的重要因素，供给侧仍然是经济运行面临的主要矛盾。一方面，国内的供给侧结构性调整尚未到位，难以适应需求结构的变化，产业链有待于进一步升级。2017 年，全国居民恩格尔系数首次跌破 30%，2018 年和 2019 年该系数持续下降到 28. 4%和 28. 2%[9]，意味着公众的消费结构发生变化，食品消费支出不断下降，服务型消费需求如健康、教育、文化娱乐、旅游却持续增加，但国内的供给体系却难以适应这种需求变化，引发境外消费日益升温。从奢侈品等高端消费的数据来看，2011—2019 年中国人全球奢侈品的平均消费额为 1 185 亿美元，年均增长率为 6. 6%，2019 年更是贡献了全球 62%的奢侈品市场消费额[10]，需求外溢现象非常明显。另一方面，在通信技术和高端制造业领域，由于国外供应链的不稳定，国内企业随时可能会面临“断供”的风险，进而影响到国内产业链的安全。如华为受到美国的制裁，高端芯片“麒麟 9000”紧缺，导致华为最新旗舰级“Mate40”系列一直供不应求，Canalys 公布的数据显示，2020 年第四季度华为手机的销量比去年同期下降了近 43%，并首次跌出全球智能手机品牌销量排名前 5 名[11]，不仅落后于小米、OPPO 和 vivo，更是被苹果和三星远远甩在后面。可见，供给侧结构性改革仍然是未来一段时间经济工作的主线，必须进一步优化国内供给结构，提高供给体系对国内需求的满足能力，尽快补齐产业链的弱项和短板，通过自主科技创新解决关键技术、核心零部件、高端设备的“卡脖子”问题，形成更加完整、更加协调的国内经济大循环，并通过国内经济大循环的畅通，使得国外产业更加密切与中国供应链和产业链的合作，更加离不开中国的巨大消费市场，从而促进更高水平的对外开放，构建“国内国际双循环相互促进”的新发展格局。

三、新发展格局与需求侧管理的内生逻辑

构建新发展格局必须注重需求侧管理，坚持扩大内需这个战略基点，把满足国内需求作为经济发展的出发点和落脚点，发挥我国超大规模市场的优势，激活居民消费潜力，提升居民消费需求，实现国内大循环的良好运行，并在此基础上吸引全球资源要素的流入，提升中国经济发展的实力，以更高水平融入世界经济，推动形成国内循环和国际循环相互促进的新发展格局。

（一）“新发展格局”和“需求侧管理”统一于“以人民为中心”的发展理念

“以国内循环为主体，国内国际双循环相互促进”的新发展格局，是党中央深刻准确把握国内外经济发展大势做出的战略决策，目的在于畅通经济循环的堵点，提升供给体系对国内需求的适配性，实现需求牵引供给、供给创造需求的高质量动态平衡，在更高水平的社会生产和再生产的循环中不断满足人民日益增长的美好生活需要。构建新发展格局的关键在于畅通国民经济循环，而收入分配公平合理又是维护经济循环的韧性基础，只有构建更加公平、公正、共享的分配体系，使得作为社会消费中坚力量的中产人群不断扩大，才能释放 14 亿人口巨大经济体的消费潜力，推进需求侧的消费升级，更好地改善民生和实现更顺畅的内循环。新发展格局下实现更顺畅的内循环需要不断完善收入分配制度，使发展的成果更多、更公平地惠及全体人民，这正是深入贯彻和践行“以人民为中心”发展思想的集中体现。

社会主义生产目的就是解放生产力、发展生产力，形成有效供给不断满足人民群众的物质文化生活需要。当前阶段，“社会主要矛盾已经转化为人民日益增长的美好生活需要和不平衡不充分的发展之间的矛盾”[5]3，供给和需求的不相匹配是“不平衡不充分发展”中最为明显的表现。2020 年的中央经济工作会议提出要“注重需求侧管理”，需求侧管理不是否定供给侧结构性改革的大方向，而是要统筹协调需求侧与供给侧的关系，形成需求牵引供给、供给创造需求的更高水平动态平衡。扩大内需作为需求侧管理的重要战略基点，关键在于提高居民的消费能力，让居民敢于消费，乐于消费，将扩大内需同提升人民生活品质统一起来，以高质量的消费满足人民对高品质生活的需求。“构建新发展格局”与“注重需求侧管理”都是以满足人们日益增长的美好生活的需要为终极目标，二者统一于“以人民为中心”的发展理念。

（二）需求侧管理是构建“国内大循环为主体”新发展格局的基础和重要支撑

在世界经济增长乏力，陷入长期性停滞的背景下，保护主义、霸权主义和民粹主义势力纷纷抬头，加上新冠肺炎疫情带来的持续影响，经济全球化遭遇逆流，在这种国际

政治经济环境下，必须更多依靠国内市场实现经济增长。2020 年 12 月的中央经济工作会议强调："要紧紧扭住供给侧结构性改革，同时注重需求侧管理。"[3] 不同于以往"扩大内需"的指导方针，新发展阶段提出的"注重需求侧管理"的表述，说明未来政策不会频繁发力于需求侧的强刺激，而是在坚持扩大内需这个战略基点上，更强调运用改革的方法打通生产、流通和分配等经济环节的堵点，破除机制梗梏和利益藩篱，释放国内的消费潜力和消费需求，并配合一系列需求管理相关的制度安排来提振市场的消费信心、提高居民的消费能力、提升消费产品的层次，达到"需求牵引供给、供给创造需求"更有活力的发展局面，这与"扩大内需"、供给侧结构性改革主线上的"双循环"新发展战略一脉相承。

加快构建"以国内大循环为主体"的新发展格局，意味着要将支撑经济增长的核心动力更多地转移到国内市场，通过挖掘国内市场需求，释放国内消费潜力，形成畅通经济循环的国内大市场，完成从以传统的"出口导向—投资驱动"的国外大循环为主的经济发展模式，向"扩大内需—创新驱动"的新发展模式转变，进入更具主动掌控权的高质量发展状态。可见，需求侧管理是构建"国内大循环为主体"新发展格局的基础和重要支撑，只有注重需求侧管理，打通生产、流通和分配等经济环节的堵点，畅通国内经济循环，才能进一步发挥消费对经济发展的基础性作用，使得扩大内需最终成为形成强大国内市场、构建新发展格局的战略基点。

（三）需求侧管理有助于推动形成"国内国际双循环相互促进"的新发展格局

改革开放 40 多年以来，我国积极参与到国际经济大循环中，形成了"两头在外""大进大出"的经济发展模式，有效发挥了我国在制造业中的要素低成本优势，通过规模经济、技术外溢等效应，实现了经济的高速增长，用几十年时间走过了发达国家上百年的工业化进程。但同时，也带来了关键核心技术缺失、产业链现代化水平低、产业升级遭遇瓶颈、生态环境恶化等一系列弊端。2016 年以来，逆全球化思潮开始蔓延、贸易保护主义和单边主义盛行，面对复杂多变的国际经济环境，中国必须发挥国内的超大规模市场优势，构建"以国内大循环为主体，国内国际双循环互相促进"的新发展格局，这也是在寻求实现经济动能转化过程中基于国内发展需要和国际形势变化做出的战略选择。新发展格局强调"国内大循环"的主体地位，并不是对国际循环的否定，而是要依托国内强大的市场吸引全球先进生产要素，建立现代化的产业链，培育新形势下我国参与国际合作和竞争新优势，推动更高水平的对外开放，并以此构建完整的内需体系，实现国内国际双循环相互促进。

2020 年 7 月，习近平总书记在企业家座谈会上指出，"通过发挥内需潜力，使国内市场和国际市场更好联通，更好利用国际国内两个市场、两种资源，实现更加强劲可持续的发展"。[12]10 "发挥内需潜力"与扩大开放并不矛盾，相反，"国内循环越顺畅，越能形成对全球资源要素的引力场，越有利于构建以国内大循环为主体、国内国际双循环相互促进的新发展格局，越有利于形成参与国际竞争和合作新优势"[13]。以扩大内需为战略基点的需求侧管理有助于畅通国内经济循环，释放国内消费潜力，做大经济"蛋糕"，利用内需虹吸全球的优质资源，培育竞争新优势；以扩大内需为战略基点的需求侧管理有助于通过扩大国内消费，促进产业结构升级，利用内需推动科技创新，突破“卡脖子”的关键生产环节和技术，提高供应链的安全性和稳定性，参与到更高水平的国际合作中；以扩大内需为战略基点的需求侧管理有助于激活高质量发展的强劲内生动力，增强经济发展的韧性，以国内循环为主体带动国内企业参与到更高水平的国际经济循环中，以国内经济循环促进国际经济循环，推动形成国内国际双循环相互促进的新发展格局。

四、供给侧和需求侧统一于新发展格局的施策重点

当今世界正经历百年未有之大变局，国际经济、政治、文化格局正在发生深刻调整，不确定、不稳定因素增多，当前和今后一个时期，我国经济发展将面临更多的“逆风逆水”，必须通过提升国内经济社会发展的稳定性来应对国际环境变化带来的冲击挑战，着眼于发挥我国完整的工业体系和超大规模的内需市场优势，在坚持以供给侧结构性改革为主线的过程中，高度重视需求侧管理，将需求侧管理和供给侧结构性改革有机结合起来，提高供给体系对国内需求的适配性，实现供给和需求的高质量均衡，把握好经济运行的施策重点。

（一）以供给侧结构性改革为主线，从源头上创新自立、提质增效

我国是全世界唯一拥有联合国产业分类中所列全部工业门类的国家。2018 年的制造业增加值占全世界份额的28%以上，在世界 500 多种主要工业产品当中，有 220 多种工业产品的产量居全球第一[14]。我国虽已成为全球第一的制造业大国，但还不是制造业强国，制造业发展仍然处于价值链中低端，核心基础零部件依赖进口，涉及产业发展的高精尖核心技术仍然受制于人，要突破“买不来”的高端技术只能依靠自主创新，加快实施科技创新驱动战略，从源头上创新自立、提质增效，以创新引领经济高质量发展，增强供给体系的韧性，保障我国供应链的安全和稳定。一是要加大对基础研究的投入，提高基础研究在整体研发经费中所占的比例；完善以市场为导向，以企业为主体的产、学、研、用相结合的技术创新体系，加速科技成果向现实生产力的转化，提升产业链水平。二是要加快推动我国产业结构由传统产业为主向以新兴产业、高新技术产业为主格局的转型，大力发展先进制造业，调整产业布局，推进互联网、大数据、人工智能同实体经济的深度融合，推动产业结构的不断升级，以建立现代化的产业体系。三要健全和完善我国制造业产业链和供应链，找准高端产业发展中产业链、供应链存在的薄弱环节，开展集成研究、协同攻关，突破“卡脖子”的关键生产环节和关键技术，构建强大的产业技术链，提升我国制造业的整体实力和先进制造业的整体技术水平。四是要积极开展更大范围、更宽领域、更深层次的全球创新合作，破除生产要素跨国流动的不合理壁垒，充分发挥超大规模市场优势对全球优质产业资本的吸引力，既要积极主动地参与到全球产业链和价值链的创新发展中，又要积极在国内打造全球科技开放合作的国际化组织和平台，吸引各国优秀科学家针对共性问题展开研究合作，在开发合作中增强

自身的科技创新能力。

（二）立足需求侧管理，着力打通阻碍内需潜力释放的难点和堵点

2020 年，我国国内生产总值首次突破 100 万亿元，全年社会消费品零售总额达到 39.2 万亿元，最终消费占 GDP 的比重为 54.3%[15]，跟同期的世界平均水平（78.71%）和发展中国家平均水平（73.9%）[16]相比，还是有很大的提升空间。构建“国内大循环为主体”的新发展格局就是要立足于需求侧管理，以扩大内需作为重要的战略基点，充分发掘国内市场，让内需成为牵引经济发展的强劲动力。需求侧管理不是简单的刺激消费、鼓励消费，而是要合理引导消费、储蓄和投资，从就业、住房、收入分配以及社会保障制度等深层次矛盾入手，用改革的办法疏通消费环节的难点、堵点，加快构建完整的内需体系。一是要坚持就业优先的政策导向，将“保就业”作为各级政府的头等大事积极落实，积极拓展就业渠道，鼓励创新创业；加强就业政策与产业政策的协调，完善促进就业的税收和金融扶持政策；加大公共财政对促进就业的投入，切实加强对劳动者的技能培训，形成以创业带动就业的新格局。二是要坚持“房住不炒、因城施策、构建房地产调控长效机制”的调控政策，要严格执行差别化限购、限贷政策抑制投机性购房；在房价上涨较快的城市增加普通商品住房及建设用地指标，完善长租房政策，增加保障性租赁住房供给，解决中低收入人群的住房需求。三是要调整国民收入分配格局，在国民收入的初次分配中要向居民部门倾斜，并提高初次分配中劳动报酬所占的比例，健全以税收、转移支付等为主要手段的再分配调节机制；进一步推进农村土地制度改革，赋予农村居民明确的财产权利，努力缩小收入的城乡分配、地域分配以及不同群体分配的差距。四是要打破社会保障城乡分割的壁垒，完善城市居民和农村居民全覆盖的多层次社会保障体系，全面提升社会保障水平，要进一步加大对医疗保障资金的投入、加快推进养老保障制度建设，完善各项社会救助制度，保障人民群众社会保障基本权益的实现，为持续释放居民部门消费需求创造条件。

（三）从供需两侧发力畅通国民经济循环，实现供给和需求的高质量均衡

构建新发展格局的关键在于经济循环畅通无阻，但目前国内循环体系中生产、分配、流通、消费环节的堵点尚未完全打通，在需求牵引供给、实现高水平供需动态平衡方面还有很多不足。构建新发展格局，就是要把深化供给侧结构性改革和需求侧管理有机结合起来，通过供给侧结构性改革缓解有效需求不足的弊端，以创新驱动、高质量供给引领和创造新需求，利用需求结构的变化催生创新性更强的供给结构，在更高水平上实现供给和需求的均衡。首先，要充分发挥需求对供给的牵引和导向作用，要改变依靠房地产投资等传统的扩大内需模式，转向更具潜力的消费驱动模式，优化国内的需求结构；要着力促进消费升级，推动以消费升级为导向的基础设施投资和产业链投资，形成投资与消费相互促进的发展格局，实现有效需求对有效供给潜力的充分挖掘；要引导社会消费聚焦高科技产品、新型服务业，以此带动核心技术、关键技术的攻关，带动高端制造、新型服务业等新产品、新业态的发展，不断提高经济发展质量。其次，要充分发挥高水平供给对需求的创造效应，需求引导供给，供给也可以通过科技创新来创造需

求，尤其在新技术革命风起云涌的数字经济、信息革命时代，发挥高质量供给对需求的创造效应，积极支持互联网、区块链等新技术的研发和应用，通过大数据分析获取各类产业的信息变化，以精准的新供给匹配需求，提升对新需求的适配性。最后，要充分发挥流通在促进供给和需求均衡中的关键作用，打通城乡要素流动的通道，完善流通基础设施建设，加大制造业技术改造和设备更新，加快建设现代化的物流体系；要精准对接互联网、人工智能和5G等技术，大力发展数字经济和战略性新兴产业，创新实体零售业新业态，打通流通终端的堵点和盲点；要大力补齐农村消费的短板，充分发挥电商、物流网络等优势，优化现代农村流通体系，加速推进供需两端相互配合、协同发力。

参考文献：

［1］平言. 向结构性改革要新动力新优势［N］. 经济日报，2015-11-13（1）.

［2］中共中央关于制定国民经济和社会发展第十四个五年规划和二〇三五年远景目标的建议［M］. 北京：人民出版社，2020.

［3］加快构建新发展格局为“十四五”开好局［N］. 人民日报，2020-12-19（1）.

［4］中共中央马克思恩格斯列宁斯大林著作编译局. 马克思恩格斯选集：第1卷［M］. 北京：人民出版社，2012.

［5］习近平. 在经济社会领域专家座谈会上的讲话［M］. 北京：人民出版社，2020.

［6］中共中央宣传部. 习近平新时代中国特色社会主义思想学习纲要［M］. 北京：学习出版社、人民出版社，2019.

［7］中国经济网. 2019年全球创新指数报告发布中国排名升至第14位［EB/OL］. 2019-07-26. http://www.ce.cn/xwzx/gnsz/gdxw/201907/26/t20190726_32722480.shtml.

［8］中共中央马克思恩格斯列宁斯大林著作编译局. 马克思恩格斯文集：第八卷［M］. 北京：人民出版社，2009.

［9］国家统计局. 中华人民共和国2019年国民经济和社会发展统计公报［EB/OL］. 2020-02-28. http://www.stats.gov.cn/tjsj/zxfb/202002/t20200228_1728913.html.

［10］2019中国奢侈品报告出炉中国人境外消费首次出现负增长［EB/OL］. 新浪网站，2020-01-14. http://sh.sina.com.cn/life/mrfs/2020-01-14/detail-iihnzhha2390952.shtml.

［11］Worldwide smartphone shipments Q4 2020 and full year 2020［EB/OL］. 2021-01-28. https://www.canalys.com/newsroom/global-smartphone-shipment-Q4-2020.

［12］习近平. 在企业家座谈会上的讲话［M］. 北京：人民出版社，2020.

［13］习近平. 国家中长期经济社会发展战略若干重大问题（2020年4月10日）［J］. 求是，2020（21）.

［14］新闻办就新中国成立70周年工业通信业发展情况举行发布会［EB/OL］. 中华人民共和国中央人民政府网站，2019-09-20. http://www.gov.cn/xinwen/2019-09/20/content_5431683.htm#1.

［15］国家统计局. 国家统计局局长就2020年全年国民经济运行情况答记者问［EB/OL］. 国家统计局网站，2021-01-18. http://www.stats.gov.cn/tjsj/sjjd/202101/t20210118_1812480.html.

［16］江小涓，孟丽君. 内循环为主、外循环赋能与更高水平双循环：国际经验与中国实践［J］. 管理世界，2021（1）：31-36.

马克思主义经典作家关于生产关系结构问题的论述[①]

张作云[②]

摘　要： 本文从生产关系产生的历史前提、研究生产关系问题的出发点和方法论原则、生产关系产生的历史和逻辑起点，生产关系的含义、整体结构和层次结构、生产资料的所有制在生产关系和社会变革中的基础地位和作用，人类社会不同发展阶段生产结构的不同特点、演进轨迹、发展趋势和运动规律，生产关系的内部结构和外部联系及其在阶级社会中的阶级性质、国际生产关系的研究等方面，学习和探讨了马克思主义经典作家关于生产关系结构问题的论述。提出研究生产关系结构乃至我国深化改革和全面建设社会主义现代化国家的实践，必须坚持辩证唯物主义和历史唯物主义的思想路线、系统论和矛盾论的研究方法，充分认识生产关系在当今社会的阶级性质以及研究国际生产关系的必要性和紧迫性等问题，为我国深化改革和全面建设社会主义现代化国家提供必要的、理论的和实践的支持。

关键词： 马克思主义经典作家；生产关系；结构理论

在深化改革开放、全面建设社会主义现代化国家的新的征程中，要实践马克思主义经典作家关于生产关系结构的理论，就必须首先全面了解他们对这一理论的论述，把握其精神实质。本文将虔心回顾和深入探讨马克思主义经典作家关于这一理论的论述，以求从中获取教益。

一、关于生产关系的历史前提和研究出发点的论述

马克思主义经典作家尤其是马克思和恩格斯对生产关系结构产生的历史前提和出发点的研究，是与他们世界观的转变和唯物主义历史观的确立分不开的。

① 基金项目：国家社科基金项目“马克思主义生产关系结构理论及其当代价值研究”（15BKS001）。

② 张作云，淮北师范大学当代经济研究所教授。

大家知道，马克思在《莱茵报》报社工作期间，就“林木盗窃法”和“摩塞尔农民问题”与普鲁士官方发生了论战。论战的每一步甚至每一个问题，都涉及德国社会各个阶级、阶层之间的物质利益问题，而每当涉及这些问题时，马克思总感到自己知识的贫乏而难以服人。正是对“林木盗窃法”的研究和对摩塞尔河谷地区农民生活状况的考察，促使他从对纯粹政治问题的研究转到对经济问题的研究上来①。

马克思对经济问题的研究，是从对黑格尔法哲学的批判开始的②。他写的第一部著作就是对黑格尔法哲学的批判性分析，并从中得出这样一个结果，即“法的关系、正像国家的形式一样，既不能从它们本身来理解，也不能从所谓人类精神的一般发展来理解，相反，它们根源于物质的生活关系，这种物质的生活关系的总和，黑格尔按照十八世纪的英国人和法人的先例，称之为‘市民社会’”③。继而，在《1844年经济学哲学手稿》中，马克思又借助于异化劳动理论，对资本主义私有制条件下资本与雇佣劳动的经济利益关系和阶级对立问题进行了研究和分析，并指出，在资本主义私有制条件下，“工人生产的财富越多，他的产品的力量和数量越大，他就越穷。工人创造的商品越多，他就越变成廉价的商品。物的世界的增殖同人的世界的贬值成正比”④。“劳动所生产的对象，即劳动的产品，作为一种异己的存在，作为不依赖于生产者的力量，同劳动相对立。”⑤“工人生产的对象越多，他能够占有的对象就越少，而且越来越受他的产品即资本的统治。”⑥ 还指出，工人的异化，不仅表现在工人同劳动产品的关系上，也表现在工人同生产行为本身的关系上，“劳动对工人说来是外在的东西，也就是说，不属于他的本质的东西”；在这种劳动中，“工人不是感到幸福，而是感到不幸，不是自由地发挥自己的体力和智力，而是使自己的肉体受折磨、精神受摧残”⑦；“他的劳动不是自愿的劳动，而是被迫的强制劳动”“这种劳动不是他自己的，而是别人的；劳动不属于他；他在劳动中也不属于他自己，而是属于别人”⑧。他最后得出结论说：“通过异化的、外化的劳动，工人生产出一个跟劳动格格不入的、站在劳动之外的人同这个劳动的关系。工人同劳动的关系，生产出资本家（或者不管人们给雇主起什么别的名字）同这个劳动的关系。从而，私有财产是外化劳动即工人同自然界和自身的外在关系的产物、结果和必然后果。”⑨ 马克思还通过对异化劳动的产生以及它同私有财产的关系的分析，提出消灭异化劳动、结束人的相互异化，必须废除私有财产，而要“消灭现实的私有财产，则必须有现实的共产主义行动”的思路⑩。这说明，马克思的思想及其对资本主义私有制条件下的异化劳动所引起的劳动者与有产者或工人与其雇主即资本家的关

① 《马克思恩格斯全集》第13卷，人民出版社，1962，第7-8页。
② 《马克思恩格斯全集》第1卷，人民出版社，1956，第250-251、359页。
③ 《马克思恩格斯全集》第13卷，人民出版社，1962，第8页。
④ 《马克思恩格斯全集》第42卷，人民出版社，1979，第90页。
⑤ 同上书，第91页。
⑥ 同上书，第91页。
⑦ 同上书，第93页。
⑧ 同上书，第94页。
⑨ 同上书，第100页。
⑩ 同上书，第140页。

系的分析，已经接近于自己政治经济学的研究对象即生产关系的分析。

随着时间的推移和对物质利益关系研究的逐步深入，马克思通过《关于费尔巴哈的提纲》和与恩格斯合著的《德意志意识形态》这两部著作的问世，不仅实现了他们世界观的彻底转变，也创立了科学的唯物主义历史观，直接提出了研究人类社会生产关系结构的必要性问题。

关于生产关系产生的历史前提，马克思和恩格斯指出："我们开始要谈的前提并不是任意想出的，它们不是教条，而是一些只有在想象中才能加以抛开的现实的前提。"① "任何人类历史的第一个前提无疑是有生命的个人的存在。"② "以一定的方式进行生产活动的一定的个人，发生一定的社会关系和政治关系。""社会结构和国家经常是从一定个人的生活过程中产生的。"③ 马克思和恩格斯得出结论说："这里所说的个人不是他们自己或别人想象中的那种个人，而是现实中的个人，也就是说，这些个人是从事活动的，进行物质生产的，因而是在一定的物质的、不受他们任意支配的界限、前提和条件下能动的地表现自己的。"④ 这就是说，生产关系产生的历史前提，不是别的，只能是从事物质生产的、以一定的方式进行生产活动的、在物质生产过程中发生一定社会关系和政治关系的个人。

在明确生产关系产生的历史前提之后，马克思和恩格斯又确立了研究生产关系的出发点和方法论原则。关于研究的出发点，他们指出："德国哲学从天上降到地上；和它相反，这里我们是从地上升到天上，就是说，我们不是从人们所说的、所想象的、所设想的东西出发，也不是从只存在于口头上所说的、思考出来的、想象出来的、设想出来的人出发"。"我们的出发点是从事实际活动的人。"⑤ 从研究生产关系的出发点，他们又引出研究这一问题的方法论原则。他们指出："前一种观察方法从意识出发，把意识看作是有生命的个人。符合实际生活的第二种观察方法则是从现实的、有生命的个人本身出发，把意识仅仅看作是他们的意识。"⑥ 这样，马克思和恩格斯不仅在研究的出发点上设定了研究生产关系的唯物主义历史观的方向和路线图，而且在方法论上也同唯心主义历史观划清了界限。

在确立了研究生产关系的出发点和方法论原则之后，马克思和恩格斯便开始了对生产关系产生的历史前提的分析。在《德意志意识形态》中，他们指出："一切人类生存的第一个前提也就是一切历史的第一前提"，就是"人们为了能够'创造历史'，必须能够生活。但是为了生活，首先就需要衣、食、住以及其他东西。因此第一个历史活动就是生产满足这些需要的资料，即生产物质生活本身。同时这也是人们仅仅为了能够生活就必须每日每时都要进行的（现在也和几千年前一样）一种历史活动，即一切历史

① 《马克思恩格斯全集》第3卷，人民出版社，1960，第23页。
② 同上书，第23页。
③ 同上书，第28-29页。
④ 同上书，第29页。
⑤ 同上书，第30页。
⑥ 同上书，第30页。

的一种基本条件"①。"不管生产过程的社会形式怎样，它必须是连续不断的，或者说，必须周而复始地经过同样一些阶段。一个社会不能停止消费，同样，它也不能停止生产。"② 因此，"物质生产的发展"是"整个社会生活以及整个现实历史的物质基础"③。然而，在物质生产过程中，人们"不仅仅同自然界发生关系。他们如果不以一定方式结合起来共同活动和互相交换其活动，便不能进行生产。为了进行生产，便发生一定的联系和关系；只有在这些社会联系和社会关系的范围内，才会有他们对自然界的关系，才会有生产"④。这就是说，在物质生产过程中，以人为主体的各种社会联系和关系是二重的：一是人与各种自然要素（例如与劳动对象和劳动资料即生产资料）的关系，二是人们因共同活动和互相交换其活动而发生的社会联系和社会关系。其中，人们与各种自然要素的关系，体现的是"人们对那些用来生产物质资料的自然对象和力量的关系"⑤。我们通常把"人们对于那些用生产物质资料的自然对象和力量的关系"所形成的利用自然、改造自然、从自然界获取自己所需要的物质资料的力量，称作生产力、物质生产力或社会生产力⑥。而人们在物质生产中因共同活动或互相交换其活动所发生的社会联系和社会关系，体现在一定的社会组织形式之中。这种社会联系或社会结合的方式，即生产的一种社会化的组织形式，便是人们常说的生产方式。可是，人类社会的生产方式尤其是资本主义生产方式也具有二重性。"一方面，资本主义生产方式表现为劳动过程转化为社会劳动过程的历史必然性；另一方面，劳动过程的这种社会形式表现为资本通过提高劳动过程的生产力来更有利地剥削劳动过程的一种方法。"⑦ 也就是说，人类社会的生产方式，不仅表现在现象形式上，也表现为人们在社会生产过程中共同活动和互相交换其活动的而相互结合的方式，表现为"生产的社会化组织"形式，而且在这种生产方式即"生产的社会化组织"中也包含有人们在社会生产过程中发生的物质利益关系、经济关系，也就是我们所说的"生产关系"。在这里，马克思揭示了人类社会生产关系产生的历史前提，即物质资料的生产过程。

然而，在物质资料的生产过程中，人类社会的生产关系也不是孤立存在的。接着，马克思又从物质资料的生产过程出发，从总体上分析了社会生产过程中的各种要素即生产力、生产方式和生产关系的内在联系。在《哲学的贫困》中，他说："随着新生产力的获得，人们改变自己的生产方式，随着生产方式即保证自己生活的方式的改变，人们也就会改变自己的一切社会关系。"⑧ 在1873年出版的《资本论》法文版第一卷，马克思对生产力、生产方式和生产关系的内在联系又做了进一步的论述。他说：人们在自己生活的社会生产中发生一定的、必然的，不以他们的意志为转移的关系，即同他们的物

① 《马克思恩格斯全集》第3卷，人民出版社，1960，第31-32页。
② 《马克思恩格斯全集》第23卷，人民出版社，1972，第621页。
③ 同上书，第204页脚注。
④ 《马克思恩格斯全集》第6卷，人民出版社，1961，第486页。
⑤ 斯大林：《斯大林选集》（下），人民出版社，1979，第442页。
⑥ 《马克思恩格斯全集》第46卷（上），人民出版社，1979，第173页。
⑦ 《马克思恩格斯全集》第23卷，人民出版社，1972，第372页。
⑧ 《马克思恩格斯全集》第4卷，人民出版社，1958，第144页。

质生产力的一定发展阶段相适合的“一定的生产方式以及从这种生产方式中产生的社会关系”①。这说明，生产方式要与生产力发展相适合，而生产关系则由生产方式而产生。

马克思主义经典作家关于人类社会生产关系产生的历史前提和研究出发点的论述，不仅确切而清晰地向我们展示了人类社会生产关系产生的逻辑和历史的起点、基本路径以及各种相关因素的内在联系，也为我们进一步研究人类社会生产关系结构系问题提供了科学的世界观基础、历史观前提和方法论原则，同时，还为我们关于生产关系结构问题的研究，提供了科学而正确的思想路线和必要条件。

二、关于生产关系结构问题的论述

马克思主义经典作家关于生产关系结构问题的论述，不仅内容丰富，而且视野宽阔、深刻而具体。

关于生产关系的含义。马克思在《雇佣劳动与资本》中指出：“人们在生产中不仅仅同自然界发生关系。他们如果不以一定方式结合起来共同活动和互相交换其活的，便不能进行生产。为了进行生产，人们便发生一定的联系和关系；只有在这些社会联系和社会关系的范围内，才会有他们对自然界的关系，才会有生产。”② 这就是说，生产关系是人们在生产中以一定方式结合起来共同活动和互相交换其活的的社会联系和社会关系。在《经济学手稿》中，马克思又说：“人们的生活自古以来就建立在生产上面，建立在这种或那种社会生产上面，这种社会生产的关系，我们恰恰就称之为经济关系。”③ 这就是说，生产关系又是建立在社会生产上面的，称作经济关系。斯大林在《辩证唯物主义和历史唯物主义》中更加具体地指出：生产关系“就是人们在生产过程中的相互关系”，就是“人们在实现物质资料生产的时候，在生产内部彼此建立的这种或那种相互关系”④。关于生产关系的含义，在马克思主义经典作家的诸多著述中，还有一些说法。例如，恩格斯在《论住宅问题》中指出：“每一种社会的经济关系首先作为物质利益表现出来。”⑤ 这是说，生产关系、经济关系，也就是物质利益关系。在《反杜林论》中，他又说：“以往的全部历史，除原始状态外，都是阶级斗争的历史；这些互相斗争的社会阶级在任何时候都是生产关系和交换关系的产物。一句话，都是自己时代的经济关系的产物。”⑥ 在这里，恩格斯又把生产关系与交换关系并列，称为经济关系。毛泽东在他的论著《实践论》中指出：“在各种阶级的社会中，各个阶级的社会成员，则又以各种不同的方式，结成一定的生产关系，从事生产活动，以解决人类物质生活问

① 马克思：《资本论》法文版第1卷（中译本），中国社会科学出版社，1983，第61页注（31）.
② 《马克思恩格斯全集》第6卷，人民出版社，1961，第486页。
③ 《马克思恩格斯全集》第46卷（上），人民出版社，1979，第488页。
④ 《斯大林选集》（下），第442页。
⑤ 《马克思恩格斯全集》第18卷，人民出版社，1964，第307页。
⑥ 《马克思恩格斯全集》第20卷，人民出版社，1971，第701页。

题。”① 这里，毛泽东又把阶级社会中的生产关系说成阶级社会的社会成员在社会生产中所结成的关系即阶级关系。可见，马克思主义经典作家所说的生产关系有以下几层意思：①人们在社会生产过程中以一定方式结合起来，共同活动和互相交换其活动的社会联系或社会关系；②人们建立在生产上面的经济关系；③人们在社会生产过程中发生的物质利益关系；④在商品经济条件下，人们之间的商品交换关系也应包括在生产关系之内；⑤在阶级社会中，生产关系也是各个阶级的社会成员在社会生产中所结成的相互关系即阶级关系。

关于生产关系结构问题。马克思主义经典作家首先阐明了研究这一问题的方法论原则。在《哲学的贫困》中，马克思指出：“每一个社会中的生产关系都形成一个统一的整体。”② 研究生产关系问题，绝不能像蒲鲁东那样，“用政治经济学的范畴构建某种思想体系的大厦”，从而“把社会体系的各个环节割裂开来”③。列宁在批判“民粹主义的经济内容”时指出：“民粹派认为要批判资本主义，只须肯定剥削的存在，只须肯定剥削和政策之间的相互作用等等就够了。”而“马克思主义者则认为，必须解释这些剥削现象，把它们连接成一定的生产关系体系，即特殊的社会经济形态，而这种经济形态的活动规律和发展规律是需要作客观研究的”④。总之，马克思和列宁都认为，研究生产关系，必须把它作为一个统一的整体，尤其是研究资本主义生产关系，则必须通过对这一整体的分析来揭示资本主义生产关系整个体系的剥削实质和发展规律。

在阐明了研究生产关系结构问题的方法论原则之后，马克思即在《〈政治经济学批判〉导言》中，在批判巴师夏、凯里和蒲鲁东等人割裂生产关系整体或体系中的生产与分配的内在联系、侈谈“生产不同于分配”、妄图通过改变不平等的资本主义分配、把资本主义整个经济制度“当作社会一般的颠扑不破的自然规律保持下来”的反动的形而上学、折中主义谬论的同时，又从社会再生产的整体出发，分析了生产、分配、交换和消费之间的辩证统一及其内含的经济关系或生产关系。他指出：“肤浅的表象是：在生产中，社会成员占有（创造、改造）自然产品供人类需要；分配决定于个人分取这些产品的比例；交换给个人带来他想用分配给他的一份去换取那些特殊产品；最后，在消费中，产品变成享受的对象，个人占有的对象。”⑤ “生产创造出适合需要的对象；分配依照社会规律把它们分配；交换依照个人需要把已经分配的东西再分配；最后，在消费中，产品脱离这种社会运动，直接变成个人需要的对象和仆役，供个人享受而满足个人需要。”⑥ “生产表现为起点，消费表现为终点，分配和交换表现为中间环节，这中间环节又是二重的，分配被规定为从社会出发的要素，交换被规定为从个人出发的要素。在生产中，人客体化，在消费中，物（人）主体化；在分配中，社会以一般的、占统治地位的规定的形式，担任生产和消费之间的媒介；在交换中，生产和消费由偶然

① 毛泽东：《毛泽东选集》第1卷，人民出版社，1991，第283页。
② 《马克思恩格斯全集》第4卷，人民出版社，1958，第144页。
③ 同上书，第145页。
④ 列宁：《列宁全集》第1卷，人民出版社，1984，第404页。
⑤ 《马克思恩格斯全集》第46卷（上），人民出版社，1979，第26页。
⑥ 同上书，第26页。

的个人的规定性来媒介。"① 生产、分配、交换、消费因此形成一个正规的三段论法：生产是一般，分配和交换是特殊，消费是个别，全体由此结合在一起。"生产决定于一般的自然规律；分配决定于社会的偶然情况；因此它能或多或少地对生产起促进作用；交换作为形式上的社会运动介于两者之间；而消费这个不仅被看成终点而且被看成最后目的的结束行为"，"它又会反过来作用于起点并重新引起整个过程"②。

在分析了生产关系结构的整体之后，马克思又分别而具体地分析了"生产和消费""生产和分配""交换和流通"之间的对立统一及其内含的经济关系。关于"生产和消费"的关系，他指出："生产直接也是消费。"③ "生产同消费合一和消费同生产合一的这种直接的统一，并不排斥它们直接是两个东西。"④ "生产和消费，每一方直接是它的对方。""同时在两者之间存在着一种媒介运动。生产媒介着消费，它创造出消费的资料，没有生产，消费就没有对象。但是消费媒介着生产，因为正是消费替产品创造了主体，产品对这个主体才是产品。产品在消费中才得到最后完成。"⑤ "消费从两个方面生产着生产：（1）因为产品只是在消费中才成为现实的产品"，产品"在消费中才证实为自己是产品，才成为产品。消费是在把产品消灭的时候才使产品最后完成"。"（2）因为消费创造出新的生产的需要，因而创造出生产的观念上的内在动机，后者是生产的前提。""没有需要，就没有生产。而消费则把需要再生产出来。"⑥ 同样，生产也生产着消费："（1）是由于生产为消费创造出材料，（2）是由于生产决定着消费的方式，（3）是由于生产通过它起初当作对象生产出来的产品在消费者身上引起需要。"⑦ 最后，马克思对生产和消费的关系进行了总结。他说："这里要强调的主要之点是：无论我们把生产和消费看作一个主体的活动或者许多个人的活动，它们总是表现为一个过程的两个要素，在这个过程中，生产是实际的起点，因而也是起支配作用的要素。消费，作为必需，作为需要，本身就是生产活动的一个内在要素。""是整个过程借以重新进行的行为。"⑧ "但是，在社会中，产品一经完成，生产者对产品的关系就是一种外在的关系。产品回到主体，取决于生产主体对其他个人的关系。他不是直接获得产品。""在生产者和产品之间出现了分配，分配借社会规律决定生产者在产品世界中的份额，因而出现在生产和消费之间。"⑨

对于"生产和分配"的关系，马克思站在生产关系的高度，从以下几个方面对资本主义生产关系进行了分析。首先，分析了生产要素与分配要素之间的关系。他指出："如果看看普通的经济学著作，首先令人注目的是，在这些著作里什么都被提出两次。举例来说，在分配上出现的是地租、工资、利息和利润，而在生产上作为生产要素出现

---

① 《马克思恩格斯全集》第46卷（上），人民出版社，1979，第26页。

② 同上书，第26页。

③ 同上书，第27页。

④ 同上书，第28页。

⑤ 同上书，第28页。

⑥ 同上书，第28–29页。

⑦ 同上书，第29–30页。

⑧ 同上书，第31页。

⑨ 同上书，第31–32页。

的是土地、劳动、资本。"① "说到资本，一看就清楚，它被提了两次：(1) 作为生产要素；(2) 作为收入源泉，作为决定一定的分配形式的东西。" "利息和利润，就它们作为资本增殖和扩大的形式，因而作为资本自身的生产的要素来说，本身也出现在生产中。利息和利润作为分配形式，是以资本作为生产要素为前提的。它们是以资本作为生产要素为前提的分配方式。它们又是资本的再生产方式。"② "同样，工资是在另一个项目中被考察的雇佣劳动：在雇佣劳动的场合作为生产要素的劳动所具有的规定性，在工资的场合表现为分配的规定。如果劳动不是规定为雇佣劳动，那么，劳动参与产品分配的方式，也就不表现为工资，如在奴隶制度下就是这样。"③ "最后，地租——我们直接来看地产参与产品分配的最发达形式的前提，是作为生产要素的大地产（其实是大农业），而不是通常的土地，就像工资的前提不是通常的劳动一样。"④ 总之，"分配关系和分配方式只是表现为生产要素的背面"。"分配的结构完全决定于生产的结构，分配本身是生产的产物，不仅就对象说是如此，而且就形式说也是如此。就对象说，能分配的只是生产的成果，就形式说，参与生产的一定形式决定分配的特定形式。"⑤ 此外，马克思还从历史的和法律的角度，分析了生产要素产权结构和要素产权对分配结构的决定作用。

关于"交换和流通"与生产之间的关系，马克思指出："流通本身只是交换的一定要素，或者也是从交换总体上看的交换。" "既然交换只是生产和由生产决定的分配同消费之间的媒介要素，而消费本身又表现为生产的一个要素，交换当然也就作为生产的要素包含在生产之内。"⑥ "在生产本身中发生的各种活动和各种能力的交换，直接属于生产，并且从本质上组成生产。" "只要产品交换是用来制造供直接消费的成品的手段"，"在这个限度内，交换本身是包含在生产中的行为"。"所谓实业家之间的交换，从它的组织方面看，既完全决定于生产，而且本身也是生产活动。只有在最后阶段上，当产品直接为了消费而交换的时候，交换才表现为独立于生产之外，与生产漠不相干。"⑦ 但是，"如果没有分工""也就没有交换"，"私人交换以私人生产为前提"，"交换的深度、广度和方式是由生产的发展和结构决定的"。"交换就其一切要素来说，或者是直接包含在生产之中，或者是由生产决定。"⑧

最后，在分别分析了"生产和消费""生产和分配""交换和流通"及其与生产的关系之后，马克思又回到生产关系的总体，对生产关系结构得出如下结论："我们得到的结论并不是说，生产、分配、交换、消费是同一的东西，而是说，它们构成一个总体的各个环节、一个统一体内部的差别。生产既支配着与其他要素相对而言的生产自身，也

① 《马克思恩格斯全集》第46卷（上），人民出版社，1979，第32页。
② 同上书，第32页。
③ 同上书，第32页。
④ 同上书，第32页。
⑤ 同上书，第32-33页。
⑥ 同上书，第36页。
⑦ 同上书，第36页。
⑧ 同上书，第36页。

支配着其他的要素。过程总是从生产重新开始。交换和消费不能是起支配作用的东西，这是不言而喻的。分配，作为产品的分配，也是这样。而作为生产要素的分配，它本身就是生产的一个要素。因此，一定的生产决定一定的消费、分配、交换和这些不同要素相互间的一定关系。”“不同要素之间存在着相互作用。每一个有机整体都是这样。”① 依据以上对生产关系及其结构的整体分析，马克思设计了自己的政治经济学巨著——《政治经济学批判》一书的体系结构，之后，几经修改，最终形成了他的政治经济学巨著——《资本论》前三卷（理论部分）的科学的结构体系。

在马克思主义发展史上，列宁在分析和确定划分阶级的标准时，也从整体上勾勒了生产关系结构的基本框架。他指出：“所谓阶级，就是这样一些大的集团，这些集团在历史上一定的社会生产体系中所处的地位不同，同生产资料的关系（这种关系大部分是在法律上明文规定了的）不同，在社会劳动组织中所起的作用不同，因而取得归自己支配的那份社会财富的方式和多寡也不同。所谓阶级，就是这样一些集团，由于它们在一定社会经济结构中所处的地位不同，其中一个集团能够占有另一个集团的劳动。”② 斯大林在《苏联社会主义经济问题》中，也对生产关系结构的基本要件做了具体的分析和论述，他说：“人们的生产关系，即经济关系。这里包括：（一）生产资料的所有制形式；（二）由此产生的各种社会集团在生产中的地位以及他们相互关系，或如马克思所说的，‘互相交换其活动’；（三）完全以它们为转移的产品分配形式。”③

马克思主义经典作家不仅对生产关系结构进行了整体的和系统的分析，还深入到生产关系结构的内部，分析了生产资料所有制在生产关系整体中的基础地位和基础作用。在《剩余价值理论》中，马克思在客观评价重农学派关于剩余价值来源的理论及其首创精神时指出：“假定土地所有者作为资本家同劳动者相对立。”“这个土地所有者实质上是资本家。在这方面重农主义体系也是对的，因为劳动者同土地和土地所有权的分离是资本主义生产和资本的生产的基本条件。”④ 在《资本论》第 1 卷分析资本家“对剩余劳动的贪欲”时，马克思指出：“资本并没有发明剩余劳动。凡是社会上一部分人享有生产资料垄断权的地方，劳动者，无论是自由的或不自由的，都必须在维持自身生活所必需的劳动时间以外，追加超额的劳动时间来为生产资料的所有者生产生活资料，不论这些所有者是雅典的贵族，伊特剌斯坎的僧侣，罗马的市民，诺曼的男爵，美国的奴隶主，瓦拉几亚的领主，现代的地主，还是资本家。”⑤ 在分析“资本的原始积累过程”时，马克思又指出：“资本关系以劳动者和劳动实现条件的所有权之间的分离为前提。资本主义生产一旦站稳脚跟，它就不仅保持这种分离，而且以不断扩大的规模再生产这种分离。”“因此，所谓原始积累只不过是生产者和生产资料分离的历史过程。这个过程所以表现为‘原始的’，因为它形成资本及与之相适应的生产方式的前史。”⑥ 在《哥

---

① 《马克思恩格斯全集》第 46 卷（上），人民出版社，1979，第 36-37 页。

② 《列宁全集》第 37 卷，人民出版社，1986，第 13 页。

③ 《斯大林选集》（下），人民出版社，1979，第 594 页。

④ 《马克思恩格斯全集》第 26 卷（I），人民出版社，1972，第 25 页。

⑤ 《马克思恩格斯全集》第 23 卷，人民出版社，1972，第 263 页。

⑥ 同上书，第 782-783 页。

达纲领批判》中，马克思说得更加明确："消费资料的任何一种分配，都不过是生产条件本身分配的结果。而生产条件的分配，则表现为生产方式本身的性质。例如，资本主义生产方式的基础就在于：物质的生产条件以资本和地产的形式掌握在非劳动者的手中，而人民大众则只有人身的生产条件，即劳动力。既然生产的要素是这样分配的，那么自然而然地就要产生消费资料的现在这样的分配。如果物质的生产条件是劳动者自己的集体财产，那么同样要产生一种和现在不同的消费资料的分配。"① 马克思在1881年《给维·伊·查苏利奇的复信草稿——初稿》中，再次强调了"生产资料所有制"的基础地位和作用。他说："在分析资本主义生产的起源时，我说过，它的基础是'生产者同生产资料的彻底分离'，并且说过，'这整个发展的基础就是对农民的剥夺'。"② 恩格斯在《致奥托·伯尼克》的信中，把在"实行全部生产资料公有制（先是单个国家实行）的基础上组织生产"，作为社会主义与资本主义在制度上的"具有决定意义的差别"③。斯大林在《第一个五年计划的总结》中，非常明确地把"私有制"作为"资本主义的基础"，把"公有制"作为"苏维埃制度的基础"④。

马克思主义经典作家认为，生产资料所有制不仅是生产关系的基础，也是变革生产关系的首要的和基本的问题。早在《共产党宣言》中，马克思和恩格斯就旗帜鲜明地宣告："共产党人到处都支持一切旨在反对现存社会政治制度的革命运动。"其中，"最为注重的是所有制问题，把它作为运动的基本问题，不管这个问题当时的发展程度怎样。"⑤ 19世纪70年代，恩格斯在《反杜林论》中进一步强调了生产资料所有制在社会变革中的基础地位问题。他说："资本主义生产方式日益把大多数居民变为无产者，同时就造成一种在死亡的威胁下不得不去完成这个变革的力量。这种生产方式迫使人们日益把巨大的社会化的生产资料变为国家财产，同时它本身就指明完成这个变革的道路。无产阶级将取得国家政权，并且首先把生产资料变为国家财产。"⑥ 后来，恩格斯在19世纪80年代撰写的《家庭、私有制和国家的起源》中，又进一步强调了所有制在历次革命运动中的核心地位和作用。他说："迄今所发生的一切革命，都是为了保护一种所有制以反对另一种所有制的革命。它们如果不侵犯另一种所有制，便不能保护这一种所有制。在法国大革命时期，是牺牲封建的所有制以拯救资产阶级的所有制；在梭伦所进行的革命中，应当是损害债权人的财产以保护债务人的财产。"⑦ 列宁则更加明确地把"消灭生产资料私有制"作为工人阶级获得真正的解放的首要前提以及无产阶级实现自己的经济统治的根本标志。他说："工人阶级要获得真正的解放，必须进行资本主义全部发展所准备起来的社会革命，即消灭生产资料私有制，把它们变为公有财产。"⑧ "无

① 《马克思恩格斯全集》第19卷，人民出版社，1963，第23页。
② 同上书，第430页。
③ 《马克思恩格斯全集》第37卷，人民出版社，1971，第443页。
④ 《斯大林全集》第13卷，人民出版社，1956，第188页。
⑤ 《马克思恩格斯全集》第4卷，人民出版社，1958，第504页。
⑥ 《马克思恩格斯全集》第20卷，人民出版社，1971，第305页。
⑦ 《马克思恩格斯全集》第21卷，人民出版社，1965，第131页。
⑧ 《列宁全集》第6卷，人民出版社，1986，第193页。

产阶级的统治表现在废除了地主和资本家的所有制。”“获得胜利的无产阶级废除并彻底破除了这一所有制，阶级统治也就表现在这里。首先就表现在所有制问题上。我们实际解决了所有制问题，这样也就保证了阶级统治。”①

马克思主义经典作家不仅把每一社会的生产关系作为一个统一的整体，从不同角度研究并揭示了人类社会的生产关系结构，还运用逻辑和历史相一致的方法，研究并揭示了人类社会不同发展阶段生产关系结构的不同特点、发展趋势及其运动规律。

关于原始公社的生产关系。恩格斯在《反杜林论》指出：“在实行土地公有制的氏族公社或农村公社中（一切文明民族都是从这种公社或带着它的非常显著的残余进入历史的）相当平等地分配产品，完全是不言而喻的；如果成员之间在分配方面发生了较大的不平等，那么，这就已经是公社开始解体的标志了。”② 在《家庭、私有制和国家的起源》中，他又指出：“在先前的一切社会发展阶段上，生产在本质上共同的生产，同样，消费也归结为产品在较大或较小的共产制公社内部的直接分配。生产的这种共同性质是在极狭小的范围内实现的，但是它的伴侣是生产者对自己的生产过程和产品的支配。”③ 斯大林在《辩证唯物主义和历史唯物主义》中，则更进一步地指出：“在原始公社制度下，生产关系的基础是生产资料的公有制。”“公共的劳动导致生产资料和产品的公有制。”④ 很明显，他们所指出的原始公社制生产关系结构的特点就是：①生产资料公有制；②公社成员共同劳动；③劳动产品归公社成员共同所有，按照相当平等的原则共同分配。

关于奴隶制生产关系。马克思在《资本论》第1卷的一个脚注中指出：“按照古人的恰当的说法，劳动者在这里只是会说话的工具，牲畜是会发声的工具，无生命的劳动工具是无声的工具，它们之间的区别只在于此。”⑤ 在《反杜林论》中，恩格斯则指出：“自从猎取奴隶和剥削奴隶成为彼此分开的行业的最初时期起，奴隶劳动的剥削者就不得不购买奴隶，就是说，只有通过对物的支配，对购买价格的支配，对奴隶的生活资料和劳动资料的支配，才能获得对人的支配。”⑥ 在《美国工人运动》中，他又指出：“在亚细亚古代和古典古代，阶级压迫的主要形式是奴隶制，即与其说是群众被剥夺了土地，不如说他们的人身被占有。”⑦ 列宁在《论国家》中，说得更加明确：“奴隶主和奴隶——是第一次大规模的阶级划分。前一集团不仅占有一切生产资料，（即土地和工具，尽管当时工具还十分简陋）并且还占有人。这个集团就叫作奴隶主。而从事劳动并把劳动果实交给别人的人则叫作奴隶。”⑧ 斯大林在《辩证唯物主义和历史唯物主义》中更为具体地分析和论证了奴隶制的生产关系结构。他指出：“在奴隶制度下，生产关系的

---

① 《列宁全集》第38卷，人民出版社，1986，第281页。

② 《马克思恩格斯全集》第20卷，人民出版社，1971，第161页。

③ 《马克思恩格斯全集》第21卷，人民出版社，1965，第198页。

④ 《斯大林选集》（下），人民出版社，1979，第446页。

⑤ 参见《马克思恩格斯全集》第23卷，人民出版社，1972，第222-223页脚注（1）.

⑥ 《马克思恩格斯全集》第20卷，人民出版社，1971，第202页。

⑦ 《马克思恩格斯全集》第21卷，人民出版社，1965，第387页。

⑧ 《列宁全集》第37卷，人民出版社，1986，第64页。

基础是奴隶主占有生产资料和占有生产工作者，这些生产工作者就是奴隶主可以把他们当牲畜来买卖屠杀的奴隶。”“这里社会一切成员在生产过程中的那种共同的自由的劳动没有了，占主要地位的是受不劳动的奴隶主剥削的奴隶的强迫劳动。因此生产资料和劳动产品的公有制也没有了。代替它的是私有制。这里，奴隶主是第一个和基本的十足的私有者。”“富人和穷人，剥削者和被剥削者，享有完全权利的人和毫无权利的人，他们彼此间的残酷的阶级斗争，——这就是奴隶占有制度的情景。”① 依据上述，奴隶制生产关系结构的基本特点可有以下几点：①奴隶主占有生产资料和占有生产工作者（在人身上占有奴隶）；②劳动者（奴隶）被当作会说话的工具，可以被买卖和屠杀，没有任何人身自由；③奴隶的劳动是在奴隶主剥削、压榨下的强迫劳动；④奴隶向奴隶主提供的劳动都是无偿劳动②。

关于封建制生产关系。马克思在《资本论》第1卷分析商品拜物教的历史性质时指出：在“欧洲昏暗的中世纪”，“物质生产的社会关系以及建立在这种生产的基础上的生活领域，都是以人身依附为特征的”。“人身依附关系构成该社会的基础，劳动和产品也就用不着采取与它们的实际存在不同的虚幻形式。它们作为劳役和实物贡赋而进入社会机构之中。”③ 恩格斯在《论封建制度的瓦解和民族国家的产生》中，指出：“货币在中世纪早期的典型封建经济中几乎是没有地位的。封建主或者是用劳役形式，或者是用实物形式，从他的农奴那里取得他所需要的一切。”④ 列宁在批评民粹主义的经济内容时指出：“改革前的农奴制经济”，“生产关系的基本内容是这样的：地主把土地、建筑用的木材，总之是每个农户所需的生产资料（有时甚至生活资料）交给农民，让农民自己养活自己，同时强迫农民用全部剩余时间给他做工，服徭役”⑤。在《俄国资本主义的发展》中，他又指出：“农民对地主的人身依附是这种经济制度的条件。如果地主没有直接支配农民人身的权力，他就不可能强迫那些分得土地而经营自己的经济的人来为他做工。所以必须实行‘超经济强制’。”“这种强制可能有各种各样的形式和不同的程度，从农奴地位起，一直到农民等级没有完全的权利为止。”⑥ 在《什么是“人民之友”以及他们如何攻击社会民主党人》中，列宁则把封建生产关系结构说得更加具体。他说：“这种生产关系就是：土地为大土地占有者即地主所瓜分；地主把这种土地分给农民，以便剥削他们”，“使农民能够为地主生产剩余产品；它是一种使农民为地主服劳役的手段”⑦。斯大林在《辩证唯物主义和历史唯物主义》中，对封建社会的生产关系结构做了进一步的补充和发展。在这里，他指出：“在封建制度下，生产关系的基础是封建主占有生产资料和不完全地占有生产工作者——农奴，封建主已经不能屠杀农奴，但是可以买卖农奴。除了封建所有制以外，还存在农民和手工业者以本身劳动为基础的

---

① 《斯大林选集》（下），人民出版社，1979，第446-447页。
② 《马克思恩格斯全集》第16卷，人民出版社，1964，第267页。
③ 《马克思恩格斯全集》第23卷，人民出版社，1972，第94页。
④ 《马克思恩格斯全集》第21卷，人民出版社，1965，第449页。
⑤ 《列宁全集》第1卷，人民出版社，1984，第450页。
⑥ 《列宁全集》第3卷，人民出版社，1984，第161-162页。
⑦ 《列宁全集》第1卷，人民出版社，1984，第158页。

个人所有制，他们占有生产工具和自己的私有经济。”① 总之，马克思主义经典作家阐明的封建制生产关系结构的特点可概括如下：①在所有制结构上，封建主占有生产资料和不完全占有生产工作者即农奴，同时还存在农民和手工业者的以本身劳动为基础的个体所有制经济。②农民与封建主或地主之间的关系是农民对封建主或地主的人身依附关系；封建主或地主为了保持直接支配农民个人的权力，则对农民实行超经济强制。③封建主或地主对农民的剥削方式主要是实物地租、劳役地租。④在封建制度下，占统治地位并起基础性决定性作用的是封建主或地主占有生产资料和不完全占有生产工作者。

关于资本主义生产关系。马克思在《资本论》尤其是在《资本论》第 3 卷第 7 篇，做了总体性的分析和论述。首先，马克思通过对资本主义生产方式两个特征的分析，揭示了其中内涵的生产关系结构的本质特点。他指出资本主义生产方式的第一个特征，就是“它生产的产品是商品”。然而，“使它和其他生产方式相区别的，不在于生产商品，而在于，成为商品是它的产品的占统治地位的、决定的性质。这首先意味着，工人自己也只是表现为商品的出售者，因而表现为自由的雇佣工人，这样，劳动就表现为雇佣劳动”。“这种生产方式的主要当事人，资本家和雇佣工人，本身不过是资本和雇佣劳动的体现者，人格化，是由社会生产过程强加在个人身上的一定的社会性质，是这些一定的社会生产关系的产物。”② “资本主义生产方式的第二个特征是，剩余价值的生产是生产的直接目的和决定动机。资本本质上是生产资本的，但只有生产剩余价值，它才生产资本。”“在这里，劳动社会生产力的提高只是表现为资本生产力的不断提高。”③ “资本家作为资本的人格化在直接生产过程中取得的权威”，“作为生产的指挥者和统治者的社会职能”，“是以实行严格管理的权威的形式，并且是以劳动过程的完全按等级安排了的社会机构的形式出现的”，“这种权威的执掌者，只是作为同劳动相对立的劳动条件的人格化”。“生产的社会联系只是表现为一种不顾个人自由意志而压倒一切的自然规律。”④在资本主义生产方式中，生产的两个基本要素采取了独特的社会形式，“劳动采取雇佣劳动的形式，生产资料采取资本的形式”，由之，“价值（产品）的一部分才表现为剩余价值，这个剩余价值才表现为利润（地租），表现为资本家的赢利，表现为可供支配的、归他所有的追加的财富”。“那种用来扩大再生产并形成一部分利润的追加生产资料，才表现为新的追加资本，并且整个再生产过程的扩大才表现为资本主义的积累过程。”⑤

对于资本主义的分配关系，马克思指出：“工资以雇佣劳动为前提，利润以资本为前提”，“这些一定的分配形式是以生产条件的一定的社会性质和生产当事人之间的一定的社会关系为前提的。因此，一定的分配关系只是历史规定的生产关系的表现”⑥。利润虽然是资本主义生产的果实，但“利润不是表现为产品分配的主要因素，而是表现为

① 《斯大林选集》（下），人民出版社，1979，第 447 页。
② 《马克思恩格斯全集》第 25 卷，人民出版社，1974，第 994-995 页。
③ 同上书，第 996 页。
④ 同上书，第 996-997 页。
⑤ 同上书，第 997 页。
⑥ 同上书，第 997 页。

产品生产本身的因素，即资本和劳动本身在不同生产部门之间分配的因素"，因此，利润还要"分割为企业主收入和利息"，超额利润还要因为土地所有权的存在而转化为"地租"①。在《资本论》第1卷中，马克思还特别指出并强调了资本主义劳动过程的特殊现象和性质。他指出：资本主义"劳动过程，就它是资本家消费劳动力的过程来说，显示出两个特殊现象"，即"工人在资本家的监督下劳动，他的劳动属于资本家"。"其次，产品是资本家的所有物，而不是直接生产者工人的所有物。"②"资本发展成为一种强制关系，迫使工人阶级超出自身生活需要的狭隘范围而从事更多的劳动。作为别人辛勤劳动的制造者，作为剩余劳动的榨取者和劳动力的剥削者，资本在精力、贪婪和效率方面，远远超过了以往一切以直接强制劳动为基础的生产制度。"③ 斯大林在《辩证唯物主义和历史唯物主义》中，对资本主义生产关系结构也做了具体的分析。他说："在资本主义制度下，生产关系的基础是生产资料的资本主义所有制"，"雇佣工人摆脱了人身依附，但是他们没有生产资料"，"除了生产资料的资本主义所有制以外，还存在着摆脱了农奴制依附关系的农民和手工业者的、以个人劳动为基础的生产资料的私有制"④。

依据马克思主义经典作家的论述，资本主义生产关系结构的基本特征有：①生产资料的资本家所有制是资本主义生产关系的基础，辅之以农民和手工业者的以个人劳动为基础的生产资料私有制；②以劳动力成为商品为特征的雇佣劳动制度；③资本家是生产的指挥者，工人在资本家的监督下劳动，劳动属于资本家；④剩余价值生产是生产的直接目的和决定性的动机，资本主义生产实质上就是剩余价值生产。

关于社会主义和共产主义的生产关系。对于这一问题具体而经典的描述，莫过于马克思的《哥达纲领批判》一书。在这本书中，马克思首先指出："我们这里所说的是这样的共产主义社会，它不是在它自身基础上已经发展了的，恰恰相反，是刚刚从资本主义社会产生出来的，因此，它在各方面，在经济、道德和精神方面都还带着它脱胎出来的那个旧社会的痕迹。"⑤ 这是"一个集体的、以共同占有生产资料为基础的社会"⑥。在这里，"每一个生产者，在作了各项扣除之后，从社会方面正好领回他所给予社会的一切。他所给予社会的，就是他个人的劳动量"。"他从社会领得一张证书，证明他提供了多少劳动（扣除他为社会基金而进行的劳动），而他凭这张证书从社会储存中领得和他所提供的劳动量相当的一分消费资料。他以一种形式给予社会的劳动量，又以另一种形式全部领回来。"⑦ 这个社会的分配方式，就是以生产资料公有制为基础的"按劳取酬"或"按劳分配"。在这种分配方式中，"除了自己的劳动，谁都不能提供其他任何东西，另一方面，除了个人的消费资料，没有任何东西可以成为个人的财产。至于消费资料在各个生产者中间的分配，那么这里通行的是商品等价物的交换中也通行的同一原

---

① 参见《马克思恩格斯全集》第25卷，人民出版社，1974，第997-998页。
② 《马克思恩格斯全集》第23卷，人民出版社，1972，第209-210页。
③ 同上书，第344页。
④ 《斯大林选集》（下），人民出版社，1979，第447-448页。
⑤ 《马克思恩格斯全集》第19卷，人民出版社，1963，第21页。
⑥ 同上书，第20页。
⑦ 同上书，第21页。

则，即一种形式的一定量的劳动可以和另一种形式的同量劳动相交换”①。这种分配方式，虽然消灭了几千年来人剥削人的制度，实现了生产者之间的极大的平等，是一个伟大的“进步”②。然而，“平等的权利按照原则仍然是资产阶级的法权，虽然原则和实践在这里已不再互相矛盾，而在商品交换中，等价物的交换只存在于平均数中，并不是存在于每个个别场合”③。“虽然有这种进步，但这个平等的权利还仍然被限制在一个资产阶级的框框里。生产者的权利是和他们提供的劳动成比例的；平等就在于以同一的尺度——劳动——来计量。”④“但是，一个人在体力或智力上胜过另一个人，因此在同一时间内提供较多的劳动，或者能够劳动较长的时间；而劳动，为了要使它能够成为一种尺度，就必须按照它的时间或强度来确定，不然它就不成为尺度了。这种平等的权利，对不同等的劳动者来说是不平等的权利。”⑤“其次，一个劳动者已经结婚，另一个则没有；一个劳动者的子女较多，另一个的子女较少，如此等等。在劳动成果相同、从而由社会消费品中分得的份额相同的条件下，某一个人事实上所得到的比另一个人多些，也就比另一个人富些，如此等等。”⑥“他不承认任何阶级差别，因为每个人都像其他人一样只是劳动者”，“所以就它的内容来讲，它像一切权利一样是一种不平等的权利”⑦。“要避免所有这些弊病，权利就不应当是平等的，而应当是不平等的。”⑧“但是这些弊病，在共产主义社会第一阶段，在它经过长久的阵痛刚刚从资本主义社会里产生出来的形态中，是不可避免的。权利永远不能超出社会的经济结构以及由经济结构所制约的社会的文化发展。”⑨ 然而，马克思又说：“在共产主义社会高级阶段上，在迫使人们奴隶般地服从分工的情形已经消失，从而脑力劳动和体力劳动的对立也随之消失之后；在劳动已经不仅仅是谋生的手段，而且本身成了生活的第一需要之后；在随着个人的全面发展生产力也增长起来，而集体财富的一切源泉都充分涌流之后，——只有在那个时候，才能完全超出资产阶级法权的狭隘眼界，社会才能在自己的旗帜上写上：各尽所能，按需分配！”⑩ 在这里，马克思把未来共产主义社会分为两个既相联系又相区别的不同阶段，即共产主义社会的第一阶段和共产主义社会的高级阶段。两个社会的共同点，在于生产资料的“集体的共同占有”。劳动者之间的关系是平等的同志式的互助合作关系。二者之间的区别在于，在共产主义社会第一阶段，劳动者之间的平等关系是相对的，平等的权利仍然被限制在资产阶级的框框里，“按照原则仍然是资产阶级法权”。而在共产主义社会的高级阶段，劳动者之间的平等关系和平等的权利则是充分的和较为完善的。而且在共产主义社会第一阶段，则由于生产力的发展水平所致，社会分工依然存

① 《马克思恩格斯全集》第19卷，人民出版社，1963，第21页。
② 同上书，第21页。
③ 同上书，第21页。
④ 同上书，第21页。
⑤ 同上书，第22页。
⑥ 同上书，第22页。
⑦ 同上书，第22页。
⑧ 同上书，第22页。
⑨ 同上书，第22页。
⑩ 同上书，第22-23页。

在，脑力劳动与体力劳动的差别未能消失，社会财富的源泉还受到很大限制而未充分涌流，劳动还是人们谋生的手段，劳动者个人才智还未达到全面发展，社会产品只能实行“各尽所能、按劳分配”；只有到了共产主义社会的高级阶段，上述条件都已具备，社会产品才能实行“各尽所能、按需分配”！

列宁根据苏维埃俄国社会主义革命和建设的实践，对马克思的上述思想做了进一步发展。在《俄共（布）莫斯科市代表会议上关于星期六义务劳动的报告》中，他明确指出：“如果我们问一下自己，共产主义同社会主义的区别是什么，那么我们就应当说，社会主义是直接从资本主义生产出来的社会，是新社会的初级形式，共产主义则是更高的社会形式，只有社会主义完全巩固的时候才能得到发展。社会主义的前提是在没有资本家帮助的情况下进行工作，是在劳动者的有组织的先锋队即先进部分施行最严格的计算、监督和监察下进行社会劳动；同时还应该规定劳动量和劳动报酬。”[①] 斯大林作为列宁的直接继承者，对社会主义的生产关系结构做了更加明确而具体地概括。他说：“在社会主义制度下，在目前还只有在苏联实现的这种制度下，生产资料的公有制是生产关系的基础。这里已经没有剥削者，也没有被剥削者。生产出来的产品是根据‘不劳动者不得食’的原则按劳分配的。这里，人们在生产过程中的相互关系，是不受剥削的工作者之间的同志合作和社会主义互助的关系。”[②] 他还说：“‘各尽所能，按劳分配’，——这就是马克思主义的社会主义公式，也就是共产主义的第一阶段即共产主义社会的第一阶段的公式。”[③] “只有在共产主义的高级阶段，每个人一方面尽自己的能力来劳动，另一方面将按自己的需要来领取劳动报酬。‘各尽所能，按需分配’。”[④]

马克思主义经典作家不仅研究和论证了人类社会不同发展阶段生产关系结构的特点，而且对人类社会不同发展阶段生产关系结构的演进、过程、路径及其规律进行了分析。关于人类社会发展不同阶段生产关系结构的演进，马克思和恩格斯在《德意志意识形态》中指出：“所有制的最初形式无论在古代世界或中世纪都是部落所有制”，“无论在古代或现代民族中，真正的私有制只是随着动产的出现才出现的。——（奴隶制和共同体）”。“在起源于中世纪的民族那里，部落所有制先经过了几个不同的阶段——封建地产，同业公会的动产，工场手工业资本——然后才变为由大工业和普遍竞争所产生的现代资本，即变成抛弃了共同体的一切外观并消除了国家对财产发展的任何影响的纯粹私有制。”[⑤] 并且，随着“劳动转化为自主活动”，“过去的被迫交往转化为所有个人作为真正的个人参加的交往”。“联合起来的个人对全部生产力总和的占有，消灭着私有制。”[⑥] 在这里，马克思和恩格斯简洁而扼要地揭示了生产关系由原始社会的部落所有制，经由奴隶所有制、封建所有制继而又由于生产力和生产方式的变化和发展，向着社会主义和共产主义社会的公有制演进的过程和路径。之后，在《雇佣劳动和资本》中，

---

① 《列宁全集》第 38 卷，人民出版社，1986，第 36 页。
② 《斯大林选集》（下），人民出版社，1979，第 449 页。
③ 同上书，第 308 页。
④ 同上书，第 308 页。
⑤ 《马克思恩格斯全集》第 3 卷，人民出版社，1960，第 69-70 页。
⑥ 同上书，第 77 页。

马克思更加具体地描述了人类社会不同发展阶段生产关系结构的演进和路径。他说："各个人借以进行生产的社会关系，即社会生产关系，是随着物质生产资料、生产力的变化和发展而变化和改变的。生产关系总和起来就构成为所谓社会关系，构成所谓社会，并且是构成为一个处于一定历史发展阶段上的社会，具有独有的特征的社会。古代社会、封建社会和资产阶级社会都是这样的生产关系的总和，而其中每一个生产关系的总和同时又标志着人类历史发展中的一个特殊阶段。"① 在《资本论》第1卷，马克思又通过对资本主义积累的历史趋势的分析，对人类社会不同发展阶段生产关系结构的演进做了进一步地补充和发挥。他说："劳动者对他的生产资料的私有权是小生产的基础""这种生产方式在奴隶制度、农奴制度以及其他从属关系中也是存在的。"② 一旦"靠自己劳动挣得的私有制，即以各个独立劳动者与其劳动条件相结合为基础的私有制，被资本主义私有制，即以剥削他人的但形式上是自由的劳动为基础的私有制所排挤"；"一旦这一转化过程使旧社会在深度和广度上充分瓦解，一旦劳动者转化为无产者，他们的劳动条件转化为资本，一旦资本主义生产方式站稳脚跟，劳动的进一步社会化，土地和其他生产资料的进一步转化为社会使用的即公共的生产资料，从而对私有者的进一步剥夺，就会采取新的形式"③。这种新的形式就是"在资本主义时代的成就的基础上，也就是说，在协作和对土地及靠劳动本身生产的生产资料的共同占有的基础上，重新建立个人所有制"即社会主义和共产主义的公有制④。此外，马克思和恩格斯在后来研究和分析东方社会及其跨越"卡夫丁峡谷"的可能性时，还谈及东方社会直接越过资本主义社会而建立社会主义和共产主义生产关系的问题。时间进入20世纪，列宁在《论国家》一文中，直接把人类社会生产关系结构演进过程、路径和规律概括为：原始共产主义社会、奴隶制社会、农奴制社会和资本主义社会、社会主义和共产主义社会⑤。1938年，斯大林在《辩证唯物主义和历史唯物主义》一书中，把马克思、恩格斯和列宁上述人类社会不同发展阶段的生产关系结构按顺序和依次演进的过程进一步具体化，即"原始公社制的、奴隶占有制的、封建制的、资本主义的、社会主义的"⑥；并且还强调说："这就是人类史上人们生产关系发展的情景。"⑦

马克思主义经典作家不仅分析了人类社会不同发展阶段生产关系的整体结构，还深入生产关系内部，对资本主义的生产关系结构的不同层次进行了分析。在《资本论》中，马克思首先分析了资本主义协作过程中资本主义生产关系的特点和实质。马克思指出："较多的工人在同一时间、同一空间（或者说同一劳动场所），为了生产同种商品，在同一资本家的指挥下工作，这在历史上和逻辑上都是资本主义生产的起点。"⑧ 对于

---

① 《马克思恩格斯全集》第6卷，人民出版社，1961，第487页。
② 《马克思恩格斯全集》第23卷，人民出版社，1972，第830页。
③ 同上书，第831页。
④ 同上书，第832页。
⑤ 《列宁全集》第37卷，人民出版社，1986，第62-76页。
⑥ 《斯大林选集》（下），人民出版社，1979，第446页。
⑦ 同上书，第449页。
⑧ 《马克思恩格斯全集》第23卷，人民出版社，1972，第358页。

资本主义协作过程中的管理，他指出："一切规模较大的直接社会劳动或共同劳动，都或多或少地需要指挥，以协调个人的活动，并执行生产总体的运动——不同于这一总体的独立器官的运动——所产生的各种一般职能。" "一旦从属于资本的劳动成为协作劳动，这种管理、监督和调节的职能就成为资本的职能。这种管理的职能作为资本的特殊职能取得了特殊的性质。"① "资本家的管理不仅是一种由社会劳动过程的性质产生并属于社会劳动过程的特殊职能，它同时也是剥削社会劳动过程的职能。"② "如果说资本主义的管理就其性质来说是二重的，——因为它所管理的生产过程本身具有二重性：一方面是制造产品的社会劳动的过程，另一方面，是资本的价值增殖过程——那么，资本主义的管理就其形式来说是专制的"，就其实质来说，则是"对抗"的③。在这里，马克思不仅揭示了资本主义协作在同一生产过程或不同的但相互联系的生产过程中管理的二重性，也揭示了资本主义生产关系结构的特点和剥削性质。

接着，马克思又通过对工场手工业的分析，揭示了资本主义生产关系结构的特点和性质。在分析社会分工和工场手工业分工的差别时，马克思指出："社会内部的分工以不同劳动部门的产品的买卖为媒介；工场手工业内部各局部劳动之间的联系，以不同的劳动力出卖给同一个资本家，而这个资本家把它们作为一个结合劳动力来使用为媒介。工场手工业分工以生产资料积聚在一个资本家手中为前提；社会分工则以生产资料分散在许多互不依赖的商品生产者中间为前提。"④ "工场手工业分工以资本家对人的绝对权威为前提，人只是资本家所占有的总机构的一部分；社会分工则使独立的商品生产者互相对立，他们不承认任何别的权威，只承认竞争的权威，只承认他们互相利益的压力加在他们身上的强制。"⑤ "整个社会内部的分工，不论是否以商品交换为媒介，是各种社会形态所共有的，而工场手工业分工却完全是资本主义生产方式的独特创造。"⑥ "在工场手工业中，也和在简单协作中一样，执行职能的劳动体是资本的存在形式。由许多单个的局部工人组成的社会生产机构是属于资本家的。因此，由各种劳动的结合所产生的生产力也就表现为资本的生产力。真正的工场手工业不仅使以前独立的工人服从资本的指挥和纪律，而且还在工人自己中间造成了等级的划分。"⑦ "起初，工人因为没有生产商品的物质资料，把劳动力卖给资本，现在，他个人的劳动力不卖给资本，就得不到利用。它只有在一种联系中才发挥作用，这种联系只有在它出卖以后，在资本家的工场中才存在。工场手工业工人按其自然的性质没有能力做一件独立的工作，他只能作为资本家工场的附属物进行生产活动。" "分工在工场手工业工人的身上打上了他们是资本的财产的烙印。"⑧

① 同上书，第 367-368.
② 同上书，第 368 页。
③ 同上书，第 368-369 页。
④ 同上书，第 393 页。
⑤ 同上书，第 394 页。
⑥ 同上书，第 397-398 页。
⑦ 同上书，第 398-399 页。
⑧ 《马克思恩格斯全集》第 23 卷，人民出版社，1972，第 399 页。

科学技术的发展促成了机器的普遍使用，机器和大工业时代到来。生产力的巨大发展，不仅引发了生产方式的巨大变革，也导致了机器生产部门的产生和以发达的机器体系的应用为特点的现代工厂及其工厂制度的出现。在《资本论》中，马克思联系机器大工业和现代工厂制度运行的实际，分析了机器使用和现代工厂制度下，资本主义生产关系结构的变化、发展及其本质特征。首先，机器的资本主义使用对工人劳动状况的影响，表现在以下方面：机器的资本主义使用，使资本有可能大量雇佣童工和女工，扩大了剥削范围，提高了剥削程度，使工人和资本家之间的契约发生了重大变化，使妇女和儿童的身心健康受到摧残，打破了工场手工业时期成年男工凭借手艺和体力所保存的一些对资本的反抗力，从而使资本的统治得到空前的强化①；机器的资本主义使用，成了提高劳动生产率、缩短生产商品必要劳动时间的最有力的手段，成了把工作日延长到超过一切自然界限的最有力的手段，从而创造了资本家延长工人工作日的新动机，使工作日的不断延长成为“合乎愿望的事情”②；机器的资本主义使用，使工人劳动的内涵量不断得到强化，使工人的劳动环境不断恶化，健康状况受到大大损害，伤亡率大大提高③。其次，资本主义工厂制度对工人地位和命运的影响。在资本主义工厂里，“自动机本身是主体”，而工人由于只是作为有意识的器官与自动机的无意识的器官并列，而且和后者一同受中心动力的支配而变成了客体④。在资本主义工厂里，“重新出现了分工，但这种分工首先就是把工人分配到各种专门机器上去，以及把大群没有形成有组织的小组的工人分配到工厂的各个部门”，“他们在并列着的同种工作机上劳动，在他们之间只有简单的协作”，而重新建立了适合资本剥削需要的新的分工⑤；由“单纯的下手干的活”一方面可以用机器来代替，另一方面由于这种活十分简单，从事这种苦役的人员可以迅速地经常更换，这就加深了工人的机器的依赖⑥。“在工场手工业和手工业中，是工人利用工具，在工厂中，是工人服侍机器，在前一种场合，劳动资料的运动从工人出发，在后一种场合，则是工人跟随劳动资料的运动；在工场手工业中，工人是一个活机构的肢体，在工厂中，死的机构独立于工人而存在，工人被当作活的附属物并入死机构”，工人成了机器的附属物⑦。在资本主义工厂里，“机器劳动极大地损害了神经系统，同时它又压抑了肌肉的多方面运动，侵吞身体和精神上的一切自由活动，甚至减轻劳动也成了折磨人的手段”；“一切资本主义生产不仅是劳动过程，而且同时是资本的增殖过程”，“劳动资料变成了自动机”，“它在劳动过程本身中作为资本，作为支配和吮吸活劳动的死劳动而同工人相对立”⑧。在资本主义工厂里，“工人在技术上服从劳动资料的划一运动以及由各种年龄的男女个体组成的劳动体的特殊构成，创造了一种兵营式

① 同上书，第 433-441 页。
② 同上书，第 441-448 页。
③ 同上书，第 448-458 页。
④ 同上书，第 460 页。
⑤ 同上书，第 460-461 页。
⑥ 同上书，第 461-462 页。
⑦ 同上书，第 462-463 页。
⑧ 同上书，第 463-464 页。

的纪律，这种纪律发展成为完整的工厂制度，并且使前面已经提到的监督劳动得到充分发展，同时使那种把工人划分为劳工和监工，划分为普通工业士兵和工业军士的现象得到充分发展"①；"资本在工厂法典中却通过私人立法独断地确立了对工人的专制""奴隶监督者的鞭子被监工的罚金代替了"②。最后，关于工厂劳动的物质条件，马克思指出："人为的高温，充满原料碎屑的空气，震耳欲聋的喧嚣等等，都同样地损害人的一切感官，更不用说在密集的机器中间所冒的生命危险了"；"社会生产资料的节约"，"在资本手中却同时变成了对工人在劳动时的生活条件系统的掠夺，也就是对空间、空气、阳光以及对保护工人在生产过程中人身安全和健康的设备系统的掠夺"，等等。傅立叶因之把工厂称之为"温和的监狱"③。另外，在《资本论》中，马克思对资本主义大工业对农业的影响极其所引致的农业生产关系演变和特点，也做了深刻的揭示和具体的分析④。

列宁撰写的号称"《资本论》第二"，内容丰富多彩的早期论著《俄国资本主义的发展》一书，则是马克思主义史上研究生产关系结构问题的典范。在这部论著中，他不仅分析了资本主义生产关系在俄国农业和工业两大生产部门中的形成和发展，也分析了资本主义生产关系在俄国国民经济各部门的形成和发展。在附录中，列宁还运用了莫斯科农民小手工业统计资料、欧俄工厂工业统计资料和欧俄最重要的工业中心的资料，对资本主义生产关系在俄国农业和工业两大生产部门的形成、发展过程及其在俄国社会各方面统治地位的最终确立，进行了概括和总结，从而使马克思《资本论》关于生产关系结构的理论得到进一步丰富、完善和发展。

马克思主义经典作家不仅系统地研究和分析了人类社会生产关系的内部结构，而且把生产关系放到一个更为广阔的社会系统，分析了它的外部联系。马克思在批判蒲鲁东政治经济学的形而上学方法论时指出："社会关系和生产力密切相连，随着新的生产力的获得人们改变自己的生产方式，随着生产方式即保证自己生活的方式的改变，人们也会改变自己的一切社会关系。"⑤ 这就是说，人类社会的生产关系，不仅与生产力，而且与由生产力决定的生产方式密切相连。在《〈政治经济学批判〉序言》中，马克思指出："人们在自己生活的社会生产中发生一定的、必然的、不以他们的意志为转移的关系，即同他们的生产力的一定发展阶段相适合的生产关系。这些生产关系的总和构成社会的经济结构，即有法律的和政治的上层建筑竖立其上并有一定的社会意识形态与之相适应的现实基础。"⑥ 这就告诉我们，人类社会的生产关系，不仅与生产力和生产方式紧密相连，也与建立在生产关系即经济基础之上的政治上层建筑和意识形态上层建筑紧密相连。关于资本主义条件下生产力与生产方式和生产关系之间的关系，马克思在《资本论》第3卷进一步指出：对资本主义生产方式的科学分析证明，"资本主义生产方式

① 《马克思恩格斯全集》第23卷，人民出版社，1972，第464页。
② 同上书，第465页。
③ 同上书，第466-468页。
④ 同上书，第551-553页。
⑤ 《马克思恩格斯全集》第4卷，人民出版社，1958，第144页。
⑥ 《马克思恩格斯全集》第13卷，人民出版社，1962，第8页。

是一种特殊的、具有独特历史规定性的生产方式；它和任何其他一定的生产方式一样，把社会生产力及其发展形式的一定阶段作为自己的历史条件，而这个条件又是一个先行过程的历史结果和产物，并且是新的生产方式由以产生的现成基础；同这种独特的、历史观定的生产方式相适应的生产关系，——即人们在他们的社会生活过程中、在他们的社会生活的生产中所处的各种关系，——具有独特的、历史的和暂时的性质"①。为了使人们对生产力与生产方式和生产关系之间的内在联系以及生产方式在其中所处的地位有一个更加清晰而确切的认识，如前所述，他还在1867年出版的《资本论》第1卷中，将1859年问世的《〈政治经济学批判〉序言》中的一段话，即"同他们的物质生产力的一定发展阶段相适应的生产关系"修改为"一定的生产方式以及与它相适应的生产关系"②。在1873年出版的《资本论》法文版第一卷中，又将这句话进一步修改为"一定的生产方式以及从这种生产方式中产生的社会关系"③。

依据上述，可以把马克思关于生产力与生产方式和生产关系内在联系的思想概括如下：①生产力是生产方式由以产生的历史前提、历史条件和现成基础；生产力的变化必然引起生产方式的改变，而新的生产方式的产生，必须与新的生产力的性质和要求相适合。②生产关系是从生产方式中产生的，一定的生产关系是一定的生产方式内含的不以人的意志为转移的必然的关系；生产方式的改变，必然会引起生产关系的相应变化；生产关系的形成和发展，必须与生产方式的性质和要求相适应。③生产力是具体的、历史的、变化发展的，与生产力相适合的生产方式以及由生产方式中产生的生产关系也是具体的、历史的和变化发展的。④生产力决定生产方式以及由生产方式中产生的生产关系，生产方式以及由它产生的生产关系必须与生产力的性质和要求相适应。

关于生产关系即经济基础与上层建筑之间的关系，除了马克思、恩格斯和列宁都有诸多分析和论述之外，斯大林也做了具体而清晰的概括，即"上层建筑是由基础产生的。但这绝不是说，上层建筑只反映基础，它是消极的、中立的，对自己基础的命运、对阶级的命运、对制度的性质是漠不关心的"④。"基础创立上层建筑，就是要上层建筑为它服务，要上层建筑积极帮助它形成和巩固，要上层建筑为消灭已经过时的旧基础及其旧上层建筑而积极斗争。"⑤ 这就是说，上层建筑由经济基础而产生，经济基础创立并决定上层建筑；上层建筑不仅要适应经济基础，而且要为经济基础服务。总的说来，生产力与生产方式、生产方式与生产关系、生产关系即经济基础与上层建筑既相互适应又相互作用，形成一个有机整体，作为人类社会基本矛盾的系统，存在于人类社会发展过程的各个阶段，推动着人类社会由低级向高级的运动和发展。

马克思主义经典作家还以生产关系结构的外部联系为基础，进一步分析和揭示了生产关系的阶级性质。马克思对生产关系阶级性质的分析，集中体现在《资本论》第3卷第七篇以"阶级"为标题的第五十二章中。在这一章的开头，他指出："单纯劳动力的

---

① 《马克思恩格斯全集》第25卷，人民出版社，1974，第993页。
② 《马克思恩格斯全集》第23卷，人民出版社，1972，第98-99页注（33）.
③ 马克思：《资本论》（法文版中译本），中国社会科学出版社，1983，第61页注（31）.
④ 《斯大林选集》（下），人民出版社，1979，第502页。
⑤ 同上书，第502页。

所有者、资本的所有者和土地的所有者”。“也就是说，雇佣工人、资本家和土地所有者，形成建立在资本主义生产方式基础上的现代社会的三大阶级。”① 接着，他指出：由于“资本主义生产方式的经常趋势和发展规律是生产资料越来越同劳动分离，分散的生产资料越来越大量集中成群，因此，劳动转化为雇佣劳动，生产资料转化为资本”，这三大阶级的形成，必然要经历“若干中间的和过渡的阶段”②。但是毫无疑问，生产资料同劳动的分离、生产资料的积聚和集中，从而劳动转化为雇佣劳动、生产资料转化为资本趋势的加速进行，对资本主义社会三大阶级的形成，都起着至关重要的作用。最后，在此种分析的基础上，马克思提出“什么事情形成阶级”“什么事情使雇佣工人、资本家、土地所有者形成三大阶级”的问题。马克思这一章的行文虽然很短，所用文字也非常之少，但却向我们揭示了四个具有真理性和结论性的问题，即：第一，生产资料与劳动的分离是资本主义社会阶级分化的前提；第二，生产资料的资本家所有制及其所形成的生产关系结构即经济结构是三大阶级形成的基础；第三，生产资料的资本家所有制和以生产资料的资本家所有制为基础的分配方式及其收入差距是划分阶级的客观标准；第四，生产关系在阶级社会中具有鲜明的阶级性质。

在《路德维希·费尔巴哈和德国古典哲学的终结》中，恩格斯对阶级的产生及其根源以及经济关系即生产关系所具有的阶级性质分析得更加具体。他指出：“阶级是怎样产生的呢？初看起来，从前大规模的封建土地占有制的起源，还可以（至少首先是）归于政治原因，归于暴力掠夺，但是这对于资产阶级和无产阶级来说就不行了。在这里，显而易见，这两大阶级的起源和发展是由于纯粹经济的原因。而同样明显的是，土地所有者阶级和资产阶级之间的斗争，正如资产阶级和无产阶级之间的斗争一样，首先是为了经济利益而进行的，政治权力不过是用来实现经济利益的手段。资产阶级和无产阶级是由于经济关系发生变化，确切些说，是由于生产方式变化而产生的两个阶级。”③“因此，在现代历史中至少已经证明，任何政治斗争都是阶级斗争，而任何争取解放的阶级斗争，尽管它必然地具有政治的形式（因为任何阶级斗争都是政治斗争），归根到底都是围绕着经济解放进行的。因此，至少在这里，国家、政治制度是从属的东西，而市民社会，经济关系的领域是决定性的因素。”④ 可以说，在阶级社会中，生产关系必然在政治上表现为阶级关系，阶级关系和生产关系是同一个问题即经济利益关系的两个不同的方面。生产关系与阶级关系密切相连，在阶级社会中，生产关系具有鲜明的阶级性质。

最后，还有一个需要强调和格外关注的方面，即马克思主义经典作家关于国际生产关系结构问题的研究和论述。马克思开辟了研究和分析国际生产关系、创建国际生产关系及其结构理论的先河。大家知道，马克思依据他在一个较长时期对生产关系结构问题的研究，在设计自己的经济学巨著《政治经济学批判》的结构体系时，明确把“生产

① 《马克思恩格斯全集》第25卷，人民出版社，1974，第1000页。

② 同上书，第1000页。

③ 《马克思恩格斯全集》第21卷，人民出版社，1965，第344页。

④ 《马克思恩格斯全集》第19卷，人民出版社，1963，第345页。

的国际关系”列入其中①；在以后对这部巨著结构体系的修订和进一步完善的过程中，也一再提出研究生产的国际关系及其相关问题②。说到他的《资本论》，我们更不能把它视作单纯研究国别生产关系的著作，而应当把它视作研究和分析国际生产关系的巨著。从他研究政治经济学的历程来看，由于各国资产阶级政府的迫害和不断驱逐，使他不得不辗转于西欧各国，而且每到一地，他都在积极参加并领导当地无产阶级革命运动、深入工人群众、了解他们处境的同时，不断研究政治经济学即资本主义的生产关系问题，其研究范围不仅涉及欧洲大陆，也涉及大洋洲，甚至还包括亚洲一些国家和地区③。从他研究的典型国度看，虽然重点在英国，但他强调说：“问题本身并不在于资本主义生产的自然规律所引起的社会对抗的发展程度的高低。问题在于这些规律本身，在于这些以铁的必然性发挥作用并正在实现的趋势。工业较发达的国家向工业较不发达的国家所显示的，只是后者未来的景象。”在谈到18世纪美国的独立战争给欧洲中产阶级敲响的警钟时，他指出：“在英国，变革过程已经十分明显，它达到一定程度后，一定会波及大陆。”④ 在《资本论》前三卷的结构体系中，马克思在第1卷不仅揭示了资本与雇佣劳动对立的经济根源，揭示了资本主义生产关系结构的实质、发展趋势和运动规律，还专门开辟一章即第二十五章，分析现代殖民理论，揭示资本主义生产关系在国际间转移的趋势及其必然性。在第3卷，他从资本主义生产总过程出发，在分析产业资本、商业资本、借贷资本各自独立的运动，揭示它们之间紧密联系、相互竞争及其所形成的由个别到总体、由国别到国际的经济网络系统的同时，也揭示了资本主义社会各个剥削集团乃至不同国家之间相互联系、相互作用而形成的生产关系结构系统、内在的各种矛盾及其运动规律，从而使自己的国际生产关系结构理论更加具体、更加充实、具有更大的真理性。恩格斯从早年发表的《国民经济学批判大纲》《英国工人阶级状况》，乃至后来撰写的《反杜林论》《社会主义从空想到科学的发展》以及晚年所写的一系列《通信》中，无不对马克思国际生产关系结构理论的创立、丰富、完善和发展起到添砖加瓦的作用。列宁的《帝国主义是资本主义发展的最高阶段》一书，无疑是研究资本主义国际生产关系结构的经典之作。在这一理论的指导下，不仅诞生了人类历史上第一个无产阶级专政的社会主义国家，也把无产阶级的世界革命推向一个崭新的阶段。斯大林在列宁逝世之后，运用马克思主义的世界观和方法论，结合帝国主义和无产阶级世界革命时代的新的特点，展开了对世界格局和国际关系的研究和分析，不仅丰富和发展了马克思主义的国际生产关系理论，而且在这一理论的指导下，揭示了帝国主义时期国际社会的五大基本矛盾和三大主要矛盾，取得了第二次世界大战中反法西斯战争的伟大胜利。毛泽东运用马克思主义的世界观和方法论，通过对20世纪中期以后世界格局的研究和分析，极大地丰富和发展了马克思主义的国际生产关系及其结构理论，揭示了国际关系中的四大基本矛盾，创立了举世闻名而科学的“三个世界划分的理论”，为我国制

① 《马克思恩格斯全集》第46卷（上），人民出版社，1979，第46-47页。
② 《马克思恩格斯全集》第29卷，人民出版社，1972，第531页。
③ 《马克思恩格斯全集》第13卷，人民出版社，1972，第8-13页。
④ 《马克思恩格斯全集》第23卷，人民出版社，1972，第8-12页。

定科学的外交路线奠定了理论基础，对我国建立广泛的国际反帝反霸统一战线，起着极大的指导作用。

由上可知，马克思主义经典作家关于生产关系结构的理论，绝不是关乎人类社会发展进程某一方面的理论，而是一个规模宏大、结构严谨、涉及经济、政治乃至思想文化意识形态等各个方面的具有整体性、系统性的科学理论，任何贬低、歪曲、阉割和篡改这一理论精神实质和核心内容的图谋和做法，都是错误的和不可容忍的。

三、结论和思考

上面，我们回顾和探讨了马克思主义经典作家关于生产关系结构的论述，掩卷至际，不禁心潮澎湃，思绪连绵。

第一，关于研究生产关系结构的思想路线问题。自马克思主义诞生以来，在对生产关系结构问题的研究中，一直存在着两条不同思想路线的对立和斗争。在哲学上，表现为恩格斯归纳的哲学的基本问题即思维和存在的关系问题。恩格斯指出："凡是断定精神对自然界来说是本原的，从而归根到底以某种方式承认创世说的人。""组成唯心主义阵营。凡是认为自然界是本原的，则属于唯物主义的各种学派。"① 列宁在《唯物主义和经验批判主义》中，把恩格斯所说的哲学的基本问题归结为哲学上的两条根本对立的基本路线，即"从物到感觉和思想呢，还是从思想和感觉到物"？并且明确指出，"第一条路线，即唯物主义的路线"。"第二条路线，即唯心主义的路线。"② 这两条根本对立的思想路线，在历史观上即表现为研究人类社会生产关系以什么为出发点，也即从何处出发的问题。马克思和恩格斯在《德意志意识形态》中，形象地将其归结为"从天上降到地上"，还是"从地上升到天上"的问题。德国哲学如黑格尔哲学以"唯心主义历史观"为指导，"从天上降到地上"，也就是从它的所谓"绝对观念"出发，研究和分析由"绝对观念"转化而来的政治国家与市民社会（生产关系）的关系，从而得出政治国家决定市民社会，市民社会从属于政治国家的结论。并提出：对于国家与市民社会的矛盾，可在保留市民社会即资本主义生产关系的前提下，通过调节"等级要素"和"立法权"来解决③。作为"社会主义的行家、同时兼任社会主义的改革家"的杜林，在唯心主义历史观的指导下，从它的所谓"原则"出发，也"从天上降到地上"，建立了他的"世界模式"；又从他的所谓"世界模式"出发，创立了他的"永恒真理"论、"永恒道德"论和抽象的"平等"论；又从他的所谓"原则"出发，创立了他的所谓"暴力"论，并建立起他的政治经济学体系，断言暴力和劳动是构成社会经济关系的两大要素，劳动从事生产，暴力进行分配，资本家靠暴力掠夺利润，政治暴力是劳动者受剥削的根本原因。资本主义生产方式很好，可以继续存在，资本主义分配方式很

① 《马克思恩格斯全集》第21卷，人民出版社，1965，第316页。
② 《列宁全集》第18卷，人民出版社，1986，第36页。
③ 黄楠森：《马克思主义哲学史》，高等教育出版社，1998，第22页。

坏，一定得消失。要消除分配上的不平等和不合理现象，就必须消灭政治暴力，按照“普遍的公平原则进行分配”①。相反，以马克思和恩格斯为代表的马克思主义经典作家，则在自己创立的唯物主义历史观的指导下，“从地上升到天上”，从人类社会的物质生产过程出发，以生产力为前提，以生产方式为中介，从与生产力、生产方式的联系中揭示了人类社会生产关系的产生、基本结构、本质特征、运动轨迹、发展趋势及其规律，从而创立了科学的生产关系结构理论。可以看出，在研究人类社会生产关系结构的过程中，不同的思想路线、不同的历史观、不同的方法论原则，形成了两种不同的理论。由于生产关系在阶级社会中的阶级性质，因此，这两种不同的理论则代表了两种不同的阶级路线，体现了两种不同的阶级利益。说到这里，不能不使我们想起伟大的革命导师列宁在《唯物主义和经验批判主义》中的“结论”一章对我们的教导。他说：“在经验批判主义认识论的烦琐语言后面，不能不看到哲学上的党派斗争，这个斗争归根到底表现着现代社会中敌对阶级的倾向和思想体系。最新的哲学像在2000年前一样，也是有党性的。唯物主义和唯心主义按其实质来说，是两个斗争着的党派，而这种实质被冒牌学者的新名词或愚蠢的无党性所掩盖。”“经验批判主义的客观的、阶级的作用完全是在于替信仰主义者效劳，帮助他们反对一般唯物主义，特别是反对历史唯物主义。”② 沿着列宁的思想，纵观将近200年来马克思主义发展史、国际共产主义运动史上不同思想路线、不同历史观以及在其指导下的不同理论观点的对立和斗争，在当前国际风云变幻、国内以习近平新时代中国特色社会主义理论为指导，全面建设社会主义现代化国家的大背景下，我们应该坚持什么思想路线、反对什么思想路线，难道还不清楚吗?

第二，关于研究生产关系结构的方法论问题。也就是说，在研究这一理论的过程中，是坚持唯物辩证法的“整体论”，还是坚持唯心主义形而上学的“单体轮”问题。马克思在《哲学的贫困》中早就告诉我们：“谁用政治经济学的范畴构筑某种思想体系大厦，谁就是把社会体系的各个环节割裂开来，就是把社会的各个环节变成同等数量的互相连接的单个社会。”③ 这就是说，生产关系是在一个社会体系中存在、运动、变化和发展的，它与社会体系中的各个环节相互连接、互为条件、相互作用，不可分离。我们研究人类社会的生产关系结构理论，不能脱离它与社会体系的联系和关系，而必须把它放到一个大的社会体系中，用系统论的方法去研究。首先就要研究生产关系与社会体系中的各个环节相互连接、互为条件、相互作用的联系和关系，其次还要研究作为社会体系组成部分的生产关系内部各环节、各因素之间的联系和关系，并通过对生产关系内部联系和外部联系的研究，揭示生产关系本质、基本特征、运动轨迹、发展的趋势和规律。马克思主义经典作家在运用“整体论”或“系统论”的方法方面，为我们树立了典范。因此在对生产关系结构问题的进一步研究中，乃至在我们当前深化改革、全面建设社会主义现代化国家的新征程中，必须以他们为榜样，坚持唯物辩证法，反对形而上

① 《国际共产主义运动史》编写组：《国际共产主义运动史》，人民出版社，1978，第342-344页。
② 《列宁全集》第18卷，人民出版社，1988，第375页。
③ 《马克思恩格斯全集》第4卷，人民出版社，1958，第145页。

学，坚持马克思主义的“整体论”和“系统论”，反对唯心主义形而上学孤立片面的“单体论”。

第三，关于研究生产关系结构的基本任务。毛泽东在他的哲学论著《矛盾论》中指出：“一切事物中包含的矛盾方面的相互依赖和相互斗争，决定一切事物的生命，推动一切事物的发展。”① “矛盾存在于一切事物的发展过程中”；“每一事物的发展过程中存在着自始至终的矛盾运动”②。“没有什么事物是不包含矛盾的，没有矛盾就没有世界。”③ “辩证法的宇宙观，主要地就是教导人们要善于去观察和分析各种事物的矛盾运动，并根据这种分析，指出解决矛盾的方法。”④ “中国共产党人必须学会这个方法，才能正确地分析中国革命的历史和现状，并推断革命的将来。”⑤ 在《论十大关系》中，他又进一步强调：“我们的任务，就是要正确处理这些矛盾。”⑥ 我们所要研究的人类社会的生产关系结构，也是一个存在和充满各种矛盾的事物。毫无疑问，我们研究生产关系结构的任务，就是要研究和分析其中的各种矛盾，研究和分析矛盾的各个方面、各个层次、各个环节、各种因素之间的各种联系、不同特点以及它们在整个社会系统中的地位和作用，以使我们生产关系结构的调整和全面建设社会主义现代化国家的战略构想和宏伟蓝图，符合经济社会发展的实际和客观要求，更好地推动经济社会的发展。

第四，关于正确认识和处理生产关系结构调整过程中主要矛盾和非主要矛盾、矛盾的主要方面和非主要方面的关系问题。毛泽东告诉我们：“在复杂的事物的发展过程中，有许多的矛盾存在，其中必有一种是主要的，由于它的存在和发展规定和影响着其他矛盾的存在和发展。”⑦ “矛盾着的两方面中，必有一方面是主要的，他方面是次要的。其主要的方面，即所谓矛盾起主导作用的方面。事物的性质，主要地是由取得支配地位的矛盾的主要方面所规定的。”⑧ “矛盾的主要和非主要的方面互相转化着，事物的性质也就随着起变化。”⑨ “在研究矛盾特殊性的问题中，如果不研究过程中主要的矛盾和非主要的矛盾以及矛盾之主要的方面和非主要的方面这两种情形，也就是说不研究这两种矛盾情况的差别性，那就将陷入抽象的研究，不能具体地懂得矛盾的情况，因而也就不能找出解决矛盾的正确的方法。” “世界上没有绝对地平衡发展的东西，我们必须反对平衡论，或均衡论。” “对于矛盾的各种不平衡情况的研究，对于主要的矛盾和非主要的矛盾、主要的矛盾方面和非主要的矛盾方面的研究，成为革命政党正确地决定其政治上和军事上的战略战术方针的重要方法之一，是一切共产党人都应当注意的。”⑩ 毛泽东

---

① 《毛泽东选集》第1卷，人民出版社，1991，第305页。
② 同上书，第305页。
③ 同上书，第305页。
④ 同上书，第304页。
⑤ 同上书，第308页。
⑥ 同上书，第288页。
⑦ 同上书，第320页。
⑧ 同上书，第322页。
⑨ 同上书，第322页。
⑩ 同上书，第326-327页。

关于《矛盾论》的上述原理告诉我们，对生产关系结构问题的研究乃至在我们深化改革开放和全面建设社会主义现代化国家的实践中，必须承认矛盾、揭示矛盾、研究和分析矛盾；必须研究和分析各种矛盾的不同特点及其差别性，必须区分主要矛盾和非主要矛盾、主要的矛盾方面和非主要的矛盾方面，必须十分关注主要矛盾和非主要矛盾、主要的矛盾方面和非主要矛盾方面之间地位和作用的变化以及它们之间的相互转化；必须高度关注这些变化对我国社会主义生产关系各个部分、各个层次、各个环节、各个因素的性质乃至对我国社会生产关系结构整体性质的影响；要充分认识这些影响和变化引发我国社会主义生产关系乃至我国社会生产关系结构整体性质变异的可能性和危险性。具体来说，既要看到我国现阶段多种性质的生产关系并存的局面，又要看到在多种性质的生产关系并存的结构中，是何种性质的生产关系居于主体地位 、起着主导和决定性的作用，还要看到处于主导地位、起着主导作用的生产关系与处于非主体地位、起着非主导、非决定作用的生产关系之间相互转化的可能性；要明确，如果二者的地位和作用转变了，我国社会生产关系的整体性质也会发生相应的变化，从而导致我国社会性质的根本变化。不仅如此，由于生产资料所有制是生产关系的基础，所有制在生产关系内部结构中，对生产关系的性质起着主导和决定性的作用，因此，要十分关注私有制经济尤其是资本主义经济对我国社会主义公有制经济产生的影响、辐射和腐蚀作用。同时，在对我国社会主义公有制占主体地位、起着主导和决定性作用的社会主义性质的生产关系的研究中，还要十分关注我国社会主义生产关系内部各个环节，诸如生产资料公有制、劳动者之间平等互利的自主劳动关系、企业治理机构中的民主管理关系以及按劳分配关系之间相互联系、相互作用的关系及其变化。既要看到因所有制改革企业公有制性质的变异以及由此引起的其他环节的变异的可能性，也要看到其他环节因改革所引起的性质变异对企业公有制性质变异的可能性。须知，如果企业公有制性质变异了，则不仅会使社会主义生产关系整体性质发生变异，而且会使我国生产关系整体的社会主义性质发生变异乃至使我国整个社会主义制度的瓦解。如果看不到这几种情况和可能性，就会陷入唯心主义形而上学的泥淖，从而给我国的改革开放和社会主义现代化建设带来重大损失，甚至会起到颠覆性的作用。

第五，要对人类社会生产关系结构的发展规律及其总趋势有一个清醒的认识。马克思主义经典作家运用逻辑和历史相一致的方法，对人类社会生产关系结构发展的过程、路径、规律和总趋势的分析告诉我们，在人类社会发展的长河中，每一发展阶段的生产关系结构都是必然的、历史的、暂时的、变化发展的，而且这种变化发展的过程、路径、规律和趋势都是由低级向高级螺旋式上升和向前发展的。尽管其中存在着艰难和曲折，有时甚至还伴随着复辟和倒退，但潮流总是阻挡不住的。想要阻挡潮流的机会主义者虽然到处都有，到头来总是被历史前进的车轮辗得粉碎。遵照马克思主义经典作家的教导，我们一定要充分认识人类社会不同发展阶段的生产关系的必然性、历史性、暂时性和过渡性，要认清人类社会生产关系发展的过程、轨迹、规律和必然的历史趋势，坚决反对我国改革开放和社会主义现代化建设中的历史虚无主义、新教条主义，坚决反对打着改革开放的旗号，践行西方新自由主义改革方略，照搬西方资本主义制度模式的倒退行为。在以习近平同志为核心的党中央的坚强领导下，在我国深化改革、全面建设社会主义现代化国家的新征程中，我们要做不断巩固、完善和发展社会主义生产关系及其经济制度的促进派，不做违背历史潮流的反对派。

第六，要充分认识阶级社会中人类社会生产关系的阶级性质。由马克思主义经典作家的以上论述可知，自人类社会划分为阶级以来，各个不同社会的生产关系无不具有鲜明的阶级性质。然而由于生产关系所具有的阶级性质，占统治地位的阶级，尤其是近代以来登上历史舞台并占据统治地位的资产阶级，为了维护自己的阶级利益和统治地位，总是“把自己与整个社会等同起来”①，以“公共利益”的代表出现，利用他们豢养的、代表“官方利益”的、“毫无掩饰的思想家”，采用“不动脑筋的折中主义”手法，从哲学、宗教、政治等方面，竭力模糊作为阶级的国家与其经济基础之间的联系，掩盖生产关系及其经济制度的阶级性质，以欺骗和愚弄受剥削、受压迫的阶级及其善良的人们②。时至今天，以美国为代表的西方国家，仍然打着维护世界“人权”“民主”的招牌，到处侵略、掠夺和扩张，对广大发展中国家和弱小民族，施行霸权，摧残人权、践踏民主。在我国始于20世纪80年代的波澜壮阔的改革开放大潮中，一些西方新自由主义在我国的代表人物和知识精英，也以唯心主义和形而上学的折中主义为指导，炮制种种理论根据，不顾我国现阶段阶级、阶层存在的客观现实，割裂经济与政治的紧密联系，掩盖我国现阶段生产关系及其经济制度的阶级性质，宣扬所谓市场经济“中性论”、股份制“中性论”、企业制度“中性论”、财政税收金融“中性论”、企业家“中性论”、劳动力市场“中性论”、劳动就业制度“中性论”、收入分配和工资制度“中性论”，直至鼓吹生产关系及其所有制“中性论”，等等。如此众多的“中性论”，抹杀了上述概念所具有的鲜明的社会性质和阶级性质，严重干扰了我国的改革开放，给我国经济社会发展和社会主义现代化建设带来极大负面影响。鉴于此，习近平同志一再告诫我们，在当前我国社会主义初级阶段，阶级分析的方法没有过时。在我国改革开放、全面建设社会主义现代化国家的新征程中，必须用阶级分析的方法观察、分析和处理问题。

第七，必须明确，当代世界的生产关系结构，既是国别的又是国际的。从马克思主义经典作家关于生产关系结构问题的论述中可以看到，不仅马克思和恩格斯，而且他们的每一位继承者，无不重视对国际生产关系问题的研究。他们研究的成果及其所揭示的国际生产关系结构的运行规律，不仅对世界各国的无产阶级革命，而且对整个国际共产主义运动，无不起着巨大的纲领性和路线性的指导作用。20世纪中期以来，随着生产国际化、经济全球化和政治思想文化意识形态全球化的加速发展，人类社会的生产关系、政治关系和思想文化意识形态关系日益呈现国际性的特征；社会主义与资本主义两种经济制度、政治制度和思想意识形态之间的交锋从来没有停止过，并日益呈现多极化、复杂化和尖锐化的态势。我国改革开放和全面建设社会主义现代化国家的国际环境，无不向我们表明，在马克思列宁主义毛泽东思想尤其是习近平新时代中国特色社会

---

① 《马克思恩格斯全集》第21卷，人民出版社，1965，第202页。

② 《马克思恩格斯全集》第21卷，人民出版社，1963，第346-353页。

主义理论指导下，研究国际生产关系结构的必要性和紧迫性。因此，我们必须改变一些年来把研究视野局限于国内生产关系结构的倾向，充分认识当代世界生产关系的国际性这一重大而突出的特点，开展国际生产关系结构问题的研究，为我们制定科学的外交路线，建立广泛的国际反帝、反霸统一战线，为我们改革开放，全面建设社会主义现代化国家的宏伟大业，提供必要的、理论的和实践的支持。

新发展阶段下马克思流通理论与推进强大国内市场建设研究①

杨守德② 张天义③

摘 要：面对纷繁复杂的国际形势，推进强大国内市场建设，准确把握新发展阶段，是构建新发展格局的应有要义。简要分析马克思流通理论，基于马克思流通理论分析建设强大国内市场的内在深意，挖掘在新发展阶段建设强大的国内市场过程中亟待破解的问题，提出运用"有形之手"保障均衡生产、利用技术创新形成有效的复杂劳动、加强基础设施构建现代流通体系和营造优质营商环境加强对外开放等实施路径，推动强大国内市场建设。

关键词：流通理论；强大国内市场；新发展阶段；价值实现

新发展阶段下，国际形势错综复杂，全球化逆流趋向明显。尤其在新冠肺炎疫情的不确定性因素影响下，国际经济循环格局进一步深化调整，逆全球化趋势进一步恶化。在如此严峻的环境下，我国政府审时度势、科学决策，提出要充分施展国内超级规模市场和潜在内需优势，构建"双循环"新发展格局。依托强大的国内市场构建完整的内需体系，是我国政府面对纷繁复杂的国际化形势提出的把握未来发展主动权的重大战略决策。无论对发展以流通产业为先导的现代服务业，还是对调节供给侧结构和应对全球化冲击而言都具有重大现实意义。

推进强大国内市场建设是我国的一项中长期战略安排，需要从多个视角全面阐释。目前学者们围绕强大国内市场建设已经进行了比较深入的探讨，从研究角度主要可分为以下两方面：一是从经济高质量发展角度出发，探讨建设强大国内市场在构建新发展格局、推动经济高质量发展过程中的重要意义，分析现代流通体系构建过程中面临的困难及挑战，提出对应的实现路径和发展对策；二是站在"双循环"新发展格局视角，充

① 基金项目：国家社科基金"数字化转型背景下流通供应链体系优化与创新研究"（19CJY048）。

② 杨守德，男（汉族），黑龙江七台河人，哈尔滨商业大学讲师，硕士研究生导师。研究方向：产业经济学、商品流通和现代服务业发展研究。

③ 张天义，男（汉族），黑龙江齐齐哈尔人，哈尔滨商业大学硕士研究生。研究方向：产业经济学、商品流通和现代服务业发展研究。

分结合我国国情的基础上，尝试构建适用于我国现有发展阶段的国内大循环内需模式，转变经济增长动力。本文在充分分析国内外经济发展国际形势、深刻认知我国所处的发展阶段的基础上，系统总结强大国内市场建设过程中马克思流通理论的指导带动作用，为实现我国国内市场一体化发展提供现实依据，并为新格局的构建提供理论支撑。

一、马克思流通理论概述

（一）流通的内涵与外延

马克思流通理论是政治经济学的关键理论之一。马克思在分析资本主义社会化大生产时，深入探索了生产要素及商品的交换过程，并最终形成了流通理论，所以马克思对流通的研究始于交换。从物物交换到简单商品流通，再到货币流通，乃至资本流通和社会总资本流通的整个过程都体现了交换的关键作用。马克思指出："流通本身只是交换的一定要素，或者也是从整体上看的交换。"[1]22但不是所有的交换都属于流通。流通必须是"以价格为前提的商品"，同时流通还应该是"一连串的交换和一种交换总体，川流不息地而且或多或少地呈现于整个社会表面"[2]132。因此流通既表现为交换的整体，但同时又只表现了交换的部分内容。

在《资本论》中马克思按流通客体将流通分为商品、货币、资本和社会总资本流通四大类。随商品交换的频繁发生，自然而然地产生了一般等价物（货币），即商品交换的过程就是货币形成的历程。货币的出现将商品交易分为买、卖两个阶段。买、卖多次链接促使商品和货币持续循环交换，最终演化成商品流通和货币流通。但应当注意，商品的流通决定着货币的流通，也就是说商品的流通是导火索，货币的流通脱离不了商品的流通而独立存在。在整个社会的交换循环中，一件商品经历过一次形式转换（W—G—W′）后便退出流通，但货币作为媒介则会一直留在流通环节。资本流通相较于前两者则更复杂也更重要。马克思在《资本论》第2卷中详尽地叙述了资本形态变化及其循环过程，即货币资本的循环（G—W…P…W′—G′）、生产资本的循环（P…W′—G′—W…P）和商品资本的循环（W′—G′—W…P…W′）。这三种循环并非各自独立，它们相互转换并互相依托来形成一个复合的整体。正如马克思所说："产业资本的连续进行的现实循环，不仅是流通过程和生产过程的统一，而且是它的所有三个循环的统一"[3]109。同时资本也只能在运动中才会产生剩余价值以及完成价值增殖过程，因此资本家为了长期不间断地获得剩余价值，就要使三种循环不断地、反复地运行。马克思还开创性地运用社会总产品构成、社会生产两大部类两个基本原理解决资本主义制度下社会总产品实现的一系列问题，全面地揭露了社会资本再生产和流通的现实规律。社会总资产流通的三个基本公式，科学地论述了部类内部和两大部类之间的资本的不断流通过程，体现了经济生产中三个最重要的平衡关系。

（二）流通时间和流通费用

马克思对流通时间的探讨源于资本的循环过程。他将流通时间分为两类：一是指

"资本完成它的循环的全部时间，等于生产时间和流通时间之和"[4]138。马克思在研究中指出：流通和生产彼此制约，流通会限制生产，且流通时间越长对生产的限制也就越明显。马克思还指出流通不可或缺，但资本在流通过程中不产生剩余价值，因此流通时间还会限制价值增殖过程。二是仅仅包括商品资本在流通过程中卖出和采买所花费的时间。我们如今所说的流通时间常指第二种。商品资本的卖出过程既是商品转化成货币的过程，又是商品完成"惊险跳跃"[5]128和价值实现的过程，是流通中最难、最关键的部分，所以卖出所需要的时间往往更长。商品卖出时间受产地和销地所处的空间位置、运输状况以及商品使用价值的易坏速度影响。而采买时间发生在新一轮生产环节之前，受到市场距离、生产储备、原材料生产的季节性等因素的影响。

流通费用指在流通环节中所产生的一系列支出。按照各项支出在价值增殖过程中发挥的作用，可将它划分为生产性流通费用和纯粹流通费用。前者产生于商品的使用价值运动，可看作生产环节的进一步延伸，如仓储、包装、运输等。这种费用支出不仅可以将耗费的新物质资本转移进入到商品资本中，还能创造新的剩余价值。相比之下，纯粹流通费用"是实现价值或价值由一种形式转变为另一种形式所需的费用。投在这种费用上的资本（包括它所支配的劳动），属于资本主义生产上的非生产费用"[4]167。它脱离生产且不创造剩余价值，包括交易费用、广告费用等在商品买卖上的费用；簿记耗材、工资等簿记费用；货币在流通中的耗损费用等。

二、马克思流通理论逻辑下推进强大国内市场建设的内在深意

马克思详尽地论述了资本形态变化及其循环过程，即货币资本的循环（G—W…P…W′—G′）、生产资本的循环（P…W′—G′—W…P）和商品资本的循环（W′—G′—W…P…W′）。正是三个循环的不间断持续运转，才保证一个经济体的生产、交换、分配、消费流畅运行。强大的国内市场凭借其强大的内需规模、高效运转的产业链和畅通的商品流通渠道保证全国范围内三个循环的统一。唯此，才能保障国际国内循环的顺利实现。

（一）价值创造是形成强大国内市场的基本条件

强大国内市场形成的基本条件是存在社会大生产。马克思指出，资本循环中"生产表现为起点，消费表现为终点，分配和交换表现为中间环节"[6]689。生产就是创造价值的过程，是社会发展的基础，在资本循环中占绝对主导地位；交换和分配不生出价值，但价值的促成离不开流通环节。若没有生产环节的顺利进行作为支撑，再强大的市场也都失去了其基本意义。生产即通过劳动力、生产资料有机结合来实现价值创造的流程。"不论生产的社会的形式如何，劳动者和生产资料始终是生产的因素。但是，二者在彼此分离的情况下只在可能性上是生产因素。凡要进行生产，它们就必须结合起来。"[7]44然而我国区域间生产力水平差距较大，通过建设强大的国内市场，形成基础设施完备和

畅通的要素流通渠道，消除区域间两种生产要素的分离状态，有效促进了要素间全面高效结合，为价值创造做足充分的准备。

当然，强大的国内市场面临更旺盛、更高层次的消费需求，这就对劳动生产有了更高的要求。马克思指出，“复杂的劳动是自乘的或不如说多倍的简单劳动”[7]44，所以相同时间内复杂劳动能创造更多的价值。也可以把复杂劳动看作生产力的提高，所以同一劳动在相同时间产出的使用价值就不同，“生产力提高时就多些，生产力降低时就少些”[7]44。因此，要加强技术创新，在生产中加强新兴前沿技术运用，提升生产过程中复杂劳动的运用，提升生产力水平，满足强大的内需要求。不仅如此，还要形成丰富的产业体系，灵活应对多样化需求，助力“W…P…W′”过程的高质量发展。

同时，生产应该是有效的生产。首先，体现在能满足人民的基本的需要。如果消费者的此种需求已被满足或者根本没有此种需求，那么这个“产品就成为多余的、过剩的，因而是无用的了”[7]60。所以生产的商品要能够满足人们生活或社会发展的需要，或者能符合基本的供求关系。其次，有效应体现在高效的生产。假使一个厂商生产一件商品所需的个别劳动时间超过了社会必要劳动时间，则该厂商将会被市场淘汰。

（二）强大国内市场是完成价值实现的必然选择

价值实现是价值创造的目的与意义，也是国内市场一体化乃至构建现代化流通体系和双循环的最终目的。价值创造的初衷就是为了成功的交换，为下一阶段生产获取货币资本，即商品完成“惊险的跳跃”[3]128。如果跳跃没有成功完成，其“摔坏的不是商品，但一定是商品占有者”[5]128。价值实现过程受阻，必然会引起生产部分资金链的断裂，致使资本家生产意愿下降；工人工资减少、劳动意愿降低；还可能引起资本家和工人消费能力及消费意愿降低等一系列恶性循环。贯彻推进强大国内市场建设，就是通过国内强大的消费需求，顺利实现商品资本到货币资本的转变，即 W′—G′。

如今，国际循环节节受阻，需求严重萎缩，在如此严峻的逆全球化风气下，我国经济依旧呈现积极发展的趋势，这都应归因于我国具有任何国家或地区都不能相比的特大规模市场。强大有活力的国内市场能保障商品“惊险的跳跃”的顺利实现，能推动我国经济长期稳定发展，成为保障我国应对国际市场动荡的顽强动力。快速建设强大国内市场，扩充国内市场需求，将国内市场作为实现商品“跳跃”的落脚点，不仅能打消企业生产顾虑、提振企业生产信心、调动企业生产活力，还有利于国内大循环的构建，缓释国际动荡危机和贸易对冲压力，提高自我调节能力和增强发展韧性。

价值的实现源于旺盛的需求。新时代社会主要矛盾已转化为“人民日益增长的美好生活需要和不平衡不充分的发展之间的矛盾”。随着我国经济的蓬勃发展和人民基本生活需要被极大地满足，人们越发开始追求更幸福、更美好的新生活。因此居民的消费需求发生了极大的转换，即从满足日常生活需要到崇尚生活品质的方向转换。加快形成强大国内市场，能有效解决市场发展过程中存在的不平衡问题，顺应人们奔向幸福生活的重要举措，填补中高端商品消费和服务消费的短板，满足人们对更美好生活的现实需要，以获得更大的安全感和幸福感。

三、在新发展阶段建设强大的国内市场亟待破解的问题

（一）工业生产过剩导致两大部类之间不均衡

马克思将社会总生产分为生产资料的第Ⅰ部类和生产消费资料的第Ⅱ部类。简单再生产的实现条件是"第Ⅰ部类的商品资本中的 $v+m$ 价值额必须等于不变资本Ⅱc，或者说，Ⅰ（$v+m$）= Ⅱc"[5]127。生产循环是保证强大国内市场的基础，而要想实现生产循环，就必须保证两大部类之间生产和交换的均衡。如果某一部门生产过剩，或者存在部门间交换受阻，都将导致社会再生产的难以为继。随着我国经济社会不断发展，两大部类的生产内容也不断发生着变化，但这丝毫不会影响马克思两大部类生产原理对我国社会再生产及强大国内市场建设的指导意义。国家需要发展，社会需要进步，仅仅满足简单再生产将导致经济社会停滞不前。扩大再生产的促成前提为Ⅰ（$v+m$）大于Ⅱc，但是不能远远大于。新中国成立以来，我国长期重视工业发展，这使得我国工业生产长期存在过剩的问题，也就是长期存在Ⅰ（$v+m$）大大超过Ⅱc。第一部类的生产过剩面临必将导致第二部类所生产的消费产品不足以满足两大部类的消费需要，进而导致再生产难以为继。更严重的是，我国工业中粗放型生产的现象普遍，往往仅凭借增加劳动、资金等基础要素来扩大生产规模，生产效率较低。而且分行业来看，我国工业中占比最大的采掘业、原材料加工业等基础工业，高端机床、精密仪器等高附加值产业发展不容乐观。要想形成强大的国内市场，就必须解决第一部类生产过剩以及第一部类生产的产业结构不合理的问题。但是Ⅰ（$v+m$）应该在多大程度上超出Ⅱc 才能既保证扩大再生产的顺利实现，又能避免出现生产过剩的问题呢？应怎样快速破解第一部类生产结构不合理的问题呢？这都是构建强大国内市场急需解决的问题。

（二）有效供给和中高端供给不足消费升级困难

马克思指出，可以把第Ⅱ部类所生产的商品分为必要的消费资料和奢侈的消费资料，无论是工人还是资本家都需要必要使用资料满足基本生活，而只有资本家才能进行奢侈消费资料的消费。如今，随着社会的进步和人们收入的飞速提高，许多的劳动者也能够在有限的范围内进行奢侈消费品的消费，并且随着社会分配机制的不断完善，这个比例将会越来越高。2020 年，是全面建成小康社会的收官之年，同时也实现了全国脱贫的伟大壮举，人们越来越追求对高品质幸福生活。2020 年我国消费占 GDP 的比例为 54. 3%①，仍然属于较低的水平，与发达和部分发展中国家相比仍有较大差距，不过这个差距正在迅速地缩小。但我国第Ⅱ部类生产的消费商品与国民需求还有一定的差距，高品质商品供给不足，低级、同质化消费品供给过剩，而且产业链调整不灵活，难以满足国内日新月异的消费需求变化，导致高端消费外流现象严重。不仅如此，人们对实物的消费需求已经越来越饱和，人们愈发开始寻求服务型消费。但是我国服务业供给不

① 相关数据来自国家统计局。

足，尤其是满足客户需求的个性化、中高端优质的服务短缺，很大程度上限制了高端消费的产生。

除了供给不足，居民消费能力提升也比较困难。马克思认为："没有消费，也就没有生产，因为如果没有消费，生产就没有目的。"[4]15 我国收入差距过大，少数高收入群体占有极大的财富，且他们的财富积累速度远远高于全国水平；相比之下，中低收入群体的财富增加却长久维持在较为低下的状态。不仅如此，我国居民住房价格持续走高，人民住房压力过大，除了把住房为投机需求的居民以外，其他绝大多数人民并没有享受到房价上涨带来的财富增长，相反，这在很大程度上造成了对人民消费的挤出，使得人民消费能力增长受限、消费升级困难。

（三）相关设施落后影响流通效率及消费体验

马克思指出："商品的销售市场和生产地点的距离，是使出售时间，从而使整个周转时间产生差别的一个经常性原因。"[4]227 我国疆域辽阔，生产者和消费者遍布全国各地，商品的产销空间距离必然导致流通时间和流通费用存在显著差异。流通费用"虽属必要，但应看作是一种繁重的负担"①。在短时间内，商品的产销空间距离难以改变，只有通过优化交通运输道路、转换运输方式、革新运输工具等途径，才能在有限程度上降低流通时间、缩短流通成本。以电子商务为例：随着电商的快速发展，越来越多的人选择网络购物，电商在城市市场已经征战多年，电商在城市的发展潜力已经见顶，通过开拓下沉市场，挖掘下沉市场的巨大消费潜力，将会在极大程度上促进我国人民消费能力的提升。但我国区域间交通、仓储、物流等设施也存在很大的差距。物流系统智能化程度不够高、物流设施标准化程度不强，尤其在农村地区和县域范围内的配送效率低下，极大地制约了电子商务在下沉市场的高质量发展。

商业已经不仅仅是提供人民生活的基本物质，更体现在休闲、娱乐等更高层次的体验。现代消费场所也不再是简单的商品陈列场所，更是一种以多样化、丰饶的商业环境、实现服务为主以及顾客参与的新兴经济业态。所以这也对基础设施有了更高的要求，但是许多地区消费"硬件设施"建设还比较落后，消费设施的智能化、人性化程度还不高，尤其在较低端消费场所，还经常出现杂乱无序等现象。而且这种基础设施的差异还呈现出极化现象。在大城市商业体系的明显趋势为"大而全"，其商业规模极其庞大，商品和服务种类及其繁多，几乎可以满足消费者一切休闲娱乐、游览体验的需求，吸引了大量追求体验消费者前来体验。而如今居住在三、四线小城市的小镇青年也具有很大的消费能力，但是通常在县域内商业体系很不健全，很难满足小镇青年的消费需求。

（四）市场发育不完善竞争机制不公平

虽然改革开放以来，我国市场化程度不断加深；但综合来看，我国市场开放和自主化程度还不够高，尚未形成健康的、合理的发展机制。首先，许多行业存在隐形壁垒。

---

① 魁奈：《经济表分析》，载于德尔编《重农学派》，1846 年巴黎版第 1 部，第 71 页。

如今，国企和民营企业之间还有许多问题需要解决，政府的过度干预导致一些民营企业进入某些行业时存在较高的进入壁垒，这不仅缩减了市场供给、影响了企业的积极性，还在很大程度上影响了资源的配置效率，极大程度地限制了市场竞争。其次，地方保护主义盛行。地方政府为了保护地方企业发展、提高本地税收收入，常常对其他地区的商品或服务实施某些限制性准入制度，极大阻碍企业竞争意愿的产生和国内市场一体化的顺利实现。还可能出现地方保护导致企业无法及时学习其他企业的先进技术和管理经验，最终导致企业效率低下而被市场淘汰。再次，国家对新兴企业监管不力。新时代，新的营销模式不断浮现，但我国目前还缺乏适用于新兴产业的规制政策，使得许多企业出现不正当的竞争行为。如直播电商中过度的虚假宣传、卖假售假，商品售后无保障等现象频发；大型电商企业冒牌商品猖獗、存在“二选一”行为，限制其他竞争性平台发展；社区电商掠夺性定价等。最后，同国外市场的交流程度仍亟须加强。马克思指出，随着各国技术持续进步、生产力水平持续提升，必将摆脱原始单一国内生产、消费的状态，而来到一个的互相依存、普遍联系的新格局。虽然我国市场对外开放程度持续加深，但在要素流动、资源配置方面还有许多得体制制度屏障，还有许多行业市场难以起到决定性的配置资源的作用。因此，非常有必要进一步扩大开放，做好本国行业与国际行业标准的接轨程度，引进国际先进行业准则，促进要素的全面流动，唯此，才能更快速建成强大国内市场。

四、在新发展阶段建设强大的国内市场的实现路径

（一）用“有形之手”保障均衡生产

市场在资源配置中起决定性作用，但是单单依靠市场的调配必然会引起产业的结构失衡以及两大部类间生产失衡，甚至还会导致贫富差距越来越大、社会公共服务缺失和无序恶性竞争等情况。因此，政府必须发挥自己的宏观调控优势，做到有效调控、精准出击、宽松有度，充分实现市场和政府的有机融合。

一方面，坚决牢固“三去一降一补”的优良成效，必须坚持供给侧结构性改革毫不动摇，坚决破除低效、过剩的产业，对符合国家发展需要的优良产业给予更多的减税降费补贴。注重优质企业资源整合，推动优质企业转型升级，形成集聚优势，打造国际品牌，摆脱企业“小、破、烂”的劣质局面，推动企业“高、精、尖”发展。特别要指出，在政府补贴优势企业的同时也要扶持那些对国家发展有重要支撑和安全作用的产业，精准提供财政、金融等支持，保证国家命脉安全。

另一方面，持续优化市场供给结构，以社会需求为导向，以消费升级为引领，注重生产高质量商品、提供高品质服务。实现这一点的必要前提是居民有能力去消费，并且有消费意愿去消费，只有这样，才能保证价值实现过程的顺利实现以及两大部类的均衡生产。国家通过合理的分配制度，极力满足民生的合理需求，致力于满足基本公共服务，努力实现基本的养老、医疗、住房、教育等公共服务均等化，提升人民生活质量，加增人民收入和意愿消费比例和能力。防止人民把绝大多数收入都花费在医疗、住房、

教育等方面，也防止因为养老预期而导致消费意愿降低。在此基础上，通过引入新技术、转换经营模式等方式推进第二部类消费产品高质量供给和高知名度品牌建设，既能满足绝大部分普通人民群众日新月异的需求变化，也能提升少部分群众对奢侈商品消费的满意程度，以此来促进消费升级的实现。

（二）以技术创新形成有效的复杂劳动

马克思指出："生产力特别高的劳动起了自乘的劳动的作用，或者说，在同样的时间内，他所创造的价值比同种社会平均劳动要多。"[5]58 因此，要想构建强大的国内市场，就必须抓住创新，让创新在国民经济发展中发挥不可替代的作用。首先，要注重高端人才的培养。马克思曾说过，只有劳动才创造价值，因此只有培养创新人才，形成有效的复杂劳动才能促进我国经济的发展、才能保证强大市场的合理建设。国家积极推进创新政策、推行教育模式改革，实行产教融合等新模式，以培养理论知识丰富、实践能力突出、创新思想集聚的新时代创新人才。在注重科研人才培养的同时还应注重新时代管理型人才，高瞻远瞩、科学规划企业发展、产业动向，既有利于企业的科学运营，还将有利于整个行业的跨越式发展。其次，要注重科技成果转化率。近年来，国家和企业的科研经费持续走高，科技成果丰硕，但是真正运用生产生活中的比例少之又少。科研成果的转化，不仅需要企业的慧眼，更需要政府的积极引领，通过建立科学合理的知识产权交易中心、展示中心，在政府的保证和监督下有序进行知识产权的开发与利用，让知识创新焕发无限的光芒。最后，要利用技术创新进行产品升级，提升高端制造业在国民经济中的比重，产出更多高附加值工业品和消费品，提升产业利润。还要不断运用大数据等新兴前沿技术进行产业模式创新，以支撑产业的灵活性调整，为国内市场提供强有力的产品供应；运用云计算技术和区块链技术提升仓储物流一体化、智能化程度，促进产业向更到水平发展，这有利于推动居民消费升级的顺利实现。

（三）加强基础设施构建现代流通体系

现代流通体系是构建新发展格局的有力支撑，同时也是建设强大国内市场的重要保障。现代流通体系的建设并非一蹴而就。建设智能化、标准化的商贸基础设施，打通商品在流通中的堵点，协同推进商贸流通一体化发展，助力现代流通体系的构建。首先，多元化建设资金的筹集。既要施展政府的绝对主导作用，同时也要充分利用庞大的民间资本存量，进行区域的仓储和物流园区的建设，多方齐手共同完善基础设施。其次，注重城市商圈的培养和城市便民生活设施的建设。完善商圈周边环境、统筹建设交通、公共服务等设施，为人民提供适宜的休闲、购物场所，顺应新时代居民消费的新需要。除了硬件基础设施以外，还应提升服务质量、售前售后服务追溯等"软件基础设施"的建设，以优质服务保障流通环节运行流畅。最后，强化顶层设计，助推仓储物流设施数字化转型。电商的发展打破原有固化流通模式，面向的消费者分布范围更广、离散化程度更强，因此对商贸基础设施的智能化程度要求更高。结合不同地区的商贸基础设施的差异化状况，充分整合现有仓储物流资源，构建以交通运输、仓储物流为基础，以中介服务组织和机构为纽带，以数字化信息网络为支持的电商生态网络，促进电商的高质量发展。优化电商配送路径，同时融合数字技术，实现物流信息互通、数据共享，形成电商配送环线，实现城乡配送、发货无缝对接，提升电商物流效率。

（四）营造优质营商环境加强对外开放

进一步实行“放管服”改革、深化简政放权，建立公开透明的市场运行规则和法制营商环境，增强企业活力、尊重企业主体地位，同时以巨大市场优势和优质营商环境吸引国外企业投资，以助力强大国内市场建设。第一，审时度势制定规范化助商制度。遵循市场发展的客观规律，科学使用“有形之手”调节力量，精准施行周全调控。铲除一切有碍我国市场一体化发展的不合理政策，杜绝非公平竞争行为。持续削减市场负面清单，营造宽松经商环境，保障社会供给充足。深化调整投资批复流程，保障企业投融资快速实现。第二，强化竞争机制。加强企业监管，规制垄断和非法经营行为。国家也要出台对应政策，破除地方保护壁垒，加强全国统一市场建设。面对日益更新的新零售、新营销模式，及时落实法律法规对其进行监管，采取强硬手段处罚其违法行为。面对电商等新模式，应注重数字监督、科技犯罪等情况发生，同时也对有前景、有创新的新兴企业进行补偿。政府既要做好“守夜人”的合理工作，也能充分发挥“有形之手”的强大力量。第三，毫不动摇地持续增强对外开放。强大国内市场的顺利形成，不仅依靠国内的生产和消费，往往还需要与国际接轨，发挥比较优势；除此以外，也不可否认，强大国内市场形成的目的也就是为了更好地畅通国内循环，并依靠国内优势促进国内国际双循环的进行。因此，要充分利用国内距大需求规模的牵引力量，吸引国际优秀企业投资，提升国内产业质量、增加国内商品和服务的高质量供给。还要积极推动本国企业的跨国经营，提倡高附加值产品出口，开拓新市场，获取更高的利润。注重国内产业与国际接轨，提升产品标准化程度，防止型号差异影响企业发展。同时，大力推进国内外生产要素和资源的自由流动，以助力将我国市场建成适应在全球范围高效配置资源的高水平规则体系。

参考文献：

［1］马克思恩格斯文集：第 8 卷［M］. 北京：人民出版社，2009.
［2］马克思. 政治经济学批判大纲（第 1 分册）［M］. 北京：人民出版社，1975.
［3］马克思恩格斯全集：第 24 卷［M］. 北京：人民出版社，1972.
［4］马克思恩格斯文集：第 6 卷［M］. 北京：人民出版社，2009.
［5］马克思. 资本论：第 1 卷［M］. 北京：人民出版社，2004.
［6］马克思恩格斯选集：第 2 卷［M］. 北京：人民出版社，2012.
［7］马克思. 资本论：第 2 卷［M］. 北京：人民出版社，2004.

论《资本论》创新思想的思想传承与中国实践①

贾后明②

摘　要：从思想传承来说，国家创新驱动战略并不来自西方经济学的创新理论，而是《资本论》创新理论在当代社会主义国家发展中的具体实现。生产力发展理论开创了社会创新的思想源头，为理解人类社会发展动力和社会主义国家跨越发展提供了强劲的动力。国家创新驱动战略从国家战略层面树立了社会创新的主体和动力机制，必须深化创新理论，激发社会各方的创新。要用唯物史观的科学方法，深刻地领会和把握习近平创新思想的历史传承和当代价值，为全面理解和实施国家创新驱动战略提供更加坚实的理论支撑。

关键词：《资本论》；创新理论；生产力发展；国家创新驱动战略

党的十八大提出，要实施国家创新驱动发展战略。习近平总书记强调："科技创新是提高社会生产力和综合国力的战略支撑，必须摆在国家发展全局的核心位置。"[1]这一战略的提出既是世界发展形势的要求——"当前从全球范围看，科学技术越来越成为推动经济社会发展的主要力量，创新驱动是大势所趋"[2]；也是从国内跨越发展的阶段和面临的困难与挑战而提出的——"要突破发展瓶颈、解决深层次矛盾和问题，根本出路在于创新，关键要靠科技力量"[3]。用创新，尤其是科技创新推动生产力发展，充分展现社会主义制度的优越性，是马克思主义的一贯主张。《资本论》是社会创新理论的思想源头，马克思在书中鲜明提出了创新是生产力持续发展的根本动力。习近平总书记对国家创新驱动战略的论述是中国特色社会主义政治经济学理论体系与话语体系中的重要内容，继承和发展了《资本论》关于生产力发展和社会创新的理论与话语体系。要深入研究《资本论》创新思想的理论内涵，认识中国在社会主义建设中生产力发展时对这一思想的理解与运用，促进《资本论》创新思想的中国化进程，实现"坚持走中国特色自主创新道路，以全球视野谋划和推动创新，提高原始创新、集成创新和引进消

---

①　陕西省社科基金项目"习近平新时代中国特色社会主义经济思想理论特质研究"（2019A016）阶段性成果。

②　贾后明，南京信息工程大学马克思主义学院，教授，博士生导师，主要从事马克思主义基本原理与政治经济学研究。

化吸收再创新能力，更加注重协同创新”[4]。

一、《资本论》创新理论的内涵与价值

关于创新思想，西方经济研究的主流观点把熊彼特称为创新理论之父，多引用他对创新的理解。这样，人们在谈论和研究创新问题时，把熊彼特创新理论作为创新思想和范畴的源头，使创新理论成为西方经济理论与话语体系中的一个主流形态。但是，熊彼特自己也承认，他的创新理论受到马克思《资本论》的影响和启发。“这种看来无足轻重的源泉，产生了——正如我们将要看到的——经济过程的一个新概念，它会克服一系列的根本困难，并从而证明我们在正文中对这一问题的陈述是正确的。这个问题的新陈述同马克思的陈述更加接近。因为根据马克思，有一种内部的经济发展，而不只是经济生活要与变化着的情况相适应。但是我的结构只包括他的研究领域的一小部分。”[5]马克思在社会创新上的开创性和思想深刻性却是超越传统理论与话语的理解和认识。《新帕尔格雷夫经济学大辞典》在评介马克思时说，他（1848）在技术创新作为经济发展和竞争的动力方面可能领先于其他任何经济学家[6]。《资本论》在社会创新上的有自己的理论内涵与话语表达方式，但这些思想没有得到马克思主义者应有重视。在经济理论领域深入挖掘《资本论》中关于社会创新的思想内涵，才能更加显现马克思主义理论的话语权和思想影响力。

1. 创新是生产力发展的实质

马克思在创新问题上的开创性在于，他最先用“生产力”这一概念来具体化创新内涵。马克思认为，生产力体现了社会对资源利用的能力问题。这种资源利用能力来自劳动者的熟练程度，主要是受教育程度；也包括资源利用的组织化程度，科技技术在生产过程中应用产生的资源利用充分度和产品品质的提升，自然地理条件等，还包括对市场的开拓利用程度等。“劳动生产力是由多种情况决定的，其中包括：工人的平均熟练程度，科学的发展水平和它在工艺上应用的程度，生产过程的社会结合，生产资料的规模和效能，以及自然条件。”[7]生产力发展就是社会创新，是生产要素、市场和科技的综合利用。可见，马克思在《资本论》中提到的生产力发展动力包含了熊彼特创新理论中对企业产品创新、技术创新、市场创新、资源配置创新、组织管理创新等各方面的理解。熊彼特及其继承者从企业、企业家和资本主义发展角度对创新价值所做的理解和论述，这些观点完全可以从《资本论》相关研究中找到其源头。

《资本论》用生产力这一范畴描述资本主义存在的社会创新，这是从唯物史观的角度对资本主义社会发展的一种宏观描述。马克思在对资本主义生产方式进行研究过程中，遵从了唯物辩证的历史方法，研究资本主义生产方式下企业或资本家进行资本运作和企业经营的内在规律和机理。马克思第一次深入研究了资本主义经济运行的内在机制，客观、历史、全面的研究带来了开创性的思想和理论，促进社会对资本主义生产方式演进和经济发展的深入研究。在资本主义生产力发展方式上，《资本论》从资本获利的角度论述了资本家或企业经营者利用各种资源实现资本增殖的方式和方法，更进一步

指出了企业这种组织形态在科技创新中的地位和作用。资本家在利用科技进行剩余价值的获取，并且在投资科技创新上采取不惜余力的做法。资本家越来越懂得在科技创新上的投资可能获得的收益要远远超过其在其他资源上所付出的，也超过其支付的投资成本。在资本主义社会里，资本从社会获利的途径回到了生产这一领域，使组织资源利用的技术知识体系越来越重要。在不断扩大生产的情况下，以及不断提高资源利用水平和减少资源消耗的情况下，成本下降带来的收益使生产技术的知识更新越来越重要，人们可以在知识体系更新中发现生产力发展动力和发展根源。

马克思通过生产力理论，证明了创新是生产力发展的一种内生性因素。马克思承认生产力的物质性和发展的客观性，从更加广泛的人类社会发展的角度对生产力这一根本性因素进行了论述，对社会发展规律的认识使马克思比熊彼特更加深刻和根本。熊彼特只是从资本主义经济发展的层面上指出了由于创新推动了资本主义走出静态而走向动态发展，这是一种对资本主义存在合理性的解释和论证。马克思提出，资本家是资本的人格化存在，如果从企业经营情况和马克思所处的历史中的资本投资人与经营者合二为一的角度来看，马克思所说的资本家与熊彼特的企业家没有本质区别，只不过现代的企业家是专职从事经营的职业经理人。熊彼特称只有企业家才有这样的创新，才能发现并实施这种创新。马克思是在对资本家获利这一前提下对资本主义生产力发展的创新动力进行了论述，而熊彼特则从一般性的经济内涵中的企业和企业家角度进行了论述。这是在话语体系上对资本主义企业和企业家本质的一种改造。实质上，企业家所谓的发现和实施创新，不过是资本获利的一种具象化表现，不是因为有企业家才有了创新的推动和实施，而是因为资本需要获利，需要发现可以更好地利用资源、降低成本和开拓市场，更好实现资本的增殖的方法和途径。

2. 生产力存在着长期发展的客观趋势

熊彼特把创新作为资本主义的特征，这是对创新的片面理解。生产力的发展是人类社会实践能力的体现，是人类积累外部世界从而满足自己需要的知识体系的实践形态。这种实践的不断发展和知识积累的增长性，决定了创新和生产力发展趋势是长期性的。只不过，资本主义在社会创新和生产力发展上有着更加巨大的推动力，表现在创新的自觉性和投入的力度。“固定资本的发展表明，一般社会知识，已经在多么大的程度上变成了直接的生产力，从而社会生活过程的条件本身在多么大的程度上受到一般智力的控制并按照这种智力得到改造”[8]，“知识和技能的积累，社会智力的一般生产力的积累，就同劳动相对立而被吸收在资本当中，从而表现为资本的属性”[9]。

马克思关于生产力持续发展的内生性就表现在马克思人认为传统社会也存在着生产力发展的可能性和现实性。一是人类的实践虽是一个积累过程，存在着从量变到质变的过程和可能性。二是人们也在实践交往中不断寻求可以更加节约资源的方式和方法，这种节约资源的经济方式是人类社会生存发展的追求，这种需要必然会带来知识体系的进步和生产力的发展。马克思也分析了传统社会在生产力发展缓慢的原因。首先就在于传统的生产知识不能持续更新。没有持续生产知识的社会系统，如大学、研究机构，也没有知识更新的社会环境，社会在专权统治下并不接受新知识；最关键的是没有新知识的需求，尤其是生产上的需求。只有商业存在着直接的逐利性，却是以交换作为获得手段的，而生产并不是主要的手段。而商业只对信息和资金有着根本性需求，而不是技术。在封建社会中，不可能存在着自身的制度性变革的动力，或者说实现一种更加合理的社会制度的追求。这种社会制度性结构是这种生产力水平和相应的生产关系一起形成的生产方式决定的。而资本主义社会有一个特点，就是在生产力发展巨大进步和发展迅速。生产力不断出现突破的可能性，这是传统社会所不具备的。马克思提出了创新的社会环境和条件。一是整个社会对以营利为目的的生产方式的认可；二是社会提供了大量的无偿知识；三是社会为知识产权提供了保护；四是社会对于超额剩余价值生产方式的市场支持。

3. 制度演变中生产力的根本性作用

由此才会出现生产力与生产关系的矛盾，这个矛盾出现的根源在于生产力发展的长期性和客观性，最终必然要对外在的生产关系产生影响并寻求突破，社会制度由此变革。资本主义之所以能够取代封建制度，就在于资本主义社会懂得在生产中利用科技创新并寻求合适的生产关系。首先是生产力的发展带动了社会制度的变革，而不是社会制度的变革实现了生产力的突进。这说明，在封建社会末期，这种制度被消亡不是由于此时的生产力已经退化。可能出现生产力或经济上的严重困难，但不能说这个时期的生产力出现问题而导致了社会矛盾的尖锐，从而出现这种制度演变的动力。而是因为一种新的生产方式带来了生产力发展的巨大前景和吸引力，使得旧的制度在这种制度比较与竞争中最终被消亡。生产技术创新的内生性决定了生产力是一个总体不断上升的过程，而不是一个曲折迂回的过程。在一个制度延续的相当长时间里，生产力发展处在一个不断积累的量变过程中，除非出现极端的文明中断的现象，一般不会出现生产力根本性下降的问题。不仅要破坏物质性资源，还要破坏生产知识的传承，这样才是根本性的破坏，导致生产力无法恢复。否则，在人们的学习和资源的不断开放利用下，总体上说，生产力是不会出现普遍性的周期性的波动和循环。可以恢复，但很难出现突进，突进一定是生产工具的巨大变化，资源利用上的重大进步。中国封建王朝的更替中确实存在着生产力的下降阶段，但这些下降都在新朝代建立后的稳定政治局面下很快得到恢复。所谓的盛世往往就是这种恢复期所表现出的上升时期，人们普遍的乐观心态和社会难得的产品丰裕下的积极局面。每一个人在这种快速恢复期中都感受到生产的改善和财富的增长。在生产力不能得到更快增长的知识和要素利用的变化情况下，这种恢复期的快速增长时间是短暂的。因为这种增长会在知识的停滞和资源利用的有限性下而出现停滞。而由于政治稳定下的人口的过快增长，社会对产品的需求越来越多，必然导致产出的不足和分配矛盾。最终因分配问题而导致社会矛盾的激化。实际上，即便存在着战争等破坏因素使劳动力资源、生产设备资源等受到影响，但是也不能说这种生产力就是根本性的下降。因为在生产力问题上，存在着更加根本性的生产组织与生产技术的知识体系，这是生产力的最根本性因素。除非这种物质性因素和知识性的因素均受到根本性破坏，才会出现生产力的根本性下降。所以，不能从生产力或经济发展水平角度来理解一种制度为何被取代，而是要进一步寻求生产力发展，尤其是突进的质变中是什么导致了社会生产关系的调整并导致了整个社会制度的变革。

资本家或企业的技术创新问题，也提出了制度演进这一种新的生产方式创新模式。

在生产方式的演进中包含了生产力发展的演进和创新因素。这种生产关系乃至生产方式的变化与创新，就是一种科技创新与社会生产和发展相结合的创新模式。我们理解社会创新，完全不必要把熊彼特的理论作为主要话语，马克思从生产力发展和社会创新角度对资本主义企业生产模式和经济增长模式的理论架构和论述比西方主流经济学家要深刻得多。但是，之所以马克思的创新思想没有得到主流话语的接受，这根本来自马克思在《资本论》中是以批判的话语表达方式对这一问题进行了叙述。资本主义企业在创新中所采取的各种措施不过是资本追求利润的手段。这既来自内在的获得动机，也来自外部市场的竞争。而从主流话语来看，把资本主义获利的动机转为创新的动机，就可以为资本主义企业的存在提供合理辩护，他们不仅是为了获利，而且推动了社会创新。他们获利的源泉并不是来自劳动，而是来自企业家创造性地对资源的利用，创新才是企业利益的根本来源。这些理论还说，在国家与社会对科技创新的投资中，私人企业的投资要远远超过政府。私人企业的投资具有更加明确的创新投向，他们了解应该投向什么方向，因为这些方向的确定是他们在生产和市场中确实需要的。这种有需要的研发比纯粹出于兴趣的研究可能产生更加直接和有效的产出。正是从这一角度，熊彼特的创新理论才被主流话语接受，成为他们在解释西方经济增长和资本主义企业发展的一个理论体系与话语表达。

二、创新在社会主义制度内的地位与内生发展

马克思论证了资本主义生产方式中生产扩大的无限可能性和创新的内在因素，指出了资本主义存在的生产力发展的条件和可能。所以，我们应该重视资本主义生产方式中创新作用及其推动资本主义生产力发展的地位和价值。不过，在这个创新的研究中，马克思注重的是资本主义在技术创新及其应用，对于制度性的即生产关系的调整方面，看到了在生产力的推动下的生产关系的被迫调整和创新的一面，但认为这种调整是被迫的，而不是主动的、有效的。生产力与生产关系之间存在着根本性的矛盾，从而使生产关系不能主动适应生产力发展的需要。但是，我们必须承认，从理论分析和历史实践来看，资本主义国家在创新和生产力发展方面确实存在着巨大的动力。对于创新，一方面就是要解决创新的条件，即要有创新的资金投入和创新的人才。另一方面要有创新的激励，这种激励能够保证创新的持续，面这种创新的激励就在于创新的应用及其得到应用后的回报。资源投入上的回报和智力资源投入的回报。而社会的生产关系和上层建筑的调整和创新就要看能否适应这种要求，从而使创新得到持续。因此，熊彼特才把资本主义的特征归结为创新，当然他特别提到企业家创新意识和创新推动。在熊彼特眼中，资本主义确实存在许多问题，但是并不是一个封闭的系统，也不是一个持续衰减的系统，而是一个可以通过创新来调整的系统。如果从熊彼特的观点来看，资本主义不是一个可以轻易消亡的制度，社会主义与资本主义还将长期共存。而有着生产力发展上的优势，资本主义国家可以在改善收入分配和提高社会整体福利水平上有了更大的空间，而这给社会主义与资本主义的竞争带来了巨大的挑战。

资本主义制度性的溃败不仅来自其自身的矛盾引发的社会问题和由此带来的停滞。应该设想另一个可能就是，资本主义最终被取代，还是由于社会主义与资本主义共处下社会主义制度所显现的更大的制度优越性。这两个制度共存就存在着意识形态的竞争和实践中实力的竞争，其中生产力发展的竞争是关键。生产力发展不可能只寄托在生产关系上，生产关系当然有助于或限制生产力的发展，但是生产力发展也有其自身条件和规律。不管是劳动者，还是劳动对象、劳动资料、工具，都不可能是一个现实的静止的存在。尤其是在制度一定的情况下，生产关系的调整虽然是存在的，但并不是根本性或经常性的。而生产力发展却需要不断地发展。

传统以为这一制度优越性是内在的，即在制度的逻辑上就是比资本主义更加优越的制度。但是实践证明，社会主义制度是不是优越于资本主义不是来自逻辑，而是要来自历史实践；不是先天或先验的，而是应该在现实的社会世界上。这两种制度通过各自的实践与努力来竞争显现两种制度的价值与特色，最终用实践来显现哪种更加优越。

所以制度之间的竞争，根本性是生产力的竞争，而归根于创新。创新是根本着力点，只有从这个高度来认识。习近平总书记也强调，“把创新摆在国家发展全局的核心位置”[10]。“创新是引领发展的第一动力。”[11]“惟创新者进，惟创新者强，惟创新者胜。”[12]

邓小平在改革开放初期就充分认识到科技教育的重要作用，提出了科学技术是第一生产力这一富有马克思主义光辉思想的重要论断。科学技术在生产力中已经作为第一要素被强调，突出了科技的地位和作用。当然这里所说的科技主要是指科技创新。不过，邓小平更多的是从恢复传统理念中的科学技术的地位角度来讲的。相对于“文化大革命”中对于科学技术工作的破坏，对于知识分子作用的蔑视，邓小平从马克思主义理论的生产力理论中说明了科技的作用，为科学研究和技术发明尤其是知识分子正名，进行了拨乱反正。从而极大地推动了我国科学技术事业的发展。

但是，邓小平虽然强调了科技的作用，但没有能从根本上解决科技创新与社会发展关系的问题。科技工作得到了重视，科技人员的地位得到了尊重，科技成果不断涌现，但是没有建立起科学技术研究与社会生产的有效衔接机制，出现了科研与生产“两张皮”现象。不以生产和社会发展需要而进行的研究，不仅促进社会经济发展的作用没有得到充分发挥，没能推动科学技术的真正进步，还使得科学研究的投入无法得到有效的利用，也使科学研究的方向无法适应社会竞争的需要。

国家创新驱动战略来自对世界发展趋势和国内转型需要，也来自马克思主义关于生产力发展和社会创新思想，这一战略是马克思《资本论》关于社会创新思想的继承和发展。在当代，我们不仅要强调科学技术研究工作的重要性，明确科技在社会发展中的核心地位，还要突出创新及其社会应用在科学技术发展中的作用和意义。也就是说，科学技术当然重要，但是更重要的是科学技术的创新，其中包括对创新内涵的认识。创新不是一种抽象理论上的突破，或者是新概念、新体系的提出，而更多地体现在对生产和社会发展现实问题提出了新的解决方案和办法。

三、国家创新驱动战略的实现主体及其机制

习近平总书记指出：“深化科技体制改革，要进一步突出企业的技术创新主体地位，变‘要我创新’为‘我要创新’，促进创新链、产业链、市场需求有机衔接。”[13]国家创新驱动战略要着重解决两个方面的问题，一是基础领域的创新和关键领域的创新，增加创新动驱动的基础和关键，体现社会主义制度和国家在创新上的意志和追求；二是发挥市场在创新推动上的决定性作用，建立企业技术创新的主体地位和积极研发的体制机制，实现创新的市场价值。

首先，深化对社会主义制度内创新特点和实现机制的认识。资本主义社会中，资本从获利角度加大创新的投入，有着内在的动力，《资本论》揭示了市场竞争主体从竞争需要进行的创新投入的必然性和根本性。资本主义政府在企业创新上给予了支持和保护，是资本主义创新得以不断持续的重要外部条件，政府给予企业创新的支持包括创新产权的保护、创新市场价值实现的机制、创新税收的鼓励和创新投入的支持等。这些都说明，在市场机制下，政府与企业在创新上的作用是不同的，应该从不同的角度来理解和思考。在社会主义建设中，要促进创新成为企业和政府、社会的共同追求，我们一方面要进一步发挥市场在资源配置和社会分配上的决定性作用，充分落实企业的创新主体地位和作用，让创新价值通过市场得到更充分的实现、更广泛的应用和更深入的发展，促进市场竞争对于创新的激励引导。另一方面，完善政府在创新推动中的方式方法。传统政府也在基础领域和重大关键领域进行创新投入，由同行专家对课题项目价值与意义进行评价，但由于这些投入没有直接收益回报，主要还是一种可以在学理上可以进行判断的研究行为价值的方式，也只能是从学术价值上对科学研究评价的一种可靠方式。这些基础关键领域的研究在高等教育和知识传播中具有相当作用，可以促进理论知识的体系传授和理论上的突破，但是，要使科研成果更多地解决社会生产与发展问题，解决好科研与生产的结合问题，必须在政策上和环境上进行改革和调整。新技术的出现和运用带来的不仅是市场收益的扩张，还会引起社会生活和管理方式的变革，制度创新和生产关系调整和改革的一个重要问题。正是在这个意义上讲，生产力发展给生产关系带来的是破坏性影响。我们不仅要在资金投入和税收等政策优惠上帮助企业，还要从经济管理体制上适应新技术、新产业、新业态、新模式的出现，不断调整和改革管理体制和管理方式。

其次，激发新时代人才与企业创新动力。人才与企业进行创新的动力来自创新的回报激励，只有让创新价值得到充分显现，使创新的价值回馈于其发现者和实施者，这种创新才拥有了正向激励，创新才会持续不断。要承认技术、资本、管理和人才等资源在市场中通过竞争获得收益的合理性和正当性，让各种资源充分涌现，促进创新价值的市场实现。科技，尤其是技术性的需要主要来源于市场，而市场存在着许多未知和不确定因素，尤其是可以产生巨大的可以满足社会需求的创新、发明和发现，必然是在市场的大量试错中来探索与实现。技术创新价值只能是来自市场竞争，对于技术领域，事前可

行性研究的结论性判断是不可能有效的，因为没有人能够在技术应用领域了解这种技术的应用价值及其可行性，这种研究往往在经过若干的试验和各种可能的技术手段的尝试后才可能发现，甚至也可能失败，要在多次的试错中发现可能存在的解决方案。未知性因素和解决方式的多样性使许多的研发具有相当的偶然性，而即便是具有一定的规律性和可预见性的技术研发，也由于这些技术的分布广泛而难以实现对其重要性的准确判断。而这种试错式创新模式需要大量前期投入，企业要通过市场回收这些投资并获得回报，这些正是企业和人才进行技术创新的价值所在。要促进人才创新力和企业创新投入的增加，需要转变企业的发展理念和方向，由以产品数量和成本价格竞争转向以技术创新为主，推动企业增加研发投入，保障企业和人才从创新中获得市场回报，使创新从理论和政策变为实际生产力。

最后，加大对创新知识产权的保护。当前中国社会创新不缺乏资金和政策扶持，而最重要的是要对创新进行知识产权的保护。企业在发展中已经认识到创新对于市场竞争的意义和价值，也有增加创新投入的意愿，关键在于如何促进创新成果的回报为发现与发明者所占有。由于传统社会主义建设中对知识产权缺乏深入的理论与实践探索，无法有效地打击市场跟进者无成本的模仿技术创新，使创新价值无法从市场中得到充分回报，影响了企业创新。知识产权保护是国家创新驱动战略实现的关键环节，只有充分落实知识产权保护，才能使企业放开手从事创新，也使更多人才的知识创新得到认可和价值实现。

总之，实施国家创新驱动战略，就是一方面要发挥好国家在创新发展中的作用，加大国家对创新的政策与资金的扶持力度；另一方面，要发挥好创新主体——企业与个人的积极性，对创新成果的知识产权和价值实现给予有效保护，促进企业和个人更积极投入资金与智力资源，使知识成果转化为生产成果和市场成果，实现创新的良性持续发展。

参考文献：

[1] 习近平. 习近平谈治国理政［M］. 北京：外文出版社，2014：119.

[2] 习近平. 习近平关于科技创新论述摘编［M］. 北京：中央文献出版社，2016：77.

[3] 习近平. 习近平关于科技创新论述摘编［M］. 北京：中央文献出版社，2016：3.

[4] 十八大以来重要文献选编（上）［M］. 北京：中央文献出版社，2014：17.

[5] 熊彼特. 经济发展理论［M］. 郭武军，吕阳，译. 北京：商务印书馆，2000：68.

[6] 伊特韦尔. 新帕尔格雷夫经济学大辞典（第 2 卷）［M］. 陈岱孙，译. 北京：经济科学出版社，1996：925.

[7] 马克思恩格斯全集：第四十二卷［M］. 北京：人民出版社，2016：26.

[8] 马克思恩格斯选集：第二卷［M］. 北京：人民出版社，2012：785.

[9] 马克思恩格斯选集：第二卷［M］. 北京：人民出版社，2012：775.

[10] 习近平. 习近平谈治国理政：第二卷［M］. 北京：外文出版社，2017：198.

[11] 习近平. 习近平谈治国理政：第二卷［M］. 北京：外文出版社，2017：480.

[12] 习近平. 习近平谈治国理政：第二卷［M］. 北京：外文出版社，2014：59.

[13] 习近平. 习近平关于科技创新论述摘编［M］. 北京：中央文献出版社，2016：55-56.

高新技术条件下我国相对过剩人口及就业问题研究

——运用马克思《资本论》相对过剩人口理论的分析

周　聪[①]　杨　峰[②]　谢元态[③]

摘　要：本文运用马克思《资本论》相对过剩人口理论，首先论证高新技术条件对相对过剩人口及劳动力就业的正负效应：正效应是有利于促进就业结构升级、提升劳动者素质和提高劳动者的收入水平；负效应是必然大量增加相对过剩人口和加剧劳动者就业压力。其次分析高新技术条件下相对过剩人口呈现的结构性特点是大量产生于第一产业，总规模特点是相对过剩人口总量有逐步下降的趋势。最后，提出增加就业的产业政策建议：第一产业通过加快发展现代化农业，强化农业的基础地位，延长产业链以及实施乡村振兴战略，全面发展社会事业，综合解决“三农”问题；第二产业通过以高新技术武装第二产业，培养高科技人才以及优化产业结构和产业布局，传承传统工艺；第三产业通过提高第三产业占比，扩大第三产业容量以及优化第三产业结构，培养新型服务业人才。政府在宏观层面增加就业的建议：一是强化公有制主导地位，发展多种所有制经济；二是推动职业教育发展，全面提升劳动者的综合素质和职业技能；三是大力培育新型农民，鼓励和支持亿万农民工和大学生返乡创业；四是完善劳动力市场，依法保障全社会劳动者的平等合法权益。

关键词：相对过剩人口；就业；高新技术

就业是民生之本。中国是一个人口大国和劳动力大国，如何安排庞大的农村劳动力群体就业又是新中国成立以来最大的难题。“民为邦本，本固邦宁”，就业问题事关人民群众的切身利益，关系整个宏观经济建设，关系社会稳定和政治安全。在高新技术飞速进步的今天，我国就业问题面临更加严峻的考验。因而，运用经济学经典理论尤其是马克思《资本论》相对过剩人口理论，分析高新技术条件下我国相对过剩人口及就业问题，是当前无法回避的一项重要课题。

---

① 周聪，江西农业大学经济管理学院硕士研究生。

② 杨峰，江西农业大学人文与公共管理学院副教授。

③ 谢元态（通讯作者），江西农业大学经济管理学院教授。

一、问题的提出

（一）经济学经典作家的失业理论评述

从古典学派的失业理论到马克思的相对过剩人口理论，它们分别从不同角度、不同层面指出失业问题及产生的原因，并提出了相应的解决办法，对解决相对过剩人口及失业问题都有重要的启发和帮助。

古典学派失业理论认为，假如劳动力市场是完全自由竞争的，那么工资会因为供求关系的相互作用而自发地不停调整，从而达到一种均衡状态；并认为只要通过消除工资刚性，使得货币工资能够随着市场需求而变动，便可以最终解决失业问题。

凯恩斯失业理论认为，失业会出现是边际消费倾向递减、资本的边际效率、流动性偏好等心理规律所使然。他提出解决失业的办法就是，通过国家的宏观调控刺激有效需求，需求扩大导致生产扩大，从而增加就业岗位。理论上而言，宏观调控作为技术性手段，对刺激就业有一定的作用。

新古典综合学派的失业理论认为，是经济结构变化导致了结构性失业。失业与工作空位并存就转化为失业与货币工资上涨并存，进而转化为失业与通货膨胀并存[1]。因此，要从调节经济结构入手来解决就业，主张通过政府指导收入政策，抑制通货膨胀，并完善劳动市场，才能调解决结构性失业问题。

发展经济学家刘易斯认为，广大的发展中国家经济存在二元结构。农业部门中存在着大量的隐性失业人口，而现代工业可以吸纳较多的生产力。因此，解决二元结构失业问题主要靠发展工业。

纵观经济学经典作家的失业理论，虽然其从不同角度分析了失业问题产生的原因，并提出了解决办法，对我们今天解决失业问题有一定的借鉴意义。但是，他们的失业理论都没有触碰到资本主义制度本身，而只是在为资本主义制度进行着修补工作。由于相对过剩人口的存在是资本主义生产和再生产的一个“必要条件”（马克思语）。在资本主义制度下，根据他们的理论，失业问题并没有从根本上得到解决。因此，其借鉴作用是十分有限的。

马克思相对过剩人口理论认为，在资本主义社会相对过剩人口产生的根本原因是生产资料的资本主义私有制。资本积累使得资本有机构成部分不断增加，不变资本部分占总预付资本的比重不断提高，而可变资本部分却不断减少[2]。虽然可变资本绝对量随着预付资本总量变大而增加了，所雇佣的劳动力也可能会有一定程度的增加，但是相对于资本增殖所需而言，劳动力的供给反而是过剩了——这部分超过资本增殖所需要的劳动力就是相对过剩人口。由此，马克思认为，由于资本以剩余价值增殖为目的，相对过剩人口问题在资本主义社会必将长期存在[3]。只有否定生产资料的资本主义私有制，建立社会主义公有制，才能从根本上实现劳动力的供求平衡。

工业大革命必然带来“机器排斥工人”，而当今的高新技术发展无疑必将导致失业问题更加严重，失业的原因更加复杂。因此，对新形势下的失业问题及其原因，应当有新的认知和相应的对策。

（二）选题意义

高新技术的进步对于未来经济发展、文化繁荣、军事实力和综合国力的影响日益显著，也深刻地影响着人民群众就业，必然出现马克思所论证的“相对过剩人口”问题，甚至会导致失业问题日渐严重，失业的原因更加复杂。因此，研究高新技术发展对我国相对过剩人口及就业的影响，是新形势下的重要理论课题。

从更深层次看，相对过剩人口和就业问题受制于国家的人口发展战略。归纳我国当今相对过剩人口及就业的特点，有助于宏观把握好人口发展与就业的关系及其发展趋势，有助于创新人口大国高新技术条件下的就业理论。

高新技术发展对我国相对过剩人口及就业必然会产生正效应和负效应。充分认识其正效应，有助于制定科学的产业政策和就业政策；准确认识其负效应，有助于通过政府宏观调控将负效应降至最小。因此，研究本课题具有直接的实践指导意义。

二、高新技术的应用对我国相对过剩人口及就业的影响

（一）高新技术的应用对我国相对过剩人口及劳动力就业的正效应

1. 高新技术的应用有利于促进就业结构升级

近年来，第三产业得到了极快的发展，从事第三产业的劳动者数量也极大地增加。从图 1 可以看出，中国第一、第二、第三产业的就业人数占总就业人数的比重，2010 年分别为 36.7%、28.7%、34.6%；到 2019 年分别为 25.1%、27.6%、47.4%，第三产业就业人数占比显著提高，且还有不断增长的趋势。可见，高新技术进步推动者产业结构的升级，第三产业快速发展，吸收了大量的劳动力，从而极大地改变了我国的就业结构。

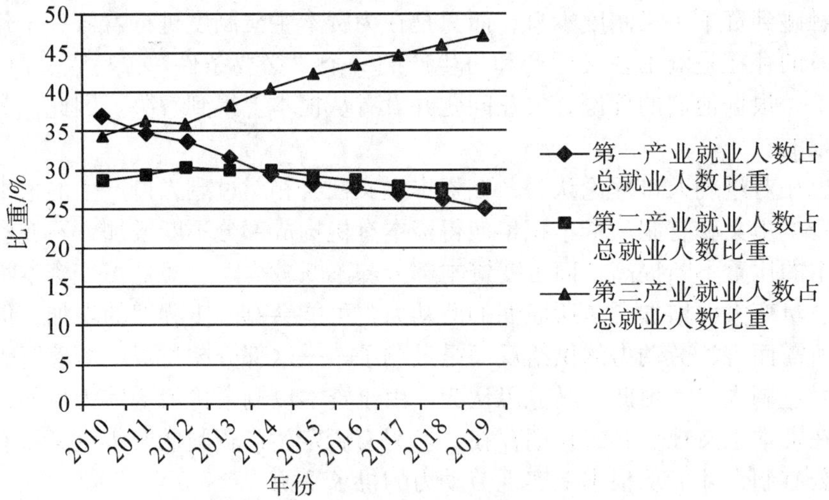

图 1　2010—2019 年我国就业结构变化图

数据来源：《中国统计年鉴》（2020 年）。

2. 高新技术的应用有利于提升劳动者素质

从2010年到2019年高等教育学校（机构）研究生和各类本专科招生人数总量的快速增加（见表1）可以看到，教育部门和全社会都认识到，高新技术的越来越广泛应用，必将对劳动者学历层次和技能的要求越来越高，于是形成了我国劳动力市场越来越多高素质劳动力的供给。

表1 2010—2019年高等教育学校（机构）招生人数 单位：万人

年份	2010	2011	2012	2013	2014	2015	2016	2017	2018	2019
研究生	53.8	56.0	59.0	61.1	62.1	64.5	66.7	80.6	85.5	91.7
普通本专科	661.8	681.5	688.8	699.8	724.1	737.8	748.6	761.5	791.0	914.8
成人本专科	208.4	218.5	244.0	256.5	265.5	236.7	211.2	217.5	273.3	302.2
网络本专科	166.4	187.2	196.4	220.1	206.2	203.4	229.6	286.1	320.9	288.5

数据来源：《中国统计年鉴》（2020年）。

另据《中国统计年鉴》，2019年城镇非私营单位中信息传输、软件和信息技术从业人员为455.3万人，较2018年增长了7.3%，科学研究和技术服务从业人员为434.3万人，较2018年增长了5.5%。在技术与知识要求较高的岗位，从业人员都在逐年增加，从侧面反映了高新技术的应用对第三产业劳动者的需求最大，对第三产业劳动者的素质的要求也最高。

3. 高新技术的应用有利于提高劳动者的收入水平

高新技术进步以及广泛应用，提高了社会生产率，一方面意味着在相同的单位时间内可以生产更多的使用价值，全社会的财富总量增加，单个商品的价值（价格）下降；另一方面高新技术的应用也会带来劳动者的实际工资增加，能够购买的商品数量增加，生活质量提高。高新技术的应用能够使劳动者的收入水平不断提高，尤以第三产业的平均工资水平上涨速度最快，其工资绝对增加量最大（见表2），从而吸引大量的劳动力向第三产业转移。

表2 2011—2019年城乡第一、第二、第三产业单位平均工资水平 单位：元

年份		2011	2013	2015	2017	2019
城镇非私营单位	农林牧渔业	19 469	25 820	31 947	36 504	39 340
	制造业	36 665	46 431	55 324	64 452	78 147
	信息传输、软件和信息技术服务业	70 918	90 915	112 042	133 150	161 352
	科学研究和技术服务	64 252	76 602	89 410	107 815	133 459
	金融业	81 129	99 653	114 777	122 851	131 405
	教育	43 194	51 950	66 592	83 412	97 681
	卫生和社会工作	46 206	57 979	71 624	89 648	108 903

表2（续）

年份		2011	2013	2015	2017	2019
城镇私营单位	农林牧渔业	19 223	24 645	28 869	34 272	37 760
	制造业	24 138	32 035	38 948	44 991	52 858
	信息传输、软件和信息技术服务业	35 562	44 060	57 719	70 415	85 301
	科学研究和技术服务	31 320	42 854	50 441	58 102	67 642
	金融业	28 864	37 253	44 898	52 289	76 107
	教育	23 636	31 521	37 040	43 263	50 761
	卫生和社会工作	25 590	33 862	40 558	47 296	57 140

数据来源：《中国统计年鉴》（2020 年）。

一般来说，教育水平与收入水平成正比。由于高新技术应用所创造的新岗位要求高素质劳动力，如果劳动者为了在第三产业获得一份较理想的工作，就必须提高自己的素质和专业职业技能，为此需要加大对学习和培训的投入。由此，便形成“第三产业劳动者收入水平较高→第三产业快速发展→全社会劳动者素质普遍提高”的良性循环。

（二）高新技术对相对过剩人口及劳动力就业的负效应

1. 高新技术的应用必然大量增加相对过剩人口

根据马克思《资本论》的一般原理，“工人人口本身在生产出资本积累的同时，也已日益扩大的规模生产出使他们自身成为相对过剩人口的手段”[4]728。而高新技术应用则会大幅度地提高资本有机构成，只需要少量的劳动力就能够推动更多的劳动资料，这就必将导致相对过剩人口大量增加。

就工业部门而言，工业化正在经历着结构升级，资本在有机构成中的地位更加突出，可变资本部分相对降低，经济增长所能带动的就业减少。且随着高新技术不断进步和我国资本积累的不断扩大，资本有机构成也在不断地提高，劳动力对经济增长的贡献率有下降的趋势，这也就意味着工业部门将加剧结构性失业——越来越多的劳动者在结构升级过程被排挤出去。

就农业部门而言，目前已经有 2. 8 亿农民工存量。如果高新技术逐步应用于农产品生产—加工—销售各环节，对劳动者知识和技能的要求越来越高，必然会有更多的隐性相对过剩人口成为显性过剩人口，这将致使劳动力规模最大、素质最低、组织程度最低的农业部门雪上加霜。

就全社会而言，国家统计局数据显示，虽然近年来我国登记城镇失业率也表现出不断下降的趋势。但是如果以“全社会劳动力总量”减去“全社会总就业人数”为“全社会总失业人口”，那么近十年来，我国劳动力总量在不断增加的同时，全社会总失业人口从 2010 年 2 283 万人，到 2019 年上升至 3 633 万人，增加了 59. 1%。如果高新技术普遍应用于三大产业，那么必然形成更大规模的相对过剩人口。

2. 高新技术的应用必然加剧劳动者就业压力

"机器的资本主义应用，一方面创造了无限度地延长工作日的新的强大动机，……部分地由于使那些被排挤的工人游离出来，制造了过剩的劳动人口。"[4]469高新技术的应用必将进一步提高资本有机构成，从而产生更多的相对过剩人口。

一是就业压力来自高新技术应用有可能使劳动者工作日的延长和劳动强度的增加。不管是从理论上还是实践上看，相对过剩人口越多，越有利于企业（或资方）延长劳动者的工作日和增加劳动强度。机器设备更新速度加快，资本周转加快，机器的无形损耗增加，会迫使企业提高劳动强度和延长工作时间。就我国情况而言，虽然有《中华人民共和国劳动法》的约束，但从目前各类企业实践来看，在法定工作日之外加班加点的情况大量存在。据《2019 年白领 996 工作制专题调研报告》，抽样调查数据显示，2019 年超八成的白领每周都要加班，其中加班时间 3 小时以上/周的白领最多，10 小时以上/周的超过了 20%。在汽车制造业和房地产业中，近 30%的白领需要加班 10 小时以上/周，而在产品和技术岗位工作的白领加班 10 小时以上/周的超 30%①。如果高新技术更加普遍地应用，必然进一步加剧在职在岗劳动者的就业压力。

二是就业压力来自高新技术应用有可能加重劳动者的经济负担或接受变相的剥削。一方面，技术创新和升级会提高生产效率，也会使劳动力市场竞争更加激烈，企业为追求效益和利润必然会提高对劳动者的剥削程度。由于我国劳动法还存在许多不足和缺陷，也使得劳动者合法权益没有得到充分保障，劳动力在法定工作日之外加班加点，在绝大多数企业中并没有依照劳动法付给报酬，不可否认这是一种变相的剥削行为。另一方面，由于庞大的相对过剩人口群体的存在，高新技术尤其是人工智能技术的广泛应用，将使得在职在岗的劳动者不得不提高自身素质和劳动技能，以期保住现有工作；同时，也迫使现有的大量失业人口和将要就业的人口（如大中专毕业生）不断提高自身素质和劳动技能，增加学习和培训投入。这部分成本完全由劳动者及其家庭承担，因此加剧了劳动者及其家庭的就业压力。

三、高新技术条件下我国相对过剩人口结构与规模的特点

（一）结构性特点：相对过剩人口大量产生于第一产业

图 1 已经做过分析，2010—2019 年，随着产业结构的不断升级，第二产业就业人数占总就业人数的比重略有下降，其中 2010—2014 年第二产业就业人数从 21 842 万增加到 23 099 万，但 2014 年以后就业人数在不断下降，2019 年下降到 21 305 万人——这是符合产业结构演变吸纳劳动力变化规律的，从而也能比较清晰地看到，由于我国的工业体系已经非常完善，第二产业扩展和吸纳劳动力的空间已经不大。

从图 1 看到，我国第三产业的就业人数和占比都在逐年增加。美国第三产业产值和就业人数的占比都超过了 80%。而我国 2019 年第三产业的产值占比是 54.3%，就业人

① 智联招聘《2019 年白领 996 工作制专题调研报告》。

数的占比是 47.4%。如果以美国为参照，我国第三产业还有极大的发展空间——这也是符合产业结构演变吸纳劳动力变化规律的。换言之，在未来的一二十年间，我国第三产业虽然也会因内部结构性调整出现短期的“结构性失业”。但是总体而言，第三产业主要是不断地吸纳劳动力，而不是排斥劳动力，而且有极大的吸纳能力。

我国第一产业的劳动力就业变化情况非常特殊。新中国成立时，农村人口占了 90%多。此后很长一段时间因户籍制度的隔离，农村劳动力的自由流动受到严格限制[6]。改革开放后才逐步松动户籍管制，农村劳动力自由流动的规模才越来越大。最近几年我国农民工规模保持在 2.8 亿左右。虽然对农民工数量的统计与第二、第三产业的就业人数和占比会有交叉。但 2.8 亿的农民工规模无疑是第一产业排斥出来的劳动力。不仅如此，我国农村潜在形式的过剩人口正如马克思所指出的，“一部分农村人口经常准备着转入城市无产阶级或制造业无产阶级，经常等待着有利于这种转化的条件。因此，相对过剩人口的这一源泉是长流不息的”[4]740。从本文图 1 看到，第一产业就业人数占比从 2010 年的 36.7%下降到 2019 年的 25.1%。从绝对量看，第一产业的就业人口从 2010 年的 27 931 万人，到 2019 年减少到只有 19 445 万人，十年间减少了 8 486 万人，减少了 30.4%。

我国农业人口数量本来就十分庞大，新技术的使用对于我国一产中劳动力的替代作用会更加明显。随着高新技术在第一产业逐步全面应用，必然会深刻地改变农村的生产方式。新技术、新机器的采用将不断提高第一产业资本有机构成，相对而言可变资本部分占比同步降低，因而产生更多的相对过剩人口。所以，在高新技术条件下，产业结构升级带来的就业结构变化升级，在劳动生产率大幅度提高的同时，第一产业仍然会大大减少对农业劳动力的需求，从而产生大量的相对过剩人口。

（二）总规模特点：相对过剩人口总量有逐步下降的趋势

从三大产业变化与劳动力就业结构的关系看，第二产业尽管对劳动力的容量趋于饱和，但还是通过改革创新基本保持了劳动力就业规模的总体稳定略有下降。如表 3 所示，2010—2019 年，我国第一产业就业人数从 27 931 万人下降为 19 445 万人，减少了 8 486 万人。第三产业就业人数从 26 332 万人增加到 36 721 万人，净增长了 10 389 万人——大于第一产业减少 8 486 万人与第二产业减少 537 万人之和。尤其是 2013—2017 年，第三产业就业人数同比增长速度都大于第一产业就业人数。可见，第一产业所减少的就业人数绝大多数都转移到了第三产业就业，这是我国相对过剩人口总量有逐步下降趋势的主要原因[7]。

表 3　2010—2019 年第一、第三产业就业人数

年份	2010	2011	2012	2013	2014	2015	2016	2017	2018	2019
第三产业就业人数/万人	26 332	27 282	27 690	29 636	31 364	32 839	33 757	34 872	35 938	36 721
同比增长速度/%	—	3.6	1.5	7.0	5.8	4.7	2.8	3.3	3.1	2.2
第一产业就业人数/万人	27 931	26 594	25 733	24 171	22 790	21 919	21 496	20 994	20 258	19 445

表3(续)

年份	2010	2011	2012	2013	2014	2015	2016	2017	2018	2019
同比下降速度/%	—	-3.5	-3.2	-6.0	-5.7	-3.8	-1.9	-2.3	-3.5	-4.0

数据来源：《中国统计年鉴》(2020年)。

从我国登记城镇失业率指标来看，2016年为4.0%、2017年为3.9%、2018年为3.8%、2019年为3.6%、2020年为4.2%。2020年由于新冠肺炎疫情的影响，登记城镇失业率较高应视为特殊的例外，其他年份过剩人口总量有总趋势都是逐步下降的，体现出一定的规律性。

从我国人口自然增长率来看，2015年为0.50%、2016年为0.59%、2017年为0.53%、2018年为0.38%、2019年为0.33%。虽然2015年我国实行放开一对夫妇二孩政策，但人口自然增长率在2015年后只有2016年出现了增长，在2016年以后，人口自然增长率不断下降，并且以后还有下降的趋势。即使全面实施三孩政策对当前和未来二十年劳动力总量也影响不大。

从近十年相对过剩人口总量的下降趋势，可以推测下一阶段随着高新技术在三大产业逐步全面应用，虽然会带来较大的就业压力，但是第三产业还有很大的发展空间，可以不断吸纳更多的劳动力；而第一产业在全面实施乡村振兴战略中，必定能够创造更多的就业岗位。因此，我国下一阶段只要宏观政策正确，相对过剩人口总量变化趋势仍然是比较乐观的。

四、高新技术条件下应对相对过剩人口增加就业的对策建议

（一）第一产业应对高新技术条件下相对过剩人口的对策建议

1. 加快发展现代化农业，强化农业的基础地位，延长产业链以增加就业

一要大力支持农业科技创新，提高农业生产效率，推进科技在农业的应用，使农业结构优化和产业链延长以增加就业[8]；二要完善配套服务设施，建设生产、加工、运输、销售和售后服务等方面服务体系，提高价值生产和价值实现效率，促进三产融合，提供更多的就业岗位；三要运用现代科技，加快发展智慧农业和绿色农业，提高农业生产效益和增强可持续性，以增加就业机会，实现农民收入增加；四要稳定土地集体所有制，确保农民合法权益。强化耕地数量保护和质量提升，严守18亿亩耕地红线，稳定粮食供给，确保粮食安全。为此，平原地区要适度发展机械化集约化生产，而山区和丘陵地区则应当继续发展劳动力密集型精耕细作的种植业或养殖业生产，以维持农业部门就业总规模的相对稳定。

2. 实施乡村振兴战略，全面发展社会事业，综合解决“三农”问题以增加就业

首先，要通过“三产融合”增加就业。“三产融合”实质上就是通过“融合”生产—加工—销售多环节以形成发展链条，在这一过程中必产生出新的工作岗位，增加大

量的农村劳动力就业。其次，要在完善乡村基础设施中增加就业。实现村村通电、通水、通路、通网等，深化快递网点布局，实现快递到村组等等，都还有很大的发展空间，能够大量增加农村劳动力就业。再次，要全面提升社会服务水平以增加就业。农村教育、医疗、养老等方面都是农村的薄弱环节，还需要大量的资金和劳动力投入，因此补齐农村社会事业的发展短板，完善乡村社会服务体系，可以大量增加就业岗位。

（二）第二产业应对高新技术条件下相对过剩人口的对策建议

1. 以高新技术武装第二产业，培养高科技人才以增加就业

首先，要大规模培养高科技基础理论研究人才队伍。在坚持独立自主创新的大前提下，把握未来科技发展大方向，瞄准国际最前沿的核心和关键技术，大力发展能够引领未来的前沿科学技术，鼓励高校、科研院所和企业积极构筑高科技基础理论研究人才的培养平台，全面夯实我国高科技理论基础。其次，在大力发展符合国情特点的新兴战略产业中增加就业。根据发展以“内循环”为主的国家大战略，在推进产学研深度交叉融合中，既叠加经济效益，又增加高素质劳动力就业。最后，发展为高科技企业法律和技术服务的中介组织以增加就业。支持完善为各类高科技企业服务的法律和中介组织，规范高新技术产品转移交易市场，为高新技术企业在国内外发展保驾护航，为我国高科技企业参与“一带一路”建设提供强有力的法律和技术支持。

2. 优化产业结构和产业布局，传承传统工艺以增加就业

首先，在优化产业结构中可以增加就业。尽管运用高新技术发展智能型和绿色节约型产业，意味着需要改造和淘汰部分落后产能，但同时技术创新型企业的发展，又意味着补短板强基础需要补充更高素质的劳动力。其次，在优化产业布局中可以增加就业。鉴于我国中西部地区产业布局严重不平衡和劳动力数量巨大的基本国情，在发展资本、技术密集型企业的同时，需要兼顾发展劳动密集型企业。中西部地区可以发挥劳动力成本偏低的比较优势，适度发展劳动密集型产业以增加就业[9]。最后，在传承传统工艺中可以增加就业。做大做强做优独特的具有优秀文化气质的产业，实现传统与现代元素的创新融合，在传统工艺焕发新的生命力的同时创造新的就业岗位。

（三）第三产业应对高新技术条件下相对过剩人口的对策建议

1. 提高第三产业占比，扩大第三产业容量以增加就业

首先，通过大力发展现代物流业、家政和社区服务业、教育服务业等新兴劳动密集型服务业，吸纳更多的劳动力进入第三产业。其次，依托和利用高新技术发展现代金融、信息和技术咨询等技术性服务，提高第三产业发展水平和对劳动力的吸纳能力，在增加第三产业经济效益的同时增加就业。最后，鼓励私人企业和个体经济参与第三产业服务供给，发挥社会资本力量充实第三产业各个领域以增加就业。

2. 优化第三产业结构，培养新型服务业人才以增加就业

按现代产业经济学分类，第三产业内部四个层次中的行业及企业包罗万象，因此优化第三产业结构任重道远。首先，要提高生产性服务行业及企业的服务水平和质量，深化与第一、第二产业的融合，加强产业之间的交叉和关联，提供更高水平的设计、咨询

和金融等服务，都可以大量增加就业。其次，发展生活性服务行业组织可以大量增加就业。提高生活性服务品质，提供多类型、多层次、多年龄段的现代化优质服务，运用高新技术提供智能养老、医疗、育婴等现代家政服务，打造从出生到死亡、从生活到工作的全局服务体系。优化第三产业结构，需要培养与此相适应的新型服务业人才，一要树立现代服务观念，从家庭、学校和社会教育三方面下手，重视对新型服务型人才的培养；二要搭建合适的培养平台和完善的培养体系，建立专业化和职业化的培养人才机构；三要完善职称评定制度、绩效考核制度和薪酬制度，提高新型服务型人才的经济地位和社会地位。

（四）宏观层面应对相对过剩人口的保障性措施

1. 强化公有制主导地位，在多种所有制经济共同发展中实现充分就业

强化公有制主导地位，第一要加强事关国计民生的具有战略意义和公益保障性的重要经济领域的国有企业，通过改革国有企业经营管理制度，精简管理机构，加大对高科技人才的引进力度。同时要支持城乡新型集体经济和新型合作社发展，合理调整集体内部生产、分配、交换、消费关系。通过新型集体经济和合作社的发展，以促进大规模就业。

积极引导、鼓励和支持非公经济健康发展，应当是我国必须长期坚持的一项基本国策。一要充分发挥市场对资源配置的决定性作用，保障市场机制的健康运行，消除市场准入障碍，继续发挥其吸纳劳动力就业的重要作用；二要优化政府管理机制，继续深化“管改服”改革，营造公平的市场环境，提高企业运转效率；三要支持和奖励企业科技创新，增强民营企业竞争力，使企业实现更高的效益，创造更多的岗位。

2. 推动职业教育发展，全面提升劳动者的综合素质和职业技能

首先要扩大高水平的职业院校规模。在高新技术应用于生产和服务的条件下，中等职业教育已不能很好满足高新技术的要求，因此要扩大高水平的职业院校规模。2019年高职院校数量相较于2015年增加了6.1%，中职院校减少了10%，这说明高职院校发展正逐步适应劳动力市场需求而进行层次结构的调整。第二要加强职业学校与企业的合作。以企业高新技术需求为导向，满足企业生产和服务对劳动者的综合素质和职业技能的要求。第三要革新教学方法和教学科目。要突出注重实践操作，教学科目更适应时代发展。第四要加强师资队伍建设。逐步提高“双师”标准，既要注重职业院校学生理论素养的培养，更要强化职业技能及实践能力的培养[10]。

3. 大力培育新型农民，鼓励和支持亿万农民工和大学生返乡创业

培育新型农民，一要构建完善的培养体系，提高农民知识素养，增强对现代网络技术和新型劳动工具的运用能力；二要加强政府对新型农民培育的支持力度，完善相关扶持政策和法律法规；三要充分调动农民学习的积极性，通过加大宣传力度、树立新型农民榜样、了解预期经济效益等等手段吸引农民。我国亿万规模的农民工和大学生是建设乡村的重要力量，政府应当为农民工和大学生返乡创业提供便利：一要营造良好的创业环境，完善法律法规，提供各环节的便民服务；二要制定创业优惠支持政策，减轻农民工和大学生返乡创业的税收负担和增加补贴；三要健全创业融资渠道，解决创业农民工

融资难和贷款歧视问题；四要完善农民工返乡和大学生创业培训体系，大规模培育新型农民队伍。

4. 完善劳动力市场，依法保障全社会劳动者的平等合法权益

一要政府要加快完善劳动力市场体制和机制。建立畅通的就业信息获得渠道，通过劳动力市场向劳动者反馈实现就业的要求，使劳动者自觉加强对自身素养和技能的提升，以实现社会劳动力的充分就业。二要加快剩余劳动力向第三产业转移。在高新技术推动产业结构不断升级的条件下，优化城乡之间劳动资源的分配，以政策引导剩余劳动力主要向第三产业转移。三要加大劳动立法执法力度。坚决依法杜绝用人单位随意开除员工、延长上班时间和克扣工资的行为，切实保障全社会劳动者的平等合法权益。

参考文献：

[1] 刘航. 借鉴西方经济学就业理论探析我国就业问题 [J]. 经济研究导刊，2008（14）：16-17，23.

[2] 魏旭. 论价值转形的历史过程及其与逻辑过程的辩证关系 [J]. 政治经济学季刊，2020，3（1）：41-56.

[3] 郑仁泉. 对马克思主义与西方经济学失业理论的再认识 [J]. 南昌大学学报（人文社会科学版），2002（4）：38-42.

[4] 马克思. 资本论：第 1 卷 [M]. 北京：人民出版社，2004.

[5] 曾尔曼. 马克思主义创新经济学导引：《资本论》之公理化体系暨量子政治经济学原理 [J]. 厦门科技，2020（2）：22-31.

[6] 周涛. 我国产业结构转换的制约因素与政策建议 [J]. 经济体制改革，2001（1）：91-94.

[7] 张敏. 信息产业对我国劳动就业的影响分析 [J]. 产业与科技论坛，2008（5）：115-117.

[8] 陈林，任爱胜，王永春. 技术进步对畜牧业生产的影响：以甘肃夏河地区为例 [J]. 农业展望，2018，14（12）：65-69.

[9] 易美香. 浅析厦门市企业用工难的成因及对策 [J]. 就业与保障，2013（6）：29-30.

[10] 丁云春. 西藏高职林业技术专业人才培养模式初探 [J]. 课程教育研究，2013（31）：248-249.

第二编

习近平新时代中国特色社会主义经济思想研究

以人民为中心和以资本为中心：两种发展道路的比较[①]

冯金华[②]

摘　要：无论是当代资本主义，还是现阶段中国特色社会主义，实行的都是市场经济或商品经济，都要受到商品经济的基本规律——价值规律的支配和制约。但是，在不同的社会制度下，特别是，由于不同的生产资料所有制，同样的价值规律却会导致完全不同的结果。资本主义的市场经济是以资本为中心，其生产目的是尽可能多地榨取剩余价值。具体表现为剩余价值的增长率总是大于名义国内生产总值的增长率。社会主义的市场经济则是以人民为中心；以人民为中心的生产目的是实现共同富裕。在社会主义条件下，由于劳动者的个人利益和整体利益、当前利益和长远利益在根本上是一致的，故劳动力价值和剩余价值的增长率通常总是等于名义国内生产总值的增长率。

关键词：以人民为中心；以资本为中心；价值规律；剩余价值规律；劳动力价值增长规律

一、引言

习近平总书记（2018）在庆祝改革开放40周年大会上特别强调："必须坚持以人民为中心，不断实现人民对美好生活的向往。"以人民为中心包括两个要点，即"一切为了人民"和"一切依靠人民"。前者强调以人民为中心的"目的"，即"必须始终把人民对美好生活的向往作为我们的奋斗目标""不断促进人的全面发展、全体人民共同富裕"，后者强调以人民为中心的"动力"，即要"充分激发蕴藏在人民群众中的创造伟力"。总之，就是要从为了人民的目的出发，通过依靠人民来"解决好人民日益增长的美好生活需要和不平衡不充分的发展之间的矛盾"[1]。

---

① 基金项目：国家社会科学基金项目"一般均衡价格与价值研究"（15BJL007）。

② 冯金华，上海财经大学马克思主义学院教授。

以人民为中心体现了社会主义制度的本质和根本要求，是与资本主义社会的一切以资本为中心完全不同且根本对立的新发展理念。在资本主义私有制条件下，由于资本家拥有生产资料和生活资料，而工人只拥有自己的劳动力，故工人必须把自己的劳动力出售给资本家以换得维持自身生存的必要生活资料。生产过程在资本家的控制和监督之下，生产成果归资本家所有，生产的目的是尽可能多地榨取工人创造的剩余价值。

根据以人民为中心还是以资本为中心来探讨社会主义和资本主义两种经济制度本质区别的文献已有很多[2][3][4][5]，但真正基于马克思的劳动价值论和剩余价值论对这两种发展道路进行深刻对比分析的仍然较少[6][7]。

本文首先根据价值规律的两个基本内容，即劳动决定价值和等价交换，讨论如何从商品的价格出发，探索隐藏在其中的价值①；然后根据价值与价格的关系，进一步确定资本主义经济中剩余价值和剩余价值的增长率，以及社会主义经济中劳动力价值、劳动力价值增长率和劳动者收入增长率②，从而说明以人民为中心和以资本为中心这两种发展道路的客观基础和根本区别。

二、商品经济和价值规律

无论是当代资本主义，还是现阶段中国特色社会主义，实行的都是市场经济或商品经济，都要受到商品经济的基本规律——价值规律的支配和制约。但是，在不同的社会制度下，特别是，由于不同的生产资料所有制，同样的价值规律却会导致完全不同的结果。因此，为了比较以人民为中心和以资本为中心两种不同的发展道路，我们首先需要研究商品经济及其价值规律③。

价值规律有两个基本的内容。第一，“劳动决定价值”，或者，说得更加严格一点，商品的价值量由生产商品的社会必要劳动时间决定。这意味着，整个经济生产的所有商品的价值总量（用 w 表示）一定等于生产这些商品所消耗的劳动总量（用 L 表示），即有

$$w=L \tag{1}$$

第二，“等价交换”，或者，说得更加明确一点，任意两种商品的交换均按照它们的价值量相等的原则进行。在现代货币经济中，它意味着，任意一种商品与货币的交换也是等价的。于是，若用 λ_i 和 p_i 分别表示第 i 种商品的单位价值量（以下简称“价值”）和价格，用 $\boldsymbol{\lambda}_g$ 表示单位货币代表的价值（以下简称“货币价值”），则就有

$$\boldsymbol{\lambda}_i=p_i\boldsymbol{\lambda}_g \tag{2}$$

即任意一种商品的价值等于出售该商品所得到的全部货币的价值。

---

① “我们实际上也是从商品的交换价值或交换关系出发，才探索到隐藏在其中的商品价值。”[8]61

② 本文所说的“社会主义经济”，是指现阶段以公有制为主体、多种所有制经济共同发展和按劳分配为主体、多种分配方式并存的社会主义市场经济，特别是指其中的公有经济部分。

③ “货币转化为资本，必须根据商品交换的内在规律来加以说明，因此等价物的交换应该是起点。”[8]193

根据上述关于价值规律的两个基本内容，容易确定货币和任意一种商品的价值。

首先，设整个经济总共有 n 种商品，其中，第 i（$i=1$，…，n）种商品的产量为 q_i，则该商品的价值总量可以表示为 $\lambda_i q_i$，整个经济所有商品的价值总量可以表示为 $\sum_{i=1}^{n}\lambda_i q_i$，从而，价值规律的第一个基本内容即劳动决定价值的公式（1）可以更加具体地表示为

$$\sum_{i=1}^{n}\lambda_i q_i = L$$

其次，在上式中代入价值规律的第二个基本内容即等价交换的公式（2）可以得到 $\sum_{i=1}^{n}p_i\lambda_i q_i = L$，或者 $\lambda_g\sum_{i=1}^{n}p_i q_i = L$。由此立刻可以解得货币的价值

$$\lambda_g = \frac{L}{\sum_{i=1}^{n}p_i q_i} \quad (3)$$

它意味着，货币的价值等于整个经济的劳动总量除以由这些劳动总量生产的全部商品的价值总量。

最后，将决定货币价值的公式(3) 再代回到等价交换的公式(2)，又可确定任意一种商品的价值

$$\lambda_i = \frac{p_i}{\sum_{i=1}^{n}p_i q_i}L \quad (4)$$

它意味着，任意一种商品的价值等于这种商品的价格除以所有商品的价格总量再乘以生产这些商品所消耗的劳动总量。

三、资本主义经济和剩余价值规律

资本主义生产方式的“绝对规律”，是“生产剩余价值或赚钱”。这样的生产方式是在商品经济的基础上产生的，因而离不开后者。但是，“有了商品流通和货币流通，绝不是就具备了资本存在的历史条件。只有当生产资料和生活资料的占有者在市场上找到出卖自己劳动力的自由工人的时候，资本才产生，而单是这一历史条件就包含着一部世界史”[8]198。

下面结合价值规律讨论资本主义私有制条件下剩余价值和剩余价值增长率的决定因素和变化规律，从而揭示以资本为中心的发展道路的本质特点和表现形式。

（一）资本主义的总产品恒等式

资本主义社会的总产品，一方面，和它的单个商品一样，可以从价值上分解为不变资本、可变资本和剩余价值，即有

$$w = c + v + m$$

这里，c、v 和 m 分别代表整个社会的不变资本、可变资本和剩余价值；另一方面，又可从实物上分为生产资料和生活资料，后者还可进一步分为必要生活资料和奢侈消费资料。特别是，在资本主义社会中，工人只消费必要生活资料，而资本家既消费必要生活资料，也消费奢侈消费资料①。

例如，假定整个经济的商品仍然为 n 种。它们可以按照不同的种类排成一个“序列”，如第 1 种、第 2 种、…、第 n 种。其中，前 k 种（从第 1 种到第 k 种）为生产资料，后 $n-k$ 种（从第 $k+1$ 种到第 n 种）为生活资料；后 $n-k$ 种生活资料又一分为二：前 l 种（从第 $k+1$ 种到第 l 种）为用于劳动力再生产和资本家消费的“必要生活资料”，后 $n-l$（从第 $l+1$ 种到第 n 种）为只用于资本家消费“奢侈消费资料”（见图 1）。

$$\underbrace{l, \cdots, k}_{\text{生产资料}}, \underbrace{\overbrace{k+1, \cdots, l}^{\text{必要生活资料}}, \overbrace{l+1, \cdots, n}^{\text{奢侈消费资料}}}_{\text{生活资料}}$$

图 1　资本主义社会的商品分类

若和以前一样用 $i(i=1, \cdots, n)$ 表示任意一种商品，则 $i(i=1, \cdots, k)$ 和 $i(i=k+1, \cdots, n)$ 分别代表任意一种生产资料和任意一种生活资料，$i(i=k+1, \cdots, l)$ 和 $i(i=l+1, \cdots, n)$ 分别代表任意一种必要生活资料和任意一种奢侈消费资料。按照这种记号，整个经济的生产资料价值总量和生活资料价值总量可分别表示为 $\sum_{i=1}^{k} \lambda_i q_i$ 和 $\sum_{i=k+1}^{n} \lambda_i q_i$，必要生活资料价值总量和奢侈消费资料价值总量可分别表示为 $\sum_{i=k+1}^{l} \lambda_i q_i$ 和 $\sum_{i=l+1}^{n} \lambda_i q_i$。整个经济所有商品的价值总量可以按生产资料、必要生活资料和奢侈消费资料分解为

$$w = \sum_{i=1}^{k} \lambda_i q_i + \sum_{i=k+1}^{l} \lambda_i q_i + \sum_{i=l+1}^{n} \lambda_i q_i$$

由于从上述两个方面分解同一个社会总产品的价值总量得到的结果应当相同，故有如下关于资本主义社会总产品的“恒等式”②：

$$c + v + m = \sum_{i=1}^{k} \lambda_i q_i + \sum_{i=k+1}^{l} \lambda_i q_i + \sum_{i=l+1}^{n} \lambda_i q_i \tag{5}$$

即整个资本主义经济的不变资本、可变资本与剩余价值三者之和必然等于生产资料价值、必要生活资料价值与奢侈消费资料价值三者之和。

---

① “奢侈消费资料……只进入资本家阶级的消费，所以只能和花费的剩余价值交换，而剩余价值是绝对到不了工人手中的。”[9]448 当然，在某些情况下，工人实际上也会消费一部分奢侈品。“在繁荣时期……工人阶级……也暂时参加了他们通常买不起的各种奢侈品的消费。”[9]456 “由于工资提高，工人……在极小的程度上增加了对奢侈品的需求，或者说，在极小的程度上产生了对原先不属于他们消费范围的物品的需求。”[9]375

② 为方便起见，这里用“等号”代替“恒等号式”。

（二）剩余价值和剩余价值率

现在利用资本主义社会的总产品恒等式（5）以及上一节中得到的决定任意一种商品价值的公式（4）来确定该社会的剩余价值和剩余价值率。

首先容易看到，在恒等式（5）中，等号左边的第一项，即不变资本 c，等于在生产过程中消耗的生产资料价值①（尽管不一定等于该生产过程生产的生产资料价值），故它可以表示为 $\sum_{i=1}^{k}\lambda_i b_i$。其中，求和指数 $i \in \{1, \cdots, k\}$ 代表生产资料，相应的 λ_i 和 b_i 分别为在生产过程中消耗的第 i 种生产资料的价值和数量。

同样，在恒等式(5) 中，等号左边的第二项，即可变资本 v，等于工人消费的必要生活资料价值，故它可以表示为 $\sum_{i=k+1}^{l}\lambda_i b_i$。其中，求和指数 $i \in \{k+1, \cdots, l\}$ 代表必要生活资料，相应的 λ_i 和 v_i 分别为工人消费的第 i 种必要生活资料的价值和数量。

于是，恒等式(5) 可以进一步具体表示为

$$\sum_{i=1}^{k}\lambda_i b_i + \sum_{i=k+1}^{l}\lambda_i b_i + m = \sum_{i=1}^{k}\lambda_i q_i + \sum_{i=k+1}^{l}\lambda_i q_i + \sum_{i=l+1}^{n}\lambda_i q_i$$

这里需要说明的是，在上式中“隐含”了一个重要的假定，即假定在整个生产过程中，所有商品的价值都保持不变，从而，对同一种商品 i 来说，上式等号左边在生产过程开始时就已确定的价值与等号右边在生产过程结束时才被确定的价值没有任何区别，都可以表示为 λ_i。否则，我们就需要使用不同的符号，例如，用 λ_i 表示在生产过程结束时商品 i 的价值，用 λ_i^0 表示该商品在生产过程开始时的价值②。

其次容易看到，在上式左边的第一项不变资本 $\sum_{i=1}^{k}\lambda_i b_i$ 和第二项可变资本 $\sum_{i=k+1}^{l}\lambda_i b_i$ 中，由于被加项的形式相同，都为 $\lambda_i b_i$，求和指数又“连续”，即前一个从 1 到 k，后一个从 $k+1$ 到 l，故可以合并起来写为 $\sum_{i=1}^{l}\lambda_i b_i$—— 当然，这里需要注意 λ_i 和 b_i 的含义，即它们在 $i \in \{1, \cdots, k\}$ 时分别指生产中消耗的生产资料价值和数量，而在 $i \in \{k+1, \cdots, l\}$ 时分别指工人消费的必要生活资料价值和数量。同样，在上式的右边，生产资料、必要生活资料和奢侈消费资料的价值总量也可以重新合并为 $\sum_{i=1}^{n}\lambda_i q_i$，即整个经济所有商品的价值总量。

于是，恒等式(5) 又可以进一步表示为如下更加简洁的形式：

$$\sum_{i=1}^{l}\lambda_i b_i + m = \sum_{i=1}^{n}\lambda_i q_i$$

由此解得剩余价值为

① 假定所有的生产资料均在一次生产过程中完全消耗掉，从而，其价值完全转移到产品中去。

② “因此 …… 不仅要假定，产品按照它们的价值交换，而且还要假定，生产资本的组成部分没有发生任何价值革命。如果价格同价值发生偏离，这种情况对社会资本的运动并不会有任何影响。”[9] 436-437

$$m = \sum_{i=1}^{n} \lambda_i b_i - \sum_{i=1}^{k} \lambda_i b_i$$

换句话说，整个经济的剩余价值等于所有商品的价值总量减去生产中消耗的生产资料和工人消费的必要生活资料的价值总量。

上式中的剩余价值是用商品的价值、产量以及生产中消耗的生产资料和工人消费的必要生活资料来表示的。利用上一节中决定任意一种商品价值的公式(4)，可以把它转化为

$$m = \frac{\sum_{i=1}^{n} p_i q_i - \sum_{i=1}^{l} p_i b_i}{\sum_{i=1}^{n} p_i q_i} L \tag{6}$$

其中，等号右边分子中的第一项(或分母中的) $\sum_{i=1}^{n} p_i q_i$，表示所有商品(既包括生产资料也包括生活资料，既包括必要生活资料也包括奢侈消费资料）的价格总量，第二项 $\sum_{i=1}^{l} p_i b_i$，表示生产中消耗的生产资料和工人消费的必要生活资料的价格总量。于是，整个式(6) 意味着，在满足价值规律的条件下，整个经济的剩余价值等于所有商品的价格总量减去消耗的生产资料和工人的必要生活资料的价格总量，再除以所有商品的价格总量，最后乘以整个经济的劳动总量。

在公式(6) 的等号两边同时除以可变资本 $v = \sum_{i=k+1}^{l} \lambda_i b_i$，并再次利用决定任意一种商品价值的公式(4)，即得到反映剥削程度的剩余价值率

$$\frac{m}{v} = \frac{\sum_{i=1}^{n} p_i q_i - \sum_{i=1}^{l} p_i b_i}{\sum_{i=k+1}^{l} p_i b_i} \tag{7}$$

其中，等号右边的分母 $\sum_{i=k+1}^{l} p_i b_i$ 是工人消费的必要生活资料的价格总量，即劳动力价格或工资总额。

公式（6）和公式（7）使原本“看不见”“摸不着”的剩余价值和剩余价值率变得完全可以“计算”：根据该式，只要知道所有商品的价格、产量、生产消耗的生产资料和工人消费的必要生活资料以及整个经济的劳动总量（这些不难由统计资料得到），就可以确定整个经济的剩余价值和剩余价值率。

（三）剩余价值增长率

剩余价值的增长率不同于剩余价值率。后者反映可变资本的增殖程度，而前者反映剩余价值本身的增长程度。

根据定义，剩余价值的增长率等于剩余价值增量（用 Δm 表示）与原有剩余价值的比率。因此，若用 g_m 表示剩余价值的增长率，则它可以写为

$$g_m = \frac{\Delta m}{m}$$

上式等号右边的分子和分母同时乘以不为零的 $1 + \Delta v/\Delta m$[①](Δv 表示可变资本增量)并经整理后得到

$$g_m = \frac{1 + v/m}{1 + \Delta v/\Delta m} \cdot \frac{\Delta m + \Delta v}{m + v}$$

或者：

$$g_m = \frac{1 + 1/(m/v)}{1 + 1/(\Delta m/\Delta v)} g \tag{8}$$

这里：

$$g = \frac{\Delta m + \Delta v}{m + v}$$

是剩余价值增量+可变资本增量与原有剩余价值+原有可变资本的比率，或者说，是剩余价值+可变资本即新创造价值的增长率，其“系数”则是1+原有剩余价值率的倒数比1+新增剩余价值率的倒数。

现在来证明，如果不考虑利率，从而货币的价值保持不变，则新创造价值的增长率就等于名义国内生产总值或 GDP 的增长率。具体分析如下。

在上式中，等号右边的分母 $m + v$，即剩余价值与可变资本之和，等于商品价值减不变资本，即 $w - c$，而分子 $\Delta m + \Delta v$，即剩余价值增量与可变资本增量之和，等于商品价值增量减不变资本增量，即 $\Delta w - \Delta c$，故新创造价值的增长率也可写为

$$g = \frac{\Delta w - \Delta c}{w - c}$$

如果上式等号右边分母中的 w 和 c 分别表示 t 时期的商品价值和不变资本，分子中的 Δw 和 Δc 分别表示从 t 时期到 $t + 1$ 时期的商品价值增量和不变资本增量，即 $\Delta w = w_{t+1} - w_t$ 和 $\Delta c = c_{t+1} - c_t$，则新创造价值的增长率又可写为

$$g = \frac{(w_{t+1} - w_t) - (c_{t+1} - c_t)}{w_t - c_t}$$

或者

$$g = \frac{(w_{t+1} - c_{t+1}) - (w_t - c_t)}{w_t - c_t}$$

这里，g 当然也要相应地理解为从 t 到 $t + 1$ 时期的新创造价值的增长率。

根据前面的讨论，所有商品的价值总量可以表示为所有商品的价值与产量的乘积之和，即 $w = \sum_{i=1}^{n} \lambda_i q_i$，不变资本可以表示为生产中消耗的生产资料的价值与数量的乘积之和，即 $c = \sum_{i=1}^{k} \lambda_i b_i$。因此，在任意一个时期，如 t 时期和 $t + 1$ 时期，所有商品的价值总

① 由于资本主义生产的目的是剩余价值，故当可变资本增量 Δv 不为零时，剩余价值增量 Δm 也不能为零，从而有 $1 + \Delta v/\Delta m \neq 0$。

量可以表示为该时期中所有商品的价值与产量的乘积之和，如 $w_t = \sum_{i=1}^{n} \lambda_{it} q_{it}$ 和 $w_{t+1} = \sum_{i=1}^{n} \lambda_{it+1} q_{it+1}$，不变资本可以表示为该时期生产中消耗的生产资料的价值与数量的乘积之和，如 $c_t = \sum_{i=1}^{k} \lambda_{it} b_{it}$ 和 $c_{t+1} = \sum_{i=1}^{k} \lambda_{it+1} b_{it+1}$。其中，每一个具有双下标的变量的第二下标 t 或 $t+1$ 表示该变量在 t 或 $t+1$ 时期中的值。于是，新创造价值的增长率还可以更加具体地表示为

$$g = \frac{\left(\sum_{i=1}^{n} \lambda_{it+1} q_{it+1} - \sum_{i=1}^{k} \lambda_{it+1} b_{it+1}\right) - \left(\sum_{i=1}^{n} \lambda_{it} q_{it} - \sum_{i=1}^{k} \lambda_{it} b_{it}\right)}{\sum_{i=1}^{n} \lambda_{it} q_{it} - \sum_{i=1}^{k} \lambda_{it} b_{it}}$$

由于现在涉及两个不同的时期，故我们必须假定，在每一个时期，价值规律特别是等价交换都成立，即有 $\lambda_{it} = p_{it} \lambda_{gt}$ 和 $\lambda_{it+1} = p_{it+1} \lambda_{gt+1}$。这里，$p_{it}$ 和 p_{it+1} 分别表示 t 和 $t+1$ 时期商品 i 的价格，λ_{gt} 和 λ_{gt+1} 分别表示这两个时期的货币价值。将这些结果代入上式并将其中的货币价值提到连加号之外得到

$$g = \frac{\lambda_{gt+1}\left(\sum_{i=1}^{n} p_{it+1} q_{it+1} - \sum_{i=1}^{k} p_{it+1} b_{it+1}\right) - \lambda_{gt}\left(\sum_{i=1}^{n} p_{it} q_{it} - \sum_{i=1}^{k} p_{it} b_{it}\right)}{\lambda_{gt}\left(\sum_{i=1}^{n} p_{it} q_{it} - \sum_{i=1}^{k} p_{it} b_{it}\right)}$$

由于假定不考虑利率，从而货币的价值不变，即有 $\lambda_{gt+1} = \lambda_{gt}$，故上式简化为①

$$g = \frac{\left(\sum_{i=1}^{n} p_{it+1} q_{it+1} - \sum_{i=1}^{k} p_{it+1} b_{it+1}\right) - \left(\sum_{i=1}^{n} p_{it} q_{it} - \sum_{i=1}^{k} p_{it} b_{it}\right)}{\sum_{i=1}^{n} p_{it} q_{it} - \sum_{i=1}^{k} p_{it} b_{it}}$$

其中，等号右边分母(或分子第二个括号）中的 $\sum_{i=1}^{n} p_{it} q_{it}$ 是 t 时期所有商品(包括最终产品和中间产品）的价格总量，$\sum_{i=1}^{k} p_{it} b_{it}$ 是这一时期消耗的生产资料(中间产品）的价格总量，二者之差 $\sum_{i=1}^{n} p_{it} q_{it} - \sum_{i=1}^{k} p_{it} b_{it}$，恰好是该时期最终产品的价格总量，即该时期的名义国内生产总值(记为 GDP_t）。同理，右边分子第一个括号中的 $\sum_{i=1}^{n} p_{it+1} q_{it+1} - \sum_{i=1}^{k} p_{it+1} b_{it+1}$ 是 $t+1$ 时期的名义国内生产总值(记为 GDP_{t+1}）。

① 如果考虑利率，则就有 $\lambda_{gt+1} = (1+r)^{-1} \lambda_{gt}$，其中，$r$ 表示从 t 到 $t+1$ 时期的利率。

于是，从 t 到 $t+1$ 时期新创造价值的增长率最终可以写为①

$$g=\frac{\mathrm{GDP}_{t+1}-\mathrm{GDP}_t}{\mathrm{GDP}_t}$$

这就证明，如果不考虑利率，新创造价值的增长率确实等于名义 GDP 的增长率。

现在回到前面关于剩余价值增长率的表达式即公式(8)。根据该式，剩余价值增长率 g_m 等于 $1+$剩余价值率的倒数 $1/(m/v)$ 与 $1+$新增剩余价值率的倒数 $1/(\Delta m/\Delta v)$ 的比率乘以名义 GDP 增长率 g。在该式中，如果将 g、m 和 v 均看成既定的，则 g_m 就完全取决于新增剩余价值率 $\Delta m/\Delta v$，特别是，它随后者的上升而上升，反之亦然。

资本主义生产的目的是剩余价值的最大化，即尽可能地提高剩余价值的增长率。根据公式(8)，这意味着在给定剩余价值增量 Δm 的条件下必须尽可能地降低可变资本增量 Δv。但是，Δv 至多只能降低到零，而不能降至负数(这里不考虑就业人数的变化，以及和以前一样，不考虑商品价值的变化)，否则，“劳动力就只能在萎缩的状态下维持和发挥”[8]201。于是，我们在(8)式中令 $\Delta v=0$，得到最大可能的剩余价值增长率为

$$g_m=\left(1+\frac{1}{m/v}\right)g \tag{9}$$

即等于 $1+$剩余价值率的倒数乘以名义 GDP 增长率。

公式(9)是资本主义的绝对规律——剩余价值规律的具体表现：为了尽可能地提高剩余价值的增长率，资产阶级会尽可能地压低劳动力价值，也就是尽可能地压低工资②，尽管由于工人阶级的抵制和反抗，这种企图并不总是能够成功。

由于一般而言，剩余价值率 m/v 总是正的，故上式等号右边括号中的表达式总是大于1，从而，最大可能的剩余价值增长率总大于名义GDP 的增长率，即有 $g_m>g$。这是剩余价值规律的一个重要特征。后面将会看到，在社会主义经济中，剩余价值的增长率不但可以而且常常必须等于甚至小于名义 GDP 的增长率。

在决定剩余价值增长率的公式（8）和最大可能的剩余价值增长率的公式（9）中，隐藏着资本主义经济的一个“内在矛盾”：根据公式（8），为了使剩余价值增长率达到最大，新增的剩余价值率必须大于原有的剩余价值率，即剩余价值率必须不断地提高；但根据公式（9），剩余价值率的不断提高，又会降低最大可能的剩余价值增长率。特别是，当剩余价值率趋于无穷大时，最大可能的剩余价值增长率将下降到等于名义 GDP 的增长率。这当然也意味着实际的剩余价值增长率也下降到等于名义 GDP 的增长率。

---

① 如果考虑利率，则就有

$$g=\frac{(1+r)^{-1}\mathrm{GDP}_{t+1}-\mathrm{GDP}_t}{\mathrm{GDP}_t}$$

即新创造价值的增长率等于“贴现”的名义 GDP 增长率。后者要小于没有贴现时的名义 GDP 增长率。

② “资本主义生产的总趋势不是提高而是降低工资的平均水平，在或大或小的程度上使劳动的价值降到它的最低限度。”[10]77

四、社会主义经济和劳动力价值增长规律

和资本主义经济一样，社会主义经济也是建立在商品经济的基础之上，但商品经济本身也不是社会主义存在的历史条件。这个历史条件是：劳动者作为一个整体真正拥有了自己的生产条件，即实现了生产资料的公有制。在公有制（或至少以公有制为主体）的社会主义经济中，“生产将以所有的人富裕为目的”[11]200。这就是我们现在常说的“共同富裕”。共同富裕也有两个要点，一是强调“富裕”，二是强调“共同”。前者主要涉及经济增长，后者主要涉及收入分配。换句话说，社会主义需要同时解决好增长和分配两个问题。这里特别需要指出的是，“共同富裕”并非只是人们主观上的良好愿望，更是社会主义经济的“客观要求”，是社会主义公有制和市场经济相结合的结果，是社会主义经济中劳动力价值增长规律的具体表现。

（一）社会主义的总产品恒等式

为方便比较，假定在所讨论的社会主义社会中，整个经济生产的全部商品总共也是 n 种，从而，这些产品的价值总量也可以表示为 $w = \sum_{i=1}^{n} \lambda_i q_i$。同样为了方便，我们仍然沿用不变资本、劳动力价值（可变资本）和剩余价值等术语（以及相应的符号），尽管它们已经具有不同的含义。例如，当涉及的是社会主义公有经济时，资本和剩余价值应分别理解为“公有资本”和“公有剩余价值”。于是，在社会主义经济中，社会总产品从价值上也分解为不变资本、劳动力价值和剩余价值。

在社会主义经济中，社会总产品的实物分解与资本主义稍有不同：尽管全部商品仍然需要分为生产资料和生活资料，但生活资料却不必再细分为必要生活资料和奢侈消费资料。这是因为，奢侈消费资料现在不再只由资本所有者消费，而且也由劳动者消费；劳动者现在既可以消费必要生活资料，也可以消费奢侈消费资料。换句话说，在社会主义社会中，劳动者作为一个整体，可以消费所有的生活资料，包括奢侈消费资料，尽管由于存在收入的差距，作为个体的某些劳动者仍然无法购买某些高档商品。

于是，社会主义经济的总产品恒等式可以写为

$$c + v + m = \sum_{i=1}^{k} \lambda_i q_i + \sum_{i=k+1}^{n} \lambda_i q_i \tag{10}$$

（二）劳动力价值

在以资本为中心的资本主义经济中，剩余价值和剩余价值的增长率是关注的重点。与此相反，在以人民为中心的社会主义经济中，关注的重点是劳动力价值和劳动力价值的增长率。

无论是在资本主义社会还是在社会主义社会，劳动力价值都可以看成劳动力再生产所必要的生活资料的价值。但是，在这两个场合，由于社会制度的性质不同，“必要”

的范围也完全不同。一方面，在资本主义社会中，劳动者不是被当作活生生的“人”，而是被当作生产剩余价值的“工具”，因此，所谓“必要”，是仅限于维持工具正常使用的必要，是再生产“原有”劳动力的必要，是最低限度的必要，而劳动力价值只是生产剩余价值时不得不支付并应当尽可能压低的一种“生产费用”。另一方面，在社会主义社会中，劳动者是真正被当作“人”来看待的，而作为真正的“人”，需要得到全面的发展，因此，在一定的条件下，为全面发展所需要的，都是“必要”的。劳动力价值现在不再只是生产的一种费用，而且，更加重要的，也是衡量劳动者全面发展的一个指标。因此，在社会主义社会中，劳动力价值不仅是局限于再生产原来的劳动力所需要的“必要生活资料”，而且包括劳动者自身发展所需要的或生产“新型”劳动力所需要的那些在资本主义社会中被认为不必要的而在社会主义社会中却完全必要的如用于教育、发展和享受等的生活资料。

尽管劳动力价值包括的内容已与资本主义大相径庭，但从形式上看，却与后者并无太大不同。例如，它也可以写为

$$v = \sum_{i=k+1}^{n} \lambda_i q_i$$

唯一的不同在于：等号右边连加号下的求和指数现在不像资本主义经济中那样是从 $k+1$ 到 l，即只包括“必要”的生活资料，而是从 $k+1$ 到 n，即包括所有的生活资料。

在上式中代入决定任意一种商品价值的公式(4) 得到

$$v = \frac{\sum_{i=k+1}^{n} p_i b_i}{\sum_{i=1}^{n} p_i q_i} L \tag{11}$$

这里，等号右边的分子 $\sum_{i=k+1}^{n} p_i b_i$ 是工人消费的生活资料的价格总量，即总量意义上的劳动力价格或工资[①]；分母 $\sum_{i=1}^{n} p_i q_i$ 和以前一样是所有商品的价格总量。

于是，在社会主义经济中，劳动力价值等于工资总量与所有商品的价格总量的比率乘以整个经济的劳动总量。它意味着，在社会主义经济中，劳动力价值也是社会总劳动的一个“分配”，分配比率为工资总量除以所有商品的价格总量。

（三）劳动力价值增长率

如同剩余价值的增长率等于剩余价值增量与原有剩余价值的比率一样，劳动力价值的增长率（记为 g_v）也等于劳动力价值增量与原有劳动力价值的比率，即有

$$g_v = \frac{\Delta v}{v}$$

劳动力价值的增长率也不同于剩余价值率或劳动力价值的增殖率。前者反映劳动力

① 为简单起见，这里假定所有的劳动收入都被用于消费。

价值从而劳动者收入的增长程度，后者反映劳动力价值以及整个经济的增殖程度。因此，在社会主义经济中，可以将前者主要用于考察收入的分配，讨论“发展如何为了人民”的问题，将后者主要用于考察经济的增长，讨论“发展如何依靠人民”的问题①。由于劳动力价值增量只是剩余价值的一部分（除了劳动力价值增量之外，剩余价值还要用于不变资本的积累等各种必要的“社会扣除”），故一般来说，劳动力价值的增长率总是小于劳动力价值的增殖率。

利用上一节中推导资本主义经济中剩余价值增长率的方法可以同样推导社会主义经济中劳动力价值的增长率。不过，我们也可以更加简单地由剩余价值增长率的公式（8）直接引出劳动力价值增长率的公式。

为此，我们在公式（8）的等号右边，从分子中提取 $1/(m/v)$、从分母中提取 $1/(\Delta m/\Delta v)$ 得到

$$g_m = \frac{1/(m/v)}{1/(\Delta m/\Delta v)} \cdot \frac{m/v + 1}{\Delta m/\Delta v + 1} g$$

亦即：

$$g_m = \frac{\Delta m/m}{\Delta v/v} \cdot \frac{1 + m/v}{1 + \Delta m/\Delta v} g$$

在上式中，等号右边的 $\Delta m/m$ 和 $\Delta v/v$ 恰好分别为剩余价值和劳动力价值的增长率 g_m 和 g_v，于是得到

$$g_v = \frac{1 + m/v}{1 + \Delta m/\Delta v} g \tag{12}$$

即劳动力价值的增长率 g_v 等于 $1 +$ 原有剩余价值率 m/v 与 $1 +$ 新增剩余价值率 $\Delta m/\Delta v$ 的比率乘以名义 GDP 的增长率 g。

在社会主义公有制经济中，劳动力价值部分由劳动者个人所有，反映劳动者的个人利益和当前利益，剩余价值部分则由作为整体的劳动者共同占有，即所谓必要的社会扣除，反映劳动者的整体利益和长远利益。如果我们进一步假定，在社会主义经济中，劳动者个人利益和当前利益的增长与整体利益和长远利益的增长保持一致，即有

$$\frac{\Delta v}{v} = \frac{\Delta m}{m}$$

则就有

$$\frac{m}{v} = \frac{\Delta m}{\Delta v}$$

从而有

$$1 + \frac{m}{v} = 1 + \frac{\Delta m}{\Delta v}$$

于是，（12）式就简化为

① 在社会主义社会的公有经济中，剩余价值率不再反映剥削的程度，但仍然反映劳动力价值的增殖程度，故在一定程度上可以说它是价值形式的“劳动生产率”。

$$g_v = g \tag{13}$$

即劳动力价值的增长率就会等于名义 GDP 的增长率。

由此可见，在社会主义经济中，如果假定服务于劳动者整体和长远利益的剩余价值或必要社会扣除与服务于劳动者个人和当前利益的劳动力价值同步增长，以及不考虑利率，从而，不考虑货币价值的变化，则任意一个时期的劳动力价值的增长率就等于相应时期的名义 GDP 的增长率。这意味着，在所给的条件下，我们完全可以根据名义 GDP 的增长率来确定劳动力价值的增长率。

当然，如果随着经济的发展，必要的社会扣除部分不再需要像劳动力价值那样增长，即有 $\Delta m/m < \Delta v/v$，则可以得到 $g_v > g$，即劳动力价值的增长率大于名义 GDP 的增长率。反之，如果在某些情况下，必要的社会扣除部分必须比劳动力价值增长得更快，则劳动力价值的增长率也会相应地小于名义 GDP 的增长率。

前面说过，在资本主义经济中，剩余价值增长率总是大于名义 GDP 的增长率。现在我们看到，在社会主义经济中，由于劳动力价值增长率可以等于甚至大于名义 GDP 的增长率，故剩余价值增长率可以等于甚至小于名义 GDP 的增长率。

此外还容易看到，根据公式（8），在资本主义经济中，新增剩余价值率和原有剩余价值率同样具有趋同的倾向，从而，剩余价值率的增长率与名义 GDP 的增长率也具有趋同的倾向。只不过在那里，由于私有制的束缚，这种趋同的倾向无法得到真正的实现，而不得不通过经济危机等方式扭曲地表现出来。

（四）劳动力价值和劳动者收入的增长

现在假定必要的社会扣除与劳动力价值同步增长，并在该假定下讨论劳动力价值和劳动者收入的增长。

由于在该假定下，劳动力价值的增长率等于名义 GDP 的增长率，故劳动力价值的增量等于名义 GDP 增长率乘以原有的劳动力价值，即有

$$\Delta v = gv \tag{14}$$

于是，劳动力价值增量在名义 GDP 增长率给定时与劳动力价值本身成正比，在劳动力价值给定时与名义 GDP 增长率成正比。随着经济的发展，新的劳动力价值增量会源源不断地并入原有的劳动力价值，从而，导致劳动力价值的不断增大，导致劳动者的生产能力和生活水平不断提高。这将同时解决经济发展和收入分配问题。

进一步来看，由于在上式中，劳动力价值是整个经济的劳动总量的一个分配，分配比率等于工资总量除以所有商品的价格总量（参见公式（11）），故劳动力价值增量可以更加具体地写为

$$\Delta v = \frac{g\sum_{i=k+1}^{n} p_i b_i}{\sum_{i=1}^{n} p_i q_i} L$$

于是，与原有劳动力价值一样，劳动力价值增量也是整个经济的劳动总量的一个分配，分配比率等于名义 GDP 增长率与工资总量的乘积除以所有商品的价格总量。

最后，在上式中，等号右边分子中的 $g\sum_{i=k+1}^{n}p_ib_i$ 可以看成价格形式的劳动力价值增量。因此，若用 $p_{\Delta v}$ 表示价格形式的劳动力价值增量，则就有

$$p_{\Delta v}=g\sum_{i=k+1}^{n}p_ib_i \tag{15}$$

公式(15) 具有重要的政策含义。这是因为，在该式中，等号左边的价格形式的劳动力价值增量 $p_{\Delta v}$，实际上就是劳动者收入的增量，而右边的 $\sum_{i=k+1}^{n}p_ib_i$，即工人消费的生活资料的价格总量，代表了劳动者的收入（因为我们已经假定劳动者的收入全部用于消费），故（15）式意味着，在社会主义经济中，如果假定必要的社会扣除与劳动力价值同步增长，则劳动者的收入就与名义 GDP 同步增长。

五、结语

以人民为中心和以资本为中心是两种完全不同的发展道路，分别体现了社会主义市场经济和资本主义市场经济的本质和要求。

市场经济的基本规律是价值规律。价值规律包括劳动决定价值和等价交换两个基本内容。根据这两个基本内容，可以确定货币和所有商品的价值，即货币的价值等于整个经济的劳动总量除以所有商品的价格总量，任意一种商品的价值等于该商品的价格与所有商品的价格总量的比率乘以整个经济的劳动总量。

资本主义的绝对规律是剩余价值规律。在满足价值规律的条件下，资本主义经济的全部剩余价值等于所有商品的价格总量先减去生产中消耗的生产资料和工人消费的必要生活资料的价格总量，再除以所有商品的价格总量，最后乘以整个经济的劳动总量。资本主义生产的一个重要特征是剩余价值增长率通常总是大于名义 GDP 的增长率，其最大可能的剩余价值增长率则等于 1+剩余价值率的倒数乘以名义 GDP 的增长率。

社会主义经济的生产目的是共同富裕，具体体现为劳动力价值的不断增长。社会主义条件下劳动力价值的增长规律是：如果假定劳动者的个人利益和整体利益、当前利益和长远利益保持一致，以及不考虑利率，从而不考虑货币价值的变化，则任意一个时期的劳动力价值的增长率等于相应时期的名义 GDP 的增长率。如果进一步假定等价交换，则劳动力价值的增长规律就进一步表现为劳动者收入的增长规律，即任意一个时期的劳动者收入的增长率等于相应时期的名义 GDP 的增长率。

参考文献：

［1］习近平. 在庆祝改革开放 40 周年大会上的讲话［M］. 北京：人民出版社，2018.

［2］罗红杰，平章起. “以人民为中心的发展思想” 的理论诠释和价值意蕴［J］. 江西财经大学学报，2020（1）：3-12.

［3］胡莹，郑礼肖. 改革开放以来我国劳动报酬的变动分析：基于以人民为中心发展思想的视角［J］. 经济学家，2019（7）：5-14.

[4] 胡钧. 以人民为中心的发展和中国特色社会主义政治经济学理论体系的构建［J］. 改革与战略，2017（11）：31-37.

[5] 顾钰民. 中国特色社会主义初级阶段生产目的研究［J］. 经济纵横，2017（7）：9-14.

[6] 张存刚，王晶. 劳动价值论视域下的以人民为中心发展思想探讨［J］. 重庆工商大学学报（社会科学版），2019（12）：10-14.

[7] 李松龄. 新时代新发展理念的辩证分析与制度安排：基于劳动价值论的深化认识［J］. 现代财经，2019（11）：3-13.

[8] 马克思. 资本论：第1卷［M］. 北京：人民出版社，2004.

[9] 马克思. 资本论：第2卷［M］. 北京：人民出版社，2004.

[10] 马克思恩格斯文集：第3卷［M］. 北京：人民出版社，2009.

[11] 马克思恩格斯文集：第8卷［M］. 北京：人民出版社，2009.

中国共产党百年经济思想历史进程的逻辑起点、理论脉络及其启示

刘荣材①

摘　要：以社会主要矛盾作为逻辑起点，中国共产党百年经济思想的历史进程，形成了一系列回应和解答时代问题的经济思想或政治经济学。它们主要是新民主主义政治经济学、过渡时期政治经济学、社会主义政治经济学、中国特色社会主义市场经济理论、新时代中国特色社会主义政治经济学等。中国共产党百年经济思想历史进程的理论成果，在破解时代面临的重大问题中，始终坚持以人民为中心的初心使命，坚持问题导向，形成了反映时代要求、体现时代特点的、历史性的政治经济学。

关键词：中国共产党；经济思想；社会主要矛盾；逻辑起点；理论脉络

习近平总书记指出："我们党的历史，就是一部不断推进马克思主义中国化的历史，就是一部不断推进理论创新、进行理论创造的历史。"[1] 中国共产党在一百年波澜壮阔的奋斗历程中，以近代以来我国不同历史阶段的社会主要矛盾作为逻辑起点，形成了极富创新性的、反映时代要求并指导实践的经济思想或政治经济学。它们分别是新民主主义政治经济学、过渡时期政治经济学、社会主义政治经济学、中国特色社会主义市场经济理论、新时代中国特色社会主义政治经济学等。这些经济思想为中华民族迎来站起来、富起来、强起来的伟大飞跃，提供了重要的理论武器，推动着中国化马克思主义政治经济学的建构和发展。

一、中国共产党百年经济思想的逻辑起点

中国共产党百年经济思想的逻辑起点是什么？这是回顾中国共产党百年经济思想发展进程，亟须探讨的一个基础性理论问题。我们认为，中国共产党百年经济思想的历史进程的逻辑起点，应当是一定历史阶段的社会主要矛盾。

① 刘荣材，广东财经大学马克思主义学院副教授。

首先，以社会主要矛盾作为中国共产党百年经济思想的逻辑起点，体现了一般性与特殊性的辩证统一。一方面，在社会发展的不同历史阶段，都会存在着起主导作用的主要矛盾，因此，社会主要矛盾作为一般范畴，在理论形态或抽象的形态上是共通的，是共性或一般性，成为政治经济学研究的一般性逻辑起点。另一方面，社会主要矛盾在不同历史阶段所呈现出来的现象形态或具体内容，则表现为具体的、特殊的，因而是个性或特殊性，成为不同历史阶段政治经济学研究的具体的特殊的逻辑起点。因此，以社会主要矛盾作为政治经济学研究的逻辑起点，体现了一般性与特殊性的辩证统一。中国共产党以社会主要矛盾作为逻辑起点，在化解不同历史阶段所面临的具体的特殊的主要矛盾时，形成了反映时代要求的具体的经济思想和政策主张，从而构成了不同历史阶段的经济思想或政治经济学。这些经济思想在内容上也呈现出鲜明的历史性和时代性的特征，政治经济学由此表现为历史性的科学。恩格斯指出："政治经济学本质上是一门历史的科学。"[2]525这是因为，"人们在生产和交换时代所处的条件，各个国家各不相同，而在每一个国家里，各个世代又各不相同。因此，政治经济学不可能对一切国家和一切历史时代都是一样的"[2]525。这些"不相同"或差异性，最终是通过社会主要矛盾集中表现出来的，从而使不同历史阶段的政治经济学烙印上历史性的特点。例如，近代中国半殖民地半封建社会的主要矛盾是帝国主义和中华民族的矛盾、封建主义和人民大众的矛盾。社会主义制度基本确立后，党的八大明确指出："我们国内的主要矛盾，已经是人民对于建立先进的工业国的要求同落后的农业国的现实之间的矛盾，已经是人民对于经济文化迅速发展的需要同当前经济文化不能满足人民需要的状况之间的矛盾。"[3]293党的十一届六中全会把我国社会主要矛盾概括为："在社会主义改造基本完成以后，我国所要解决的主要矛盾，是人民日益增长的物质文化需要同落后的社会生产之间的矛盾。"[4]168随着中国特色社会主义进入新时代，"我国社会主要矛盾已经转化为人民日益增长的美好生活需要和不平衡不充分的发展之间的矛盾"[5]11。因此，以主要矛盾作为中国共产党百年经济思想的逻辑起点，是政治经济学自身发展的内在要求。

其次，社会主要矛盾是推动中国共产党百年经济思想发展的内在动力。按照马克思主义唯物史观的基本原理，社会主要矛盾是社会发展的推动力，也是推动中国共产党百年经济思想发展的内在动力。毛泽东指出，政治经济学"作为一门科学，应当从分析矛盾出发，否则就不能成其为科学"[6]316。这里指的"矛盾"，自然应当是社会主要矛盾以及由其决定的各种具体矛盾。主要矛盾"是主要的，起着领导的、决定的作用"[7]322的矛盾，"捉住了这个主要矛盾，一切问题就迎刃而解了。这是马克思研究资本主义社会告诉我们的方法"[7]322。中国共产党在百年奋斗历程中，"根据不同时期我国社会发展的现状，科学分析出我国社会的主要矛盾，并围绕不同时期我国社会的主要矛盾，制定一系列发展政策，推动社会的发展，以维护最广大人民群众的根本利益为出发点和落脚点"[8]。由此可见，中国共产党百年经济思想在不同历史阶段的理论成果，是以特定历史阶段的社会主要矛盾作为逻辑起点，在解答时代课题中逐步形成发展起来。

可见，近代以来，我国社会发展进程中不同历史阶段的社会主要矛盾，构成了中国共产党百年经济思想发展进程的逻辑起点。

二、逻辑起点与中国共产党百年经济思想的理论体系

以一定历史阶段的社会主要矛盾作为逻辑起点，中国共产党在回应和破解不同历史阶段的时代课题及主要任务的百年光辉历程中，形成了独具特色和内涵丰富的经济思想。

（一）逻辑起点与新民主主义政治经济学

大革命失败后，以毛泽东为代表的中国共产党人，以近代中国半殖民地半封建社会的主要矛盾作为逻辑起点，开辟了农村包围城市武装夺取政权的革命道路，形成了工农武装割据理论。这一理论把武装斗争、土地革命、根据地建设融为一体，在实践中形成了“土地革命思想、根据地经济建设思想、边区经济建设思想和新民主主义经济思想”[9]。这是中国共产党人在残酷的战争环境下，以马克思主义为指导而创立的新民主主义政治经济学。

新民主主义政治经济学科学地理顺了革命战争和根据地建设的内在关系。毛泽东指出，在革命战争时期，“经济建设必须是环绕着革命战争这个中心任务”。“经济建设事业是为着它的，是环绕着它的，是服从于它的。”[7]123因此，“我们的经济建设的原则，是进行一切可能的和必需的经济方面的建设，集中经济力量供给战争，同时极力改良民众的生活”[7]130。在这里，毛泽东科学地阐明了根据地经济建设的原则和目的、经济建设与革命战争的关系。在抗日战争时期，毛泽东进一步阐述了建立根据地的重要性，强调抗日根据地“是游击战争赖以执行自己的战略任务，达到保存和发展自己，消灭和驱逐敌人之目的的战略基地。没有这种战略基地，一切战略任务的执行和战争目的的实现就失掉了依托”[10]418。同时，党中央根据主要矛盾的转化，在抗日根据地实行减租减息和发展生产。毛泽东强调，“发展经济，保障供给，是我们经济工作和财政工作的总方针”[11]891。为了克服困难，毛泽东号召广大军民自己动手，开展大生产运动。在解放战争时期，毛泽东进一步指出，土地革命的直接目的，是发展农业生产[12]1315。“恢复和发展生产的目的一方面是改善人民的生活，一方面是支援人民解放战争。”[12]1311可见，毛泽东从近代中国社会的主要矛盾这个逻辑起点出发，把根据地经济建设和革命战争有机地融合在一起，正确地处理了革命战争和经济建设的辩证关系。在硝烟弥漫的战争环境下，通过根据地经济建设，既改善了军民的生活条件，又保障了革命战争的物资给养。

总之，新民主主义革命时期，以毛泽东为代表的中国共产党人，把马克思主义的基本原理和中国实际相结合，以近代中国社会主要矛盾作为逻辑起点，在革命战争的特殊环境下，创造性地发展了马克思主义政治经济学，形成了独具特色的新民主主义政治经济学。

（二）逻辑起点与过渡时期政治经济学

新中国成立后，随着新民主主义革命遗留任务的胜利完成，我国社会的主要矛盾也

相应地转变为“工人阶级与民族资产阶级的矛盾”[13]231。解决这个主要矛盾，便成为过渡时期社会主义改造的主要任务。

中国共产党以过渡时期主要矛盾作为逻辑起点，以马克思主义为指导，制定了过渡时期的总路线。这就是：“从中华人民共和国成立，到社会主义改造基本完成，这是一个过渡时期。党在过渡时期的总路线和总任务，是要在一个相当长的时期内，逐步实现国家的社会主义工业化，并逐步实现国家对农业、对手工业和对资本主义工商业的社会主义改造。”[13]316

过渡时期的总路线和总任务，构成了过渡时期政治经济学的核心内容。一方面，我们党把社会主义改造和工业化建设同时并举，在进行生产关系变革的同时，解放和发展了生产力。毛泽东指出，只有完成了生产资料的私有制的社会主义改造，才有利于社会生产力的快速发展，才有利于技术革命，才能在现代化大生产的基础上，不断满足人民日益增长的需要，才能够巩固人民政权[13]316。另一方面，我们党把生产关系的变革和人的解放相结合。对个体农业的改造，使广大农民走上了合作化生产道路。对个体手工业和资本主义工商业的社会主义改造，使广大手工业者和工人从私有制的生产关系下解放出来，成为社会主义公有制的劳动者。同时，作为剥削分子的资本主义工商业者，通过改造，也成为国营企业的劳动者和管理者，政治地位和社会身份也焕然一新。毛泽东指出，对资本主义工商业者来说，“这是一个光明的政治地位，是一个光明的前途”[13]500。可见，通过改造生产关系，广大劳动人民获得了解放，从而激发了全社会建设社会主义现代化国家的热情和激情。

中国共产党以过渡时期社会主要矛盾作为逻辑出发点，把马克思主义政治经济学基本原理与中国社会主义改造相结合，初步构建了过渡时期政治经济学。

（三）逻辑起点与社会主义政治经济学

1956年年底，社会主义改造基本完成，标志着社会主义制度在我国基本确立。以党的八大概括的社会主要矛盾作为逻辑起点，社会主义政治经济学的核心内容，集中体现在毛泽东撰写的《论十大关系》和《关于正确处理人民内部矛盾的问题》等重要文献中。

在《论十大关系》中，毛泽东深刻地阐述了社会主义现代化建设中面临的各种关系。他指出：“这十种关系，都是矛盾。”[14]44基于对我国社会主义各种关系的科学认识和准确判断，毛泽东在《关于正确处理人民内部矛盾的问题》中，进一步系统地阐述了社会主义条件下的矛盾问题，深刻而科学地阐述了社会主义条件下存在着“两对基本矛盾”和“两类不同性质的矛盾”，并提出具体处理不同性质的矛盾的方针和政策。除此之外，在《读苏联〈政治经济学教科书〉的谈话》等文献中，毛泽东进一步提出了关于社会主义政治经济学如何构建等一系列重大理论问题。可见，以《论十大关系》《关于正确处理人民矛盾的问题》等重要著作为标志，中国共产党“开始了中国特色社会主义政治经济学的建构”[15]。

首先，制定国民经济发展的总方针。毛泽东在探索我国社会主义工业化道路时，在理顺国民经济各种关系的基础上，从我国实际出来，提出了“以农业为基础，以工业为主导，以农轻重为序发展国民经济的总方针”。在这个方针的指导下，中国共产党形成了一整套“两条腿走路”的工业化发展模式，即重工业和轻工业同时并举、中央工业和地方工业同时并举、沿海工业和内地工业同时并举、大型企业和中小型企业同时并举。这一工业化道路模式，“各个并举”互相关联，相互依存，融为一体，使我国在一个相对落后的农业国的基础上，建立起了完整的工业体系和国民经济体系。

其次，探索社会主义现代化建设的规律。以毛泽东为代表的党中央在领导我国进行社会主义现代化建设时，从理论上开始探索和总结我国社会主义现代化建设的规律。①工业化建设的规律。毛泽东总结了资本主义国家推进工业化的经验，指出我国通过社会主义生产关系的变革来进行工业化建设，这是工业化建设的一个基本规律[16]132。②商品生产和价值规律。毛泽东指出：“商品生产不能与资本主义混为一谈”，“商品生产，要看他同什么经济制度相联系，同资本主义制度相联系就是资本主义的商品生产，同社会主义制度相联系就是社会主义的商品生产”。因此，在我国，“要大力发展商品生产”[14]439，重视价值规律。③社会主义发展规律。毛泽东在纠正平均主义、“共产风”“浮夸风”以及急于过渡到共产主义等错误倾向时，强调“在我们这样的国家，完成社会主义建设是一个艰巨的任务，建成社会主义不要讲得过早了”[16]116，并指出我国社会主义的发展可能要经历“不发达的社会主义”和“比较发达的社会主义”[16]116等不同阶段。

再次，社会主义建设要坚持自力更生为主，学习国外经验。社会主义建设，主要靠独立自主，与一切平等待我之国家民族开展经济文化交流，学习国外经验。毛泽东指出：“搞经济关门是不行的，需要交换。”[16]71因此，“一切国家的好经验都要学习，不管是社会主义国家的，还是资本主义国家的，这一点是肯定的”[14]242。

最后，社会主义经济建设的目的是为了共同富裕。毛泽东明确指出，建设社会主义，就是为了使我们国家更富更强，“这个富，是共同的富，这个强，是共同的强”[13]495。

总之，以社会主义主要矛盾为逻辑起点，中国共产党在理论和实践上对社会主义现代化建设进行了艰辛的探索，形成了社会主义政治经济学的一系列重大理论成果。

（四）逻辑起点与中国特色社会主义市场经济理论

党的十一届三中全会以来，中国共产党以我国社会主义初级阶段主要矛盾作为逻辑起点，在改革开放和现代化建设实践中，形成了内涵丰富的中国特色社会主义市场经济理论。

首先，基本国情与社会主义初级阶段基本经济制度。在推动我国改革开放和现代建设的进程中，中国共产党从我国社会主义初级阶段的基本国情出发，以我国社会主义初级阶段的主要矛盾为逻辑起点，逐步确立以公有制为主体多种所有制经济成分共同发展，以按劳分配为主体多种分配方式并存的分配制度，强调要毫不动摇地巩固和发展公有制经济，毫不动摇地鼓励、支持、引导非公有制经济的发展，发挥公有制经济和非公有制经济在社会主义现代化建设中的作用。这是中国特色社会主义市场经济理论在所有制问题上的突破。

其次，确立社会主义市场经济体制。深化经济体制改革和转型，建立社会主义市场经济体制，是社会主义市场经济理论的重要内容。党的十二届三中全会通过的《中共中央关于经济体制改革的决定》，是一个“纲领性文件”[17]91。邓小平指出，这个决定“写出了一个政治经济学的初稿，是马克思主义基本原理和中国社会主义实践相结合的政治经济学”[17]83。党的十四大指出，我国经济体制改革的目标模式是建立社会主义市场经济体制。党的十四届三中全会对建立社会主义市场经济体制做出了战略部署，党的十六届三中全会明确了完善社会主义市场经济体制的战略任务。可见，在推进改革开放的进程中，中国共产党以我国社会主义初级阶段主要矛盾为逻辑起点，推动社会主义市场经济体制的构建与不断完善。

最后，以实现全体社会成员共同富裕作为价值目标。社会主义的本质特征决定了社会主义经济建设最终要实现共同富裕。邓小平指出，“社会主义的致富是全民共同富裕”[17]172。在实现共同富裕的步骤和方法上，邓小平提出“让一部分人、一部分地区先富起来，大原则是共同富裕”[17]166。社会主义的本质属性，决定了实现共同富裕是社会主义的价值目标。

综上，中国共产党立足于我国社会主义初级阶段的基本国情，以主要矛盾作为逻辑出发点，在改革开放和现代化建设实践中，推动着中国特色社会主义市场经济理论的创新和发展。

（五）逻辑起点与中国特色社会主义政治经济学

党的十八大以来，中国共产党从新时代主要矛盾这一逻辑起点出发，逐步形成了内涵丰富的习近平新时代中国特色社会主义经济思想。“习近平新时代中国特色社会主义经济思想的形成和发展，标志着我国政治经济学理论达到新的高度”[18]，并将引领中国特色社会主义政治经济学的构建与发展。

2017 年，中央经济工作会议将习近平新时代中国特色社会主义经济思想概括为“七个坚持”，这是中国特色社会主义政治经济学的核心内容，“为中国政治经济学体系确定了基本架构”[19]。①“坚持加强党对经济工作的集中统一领导”。加强党对经济工作的集中统一领导，既是马克思主义的基本要求，又“是党治国理政的中心工作”[20]234。②“坚持以人民为中心的发展思想”。坚持以人民为中心，是新时代中国特色社会主义政治经济学的理论立场。习近平指出，“人民的立场是中国共产党的根本政治立场”[21]40。③“完善社会主义基本经济制度”。党的十九届四中全会把公有制为主体、多种所有制经济共同发展，按劳分配为主体、多种分配方式并存，社会主义市场经济体制等概括为社会主义基本经济制度，这是中国特色社会主义政治经济学的一个重大理论创新。④“坚持问题导向部署经济发展战略”“适应经济发展主要矛盾变化完善宏观调控”，这是中国特色社会主义政治经济学研究和制定发展战略和政策的客观依据。⑤贯彻新发展理念。“创新、协调、绿色、开放、共享”新发展理念，是中国共产党在新时代对马克思主义发展观的丰富与升华。⑥国民经济发展的战略任务。党的十八大以来，我们党提出了“以供给侧结构性改革为主线”“建设现代化经济体系”“推动‘双循环’发展格局”“推动经济高质量发展”“实施乡村振兴战略”等一系列战略任务，指明了中国特色社会主义政治经济学研究的现实课题。⑦全面开放新格局。党的十八大以来，中国共产党进一步参与全球经济治理，提出建设“一带一路”倡议，推动构建人类命运共同体，形成了全面开放的新格局。⑧“坚持使市场在资源配置中起决定性作用，更好地发挥政府的作用”。这是我们党对市场和政府在经济活动中所扮演的角色的精准定位。⑨“坚持正确工作策略和方法”。习近平总书记指出，推动经济高质量发展，“不仅要有正确思想和政策，而且要有正确的工作策略和方法”[20]236。这反映了这一经济思想所蕴含的指导艺术，是中国特色社会主义政治经济学需要深入研究的新领域。⑩社会主义生产的目的。党的十八大以来，习近平总书记进一步强调社会主义生产的目的，是为了更好地满足人民群众多方面的需要，实现共同富裕[20]133。可见，以新时代主要矛盾作为逻辑起点，在解答发展所面临的矛盾和问题中，新时代中国特色社会主义政治经济学逐步形成和发展起来。

综上所述，以社会主要矛盾作为逻辑起点，中国共产党在百年壮丽的征程中，不断推动马克思主义政治经济学中国化，形成了独特的理论脉络和内容丰富的百年经济思想。这一理论脉络，如图1所示。

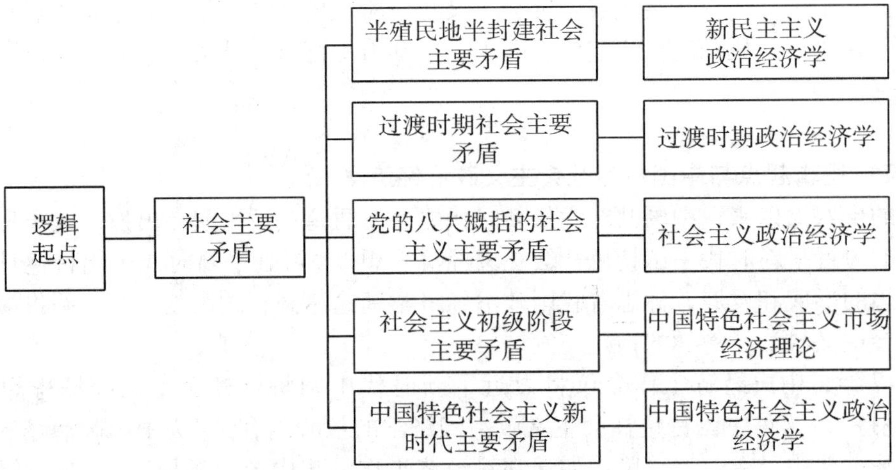

图1　理论脉络

三、结论与启示

中国共产党百年经济思想历史进程表明，在破解时代面临的重大问题中，中国共产党以社会主要矛盾作为逻辑起点，始终坚持以人民为中心，坚持问题导向，形成了反映时代要求的政治经济学，因而具有十分丰富而重要的启示意义。

（一）坚持以人民为中心，这是中国共产百年经济思想历史进程始终坚守和践行的初心使命

中国共产党自诞生之日起，就把实现共产主义作为自己最高的奋斗目标和初心使

命。为了实现共产主义这个远大目标，中国共产党从近代中国半殖民地半封建社会的基本国情出发，把实现人民解放、民族独立和国家富强的重担挑在双肩之上，其中所蕴含的正是坚持以人民为中心的初心使命。习近平总书记指出："我们党的百年历史，就是一部践行党的初心使命的历史，就是一部党与人民心连心、同呼吸、共命运的历史。历史充分证明，江山就是人民，人民就是江山。"[1] 中国共产党辉煌的百年征程，始终把党的奋斗目标和广大人民的根本利益融为一体，把"党的初心"和"百姓心"融为一体。这种统一性，在中国共产党百年经济思想的历史进程中得到了直接的、充分的体现。在新民主主义革命时期，以毛泽东为代表的中国共产党人，把广大农民组织起来，开展武装斗争、土地革命和根据地建设，使根据地农民从封建生产关系的压迫剥削中解放出来，实现"耕者有其田"。在过渡时期和社会主义建设时期，对个体农业、个体手工业和资本主义工商业进行社会主义改造，全面开展以工业化为主导的社会主义现代化建设。改革开放以来，各种要素在市场经济体制下参与市场竞争，创造财富的源泉被充分地激活，充分调动了人们的积极性。党的十八大以来，在以习近平同志为核心的党中央的领导下，打赢了精准脱贫的攻坚战，全面建成小康社会，开启了全面建设社会主义现代化强国的新征程。这一切既是中国共产党坚持以人民为中心的充分体现。正是因为始终坚守以人民为中心的初心使命，中国共产党在为人民谋幸福、为国家谋富强、为民族谋复兴、为世界谋大同的奋斗征程中，不断形成了内涵丰富的、体现时代性的百年经济思想。

（二）坚持问题导向，这是中国共产党百年经济思想历史进程的着力点

"什么是问题？问题就是事物的矛盾。哪里没有解决的矛盾，哪里就有问题。"[11]839 以现实的问题为导向，从时代面临的主要矛盾出发，思考和破解人类历史发展进程中的各种重大问题，是马克思主义理论不断创新发展的活水源头，是中国共产党百年经济思想历史进程的着力点。中国共产党百年经济思想的历史进程，始终立足中国国情，以社会主要矛盾为逻辑起点，坚持问题导向，把马克思主义普遍真理和中国具体实际相结合，在实现马克思主义中国化的进程中，不断推进理论创新。习近平指出："我们中国共产党人干革命、搞建设、抓改革，从来都是为了解决中国的现实问题。"[22]74 在新时代全面建设社会主义现代化强国、实现中华民族伟大复兴中国梦的征程中，应始终坚定不移地坚持以马克思主义为指导，以社会主要矛盾作为逻辑起点，以问题为导向，把马克思主义普遍真理和中国实际相结合，回应时代重大关切，不断推中国特色社会主义政治经济学的创新发展。

总之，中国共产党以一定历史阶段的社会主要矛盾作为逻辑起点，在 100 年光辉历程中，在回应和破解不同历史阶段所面临的问题时，创立了体现时代特点、解答时代问题的经济思想或政治经济学。

参考文献：

［1］新华社. 习近平在党史学习教育动员大会上强调，学党史悟思想办实事开新局以优异成绩迎接建党一百周年［N］. 人民日报，2021-02-21（1）.

［2］马克思恩格斯选集：第 3 卷［M］. 北京：人民出版社，2012.
［3］建国以来重要文献选编：第 9 册［M］. 北京：中央文献出版社，2011.
［4］三中全会以来重要文献选编：下［M］. 北京：中央文献出版社，2011.
［5］习近平. 决胜全面建设小康社会 夺取新时代中国特色社会主义伟大胜利：在中国共产党第十九次全国代表大会上的报告［M］. 北京：人民出版社，2017.
［6］逄先知，冯蕙. 毛泽东年谱：第四卷［M］. 北京：中央文献出版社，2013.
［7］毛泽东选集：第 1 卷［M］. 北京：人民出版社，1991.
［8］文丰安. 中国共产党与时俱进的发展理念：演进、创新和启示［J］. 青海社会科学，2021（1）：12-20.
［9］白永秀，王颂吉. 中国共产党 100 年经济思想的主线、发展阶段与理论体系［J］. 西北大学学报：哲学社会科学版，2021（3）：22-30.
［10］毛泽东选集：第 2 卷［M］. 北京：人民出版社，1991.
［11］毛泽东选集：第 3 卷［M］. 北京：人民出版社，1991.
［12］毛泽东选集：第 4 卷［M］. 北京：人民出版社，1991.
［13］毛泽东文集：第 6 卷［M］. 北京：人民出版社，1999.
［14］毛泽东文集：第 7 卷［M］. 北京：人民出版社，1999.
［15］韩喜平，宋浠睿. 中国特色社会主义政治经济学的发展脉络［J］. 经济问题，2020（7）：9-13.
［16］毛泽东文集：第 8 卷［M］. 北京：人民出版社，1999.
［17］邓小平文选：第 3 卷［M］. 北京：人民出版社，1993.
［18］周文，程广明. 新中国 70 年中国政治经济学的理论演进与实践发展［J］. 经济学家，2020（2）：33-43.
［19］白暴力. 认真领会习近平总书记讲话精神建设中国政治经济学体系［J］. 上海经济研究，2020（10）：40-42.
［20］习近平. 习近平谈治国理政：第三卷［M］. 北京：外文出版社，2020.
［21］习近平. 习近平谈治国理政：第二卷［M］. 北京：外文出版社，2017.
［22］习近平. 习近平谈治国理政：第一卷［M］. 北京：外文出版社，2014.

习近平对马克思主义反贫困理论的传承与创新

赵茂林[①]

摘　要：马克思主义反贫困理论内涵丰富，包括贫困根源、实质、治理主体和消除路径等内容，其中马克思主义社会基本矛盾理论、剩余价值理论和异化劳动理论所蕴含的制度致贫、大力发展生产力、以人为本以及共同富裕等反贫困思想是习近平反贫困相关论述的理论源泉。习近平反贫困相关论述是马克思主义反贫困理论中国化的最新成果，其中发挥制度优势、发展生产力、人民主体以及共同富裕的扶贫思想在理论和实践上对马克思主义反贫困理论进行了传承，在坚持党在反贫困工作中的主导作用、唯物主义历史观、辩证唯物主义、从构建人类命运共同体的大世界格局出发对马克思主义反贫困理论进行了创新，对后贫困时代相对贫困治理以及实现共同富裕具有重要借鉴意义。

关键词：习近平；马克思主义反贫困理论；传承与创新

一、引言

马克思主义反贫困理论作为马克思主义系列理论重要内容之一，自诞生至今仍然被众多学者研究，越来越多学者将其与当代贫困问题相结合，以获取现代贫困治理新思路。虽然该理论形成早已有一百多年历史，但其跨时代的理论智慧对当今世界贫困治理仍具有十分重要的意义。就目前国外学者的研究来看，关于马克思主义反贫困理论的研究主要集中在马克思的贫困理论在当代是否还具有实践意义上。一部分学者认为马克思主义反贫困理论在当今世界的影响力减弱，以哈贝马斯为主要代表，他们认为马克思主义反贫困理论已经是过去时，对当今资本主义制度下解决贫困问题没有指导意义；另一部分学者认为马克思剥削理论仍具有借鉴意义，以约翰·罗默为代表，但是他们对当今世界贫困问题的最终解决持悲观态度，他们认为剥削和贫困依然会存在于社会主义社会

① 赵茂林，安徽财经大学经济学院教授。

中。由此可以看出，国外学者在关于马克思主义反贫困理论研究上，多数认为马克思贫困理论在当代是过时的。但是，他们对于贫困问题研究从未停止，也提出了许多独创的建议，为世界各国贫困治理提供参考。

近年来我国脱贫工作取得了重大成果，2020 年年底脱贫攻坚战的全面收官，意味着我国绝对贫困问题已全面解决，相对贫困治理成为新发展阶段关注的重点。越来越多海外人士关注我国脱贫成果以及脱贫实践。随着《习近平谈治国理政》第一、二、三卷的海外发行，习近平总书记关于扶贫的重要论述引起海外学者研究兴趣。综合一些研究成果，主要有以下几个方面：第一，习近平总书记关于扶贫工作的重要论述对中国扶贫减贫事业具有重要意义。埃里克·比贡（2017）指出，习近平总书记关于扶贫工作的重要论述不仅给中国的扶贫事业发展指明了方向，也为世界各国提供了宝贵的经验[1]。奥古斯托（2017）通过实地走访的方式探寻了河北多处村庄，看到了中国农村的贫困现状，也深刻体会到了习近平关于扶贫重要论述提出的重要性[2]。在习近平总书记关于扶贫工作的重要论述指导下，贫困地区展现了强大合力包括扶贫工作有条不紊推进，贫困人口勠力同心，优秀人才积极投身扶贫一线。第二，对中国扶贫取得的成就及存在困难的研究。Wang Yanhui、Wang Baixue（2016）认为，地理位置对我国贫困地区影响重大，西部地区受地理位置影响程度深，贫困人口呈聚集性分布，中、东部地区贫困程度低，贫困人口分布较分散[3]。第三，对习近平扶贫措施的研究。习近平总书记关于扶贫工作的重要论述拥有丰富的内容，包括许多具体的、可操作的扶贫与防止返贫措施，如坚持党的领导、加大扶贫专项资金投入、动员社会多种力量参与扶贫等等。Hong Yan、Jun Yi（2014）认为，中国的扶贫工作能够取得如此巨大的成就离不开党中央的领导。在扶贫工作中，要不断强化政府的主导作用，整合多种资源优势，加快科技与扶贫相融合，积极探索扶贫新模式，创新扶贫举措，集中力量攻克贫困难题[4]。Luc Christiaensen、Lei Pan、Sangui Wan（2013）认为，实现贫困地区减贫的关键在于提高农业生产率，对于那些生态环境不适宜的地方，扶贫关键措施应为易地搬迁。政府要加强搬迁地配套设施的建设，为贫困人口提供增收渠道[5]。

习近平总书记关于扶贫工作的重要论述多次涉及动员全党全社会力量完成脱贫攻坚的任务。脱贫攻坚战的最后胜利已成为全面建成小康社会的必要条件，国内学者对习近平总书记关于扶贫工作的重要论述的研究众多，形成许多理论成果。主要包括：第一，思想来源的研究。刘洋（2017）认为，习近平总书记关于扶贫工作的重要论述是在马克思主义消除贫困的思想和新中国成立以来中国共产党人关于治理贫困的探索基础上形成的[6]。郝涛（2017）指出，马克思主义反贫困理论和无数共产党人对反贫困的探索是习近平总书记关于扶贫工作的重要论述来源。第二，对习近平总书记关于扶贫工作的重要论述基本内容的研究。国内学者从不同视角提出不同看法[7]。耿刘利、王琦（2019）认为，其内容包括一个核心即以人民为核心，一个基本方略即精准扶贫、精准脱贫，三个扶贫原则即内外扶贫结合、扶贫同扶志扶智相结合、国内外扶贫相结合[8]。第三，对习近平总书记关于扶贫工作的重要论述意义的研究。国内学者在理论方面着重研究该论述与马克思反贫困理论及中国特色社会主义理论体系之间的关系，在实践方面着重研究该论述对中国及世界减贫事业的指导作用和对我国全面建成小康社会的推进作用。岳奎（2020）提出习近平总书记关于扶贫工作的重要论述是对马克思主义反贫困理论的继承与发展，是马克思主义反贫困理论中国化最新成果，体现了中国共产党的初心与使命，开辟了中国共产党扶贫攻坚的新时代，向世界扶贫减贫事业提供了中国方案和中国经验[9]。第四，习近平总书记关于扶贫工作的重要论述对马克思主义反贫困理论的创新研究。池升明、何兵兵（2020）认为，习近平总书记关于扶贫工作的重要论述是对马克思主义反贫困理论的丰富和升华，成功运用马克思主义反贫困理论源泉指导我国脱贫攻坚实践取得重大胜利[10]。黄青燕、路杰（2020）提出习近平总书记关于扶贫工作的重要论述创新了马克思主义反贫困理论中国化的方法路径，一是实事求是，二是内外合力[11]。

不难看出，国外学者是从不同角度出发探讨我国扶贫措施成果、原因以及现存贫困问题治理，对国内扶贫有一定的借鉴意义。然而，他们关于贫困问题的解析都是立足于资本主义立场，无法从贫困根源出发治理和最终解决贫困问题。习近平总书记在坚持马克思主义反贫困理论的基础上，结合新时代我国贫困治理工作的新特征以及我国现阶段的基本国情，为新时代我国脱贫攻坚工作指明了方向、明确了关键所在。

二、习近平对马克思主义反贫困理论的传承

（一）从制度层面探索解决贫困问题的路径，走社会主义的反贫困道路

马克思对早期资本主义社会中工人阶级的贫困充满同情，经过大量的社会实践与理论研究，认为工人阶级之所以存在贫困的根本原因不在于工人本身，而在于资本主义制度。马克思的反贫困理论建立在对社会制度的整体改变上，不仅仅停留在对潜在问题的修补。无论是《共产党宣言》还是《资本论》都详尽剖析贫困存在的根本原因以及反贫困思想。《资本论》中详细刻画雇佣劳动与私有资本之间的矛盾是现代化贫困的根本原因。《资本论》中关于两者之间矛盾有如下表述："要使资本主义生产方式的'永恒的自然规律'充分表现出来，要完成劳动者同劳动条件的分离过程，要在一极使社会的生产资料和生活资料转化为资本，在另一极使人民群众转化为雇佣劳动者，转化为自由的'劳动贫民'这一现代历史的杰作"[12]，即现代贫困是资本与雇佣劳动之间相互对峙与矛盾激发的后果。现代贫困问题的日趋严重是资本积累的必然结果，两者之间存在协同作用。资本"积累过程的机制本身，会在增大资本的同时，增加'勤劳贫民'即雇佣工人的数量"。资本扩大再生产产生两方面结果：一方面雇佣工人的贫困化成为资本扩大再生产的增殖源泉；另一方面资本主义社会下生产结构进一步固化，无产阶级的贫困严格从属于资本扩大再生产本身。马克思反贫困理论批判了资本主义制度下资本扩张对雇佣劳动的无情剥削。

习近平总书记关于扶贫工作的重要论述继承了马克思从制度层面阐述贫困产生的根本原因及途径。只有充分发挥社会主义制度的优越性，集中力量办大事，才能快速地、大规模地打赢脱贫战[13]。在全国脱贫攻坚总结表彰大会上，习近平总书记指出，自党的十八大以来，平均每年以 1 000 万人以上的速度实现脱贫，全国累计选派有 25. 5 万个

驻村工作队、300 多万名第一书记和驻村干部，同时 200 万名乡镇干部和数百万村干部奋斗在扶贫一线。这种全国一盘棋统筹考虑、大规模动员调度的能力只有中国特色社会主义制度才能办到。

（二）从生产力发展认识贫困存在的原因，坚持以人的全面发展解决贫困问题

当今世界上的社会主义国家是建立在经济并不发达的基础之上的，生产力不发达是社会主义国家贫困问题的根本原因，只有经济发展才能解决现存的贫困问题。“产业是发展的根基，产业兴旺，乡亲们收入才能稳定增长。”这是习近平总书记在内蒙古考察时的讲话。在产业扶贫论坛上，中央农办副主任、农业农村部副部长韩俊指出产业扶贫取得了重大成就，已经成为覆盖面最广、带动人口最多、可持续性最强的扶贫举措。目前，产业扶贫帮扶政策已覆盖 98%以上的贫困户，2015—2019 年，贫困户人均纯收入年均增长 30. 2%。党的十八大以来，产业扶贫发展了一批特色鲜明的扶贫主导产业。目前已有超过 100 万个产业扶贫项目在 800 多个贫困县中实施，有超过 30 万个各类产业基地建成使用。扶贫产业在贫困地区落地生根，带动了当地经济发展，贫困人口收入提高，生活质量明显改善。

（三）在反贫困的方法上，坚持以人民为中心

马克思主义反贫困理论认为在消除贫困的过程中，要以人民为主，充分调动人民的力量来摆脱贫困。在《黑格尔法哲学批判》导言中，马克思提及理论与群众的结合问题：“理论一经掌握群众，也会变成物质力量。”[14]

党的十九大之后，党中央要求各级政府始终要把人民的利益摆在至高无上的地位，无论是执政政策推行还是发展经济战略都不能与人民群众脱离。中国共产党人始终将以人民为中心作为自己的价值追求。“没有比人更高的山，没有比脚更长的路”，这是习近平总书记借用路遥的一句话来鼓励扎根基层的工作人员和贫困群众要发挥主观能动性，顽强拼搏，自力更生。首先，要选好“领队雁”。习近平总书记认为，加强组织领导是解决深度贫困问题的保证。其次，确立贫困群众的主体地位。马克思具有强烈的同情心，从小就树立了为人类谋幸福的崇高志向，在《关于林木盗窃法的辩论》中关心处于社会最底层广大人民群众的生活，为贫苦农民利益辩护。社会主义国家的贫富差距和社会不公平问题在当今依然十分严峻，因此发展必须要坚持“以人为本”的核心，重视最广大人民群众的利益。习近平精准脱贫重要论述发展了马克思主义以人为本的群众观和以人为中心的价值取向。“人民对美好生活的向往，就是我们的奋斗目标。”开展精准扶贫的目标就是要关心人民需求，以人民为中心，为人民群众谋福祉。习近平将其进行发展，一方面调动社会各界力量参与到扶贫工作中，集结人力物力以及财力为贫困地区脱贫贡献力量；另一方面将扶贫与扶智和扶志相结合，促进贫困地区群众积极主动参与到摆脱贫困的生产活动中去，调动社会群体的力量与贫困对象的力量，来消除贫困，解决贫困问题。

（四）坚持反贫困的目标，消灭贫困，实现共同富裕

马克思认为实现共同富裕是消除贫困的基础和目标，习近平总书记也坚持以共同富裕为目标，强调社会主义本质要求就是实现共同富裕。充分发挥制度的优越性，集中力量完成好脱贫攻坚工作，全力实现贫困地区人民和全国各族人民一同进入小康社会[15]。习近平总书记指出我们追求的富裕是全体人民共同富裕，“消除贫困、改善民生、逐步实现共同富裕，是社会主义的本质要求，是我们党的重要使命”。党的十九届五中全会审议通过的《中共中央关于制定国民经济和社会发展第十四个五年规划和二〇三五年远景目标的建议》把全体人民共同富裕取得更为明显的实质性进展作为远景目标，再一次突出了以习近平同志为核心的党中央以人民为中心的根本立场。以人民为中心是我国当前和今后经济社会发展的重要努力方向和基本遵循。该建议提出“全体人民共同富裕取得更为明显的实质性进展”，强调“扎实推动共同富裕”，都体现了中国共产党推进共同富裕的自信和自觉。相对贫困阶段如何构建相对贫困治理长效机制是实现乡村振兴和共同富裕的关键。

三、习近平关于扶贫工作的重要论述对马克思主义反贫困理论的创新

（一）坚持党在反贫困工作中的主导作用，发展了马克思主义的反贫困理论体系

坚持中国共产党在减贫工作中发挥主导作用不动摇。我国减贫现实问题与马克思所处时代意识到的问题大有不同，但是中国共产党消除贫困，实现人民美好生活奋斗目标的初心和使命从未改变。党的十八大以来，习近平总书记提出“精准扶贫”减贫方案，助推我国减贫工作进入新阶段。“精准扶贫”通过分析和判断贫困对象的标准不断丰富和完善，对贫困对象的识别更加精准，对他们的实际需要的认识也更加精准，制定的解决贫困问题的各项政策也变得更精准，变“大水漫灌”为“精准滴灌”[16]。监督到位之后，实际脱贫效果与脱贫质量会大大提升。

（二）坚持唯物主义历史观，发展了马克思主义反贫困理论的哲学基础

从全局出发探索减贫支点。马克思反贫困理论认为在市场经济充分发展前提下才能解决贫困问题。我国社会主义制度是建立在生产力严重落后的基础之上的，面对特殊的国情，需要符合中国实际的减贫方案。党的十八大以来我国在减贫上采取的是因地制宜、分类施策的减贫工作方式，在减贫政策上向老少边穷地区倾斜。基于新时代我国的基本国情，贫困问题的解决不能再单纯依靠过往的理论，需要在原有基础上加入许多创新元素。首先，加强对教育的重视程度。习近平总书记强调通过加强教育来阻断贫困的代际传递问题，并且加强教育本身也是提升人民的整体素质的途径，是实现人的全面自由发展的一项重要内容。随着中国特色社会主义进入新时代，对国民整体素质以及文化水平的要求在提高，信息化更是要求不断加强人民群众的学习能力，增加知识储备，从

而为社会发展源源不断地输送高质量人才，这就意味着对教育的重视程度已经远远超过马克思、恩格斯所处的那个时代。其次，更加注重减贫过程中对生态环境的保护。我国社会主要矛盾的转变，意味着人们对美好生活的追求加强，良好的生态环境成为人们生活的需要，在贫困治理工作中，也要重视为贫困群众提供良好的生产生活环境，提升他们的幸福感，从而提升全社会人民整体的幸福感。习近平总书记在继承马克思主义反贫困理论关于大力发展生产力的论述以及无数共产党人建设中国特色社会主义道路的探索上，强调除解放、发展社会生产力之外，保护生产力也十分重要。习近平总书记既将大力发展生产力视作消除贫困的关键，也明确了保护生态环境的重要性。在脱贫攻坚工作中，既要提升人民的生活质量和生活水平，也要加强对贫困地区生态环境的修复与保护，既要解决好贫困问题，又要解决好生态问题。

（三）坚持辩证唯物主义方法论，开辟了中国特色的扶贫开发道路

由于时代的局限性，马克思主义反贫困理论并没有给出在社会主义制度建立起来的国家如何解决贫困问题。面对具体的问题，需要做到的就是将理论与实际紧密结合，因此，在实践过程中拓宽了解决贫困问题的新路径。

聚集多方面社会力量，助力减贫事业。解决贫困问题也不再单纯地依靠某一方的力量，而是将全社会纳入贫困治理的体系中，将力量集中到一处，从而更好地实现脱贫，此外也在一定程度上吸收和利用资本主义的资金，将更多的资金投入贫困治理工作中去。此外，社会保障也是脱贫工作中必不可少的一部分。总结种种实践路径，关键的创新还是集中在“精准”上，面对贫困问题，不再只是一个宏观上的认识，而是精确到了解每一户、每个人的具体情况上，制定的政策也不再仅仅是统筹全局的宏观政策，而是精确至每一个区域、每一户甚至每个人的具体措施，对贫困治理工作的监督也更加精准，对资金流动，项目实施等都进行监督，确保不会出现问题。

（四）坚持从构建人类命运共同体的大世界格局出发，丰富和发展了马克思主义反贫困理论的世界历史理论

注重推广中国特色的贫困治理方案。贫困问题不单单是一个国家的问题，也是世界性的难题。如今，我国在脱贫减贫事业上取得累累硕果，为世界减贫进程贡献中国力量。习近平总书记也在不止一个国际场合上提出构建人类命运共同体的畅想。我国在解决自身贫困问题的同时也在不断向世界提供中国特色贫困治理经验，发布《消除绝对贫困——中国的实践》报告以及关于“中国扶贫经验对话”专题研讨会等向世界交流分享脱贫经验，为世界贫困治理工作增加另一种可选择的方法或者模式。这也代表着将中国化的马克思主义反贫困理论推向更广阔的舞台，去释放更大的能量。开拓性创造了减贫治理的中国样本，为全球减贫工作的开展提供了中国方案。

习近平关于扶贫工作的重要论述的源泉来自马克思主义反贫困理论。结合新时代我国的国情，探索出一个适合我国发展现状的反贫困理论体系，并付诸实践，赋予了马克思反贫困理论时代意义。2020 年我国农村的绝对贫困问题已彻底消除，贫困治理重心将逐步转向相对贫困问题治理。习近平关于反贫困的重要论述继承了马克思主义反贫困理论，又创新地结合我国发展实际提出符合我国国情的反贫困事业新路径、新征程。农村贫困人口全部脱贫，为实现全面建成小康社会做出关键贡献，为下一阶段实现乡村振兴，最终实现共同富裕打下坚实基础。

参考文献：

[1] 老外谈. 习近平精准扶贫思想是中国的减贫良方 [EB/OL]. 国际在线，(2017-06-23). http://news.cri.cn/20170623/eb1383ac-5175-b046-4e25-99dcab02f728.html.

[2] 外国学者考察中国脱贫攻坚一线：扶贫政策值得肯定 [EB/OL]. 凤凰网，(2017-04-06). http://news.ifeng.com/a/20170407/50901176_0.shtml.

[3] WANG YANHUI, WANG BAIXUE. Multidimensional poverty measure and analysis: a case study from Hechi City, China [J]. 2016.

[4] HONG YAN, JUN YI. Study on Status of Rural Poverty Relief Development in Western China and Countermeasures inNew Period: Taking Yibin, in Sichuan Province as an Example [J]. Canadian Social Science, 2014, 10 (2).

[5] LUC CHRISTIAENSEN, LEI PAN, SANGUI WANG. Pathways out of poverty in lagging regions: evidence from rural westernChina [J]. Agricultural Economics, 2013, 44 (1).

[6] 刘洋. 习近平扶贫开发思想研究 [D]. 兰州：兰州理工大学，2017.

[7] 郝涛. 习近平扶贫思想研究 [D]. 长沙：湖南大学，2017.

[8] 耿刘利，王琦. 习近平扶贫攻坚论述及其时代价值研究 [J]. 成都大学学报（社会科学版），2019 (1): 8-16.

[9] 池升明，何兵兵. 习近平总书记关于扶贫工作重要论述的时代价值和国际贡献 [J]. 延边党校学报，2020，36 (5): 9-12.

[10] 岳奎. 习近平关于扶贫重要论述的重大意义 [J]. 学海，2020 (4): 5-10.

[11] 黄青燕，路杰. 习近平对马克思主义反贫困理论中国化的新探索 [J]. 江苏第二师范学院学报，2020，36 (4): 12-16.

[12] 资本论：第1卷 [M]. 北京：人民出版社，2018: 870-871.

[13] 李猛. 马克思主义反贫困理论在中国的传承与创新 [J]. 中共中央党校（国家行政学院）学报，2020，24 (4): 22-28.

[14] 马克思恩格斯文集：第1卷 [M]. 北京：人民出版社，2009: 11.

[15] 田菁. 习近平关于扶贫工作重要论述的逻辑进路——学习《习近平谈治国理政》的思考 [J]. 理论建设，2020，36 (4): 1-6.

[16] 赵欣宇. 习近平精准扶贫重要论述的政治学分析 [D]. 长春：中共吉林省委党校（吉林省行政学院），2020.

浅谈生态文明建设与经济社会发展的辩证关系[①]
——基于习近平生态文明思想角度

张俊[②]　汪辉[③]

摘　要：在经历了改革开放几十年的发展之后，经济的快速发展带来的是自然资源的枯竭以及生态系统的破坏，生态环境的保护问题不仅影响到我国经济的发展质量问题，而且对于人民生活也有很大的影响。党的十八大以来，习近平总书记站在全局角度，创造性地提出了生态文明思想，致力于解决我国当前经济社会与自然环境之间的矛盾。习近平生态文明思想基于马克思主义生态思想的基础，是对历届领导人的生态文明思想以及传统文化中生态文明思想的继承与发展，因此，了解习近平生态文明思想，对于充分理解生态文明建设与经济发展的辩证关系具有很重要的意义。

本文首先对马克思以及习近平生态文明思想进行梳理，列举了恩格斯自然观，以及习近平生态文明思想中的生态两山论理念、和谐共生理念、“良好生态环境是最普惠的民生福祉”理念、“山水林田湖草是生命共同体”的理念。其次分析了习近平生态文明思想的现实意义，包括丰富了马克思主义生态思想、促进经济增长方式向绿色经济方向发展、建设美丽中国的必然路径以及为世界的生态建设贡献中国智慧。最后分析了生态文明建设的实践路径，包括着力推广生态经济、构建和完善绿色生态文明法制体系以及培养人们的生态文明意识。

关键词：习近平生态文明思想；经济发展；生态环境保护

一、引言

生态文明建设是中华民族永续发展的千年大计，同时也是中国经济发展不可忽视的

---

①　基金项目：安徽高校人文社会科学研究重点项目“环境分权、政绩偏好与农业生态系统服务价值提升研究”（SK2019A0500）。

②　张俊，安徽财经大学经济学院教授。

③　汪辉，安徽财经大学经济学院研究生。

主题，如今在全球经济取得瞩目发展的同时，也对生态环境造成了不可忽视的破坏，人与自然之间关系的失衡愈演愈烈[1]，生态系统面临前所未有的巨大危机，环境污染事件不断发生，全球变暖、雾霾、酸雨等问题正严重影响着人们的生存。生态文明建设的重要性不言而喻，而中国作为世界上最有影响力的国家之一，在过去几十年间飞速发展，但是由于我国着重发展重工业，在经济高速发展的同时对环境也造成了严重的破坏，如何能够在继续保持目前经济增长态势的基础上修复受到损害的自然环境，保护生态环境不被破坏是目前我国要思考的重要问题。自党的十八大以来，习近平总书记从我国的国情出发，站在人类命运共同体的角度，创造性地提出了习近平生态文明思想[2]，对如何进行环境保护以及正确处理经济与生态环境之间的关系进行了全面的阐述。在生态文明建设的过程中，既不能以生态环境为代价发展经济，也不能为了保护生态环境而阻碍经济的发展，因此，理清生态文明建设与经济社会发展之间的辩证关系，对促进我国经济可持续发展具有重要意义。

二、生态文明建设与经济社会发展的辩证关系研究

（一）恩格斯自然观

恩格斯指出生态环境的恶化是人类过度掠夺自然资源的必然结果，如果人类的实践活动超过了自然资源的承受能力，那么便会导致生态系统的崩溃，而人类作为生态系统的一部分，也会面临生存危机。恩格斯通过对资本主义社会的生产方式进行分析，强调了尊重自然客观规律的重要性。工业革命以后，资本主义的生态效率大幅提高，短期内物质财富迅速积累，但是，长此以往，这种掠夺式的生产方式会对生态环境造成极大的破坏。恩格斯曾强调："我们不要过分陶醉于我们人类对自然界的胜利。对于每一次这样的胜利，自然界都对我们进行报复。"生态系统是由人类及其他生命体、非生命体及其所在环境构成的整体，自然、人、社会作为一个统一整体，人类活动可以促进自然界的发展，但在超过自然界的承受限度之后，会对自然界造成负面影响，反过来还会减缓经济社会的发展进程。因此，只有自觉遵守可持续发展等原则，理性审视生态文明建设与经济社会发展之间的关系，才能实现生态系统与人类社会的协同发展。生态自然观为解决生态文明建设与经济社会发展之间的矛盾提供了可能性，二者之间可以是互惠共生的关系，从而最终达到生态文明建设与经济社会发展的协调共生关系。

（二）习近平生态文明思想

1. 生态两山论理念

发展是硬道理，是人类永恒的主题，只有良好的生态环境做基础，才能更好地发展生产力。生态环境和经济发展之间的关系经历了三个阶段，第一个阶段是只注重经济，而不去考虑环境的承受能力，为了经济的进步，大力开发资源，导致资源的过度使用。第二个阶段是强调经济发展与生态环境的兼容，认识到生态环境是经济发展的根本，二者是可以共生的[3]。第三个阶段是认识到绿水青山本身就是金山银山，只有一个良好的

生态环境才能促进经济更好、更快发展。这三个阶段体现了人们对环境与经济之间关系认识的不断深化，同时体现出人与自然的关系不断调整趋向和谐。生态环境问题归根结底是一个社会的经济发展和人们的生活方式问题。

2005 年 8 月 15 日，习近平同志在浙江省的余村第一次提出绿水青山就是金山银山。自党的十八大以来，习近平总书记多次强调“两山论”的理念。生态文明建设与经济社会发展是辩证统一的关系，“两山论”的理念，一方面，要求尊重自然，顺应自然，遵循自然规律，建设良好的生态环境；另一方面，要求在不破坏自然环境的基础上，更好地利用自然资源，不断促进经济的发展。这一理念体现人与自然可以和谐共生的本质，强调了生态环境与发展生产力之间密不可分的联系，同时也指出了二者和谐共生的路径。“两山论”揭示了生态环境生产力的科学理论，为我国生态文明建设做出了思想指引。我们要处理好经济建设和环境保护之间的关系，既要保护生态环境不被破坏，也要促进经济增长，推动建设绿色发展，低碳发展的经济新体系，从而建立经济与环境共同繁荣的景象。

2. 和谐共生理念

新中国成立以来，我国从本国国情出发，着重发展重工业，在经济不断发展的同时，也对环境造成了很大的伤害，造成了能源匮乏、生态环境恶化以及自然灾害频发等一系列问题，不仅影响到经济的发展，还威胁到了人们的生存。而我国也一直都致力于生态环境的治理，出台了一系列关于环境保护的政策，在生态环境保护方面不仅要树立与自然和谐相处的理念，而且要认识到人类与自然界之间密不可分，没有了自然界，人类的命运也将岌岌可危。人类的生存和发展依赖于自然界，为了实现可持续发展，人类就必须正确认识自然规律，尊重自然界的客观规律。保护自然就是保护人类自己[4]，如果自然界遭到破坏，那么对人类的生活也会造成很大的影响，因此，必须意识到人类是自然的一部分，尊重、顺应、保护自然环境。

为了实现人与自然和谐共处的美好愿景，粗放式的经济发展方式必须摒弃，高耗能的产业换取的经济增长注定是不长久的，要努力建设自然友好型的经济发展方式[5]，要把生态文明建设融入社会建设的方方面面，一方面要减少对自然界中资源的消耗，另一方面要倡导绿色经济、绿色消费，减少资源浪费与污染物排放，并不断提高经济发展质量，从而实现人与自然和人与人关系的二维和谐统一，促进社会更好、更快发展。

3. 生态民生观理念

党的十八大以来，党中央把民生工作作为社会建设的一项根本任务，共产党是心系人民的政党，不断为人民对美好生活的向往而奋斗。自新中国成立以来，我国从本国国情出发，大力发展重工业，在经济快速发展的同时，对大气也造成了严重的污染。大气污染是目前最严重的环境污染问题。除此之外，水污染、垃圾处理、水土流失、土地沙化等也是目前我国的环境治理需要面临的突出问题。因此，解决生态环境问题刻不容缓。

“良好生态环境是最公平的公共产品，是最普惠的民生福祉”。对生态环境的保护不仅可以使人民群众享受美丽生态环境所提供的产品和服务[6]；同时良好的生态环境也提高了人民群众的幸福感。特别是我国目前处于高速发展阶段，人们对美好生活有向往，有需要，生态环境问题亟须得到解决，不断推进生态文明建设，防止环境继续恶化就是回应人民的向往与需求。各级政府应当率先解决人民最关心的问题，全力治理当前存在的环境问题，努力为人民创造一个良好的生活环境。

生态文明建设不是一个人可以做到的，要鼓励全体人民群众共同参与进来，一起建设和享有生态文明建设的成果。因此，要鼓励全体社会成员都参与到生态环境的保护中来，要在全社会进行广泛宣传，提高人民的环境保护意识，同时积极鼓励所有人都投身于生态文明建设这项事业中来，并倡导绿色健康的生活方式，广泛开展相关的主题行动，为生态环境保护做出贡献。

4. 生态共同体理念

习近平总书记指出，生态是统一的自然系统，是相互依存、紧密联系的有机链条。山水林田湖草是一个生命共同体，一方面，山水林田湖草这几个系统相互独立，因此，要对不同的系统采取因地制宜的治理方法[7]。另一方面，山水林田湖草是一个生命共同体，命脉互相依存，不能单独地治理其中一个系统，要将其作为一个整体，将这些独立的系统联系起来，进行整体治理。在生态环境治理工作中，习近平总书记提出要全方位、全地域、全过程开展生态文明建设。进行生态文明建设，一定要具有生态共同体理念，意识到各个生态系统是一个整体，对生态系统进行整体性和系统性的保护，从而实现美丽中国的愿景。

生态文明建设要求对山水林田湖草进行综合治理，全面、系统地对生态系统进行保护。生命共同体这一概念的提出，为我国生态环境治理找到了新方向[8]。山水林田湖草都是生态系统的一部分，其相互影响、相互制约，因此要进行生态文明建设，必须对生态系统进行系统化的修复。我们要把握“生命共同体”理念的科学内涵，遵循自然规律，要根据各个不同的生态系统的功能以及特征因地制宜地开展修复工作，解决目前突出的环境问题，坚持预防为主、综合治理，全民共治、源头防治。

（三）实现生态文明建设与经济社会发展辩证统一的路径

如今，人们已经认识到以环境为代价来换取经济增长的发展方式是不长久的，但是如何在保护环境的同时推动经济更好更快发展，实现生态产品的价值，是政策实践过程中必须要考虑的问题。因此，必须要以马克思主义生态自然观和习近平生态两山论为指引，在尊重自然规律的基础之上推动经济发展[9]，生态自然观与生态两山论为破解经济发展与环境保护的两难困境提供了解决方法，经济发展与生态保护二者是可以共存的。建立健全绿色低碳循环发展经济体系，促进经济社会发展全面绿色转型，这是解决我国资源环境生态问题的基础之策，正所谓，“生态兴则文明兴，生态衰则文明衰”，只有顺应自然的绿色发展才能够保证我国经济社会的持续发展[10]。良好的生态环境就是生产力，生态文明建设与经济社会发展是辩证统一的关系，要在自然资源的承受范围内实现国家对资源以及能源等的最优配置，从而实现绿色、低碳发展，形成合理利用资源、自觉保护环境的生产与生活方式。

三、习近平生态文明思想的现实意义

（一）丰富了马克思主义生态思想

马克思认为“一个存在物如果在自身之外没有自己的自然界，就不是自然存在物，就不能参加自然界的生活”。也就是说如果没有自然界，我们将无法生存，人类的生存必须依靠自然界[11]。恩格斯就人与自然的关系深刻指出，“我们连同我们的血、肉和头脑都是属于自然界和存在于自然界之中的”。同时人类对于自然的改造不能违背自然规律，只有在尊重自然规律的基础上对自然界进行改造，才能实现人与自然的和谐共生[12]，如果只顾一味地向自然界索取资源，则会遭到自然界的惩罚和报复。而习近平总书记正是牢牢把握住了马克思主义生态观的核心思想，习近平总书记多次强调人与自然和谐共生的重要性，在马克思主义生态观的基础上，结合中国的现实国情，提出了习近平生态文明思想，习近平生态文明思想既汲取了前人生态思想的精华，又结合我国国情提出了许多针对性的措施，是符合我国当下需要的生态思想。因此推动它在当代中国的发展，对目前我国的经济绿色发展、可持续发展具有十分深远的意义。

（二）促进经济增长方式向绿色经济方向发展

随着21世纪以来中国经济的迅猛发展，粗放型经济带来的环境污染现象也越来越严重，环境恶化带来的问题影响着人们生活的方方面面，因此如何能够改变经济增长的方式，改善生态环境是目前需要考虑的主要问题。工业化进程的到来让我国的经济发展迅速，同时也造成了产业结构的失衡，第二产业占比高，而由于技术条件等的限制，使得周边地区的产业转型困难，城市经济结构难以改变，影响经济的可持续发展，因此若想要实现可持续发展，必须要实现产业转型，扶持高新技术产业，不断提升技术水平。如果城市不注重生态环境的建设，在可预见的未来必然会导致自然资源的枯竭。因此必须要以习近平生态文明思想为指引，促进经济增长方式向绿色经济的方向发展。坚定不移地走可持续发展道路，努力实现绿色转型助力经济建设[13]，打造绿色产业链，将习近平生态文明思想贯彻到经济发展的方方面面，转变落后的思维模式，实现经济发展与生态环境建设的协同推进。

（三）建设美丽中国的必然路径

党的十八大首次提出要建设美丽中国，党的十九大提出建设美丽中国的具体做法，并强调“生态文明建设功在当代，利在千秋”。要实现美丽中国的愿景，必须要抛弃传统的发展观念，要在生态环境建设与经济发展协同的情况下，实现人和社会以及自然的和谐发展，不断提高人们的生活水平和日常生活环境。因此建设美丽中国，一方面要保护好生态环境，要制定严格的环境保护与监管制度，为生态环境保护划定底线，给自然留下更多生存空间，从而创造良好的生态环境；另一方面要坚持绿色发展的理念，建设美丽中国必须走绿色发展的道路[14]。因此，要在充分考虑到环境承受能力的情况下，推动经济结构转型升级，倡导绿色经济，开展绿色生活创建活动，努力节约资源、保护环境，从而建成环境与经济共同友好发展的社会。绿色经济是绿色发展的经济内容，绿色经济代表了对环境友好型的经济发展方式，包括但不仅限于低碳经济、循环经济等形式，其不同于我国以往的粗放型经济增长模式，强调能源资源的节约，强调经济与环境的和谐发展，二者的和谐发展才能带来经济的可持续发展。

习近平生态文明思想为建设美丽中国提供了理论基础，在这一基础之上，要坚持推进绿色发展，着力解决突出环境问题，加大生态系统保护力度以及改革生态环境监管体制，只有这样才能够实现建设美丽中国的伟大目标。只有不断把习近平生态文明思想融入我国社会建设的全方面和全过程，才能更好地推进美丽中国的建设，从而实现美丽中国的愿景。

（四）为世界的生态文明建设贡献中国智慧

党的十八大明确提出要倡导“人类命运共同体”意识，生态不仅对人类日常生活造成影响，对经济等各方面均也有很大的影响。因此，世界各国一直致力于寻找解决生态环境与经济发展之间关系的方案。随着全世界生态环境的恶化与治理形式的不断严峻，必须认识到仅靠单个国家无法解决世界性的环境问题，必须要全世界的国家共同合作解决生态问题[15]。中国积极参与全球环境治理，切实履行环境相关条约义务，对世界性的生态问题提出相应的有效政策，并努力承担相应责任，不遗余力地为世界生态环境建设奉献自己的力量，彰显了大国风范与担当。

同时，习近平生态文明思想也为世界上其他发展中国家提供了一条新的环境治理思路，如何平衡经济发展与环境保护的关系是发展中国家急需解决的问题，而习近平创造性地提出了“两山论”，为发展中国家提供了全新的发展理念[16]，同时我国还积极帮助发展中国家解决在生态治理过程中遇到的难题，共同为生态环境的保护贡献自己的一份力。中国智慧为世界各国的生态环境治理提供了理论和实践依据，为全球的生态保护和可持续发展做出突出贡献。

四、习近平生态文明思想的实践路径

（一）着力推广生态经济

推广生态经济，不仅能够实现清洁生产、降低能耗，还能够实现人与自然和谐共处，并最终实现经济的绿色转型发展。生态经济的核心是实现经济发展与环境保护的和谐共处，在推广生态经济的过程中，必须要加快产业结构的调整，逐步淘汰高能耗产业，发展低能耗、环保型产业。发展生态经济是未来经济发展的必然路径，生态经济不仅可以最大程度地节约资源，同时也能够减少环境污染物的产生。目前，政府鼓励减少碳排放，不断实现低碳发展的道路，同时大力开发可再生能源，生态经济的发展能够有效环节生态环境建设与经济社会发展之间的矛盾，既促进了经济发展，也降低了生产对于生态环境的破坏[17]，同时也是落实生态文明建设的重要实现。对于生态经济的建设，在不同的产业要采取不同的策略才能真正实现产业转型。生态经济的发展，并不意味着只是淘汰落后产能，还要加强生态保护以及环境污染治理[18]，不断加强技术创新，转变传统的发展模式，加快形成新的产业结构。首先，在传统产业方面，要充分挖掘传统产业的潜力，不断引导开发新产品，提升产品的性能，并要适应现在互联网迅猛发展的势头，充分利用互联网技术。其次，在制造业方面，要将绿色发展理念落实到生产的方方面面，构筑绿色的工业生产体系。最后，在农业方面，要意识到我国农业在经济发展中的重要地位，农业的绿色转型是绿色发展过程中不可或缺的一个部分。因此，要积极推进绿色农业发展，培育特色农产品，在农村地区推广生态养殖、现代农场以及生态旅游等一系列产业链[19]。

（二）构建和完善绿色生态文明法制体系

若想要实现生态环境与经济发展的共同发展，必须要发挥政府在绿色发展中的主导作用，完善绿色生态文明法治体系[20]。一方面，要对破坏生态环境的行为进行处罚，建立清晰全面的法治法规进行行为规范，做到在处罚破坏环境的行为时有法可依，有效处罚相关的不合法行为；另一方面，也要做好宣传工作，鼓励全社会主体积极参与到生态环境建设中来。在执法过程中，对于那些高污染、高能耗的产业，必须要进行严格处理，只有这样才能有效遏制污染现象的发生。

（三）培养人们的生态文明意识

要从根本解决生态环境问题，就要从转变人们的思想意识开始，因此，要在全社会广泛宣传生态文明意识，把生态文明教育理念渗透到人们生活的方方面面。首先，要加强人们对于生态环境保护的意识，只有当人们认识到了生态环境的重要性，才会从自身做起，规范自己的行为，为生态环境的保护贡献自己的一分力量。其次，要改变自身的消费习惯，如今过度消费的现象普遍存在，过多的消耗品堆积起来，例如衣服、塑料等等，这些在制作过程中会对环境产生很大的伤害，而人们的过度浪费又让垃圾的处理成为一个很大的问题，这些无疑加剧了环境的负担。因此，要倡导极简化生活理念，减少生活中不必要消费品的购买，减少各种能源的消耗，从而减少对生态环境的负担。最后，要敦促人们改变自己的生活习惯，近年来国家大力提倡的垃圾分类对于减轻生态环境的负担具有很大的意义，要加强人们对于废物处理、环境保护等的重视程度，可以通过举办环保活动，策划宣传主题的方式来加强影响力，潜移默化的改变人们的生态环境意识。

地球是全世界人类共同的家园，生态文明理念不仅促进了人们生活方式的转变，还对社会经济等方面的发展产生了积极影响，鼓励人们的绿色环保行为，节约使用自然资源，减少一次性产品的使用，不仅减少了资源的浪费，还减轻了生态环境的负担[21]。

五、结语

近年来，我国的生态文明建设取得了肉眼可见的突破性成果，并在实践的过程中逐步形成了系统的习近平生态文明思想。习近平生态文明思想是我国生态环境保护的理论指南，当今所提倡的绿色发展、可持续发展理念，就是要求在实现经济发展的同时保护生态环境[22]。中国目前已经到了向绿色经济转型的关键时期，我们要继续在以习近平同志为核心的党中央坚强领导下，投入生态环境的保护中去，投入美丽中国的建设中去，为实现我国生态文明的繁荣而不断奋斗，尽早实现美丽中国的目标。

生态环境的恶化是摆在全世界人民面前的问题，是关系到人类命运的问题，生态环境的建设不仅会影响一国的发展，还会对世界范围内的生态环境建设造成影响[23]，在中国要想实现经济发展方向绿色转型，在保护环境的同时实现经济向好发展，必须要以习近平生态文明思想为指引。习近平总书记在立足于我国现阶段国情的基础之上，结合具体的实践经验，提出了习近平生态文明思想，为我国在目前经济转型中的生态环境与经济增长协同发展提供了行动指南。习近平生态文明思想发展至今，目前仍在不断地充实与发展中，必将对中国与世界的生态实践贡献出更多的中国力量，为中国的生态环境建设做出正确指引。首先，环境是人类赖以生存的基础，因此，要树立并发展生态优先的理念，只有生态环境变好了，才能创造更多的经济价值[24]，此外，经济社会发展不仅是衡量一个国家实力的重要指标，也是人民幸福生活的基本保障，其重要性不言而喻，因此，生态文明建设必须融入经济社会发展中去，实现二者的辩证统一关系对于实现中国经济可持续发展具有重要意义。

参考文献：

［1］王晓广. 生态文明视域下的美丽中国建设［J］. 北京师范大学学报（社会科学版），2013（2）：19-25.

［2］陈佰霞. 习近平生态文明思想研究［D］. 成都：西华大学，2020.

［3］庄莉. 习近平绿色发展理念及其实践路径研究［D］. 上海：华东理工大学，2018.

［4］郝佳婧. 习近平生态文明思想的原创性贡献［J］. 中南林业科技大学学报（社会科学版），2020，14（2）：1-6，34.

［5］王小刚. 马克思主义生态观对当代中国的启示［J］. 现代经济探讨，2008（11）：23-27.

［6］张云飞. 社会主义生态文明的人民性价值取向［J］. 马克思主义与现实，2020（3）：68-75，196.

［7］董成. 习近平生态文明思想十大特征［J］. 湖南社会科学，2020（3）：26-31.

［8］陈俊. 习近平新时代生态文明思想的理论特征［J］. 广西社会科学，2018（5）：6-11.

［9］陈凯林. 马克思恩格斯生态自然观思想及其对中国的启示［J］. 公关世界，2021（5）：39-40.

［10］李干杰. 坚持走生态优先、绿色发展之路 扎实推进长江经济带生态环境保护工作［J］. 环境保护，2016，44（11）：7-13.

［11］徐雪野. 马克思的自然观及其当代价值［J］. 学术交流，2017（3）：30-34.

［12］黄志斌，吴天淼. 马克思、恩格斯自然观中的绿色意蕴［J］. 淮海工学院学报（人文社会科学版），2017，15（3）：1-7.

［13］申森. 习近平生态文明思想对共产党执政规律的认识升华及世界意义［J］. 当代世界与社会主义，2020（3）：102-110.

［14］徐春. 对生态文明概念的理论阐释［J］. 北京大学学报（哲学社会科学版），2010，47（1）：61-63.

［15］金瑶梅. 构建生态向度的人类命运共同体［J］. 毛泽东邓小平理论研究，2020（2）：36-38.

［16］郇庆治. 习近平生态文明思想视域下的生态文明史观［J］. 马克思主义与现实，2020（3）：62-67.

［17］李一. 习近平"绿水青山就是金山银山"思想的价值意蕴和实践指向［J］. 南京邮电大学学报（社会科学版），2016，18（2）：73-80.

［18］张强，王雪燕，任心甫. 新时代推进习近平生态文明思想大众化的三个维度［J］. 毛泽东思想研究，2020，37（1）：69-73.

［19］方世南. 习近平生态文明思想中的生态扶贫观研究［J］. 学习论坛，2019（10）：20-26.

［20］彭玉婷，王可侠. 着力推进生态文明国家治理体系和治理能力现代化［J］. 上海经济研究，2020（3）：10-14.

［21］刘华杰. 回到恩格斯：焦点从科技回到大自然［J］. 自然辩证法研究，2020，36（1）：11-16.

［22］张利民，刘希刚. 中国生态治理现代化的世界性场域、全局性意义与整体性行动［J］. 科学社会主义，2020（3）：103-109.

［23］周建超. 论习近平生态文明思想的鲜明特质［J］. 江海学刊，2019（6）：5-11.

［24］廖福霖. 关于生态文明及其消费观的几个问题［J］. 福建师范大学学报（哲学社会科学版），2009（1）：11-16，27.

实施创新驱动发展战略应辩证看待四对创新思想范畴

刘爱文①

摘　要：作为经济基础的构件之一，创新驱动发展战略需要有与之相适应的社会意识，正所谓，没有创新的意识，就不会有创新的行动。从这个意义上来说，创新的社会意识也是创新驱动发展战略的精神支撑。为了从整体上把握创新驱动发展战略，本文在紧密联系我国基本经济制度的基础上，基于创新精神、创新思维、创新价值以及创新意识等不同视角，辩证地阐释了四组对立统一的创新思想范畴：企业家精神和群众首创精神、创新思维和工匠思维、利己主义和利他主义以及内卷意识和外卷意识等，旨在从精神现象层面重新认识创新驱动发展战略。

关键词：创新驱动；创新精神；创新思维；创新价值；创新意识

按照马克思主义唯物史观，“人们在自己生活的社会生产中发生一定的、必然的、不以他们的意志为转移的关系，即同他们的物质生产力的一定发展阶段相适合的生产关系。这些生产关系的总和构成社会的经济结构，即有法律的和政治的上层建筑竖立其上并有一定的社会意识形态与之相适应的现实基础”[1]。创新驱动发展战略作为经济基础的构件之一，同样存在与之相适应的社会意识。基于马克思主义认识论，精神（社会意识的同义语）作为一种思想形式，并不仅是物质的直观反映，它还会驱动智慧运思经由社会实践，反作用于物质，从而对物质起能动的反作用。毛泽东同志曾说：“一个正确的认识，往往需要经过由物质到精神，由精神到物质，即由实践到认识，由认识到实践这样多次的反复，才能够完成。”[2]同理，我们要完整准确地认识创新驱动发展战略，必须在紧密联系我国基本经济制度基础上，从精神现象层面重新诠释创新驱动发展战略。

一、企业家精神 VS 群众首创精神

作为创新驱动发展战略的内核，科技创新成为推动国家发展的新引擎，而企业才是

① 刘爱文，江西财经大学经济学院教授，硕士生导师。

科技创新的真正主体。企业家是企业的掌舵人，企业家的精神特质在很大程度上决定着企业的前途命运。然而，在日常生活中，企业家一般被混淆于资本家，这就涉及如何正确界定这两个范畴。事实上，这两个范畴既有联系，又有区别。一般说来，资本家不一定是企业家，企业家一般都是资本家，但企业家又不同于一般资本家，因为他们有着非常不同的精神特质。正如资本家是资本的人格化，企业家则是企业的人格化，资本家的精神特质和企业家精神特质的差异是由资本和企业的内在规定性所决定的。随着机器化大生产的深入发展，资本受制于平均利润率规律，只能按照自己资本规模获取平均利润，此时的资本家的精神特质表现为因循常规、求稳惧变。与之相对，企业存在的目的不是为了追求平均利润，而是为了追求超额利润，而现代信息技术为其提供了技术支撑。企业家把创业和创新当作内在精神追求，其精神特质表现为不循常规、求变求新。

企业家的精神特质集中体现为企业家精神，熊彼特最早对企业家精神进行了阐述，他认为企业家精神主要体现为企业家的创新精神，企业家通过资源重组使产品不断推陈出新，从而形成连续不断的创造性毁灭过程，致使市场经济活力不断。在此基础上，彼得·德鲁克进一步界定了企业家精神的范畴属性，“对经济学家来说，企业家精神是超经济的事物，它深刻地影响、引导着经济，但它本身不属于经济范畴。因为它涉及价值观、认知和处世态度等观念”[3]。可见，企业家精神是企业家这个特殊群体所拥有的独特的个人素质、思维模式以及价值取向的抽象表达，其中内蕴了企业家的非理性和超经济这些精神现象的逻辑结构。企业家精神就是以创新为依归，最终目的是借创新进行创业，这就意味着，创新和创业分别是企业家精神的主要表现形式和目的所在。相应地，在企业家精神的统率下，创新和创业才能水乳交融地创造出最大效用。围绕创新和创业，企业家精神至少应包含的精神特质有：创新与冒险、敏感与果决、合作与担当、创业与敬业、学习与进取、执着与诚信等。

与企业家精神相对的是人民群众的首创精神，如果说，企业家精神的特质是“顶天”的，那么，人民群众首创精神则是“立地”的（或者说接地气），这是由其主体在经济组织中的地位决定的。企业家作为经济组织的领导者或管理者，主要以创新和创业为其事业追求，从事全局性、长远性及范式转变意义上的创新与创业，这种非常规活动主要以效果和方向为标准，从这个意义说，创业是专属于企业家的。而人民群众作为经济组织中工作践行者，主要是追求本职工作精益求精，从事被动的、局部性工种或工序（以企业为例），其活动是常规性活动，主要服从效率原则。两相比较可知，企业家精神使得其主体的思维超前于一般社会思维，且对市场信号异常敏感有很强的决断力，对待认定的事情就韧性十足且百折不回；由于在市场经济中两者处于不同的差序格局，一般而言，群众在生产过程中听从组织命令、遵从操作规程，他们不承担市场风险，只能获得劳动力意义上的固定收入，这也决定了他们的创新主要是立足于本职工作的局部创新及渐进创新。由此可见，人民群众首创精神不同于企业家精神的精英路线特质，这种精神根植于最广大群众的社会实践活动中，实质是一种社会化思维。

下面我们从精神主体及历史内涵来探讨群众首创精神。从历史演进轨迹的意义来看，人民群众是波澜壮阔的社会实践的真正主体，他们不但创造了日益丰富的人类物质财富，而且创造了光辉灿烂的人类精神财富，他们更是生产方式和社会形态变革的最终决定力量，所以，人民群众创造和推动了历史前进，他们体现了历史规律及其发展趋势。作为社会实践的主体，人民群众始终奋斗在各行各业的第一线，不断深入的社会实践赋予他们直接的创新智慧，进而通过他们的共同行动推动着这个世界的改变，这进一步说明，人民群众的历史创造力来自指导社会实践的群众首创精神。然而，群众首创精神在不同社会形态下表现不尽相同：在私有制社会中，由于经济利益的对抗性，这种精神表现为趋利性和斗争性，“阶级的斗争和它们的利益冲突是现代历史的动力”；而在社会主义公有制中，人民群众积极投身于社会主义经济建设，因而，群众首创精神表现出主动进取精神、刻苦钻研精神和无私奉献精神等。

一味地抬高企业家精神，并把企业家精神和群众首创精神对立起来，这是唯心史观的典型表现。事实上，我们不能人为地割裂企业家精神与群众首创精神的内在联系，它们两者应该是海水与浪花的关系，是辩证统一的关系。成功的企业家善于激发、发现和甄选广大员工的思想火花，进而对其系统化并从上至下推广开来，这种系统化的群众首创精神就型构为企业家精神。由此可见，群众首创精神是企业家精神的源泉。进而，作为群众首创精神的升华，企业家精神正确与否以及发挥多大作用，最终还依赖于群众的理解和认同，正所谓“理论一经掌握群众，也会变成物质力量”[4]。

在创新驱动发展战略实施过程中，我们必须坚持自下而上与自上而下相结合的原则，将群众首创精神与企业家精神融为一体。一方面，实施创新驱动发展战略，必须在全社会弘扬创新文化，厚植创新沃土，在创新驱动发展战略过程中把亿万群众首创精神激发出来、释放出来。另一方面，创新驱动发展战略是一项伟大的系统工程，特别是在中国特色社会主义新时代，各种经济利益矛盾冲突和纠葛日益增多，这就需要有企业家有大局意识和战略眼光，也即需要企业家精神。没有创业家精神就不能科学指导人民群众的实践，没有群众首创精神也无法实现企业家制定的目标。因此，只有尊重人民群众的首创精神，鼓励他们不断探索和创新，才能不断为企业家精神积累经验，提供脚本，以有效弥补企业家精神不接地气之弊。反过来，企业家精神又能在更高层面为群众首创精神的实践提供更广阔的舞台。创业创新既是经济权利，也是政治权利，社会主义基本经济制度确保了各类经济主体的根本利益一致，从根本制度上保证了群众首创精神和企业家精神的协同一致性，这就为各行各业的劳动群众和企业家的创新事业开辟了广阔新天地。

二、创意思维 VS 工匠思维

毫无疑问，科技创新驱动经济发展，其中科技创新须以科技人才为依托，如“创客”和“极客”等。这些创意人才通常具有强烈的问题导向意识，从来不为陈规旧俗所羁绊，他们身上蕴藏的创意精神使他们不断打破常规，另辟蹊径解决问题。他们通常热衷于投身极具挑战性的创意产业。这种创意精神对于创新驱动发展战略至关重要。由于现代科学主义迅猛发展，学科门类越分越细，然而，“太阳底下无新鲜事”，科技创新很大程度上都是那些旧事物的构成要素重新塑型，生成“新事物”，此谓“新瓶装旧酒”。将日益细分的知识重新整合，就需要具备直觉、顿悟、灵感、联想以及发散性思维等能力，这些能力通常为艺术人文学科专业的内在素养。因此，伟大的科学家通常具备跨学科知识背景，因而，他们具备宽阔视野和非凡眼界，从而能够将抽象思维、逻辑推理和形象思维、艺术思维、直觉感受高度融合。正如爱因斯坦所说：“物理给我知识，艺术给我想象力，知识是有限的，而艺术所开拓的想象力是无限的。”[5]

如前所述，创意精神须具备多学科知识背景。为培养有创意精神的科技人才，我们必须树立大科学的观念，既要注重自然科学知识的传授，也要注重艺术人文知识的培养，这样才能为创新驱动经济发展战略准备好创意型人才梯队。诺贝尔物理学奖得主李政道曾说：“追求科学与艺术、科技与人文之间的关联和均衡，是人的创造力的本能。如何将青年学生的这种潜在的本能发掘出来，是现代大学的重要任务……实现科学与艺术、科技与人文的完美结合，是现代大学成功的重要标志，也是培养能适应新世纪发展需要之人才的希望所在。”[6]这里需要指出的是，培养创意精神并非天马行空、无根无据的，它一方面要突破形式逻辑的窠臼，因为形式逻辑与创意精神是不相容的；另一方面又要运用辩证法思想，这种思想的“优点就恰恰在于我们不想教条式地预料未来，而只是希望在批判旧世界中发现新世界”[7]。由此可见，灵活运用否定辩证思想对于塑造创意精神至关重要，正如马克思指出，“黑格尔的《现象学》及其最后成果——辩证法，作为推动原则和创造原则的否定性——的伟大之处首先在于，黑格尔把人的自我产生看作一个过程，把对象化看作非对象化，看作外化和这种外化的扬弃”[8]。

创新驱动发展战略既需要不循常规的创意精神，也需要精益求精的工匠精神。这种工匠精神，简单说来就是“朝于斯，夕于斯；如切如磋，如琢如磨”的精神追求；具体而言，工匠精神是指那些喜欢对其所从事的业务（诸如某项工作、某个岗位、某种技术等）精雕细琢、精益求精的从业人员，他们痴迷于对其做事方式追求极致的内在精神理念。工匠精神一般认为涵盖以下四个方面内容：首先是精益求精的精神，工匠们为追求产品完美，对其花费时间精力在所不惜，久久为功以使其产品品质不断提高，以臻于至善。其次是严谨认真的精神，所谓“天下大事，必作于细”，工匠们对细节高标准严要求，他们会把事情做实、做细，从不敷衍了事。再次是专注执着精神，工匠们执拗地坚持专业性和精品路线，把自己的全部精力凝聚到自己认定的目标，长久地甚至一生都专注于自己所认定的事业，无怨无悔，永不言弃，不达目的誓不罢休。最后是敬业精神，工匠们基于对职业的敬畏和热爱，认认真真、尽职尽责，近乎虔诚地对待本职工作。

由上述可知，与以灵感、顿悟等跳跃性思维为特质的创意精神相对，工匠精神更偏重于执着、专注等渐进性思维品质，两种精神差异较大。粗略说来，创意精神总是将跨度很大的不同领域通过发散性思维联系起来，因而强调思维跳跃，而工匠精神只在同一领域内通过凝神聚力不断拓展其边界，因而要求思维笃定；创意精神由于与发散性思维相联系，因而要以多学科知识背景作为支撑，而工匠精神是与专注精神联系在一起的，内在追求“一生专注做一件事”；创意精神是以问题为导向的，一般是为了解决经营中的困境，而工匠精神则是以品质为导向的，多半是为了解决生产中的质量问题；创意精神的运用主体更多的是企业家和科学家等群体，而工匠精神的运用主体多半是技工人员和技术专家等群体。这些区别也就使得工匠精神的塑造不同于创意精神的塑造，因为工匠师傅们不仅传授产品构思、技能技巧，也要传递专注、执着和严谨等精神，这种精神只可意会，不可言传，难以在代际积累传递。因此，工匠精神只能在长期的共同生产生活实践中，师徒们之间形成融洽的情感交流，进而通过言传身教和耳濡目染等潜移默化的方式进行传承。

日常观点认为，创意精神与工匠精神是彼此独立的两种精神，它们之间没有内在联系，其实这是一种误解。实质上，这两种精神也是对立统一的关系，工匠精神之中孕育着创意精神，创意精神也折射出工匠精神，更具体地说，工匠精神生成为创意精神。事实上，工匠精神和创意精神的有机统一关系特别明显地表现在“巧”与“拙”的统一中。例如，熟能生巧，慢工出巧匠，诸多匪夷所思的产品或设计，都是经过长期勤思苦练，日积月累，通过这种笨功夫，即时间在量上不断积累，到达一定的程度，量变到质变，突然出现顿悟，发生质的飞跃，所谓“功到自然成”。因此，真正的“大巧”必定是建立在笨功夫的基础上，初看起来很笨拙，最终，这种笨功夫往往是通往奇巧的捷径。相反，那些试图走捷径的人，喜欢偷奸耍滑，最后往往弄巧成拙，终归失败。这就揭示了工匠精神生成创意精神的内在机理：只要功夫下得深，技艺就会日益纯熟，情志才得以磨砺，技艺的门道和规律才能熟稔于心，才有可能匠心独运，最终体悟到奇巧。

然而，无论是进行创意劳动，还是进行工匠劳动，都属脑力劳动范畴，而脑力劳动必须有钱有闲，也即经济基础和自由时间缺一不可。毕竟，自由人比经济奴隶更有创造力。在资本主义制度下，广大雇佣工人都处于经济奴隶地位，他们“只管干活不玩耍，头脑迟钝人变傻”，脑力劳动为极少数的资本家所垄断，广大劳动人民只是资本主义生产体系的附属物，他们天天为生计忙碌，压根没有多少自由时间从事脑力劳动。到了未来共产主义社会，生产力极度发达，物质财富已经极大丰富，这时，人们不再像奴隶般一样服从生产劳动，而是能够按照最有利于人的全面发展的方式去从事劳动，劳动也不再是苦役，而成为人的第一需要。我国当前尚处于社会主义初级阶段，以公有制为主体、多种所有制经济共同发展，按劳分配为主体，多种分配方式并存，社会主义市场经济体制构成我国现阶段的基本经济制度。毫无疑问，现阶段基本经济制度为创新精神和工匠精神的塑造夯实了经济基础，而在创新驱动发展战略实施过程中，创新精神和工匠精神也有助于强化我国经济发展的品质和活力。

三、利己主义 VS 利他主义

创新驱动发展战略升华的第三对精神就是利己精神与利他精神。在中国特色社会主义市场经济中，市场在资源配置中起决定性作用，而市场运行主要是由利己精神驱动的。利己精神都信奉利己是人的天性，都将个人利益看作高于一切的行为准则和生活态度，个人利益至上反映在行为上就是一切都以个人利益为出发点。然而，基于对个人利益与公共利益关系的理解不同，利己精神又分为消极利己精神和积极利己精神。就前者来说，消极利己精神认为个人利益和公共利益是根本对立且不可调和的，道德仅作为手段存在，在作为终极目标的“个人利益”面前，公共利益没有容身之所，它只有手段存在的意义，突出表现为“人不为己，天诛地来”，甚至完全漠视公共利益和社会责任，如损人利己、损公肥私。消极利己精神的关键在于，利己和肥私是以他人或公共利益受损为代价的，因此，消极利己精神又表现为精致利己主义、纯粹利己主义或极端利己主义等。这类思想家有主张“拔一毛利天下而不为”的杨朱，主张“各人自扫门前雪，休管他人瓦上霜”的陈元靓，主张“人是利己主义的动物，无关道德”的霍布斯和爱尔维修，主张“自私和纵欲”的孟德维尔等，一般说来，消极利己精神在资产阶级思想启蒙运动中曾经发挥过历史进步作用。

毫无疑问，创新驱动发展战略指向的不是消极利己精神，它应以积极利己精神为遵循。积极利己精神虽然也将利己作为依归，但它认为利己可以不损人，甚至认为利己会引致利人的结局，即在实现利己的过程中同时实现了利他。其基本逻辑如下：在社会经济活动中，每一个理性人（或说经济人）都基于利己主义的本性行事，在此基础上，仔细盘算，权衡利弊得失，根据个人利益最大化原则做出最理性选择。在此过程中，每人初衷都只关心自己个人利益，未曾预料到，个人自利行为却带来了社会效率（或公共利益）的最大化。正如斯密所说，“他所盘算的也只是他自己的利益。在这场合，像在其他许多场合一样，他受着一只看不见的手的指导，去尽力达到一个并非他本意想要达到的目的……他追求自己的利益，往往使他能比在真正出于本意的情况下更有效地促进社会的利益”[9]。由此表明，“看不见的手”引导追求个人利益最大化的经济人实现了全社会的繁荣进步，从而沟通了个人利益与公共利益，造成利己即利他的客观结果。积极利己精神适应了上升期资本主义发展需要，对我国现阶段经济发展有借鉴意义。

与利己精神相对，利他精神也是实施创新驱动发展战略所必不可少的。所谓利他精神实质是一种奉献精神，其本义是行为主体在为人处事方面，总是将他人利益或公共利益看得高于个人利益，因而，为了他人利益或公共利益，很少考虑个人得失，甚至牺牲个人利益亦在所不惜，因而表现为奉献精神。利他精神一方面通过具象化，外化为主体的利他行为，另一方面通过抽象化，内化为主体精神实现的自我升华。可见，行为主体并不是消极地看待他的付出或牺牲，相反地，他能从这种利他行为中获得更高的价值实现。作为人类精神的自律，利他精神以公共利益为依归，因而具有很强的道德属性。事实上，利他精神与社会制度密切相关，如果说这种精神在资本主义制度下比较罕见，但在社会主义情境中，利他精神得到了大力弘扬，诸如：扶危济困、救死扶伤、助人为乐、见义勇为、公而忘私、克己奉公、舍己为人、毫不利己，专门利人、厚德载物、仁义博爱等，不胜枚举，这些生活中耳熟能详的词语便是利他精神的最好体现。

按照动机不同，利他精神也分为两种：一种是不附带任何条件的利他精神，通常称之为“无私利他精神”，或称之为“纯粹利他精神”。这种利他精神以无私为前提，颂扬个人的利他行为，并将之上升到善与恶的道德层面，但这容易引起道德悖论，即在道德实践中极度压抑个人合理的利益要求，致使利他精神畸变为禁欲主义。由此表明，无私利他精神是利他精神中的极端。基于宣化需要，无条件的利他精神只能存在于道德领域，现实中是不可能存在的。另一种是带有一定条件的利他精神，通常称之为“互惠利他精神”，或称之为“为己利他精神”。这种利他精神以“为己”为目的，通过“利他”行为并实际产生了“利他”的结果。在为己利他精神中，由于“为己”与“利他”被置于同等重要的地位，因此，主体的精神世界就涵容了利他之心，也凸显了主体精神的道德品性。社会上很多成功企业所倡导的“成人达己”的核心价值观，就是为己利他精神的具体体现，因此，这种利他精神是系统共赢的基础。

综上所述，无论是利己精神还是利他精神，都是从抽象的人性或本能出发，构建他们的逻辑体系，从而形成两种对立的伦理体系。然而，落实到具体的社会组织行为中，纯粹的利己行为和纯粹的利他行为都是难以持续的，事实上，利己精神与利他精神是相互补充、相互促进的，它们具有内在的一致性。在市场经济条件下，如果个人仅具有纯粹的利己精神，或是纯粹的利他精神，都将“损不足以奉有余”，两极分化，这种循环体系难以形成，即使形成也难以持续，这将使任何社会经济组织难以存续下去。现实中的人，首先作为自然人，他不利己则根本没有生存下去的可能，然而，现实的人又是社会人，或者说是社会关系的“纽结”，任何人需要的满足都要依赖于他人或社会，如果没有利他精神，则任何社会组织都将解体。如此看来，人的利己精神是第一性的，利他精神是第二性的，或者说，现实的人既有利己的属性，又有利他的属性。正如“成人达己，成己为人”所表明的，利己精神与利他精神是有机统一的，正是它们不断推动人类社会的进步。

在中国特色社会主义市场经济中，一方面强调使市场在资源配置中起决定性作用，另一方面也突出要更好地发挥政府作用，这里就蕴含了利己主义和利他主义的关系。如果说利己精神是市场的本质意识，那么，利他精神就是社会主义政府的本质意识。然而，基于内蕴利己精神的经济人的假说基础上构建起来的西方主流经济学，却不适合指导创新驱动发展战略。因为利己主义会使每个人都机会主义行事，考虑到社会关系的庞杂，这些关系不可能完全被经济人的各种合约或协议所规范，这种合约或协议的不完备性就会使整个社会系统的有效性处于不断衰减过程中。事实上，单纯以经济人为内核的西方主流经济学的一般均衡意味着不断下降的平均利润，而创新则意味着创造性破坏过程，意味着不断产生超额利润，所以说，一般均衡框架难以容纳（或解释）创新思想。从这个意义上说，创新驱动发展战略中的利己主义还需要利他主义进行匡正。事实上，党的十八届三中全会以后，推进国家治理体系和治理能力现代化就表明国家日益重视公共利益的引导，因此，创新驱动发展战略的推进也要兼顾利己精神和利他精神，由此说明，创新驱动发展战略不能以西方主流经济学为指导，只能以中国特色社会主义政治经济学为指导。

四、内卷意识 VS 外卷意识

除了上述三对精神范畴以外，还有一对范畴与创新驱动发展战略密切相关，这就是内卷意识和外翻意识。所谓内卷意识，通常指特定社会发展一定阶段便趋于定型，社会陷入停滞徘徊的状态，难以向更高级发展模式顺畅跃进的无意识情形。由于社会生产无法满足人们日益增加的需求，于是，每个人都加大投入，试图为自己在这些有限的社会生产中争取更大的份额，这种过度竞争使社会内耗空转，终致“无发展的增长”。其实质就是“没有发展、不断重复的简单再生产”，社会出现固化。而今，内卷化不断破壁出圈，被广泛应用于各行各业，所谓“人人皆可卷，万物皆可卷”。凡是社会生活中涉及内部竞争和内部消耗，投入上越来越密集却没有带来发展或创造等质变的事物，都可纳入内卷化的范畴。内卷化源起于西方社会学家对东南亚小农生产方式的特征把握，这种小农生产方式处于较高水平的发展阶段，我们日常所说的内卷化主要表现出低水平重复的特征，两者存在很大的差异。本文所述内卷化主要是就其原本含义而言的，即社会生产力较高，且人们安于这种发展现状，只在旧生产方式上进行精细化生产。

原本的内卷化（如无特别指明，以下简称“内卷化”）指向既不同于日常的内卷化，也不同于贫困陷阱、中等收入陷阱。它有以下三方面特征：首先，内卷化对应的是一个前资本主义社会较高发展水平，而不是低水平重复，如果社会没有一个较高发展水平，那么，越来越密集的投入便是无源之水；内卷化不但能使生产“稳定地维持”，甚至会在产出增长过程中引起某些发展，然而，发展程度终究有限。其次，内卷化指向的是生产内部精细化过程（以农业为例），而非劳动边际生产率的下降趋势，因此，生产内部的精耕细作使劳动者终身择一业（主体是农业），无法拓展产业分工体系；反过来，这种内卷化也带来以人身为依恃的技艺的精进，即内求于心。最后，内卷化强调的是社会历史嵌入，它主要针对商品经济崛起以前的小农经济生产方式及其语境，经济理性并非该生产方式所强求的，相反，人们在该生产方式下通过分享、分担来维系共同体生活才是第一位的，因此，生产所承载的社会声誉地位及共同体认同更显重要。正是内卷化的状态、技术导向以及意识形态，使得小农经济生产方式陷入了内卷（involution），而没有发生进化（evolution）。

与内卷意识相对立，外卷意识也是创新驱动发展战略的精神逻辑之一。所谓外卷意识，通常指特定社会在其发展进程中有意识地从外部纳入新因素，使原系统发生技术——经济范式革命，借此突破系统演进的瓶颈，从而不断向更高级发展模式顺畅跃进的现象。由于有外部要素不断被纳入，系统规模和结构呈现出扩张和深化之势，社会生产的品质和数量也随之提高，所谓大河有水小河满，每个组织成员都能从生产系统转型中受益，发展带来的适度有序竞争使整体经济呈现勃勃生机。而人们多从直观形式上看待外卷化，认为外卷化就是从外部获取资源做大蛋糕，这些外部资源包括资源（狭义）、市场、知识、人力资源、技术、管理、品牌效应等。由于仅从量上来看待内卷化，而上述外部资源总是会枯竭耗尽的，因此得出结论：外卷难以持续，到蛋糕无法继续做大时，外卷状态又会转向内卷状态。事实上，外卷化是商品经济高度发展的产物，如其定义所述，外卷化既包括量的扩张，也包括新结构的生成，从系统生成意义上来讲，外卷化是不可能终止的。

学理意义上的外卷化应有以下一些特征：首先，外卷化源起于资本主义时期，大航海时代以来，新兴资产阶级通过殖民贸易，疯狂掠夺外围地区的各类资源，作为中心地区的西欧获取了巨额的金银财富，同时又通过低廉的商品价格开拓了海外市场，“不断扩大产品销路的需要，驱使资产阶级奔走于全球各地。它必须到处安家落户，到处开发，到处建立联系”[10]。其次，如果说内卷化是内求于心，依恃人身精进技艺，外卷化则是外逐于形的，它的强大力量是依恃于蕴涵着理性的外在物及分工，正如黑格尔所说，“理性何等强大，就何等狡猾，理性的狡猾总是在于它的间接活动，这种间接活动让对象按照它们本身的性质互相影响、互相作用，它自己并不直接参与这个过程，而只是实现自己的目的”[11]。最后，由于技术——经济范式转变对意识造成巨大冲击，伴随外卷化的就是无止境的欲望，其手段就是不断向外驰求，甚至是对外围进行剥夺性积累，而噬血成长也就成为资本原始积累的第一推动力；由此，外卷化的视野使他们不断冲出围城，进而奠定了西方生产方式变革的基础，特别是工业革命。

毫无疑问，内卷化是前资本主义生产方式的产物，而外卷化则是源起于资本主义生产方式，然而，两者并不是根本对立的，在一定条件下，两者之间能够互相转化。如前所述，内卷内求于心，外卷外逐于形。概念上，“心”“形”二者可以相互分离，而在现实运动中，它们是须臾不可分离的。事实上，外卷方式下，社会生产日新月异，物质将会越来越丰裕，而社会也将会迷失在无尽的物欲中，人役于物使人身越来越被旁置，人的社会存在日益丧失意义，这种情形还会对外在自然造成难以弥补的伤害；而内卷方式下，社会将趋于封闭自守、一成不变，人们则将会耽空守寂、安贫乐道，甚至发展为非人道的禁欲主义。内卷化能为外卷化提供最基本的要素，即精耕细作的土地和熟练且充裕的劳动力，从而为外卷化提供了一块肥沃的土地，一旦条件具备，内卷化就能转化为外卷化；外卷化给内卷化提供更高水平的平台，在既定的技术——经济范式下，外卷化会遭遇到外部要素的短缺、耗尽或不经济，外卷化进程难以继续推进，这时，外卷化就会转化为更高水平的内卷化。

中国特色社会主义经济建设进入了新时代，高速增长阶段转向高质量发展阶段已经成为新时代经济的基本特征。这种转向源于旧生产方式已经难以为继，先前通过不断拓展外部市场的外卷化方式造成经济长期高速增长，中国成为世界加工厂。然而，伴随高速增长而来的是国内资源浪费、环境污染以及一些社会问题的出现。新时代中国经济高质量发展既要向外驰求，更要返本开新，为此，2020 年 7 月 30 日的中央政治局会议上提出，“加快形成以国内大循环为主体、国内国际双循环相互促进的新发展格局”，双循环的提出很好地诠释了内卷化与外卷化的内在统一关系。首先，创新驱动发展战略与供给侧结构性改革型构为主体地位的国内大循环，因而体现了内卷化的要求；其次，以创新驱动发展战略为依托的供给侧结构与“一带一路”倡议型构为国际循环，这就体现了外卷化的要求。作为高质量发展的抓手，创新驱动发展战略始终以人民为中心，坚持物的发展与人的发展相统一，全面统筹外卷化发展和内卷化发展，因而能够大力推进以双循环为内核的新发展格局。

参考文献：

[1] 马克思恩格斯选集：第 2 卷 [M]. 北京：人民出版社，1972：82.

[2] 毛泽东文集：第 8 卷 [M]. 北京：人民出版社，1999：321.

[3] 杨丽. 有“员工精神”的管理者与有“企业家精神”的员工之冲突及管理 [J]. 领导科学，2016 (20)：52-54.

[4] 马克思恩格斯选集：第 1 卷 [M]. 北京：人民出版社，2012：9-10.

[5] 杨叔子. 绿色教育：科学教育与人文教育的交融［J］. 教育研究，2002（11）：12-16.
[6] 李政道. 科技与人文的结合是现代大学成功的标志［J］. 中国大学教学，2002（6）：10.
[7] 马克思恩格斯全集：第1卷［M］. 北京：人民出版社，1956：416.
[8] 马克思恩格斯全集：第3卷［M］. 北京：人民出版社，2002：319.
[9] 斯密. 国民财富的性质和原因研究（下卷）［M］. 北京：商务印书馆，1983：27.
[10] 共产党宣言（纪念版）［M］. 北京：人民出版社，2018：31.
[11] 马克思. 资本论：第1卷［M］. 北京：人民出版社，2004：209.

"人类命运共同体"蕴含的中国传统文化基因简论

郝玉萍[①] 谢元态[②]

摘　要："人类命运共同体"蕴含的中国传统文化基因丰富而深厚。在"协和万邦""天下为公"政治观、"义利合一""重义轻利"经济观、"和而不同""万物并育"文化观、"天人合一""道法自然"生态观、"和合共生""德化慎战"安全观的大框架下，阐述了其传统文化渊源与传承，同时论证了人类政治、经济、文化、生态、安全"命运共同体"的重要理论价值与现实意义。

关键词：人类命运共同体；传统文化；天人合一

人类命运共同体是对中华优秀传统文化的时代创新。"中国历史文化积淀深厚、涵量广博、底蕴丰富，构建人类命运共同体要积极发掘中华文化中的处事之道和施政理念，通过从中汲取精华和营养找寻同当今时代精神、潮流和世界大势的契合点、共鸣点。"[1]人类命运共同体不仅凸显了中华文化的源远流长和博大精深，为构建中国特色社会主义的政治经济学和治国理政提供了全新的理念，也为世界化解危机冲突和促进人类和平发展提供了中国智慧。

一、"协和万邦""天下为公"政治观与"人类政治命运共同体"理念

（一）"协和万邦""天下为公"政治观的渊源与传承

自古以来，中国人就一直生活在广袤无垠的大陆环境中，很早就形成了自身独有的"天下观"。中国人自古崇尚和平，先秦时期的文献中就有"协和万邦""万国咸宁"的记载，主张人民之间要和睦相处，国家之间要友好往来，如此便能实现世界的繁荣发

① 郝玉萍，江西农业大学经济管理学院硕士研究生。

② 谢元态，江西农业大学经济管理学院教授。

展，反映了中国古人深厚的家国情怀和崇高的政治理想。

中国古人普遍追求天下为公和世界大同。这一观念首先是基于“天下非一人之天下也，天下之天下也”（《吕氏春秋》）的认识，在此基础上升华为“大道之行也，天下为公，选贤与能，讲信修睦”[2]。（《礼记·礼运篇》）然后又引申出处理政务与人事的重要法则，“克明俊德，以亲九族。九族既睦，平章百姓。百姓昭明，协和万邦”[3]。（《尚书·尧典》）即所谓能明察才德者，既能使同族人亲密和睦，又能够辨别和表彰行善事的百官，诸侯各国的关系自然可以得到协调，继而实现万邦和谐。儒家主张亲仁善邻，“远人不服，则修文德以来之。既来之，则安之”[3]。（《论语·季氏》）意思是说，如果远方的外族人不归服，就修养礼义仁德来招安他们，一旦他们来了，就要好好安顿，主张以仁德感化外族，反对盲目诉诸武力[4]。道家在“道法自然”观的基础上，提出了以“法天地”为基础的政治主张，认为只有顺应天地之间的自然规律，天下自会和谐安定。《意林》深化了对“世界大同”的认识，主张在政治生活中应当坚持“和而不同”，“君臣亲而有礼，百官和而不同，此治国之风也”[5]。这种观念对传统政治文化价值取向产生深远影响。

儒家和道家所共同追求的“天下观”，以其海纳百川的胸怀，超越了狭隘的国家观，显示出中华民族的大国胸襟，是“人类命运共同体”理念的重要文化渊源[6]。

近代以来，“协和万邦”思想得以传承。康有为在《大同书》中主张世界大同，人人生而平等，并无阶级之分，即“大同之世，天下为公，无有阶级，一切平等”。孙中山先生也倡议“天下为公”，认为国家的主人应当是全体人民，主张实行三民主义，以实现“公天下”。中国共产党人继承和发展了中国传统的协和万邦思想，不论是李大钊、毛泽东的“大同世界”思想、邓小平“和平与发展的时代主题”的判断，还是江泽民“国际秩序新理论”的观点和胡锦涛对建立“和谐社会”“和谐世界”的论述，都是中华民族“协和万邦”思想的创造性发展。

（二）“人类政治命运共同体”的理论价值与现实意义

作为当代中国外交政策与习近平外交思想的精髓，人类政治命运共同体强调以合作促和平，是对中国传统协和万邦思想的创造性转化和对近代西方文明的扬弃与超越。近代以来，以欧美为主导的西方发达资本主义国家的现代化道路，将弱肉强食、赢者通吃奉为生存之道，是一条以掠夺为主要手段的殖民化道路。尽管这条道路为这些国家的现代化提供了强大动力，但也带来了诸多问题。西方国家的这种思维方式追求胜者通吃，把自己视为上帝的使者，而视其他民族为劣等民族，把其他国家视为奴役的对象，这就人为地恶化了地缘政治关系，不可避免地导致了尖锐的民族矛盾与冲突的发生。针对国际政治格局的严重不公平以及西方发达资本主义国家现代化发展道路上出现的种种问题，习近平总书记从全人类共同利益角度出发，提出了“人类命运共同体”思想，这一思想打破了以零和博弈为特征的恶性竞争思维，超越了政治制度、发展水平和意识形态差异，为构建更加合理的国际政治新秩序提供了全新的价值遵循。

中华文化历来强调和谐，中华民族向来追求和平，以和为贵、协和万邦等贵和理念牢牢扎根于中国人的思想中，集中体现于中国人的行为上。习近平同志深刻地指出：

“和平发展思想是中华文化的内在基因，讲信修睦、协和万邦是中国周边外交的基本内涵”[7]。新中国成立 70 多年以来，将“和平共处五项原则”贯彻于中国外交实践的始终。随着自身国际影响力的日益增强，中国积极致力于推动建立公正合理的国际政治新秩序，提升较为落后的第三世界国家的国际地位，捍卫他们的国际话语权。在百年未有之大变局背景下，无论是奉行“人类命运共同体”理念处理国际事务，还是“不冲突不对抗”外交理念的践行，都是中国“协和万邦”思想和人类政治命运共同体理念的深刻证明和现实体现。

二、“义利合一”“重义轻利”经济观与“人类经济命运共同体”理念

（一）“义利合一”“重义轻利”经济观的渊源与传承

“治国之道，必先富民。”（《管子》语）纵观中外历史，积累财富主要有两种方式，一种是以中华民族为代表的通过百姓辛勤劳动以积累财富，另一种是以资本主义国家为代表的通过暴力手段抢掠别国财富。中国古人向来主张“君子爱财，取之有道”，虽然承认追求财富是人的天性，但又强调不义之财断不可取。

关于中国传统经济思想中的义利观，儒家、道家和墨家几大学派均有研究。儒家强调重义轻利，并将重义和重利视为君子和小人的区分标准。如孔子所言“君子喻于义，小人喻于利”[3]，认为君子能够明白道义上的是非，而小人只能明白利益上的得失。同时孔子也明白物质利益对国计民生的重要性，因此并不排斥追利，而是提倡义以生利。孟子对孔子的义利之辩思想进行了继承并发展，将怀义与怀利视为相互对立的价值观。并提出“生亦我所欲也，义亦我所欲也，二者不可得兼，舍生而取义者也”[3]。因而要去利怀义。荀子进一步发展了儒家的义利思想，并提出“先义而后利者荣，先利而后义者辱”[8]的荣辱评判标准。道家的无为而治内涵丰富，对于如何具体对待义利，同样主张无为。老子的少私寡欲思想高度体现了道家主张的道德情操。庄子不但遵循了老子的义利观，并且与孔子的君子与小人之辩和荀子的荣辱之辩如出一辙，认为“彼其所殉仁义也，则俗谓之君子；其所殉货财也，则俗谓之小人”[9]。可见道家的义利观与儒家基本一致。墨家的义利思想则与儒家有所不同，墨子主张言利，并提出了“兼相爱，交相利”，认为就像“爱”是相互的一样，“利”与“义”是统一的。墨子的这种主张虽然与儒家主张的追“利”势必会妨碍追“义”的主张不同，但都同时强调“仁义”。

对待传统的义利观，明清时期的思想家没有全盘吸收，而是进行了批判继承。李贽的义利观融入了“公平正义”原则，认为“正义即是谋利”，肯定了追求私利的正当性。黄宗羲的“工商皆本”观认为，工商业与农业在社会财富增值中同等重要。王夫之提出“天下之公欲，即理也”，认为人人共有的欲望即“公欲”就是“公理”，“公理”的实现就是人们共同利益的满足。他的这一思想分辨了个人利益与集体利益及其追求的关系，表明了其重义轻利的义利观。

（二）“人类经济命运共同体”的理论价值与现实意义

近代以来，在西方发达资本主义国家的主导下，“利益至上”“只有永恒的利益，没有永恒的朋友”等重利理念被视为处理国际关系的“天经地义”的不变法则。在这种“唯我为上”“唯利是图”的价值观驱使下，各国之间为了争夺利益不惜结盟对抗，导致局部战争频发。在此背景下，习近平主席提出要“坚持正确义利观”，倡导各个国家在处理国际关系时要摒弃过时的“零和”思维，不能追求我多你少，我赢你输，而要义利兼顾，双向共赢[10]。“人类经济命运共同体”强调义利并举、以义为先。可以说，“人类经济命运共同体”就是对中华民族几千年来一以贯之的重义轻利、先义后利道德准则的思想继承和当代阐释。因而，“人类经济命运共同体”不仅包括人与人之间的义利观，也包含国家与国家之间的义利观，是对中华传统文化中义利观的丰富和发展，彰显了中国坚持和平发展、实现合作共赢价值观的坚定追求。

坚持正确义利观和“人类经济命运共同体”，要体现在处理国内经济和国际经济关系的实践中。随着经济全球化的不断发展，国际社会日益成为“一荣俱荣，一损俱损”的“经济共同体”，中国外交政策追求实现自身发展与世界发展相统一。尽管国内与国际的经济关系越来越复杂多变，但是中国始终倡导包容性发展，指出各国应走合作共赢的道路。从国内看，中国致力于让发展成果惠及所有人民，坚持发展成果由人民共享，并成功实现全国范围内的贫困人口全部脱贫。从国际看，中国致力于促进全球减贫，减缓全球发展的不平衡和不平等。即便是在新中国刚成立不久，就开始为多个兄弟社会主义国家提供力所能及的经济与技术援助，帮助其提高自主发展能力[11]；近四十年来，中国更加积极主动地参与国际事务、承担国际责任、履行国际义务。无论是建立“气候变化南南合作基金”，还是成立“亚洲基础设施投资银行”，抑或是发起“一带一路”倡议，都表明了中国坚持合作“共享共赢”，与世界各国共享发展机遇和发展成果的坚定决心。可见，中国倡导“人类经济命运共同体”，不仅是实现国强民富和人民幸福的核心价值观遵循，也为各国处理经济关系，从而实现共同发展与共同繁荣提供了国际行为准则。

三、“和而不同”“万物并育”文化观与“人类文化命运共同体”理念

（一）“和而不同”“万物并育”文化观的渊源与传承

和文化是中华传统文化的重要基因，“和而不同”是和文化的基本处事原则。早在西周末年就有和同之辩，如史伯有“和实生物，同则不继”[12]观点，意即只有不同的事物之间和谐共处，世间万物才能丰硕成长，如果完全一致则无法发展和继续[13]；只有多样的统一才是实现真正的和。后来孔子提出“君子和而不同，小人同而不和”[3]的思想命题，指出君子与小人之间的区别就在于，君子认同有差异的和，而小人认同的则是无差异的同。老子对有无与难易的论述充满了辩证法思维。他首先肯定了对立是事物之

间的常态，但同时又认识到事物之间的对立并非绝对的，而是相对的。在《道德经》中他提出“有无相生，难易相成”[14]，因为事物的有无与难易之间往往是相互融合的，并且是可以相互统一的，因而看似对立的事物，往往存在对和的共同追求。《礼记·中庸》进一步阐述了这一对立统一观，即“万物并育而不相害，道并行而不相悖”[3]。南朝史学家范晔则更为强调事物统一性的一面，正所谓“周而不比，和而不同”。即使是出现极端的情况，也完全可以“以救过为正，以匡恶为忠”，意即君子能够求大同而存小异，争取最大的团结，又允许不同的意见存在。哪怕是面对“过”或“恶”，也要尽量“救过”或“匡恶”。

经过长达千百年的传承和发扬，中华传统文化中的“和而不同”思想在近现代仍然闪耀着中华文化奇光异彩。张岂之对传统的“和而不同”思想做出了新的诠释，主张“同一性”分为两种，一种是否定差异的同一，古代称之为“同”；而另一种则是肯定差异的同一，古代称之为“和”[15]。我们所说的“和而不同”就是肯定差异的“和”，就是在承认差异的基础上寻求“同一”，在保留自身优秀文化传统的基础上吸收其他优秀文化。毛泽东同志在《论十大关系》中坚持唯物辩证的“两点论”，认为“一万年都有两点”。他在论述“中国和外国的关系”时指出，每个民族都有它的长处和短处，“我们的方针是，一切民族、一切国家的长处都要学”，才能够“把国内外一切积极因素调动起来，为社会主义事业服务”。“将来我们国家富强了，……还要谦虚谨慎，还要向人家学习。”著名社会学家费孝通先生在其八十寿辰聚会上提出了“各美其美，美人之美，美美与共，天下大同”十六字箴言，这是对“君子和而不同”的极好的阐释，认为我们既要认同本民族的文化，也要尊重其他民族的文化，不同民族之间应该相互尊重，共同维护和促进文化多样性，世界文化的百花园才能繁花似锦，人类文明才能丰富多彩。

（二）“人类文化命运共同体”的理论价值与现实意义

美国学者赛缪尔·亨廷顿在20世纪90年代提出的文明冲突论主张：在未来，文化冲突将取代经济和意识形态冲突，成为国际冲突的主要根源和阻碍世界和平与发展的最大威胁[16]。二战结束后，随着西方文明绝对优势地位的逐渐衰落，以美国为首的西方国家开始通过向他国倾销文化产品等手段来推行文化霸权主义，通过遏制和侵蚀他国文明来维持文化霸权地位。时至今日，面对西方文化霸权主义，中华传统文化的“和而不同”观念依然可以成为协调国际关系的基本准则。习近平同志强调，“每个国家、每个民族不分强弱、不分大小，其思想文化都应该得到承认和尊重”[17]。一枝独放不是春，百花齐放春满园，只有尊重文化多样性，在差异中相互学习、相互借鉴，才能推动人类文明的创造性发展。只有构建“人类文化命运共同体”，多样性的文明形态才能得以保存，文明隔阂与文明冲突才能趋于消弭，各国和各民族之间“和而不同”“兼收并蓄”的文明交流才能得以加强。“人类文化命运共同体”的建设，对于打破文明冲突论，消弭文明隔阂，遏制文明冲突，增进文明交流具有积极意义，不仅继承和发扬了中国传统“和而不同”文化观，也为助力世界文明前进贡献了中国智慧。

在世界多元文化格局下，只有在“人类文化命运共同体”理念指导下，坚持“和而不同”，才能推动不同文明之间的交流互鉴。这是习近平总书记一贯坚持的主张，并且在多次讲话中指出要尊重各国各民族文明，加强不同文明之间的学习借鉴。只要大目标不冲突，各国就应当尊重文化上的多元一体的“和而不同”，只有承认和包容差异，才能化解矛盾和共存共荣，最终进入“天下大同”的理想境界。随着全球一体化程度的进一步加深，中国更加积极地推动中华文化走向世界，也从世界各国优秀文化中汲取营养。党的十八大以来，无论是文学作品还是影视作品，中国的文化精品都纷纷走出国门，成为中华文化传播的载体，为世界人民了解中国提供了一个崭新的窗口。用文学作品讲好中国故事，用影视作品传播中国声音，中国文化精品的对外输出向世界人民展现了中华文化魅力和当代中国主流价值观。在世界一体化大浪潮的推动下，孔子学院等文化对外传播平台在各国如雨后春笋般纷纷建立，伴随着中国文化的“走出去”，大量优秀国外文化也被中国“引进来”。这“一进一出”的文化交流不仅促进了各国文化的繁荣发展，也进一步拉近了各国和各国人民之间心与心的距离，增强了彼此之间的相互了解，为各国之间的友好合作减少了阻力。

四、“天人合一”“道法自然”生态观与“人类生态命运共同体”理念

（一）“天人合一”“道法自然”生态观的渊源与传承

中国历代先贤们向来把天地、自然看作人类赖以生存的根本，形成了“天人合一”“道法自然”的生态价值观，尊重自然、敬重生命、人与自然和谐共存，成为全民族共同的生存理念和行为准则。

道家学派特别强调人与自然之间的有机统一，并且富有深刻哲理。老子提出“人法地，地法天，天法道，道法自然”[14]重要思想命题，主张人们应该顺应和效法自然，以实现人与自然和谐共存。庄子继承了老子的天—地—人思想，强调天道乃自然之道。他说“天地与我并生，而万物与我为一”[9]，主张人类应该顺应天道，不要刻意去追求个人欲求而破坏自然之道。道家还视自然规律为常，强调“知常曰明。不知常，妄作凶”[14]，告诫人们要正确认识并尊重自然规律，否则将“妄作凶”。

“天人合一”思想也是儒家文化的根基，孔子也强调要尊重自然规律，他在《论语·阳货篇》中说，“四时行焉，百物生焉，天何言哉?”[3]意思是说，天未曾说话，四季照常运行，百物照常生长，表现出他对天的敬畏并且意识到人类必须遵循自然规律[18]。孟子的天人合一思想主要讲的是人与义理之天的合一。“尽其心者，知其性也。知其性，则知天矣”[3]，认为人性在于人心，故尽心则能知性[19]，而人性乃“天之所与我者”[3]，因而“人”与“义理之天”是“合一”的。

尽管儒家与道家的天人合一、道法自然生态观的核心思想基本一致，但儒家肯定人为，即肯定人类在自然面前应当发挥主观能动性，人具有改造自然和利用自然的能力，如荀子在道家视自然规律为常的基础上，认为既然天行有常，那么人们就可以发挥主观能动性制天命而用之。又如董仲舒对天—地—人的关系做了较为系统的论述，提出“天

生之，地养之，人成之”[20]，认为上天创造万物，大地养育万物，而人类则可以改造万物，于是“三者相为手足，合以成体，不可一无也”[20]。对于如何处理人与自然间的关系，董仲舒又提出了“天人之际，合而为一”[20]的主张，认为天与人自成一体，人和自然是你中有我、我中有你的统一体。再如北宋张载“天人之本无二”与明代王阳明“天地万物与人原是一体”的观点，同样是“天人合一”思想的继承。正如毛泽东在《心之力》中所说的，“古中华先贤道法自然，文武兼备，运筹天下，何等的挥洒自如，何等的英杰伟伦”[21]。

（二）“人类生态命运共同体”的理论价值与现实意义

人类中心主义一直被西方国家视为主导世界观。正是在这种人类中心主义世界观的主导下，诸如全球气候变暖、土地沙漠化等一系列生态环境问题才会层出不穷、频频发生。面对全球诸多生态环境问题，习近平总书记提出，中国“要坚定走生产发展、生活富裕、生态良好的文明发展道路，要建设美丽中国，要为全球生态安全做出贡献”[22]。构建“人类生态命运共同体”就是要打破西方国家的“人类中心主义”错误观念，树立“天人合一”正确生态观，加强对人与自然关系的正确认识，践行绿色环保、低碳循环的可持续发展生产方式和生活方式。“人类生态命运共同体”思想不仅是对马克思主义人类生态文明思想的创造性继承，同时也是对中华传统文化中的“天人合一”生态理念的创新性发展，这一思想不仅对于社会主义生态文明观的树立具有重要意义，对于人与自然和谐发展的现代化建设新格局的形成也同样理论价值深刻。

理念是行动的指南。党中央高度重视生态文明建设，将“生态文明”和“绿色发展”写进了党的纲领性文件。党的十八大报告首次将“生态文明”建设列入了“五位一体”总布局，党的十八届五中全会又将“绿色发展”确立为新时代的五大新发展理念之一。在“绿水青山就是金山银山”“生态兴则文明兴、生态衰则文明衰”等绿色发展观念的引领下，我国的生态文明建设成功进入快车道，在理论创新和实践探索方面，都已取得举世瞩目的成就。不论是在塞罕坝林场上创造出百万亩人工林，还是毛乌素沙漠的“止沙生绿”，抑或是库布齐沙漠的“人进沙退”，都是中国为地球添绿所做的努力。与此同时，中国还积极参与全球环境治理，通过经济支持“气候变化南南合作基金”的设立、主动发起“一带一路绿色发展联盟”的建立，努力推动《巴黎协定》的达成、生效与实施等一系列重大的国际生态治理行动，中国始终以时代为己任，以责任为担当，为全球绿色治理提供中国力量和中国方案，并且做出中国表率[23]。习近平总书记在今年的领导人气候峰会上又再次强调，“要坚持绿色发展”，“共同构建人与自然生命共同体”。综上可见，以“人类生态命运共同体”为核心的中国生态文明建设理念和经验，正在为世界的可持续发展提供“中国样板”及其重要经验。

五、"和合共生""德化慎战"安全观与"人类安全命运共同体"理念

（一）"和合共生""德化慎战"安全观的渊源与传承

中华文化历来坚持崇尚稳定、热爱和平的基本立场，提倡"和合共生"，反对穷兵黩武。就历史文化传统基因而言，长期以农耕经济占主导地位的社会结构，形成了国民"安居乐业""安土重迁，追求稳定"的安全观传统[24]。受这一传统的影响，中华民族的"慎战"观念也深入人心。

中国自先秦时代起就已经有了尚武而不黩武等国家安全观念。著名军事战略家孙膑提出"无备者伤，穷兵者亡"[25]，倡导信义立国，反对轻易用兵，主张慎战。当时的思想家们反对穷兵黩武的观念较为统一。儒家主张善战者服上刑，认为好战的人应该受到最严酷的刑罚。道家认为"兵乃不祥之器，非君子之器，不得已而用之"[14]。即尖兵利器这些不祥的东西不是君子所常使用的东西，主张不应用战争手段解决问题。墨家极力反对武力战争，强调非攻，并用非攻理念说服周边的诸侯们要相互兼爱，让诸侯们主动放弃战争。兵家提出"故国虽大，好战必亡"[26]，认为战争是一把双刃剑，正所谓杀敌一万，自损八千，这种损人不利己的处理方式只会让双方两败俱伤。又说"兵者，凶器也，不可不审用也"[27]，即武器是凶残的东西，是不可不慎用的。而如果能够"不战而屈人之兵"，才是兵家最高境界的"善战"上策。

秦汉以后，"慎战"观念更加备受推崇，并深深地影响着历代统治者治国理政。唐太宗主张以德服人，反对动用武力，其秉承"慎战"观念治国理政很有特色，通过"偃武修文"，实现了"中国既安，四夷自服"的长治久安。宋太祖极力主张"崇文抑武"。元世祖忽必烈安全观的核心内容是"附会汉法"，实行仁政，并经众多高官的补充完善逐步形成了元代安全观的思想体系。明成祖继承了墨家的"兼爱"思想，主张"宣德化"而"柔远人"，也实现了明朝的一段稳定和辉煌。毛泽东同志在第二次国内战争、抗日战争和解放战争中都有丰富的"战略"问题的专论，强调"我们是战争消灭论者，我们是不要战争的"。但为了民族的解放事业，又要"用战争反对战争"。

可见，"和合共生"是中华民族传统安全观的核心，而"德化慎战"又始终是中华民族处理对外关系的基本原则。

（二）"人类安全命运共同体"的理论价值与现实意义

冷战结束以后，世界格局由两个超级大国演变成"一超多强"。美国作为世界经济、科技和军事第一强国，长期独霸天下成为国家和历届统治集团的核心目标。美国秉持零和、单赢的思维模式处理国际关系，导致国与国之间的矛盾和冲突剧增，地区安全问题频发，人类安全面临严峻的考验。特别是自 2016 年特朗普任总统以来实行"美国优先"，到拜登总统对中俄伊等国的极限打压，彻底撕掉了"救世主"的外衣，其恶劣行径充分暴露出其维护霸权主义强权政治的狰狞面目。当今世界，霸权主义依然是困扰

世界和平稳定的重要因素，霸权主义者从来只考虑自身安危而不顾他人死活，在这种不平衡不对等的安全条件下，世界永远不可能实现真正安全。当今世界格局风云激荡，面对世界政治局势的高度不确定性，中国共产党人以博大的胸怀，始终秉承中华文化“和合共生”的“仁爱”安全观，坚持崇尚稳定、热爱和平的基本立场。习近平同志提出的“人类安全命运共同体”观，强调既要注重自身安全，也要站在全人类的角度来审视安全问题，以追求人类共同安全为目标。这种追求共同安全的理念摒弃了“你输我赢”的对抗思维，突破了“零和博弈”的历史局限，超越了霸权稳定论只顾及自身安全的狭隘性，是对传统安全观念的重大突破和理论创新。

中国始终秉持共享安全原则来处理国家间关系。习近平同志提出，“各国应该树立共同、综合、合作、可持续的全球安全观，以合作谋安全，以安全促和平、促发展，努力为各国人民创造持久的安全稳定环境”[28]。在此指导下，中国积极参与各种热点问题的处理，坚持以不干涉他国内政的方式推动朝鲜核问题、伊朗核问题等热点问题的和平解决。此外，中国还积极开展反恐、维护网络安全、抗击疫病等国际合作，并积极参与联合国的国际维和和安全保障。在此次抗击新冠肺炎疫情的过程中，中国的抗疫行动和为他国提供经验和帮助的行为就是中国践行“人类安全命运共同体”的深刻证明。2021 年 4 月 22 日，习近平主席在领导人气候峰会上再次强调，处理全球气候问题，各国不但要“坚持多边主义”原则，而且要“坚持共同但有区别的责任”原则[29]。

结语

“人类命运共同体”理念不仅理论价值深刻，而且具有重要的现实指导意义。“人类命运共同体”理念作为普遍联系的辩证思维在社会历史领域内的具体应用，其内涵极为丰富，具有哲学、经济学、社会性、人类学、文化学等多学科的重要理论价值。“人类命运共同体”理念，是马克思主义“共同体”思想与中华优秀传统文化基因创造性相结合的理论创新。作为一种以应对全球挑战为目的的全球价值观，包括了政治、经济、文化、生态、安全等方面，是对中华传统天下观、利益观、文化观、生态观、安全观等价值观念的批判继承。当今世界，人类生活在同一个地球村，无论是自然环境、经济社会、科学文化还是国防外交，都已成为不可分割的统一整体。在这种牵一发而动全身的“蝴蝶效应”下，世界各国只有在“人类命运共同体”理念的指导下通力合作，形成相互尊重、合作共赢的国家关系新格局，才能实现全人类的可持续发展。

“人类命运共同体”是集大成的中国智慧，不仅具有中国意义，而且具有世界意义。作为中华优秀传统文化的时代创新，“人类命运共同体”理念不仅是我国治国理政和正确处理政治、经济、文化等国际关系的行动指南，而且回答了世界应该向何处去，回答了各国和各地区正确处理政治、经济、文化等国际关系的中国主张[30]。正如毛泽东同志在《心之力》所说的，“盖神州中华，之所以为地球文明之发祥渊源，实为诸人种之最致力于人与社会与天地间公德、良知依存共和之道者也”[21]。

随着世界多极化、经济全球化、社会信息化等潮流的加速发展，各国、各地区之间联系的日益加深，人类命运共同体已经逐步成为国际共识，成为优化国际治理、推动世界发展的重要力量。1988 年，全世界 75 位诺贝尔奖多学科获得者在巴黎聚会时得出了一致的深刻结论，“21 世纪人类如果要过和平幸福的生活，就应该回到 2 500 年前中国的孔子那里去寻找智慧”[31]。习近平同志也指出：“只有坚持从历史走向未来，从延续民族文化血脉中开拓前进，我们才能做好今天的事业。”[32]他把中华优秀传统文化精髓融入于“治国理政”的理论与实践中，表达了世界正义力量的共同心声。因此，加快构建公正合理的“人类命运共同体”，是实现世界和平的必然选择，是世界共同繁荣的前途所在。

参考文献：

[1] 习近平. 推动全球治理体制更加公正更加合理，为我国发展和世界和平创造有利条件 [N]. 人民日报，2015-10-14（1）.

[2] 刘广昊. 中国传统大同思想与社会主义和谐社会构建 [J]. 党政领导思考 . 2015（12）.

[3] 杨晓明. 四书五经 [M]. 天津：天津古籍出版社，1999.

[4] 陆卫明，孙喜红. 论“构建人类命运共同体”中的优秀传统智慧 [J]. 西安交通大学学报（社会科学版），2019，39（4）：79-86.

[5] 马总. 意林：5 卷 [M] //文渊阁四库全书. 台北：台湾商务印书馆，1983.

[6] 孙凡. 人类命运共同体理念的传统文化根基 [J]. 人民论坛，2020（18）：134-135.

[7] 习近平. 深化合作伙伴关系共建亚洲美好家园：在新加坡国立大学的演讲 [N]. 人民日报，2015-11-8（2）.

[8] 方勇，李波译注. 荀子 [M]. 北京：中华书局，2011.

[9] 陈鼓应. 庄子今注今译 [M]. 北京：中华书局，1983.

[10] 习近平. 共创中韩合作未来 同襄亚洲振兴繁荣 [N]. 人民日报，2014-07-05（2）.

[11] 彭大成. 中国古代“大同”思想与当今“构建人类命运共同体” [J]. 湖湘论坛 . 2018（2）.

[12] 陈桐生译注. 国语 [M]. 北京：中华书局，2013.

[13] 张静，马超. 论习近平人类命运共同体思想对中华传统文化的传承与超越 [J]. 学术论坛，2017，40（4）：150-155.

[14] 张三愚. 道德经新译 [M]. 北京：团结出版社，2017.

[15] 张岂之. 张岂之谈中华优秀传统文化 [M]. 西安：太白文艺出版社，2012.

[16] 亨廷顿. 文明的冲突与世界秩序的重建 [M]. 北京：新华出版社，2010.

[17] 习近平在纪念孔子诞辰 2565 周年国际学术研讨会暨国际儒学联合会第五届会员大会开幕会上的讲话 [N]. 人民日报，2014-09-25（2）.

[18] 杨伯峻. 论语译注 [M]. 北京：中华书局，2006.

[19] 季羡林. “天人合一” 新解 [J]. 传统文化与现代化，1993（1）.

[20] 董仲舒，周桂钿解读. 春秋繁露：（节选）[M]. 北京：国家图书馆出版社，2019.

[21] 韩毓海. 立国显始做宏略：青年毛泽东《心之力》特立独行倡“新学” [N]. 北京日报，2015-10-28.

[22] 习近平. 决胜全面建成小康社会 夺取新时代中国特色社会主义伟大胜利：在中国共产党第十九次全国代表大会上的报告 [N]. 人民日报，2017-10-28（1）.

[23] 张宇燕. 习近平新时代中国特色社会主义外交思想研究 [M]. 北京：中国社会科学出版社，2019.

[24] 黄朴民. 简论中国历史上的安全观念及其战略 [J]. 军事历史研究，2000 (1).

[25] 杨牧之. 孙子兵法·孙膑兵法 [M]. 海口：南海出版公司，2013.

[26] 王震. 司马法集释 [M]. 北京：中华书局，2018.

[27] 韩非. 韩非子 [M]. 哈尔滨：黑龙江美术出版社，2019.

[28] 习近平出席国际刑警组织第86届全体大会开幕式并发表主旨演讲 [N]. 人民日报，2017-09-27 (2).

[29] 习近平出席领导人气候峰会并发表重要讲话. 共同构建人与自然生命共同体 [N]. 光明日报，2021-4-23 (1).

[30] 卜宪群. 习近平新时代治国理政的历史观 [M]. 北京：中国社会科学出版社，2019.

[31] 张承先. 弘扬华夏优秀文化传统建设社会主义精神文明 [J]. 传统文化与现代化，1994 (5).

[32] 习近平在纪念孔子诞辰2565周年国际学术研讨会暨国际儒学联合会第五届会员大会开幕会上的讲话 [N]. 人民日报，2014-09-25 (2).

唯物辩证法视域下中国绿色发展理念的再诠释[①]

陈增贤[②]

摘　要：当前，生态问题已经成为我国乃至全球发展的瓶颈制约。面对发展经济抑或保护生态的“两难”时代之问，中国绿色发展理念运用唯物辩证法，科学阐述了人与自然、经济与生态内在的辩证统一关系，从唯物论视角更加强调自然环境的前提性和制约性，从辩证法视角更加凸显生态与经济的协同性和耦合性，从唯物史观视角更加强调尊重自然规律和发挥主观能动性相结合的持久性以及经济社会发展目的性和规律性的客观要求。同时也围绕绿色发展的目标、要求、原则、路径等问题进行了系统的思考和回答。这必将为新时代构建人与自然生命共同体、加快生态文明建设以及全球生态治理提供重要理论选择和方法论指导。

关键词：绿色发展理念；唯物辩证法；再诠释

一、引言

工业文明在给人类创造巨大物质财富的同时也带来了资源能源短缺、环境污染、生物多样性锐减及自然生态功能退化等生态创伤。“绿色”是大自然的“本色”，随着人与自然关系的渐趋紧张，经济社会发展的“生态底色”越发“褪色”，不可持续问题日益凸显。为走出人类发展困境，“绿色发展”已成为世界各国的共识。

“绿色发展”就是在不破坏自然生态环境的前提下追求经济社会的高质量发展。人与自然的关系、经济与生态的关系是贯穿于人类社会发展始终的一对基本关系和基本矛

① 基金项目：本文系甘肃省科技厅软科学专项“绿色丝绸之路经济带建设合作机制研究：以甘肃省为例”（18CX1ZA030，获甘肃省科技计划资助）和湖北经济学院校级课题“习近平生态文明思想世界价值研究”（XJ20BS30）的阶段性成果，作者为课题主持人。

② 陈增贤，湖北经济学院副教授。

盾。今天人类发展面临严重的生态问题，究其原因，就是长期以来人类没有正确认识和处理好这一基本关系。中国绿色发展理念是以习近平同志为核心的党中央立足于我国经济社会发展的现实考量以及全人类的福祉，运用唯物辩证的方法，科学揭示了人与自然、经济与生态之间的辩证统一关系，并围绕绿色发展的目标、基本要求、路径等问题进行系统思考和回答而形成了科学理论成果。鉴于此，笔者从唯物辩证法视角再次诠释绿色发展理念，以期为有效消解人与自然之间的内在张力、构建人与自然生命共同体，实现经济社会绿色化发展、推进新时代我国生态文明建设以及全球生态治理提供科学的方法论指导和理论选择。

二、中国绿色发展理念的内涵

（一）唯物论视角

1. 绿色发展理念：更加凸显自然生态环境的前提性和基础性

马克思主义指出，人是自然界发展到一定历史阶段的产物，没有自然界，人及人类社会将不会产生；同时，自然界又为人类提供各种生活资料和生产资料，离开了这种“感性的外部世界”，人将无法生存和发展。自然界，就它本身不是人的身体而言，是人的“无机身体”[1]95。只有保证了人的身体与这一“无机身体”的健康才能形成人与自然之间的良性循环，从而实现人与自然之间真正的“和解”。强调自然界对于人类的先在性以及人类对于自然界的依赖性正是马克思主义关于人与自然关系在唯物论视角的直接体现，这就要求人类在谋求经济发展的过程中尊重自然、保护自然和顺应自然。

我国历届领导集体都十分重视生态环境的保护，并能根据经济社会发展的实际提出相应的措施不断改善和优化生态环境。特别是自党的十八大将生态文明纳入中国特色社会主义建设“五位一体”总体布局以来，以习近平同志为核心的党中央不断深化对自然规律和经济社会发展规律的认识，并于 2015 年 10 月在十八届五中全会上提出了以“创新、协调、绿色、开放、共享”为主要内容的新发展理念。至此，“绿色”被首次置于指导经济社会发展的国家理念高度，这一方面说明党和国家领导人比以往任何时候都更加深刻认识到自然生态环境对于经济社会发展的前提性和制约性；另一方面也说明生态环境已经成为我国经济社会发展的瓶颈约束，实现经济活动过程和结果的“绿色化”和“生态化”，从源头上遏制和解决日益恶化的生态环境问题刻不容缓。习近平总书记强调：“生态环境是人类生存最为基础的条件，是我国持续发展最为重要的基础。”“人因自然而生，人与自然是一种共生关系，对自然的伤害最终会伤及人类自身。”[2]11 人及人类社会的生存和发展一刻也离不开自然生态环境的保护和改善，我们应该“像保护眼睛一样保护环境，像对待生命一样对待自然”[2]8。我国绿色发展理念更加强调自然生态环境对于人类社会发展的基础性以及人地关系的共生性，既是对马克思主义关于人与自然关系思想的继承和发展，也是中国共产党在领导社会主义生态文明建设中，运用唯物主义的观点和方法正确处理人与自然关系的现实表征。

2. 绿色发展理念：更加凸显自然生态系统的承载力和有限性

马克思主义指出，“劳动是人与自然之间的物质变换即人类生活得以实现的永恒的自然必然性”[3]36。通过劳动形成了人与自然之间具有“双向”特征的对象性关系。首先，人类要通过劳动作用于自然。“人靠自然界生活”，但“自然界”不会自然而然地满足人类需要，只有通过劳动才能使自然界更好地满足人类需要；其次，自然界也会反作用于人类。自然界作为人的“无机的身体”，有着自身的运行规律和承载阈值，而不是人类“取之不尽，用之不竭”的资源库。这种作用与反作用的对象性关系表明：“不以伟大的自然规律为依据的人类计划，只会带来灾难”[4]251，出现所谓的“物质变换裂缝”，经济社会不可持续。强调人类活动要以自然生态系统的有限性和承载力为前提，是马克思主义关于人与自然关系在唯物论视角的又一体现。这就要求人类在充分考虑自然界的承载力和容纳度的前提下进行合理开发和利用。

自然生态环境是经济社会发展的载体，可持续则是社会有机体的“生命”表征。习近平总书记指出：“生态环境没有替代品，用之不觉，失之难存。”“要按照人口资源环境相均衡、经济社会生态相统一的原则，整体谋划国土空间开发，科学布局生产空间、生活空间、生态空间，给自然留下更多修复空间，全面提升自然生态系统的稳定性和生态服务功能。”[2]44绿色发展就是在加快经济发展的过程中自觉遵守自然生态系统的有限性和承载力，并严格按照国家主体功能区划有序、有节、有度地利用国土空间，不断协调和优化“三生”空间之间的关系，以实现人与自然和谐共生的高质量发展。我国绿色发展理念更加强调自然生态系统的承载力和有限性，这是中国共产党坚持运用唯物主义方法探寻生态问题根源、构建人与自然和谐共生关系的充分彰显。

（二）辩证法视角

1. 绿色发展理念的目标：生态经济协同发展

人是“自然属性”和“社会属性”的统一体，这种“双重属性”使人与自然处于对立统一的辩证关系中。就其自然属性而言，人与自然同性共体，具有统一性；就其社会属性而言，使人成其为“人”的生产劳动对自然资源的无限需要与自然生态系统有限性之间的矛盾使得人与自然之间又具有对立性。马克思在研究人与自然的关系中，将自然区分为“自在自然”和“人化自然”，认为人化自然将随着人类特有的认识和实践活动不断变化，但无论如何都不能摆脱自然对人及其社会发展的天然制约作用。正是这种变化，人类共同的家园——地球自然界则逐渐变成了一种“人化自然”，马克思的“人化自然观”强调自然环境对社会发展的客观影响和制约作用。人的“双重属性”以及“人化自然”观所体现的人与自然之间的对立统一关系正是马克思主义关于人与自然关系在辩证法视角的直接体现。这就要求人类在尊重自然规律的前提下积极探寻实现人与自然的和解、从而实现自然生态系统和经济社会系统良性循环的高质量发展路径。

面对发展经济抑或保护生态的“两难”困境，“两山”理念科学系统地回答了二者之间内在的对立统一关系。首先，“既要绿水青山，也要金山银山”的“兼顾论”表明，生态与经济具有相互依存、相互促进的同一性关系，是人类社会发展之“两翼”

或“两轮”，必须兼得。其次，“宁要绿水青山，不要金山银山”的“优先论”表明，生态与经济之间的同一性是相对的、有条件的。人们在利用自然谋求经济发展的过程中，存在着“地生财有限”而“人之欲无限”的矛盾，当人类对于自然的索取超过了自然生态系统的承载能力时，生态与经济之间又具有相互排斥、相互分离的趋势。生态环境是人类社会发展的根基，经济发展绝不能以牺牲生态环境为代价，一定要坚持生态优先，绿色发展。最后，“绿水青山就是金山银山”的“转化论”和“境界论”表明，生态产品能够满足人们对美好生活的需要，本身具有价值，是绿色财富观重要组成部分；同时，生态环境是一种生产力，良好的生态环境对社会生产力具有增值作用，生态环境保护越好，对生产要素的吸引力、凝聚力就越强，也就越能促进生产力和经济的发展[5]41。习近平总书记的“两山”理念是对马克思主义生态思想的创新性贡献，既厘清了发展经济与保护生态的对立统一关系，又明确了生态经济协同发展的绿色发展目标。

2. 绿色发展理念的基本要求：在保护中发展，在发展中保护

自然环境是经济社会发展的基础和条件，“你善待环境，环境是友好的；你污染环境，环境总有一天会翻脸，会毫不留情地报复你”。自然生态系统有着自身的运行规律。物质生活资料生产作为人类的第一个历史活动将直接作用于自然，进而影响和决定着人与自然之间的关系以及经济社会的发展状况。正如恩格斯所说，“我们必须时时记住：我们统治自然界，决不像征服者统治异民一样——相反地，我们连同我们的肉、血和头都是属于自然界，存在于自然界的。我们对自然界的整个统治，是在于我们比其他一切动物强，能够正确认识和运用自然规律”[6]383-384。这就表明，人与自然之间是一种共生共存、相依为命的关系，也表明在处理人与自然的关系时，人类具有其他一切动物所没有的独特的绝对优势，即人类能够认识规律并按照规律利用自然和改造自然。这充分表明马克思主义是从人与自然的“双向互动”中研究人与自然之间的辩证关系，这也是马克思主义关于人与自然关系在辩证法视角的又一直接体现。

以习近平同志为核心的党中央坚持问题导向，明确指出：“生态环境问题就是经济发展方式问题”，要“更加自觉地推动绿色发展、循环发展、低碳发展，决不以牺牲环境为代价去换取一时的经济增长”，[7]209即要在保护中求发展。同时，习近平总书记进一步指出：“老路走不通，新路在哪里？就在科技创新上，就在加快从要素驱动、投资规模驱动发展为主向以创新驱动发展为主的转变上。”[7]120绿色科技创新以可持续发展为价值取向，是促进绿色发展的内在驱动力。俗话说，“没有规矩，不成方圆”，“只有实行最严格的制度最严密的法制，才能为生态文明建设提供最可靠的保障”。“要牢固树立生态红线的观念”，[7]209-210划定并严守生态红线，就是要不能越雷池一步，否则，生态红线一旦被打破，生态环境就要受到破坏，自然生态就失去平衡，人民福祉就会遭受损失，即要在发展中保护。在保护中发展，在发展中保护是绿色发展的基本要求，也是新发展阶段构建新发展格局的根本要求。

（三）唯物史观视角

1. 绿色发展理念：彰显自然史和人类史的相统一

唯物史观表明：人类史和自然史是见证历史足迹不可或缺的两个方面。自然是人类历史存在和发展的基础，坚持自然史和人类史的高度统一与和谐是马克思主义关于人类社会发展规律的科学认识，也是马克思主义生态思想关于人与自然关系在历史观视角的生动体现。马克思在社会实践的基础上历史地再现了人与自然的辩证统一关系，揭示了自然进化与社会发展之间的内在统一性。唯物史观关于人与自然关系的思想是人类对人与自然关系认识史上的伟大变革，这必将为我们正确认识和处理人与自然的关系，实现经济社会的可持续发展提供科学依据。

一部人类社会发展史就是一部人类不断认识和处理人与自然关系的历史。习近平总书记强调："历史地看，生态兴则文明兴，生态衰则文明衰。"[2]6 自然生态环境作为人类"赖以生活的无机界""生产者生产的条件"，是人类经济社会发展的基础和载体，没有了这一基础和载体，经济社会的发展将无从谈起，文明自然走向衰落。"绿色生态是最大财富、最大优势、最大品牌，一定要保护好，走出一条经济发展和生态文明水平提高的相辅相成、相得益彰的路子。"[2]33 绿色发展是生态文明建设的内在要求，也是新时代推进生态文明建设的重要抓手。"通过推动形成绿色发展方式和生活方式，让生态环境成为人民生活的增长点、成为经济社会持续健康发展的支撑点、成为展现中国良好形象的发力点。"[2]36-37 绿色发展是一场涉及生产方式和生活方式的根本性变革，意味着优质生态产品的供给和需求是形成绿色经济和绿色市场的基本面，也意味着中国共产党直面困难、引领绿色转型的勇气和担当。习近平总书记特别强调："我国生态环境问题已经到了很严重的程度，非采取最严厉的措施不可。""环境治理是一个系统工程，必须从大的方面统筹谋划、搞好顶层设计。"[2]43-44 绿色发展将生态环境的保护内化为经济社会发展的内生因素和驱动力，坚持在保护中发展、在发展中保护的全动态发展过程，走生产发展、生活富裕和生态良好的绿色之路。这是我们党在中国特色社会主义建设生动实践基础上不断深化自然规律及社会发展规律的结果，不仅深刻认识到自然生态环境对于经济社会发展以及文明兴衰的前提性、制约性以及生态问题的严峻性，并将生态环境的保护置于经济社会发展的优先地位，围绕如何保护和优化生态环境、如何正确处理生态与经济的关系以及如何推进绿色发展等一系列问题进行了系统的阐述。绿色发展理念从实现人与自然的和谐共生以及生态经济的协调发展彰显着自然史和人类史的相统一。

2. 绿色发展理念：坚持合目的性和规律性的相统一

马克思主义表明：自然生态环境是人及人类社会发展的基础，有着自身的运行规律。人类只能认识规律、发现规律，并按照客观规律办事，而不能违背规律。劳动是人类生活得以实现的永恒的自然必然性，物质资料生产活动作为人类最基本的实践活动，有着明确的目的性，即人类要通过改造自然更好地满足人类的欲望和无限需求。自然界孕育着人类，但不是"取之不尽，用之不竭"的天然库，也需要人类回馈于自然，只有这样，人与自然之间的物质变换才能循环。马克思主义认为，资本主义生产因过分追逐利润而扰乱了"人与自然之间的物质变换"，出现了"无法弥补的裂缝"，从而表现为生产活动对自然生态系统的破坏，表现为人地关系的不断恶化以及资本主义的不可持续和反生态本性。不仅如此，根据人类社会发展规律，马克思认为要从根本上解决人与自然的矛盾和冲突，克服生态危机，就需要一种新型的社会制度和生产方式来代替资本主义制度。这就要求人类必须在尊重自然规律的条件下从事满足人类需要、推动社会经济发展的各类生产活动。坚持社会发展是目的性和规律性的相统一，是马克思主义生态思想关于人与自然关系在历史观视角的又一重要体现。

在传统发展方式下，我国改革开放 40 多年来 GDP 的持续高速增长也必然伴随着资源开发的迅速扩大和能源消耗的大幅增长，人与自然关系日趋恶化，经济社会发展不可持续。“大自然既是善良的慈母，也是冷酷的屠夫”。自然界作为人的“无机身体”，既为生产活动提供资源，又为经济发展提供物质基础。然而，自然生态环境对经济发展也有反作用，这种反作用到底是积极的推动作用还是消极的抑制作用，则取决于人类的活动方式是否遵循自然生态系统的运行规律。即如果人类活动遵循了自然规律，那么自然界就会不断为其发展提供所需要的物质资源，实现人与自然之间的物质循环；否则就会出现“物质变换的裂缝”，既带来巨大的经济损失，又使人类的持续发展受到威胁。绿色发展强调自然生态环境的前提性和制约性，要求人们树立尊重自然、顺应自然和保护自然的生态价值观；绿色发展强调环境保护与经济发展的辩证统一性，旨在构建人与自然的和谐关系，实现生态经济的协同发展，走生产发展、生活富裕、生态良好的文明发展道路；绿色发展坚决摒弃损害甚至破坏生态环境的传统发展方式，是要从根本上解决资源、生态、环境对于经济社会发展的瓶颈制约，是一种新型的可持续发展方式。绿色发展理念体现了人类经济活动合目的性和规律性的相统一。

三、中国绿色发展理念的当代价值

（一）理论价值

1. 中国绿色发展理念开拓了马克思主义生态思想的新境界

中国绿色发展理念在坚持马克思主义辩证自然观基础上，运用唯物、辩证、历史的方法深刻回答了当代中国的时代之问、实践之问、发展之问，形成习近平生态文明思想，开拓了马克思主义生态思想的新境界。中国绿色发展理念基于人类历史发展的大视野将自然生态环境置于人类文明兴衰的前提性，强调“生态兴则文明兴，生态衰则文明衰”，深化了对社会发展规律的认识，为构建人与自然生命共同体，实现人与自然的“和解”指明了方向；强调“保护生态环境就是保护生产力，改善生态环境就是发展生产力”，将生态环境纳入生产力范畴的“环境生产力”理论深化了马克思主义自然生产力理论，开创了绿色生产力理论；强调“保护生态环境是最普惠的民生福祉”，视生态环境为民生，既深化了马克思主义自然观，也是中国共产党发展为了人民这一中心思想在新时代的生动展现。中国绿色发展理念既开拓了马克思主义生态思想的新境界并使其显示出旺盛的生命力，又为人类摆脱生态危机走向生态文明提供了理论依据，进而始终成为能够指导人类经济社会发展的当之无愧的强大的思想理论武器。正如弗罗洛夫所说："无论现在的生态环境与马克思当时所处的情况多么不同，马克思对这个问题的理解、他的方法、他的解决社会和自然相互作用问题的观点，在今天仍然是非常现实而有效的。"[8]153

2. 中国绿色发展理念引领21世纪的绿色思潮和可持续发展理论

20世纪70年代初，以能源资源短缺、生态环境恶化、全球气候变暖、臭氧层破坏以及生态多样性锐减为主要特征的生态危机制约经济发展和威胁人类生存时，西方主要发达国家先后掀起了保护生态环境、摆脱生态危机的"绿色运动"，随之也出现了"深绿""浅绿"和"红绿"等绿色思潮。其中，"深绿"和"浅绿"思潮都主张在不变革资本主义制度和生产方式的前提下，单纯通过生态价值观的变革来解决生态危机。"红绿"思潮包括有机马克思主义和生态学马克思主义两大流派，都强调马克思主义理论对解决生态危机的价值以及通过变革资本主义制度和生态价值观来解决生态危机，但在对待马克思主义是否能够成为分析生态问题的理论工具问题上存在着根本差别。生态学马克思主义反对"深绿"思潮把马克思主义同生态学对立起来，从不同的角度论证和强调马克思主义分析和解决生态问题相对于"深绿"思潮所具有的特质和优势；有机马克思主义认为马克思主义是建立在现代性价值体系基础上的一种与生态时代不相适应的理论，因而需要对马克思主义进行修正。总体来看，西方绿色思潮由于未能从根本上彻底批判造成生态危机的制度根源，而只是在资本主义制度内部寻求解决生态危机的办法，这无疑只能治标而不能治本。中国绿色发展理念以系统的思维和整体的观点，运用唯物辩证法厘清了经济发展与生态保护之间的内在关系，既破解了我国经济社会发展面临的生态约束，又为实现人类的共生共存提供了全新的理论指导。绿色发展已经成为人类走向生态文明、实现经济社会永续发展的必然选择，在西方国家现有的绿色思潮和理论不能为资本主义国家摆脱危机提供理论依据和支撑的条件下，中国绿色发展理念必将引领21世纪的绿色思潮和可持续发展理论。

（二）实践价值

1. 绿色发展理念为我国新时代生态文明建设提供了新路径

生态文明建设是关乎中华民族永续发展的根本大计，要求人们根据经济、社会和生态的实际可能，坚持人与自然和谐共生，走生产发展、生活富裕、生态良好的绿色发展道路。中国特色社会主义进入新时代，在老百姓由过去的"盼温饱""求生存"转向"盼环保""求生态"的现实生态诉求下，良好生态环境已经成为最普惠的民生福祉。在绿色发展理念下，我国将生态环境保护和绿色发展置于国家重要的战略地位，坚持"绿水青山就是金山银山"，立足于发展经济的生产实践活动，通过产业生态化和生态产业化的"双向"转换逐步形成绿色产业链和闭环的物质循环系统，走绿色低碳循环之路，推动生活方式和生产方式变革，构建现代化经济格局。同时，将对生态环境的保护和治理从"末端治理"转向"全生命周期控制"，以从根本上破解资源环境约束，加快中国绿色经济转型，助力美丽中国建设。绿色发展理念着力破解绿色发展难题、厚植绿色发展优势、创新生态治理模式、形成绿色发展的内生动力机制。因而必将为我国摆脱发展经济抑或保护环境的“两难”困境、加快推进新时代生态文明建设提供新路径。

2. 绿色发展理念为全球生态治理提供了新思路

在全球气候变化对人类发展的整体性威胁日益加剧的背景下，没有哪个国家能独善其身，世界各国必须摈弃和超越传统治理模式，携手探寻各国共同发展的全球生态治理新模式。中国作为最大的发展中国家，始终秉持绿色发展理念，把生态治理置于经济社会发展的重要位置，不断完善生态体系，修复自然生态“本地”，使得新时代人与自然的关系不断得到改善，创造了生态文明建设的新局面。中国绿色发展理念关于经济发展与生态保护关系的唯物辩证的科学认识，既是破解中国发展问题的方向标，更为全球生态治理提供了新思路。在价值追求层面，地球是人类共同的家园，地球生态环境是全人类最大的公共品，这就要求各国携手共同应对威胁人类发展的全球生态问题；在具体实践中，中国绿色发展理念始终强调经济生态协同发展，从脱贫攻坚到乡村振兴、从人与自然和谐共生到中国“3060”双碳目标，“绿色减贫”和“绿色富民”的生动实践不仅给中国绿色发展带来了新契机，同时也为全球生态治理贡献了中国方案。习近平总书记在党的十九大报告中指出，“中国要引导应对气候变化国际合作，成为全球生态文明建设的重要参与者、贡献者、引领者”[9]。中国以一个大国应有的责任和担当，秉持多边主义原则，积极参与全球环境治理，把握世界发展规律，逐步发挥全球生态治理引领者作用。众多国家参与其中响应绿色发展行动，使得每一个参与国的独特性得到尊重，并能跨越文明隔阂，凝聚广泛共识，最终建成共同繁荣、清洁美丽的世界。这意味着中国绿色发展理念必将开启全球生态治理新思路，引导应对气候变化的国际合作，共同推动形成世界环境保护和可持续发展的全球治理方案。

3. 绿色发展理念为构建人类命运共同体提供了新共识

习近平总书记强调：“这个世界，各国相互联系、相互依存的程度空前加深，……越来越成为你中有我、我中有你的命运共同体。”2017 年 2 月联合国社会发展委员会“呼吁国际社会本着合作共赢和构建人类命运共同体的精神，加强对非洲经济社会发展的支持”，这将表明“构建人类命运共同体”的理念已经得到国际社会广泛认可。世界百年之大变局与世纪疫情的交织叠加使人类发展面临更大的风险、挑战和不确定性，这也使得各国越来越深刻认识到人类是一荣俱荣、一损俱损的命运共同体。基于此，习近平主席在 COP15 领导人峰会上首次提出“共建地球生命共同体”，并倡导“加强团结，让发展成果、良好生态更多、更公平惠及各个国家”[10]。“地球生命共同体”表明自然生态环境是人类生存和发展的基础，保护生物多样性就是保护地球家园，这既体现了人类社会发展所需的自然关照，又为构建人类命运共同体提供了最大共识。人类命运共同体与地球生命共同体突破了传统的文明冲突论，展现了全新的世界文明发展样态，既纵向地将整个人类的命运前途连接在一起，又横向地呼吁世界各国人民保护自然、保护生态，构建世界各国共同发展的地球家园。“人不负青山，青山定不负人”。绿色发展理念充分彰显了人的全面发展与自然界的高度依存依赖关系，这将表明绿色发展理念为构建人类命运共同体提供了新共识。

参考文献：

［1］马克思恩格斯全集：第 42 卷［M］. 北京：人民出版社，1979.

［2］习近平关于社会主义生态文明建设论述摘编［M］. 北京：中央文献出版社，2017.

［3］马克思恩格斯全集：第 23 卷［M］. 北京：人民出版社，1972.

［4］马克思恩格斯全集：第 31 卷［M］. 北京：人民出版社，1972.

［5］雷德雨. 习近平绿色发展思想论析［J］. 经济研究参考，2017（10）.

［6］马克思恩格斯选集：第 2 版第 4 卷［M］. 北京：人民出版社，1972.

［7］习近平. 习近平谈治国理政：第一卷［M］. 北京：外文出版社，2014.

［8］弗罗洛夫. 人的前景［M］. 北京：中国社会科学出版社，1989.

［9］习近平. 决胜全面建成小康社会 夺取新时代中国特色社会主义伟大胜利：在中国共产党第十九次全国代表大会上的报告［N］. 人民日报，2017-10-18.

［10］习近平在《生物多样性公约》第十五次缔约方大会领导人峰会上的主旨讲话. 新华网，2021-10-12.

第三编
发展战略研究

长三角城市群产业空间布局：现状、演化及对策

——基于产业链分工视角的分析

郑子媛[①] 钱书法[②]

摘 要：长三角城市群“一体化”发展必然要求调整和优化城市群产业链分工的区位布局。城市群产业链分工包括城市群整体的分工和城市群中各个都市圈的内部分工两个方面。如何在城市群各都市圈内部、城市群整体乃至国内城市群之间形成科学合理的产业链分工格局，进而在提升城市群产业链竞争力的基础上提升国家竞争力？对此，本文从产业链分工视角分析长三角城市群产业空间布局的现状、存在问题、演化路径及趋势，并对不同都市圈内部分工展开深入分析，进而提出有针对性的相关对策和建议。

关键词：城市群；都市圈；空间布局；产业链分工；区域竞争力

2016 年 6 月，国家发改委颁布《长江三角洲城市群发展规划》，明确提出要将长三角城市群打造为具有全球影响力的世界级城市群。2018 年 11 月，国务院颁布《长江三角洲区域一体化发展规划纲要》，将长三角区域一体化发展上升为国家战略，并提出，到 2025 年长三角一体化发展取得实质性进展，到 2035 年长三角一体化发展达到较高水平的明确目标。此后，长三角一体化进程逐步加速，长三角城市群在中国经济发展中的地位不断提升。在这种情形下，对长三角城市群产业空间和要素分布的合理性、有效性做出研判，对长三角一体化实质性发展所处的阶段和水平给出定量分析，就显得尤为重要和迫切。为此，对以往的相关研究进行回顾是很有必要的。

一、文献回顾

与本文相关的研究可以大致分为两类。一类是关于城市群产业空间布局的研究，另

① 郑子媛，中南财经政法大学公共管理学院博士研究生。
② 钱书法，南京财经大学经济学院教授。

一类是关于城市群产业链分工的研究。

（一）关于城市群产业空间布局的研究

城市及城市群的形成、演变和发展无不伴随着要素和产业空间布局的变化。Friedman[1]认为，地区的发展是不均衡的，在城市内部会形成“核心—边缘”的空间格局，核心区域常常是城市中心或城市聚集区，边缘区域一般位于城市郊区或乡村。核心区对外围区具有“辐射效应”和“吸附效应”，外围区依附于核心区。由于城市核心区的辐射作用与空间距离成反比，因而在城市内部形成以核心区为中心、以圈层状向外发展的空间分布格局。

随着城市的进一步集聚和扩散，城市体系逐渐在更大范围内形成。“城市体系”（urban system）的概念1960年由邓肯首次提出，用以表示以中心城市为核心，由若干规模不同、性质各异的城市所共同构成的完整层级系统[2]。1957年，戈特曼提出“都市圈”（megalopolis）概念，指出：“城际交通网络的发展将多个社会经济体连接在一起，形成一个有机的社会经济体系，并演化成多中心的区域空间结构”[3]。

此外，梯度转移理论认为，随着时间的推移和产品生命周期的变化，生产活动会依托于多层次的城市体系并进行梯度产业转移。赤松要提出雁行形态论，认为不同的城市处于不同的发展梯度，产业和要素呈不均衡分布状态，从高梯度城市到低梯度城市依次转移，因而形成梯次分工结构。在发展的中后期，城市群将围绕核心城市与次级中心城市形成多核心结构，最后形成城市网络[4]。

国内部分学者基于上述理论对单个成片区域或城市群进行了实证分析。

范剑勇[5]分析了1998—2002年长三角地区各省份的产业结构变化过程，发现该地区制造业明显的空间转移现象，主要表现为浙江承接了上海、江苏的劳动密集型产业，导致浙江的制造业份额上升、江苏保持不变、上海有所降低。

陈勇江[6]测算了长三角地区的产业结构相似系数及电子产业内部的结构相似系数，发现长三角地区存在“异质趋同”但不存在严重的“同质趋同”。李溪铭[7]则从产业结构优化、产业结构分工两方面对成渝城市群的时空演变特征进行了分析和总结。

部分学者还探讨了不同区域的产业空间关联效应及相互作用，使用空间计量分析方法分析特定城市的专业化部门的专业化程度对城市群内其他城市的溢出效应。如郑志丹[8]，运用空间计量方法研究了京津作为金融中心和经济总部对京津冀城市群内其他城市的“吸附效应”和“溢出效应”，等等。

（二）关于城市群产业链分工的研究

学者们主要将城市群的产业链分工分为两类——产品分工和功能分工（或产业分工）。产品分工是指各个城市分别生产不同种产品，功能分工是指各个城市分别承担同一产品生产过程中的不同功能[9]。研究发现城市群内部的产业链分工正由产品分工向功能分工转化[9][10]，城市群内部城市间的功能分工形成了城市群产业链[11]。

张若雪[9]研究发现长三角各地区的产品专业化自2003年达到最高点后持续降低，而专业人员、研发总部在上海持续集中说明功能性分工增强。侯杰和张梅青[12]使用不同行业的区位熵方法探讨了京津冀城市群内生产制造功能和生产性服务功能的布局，发现北京、天津和河北存在明确的功能分工，但天津、河北未能起到分担北京非核心功能的作用，功能分布相对不均衡。

不难看出，迄今，虽然学者们在城市群产业空间布局和城市群产业链分工两个方面进行了较为系统的理论和实证研究，但将二者结合起来的研究成果还较为鲜见。为此，本文基于产业链分工的视角，探讨长三角城市群产业空间布局的现状、演变路径及其走向，并对不同都市圈内部展开具体分析，力图发现问题，弄清症结所在，进而提出调整和优化该地区产业链空间布局的相关对策建议。

二、长三角城市群产业空间布局的分析方法

产业结构演化是生产要素在各经济部门和不同产业之间的重新配置，以及产业产值比重不断变化的过程[13]。长三角城市群产业链分工涉及产业的跨区域布局和要素的跨区域配置，因而必然引起城市产业结构的变化。

（一）研究假说

以长三角城市群为整体，城市群的产业集中度能够反映特定产业在城市群内各个城市间分布的离散程度。城市群产业链分工程度越深，在城市产业集群间越能形成稳定的契约关系，特定产业也越有可能由某几个城市主要承担，城市群产业集中度就越高。

在产业发展的生命周期中，可能存在产业链分工以外的因素导致产业集中度演变过程的波动。例如，对于那些处于产业转移过程中的成熟产业和夕阳产业，也可能在产业转型阶段出现产业集中度下降的现象。

因此，不论是城市群整体的产业集中度变化还是单个城市内部的产业结构演化，都能在一定程度上反映城市群产业链的分工现状。基于此，提出以下假说：随着长三角城市群产业链分工的不断深化，群内各个城市的产业专业化水平将不断提高、产业多样化水平将不断下降，城市群内部产业集中度将不断上升。

（二）指标构建及数据来源

地区的产业专业化水平能够反映地区的专业化生产程度和专业化部门的集聚程度。本文使用区位熵（LQ）指标来测度产业专业化水平：

$$LQ_{ijt} = \frac{s_{ijt}}{s_{jt}} \tag{1}$$

式（1）中，令 s_{ijt} 表示时间 t 城市 i 中 j 行业的就业人数占城市 i 中总就业人数的比重，令 s_{jt} 表示时间 t 长三角城市群 j 行业的就业人数占总就业人数的比重。LQ_{ijt} 值越大则表明 i 城市 j 行业的集中程度越高。如果 $LQ_{ijt} > 1$，则表示 i 市 j 行业的集中程度高于长三角城市群的平均值，是该市的专业化部门和产品输出部门。

进一步地，城市 i 的专业化水平为

$$\mathrm{LQ}_{it} = \max_{j} \mathrm{LQ}_{ijt} \tag{2}$$

此时产业 j 为城市 i 在时期 t 的主导产业。

地区的产业多样化水平能够反映地区的产业多样化集聚程度。本文使用赫芬达尔-赫希曼指数（HHI）来测度产业的多样化水平。赫芬达尔指数最初是衡量市场竞争和垄断关系的指数，反映市场中厂商规模的离散度。本文中用来衡量城市中各个经济部门规模的离散度，即产业的多样化水平。具体公式为

$$H_{it} = \sum_{j=1}^{m} s_{ijt}^{2} \tag{3}$$

式（3）中，H_{it} 越大表示城市 i 的产业多样化水平越高。

城市群的产业集中度可以由产业在城市群内部分布的离散程度来表示。1991 年克鲁格曼提出的空间基尼系数就是测度产业空间集聚程度的一种指标，公式为

$$G_{jt} = \sum_{i=1}^{n} (v_{ijt} - v_{it})^{2} \tag{4}$$

式（4）中，令 v_{ijt} 表示时间 t 城市 i 中 j 行业的就业人数占城市群 j 行业总就业人数的比重，令 v_{it} 表示时间 t 城市 i 就业人数占长三角城市群总就业人数的比重。$v_{ijt} - v_{it}$ 表示与城市各产业的平均产业规模占比相比 j 产业规模占比的优势，以此判断 j 产业在 i 地区产业结构中的专业化程度。空间基尼系数越大表示产业在空间上的集聚程度越高，即产业同构程度越低。

对各个产业的空间基尼系数进行简单求和，可得城市群综合空间基尼系数，表示产业同构综合值：

$$G_{t} = \sum_{j=1}^{m} G_{jt} \tag{5}$$

本文对长三角城市群 27 个城市包含制造业在内的 7 个产业分别测算了其专业化水平、产业多样化水平和产业同构状况，以直观反映长三角城市群的产业链分工现状。

长三角城市群涵盖的城市范围由中共中央、国务院印发的《长江三角洲区域一体化发展规划纲要》（2019）和国家发展改革委、住房城乡建设部《长江三角洲城市群发展规划》确定，包括上海市，江苏省南京、无锡、常州、苏州、南通、扬州、镇江、盐城、泰州，浙江省杭州、宁波、温州、湖州、嘉兴、绍兴、金华、舟山、台州，安徽省合肥、芜湖、马鞍山、铜陵、安庆、滁州、池州、宣城 27 个城市。7 个产业包含制造业和 6 个具有代表性的生产性服务业，分别是信息传输、计算机服务和软件业（以下简称“信息服务业”），金融业，交通运输、仓储及邮政业（以下简称“交通运输业”），批发和零售业（以下简称“零售业”），租赁和商务服务业（以下简称“商务服务业”），科研、技术服务和地质勘查业（以下简称“科技服务业”）六类。以上变量的数据来自国研网数据库、《中国城市统计年鉴》以及各城市统计年鉴。

三、长三角城市群产业空间布局的动态分析

（一）城市产业专业化水平的动态变化

图 1、表 1 直观展示了长三角城市群中 27 个城市的产业结构变迁及城市间的产业分工现状。表 1 中“主导产业变化”列出了连续超过 3 年作为特定城市的主导产业的产业，“2018 年专业化产业”列出了该城市在 2018 年的主导产业及其他区位熵不小于 1 的产业。将这些产业单独列出，有助于通过各个城市专业化产业的横向比较，考察各个城市在产业链分工中所处的独特地位，分析城市间产业的协调性、互补性，以利于充分发挥各城市的竞争优势和城市群内部分工合作的整体功能。

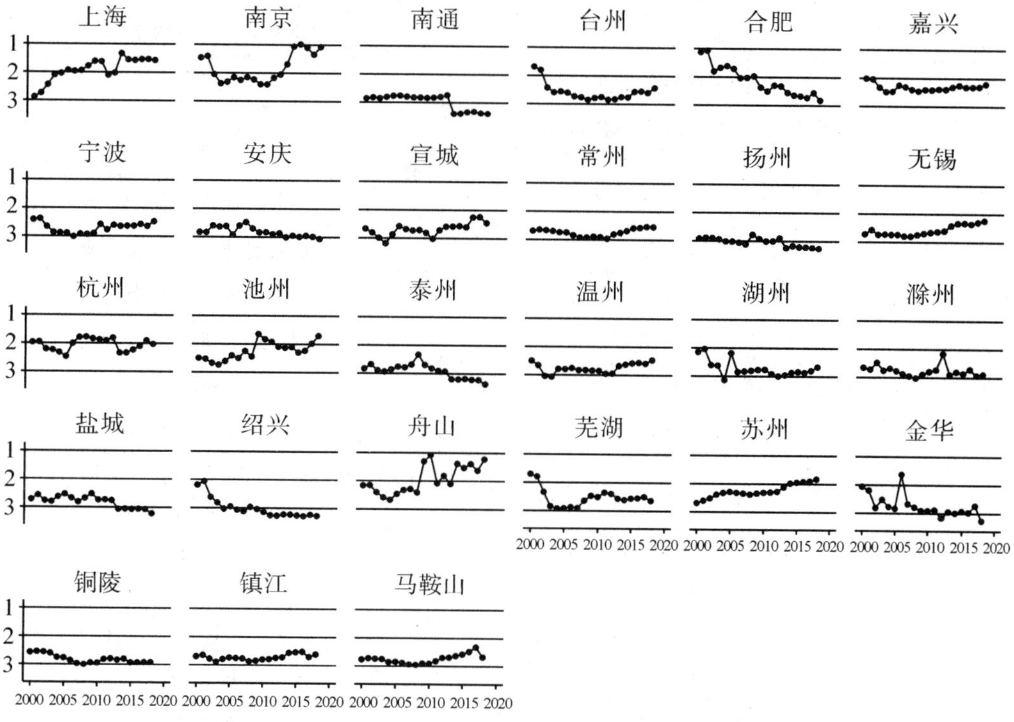

图 1　长三角城市群城市产业专业化水平变化趋势

从上图不难看出，经济相对发达的城市，如上海、南京、苏州、无锡、宁波、舟山等，它们的产业专业化水平呈明显上升趋势，表明这些城市在城市群价值链分工中参与程度较高、专业化部门优势突出。参照表 1，可以发现上海、南京、宁波、舟山、无锡都经历了产业转型过程，因而使这些城市的专业化程度得以持续保持在较高水平。尤为突出的是苏州，长期以来一直以制造业为主导产业，通过不断做大做强制造业，使主导产业的专业化水平持续攀升。此外，还可以看出，近年来仍有部分城市主导产业的专业化水平在走低，如合肥、扬州、泰州、绍兴、金华等。

表 1 显示，嘉兴、绍兴、无锡、泰州、马鞍山因承接上海非核心功能的一般制造业

转移，都经历了主导产业由金融业向制造业的转变。泰州在医药、化工、造船、机电四大制造产业上实力强劲，具有众多代表性企业，但受产业变化周期影响，近年来制造业专业化水平持续下降，正面临向生物医药和新型医疗器械、高端装备和高技术船舶、化工及新材料等先进制造业转型的抉择。嘉兴、绍兴、无锡在服装纺织等轻工制造业上具有明显优势，但近年来也受到不小的冲击。如绍兴的河桥滨海工业区致力于打造国际纺织品制造中心，但受全球经济增速放缓影响，绍兴制造业专业化水平持续走低。嘉兴、无锡在扩大自身轻工业制造优势的同时积极承接由上海转移的智能家居、精细化工、汽车制造等先进制造业，从而使制造业专业化维持在较高水平。

表 1　长三角城市群各城市产业结构特征

城市	主导产业变化	2018 年专业化产业
安庆	零售业→信息服务业→金融业	制造业
常州	制造业	制造业、科技服务业
池州	交通运输业→金融业	金融业
滁州	零售业→交通运输业→金融业	制造业、金融业
杭州	科技服务业→信息服务业	信息服务业、科技服务业、商务服务业、金融业、零售业
合肥	科技服务业	交通运输业、科技服务业
湖州	金融业→制造业→金融业	金融业、制造业
嘉兴	金融业→制造业	制造业、商务服务业
金华	金融业→商务服务业→金融业	金融业
马鞍山	制造业→金融业	金融业、制造业
南京	科技服务业→交通运输业→信息服务业	信息服务业、科技服务业、交通运输业、零售业、商务服务业
南通	制造业→金融业→制造业	制造业
宁波	金融业→商务服务业→金融业	金融业、制造业、交通运输业
上海	零售业→商务服务业→科技服务业→商务服务业	商务服务业、零售业、科技服务业、交通运输业、信息服务业、金融业
绍兴	金融业→制造业	制造业
苏州	制造业	制造业
台州	金融业	金融业、制造业
泰州	金融业→制造业	制造业
铜陵	制造业	制造业
温州	金融业→制造业→金融业	金融业
无锡	金融业→制造业	制造业
芜湖	交通运输业	交通运输业、制造业
宣城	金融业→信息服务业→金融业	金融业、制造业

表1(续)

城市	主导产业变化	2018 年专业化产业
盐城	金融业	金融业
扬州	制造业→信息服务业→制造业	制造业
镇江	交通运输业→金融业→制造业	金融业、制造业
舟山	交通运输业→商务服务业→零售业→交通运输业	交通运输业、金融业、商务服务业

长三角城市群包含五大都市圈，分别为南京都市圈、杭州都市圈、苏锡常都市圈、宁波都市圈、合肥都市圈。南京都市圈主要由南京、镇江、扬州组成，形成以南京为首、镇江为金融中心、镇江和扬州为制造基地的分工格局。杭州都市圈由杭州、嘉兴、湖州、绍兴组成，形成以杭州和嘉兴为电子商务中心、湖州为金融中心、绍兴为制造基地的分工格局。宁波都市圈由宁波、舟山、台州构成，宁波和台州主要发挥金融中心和制造基地的功能，台州是小微企业金融服务改革创新试验区，舟山和宁波作为全国交通的枢纽，交通运输业尤其是江海联运服务业发达，此外，舟山还为宁波都市圈提供良好的租赁和商务服务，建立了浙江舟山群岛国家级新区。苏锡常都市圈中苏州、无锡、常州均为先进制造业集聚区，通过与上海综合服务功能对接，基本形成垂直分工格局。合肥都市圈核心城市包括合肥、芜湖、马鞍山，合肥拥有中科院、中国科学技术大学等丰富的科研资源，是合肥都市圈的科技服务中心，科技创新合作平台的示范区，也是连接安徽和苏浙沪的枢纽。合肥都市圈内其他城市的传统制造业基础较好，主要承接东部技术和产业转移，但同时也面临着产业转型升级的压力。

可见，长三角城市群产业链分工格局迄今还较多处在都市圈内部分工阶段，都市圈之间乃至城市群整体层面的产业链分工协作亟待加强。以制造业为主导产业的城市多数受经济周期波动冲击较大，部分城市直接面临着产业专业化程度下降的压力。当然，从总体上看，伴随着都市圈之间乃至城市群之间产业链分工的深化，越来越多的城市正处于从传统制造业向先进制造业、现代生产性服务业转型升级，以及传统制造业自身的转型升级之中。

（二）城市产业多样化水平的动态变化

图 2 是长三角城市群城市产业多样化水平的变化趋势图。可以看出，多数城市产业多样化水平在小范围内波动，如上海、南京、宁波、杭州、湖州、舟山、芜湖、铜陵、镇江、马鞍山等。其中，上海的产业多样化水平介于 0.2~0.3，处于较低水平，并呈下降趋势，位于第一梯队；南京和杭州的产业多样化水平处于 0.3 左右，位于第二梯队；宁波、舟山、芜湖、镇江介于 0.3~0.4，位于第三梯队；湖州、铜陵、马鞍山处于 0.4 左右，位于第四梯队。多样化水平较低反映了参与城市群产业链分工的程度较深，该城市与城市群内其他城市间存在较高程度的功能分工，经济资源配置的集中度较高，优势产业具有较高的辨别度。

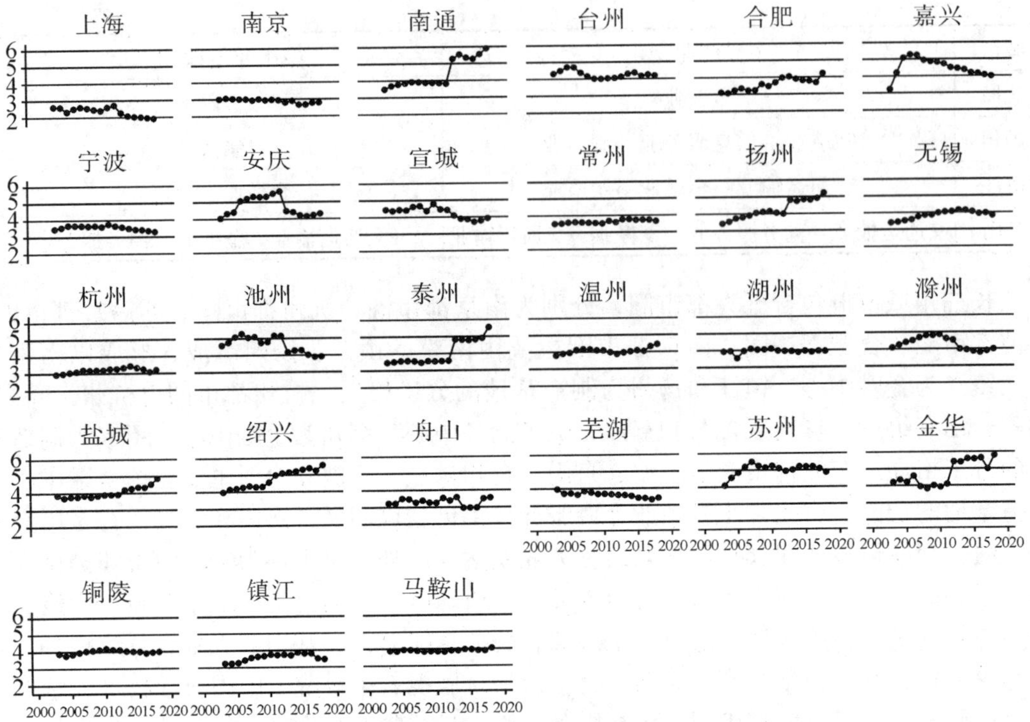

图 2　长三角城市群产业多样化指数变化趋势

安徽省众多城市产业多样化水平长期处于较高水平（高于 0.4），如安庆、池州、滁州等，这可能与这些城市的产业实力比较平均有关，近年来这些城市的多样化水平均呈下降趋势，表明在城市群价值链分工中的参与程度有所上升。

江苏境内南通、扬州、泰州、盐城等多个城市的产业专业化水平在近 10 年不断攀升。而江苏苏州的产业多样化水平却保持在 0.5 左右，这是因为苏州除主导产业外的其他产业专业化集聚程度也较高，苏州内部生产性服务业实力总体较强且较为均衡。不过，近年来城市群功能性分工对苏州产业结构影响显著，苏州的制造业专业化水平不断提高，产业多样化水平呈下降趋势。

浙江省以嘉兴绍兴、金华为例。该市的产业多样化水平呈明显下降趋势，表明在产业链分工中主体功能强化，疏解了非主体功能。具体而言，嘉兴的制造业专业化程度显著上升，零售业、金融业、信息服务业的专业化水平则显著降低。相反，绍兴、金华的产业多样化水平近年来明显上升，原因主要在于这两个地区的交通运输业、金融业、信息服务业等专业化水平持续走低。

概括地说，长三角城市群中经济相对发达的城市产业多样化水平较低，也即参与城市群产业链分工的程度较高。相反，经济相对不发达的城市产业专业化水平较低，也即参与城市群产业链分工的程度较低。部分城市产业多样化水平上升只是区域产业转型过程中因区域市场狭小所带来的短暂现象，而城市产业专业化水平提高则是在城市群一体化过程中，市场规模扩大，单个城市的专业化水平得以提升、城市群在迂回分工中出现整体报酬递增所致。

（三）产业集中度的动态变化

图 3 为长三角城市群产业集中度变化趋势图。可以看出，制造业、金融业集中度较低，商务服务业集中度较高，表明商务服务业等高端生产性服务业功能主要由特定的几个城市来承担，分工格局明朗。产业集中度综合值及众多产业集中度处于上升的态势，表明城市群产业链分工逐渐强化，逐步形成不同城市主体功能互异互补的分工格局。部分产业，如科技服务业、商务服务业的产业集中度波动较大，在 2008 年金融危机后一段时间内均大幅度降低，这可能与各地政府为应对危机而加大了对这些新兴产业的投资有关，导致重复建设。不过，从 2013 年起，中国经济进入“新常态”后，这两个产业的集中度又呈现出稳步上升的态势。

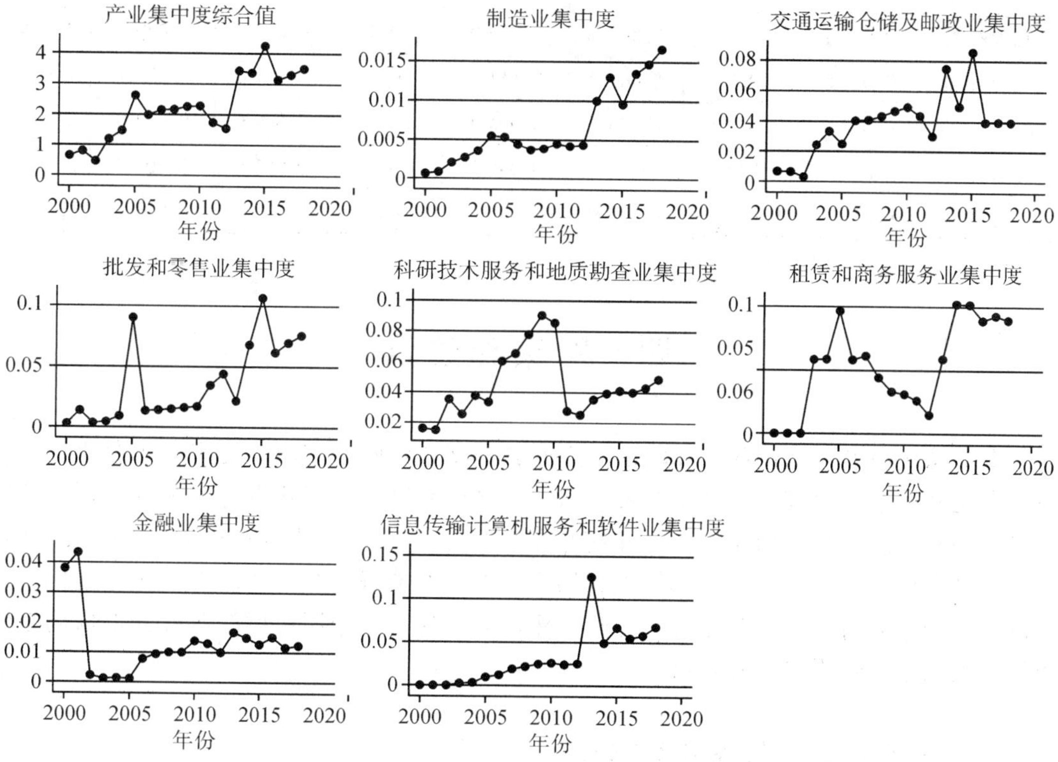

图 3　长三角城市群产业集中度变化趋势图

为进一步探讨长三角城市群范围内的产业集中状况，表 2 列出了五大都市圈的产业集中度。其中，苏锡常都市圈的产业集中度普遍较低，表明苏州、无锡、常州各产业实力相当，都市圈内部分工不明确，但苏锡常与上海紧密互动，纵向、分工关系清晰。南京都市圈和杭州都市圈在多种生产性服务业上的产业集中度水平相近，产业集中度较高，都市圈内分工明确，已经在局域范围内形成了中心城市辐射周边城市、周边城市反哺中心城市的良性循环格局。宁波都市圈的产业集中度综合值接近于长三角城市群平均水平，在金融业、信息服务业上具有一定的优势，而在科技服务业、商务服务业上的优势不明显。合肥都市圈制造业集中度高于长三角城市群平均水平，金融业、信息服务业集中度水平略低。

总体而言，长三角城市群产业集中度水平普遍呈上升态势，表明长三角城市群产业链分工在不断深化，各个城市的产业结构差异化程度增强。其中，从局域上看，南京都市圈和杭州都市圈的分工程度较高，苏锡常都市圈内部分工程度较低，但与上海之间业已形成紧密的垂直分工格局。

表2　2018年长三角城市群各都市圈分产业集中度状况

都市圈	制造业集中度	交通运输、仓储及邮政业集中度	批发和零售业集中度	科研、技术服务和地质勘查业集中度	租赁和商务服务业集中度	金融业集中度	信息传输、计算机服务和软件业集中度	产业集中度综合值
南京都市圈	0.008 9	0.080 2	0.082 0	0.093 0	0.018 8	0.129 5	0.550 3	0.962 8
苏锡常都市圈	0.006 1	0.027 6	0.003 3	0.025 0	0.004 5	0.016 3	0.070 2	0.152 9
杭州都市圈	0.035 6	0.060 9	0.067 9	0.114 2	0.054 6	0.197 0	0.574 1	1.104 3
宁波都市圈	0.010 5	0.048 1	0.038 7	0.005 4	0.010 6	0.048 6	0.142 0	0.303 8
合肥都市圈	0.034 0	0.017 5	0.007 1	0.045 2	0.012 7	0.061 6	0.263 8	0.441 8
长三角城市群	0.016 6	0.039 6	0.075 9	0.048 8	0.089 7	0.012 4	0.068 1	0.351 0

四、对策和建议

本文从城市产业结构演变和城市群产业集中度变化两个方面，使用产业专业化、产业多样化和产业集中度三个指标对长三角城市群产业链分工现状进行了定量分析。检验结果表明，现阶段长三角城市群产业链分工依然较多地处在都市圈范围内。研究显示，长三角城市群内部城市间分工协作机制仍不完善，城市群组织的作用尚未充分发挥，产业链的空间布局有待调整和拓展。为此，作者从构建长三角城市群产业链分工格局整体出发，提出以下若干对策和建议。

（一）依据科学规划，落实顶层设计

自2016年国务院批复《长江三角洲城市群发展规划》（以下简称《规划》）以来，“一市”（上海市）、“三省”（江苏省、浙江省、安徽省）按照《规划》要求，在不断培育更高水平的增长极，“力争到2030年全面建成具有全球影响力的世界级城市群”目标上取得了长足进展。下一步，要进一步发挥制度优势，落实《规划》各项任务，落细具体举措。

健全长三角地区政府层面的“三级运作”机制，强化地方政府联合议事决策能力，以召开协作联席会议的形式促进长三角城市间产业协作、创新协作和政策联动。促进生产要素流动，破除城际间行政壁垒，实现基础设施互联互通、公共服务有效对接，形成统一市场，创新制度环境共建共享，建立现代、高效、有序的治理体制和机制。

以上海为引领，共建全球科技创新集群，构建网络化、开放型、一体化发展格局，持续在制度创新、科技进步、产业升级、全方位开放等方面走在全国前列。建立城市群一体化发展专项基金，由统一的部门监督基金运行，完善基金收支结余管理，吸引社会资本加入，保障资金稳定收入来源，资金重点投向跨区域重大基础设施建设、产业链创新链协同建设、生态环境共同治理等领域。

（二）合理城市群布局，凸显都市圈优势

着力构建“一核五圈四带”的网络化空间格局。发挥上海龙头带动的核心作用和区域核心城市的辐射作用，分步推动都市圈、城市群同城化，强化沿海发展带、沿江发展带、沪宁合杭甬发展带、沪杭金发展带的聚合发展。

在五大都市圈层面强化主导产业链关键领域创新，形成一批具有国际竞争力和影响力的大型企业或产业集群，聚焦钢铁、石化、汽车、纺织、服装、电子、量子、信息、装备制造等产业集群发展和产业链关键环节创新，实现传统产业转型升级，提升主导产业核心竞争力，在城市群内打造全球领先的产业链。同时，培育一大批具有国际一流科技水平和竞争优势的国内价值链“龙头企业”“旗舰企业”和“隐形冠军”，培育本土跨国公司，进而为构建“以我为主，自主创新”的全球价值链做出贡献。

（三）明确城市主体功能定位，打造价值链竞争优势

城市群内各个城市要明确自身主体功能定位，错位发展，充分发挥资源禀赋优势，形成合力。

在全社会树立国家竞争力“以城市群为度量单位”“以产业为度量单位”的新理念。国有大型企业必须认清自己在支撑产业和经济体系中的地位，主动承担国家产业发展战略的主体责任，带动引领大中小微型企业参与产业链、创新链建设，在多个层面上打造具有核心竞争力的跨国公司、产业链、产业集群和开发区。

中小企业应该充分发挥灵活性、创新性优势，在产业链上合理定位，创造竞争优势和核心竞争力，生产具有世界一流水平的“专、精、特、优”中间产品或零部件，打造世界级品牌供应商，改变中国企业长期以来在价值链上的从属地位，从“中国制造”向“中国创造”转变，在实现产业链条某些区段上突破的基础上，形成以国内价值链主导的全球价值链。

通过构建城市群产业之间、产业内部和产品内部的产业链分工组织，发展战略性新型产业。出台相关重大法规和政策，全面深化城市群产业链分工与协作，积极培育开放竞争型产业集群、产业组织、行业协会等一体化网络组织，利用我国广阔的国内市场需求和制造腹地优势，做大做强国内价值链，避免盲目加入全球价值链所可能陷入的产业链分工陷阱。

（四）明确区域利益关系，健全利益协调机制

区域间分工与合作的前提是明确区域利益关系，建立健全区域利益协调机制，避免“搭便车”和恶性竞争行为。

利益协调机制包括利益分配、利益补偿、利益仲裁等多个方面。

在利益分配上，建立税收利益共享机制，提高由产业转移、跨区域合作项目产生的利益在城市间配置效率，设立专项基金用于共建共享，保障合作项目资金来源，促进共建共享局面的形成；在利益补偿上，对于因履行主体功能而效益不佳的城市予以补偿，降低由分工调整产生的摩擦力，促进合作局面的形成；在利益仲裁上，鼓励政府部门、社会组织参与到区域分工的利益仲裁中，协调各方利益，解决利益纠纷，避免出现城市间获得分工利益严重不均的现象。

参考文献：

[1] J R FRIEDMAN. Regional Development : A Case Study of Venezuela [M]. The MIT Press, 1966: 5.

[2] DUNEAN O D. Metropolis and Region [M]. NewYork: Taylor&Francis, 1960: 36-157.

[3] GOTTMANN J. Megalopolis : the urbanized northeastern seaboard of the United States [M]. Twentieth Century Fund, 1961.

[4] 周韬. 空间生产视角下的城市群分工机理探析 [J]. 技术经济与管理研究, 2018, 6: 114-118.

[5] 范剑勇. 长三角一体化、地区专业化与制造业空间转移 [J]. 管理世界, 2004, 11: 77-84.

[6] 陈勇江. 长江三角洲区域产业结构趋同及其治理建议 [J]. 中国发展, 2010, 2: 69-72.

[7] 李溪铭. 成渝城市群产业结构的时空演化特征 [J]. 中国西部, 2020, 6: 115-124.

[8] 郑志丹. 京津冀协同发展背景下金融聚集的溢出效应：基于长三角、珠三角空间面板的对比分析 [J]. 经济管理, 2016, 3: 33-44.

[9] 张若雪. 从产品分工走向功能分工：经济圈分工形式演变与长期增长 [J]. 南方经济, 2009, 9: 37-48.

[10] FUJITA A M, B T Tabuchi. Regional growth in postwar Japan [J]. Regional Science and Urban Economics, 1997, 27 (6): 643-670.

[11] 周韬, 郭志仪. 价值链视角下的城市空间演化研究：基于中国三大城市群的证据 [J]. 经济问题探索, 2014, 11: 107-112.

[12] 候杰, 张梅青. 城市群功能分工对区域协调发展的影响研究：以京津冀城市群为例 [J]. 经济学家, 2020, 6: 77-86.

[13] KUZNETS S. Part 2 Ⅱ Quantitative Aspects of the Economic Growth of Nations: VIII. Distribution of Income by Size [J]. Economic Development & Cultural Change, 1963, 11 (2): 1-80.

新兴产业布局和转移机理研究

——以山西省为例①

王亚丽②

摘　要：本文以产业布局相关理论为基础，分析了新兴产业布局和转移的目标和原则，认为新兴产业布局和转移应基于产业结构优化升级—现代产业体系构建—现代化经济体系构建的目标思路，分步骤、有目标地实现经济的高质量发展，并从自然条件、经济、社会等方面总结了新兴产业布局和转移的影响因素，以山西省为例，本文利用Pearson 相关系数法分析了山西省新兴产业布局和转移的影响因素，以期通过以上理论分析为新兴产业布局和转移的对策研究提供理论参考和依据。

关键词：新兴产业；布局；转移；机理

一、新兴产业布局和转移理论分析

（一）相关概念界定

1. 新兴产业的内涵

新兴产业是指关系国民经济社会发展和产业结构优化升级，具有全局性、长远性、导向性和动态性特征的产业。新兴产业是一个相对动态的概念，在不同时期，新兴产业的内涵、种类、特征不同，会随着工业化进程和经济发展水平的变化而变化，因而从未来发展的视角去理解新兴产业可以赋予其更长久的内涵。从时间上来看，没有哪一种产业一直保持新兴的状态；从空间上来看，某一个国家或地区的新兴产业对于其他国家或地区来说则可能是成熟产业，并且新兴产业不局限于某一个产业、行业或领域。到目前为止，学术界对于新兴产业并没有一个统一的定义，一些学者认为新兴产业是产业演进

① 基金项目：2020 年山西省哲学社会科学规划课题《山西承接新兴产业布局和转移对策研究》（2020YY218）、2021 年山西省高等学校哲学社会科学研究项目《山西省生活性服务业有效提品质扩内需的产业政策研究》（2021W096）的研究成果。

② 王亚丽，太原师范学院经济系教师。

过程的初级阶段。也有学者认为，新兴产业不仅具备新的经济生产特点，而且已经形成了一定的产业规模，在整个产业中具有一定的影响力。综合已有研究成果，本文将新兴产业定义为随着科学技术的发展及其科研成果在新的产业当中的应用而产生的具有高技术含量、高附加值、资源节约等特点的产业类型，这些产业对于产业结构优化升级、构建现代产业体系、提供经济发展新动能具有重要的促进作用。

2. 产业布局和转移

产业布局是指产业在一国或一地区范围内的空间分布和组合的经济现象。产业布局在静态上看是指形成产业的各部门、各要素、各链接在空间上的分布态势和地域上的组合。在动态上，产业布局则表现为各种资源、各生产要素甚至各产业和各企业为选择最佳区位而形成的在空间地区上的流动、转移或重新组合的配置与再配置过程。产业转移是发生在不同经济发展水平的区域之间的一种经济现象。产业转移与产业生命周期紧密相连。产业的生命周期可以划分为投入期、成长期、成熟期和衰退期四个阶段。随着产业处于不同的生命周期，其在本地区的比较优势随之发生变化，因而为了持续发挥该产业对于经济发展的贡献作用，需要将它转移到其他地区。产业转移对于区域经济结构调整及区域间经济关系的优化具有重要意义。产业转移是产业布局的基础和重要内容。随着经济的发展，某一地区的比较优势和支柱产业势必会发生变化，通过产业转移，优化产业布局，能够有效推进生产力空间布局合理化，将区域发展不平衡转化为中国经济梯级发展的有效力量，实现区域协同发展。

（二）新兴产业布局和转移的理论基础

1. 创新理论

相对于传统产业来说，新兴产业是随着新兴技术的诞生和新的科研成果的应用而出现的新的行业，关系着产业结构的优化升级，促使创新驱动区域经济发展。

马克思曾系统地表达过关于创新的思想，在经济学手稿《机器、自然力和科学的应用》一书中，马克思以新机器的使用为例，分析了技术创新的社会过程，并且指出创新“是有利于整个资本主义生产”的，可以持续和扩散[1]。约瑟夫·熊彼特提出的创新理论也具有代表性，在经济学中被广泛应用。他开创性地将创新理解为建立一种新的生产函数，将生产要素和生产条件的新组合引入生产体系[2]。熊彼特对马克思的创新理论给予了高度的评价和肯定。不同的是，熊彼特更多地是将创新理论应用到微观经济层面，马克思的创新思想则涉及经济社会生活的方方面面。创新理论对于新兴产业布局和转移有着重要的指导作用创新，是新兴产业布局和转移的核心，不仅能够通过生产要素的新组合打破现有资源约束和发展瓶颈，而且能够依靠科技创新培育新的经济增长点，是推动经济发展方式从资源依赖转向创新驱动，加快经济转型升级的现实需要。

2. 两基准理论

两基准理论由日本经济学家筱原三代平在 1957 年提出，是一个关于日本规划未来产业结构或者选择战略产业的基本准则[3]。具体来说，该理论中的两基准分别是指收入弹性基准和生产率上升基准。不同产业有着不一样的需求收入弹性，不同的需求收入弹性表明这些产业未来可能的市场容量是不同的。具体来说，需求收入弹性高的产业更有优势去进一步提升自己的市场占有率，以谋求自身的长远发展。所以可以看出，根据收入弹性基准理论，发展中国家应把有限的资源投向那些有着较高需求收入弹性的行业中。生产率上升率基准是指由于各企业在发展过程中具有不同的技术进步程度所以导致了各产业在生产中劳动生产率的不同。在一些市场因素相同且不变的条件下，那些致力于加快技术进步进而增加生产率的产业，由于效率的提高和自身生产成本的降低，可以产生更多的收入。因此，很明显，发展中国家和地区把资源投向具有这种特征的产业，无疑会有利于创造更多的国民收入，增加社会福利。

3. 主导部门理论

美国经济学家罗斯托在前人已有理论的基础上对主导部门理论进行了全面且系统的分析和研究。在《经济成长的阶段》一书中，罗斯托将人类社会划分为六个经济成长阶段，即传统社会、为起飞创造前提、起飞、走向成熟、大众消费和超越大众消费这六个阶段[4]。其中起飞阶段是发展中国家向发达国家过渡的起始阶段。而且罗斯托认为，要实现经济起飞，必须具备三个条件：第一，要有10%以上的投资增长率；第二，要建立主导产业部门；第三，要有制度上的保证。其中，该六个阶段中各个阶段的变化都是以主导部门的更替作为标志的。此处选择的这类产业是与其他的产业有着较强的前向和后向关联关系的，以便于达到由该产业率先发展带动其他产业从而推动国民经济的发展的目的。不同主导部门在经济成长的各阶段都是通过一种“关联效应”影响带动其他部门发展。

二、新兴产业布局和转移目标及原则

（一）新兴产业布局和转移目标

1. 优化产业结构

立足产业基础优势，发展壮大新一代信息技术、新材料、高端装备、新能源等新兴产业，通过新兴产业的前瞻布局，优化区域布局，形成分工明确、相互衔接的产业发展格局。聚焦产业链关键缺失环节，积极对接行业龙头新兴产业项目，强健产业链、优化价值链、提升创新链，强化产业集群对链条的整合，推动产业集群式发展。在新兴产业布局和转移过程中，加强优势企业培育，壮大一批高成长新兴产业企业，持续促进产业结构优化升级，为全方位推动高质量发展提供有力支撑。

2. 构建现代产业体系

党的十九大报告指出：“在中国经济的高质量发展阶段，必须着力加快建设实体经济、科技创新、现代金融、人力资源协同发展的产业体系。”十九届五中全会公报提出“加快发展现代产业体系，推动经济体系优化升级”。这为未来一个时期我国推动产业高质量发展指明了方向。加快建设实体经济、科技创新、现代金融、人力资源协同发展的产业体系，是以习近平同志为核心的党中央把握全球产业变革趋势、针对我国经济发展实际做出的重大决策部署，是建设现代化经济体系的重要方面。加快建设现代产业体系，必须坚持以习近平新时代中国特色社会主义思想为指导，着力提升我国产业发展的层次和水平，推动我国产业发展迈向全球产业链价值链中高端。在我国经济由高速增长阶段转向高质量发展阶段的关键时期，新兴产业发展方兴未艾，应把新兴产业作为调结构、促转型、保增长、构建现代产业体系的重要战略部署来抓，这也是新兴产业布局和转移要实现的一个基本目标。

3. 构建现代化经济体系

党的十九大以来，建设现代化经济体系已成为应对新时代社会主要矛盾转化和推进高质量发展的最有效抓手。党的十九届五中全会通过的《中共中央关于制定国民经济和社会发展第十四个五年规划和二〇三五年远景目标的建议》（以下简称《建议》）中对现代化经济体系着墨颇多，从“建设”到“加快建设”再到“建成”，擘画了宏伟蓝图，为经济高质量发展提供了根本遵循思路。产业体系是建设现代化经济体系的支柱，经济体系的现代性，前提必须是产业体系的现代性。产业结构是产业体系的首要内容，而新兴产业对于产业结构的优化升级具有重要作用。因而，应基于新兴产业布局和转移——产业结构优化升级——现代产业体系构建——现代化经济体系构建的思路，分步骤有目标地实现我国经济的高质量发展。

（二）新兴产业布局和转移原则

1. 生态、经济、社会协调发展原则

随着经济发展到一定阶段，人们的生活水平逐步提高，人们不再仅仅追求物质上的满足，更要追求精神上、思想上等高层次的愉悦感来获得幸福感，生态质量成为影响人们感知幸福度的一个重要指标，而人们的幸福感又关系到社会稳定和经济发展。在进行新兴产业布局和转移时，需要充分考虑资源承载和环境约束，保持经济发展规模与社会发展水平相一致，布局与资源环境生态相协调的生产规模和产业结构，建立生态、经济、社会协调发展的现代产业体系。

2. 空间均衡原则

人口和资源分布是新兴产业布局的重要影响因素，因而在进行新兴产业布局和转移时要充分考虑空间均衡问题，既包括区域人口的分布问题，又包括区域资源的丰裕程度和分布特征，依据资源禀赋和生产要素条件，合理布局产业发展，同时引导就业人口的流动，促进区域经济均衡发展。

3. 市场效率原则

新兴产业布局和转移的目标是优化产业结构，建立现代产业体系，构建现代化经济体系。在市场经济条件下，市场效率是永恒的追求，这就要求在新兴产业布局时，充分发挥市场对于资源配置的决定性作用，遵循市场经济规律，围绕激发活力、提高效率，科学、合理布局新兴产业，实现产业投入产出的最大化。

三、新兴产业布局和转移的影响因素

（一）自然条件

自然条件是人类从事生产、生活的基本环境，是新兴产业布局和转移的物质基础和先决条件。资源型产业的发展直接受自然资源禀赋和分布的制约。比如新能源行业中的风能、太阳能等新兴产业，在布局和转移时首先考虑到的就是该区域是否具有丰富的风能、太阳能自然资源。新材料行业布局和转移要求该区域具备丰富的矿产资源。自然资源禀赋是资源型产业布局和转移的首要外部条件，因而应根据本区域的自然条件来确定是否适合引入该产业。

（二）经济条件

经济条件指区域经济发展水平，包括区域的市场发展程度、资本丰裕程度等经济条件约束。由前文分析新兴产业布局和转移的目标可知，促进当地经济发展是最终落脚点和归宿。因而新兴产业布局和转移应基于当地经济状况，考虑新兴产业的市场竞争环境、市场规模等因素，有利的经济条件能够促进新兴产业产品的更新迭代和技术升级，从而实现该产业的快速发展，进而带动区域经济发展。

1. 经济区位

区位理论可为新兴产业布局和转移所需外部条件提供基本理论指导。马歇尔的《经济学原理》对区位理论特别是区位理论中的产业集聚现象有三点重要贡献。第一，劳动力市场的共同分享；第二，中间产品的投入与分享；第三，技术外溢。这三个重要概念是具有理论创新的突破性进展，成为我们分析产业布局和转移条件的重要理论依据。经济区位是从经济意义上确定的空间区位联系及产业分工位置，例如城市群就是从所处区位上确定的区域协调发展战略。如今，城市群已成为实现国家战略目标的重大平台。近年来，我国致力于推进区域协同发展，不断优化现代化经济体系的空间布局。京津冀、长三角、粤港澳大湾区 3 个城市群发展势如破竹，已成为我国未来经济发展的三个增长极，中西部地区一批新兴的城市群也开始崭露头角。经济区位决定了未来时期某个具体区位点发展相关产业的条件优劣。经济区位直接影响着三次产业布局，优越的区位条件可以将资源优势有效地转化为产业优势。

2. 生产要素投入

生产要素是经济学的一个基本范畴，是企业生产活动的主要驱动因素，包括土地、劳动、资本等要素，随着经济发展阶段由低级向高级的演进，生产要素的内涵不断扩充，知识、信息、管理等也作为独立的生产要素而投入生产，这些要素都会对新兴产业布局和转移产生影响。对于资源型产业，土地和资源要素是产业布局时首先应考虑的投入条件，而对于不以自然资源为原料的产业，区位选择则更多地考虑劳动、资本等的要素投入。

3. 科技创新投入

随着知识经济和信息化时代的到来，世界正在酝酿新的科技革命，在此背景下，科技、知识、信息等要素的作用越来越重要，以新技术和新商业模式为特征的产业变革对传统产业往往具有颠覆性，对产业类型提出了新的要求，对现有产业体系带来很大冲击。随着传统产业的驱动力减弱和生产要素成本上升，人们对新兴产业的需求加大，而科技创新能力是决定新兴产业布局和转移的重要条件。由人力资本、技术进步被挤出而导致的企业创新能力不足的问题日益显现，意味着作为传统支柱产业的资源型产业对经济增长的动力加速弱化，而新的动力机制尚未形成，“创新红利”“体制红利”等的释放还需要一个过程，因此，对于资源型地区来说，通过新兴产业布局和转移实现经济增长动力转换，是其经济可持续增长的必然选择。

4. 市场规模

市场是企业经济活动的生存空间，对产业布局和转移有重要影响。不同类型的产业对市场规模的需求不尽相同，一般而言，资本密集型产业布局要求较大的市场规模，以保证经济活动的持续性，除此之外，规模经济、竞争机制也是基于市场规模对经济活动产生重要影响的因素。

（三）社会条件

社会条件指产业选择所需的当地习俗、劳动力、受教育水平等一系列社会条件。不同类型的新兴产业对于当地社会条件有不同的要求。劳动密集型产业需要较多的劳动力，因而劳动密集型产业适合于布局到劳动力丰富的地区。对于高新技术产业则适合于向人力资本丰富、劳动力素质较高的区位布局和转移，这些社会条件可为高新技术新兴产业的创新和发展提供基本保障。另外，基础公共设施也是影响新兴产业布局和转移的重要因素。

1. 人口

人口数量是反映人类社会发展状况的重要指标，直接影响区域生产力水平和社会进步，也是影响当地新兴产业布局和转移的社会性因素，具体来讲，人口数量、人口质量、人口分布等都可对新兴产业布局和转移产生影响。劳动密集型产业倾向于分布在人口数量比较大的区域，人口质量是新兴产业所需劳动力的智力保障，人口分布的稠密和迁徙频率对新兴产业布局影响重大，在人口稠密、生产力发达的地区，布局新兴产业具有较大优势，反之，在人口稀少的地区新兴产业的布局大多优先选择基于当地自然资源优势的资源型产业。

2. 制度

新制度经济学认为，制度在经济发展中发挥着决定性的作用，其分析逻辑为：经济发展的绩效决定于人们的经济行为，经济行为决定于动机，动机决定于人们所生活于其中的制度。因此，制度在经济发展中起着决定性作用。新制度经济学认为，土地、劳动、资本等生产要素，有了制度才得以发挥作用。资源型地区的经济发展实质上一种制度变迁，随着发展的进程，制度的作用是动态调整和配合的。经济发展包括要素积累和资源配置效率的提高，制度在其中起着决定性的作用。但是，受传统因素制约，资源型地区存在着较为严重的制度缺陷，一方面，依然存在着“大国有，小民营”的计划经济色彩，发展滞缓，另一方面，对自然资源的开发责、权、利不明晰，资源管理和激励约束不到位，缺乏有力的法律保障和政策支持。新兴产业的选择应与其经济发展阶段和发展水平相适宜，而制度对经济的发展速度有重要影响，从而影响新兴产业的选择和布局，制度的缺失成为资源型地区发展新兴产业的障碍，也成为资源型地区经济增长的瓶颈。

3. 思维观念与思维方式

思想观念与思维方式是新兴产业布局和转移的重要外在因素，对新兴产业布局和转移的进程和速度有直接影响。意识形态对于经济发展有潜移默化的引领作用，同样，主导产业的主动转换需要合理的意识形态为其提供有力的“非正规性”规范。对于资源型地区来说，在其经济发展的繁荣时期，仅靠资源型产业就可以获得高额的收益，形成了依靠传统主导要素的思维惯性，缺乏对市场需求趋势的研究，“资源优势——资源主导——增长动力”成了一种思维定式，也使技术创新和制度创新受到严重压制。当市场需求发生变化时，对市场变化反应迟钝，失去了对市场导向的判断能力，无力主动转换支柱产业，找到经济增长动力转换的突破口。因此，加大对教育、科技的重视，加强对市场反应的灵敏度，不仅是思想观念的转变，而且涉及新兴产业的发展和产业结构的升级。

（四）产业影响因素

1. 产业生命周期

新兴产业的生命周期可以划分为投入期、成长期、成熟期和衰退期四个阶段，对于处于不同生命周期阶段的新兴产业，在本区域布局和转移时决策和目标也会有所不同。政府在进行新兴产业布局和转移时，应充分考虑该产业所处的生命周期阶段，判断其是否与本区域相关产业及经济发展水平相匹配。对于资源型地区来说，由于资源型地区的发展也具备典型的生命周期特征，因而新兴产业的布局和转移应与其所处的经济发展阶段相适应。处于成长期和成熟期的资源型地区，资源型产业是其新兴产业和支柱产业，是资源型经济发展的基础，处于衰退期和再生期的资源型地区，则需要引进非资源型产业的新兴产业，为经济发展提供新的动力。因而，把握好新兴产业的生命周期是资源型地区新兴产业布局的关键。

2. 产业关联性

产业的关联性是指该产业与其上下游产业的关系密切程度，关联性强的产业会对其他产业产生较大的影响力和带动作用，从而会对整个产业体系发挥良好的溢出效应，促使经济效益的提高；反之，关联性较低的产业则独木难成林，不仅自身发展困难，也不能带动其他产业的发展。因此，新兴产业布局时应考虑该产业和本区域现存其他产业的关联性，从而确定布局方案。

3. 产业创新能力

创新是引领经济发展的第一动力，产业创新能力是评价新兴产业发展质量的重要指标，新兴产业能否发展壮大很大程度上取决于其创新能力。政府在新兴产业布局和转移时，需要评价这个产业的创新能力进而判断可持续发展能力。创新能力是资源型经济转型的首要内容，通过创新发展，转换新旧动能，挖掘发展内生动力，形成新的经济增长点，推动经济高质量发展。因此，应将创新驱动为特征的产业体系作为新兴产业布局和转移的重要考虑因素。

四、山西省承接新兴产业布局和转移影响因素分析

为了进一步分析新兴产业布局和转移影响因素，本文以山西省为例，分析山西省新兴产业布局和转移存在的问题及影响因素。山西省新兴产业布局和转移存在中心城区密度高、带动辐射效益不强等问题，这是由多种原因所致的，包括内部因素和外部因素、显性因素和隐性因素等。从影响新兴产业空间布局的影响因素出发研究山西省新兴产业空间布局的优化对策，有利于提出更加具有科学性和可操作性的实践方案，促进山西省新兴产业快速发展。

（一）影响因素分析模型构建

1. 影响自变量的选择

在前文新兴产业空间布局和转移影响因素分析的基础上，山西省各地级市的新兴企业数量的影响因素分析选取了 7 个变量：资源依赖、科技支出、人均 GDP、政府作用、劳动力、在校大学生数量、国家森林公园数量，涵盖了自然、经济、社会、生态等方面。

本文以山西省太原市、大同市、阳泉市、长治市、晋城市、朔州市、晋中市、运城市、忻州市、临汾市、吕梁市 11 个地级市 2019 年的数据为样本进行实证分析。在资源型城市的新兴产业布局中，资源依赖是基于原有产业结构应该考虑的重要因素，采用采掘业从业人员与就业总人口之比进行衡量；科技支出指用于与科技活动有关的费用支出；人均 GDP 为是人均国民生产总值，由国民生产总值与常住人口相比计算而得，是衡量当地经济发展状况的指标；政府作用衡量政府的干预程度，用政府一般预算支出衡量；劳动力为单位从业人员；在校大学生为当地大专以上院校在校学生数量；国家森林公园依据《中国森林公园风景资源质量等级评定》标准确定。数据来源于《山西省统计年鉴》，由笔者整理计算而得。

2. 变量描述性统计分析

由表 1 可知，目前山西省各地区企业数量差异较大，企业数量最多的地区是太原（118 个），数量最小的地区是朔州，仅有 3 个。全省各地区平均企业数量为 19 个，除了太原和长治的其他 9 个市企业数量均低于平均值。资源依赖变量中，11 个市的数据都小于 40%，最大值是晋城，最小值是运城，企业数量最大的太原市资源依赖较低，仅为 0.070，企业数量最小的朔州市资源依赖程度较高（0.258）。科技支出的水平也参差不齐，标准差较大，太原的科技支出最大而朔州的科技支出最小，前者是后者的 35 倍，这与企业数量明显呈正相关关系。人均 GDP 变量里，太原居榜首，运城市则最小。政

府作用变量中，阳泉市最小，太原市最大。劳动力变量中，太原市劳动力数量最大，与其他各市有明显差异，朔州市的劳动力数量最小，这一结果与企业数量排名一致。在校大学生数量中，最大值来自太原市，最小值来自晋城，仅为 4 077 人。国家森林公园数量中，长治市的公园数量最大（6 个），阳泉、朔州和运城的数量最小，均为 0 个。

表 1　各变量的描述性统计信息

变量	样本量	最小值	最大值	均值	标准差
企业数量	11	3	118	18. 73	33. 544
资源依赖	11	0. 019	0. 354	0. 211	0. 103
科技支出	11	6 581	232 044	36 332. 18	65 353. 664
人均 GDP	11	5 175	90 698	15 768. 33	24 939. 995
政府作用	11	1 322 650	6 105 530	3 512 956. 64	1 270 340. 903
劳动力	11	186 579	1 014 807	393 460. 27	222 013. 959
在校大学生数量	11	4 077	503 326	86 290. 09	148 541. 056
国家森林公园数量	11	0	6	1. 82	1. 888

（二）计算结果分析

采用相关性分析法，对山西省各地区的企业数量和选取的 7 个变量分别进行两两一组共 7 组相关性分析。使用三种相关系数进行分析，分别是 Pearson 相关系数、Spearman 相关系数和 Kendall's tau-b 等级相关系数，其中 Pearson 相关系数只用于检验线性相关关系，属于参数相关系数，Spearman 相关系数和 Kendall's tau-b 等级相关系数可以检验单调非线性关系，属于非参数相关系数。

相关系数的取值范围均在［-1，1］，符号决定了相关关系的方向，负号代表负相关，正号代表正相关，0 则代表不存在相关关系。相关系数的大小决定了相关关系的强弱，Cohen（1988）提出了 Pearson 相关系数一个大概准则：Pearson 相关系数绝对值如果在［0. 1，0. 3］，属于弱相关；如果在［0. 3，0. 5］，属于中度相关；如果在［0. 5，1］，属于强相关。Spearman 相关系数和 Kendall's tau-b 等级相关系数的大小都没有规定的数值标准。

在 SPSS 软件中，进行分析后得到的结果见表 2。

表 2　企业数量与各变量的相关性分析结果

变量	相关系数	系数值	P 值
企业数量×资源依赖	Pearson	-0. 423	0. 195
	Spearman	-0. 229	0. 497
	Kendall's tau-b	-0. 187	0. 431

表2（续）

变量	相关系数	系数值	P 值
企业数量×科技支出	Pearson	0.978***	0.000
	Spearman	0.358	0.280
	Kendall's tau-b	0.262	0.270
企业数量×人均 GDP	Pearson	0.977	0.000
	Spearman	0.183	0.589
	Kendall's tau-b	0.112	0.637
企业数量×政府作用	Pearson	0.685**	0.020
	Spearman	0.275	0.413
	Kendall's tau-b	0.187	0.431
企业数量×劳动力	Pearson	0.954***	0.000
	Spearman	0.688**	0.019
	Kendall's tau-b	0.561**	0.018
企业数量×在校大学生数量	Pearson	0.938***	0.000
	Spearman	0.752***	0.008
	Kendall's tau-b	0.636***	0.007
企业数量×国家森林公园数量	Pearson	-0.007	0.983
	Spearman	0.159	0.640
	Kendall's tau-b	0.100	0.686

注：*、**、*** 分别表示在10%、5%、1%的显著性水平下通过双侧检验。

表2的相关性分析表包含七对变量关系的相关系数值结果以及每个相关系数值的检验 *P* 值，该检验的原假设是相关关系等于0，当检验 P 值小于显著性水平时拒绝原假设，表明被检验的相关系数显著不等于0，即两个变量间存在相关关系。根据表2结果可知，有四对变量的相关关系是显著的：企业数量与科技支出、企业数量与人均 GDP、企业数量与劳动力、企业数量与在校大学生，其余三对变量的相关系数均没有通过检验，说明这三对变量相关关系不显著。

企业数量与科技支出的 Pearson 相关系数为 0.978，*P* 值小于 0.01，说明其正相关关系在1%的显著性水平下通过检验，认为企业数量与科技支出间存在强正相关关系。这一结果与上文描述性统计分析一致。

企业数量与政府作用的 Pearson 相关系数为 0.685，*P* 值小于 0.05，说明其正相关关系在5%的显著性水平下通过检验，认为企业数量与政府作用存在强正相关关系。

企业数量与劳动力的三种相关系数均在1%或5%的水平下通过显著性检验，根据 Cohen 的标准，其 Pearson 相关系数为 0.954，属于强相关关系，且正相关。这一结果与上文描述性统计分析一致。

企业数量与在校大学生数量的三种相关系数均在 1%的水平下通过显著性检验，根据 Cohen 的标准，其 Pearson 相关系数为 0.938，属于强相关关系，且正相关。

总结来看，山西省各地区的企业数量与科技支出、政府作用、劳动力和在校大学生数量具有高度正相关关系，而与资源依赖、人均 GDP、国家森林公园数量没有显著相关关系，因而，科技创新、政府支持政策、劳动力、教育水平等都是新兴企业布局的重要影响因素。

五、进一步讨论的两个问题

通过以上分析知，新兴产业布局和转移受当地自然条件、经济发展水平、人口结构、质量、生活方式等多方面因素的影响和制约，同时由于产业生命周期的存在，新兴产业在不同地区的分类和界定不会完全一致，甚至存在较大差异。因而新兴产业布局和转移应注意以下两方面的问题：

第一，要把握社会再生产规律，物质产品和服务的价值都可以区分为 C、V、M。为全面反映现代社会生产的结构，马克思主义政治经济学关于两大部类生产的比例关系和社会生产的实现过程应该同三次产业的划分建立联系，通过根据服务产品的最终用途将服务纳入两大部类，对产业结构的研究就具有了马克思社会资本再生产理论视角的更广阔的视野。新兴产业的布局和转移应注意市场实现问题，注意社会再生产按比例发展的问题，以实现资源优化配置，推进产业均衡发展。

第二，要协调好区域之间经济发展不平衡问题。我国东部地区和中西部地区经济发展水平已经形成明显的差距，北京、上海、珠三角等区域的经济增速位居全国前列，而部分中西部省份增速缓慢，并且差距不断增加，区域不平衡不充分发展的矛盾凸显。发达地区的淘汰产业很有可能作为新兴产业转移到不发达地区，这种方式将加剧地区间产业结构发展的不平衡，因而在新兴产业布局和转移时需要有效的产业政策进行协调，通过加强基础设施建设和资本、技术的支持，鼓励落后地区积极承接具有发展前景并且技术密集度高、知识产权集中、处于产业链顶端能够带来更高附加值的新兴产业，从而缩小地区间产业发展差异。

参考文献：

[1] 马克思. 机器、自然力和科学的应用 [M]. 北京：人民出版社，1978：190.

[2] 熊彼特. 经济发展理论 [M]. 北京：商务印书馆，1990：60-70.

[3] 筱原三代平. 产业结构与投资分配 [Z]. 一桥大学经济研究，1957.

[4] 罗斯托. 经济成长的阶段 [M]. 北京：商务印书馆，1962.

[5] 闫俊周，齐念念，童超. 政府补贴真的能促进企业进入战略性新兴产业吗？来自山西省 1841 家工业企业的实证分析 [J]. 当代经济管理，2020 (5)：1-12.

[6] 郭美荐. 生态城市产业布局优化研究 [D]. 北京：中国地质大学，2015.

［7］吕静韦. 新兴产业动力机制：调节效应的发挥［J］. 科研管理，2020（6）：47.

［8］李慧. 经济新常态下山西省新兴产业发展对策研究［J］. 现代营销，2019（11）：127-128.

［9］王晴晴. 山西省新兴产业与传统产业耦合发展研究［D］. 太原：山西财经大学，2019.

［10］李强，王跃婷. 山西省平衡态空间结构在新兴产业五年规划编制中的应用研究［J］. 长春大学学报，2020，30（3）：12-19.

［11］欧阳晓. 长沙县新兴产业空间布局研究［D］. 郑州：湖南师范大学，2017.

［12］韩淑卿. 培育战略性新兴产业 重塑经济增长引擎［J］. 现代工业经济和信息化，2019，9（10）：3-4，16.

［13］LI-YAN S，CHENG-LIN M，LI Y. Ecological-economic efficiency evaluation of green technology innovation in strategic emerging industries based on entropy weighted TOPSIS method［J］. Ecological Indicators，2016，12（3）：67-69.

成渝双城经济圈城市人才吸引力研究

袁可心[①] 方常艳[②] 冯亚娟[③]

摘 要：本文采用因子分析法，从经济发展水平、自然环境状况、生活质量状况、人才服务环境、科研发展环境、文化娱乐环境六个维度出发，选取2个一级指标、6个二级指标和25个三级指标，横向、纵向分析成渝双城经济圈内具有代表性的6个城市的人才吸引力。研究结果表明，不同指标对经济圈内各级城市人才吸引力的影响差异显著：成都、重庆作为经济水平相对较高的城市，自然环境状况、生活质量状况是制约其吸引人才的重要因素；南充、宜宾等经济水平相对较低的城市，人才服务环境和科研发展水平成为其人才吸引受阻的关键指标。依据因子分析结果，各城市需要明晰自身人才吸引力的优劣势，有针对性地出台相应政策以吸引人才，促进城市未来长远发展，进而强化成渝双城经济圈的综合实力。

关键词：成渝双城经济圈；城市人才吸引力；因子分析

习近平总书记强调“人才是第一资源”，人才是一个城市的血液与命脉，城市的发展需要血液不断地流动，一个城市的人才越具有活力，就越能带动整个城市的发展。2020年10月16日，中共中央政治局召开会议，审议《成渝地区双城经济圈建设规划纲要》，将成渝地区双城经济圈作为重大国家战略，成渝地区被寄予厚望，将被打造成继长三角、粤港澳、京津冀之后的“第四增长极”，而其快速发展及综合竞争力的提升离不开各行各业人才的智力支撑。因此，如何在愈演愈烈的“人才争夺战”中脱颖而出，是成渝双城经济圈综合向前发展亟待解决的问题。从巴格内提出的“推拉理论”视角来看，一个城市的经济衰退、就业岗位少、生活成本升高等消极因素会构成人才离开该城市的推力；相反，另一城市经济迅速发展、就业前景良好、生活基础设施完善等积极因素则会构成人才流入该城市的拉力。由此可见，成渝双城经济圈内各城市需要从提升经济发展水平、改善自然环境状况和优化人才服务环境等要素着手，增强吸引人才的拉力，从而促进其整体协调发展和综合水平提高，最终加速其发展为国家“第四增长极”。

---

① 袁可心，西南财经大学马克思主义学院硕士研究生 。
② 方常艳，西南财经大学马克思主义学院硕士研究生。
③ 冯亚娟，西南财经大学马克思主义学院硕士研究生。

一、相关文献综述

人才吸引力是近些年学术界研究的热点问题，并在对其进行研究的过程显现出不同特点。首先，研究方法愈加科学，从定性分析转向定量评价。例如，王宁（2014）采用“地理流动与社会流动”理论，探析地方分层体系中城市所处层级与人才吸引力的关系[1]；张炜等（2017）构建四维度整体分析框架，提出采用随机森林法进行异常点度量和特征变量选取，设计一线城市人才吸引力影响因素的 Logistic 回归模型，对一线城市人才吸引力的主要影响因素进行深入的定量分析[2]。其次，研究指标由单一指标发展到综合指标体系。例如，叶晓倩、陈伟（2019）基于舒适物理论，从自然生态环境、经济发展水平等方面构建了对科技创新人才的综合吸引力评价指标体系，运用熵值法和聚类分析法，对中国 33 个主要城市的综合吸引力进行了评价和对比分析[3]；林静霞等（2020）构建城市舒适性视角下的人才流动区位偏好影响因素的多层次分析模型，并采用履历分析、多指标综合分析以及多元回归等方法，探究我国青年学者流动的空间偏好以及与城市舒适性的关系[4]。最后，研究内容愈加丰富，经历了从单一城市研究到多地区对比分析的过程。例如，胡本田、曹欢（2020）通过 Dagum 基尼系数对长三角地区的人才吸引力差距进行测算及分解，并分析其动态演进趋势，最后根据研究结论提出相关建议[5]。

然而，学术界对人才吸引力的研究仍存在不足。首先，目前学术界尚未对指标评价标准或方法达成共识，在定量研究方面仍需完善。此外，大部分学者对人才吸引力的研究都聚焦于长三角、珠三角、京津冀地区，较少关注新成为国家“第四增长极”的成渝双城经济圈。本文从经济发展水平、生活质量状况等 6 个方面构建综合指标体系，横向、纵向定量分析成渝双城经济圈人才吸引力的影响因素及程度，以弥补成渝双城经济圈人才吸引力研究领域的缺失，并为其建设发展提供理论指导。

二、模型构建与数据来源

（一）因子分析模型

本文运用因子分析法对成渝经济圈城市人才吸引力进行分析评价。其统计思路是：通过相关系数矩阵的内在联系，能找到少数几个变量描述原始变量间的相关性。根据变量间相关性的大小进行分组，分组的原则是将相关性较高的变量分到同组，使得不同组变量间的相关性较低。

因子分析最常用的理论模式如下：

$$Z_J = a_{j1}F_1 + a_{j2}F_2 + a_{j3}F_3 + \cdots + a_{jm}F_m + U_j\ [j=1,2,3,\cdots,n(n\text{ 为原始变量总数})]$$

其中，Z_j 为第 j 个变量的标准化分数；F_i（$i=1,2,3,\cdots,m$）为公因子；m 为所有公因子的数目；U_j 为变量 Z_j 的唯一因子；a_{ji}（$j=1,2,3,\cdots,n$，$i=1,2,3,\cdots,m$）为因

子载荷，是第 j 个原始变量在第 i 个因子上的负荷。

（二）模型指标构建

按照“一轴两带、双核三区”空间发展格局的构建理念，紧扣“一极两中心两地”目标定位，本文从地理位置出发，选取成渝双城经济圈中代表不同发展等级的六个城市：成都、重庆、绵阳、乐山、南充、宜宾。此外，从可量化角度出发，在科学性、综合性与系统性、可行性等原则指导下选取城市指标，依据吸引人才的经济、自然、科研等因素，构建2个一级指标、6个二级指标、25个三级指标的成渝双城经济圈城市人才吸引力研究指标体系。具体指标框架见表1。

表1 成渝双城经济圈城市人才吸引力研究指标体系

研究目标	一级指标	二级指标	三级指标	指标属性
成渝双城经济圈城市人才吸引力	人才流动吸引力	经济发展水平	人均 GDP	正向
			二、三产业占 GDP 的比重	正向
			社会固定资产投资额	正向
			社会消费的零售额度	正向
			进出口总额	正向
		自然环境状况	空气质量良好的天数	正向
			污水处理率	正向
			建成区绿化覆盖率	正向
			生活垃圾处理率	正向
		生活质量状况	居民消费价格指数	正向
			城镇人均住房面积	正向
			城镇居民人均可支配收入	正向
			每百户家用汽车拥有量	正向
			卫生机构数	正向
	人才发展吸引力	人才服务环境	普通高等院校数量	正向
			人均教育投资	正向
			社会保障与就业支出比重	正向
			规模以上工业企业数量	正向
		科研发展环境	R&D 经费内部支出与 GDP 之比	正向
			研究与开发机构数量	正向
			科学技术支出比重	正向
			专利授权量	正向
		文化娱乐环境	城市居民文化娱乐支出	正向
			文化体育与传媒财政支出比重	正向
			国内旅游总人次	正向

（三）数据来源

此次因子分析所涉及的指标数据均来源于 2012—2019 年度的《四川统计年鉴》《重庆统计年鉴》以及重庆市生态环境局、成都市知识产权局、南充市人力资源与社会保障局等相关网站公开的统计资料，从而确保了指标数据的客观性及准确性。

三、成渝双城经济圈城市才吸引力定量分析

（一）纵向分析

1. 数据处理及检验

进行因子分析的前提，是先对原始数据进行标准化处理，以便消除量纲差异所带来的误差，使各变量能够直接进行比较。在对原始数据进行标准化处理后，利用 SPSS23. 0 统计软件对其进行 KMO 和 Bartlett 检验。检验结果显示：KMO 检验值为 0. 618，接近 1；Bartlett 检验的显著性为 0. 000。因此，原始数据适合做因子分析。

2. 主因子提取

运用 SPSS 对 2011—2018 年指标数据进行测算，得出数据的特征值、贡献率（见表 2）和因子荷载矩阵（见表 3）。由贡献率可知，前四个主成分的累计贡献率达 92. 418%。因此，我们选取 4 个主成分来反映各个城市在 2011—2018 年城市人才吸引力的变化趋势。

表 2　特征值和贡献率

成分	特征值	贡献率/%	累计贡献率/%
1	16. 278	65. 110	65. 110
2	3. 079	12. 315	77. 425
3	2. 026	8. 105	85. 530
4	1. 722	6. 888	92. 418

表 3　因子荷载矩阵①

变量	*F*1	*F*2	*F*3	*F*4
*X*1，为人均 GDP	0. 588	0. 701	0. 393	0. 022
*X*2，为二、三产业占 GDP 的比重	0. 528	0. 388	0. 617	0. 269
*X*3，为社会固定资产投资额	0. 578	0. 754	0. 266	−0. 089
*X*4，为社会消费的零售额度	0. 694	0. 626	0. 350	0. 013
……	…	…	…	…
*X*25，为国内旅游总人次	0. 583	0. 612	0. 514	0. 121

① 因篇幅所限，本表只显示了研究结果的部分内容，备索。

结合因子荷载矩阵可知：第一主成分 $F1$ 主要包含 $X1$、$X4$、$X14$、$X17$、$X19$、$X24$ 等，反映城市的经济发展水平、人才服务环境、文化娱乐环境；第二主成分 $F2$ 主要包含 $X19$、$X20$、$X21$、$X22$，反映城市的科研发展水平；第三主成分 $F3$ 主要包含 $X9$、$X10$、$X11$，反映城市的生活质量状况；第四主成分 $F4$ 主要包含 $X7$、$X18$、$X12$，反映城市的自然环境状况。通过分析各主成分的贡献率可知，四个主成分对研究目标的贡献程度逐渐递减。分别对六个城市 2011—2018 年的指标数据进行分析，可得出六个城市各因子的贡献程度排列，具体见表 4。

表 4 贡献程度排序表

城市	贡献程度排序
成都	经济发展水平>人才服务环境>文化娱乐环境>科研发展水平>生活质量状况>自然环境状况
重庆	经济发展水平>人才服务环境>文化娱乐环境>自然环境状况>生活质量状况>科研发展水平
乐山	经济发展水平>文化娱乐环境>科研发展水平>自然环境状况>生活质量状况>人才服务环境
绵阳	经济发展水平>科研发展水平>人才服务环境>生活质量状况>自然环境状况>文化娱乐环境
南充	自然环境状况>生活质量状况>文化娱乐环境>经济发展水平>科研发展水平>人才服务环境
宜宾	经济发展水平>人才服务环境>生活质量状况>科研发展水平>文化娱乐环境>自然环境状况

人力资本理论认为，迁移是人力资本形成的重要形式之一，也是人力资本实现的有效途径之一，而经济发展水平尤其是收入水平则是影响人才迁移与集聚的首要原因。鲍维格等通过跟踪调查和访问美国南方 15 所赠地大学农业专业的 2 028 名学生毕业后连续十年的居住地，佐证了这一观点[16]。同时，表 4 各项指标对城市人才吸引力的贡献程度也得出了此观点：经济发展水平是影响人才迁徙的首要原因，且其对城市人才吸引力的贡献程度大多排名第一。此外，据《中国城市人才吸引力报告：2020》可知：成都通过经济高速增长，其人才吸引能力进入全国前十，且 2016—2019 年一直稳居全国第七①，这更是凸显了经济建设对提升城市人才吸引力的重要性。

除经济发展水平对城市人才吸引力起首要贡献外，其余 5 个指标对城市人才吸引力的贡献程度因城市而异。例如，乐山充分利用世界遗产峨眉山、金口河大峡谷、乐山大佛等文化旅游资源，大力发展文化旅游产业，从而为其吸引人才做出突出贡献；绵阳作为中国唯一一座科技城、重要的国防科研生产基地，具有较系统的科研体系，科技实力不容小觑，这为绵阳人才吸引力不断提升做出重要贡献。这说明，城市想要提高人才吸引力，除了提高经济发展水平外，也要立足于城市的实际情况，因地制宜发展文化旅游、科研服务等特色产业，形成吸引人才的独特优势。

3. 模型分析

根据因子得分系数矩阵（见表 5）和贡献率计算出综合得分 F：综合得分 F 值越大，城市人才吸引力水平越高。下面分别计算六个城市 2011—2018 年的综合得分 F，并绘制出各城市人才吸引力变化趋势，即 F 的纵向变化（见图 1）。

① 该报告来自微信公众号："泽平宏观"（ID：zepinghongguan，2019 年新榜最具价值十大微信公号）。

表 5　因子得分系数矩阵①

变量	*F*1	*F*2	*F*3	*F*4
*X*1，为人均 GDP	0. 012	0. 072	0. 016	0. 012
*X*2，为第二、三产业占 GDP 的比重	0. 037	−0. 026	0. 107	0. 088
*X*3，为社会固定资产投资额	0. 009	0. 099	−0. 022	−0. 023
*X*4，为社会消费的零售额度	0. 067	0. 032	−0. 006	0. 016
……	…	…	…	…
*X*25，为国内旅游总人次	0. 018	0. 038	0. 059	0. 041

综合来看，图 1 各城市 F 的波动情况反映出成渝双城经济圈六个城市的人才吸引力变化整体呈现波动上升的趋势。具体来看：2011—2016 年，各城市人才吸引力不断上升且增速快，*F* 先后越过 0 值。其重要原因在于 2011 年国务院正式批复《成渝经济区区域规划》，成渝地区各城市积极响应国家战略，采取各种措施促进其发展。例如，成都计划以天府新城高新技术产业区为核心区域，建成国际知名、中西部领先的服务外包中心城市；重庆实施“2+10”建设方案，从而加快发展以信息产业为主导的战略性新兴产业。

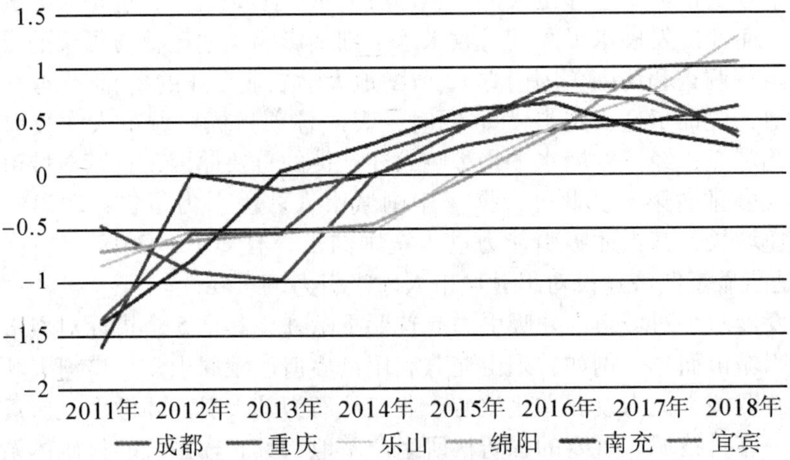

图 1　六个城市人才吸引力变化趋势图

然而，2016 年之后，成渝经济区战略“福利”减弱，整体波动趋势缓慢，各城市发展趋势也有所不同：重庆、乐山、绵阳的人才吸引力依然呈上升趋势，是发挥城市自身优势的结果。例如绵阳充分发挥了科技城的优势，乐山充分发挥了旅游城的优势，重庆最大优势则是经济发展水平高。但成都、南充和宜宾则明显有所下降，这是因为其在社保、就业等人才服务环境方面的投入有所减少。

---

① 因篇幅所限，本表只显示了研究结果的部分内容，备索。

（二）横向分析

1. 综合分析

为全面了解成渝双城经济圈人才吸引力现状，进一步分析城市人才吸引力的影响因素，下面同样运用因子分析法，对成渝双城经济圈六个主要城市进行横向对比分析，各城市人才吸引力测评结果和综合排名分别如表 6—表 7 所示。

表 6 各城市人才吸引力测评结果

城市	经济发展水平	排名	生活质量状况	排名	自然环境状况	排名
成都	0. 621 69	2	1. 870 59	1	0. 287 07	3
重庆	1. 750 17	1	−1. 025 29	6	0. 181 31	4
宜宾	−0. 648 36	5	−0. 514 57	5	0. 054 44	5
绵阳	−0. 542 74	4	0. 121 63	2	0. 308 71	2
南充	−0. 853 41	6	−0. 410 29	4	1. 074 32	1
乐山	−0. 327 35	3	−0. 042 06	3	−1. 905 86	6
城市	人才服务环境	排名	科研发展环境	排名	文化娱乐环境	排名
成都	0. 535 46	2	−0. 293 54	4	1. 936 83	1
重庆	0. 888 57	1	0. 149 17	3	0. 700 73	2
宜宾	−0. 542 64	4	−1. 197 14	6	−0. 146 81	4
绵阳	−0. 668 39	5	1. 714 71	1	0. 060 55	3
南充	−0. 688 8	6	−0. 660 19	5	−0. 763 82	6
乐山	−0. 324 2	3	0. 286 99	2	−0. 386 03	5

表 7 各城市人才吸引力综合排名

城市	人才流动吸引力	排名	人才发展吸引力	排名	综合得分	综合排名
成都	0. 903 072	1	0. 706 26	2	1. 609 332	1
重庆	0. 799 061	2	0. 734 522	1	1. 533 584	2
绵阳	−0. 248 02	3	−0. 145 57	3	−0. 393 59	3
乐山	−0. 514 16	6	−0. 243 13	4	−0. 757 28	4
宜宾	−0. 474 69	5	−0. 559 21	5	−1. 033 9	5
南充	−0. 465 27	4	−0. 700 38	6	−1. 165 64	6

表 6—表 7 显示，成渝双城经济圈内各城市在人才吸引力方面表现出不均衡性。成都、重庆在人才流动吸引力与人才发展吸引力方面排名靠前，各项指标远超其他城市，这说明成渝两市作为成渝双城经济圈的双核心，其人才吸引力优势十分突出。绵阳、乐山城市的综合得分处于中间位置，属于人才吸引力一般的城市。宜宾、南充综合得分较

低，说明其人才吸引能力较弱。各城市人才吸引力的不均衡性，不利于成渝双城经济圈的整体协调发展。因此，就成渝双城经济圈的综合发展而言，增加次增长极，完善城市等级序列十分重要。

2. 各城市具体分析

由表6可知，从各个具体城市来看，不同指标对城市自身发展的影响程度也存在差异性。例如，综合排名第二的重庆在经济发展、人才服务方面均排名第一，远超其他城市，但其在生活质量方面排名末位。此外，南充也存在不均衡性，其在自然环境状况方面排名第一，然而在经济发展水平、人才服务环境、文化娱乐环境方面却排名末位。这种不均衡性不仅会制约城市自身的发展，影响城市的人才吸引能力，同时还会对成渝双城经济圈的整体协调发展造成影响。

为了更好指出各指标对城市人才吸引力的影响程度，本文将各个城市的评价指标与6个城市的均值进行对比（见表8），具体分析结果如表9所示。

表8 城市人才吸引力评价指标与均值对比

评价指标	成都	重庆	绵阳	乐山	南充	宜宾
人均 GDP	30 396	11 938	−8 361	−3 453	−20 692	−9 828
第二、三产业占 GDP 的比重	8.6	5.0	−3.3	1.1	−9.6	−2.0
社会固定资产投资额	3 181.0	12 171.6	−3 919.6	−4 079.7	−3 628.2	−3 725.0
社会消费的零售额度	3 045.6	4 574.6	−1 708.3	−2 072.5	−1 911.1	−1 928.3
进出口总额	2 309 822	4 484 774	−1 615 443	−1 703 664	−1 776 265	−1 699 222
空气质量良好的天数	−54.2	32.8	10.8	5.8	7.8	−3.2
污水处理率	3.1	4.2	1.5	−2.9	−2.4	−3.4
建成区绿化覆盖率	2.5	1.9	0.3	−6.9	2.9	−0.8
生活垃圾处理率	4.4	4.4	2.6	−20.3	4.4	4.4
居民消费价格指数	0.4	0.0	−0.1	0.0	0.2	−0.5
城镇人均住房面积	−2.4	−4.8	1.5	2.5	2.3	0.9
城镇居民人均可支配收入	7 517.2	−6 350.8	1 022.2	198.2	−2 391.8	5.2
每百户家用汽车拥有量	21.6	−3.4	7.0	−2.0	−7.0	−16.0
卫生机构数	1 355.5	11 435.5	−4 126.5	−5 397.5	205.5	−3 472.5
普通高等院校数量	73.5	29.5	−25.5	−12.5	−31.5	−33.5
人均教育投资	162.9	619.9	−110.5	−88.5	−782.0	198.2
社会保障与就业支出比重	−3.2	1.9	−0.1	0.4	1.0	0.0
规模以上工业企业数量	1 392.3	4 569.3	−1 316.7	−1 587.7	−1 512.7	−1 544.7
R&D 经费内部支出与 GDP 之比	0.2	−0.5	4.8	−1.5	−1.9	−1.0
研究与开发机构数量	50.7	11.7	−17.3	−17.3	−13.3	−14.3
科学技术支出比重	1.7	0.1	0.3	−0.7	−0.9	−0.4

表8(续)

评价指标	成都	重庆	绵阳	乐山	南充	宜宾
专利授权量	25 913.8	27 342.8	-10 505.2	-14 343.2	-14 391.2	-14 017.2
城市居民文化娱乐支出	502.9	342.8	64.8	-102.2	-783.2	-25.2
文化体育与传媒财政支出比重	0.2	-0.6	-0.6	1.6	-0.1	-0.5
国内旅游总人次	6 150.3	31 177.2	-9 400.6	-9 246.5	-9 351.9	-9 328.5

表9 各城市人才吸引力优劣势对比分析

城市	优势	劣势
成都	1. 人均GDP和第二、三产业占GDP比重排名第一，经济实力具有显著优势。 2. 建成区绿化覆盖率、人均教育投资排名中等偏上，需进一步增强	1. 空气质量良好天数低于均值，自然环境有待改善。 2. 城镇人均住房面积、社会保障与就业支出比重低于均值，未有效满足人才对住房和就业保障方面的需求
重庆	1. 国内旅游总人次、城市居民文化娱乐支出排名前列，文化娱乐需求得到满足。 2. 在经济发展水平方面，各项指标均排名第二，经济发展势态良好	1. 城镇居民人均可支配收入最低，城镇人均住房面积等大多指标低于均值，需出台相应政策加快发展
绵阳	1. R&D经费内部支出与GDP之比远高于均值，具有良好的科研环境。但投入与产出存在差距，需寻找新的动力源	1. 经济发展水平的相关指标均不高，科技城的定位对经济发展还有提升空间。 2. 人才服务环境的相关指标低于均值，需增加相关财政支出，打造益于其发展的服务环境。 3. 文化娱乐环境的相关指标大都处于劣势，应增强提供文化娱乐服务的能力
乐山	1. 文化体育与传媒财政支出比重和第二、三产业占GDP比重排名较高，旅游业对城市经济的发展做出了巨大贡献。 2. 城镇居民人均可支配收入明显高于均值，应进一步拓宽居民创收渠道	1. 建成区绿化覆盖率与生活垃圾处理率与均值相差较大，城市生活环境对人才的吸引力并不理想。 2. 规模以上工业企业数量和研究与开发机构数量较少，人才价值难以得到充分发挥
南充	1. 建成区绿化覆盖率和生活垃圾处理率较高，为人才提供了舒适的工作生活环境。 2. 社会保障与就业支出比重排名第二，人才发展拥有坚实的保障	1. 城镇居民人均可支配收入、城市居民文化娱乐支出严重低于均值，应重点提高居民的收入水平。 2. 进出口总额、规模以上工业企业数量等处于劣势，应将经济建设作为重点，进一步加大对城市其他方面的建设
宜宾	宜宾市当前正面临长江经济带发展、成渝双城经济圈建设等发展机遇，应抓住机遇，以特色农业为抓手，建设优势产业集群	1. 进出口总额以及第二、三产业占GDP的比重等排名均居后，应大力发展特色优势产业，带动城市经济向前发展。 2. 科学技术支出及研究与开发机构数量较少，应进一步提高科研支出，利用科技赋能城市建设

四、对策与建议

对成渝双城经济圈部分城市人才吸引力水平的纵向和横向定量分析可知，经济发展环境是影响人才吸引力的核心因素，此外，自然环境状况、生活质量状况、人才服务环境、科研发展环境、文化娱乐环境对城市人才吸引力的贡献程度因城市而异。结合上述结论和各城市人才吸引力优劣势对比分析，笔者认为可从以下六个方面制定提升人才吸引力的对策：

（一）培育先进制造业产业集群，实现经济高质量发展

2021 年全国两会通过的“十四五”规划纲要提出推动先进制造业产业集群发展。先进制造业产业集群不仅是成渝地区在全球疫情常态化下实现经济复苏的必由之路，也是成渝双城经济圈成为全国经济发展新引擎的重要基础。因此，成渝双城经济圈应该大力培育世界级先进制造业产业集群。首先，充分发挥区域特色，将成渝地区的轨道交通、航天航空装备、智能制造装备等优势产业作为重点培育对象；其次，按照“一轴两带、双核三区”空间发展格局的构建理念，以“以线代面”的方式打造高端制造产业路线；最后，加快建立开放型经济新体制，积极引进外资发展先进制造业，助推经济高质量发展。

（二）科技赋能环境治理，打赢环境保卫战

当前我国已进入“十四五”开局阶段，科技创新仍是“十四五”核心发展理念，对城市环境治理具有重要支撑作用。面临成渝双城经济圈存在的环境污染问题，需运用生态环境治理最新科技成果，坚持科技治霾、科技增绿等。例如，可通过加强充电基础设施的建设运营，建立数字化、智能化的多层次区域公共充电网络，并加大政策优惠力度，鼓励市民买新能源汽车，减少汽车尾气排放污染，实现科技治霾；可充分利用 GIS 空间地理信息管理技术，建立城市绿化管理空间数据库，以优化城市绿化管理系统，提高城市绿化覆盖率，实现科技增绿。

（三）实现收入增长多元化，助力生活高质量发展

居民的“钱袋子”，是城市居民获得安全感与幸福感的来源，也是城市提高人才吸引力的关键。根据表 8 城市人才吸引力评价指标与均值对比可看出，重庆、南充在“城镇居民人均可支配收入”这一重要指标上排名末位，针对该现状，可采取以下措施提升居民收入：其一，通过政策性支持，加快引进企业的步伐，以扩大就业岗位供给，提高工资性收入；其二，加大市场主体保护力度，激发自主创新活力，营造利于创业的市场环境，提升经营性收入；其三，借助互联网普及财富增值知识，引导居民科学合理理财，增加财产性收入。

（四）强化社会化服务，打造人才安心保障环境

成渝双城经济圈内部分城市的社会保障与就业支出占比低于全国平均水平。因此，经济圈的各项人才政策亟须凸显社会服务性，以提供政策多样、覆盖全面的社会化服务。例如，人才服务环境处于较低水平的南充，可通过以下措施为人才制定良好的社会化服务：首先，增强安家落户保障，在社保中心服务大厅设置专门人才落户窗口，启动“一站式”落户程序，实行一站式服务和对接服务等新举措。其次，提供医疗保健服务，一是开设专门的人才服务窗口，二是启动高层次人才免费体检试点工作。最后，考虑后续技能培训，通过增加经费投入比例、定期举办人才培训交流工作会等举措强化人才的技能培训。

（五）建设科创中心，提升区域创新水平

科技是第一生产力，目前各城市的科技发展普遍面临着创新动力不足的问题，成渝地区也不例外，必须进一步探寻新的动力源。成都是国家重要的高新技术产业基地、重庆是长江上游地区的科技创新中心、绵阳是中国唯一一座科技城，具有比较系统的科研体系。成渝地区可以以这三地为基础依托，加大政府对科研领域的投人，加快构建更高层次的科研平台，打造成渝两地联合国家重点实验室，推动成渝地区双城经济圈科技创新中心建设，并发挥其对外围城市的带动作用，以提高成渝地区的综合科技创新水平。

（六）加强文旅融合，创新文化发展形式

随着经济的不断发展和进步，人们的精神文化需求也日益增长。因此，成渝双城经济圈内各城市应充分重视并加强文化娱乐环境的建设。例如，作为文化旅游胜地的乐山，其拥有许多宝贵的文化旅游资源，可综合运用歌舞表演、杂技、传统民间音乐、戏剧以及符合当地文化特色的形式，充分突显当地民间风情和历史文化特色，吸引人才落地。

参考文献：

［1］王宁. 地方分层、人才流动与城市人才吸引力：“地理流动与社会流动”理论探究之二［J］. 同济大学学报（社会科学版），2014，25（6）：47-55，109.

［2］张炜，景维民，王玉婧. 什么决定了一线城市对人才的吸引力？基于随机森林法对影响要素的检验分析［J］. 科技管理研究，2017，37（22）：99-108.

［3］叶晓倩，陈伟. 我国城市对科技创新人才的综合吸引力研究：基于舒适物理论的评价指标体系构建与实证［J］. 科学学研究，2019，37（8）：1375-1384.

［4］林静霞，何金廖，黄贤金. 城市舒适性视角下科研人才流动的城市偏好研究［J］. 地域研究与开发，2020，39（1）：59-64，88.

［5］胡本田，曹欢. 长三角高质量一体化发展研究：基于人才吸引力视角［J］. 华东经济管理，2020，34（10）：1-10.

［6］李乃文，李方正. 基于人才集聚载体的人才吸引力研究：以辽西北地区为例［J］. 人口与经济，2011（6）：41-48.

［7］周均旭，胡蓓. 产业集群人才引力效应与成因分析：以佛山为例［J］. 管理评论，2010，22（3）：101-107.

［8］王建强，潘华静. 河北省区域人才竞争力比较研究［J］. 中国人力资源开发，2009（12）：92-95.

［9］陶锦莉，郑洁. 长三角地区人才竞争力的比较研究［J］. 南京社会科学，2007（9）：21-25.

［10］宋鸿，陈晓玲. 区域人才吸引力的定量评价与比较［J］. 中国人力资源开发，2006（3）：26-28.

［11］曹清尧. 加快建设成渝地区双城经济圈重要增长极［N］. 重庆日报，2020-12-15（011）.

［12］周松. 培育世界级产业集群提升成渝地区双城经济圈战略地位［N］. 重庆日报，2020-11-22（007）.

［13］王雨婷. 聚焦三个维度加快融入成渝地区双城经济圈建设［N］. 乐山日报，2020-11-21（003）.

［14］刘国元. 以科技自立自强塑造成渝区域展发新优势［N］. 四川科技报，2021-01-29（002）.

［15］BALLWEG，JOHN A，LI L. Employment Migration among Graduates of Southern Land-Grant Universities［R］. Southern Rural Sociology，1992，（1）：91-102.

［16］HAQUE N U，KIM S J. Human Capital Flight Impact of Migration on Income and Growth［R］. IMF Staff Papers，1995，（3）：577-607.

资源型地区国际产业转移技术溢出的吸收能力门槛效应研究

王鹏①

摘　要： 本文选取2001—2018年9个资源型地区省级面板数据研究了吸收能力作用下的国际产业转移技术溢出效应，结果表明，国际产业转移对资源型地区技术溢出能够产生正向效应；本文选取的3个吸收能力指标人力资本、科技水平、基础设施，对国际产业转移技术溢出有正向的显著影响，并具有明显的门槛特征。

关键词： 国际产业转移；技术溢出；吸收能力；门槛模型

一、引言

党的十九大报告指出，我国经济已由高速增长阶段转向高质量发展阶段，正处在转变发展方式、优化经济结构、转换增长动力的攻关期。资源型地区经济发展方式由主要依靠要素规模驱动向主要依靠科技创新驱动转变，国际产业转移作为促进科技创新的途径之一而备受重视。早在20世纪90年代，Grossman和Helpman就曾指出技术溢出源于区域间贸易的发展，但随后的各种经验研究结果却大相径庭。如Haskel（2002）在对跨国公司的研究过程中发现外商直接投资对本国企业产生技术溢出，张公嵬等（2013）通过对我国制造业28个行业的研究发现总体上FDI存在技术溢出效应；而Driffield（2001）通过对英国数据的研究，发现外商直接投资数额与行业技术进步率不存在显著的相关性，魏守华等（2010）的研究也实证了外资R&D活动的溢出效应不明显。由此引发了吸收能力问题，Cohen和Levinthal（1990）率先对此问题展开研究，赖明勇和包群等（2002）也对我国的外商直接投资的技术外溢效应与吸收能力展开研究。目前，还没有学者针对资源型地区国际产业转移技术溢出吸收能力展开研究。那么，资源型地区在承接国际产业转移过程中是否产生技术溢出，吸收能力如何？吸收能力包含哪些主

① 王鹏，山西财经大学经济学院博士研究生。

要因素？国际产业转移技术溢出在承接地吸收能力的影响下又会产生什么样的效应？为此，笔者通过建立基本的理论假说和构建面板模型对上述问题予以解答，并在所得结论的基础上为各资源型地区制定政策提供有效建议。

二、基本理论与假设提出

（一）基本理论

资源型地区由于自然要素禀赋特点以及受新中国成立初期选择的重工业优先发展的战略的影响，形成了以资源开发为主，产业结构单一的特点。2000 年后受国内外市场影响，大宗品价格暴涨，在此情形下资源产业出现过度资本进入，经济增长主要依靠资源规模驱动，从而对人力资本、技术进步产生了挤出效应（Sachs et al.，1995；赵康杰等，2014；景普秋，2016）。同时，由于基础设施投资规模大、资金回收长，各类投资主体积极性不高，呈现出机场空运、铁路运输发展比较慢，电力、信息等基础设施整体滞后于东部地区（刘友金，2016）的现状。而这三点正是国际产业转移技术溢出的关键因素（张晓蓓，2020；李梅 等，2012；蒋含明，2019），本文借鉴有关学者（Mancusi，2008；何兴强 等，2014；关爱萍 等，2014）的研究，将人力资本、科技水平、基础设施认定为资源型地区吸收能力的主要因素。吸收能力对资源型地区国际产业转移技术溢出影响作用机制如图 1 所示。

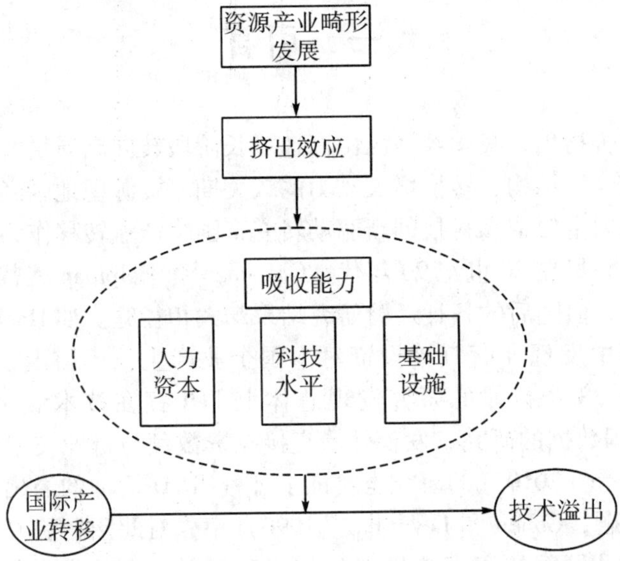

图 1　吸收能力对资源型地区国际产业转移技术溢出影响作用机制图

（二）假设提出

人力资本作为技术的载体，对于国际产业转移技术溢出来说非常重要。国际投资企业落地后，东道国企业通过向国际投资企业学习、模仿并加强培训来促进自身人力资本水平的提升以及通过人员在企业间的流动形成技术扩散，进而形成国际产业转移技术溢出；Cohen 和 Levinthal（1989）研发活动不仅有利于自身企业的技术创新还有助于增强对外部技术的吸收能力；完善的基础设施有利于国际产业转移的向前关联和向后关联从而促进技术溢出；何兴强、欧燕等（2014）认为完善的基础设施有利于减少交通运输成本和交易成本，增强国际产业转移的学习效应和竞争效应（傅元海 等，2010），从而增强技术溢出效应。根据以上分析本文提出假设 1。

假设 1：人力资本、科技水平、基础设施对资源型地区国际产业转移技术溢出有正的显著性影响。

但与此同时，赖明勇等（2005）通过对中国 30 个省份样本研究时表明，人力资本必须达到一定水平才会对国际产业转移技术溢出有正显著作用；Kokko（1996）则认为，当东道国企业与外国企业技术水平差距不太明显时，才能促进东道国企技术进步，当这种差距大到某一水平以至于东道国企业无法在现有的条件下对外国企业的先进技术进行吸收时，甚至会起到相反的作用；Cantwell & Barrera（1995）也通过研究发现，如果东道国企业技术水平较低，跨国公司就会倾向转让一些技术含量较低的技术，反之，会转让一些技术含量较高的项目；牛泽东、张倩肖等（2011）认为只有国内企业达到一定的基础设施水平，从而跨过发展门槛，FDI 才可能对国内企业的技术创新产生显著的正外部性影响。根据以上分析，本文提出假设 2。

假设 2：吸收能力对资源型地区国际产业转移技术溢出具有门槛效应。

三、模型设定、数据来源与变量指标选取

（一）计量模型

根据前文分析，本文选取人力资本、科技水平、基础设施为资源型地区主要吸收能力变量，为了验证吸收能力对国际产业转移的影响，本文用省际面板数据构建如下面板数据交互项计量模型：

$$\mathrm{Tmt}_{it} = \alpha_0 + \alpha_1 \mathrm{FDI}_{it} + \alpha_2(X_{\mathrm{it}} \times \mathrm{FDI}_{it}) + \alpha_3 X_{\mathrm{it}} + \varepsilon_{it} \quad (1)$$

其中，α_0 为常数项，Tmt_{it} 为资源型地区技术产出水平，FDI_{it} 为各地承接的国际产业转移量，X_{it} 为影响因素变量包括：人力资本 Hc_{it}，科技水平 Rd_{it}、基础设施 Infr_{it}。

为了验证国际产业转移技术溢出的吸收能力门槛效应，本文采用 Hansen（1999，2000）的门槛面板计量方法分别验证各吸收能力门槛效应并计算相应的门槛值。

单一门槛模型设定如下：

$$\mathrm{TMT}_{it} = C + \varphi_1 \mathrm{FDI}_{it} I(q_{it} \leq r) + \varphi_2 \mathrm{FDI}_{it} I(q_{it} > r) + \varepsilon_{it} \quad (2)$$

其中，i 代表各资源型地区，t 表示年份，技术溢出（TMT）为被解释变量，国际产业转移（FDI）为主要解释变量，q 为门槛变量，包括前文提到的吸收能力四因素，r 为门槛值，φ_1、φ_2 为回归系数。

考虑到存在多门槛的可能，需构建多门槛值的回国模型，但根据目前文献（张丽

等，2020）来看一般不超三门槛，且若门槛之间差异不大就失去了实践指导意义，基于以上分析，本文设定双门槛模型：

$$TMT_{it}=C+\lambda_1 FDI_{it}\cdot I(q_{it}\leqslant r_1)+\lambda_2 FDI_{it}\cdot I(r_1<q_{it}\leqslant r_2)+\lambda_3 FDI_{it}\cdot I(q_{it}>r_2)+\lambda_4 X_{it}+\varepsilon_{it} \quad (3)$$

r_1、r_2 为门槛值，λ_1、λ_2、λ_3 分别为回归系数，其他变量含义与模型（1）相同。

（二）变量指标选取及说明

1. 技术溢出指标（TMT_{it}）

在现有文献中有的学者使用发明专利授权量或专利申请数，但本文认为技术市场成交额作为科技成果转化的重要指标，更能体现 Griliches-Jaffe 函数所表示的“新的知识作为创新活动的投入，创新产出作为创新投入的函数”的技术溢出思想，所以本文采用技术市场成交额对 GDP 的贡献率作为技术溢出指标，武晓霞和金素（2015）曾用这一指标表示技术溢出。相关数据根据历年《中国统计年鉴》整理而成。

2. 国际产业转移指标（FDI_{it}）

国际产业转移采用实际利用外商直接投资额占该地区国内生产的比重，在计算时首先将实际利用外商直接投资额（美元）通过年度汇率折算成本币额。数据来源于相应年份《中国统计年鉴》及各省《统计年鉴》，部分数据来源于各地区统计公报和各地统计年鉴。

3. 吸收能力指标

按照前文分析，本文选取人力资本、科技水平、基础设施为吸收能力变量。

（1）人力资本

人力资本指标可分为人力资本存量指标和人力资本结构指标。人力资本存量的计算方法为

Hc_{it} = 就业人员小学教育人口比重×6+就业人员初中人口比重×9+就业人员高中人口比重×12+就业人员大学专科人口比重×15+就业人员大学本科人口比重×16+就业人员研究生人口比重×19

相关年鉴 2015 年开始使用新的受教育程度分类，本文将高中与中等职业教育、大学专科与高等职业教育的数值合并计算。数据根据《中国劳动统计年鉴》《中国人口和就业统计年鉴》相关指标整理而成。

（2）科技水平

科技水平对技术溢出来说至关重要，本文选取各地区研究与试验发展（R&D）经费内部支出计算研发存量来衡量，计算方法为永续盘存法：

$$S_{it}=(1-\delta)S_{it-1}+RD_{it}$$

$$S_{i0}=RD_{i0}/(g+\delta)$$

其中 g 为 R&D 经费为平均增长率，δ 为折旧率，借鉴有关学者（王国顺 等，2010）经验数据，取值为 0.15，所有计算数据以 2001 年为基期平减处理，平减指数按照下列公式计算：

平减指数=0.55×居民消费价格指数+0.45×固定资产价格指数

（3）基础设施

刘生龙和胡鞍钢（2007）基础设施的发展有利于 FDI 的引进吸收，进而有助于技术溢出。本文选用资源型地区各省（自治区、直辖市）内河航道、铁路里程、公路里程之和与相应各地国土面积之比来表示，数据来自有关年份《中国统计年鉴》，里程单位为公里，国土面积单位为万平方公里。

有关数据均以 2001 年为基期做平减处理。部分数据来源于地区统计公报和各地年鉴。文中变量和数据定义及描述性统计见表 1。

表 1 变量和数据定义及描述性统计

变量	观察值	平均值	标准差	最小值	中位数	最大值
Tmt	162	0.530	0.760	0.010 0	0.260	4.210
FDI	162	1.170	0.880	0.040 0	1.060	4.010
Hc	162	8.720	1.130	6.090	8.860	10.59
Rd	162	12.59	3.730	2.480	13.64	16.48
Infr	162	0.420	0.310	0.030 0	0.380	1.160

四、实证结果分析

本文参考张复明（2007）、阎晓（2020）等学者对资源型地区的界定，选取山西省、内蒙古自治区、黑龙江省、贵州省、云南省、陕西省、青海省、宁夏回族自治区、新疆维吾尔自治区，共 9 个省（自治区）为资源型地区。

（一）交互项模型回归分析

前文所述模型（1）是含有国际产业转移变量 FDI_{it} 与吸收能力变量 X_{it} 交互项的回归模型，表 2 给出了回归结果，m01、m02、m03 为当吸收能力分别是人力资本、科技水平、基础设施时的子模型，模型 m02、m03 各变量均高度显著，其分别实证了科技水平、基础设施对国际产业转移技术溢出有正向显著作用；但模型 m01 的回归结果存在单个变量（hc）不显著，但 fdi 与其交互项（hc_ fdi）高度显著的情况，于是考虑存在多重共线性的可能性，进一步计算方差膨胀因子（VIF），公式为：$VIF = \frac{1}{(1 - r_{12}^2)}$，$r_{12}$ 为两个解释变量的相关系数。我们计算交互项模型方差膨胀因子，其中 m01 模型中交互项 hc_fdi 与 hc 的 VIF 值分别为 72.01、71.37，远大于 10，这就说明变量 hc 与变量 hc_fdi 存在多重共线性，而 m02 和 m03 模型变量的 VIF 值均小于 10。按照 Aiken 和 West（1991）的方法进行中心化处理，去中心化前后回归后的结果对比如表 2，方差膨胀因子计算结果对比如表 3。去中心化后 hc_fdi、fdi 的 VIF 值分别为 1.67、1.17 均小于 10，说明模型中不再存在多重共线性，而此时模型 m04 中 hc 也变为高度显著，在 m04、 m05、m06 模型中人力资本变量 hc 系数均为正值。

m04 为加入 hc 与 FDI 交互项的检验结果，此时国际产业转移对技术溢出的总影响为“0. 171+0. 277hc”，这就证明人力资本对国际产业转移技术溢出有正的显著影响；m05 为加入 rd 与 FDI 交互项的检验结果，此时国际产业转移对技术溢出的总影响为“0. 242+0. 058rd”，这就证明科技水平对国际产业转移技术溢出有正的显著影响；m06 为加入 infr 与 FDI 交互项的检验结果，此时国际产业转移对技术溢出的总影响为“0. 419+1. 772infr”，这就证明基础设施对国际产业转移技术溢出有正的显著影响。以上结果证明了假设 1 的正确性。

表 2　国际产业转移技术溢出效应检验结果

变量	去中心化前回归结果			去中心化后回归结果		
	（1） m01	（2） m02	（3） m03	（1） m04	（2） m05	（3） m06
FDI	−2. 243*** （−5. 99）	−0. 486*** （−5. 09）	−0. 326*** （−4. 58）	0. 171*** （2. 86）	0. 242*** （3. 98）	0. 419*** （3. 54）
Hc	−0. 020 0 （−0. 36）	0. 178*** （3. 14）	0. 110** （2. 49）	0. 304*** （4. 88）	0. 178*** （3. 14）	0. 110** （2. 49）
Hc_FDI	0. 277*** （6. 05）			0. 277*** （6. 05）		
Infr	0. 788*** （3. 45）	0. 949*** （4. 02）	−0. 589** （−2. 50）	0. 788*** （3. 45）	0. 949*** （4. 02）	1. 485*** （4. 20）
Rd	−0. 131*** （−6. 43）	−0. 167*** （−7. 74）	−0. 108*** （−6. 10）	−0. 131*** （−6. 43）	−0. 100*** （−6. 88）	−0. 108*** （−6. 10）
Rd_FDI		0. 058*** （6. 87）			0. 058*** （6. 87）	
Infr_FDI			1. 772*** （4. 27）			1. 772*** （4. 27）
_cons	1. 841*** （3. 27）	0. 425 （0. 78）	0. 804** （2. 13）	0. 020 0 （0. 38）	0. 027 0 （0. 52）	0. 116* （1. 68）
N	162	162	162	162	162	162
r2	0. 300	0. 300	0. 383	0. 300	0. 300	0. 383
r2_a	0. 278	0. 277	0. 363	0. 278	0. 277	0. 363
F	9. 850	12. 45	8. 040	9. 850	12. 45	8. 040

注：* 表示在 10%的显著水平下拒绝原假设，** 表示在 5%的显著水平下拒绝原假设，*** 表示在 1%的显著水平下拒绝原假设，（）内为参数的 t 统计量。

表 3　交互项模型方差膨胀因子计算结果对比

去中心化前						去中心化后					
(1) m01		(2) m02		(3) m03		(1) m04		(2) m05		(3) m06	
变量	VIF	变量	VIF	变量	VIF	变量	VIF	变量	VIF	变量	VIF
Hc_FDI	72. 01	Rd_FDI	6. 75	Infr_FDI	4. 30	Hc_FDI	1. 67	Rd_FDI	1. 64	Infr_FDI	2. 30
FDI	71. 37	FDI	5. 21	Infr	3. 19	FDI	1. 17	FDI	1. 41	Infr	1. 87
Hc	2. 92	Rd	3. 35	FDI	2. 22	Hc	1. 23	Rd	1. 67	FDI	1. 90
Rd	2. 17	Infr	1. 47	Rd	1. 68	Rd	2. 17	Infr	1. 47	Rd	1. 68
Infr	1. 43	Hc	1. 34	Hc	1. 47	Infr	1. 43	Hc	1. 34	Hc	1. 47
Mean VIF	29. 98	Mean VIF	3. 62	Mean VIF	2. 57	Mean VIF	1. 53	Mean VIF	1. 51	Mean VIF	1. 84

（二）吸收能力门槛效应回归结果

为了较为准确地计算门槛值并对吸收能力“门槛效应”进行显著性检验，采用门槛回归模型进行分析。对模型（2）、（3）进行估计得到表 4，具体结果分析如下：

表 4　吸收能力门槛效应显著性和置信区间估计表

吸收能力变量	门槛数	F 值	P 值	临界值			门槛值
				10%	5%	1%	
人力资本（Hc）	单门槛	52. 58***	0. 006 7	22. 562 4	34. 130 0	49. 471 9	9. 968 2
	双门槛	11. 63	0. 220 0	13. 804 3	17. 850 5	26. 858 2	8. 781 8
科技水平（Rd）	单门槛	127. 40***	0. 000 0	30. 664 4	48. 422 6	83. 136 1	15. 698 5
	双门槛	2. 510 7	0. 123 3	40. 975 0	141. 268 1	301. 571 7	2. 510 7
基础设施（Infr）	单门槛	78. 40***	0. 000 0	24. 916 1	31. 334 5	41. 971 8	0. 829 2
	双门槛	121. 20***	0. 000 0	23. 399 8	29. 875 3	43. 280 3	0. 889 2

注：* 表示在 10%的显著水平下拒绝原假设，** 表示在 5%的显著水平下拒绝原假设，*** 表示在 1%的显著水平下拒绝原假设；抽样方法为 Bootstrap 法，抽样次数为 300。

资源型地区人力资本门槛值的估计：根据表 4，单门槛在 1%的水平下显著，相应的 P 值为 0. 006 7，而双门槛并不显著，相应的 P 值为 0. 220 0，单一门槛值为 9. 968 2。根据表 5，当人力资本小于等于 9. 968 2 时系数为负值，而大于该值时系数为正，$FDI_{it} \cdot I(q_{it} \leq r_1)$、$FDI_{it} \cdot I(r_1 < q_{it})$ 都在 1%的水平下显著，说明人力资本在小于等于 9. 968 2 时不能有效促进国际产业转移技术溢出，而一旦跨越该值国际产业转移技术溢出效应就能增强。

表 5　吸收能力各因素门槛模型的参数估计结果

门槛数	单门槛			门槛数	双门槛		
模型	人力资本	技术水平	基础设施	模型	人力资本	技术水平	基础设施
Hc_{it}		0.068 6 (1.24)	0.384 5*** (4.62)	Hc_{it}		0.010 3 (0.20)	0.061 1*** (6.43)
Rd_{it}	-0.271 1*** (-4.32)		-0.341 3*** (-5.09)	Rd_{it}	-0.325 7*** (-5.17)		-0.291 8*** (-5.86)
$Infr_{it}$	1.469 5*** (4.76)	0.170 1 (0.71)		$Infr_{it}$	1.474 1*** (4.94)	0.280 3 (1.28)	
$FDI_{it}\cdot I$ $(q_{it}\leqslant r_1)$	-0.321 7*** (-5.36)	-0.288 4*** (-5.22)	-0.189 0*** (-2.90)	$FDI_{it}\cdot I$ $(q_{it}\leqslant r_1)$	-0.311 8*** (-5.37)	25.180 6*** (5.83)	-0.152 2*** (-3.16)
$FDI_{it}\cdot I$ $(r_1 < q_{it})$	0.257 6*** (2.84)	1.187 4*** (9.11)	0.838 1*** (7.47)	$FDI_{it}\cdot I$ $(r_1 < q_{it}\leqslant r_2)$	0.036 4 (0.32)	-0.198 6*** (-3.79)	1.546 1*** (14.80)
				$FDI_{it}\cdot I$ $(q_{it} > r_2)$	0.507 2*** (0.752)	1.307 2*** (10.79)	0.069 7 (0.68)
常数项	3.572 8*** (5.02)	0.100 5 (0.461 2)	1.531 3*** (2.91)	常数项	4.082 4*** (5.78)	0.421 9 (0.99)	0.844 0** (2.16)

注：* 表示在10%的显著水平下拒绝原假设，** 表示在5%的显著水平下拒绝原假设，*** 表示在1%的显著水平下拒绝原假设，（）内为参数的 t 统计量。

资源型地区科技水平门槛值的估计：根据表 4，单门槛在 1%的水平下显著，相应的 P 值为 0.000 0，而双门槛并不显著，相应的 P 值为 0.123 3，单一门槛值为 15.698 5。根据表 5，当科技水平小于等于 15.698 5 时系数为-0.288 4，而大于该值时系数为 1.187 4，$FDI_{it}\cdot I(q_{it}\leqslant r_1)$、$FDI_{it}\cdot I(r_1 < q_{it})$ 都在 1%的水平下显著，说明研发存量在小于等于 $e^{15.698 5}$（约 6，573，125.497 9）万元会对国际产业转移技术溢出产生反向作用，而一旦跨越该值就能有效促进国际产业转移技术溢出。

资源型地区基础设施门槛值的估计：根据表 4，单门槛、双门槛均在 1%的水平下显著，相应的 P 值均为 0.000 0，第一个门槛值为 0.829 2，第二个门槛值为 0.889 2。根据表 5，当基础设施值小于等于 0.829 2 时系数为负值，当基础设施值介于 0.829 2 和 0.889 2 时系数为证，大于该比值时系数为正，$FDI_{it}\cdot I(q_{it}\leqslant r_1)$、$FDI_{it}\cdot I(r_1 < q_{it}\leqslant r_2)$ 在 1%的水平下显著，$FDI_{it}\cdot I(q_{it} > r_2)$ 不显著，这就说明内河航道、铁路里程、公路里程之和与相应各地国土面积之比在小于等于 0.829 2 时不足以促进国际产业转移技术溢出，介于 0.829 2~0.889 2 时能有效促进国际产业转移技术溢出，而如果跨越了第二门槛值 0.889 2 后，国际产业转移技术溢出不再依赖基础设施的投入。

以上回归结果证明假设 2 成立。

图 2、图 3 分别为人力资本、科技水平为门槛变量时的门槛估计值和置信区间，图 4 为基础设施为门槛变量时的双门槛估计值和置信区间，图中横坐标为门槛参数，纵坐标为似然比（LR）。

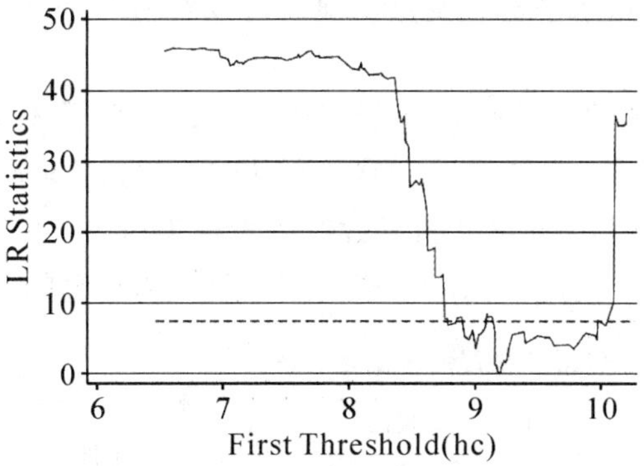

图 2 人力资本门槛估计值和置信区间

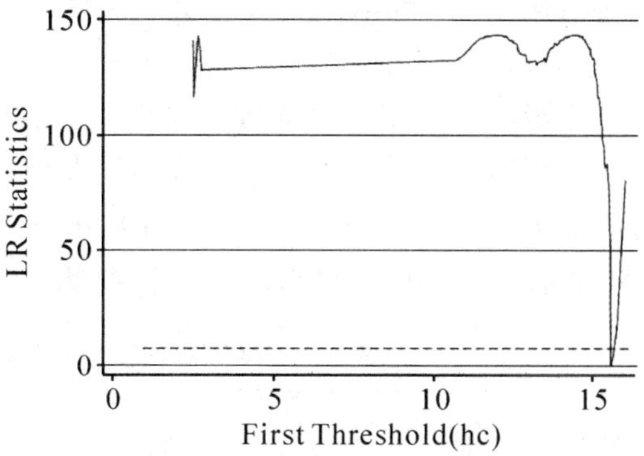

图 3 科技水平门槛估计值和置信区间

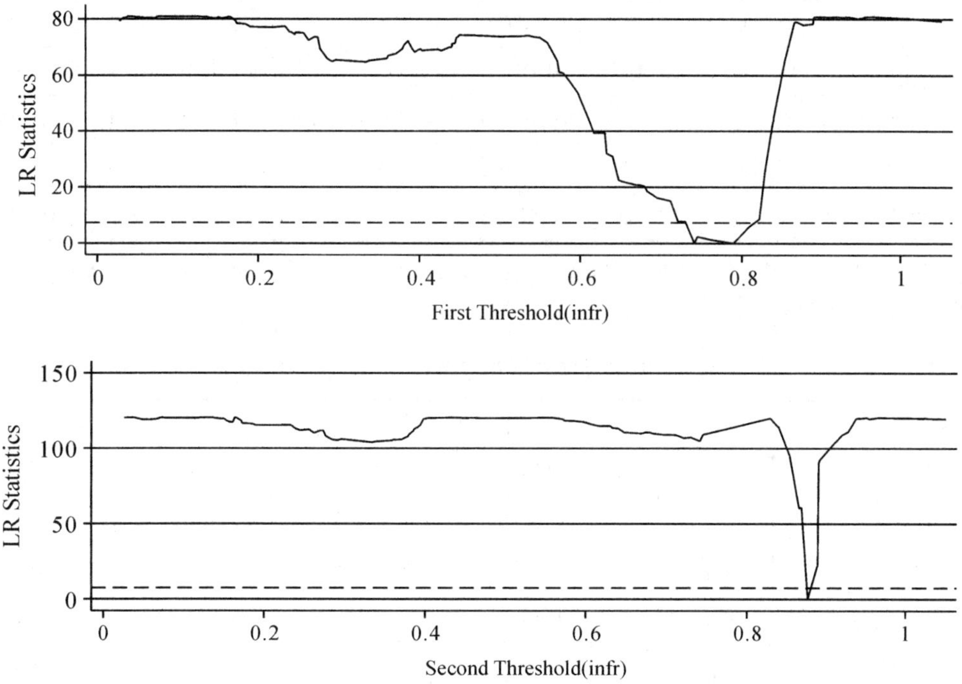

图 4 基础设施门槛估计值和置信区间

五、稳健性检验

本文采用更换变量法进行稳健性检验。将技术溢出指标由技术市场成交额更换为专利申请数的对数，模型为

$$\mathrm{Ln}Y_{it} = C + \lambda_1 \mathrm{FDI}_{it} \cdot I(q_{it} \leqslant r_1) + \lambda_2 \mathrm{FDI}_{it} \cdot I(r_1 < q_{it} \leqslant r_2) + \lambda_3 \mathrm{FDI}_{it} \cdot I(q_{it} > r_2) + \lambda_4 X_{it} + \varepsilon_{it} \quad (4)$$

表 6 为更换变量后的回归结果。表 7 为不同被解释变量显著性及门槛值的对比表，

通过对比发现当吸收能力变量为人力资本和科技水平时，变量的显著性及符号与前文模型（2）、（3）基本一致。

当吸收能力变量为基础设施时，更换被解释变量后只有单门槛显著，双门槛不显著，门槛值也相差较大。进一步对比发现模型（3）虽为双门槛，但 $FDI_{it} \cdot I(q_{it} > r_2)$ 并不显著，且 $FDI_{it} \cdot I(q_{it} \leq r_1)$、$FDI_{it} \cdot I(r_1 < q_{it} \leq r_2)$ 的系数符号与模型（4）一致（见表8），说明两个模型的变化趋势是一致的。因此，总的来说，结果是较为稳健的。

表6 更换被解释变量后门槛效应显著性和置信区间估计表

吸收能力变量	门槛数	F值	P值	临界值			门槛值
				10%	5%	1%	
人力资本（Hc）	单门槛	27.89**	0.093 3	26.504 0	34.403 5	53.191 0	9.976 9
	双门槛	13.37	0.280 0	18.630 6	22.588 0	28.035 4	8.029 0
科技水平（Rd）	单门槛	35.45**	0.016 7	19.559 7	25.672 5	38.149 9	14.714 2
	双门槛	6.22	0.563 3	15.791 4	18.382 1	26.184 4	11.604 9
基础设施（Infr）	单门槛	40.65**	0.010 0	26.969 5	31.361 6	38.684 3	0.291 3
	双门槛	21.20	0.243 3	19.975 6	24.211 3	34.728 3	0.632 5

注：* 表示在10%的显著水平下拒绝原假设，** 表示在5%的显著水平下拒绝原假设，*** 表示在1%的显著水平下拒绝原假设；抽样方法为Bootstrap法，抽样次数为300。

表7 不同被解释变量显著性及门槛值对比表

被解释变量	门槛数	TMT		LNY	
吸收能力变量		*F*值	门槛值	*F*值	门槛值
人力资本（Hc）	单门槛	52.58***	9.968 2	27.89**	9.976 9
	双门槛	11.63	8.781 8	13.37	8.029 0
科技水平（Rd）	单门槛	127.40***	15.698 5	35.45**	14.714 2
	双门槛	2.510 7	2.510 7	6.22	11.604 9
基础设施（Infr）	单门槛	78.40***	0.829 2	40.65**	0.291 3
	双门槛	121.20***	0.889 2	12.73	1.050 3

注：* 表示在10%的显著水平下拒绝原假设，** 表示在5%的显著水平下拒绝原假设，*** 表示在1%的显著水平下拒绝原假设。

表8 门槛变量为基础设施时不同模型中变量参数对比表

被解释变量TMT				被解释变量LnY			
单门槛		双门槛		单门槛		双门槛	
$FDI_{it} \cdot I(q_{it} \leq r_1)$	−0.189 0***（−2.90）	$FDI_{it} \cdot I(q_{it} \leq r_1)$	−0.152 2***（−3.16）	$FDI_{it} \cdot I(q_{it} \leq r_1)$	−0.179 3***（−3.42）	$FDI_{it} \cdot I(q_{it} \leq r_1)$	−0.174 0***（−3.44）

表8(续)

被解释变量 TMT				被解释变量 LnY			
单门槛		双门槛		单门槛		双门槛	
$FDI_{it} \cdot I$ $(r_1<q_{it})$	0.838 1*** (7.47)	$FDI_{it} \cdot I$ $(r_1<q_{it}\leqslant r_2)$	1.546 1*** (14.80)	$FDI_{it} \cdot I$ $(r_1<q_{it})$	0.214 9*** (2.95)	$FDI_{it} \cdot I$ $(r_1<q_{it}\leqslant r_2)$	0.232 77*** (3.33)
		$FDI_{it} \cdot I$ $(q_{it}>r_2)$	0.069 7 (0.68)			$FDI_{it} \cdot I$ $(q_{it}>r_2)$	1.985 7*** (4.01)

注：* 表示在10%的显著水平下拒绝原假设，** 表示在5%的显著水平下拒绝原假设，*** 表示在1%的显著水平下拒绝原假设，() 内为参数的 t 统计量。

六、结论及政策启示

（一）研究结论

本文根据2001—2018年资源型地区省级面板数据研究了吸收能力作用下的国际产业转移技术溢出效应，结果表明，国际产业转移对资源型地区技术溢出能够产生正向效应；本文选取的3个吸收能力指标人力资本、科技水平、基础设施，对技术溢出影响显著，并具有明显的门槛特征。当吸收能力变量跨越门槛值时，国际产业转移技术溢出效应显著增强。截至2018年，山西、内蒙古、黑龙江、山西、宁夏、新疆已跨越人力资本门槛值，贵州、云南、青海仍然未跨越这一门槛值；在科技投入方面，只有陕西跨越门槛，山西、内蒙古、黑龙江、贵州、云南、青海、宁夏仍未跨越门槛值，其中青海省2018年科技水平值只有2.5，距离跨越门槛任有较大差距；在基础设施建设方面，只有山西、贵州、陕西跨越门槛值，且都已跨越第二门槛值。具体情况，如表9所示。

表9　资源型各地区跨越门槛时间

变量	人力资本	科技水平	基础设施
门槛值	9.968 2	15.698 5	0.829 2/0.889 2
跨越地区及时间	山西（2011年） 内蒙古（2012年） 黑龙江（2015年） 陕西（2011年） 宁夏（2018年） 新疆（2015年）	陕西（2011年）	山西（2009年/2012年） 贵州（2009年/2009年） 陕西（2013年/2018年）

（二）政策启示

基于以上实证分析结论，本文提出以下几点政策启示：

一是，要提升资源型地区人力资本。人力资本是凝聚在劳动者身上的知识、技能及其表现出来的能力，是经济发展的主要力量来源，资源型地区要通过优化人才政策、加大教育投入、完善培训制度等措施，提升人力资本质量和水平；二是，加大资源型地区科技投入力度。技术进步不仅是国际产业转移吸收能力的主要因素，也是经济增长的根本动力，资源型地区在投入量较少的情况下，要结合当地产业特点，集中力量，保证重点产业有较高投入，加快科技成果转化；三是，补齐基础设施短板。资源型地区要保证基础设施建设资金，争取在较短时间内补齐基础设施短板，以促进国际产业转移技术溢出。

参考文献：

[1] GROSSMAN G, HELPMAN E. Innovation and growth in the global economy [M]. Cambridge: MIT Press , 1991.

[2] HASKEL J E, PEREIRA S C, SLAUGHTER M J. Does Inward Foreign Direct Investment Boost the Productivity of Domestic Firms? [R]. 2002, NBER Working Papers No. 8724.

[3] DRIFFIELD N. The Impact on Domestic Productivity of Inward Investment in the UK [D]. The Manchester School, 2001.

[4] 赖明勇，包群，阳小晓. 我国外商直接投资吸收能力研究 [J]. 南开经济研究，2002 (3): 45-50.

[5] 张公嵬，陈翔，李赞. FDI、产业集聚与全要素生产率增长：基于制造业行业的实证分析 [J]. 科研管理，2013 (9): 114-122.

[6] 魏守华，姜宁，吴贵生. 本土技术溢出与国际技术溢出效应：来自中国高技术产业创新的检验 [J]. 财经研究，2010 (1): 54-65

[7] SACHS, JEFFREY D, WARNER, et al. Natural Resource Abundance and Economic Growth [J]. Cambridge, Massachusetts, National Bureau of Economic Research, 1995, 12: 5398.

[8] 赵康杰，景普秋. 资源依赖、资本形成不足与长期经济增长停滞："资源诅咒"命题再检验 [J]. 宏观经济研究，2014 (3): 30-42

[9] 景普秋. 资源型地区经济增长动力构成及转换研究 [J]. 南开学报（哲学社会科学版），2016 (3): 125-134.

[10] 张晓蓓. 人力资本、后发优势与地区经济协同发展：基于面板门槛模型的分析 [J]. 东北财经大学学报，2020 (1): 47-54.

[11] 李梅，柳士昌. 对外直接投资逆向技术溢出的地区差异和门槛效应：基于中国省际面板数据的门槛回归分析 [J]. 管理世界，2012, (1): 21-32.

[12] 蒋含明. 外商直接投资知识溢出、信息化水平与技术创新能力 [J]. 江西财经大学学报，2019 (1): 34-42.

[13] 赖明勇，包群，等. 外商直接投资与技术外溢：基于吸收能力的研究 [J]. 经济研究，2005 (8): 95-105.

[14] 蒋含明. 外商直接投资知识溢出、信息化水平与技术创新能力 [J]. 江西财经大学学报，2019 (1): 34-42.

[15] 何兴强，欧燕，等. FDI 技术溢出与中国吸收能力门槛研究 [J]. 世界经济，2014 (10): 52-76.

[16] 傅元海，唐未兵，王展祥. FDI 溢出机制、技术进步路径与经济增长绩效 [J]. 经济研究，2010 (6): 92-104

[17] WESLEY M COHEN, DANIEL A LEVINTHAL. Absorptive Capacity: A New Perspective on

Learning and Innovation [J]. 1989, 99 (397): 569-596.

[18] KOKKO A, R TANSINI, M C ZEJAN. Local Technological Capbility and Productivity Spillovers From FDI in the Uruguayan Manufacturing Sector [J]. The Journal of Development Studies, 1996, 32 (4): 602-611.

[19] 关爱萍，李娜. 中国区际产业转移技术溢出及吸收能力门槛效应研究：基于西部地区省际面板数据的实证分析 [J]. 软科学，2014 (2): 32-36.

[20] 何兴强，欧燕，等. FDI 技术溢出与中国吸收能力门槛研究 [J]. 世界经济，2014 (10): 52-76.

[21] 牛泽东，张倩肖，等. FDI 对我国高新技术产业自主创新能力影响的实证分析 [J]. 科技进步与对策，2011 (18): 51-55.

[22] HANSEN B E. Threshold effects in non-dynamic panels: Estimation, testing, and inference [J]. Journal of Econometrics, 1999, 93: 345-368.

[23] HANSEN B E. Sample Splitting and Threshold Estimation [J]. Econometrica, 2000, 68: 575-603.

[24] 张丽，盖国凤. 人力资本、金融发展能否打破"资源诅咒"？基于中国煤炭城市面板数据的研究 [J]. 2020 (4): 58-67.

[25] GRILICHES S. Issues in Assessing the Contribution of R&D to Productivity Growth [J]. Bell Journal of Economics, 1979, 10: 92-116.

[26] JAFFE A. The Real Effects of Academic Research [J]. American Economic Review, 1989, 79: 957-970.

[27] 武晓霞，金素. 人力资本异质性和知识外溢对产业结构升级的影响研究：基于省级和区域面板数据的空间计量 [J]. 南京审计学院学报，2015 (5): 45-55.

[28] 刘生龙，胡鞍钢. 交通基础设施与经济增长：中国区域差距的视角 [J]. 中国工业经济，2010 (4): 16-25.

[29] 张复明. 资源型经济：理论解释、内在机制与应用研究 [D]. 太原：山西大学，2007.

[30] 阎晓，田钰，李荣杰. 资源型地区工业集聚对生态效率的影响：基于我国 9 个典型资源型省份的实证研究 [J]. 应用生态学报，2020.

[31] AIKEN L S, WEST S G. Multiple regression: Testing and Interpreting Interactions [M]. Newbury Park, 1991.

江西省农产品出口竞争力的实证研究

蔡桂云[①] 张晓玉[②]

摘 要：农业是一个国家的立足之本，江西省作为中部地区的经典农业大省，其农产品出口额一直呈增长趋势，也拥有自己的优质农产品品牌。在此背景下本文对江西省农产品出口竞争力从内在和外在两方面进行分析，进而综合评价江西省农产品出口竞争力。本次研究基于2009—2019年江西省农产品相关数据，利用多元线性回归、主成分分析模型进行实证分析。本文的研究表明：第一，江西省农产品行业位于国内中下游位置，但发展前景良好。第二，江西省农产品出口内在竞争力的提高关键在于科技投入。第三，江西省农产品净出口方面竞争力较强，但是综合外在竞争力稍显逊色。综合来看，如果不提高江西省农产品出口份额占比，短期内其农产品出口竞争力略显不足，并在此基础上提出相应的建议。

关键词：农产品；出口竞争力；多元线性回顾；主成分分析

一、引言

农业是一个国家的立足之本。截止到2019年年底，中国主要农作物播种面积高达165 931千公顷，主要农产品产量约有115 647.4万吨，说明中国农产品行业庞大；截至2020年7月份，我国农产品对外贸易进出口总额高达213.81亿美元，其中进口额为149.14亿美元，出口额为64.67亿美元[③]，说明我国农产品对外贸易存在着大量的贸易逆差。2021年3月25日，以HM为首的几家国外服装品牌，宣布不再使用新疆棉花，将农产品出口竞争的话题推上舆论高潮。

从政府方面讲，中国政府一直都很重视农业发展。党的十九大报告中再一次强调

---

① 蔡桂云，女，江西农业大学经济管理学院讲师。

② 张晓玉，女，江西农业大学经济管理学院硕士研究生。

③ 本文数据主要来自《江西省统计年鉴（2009—2019）》、《中国统计年鉴（2009—2019）》、《山东省统计年鉴（2018—2019）》、海关总署、《国际统计年鉴（2009—2019）》、政府年报、《中国农村年鉴》、中国农业农村部、中国商务部等，下文不再做出解释。

"三农"政策，提出强化农业基础的科学具体指导方针。并且，对农业方面的财政支出逐年在增长，农业财政支出 2016 年为 18 587.36 亿元，2017 年为 19 088.99 亿元，2018 年为 21 085.59 亿元。

江西省作为中部地区农业大省，尽管有着类似"赣南脐橙""南丰蜜桔"等优质的农产品，但江西省农产品出口在我国农产品总出口中仅占 0.68%，显然与农业大省的地位不相匹配。因此，研究江西省农产品出口竞争力以提高江西省农产品出口的意义不言而喻。

关于农产品竞争力以及农产品出口竞争力的研究，我国学者已有较为丰富的研究成果。许晶晶、周军等[1]主要研究江西省农产品地理标志，结果表明农产品地理标志存在发展不平衡、发掘不充分、供销不均衡以及资源缺乏管理等问题。范琛、张朝辉（2008）研究表明江西省农产品竞争力在价格、质量、规模、信誉等方面竞争力较弱。唐云平[3]运用竞争力指标构建、蛛网模型、波特钻石模型进行分析，结果表明 2011 年后江西省农产品国际竞争力趋于下降；李丹、吴玲[4]构建农产品竞争力评价指标对山东等五省农产品进行分析，结果表明山东等五省竞争力较好，尤其是山东省基础竞争力较强。肖帅、肖黎[5]以中国 31 个省（自治区、直辖市）为样本，选取了总出口增长率、市场占有率等竞争力指标，通过因子分析构建了农产品出口竞争力评价指标，得出影响农产品出口竞争力的主要有四个公共因子，在这些因子的共同影响下，湖南省农产品出口竞争力在全国呈中等水平。吴晓露[6]、李小想[7]、苏长庚[8]、刘长溥等[9]、刘丽娜[10]等多位学者也分别对浙江省、广东省、贵州、黑龙江省和福建省的农产品出口竞争力进行分析，找出竞争力大小的影响因素并就提高农产品出口竞争力提出相应的建议。廖程胜、廖良美[11]选取 7 个国际竞争力指标并采用主成分分析法，对中部地区六省份农产品进行评价。金廷芳[12]研究中国农产品因技术壁垒、农业发展资源短缺、农业信息化程度低等问题导致出口竞争力低下，而杨照、陈伟忠[13]认为要提升中国农产品竞争力需重点培养具有特色的农产品。

纵观上述文献对农产品出口竞争力相关研究成果，对本文研究有很大的借鉴意义。现阶段对江西省农产品出口竞争力的文献研究较少，研究成果缺乏，大多数是采用描述性分析，采用实证的分析同时各省之前对比的研究较少。基于此，本文采用主成分分析法对各个竞争力指标进行分析，对江西省农产品出口竞争力进行实证分析。

二、江西省农产品发展现状

（一）江西省农业的生产情况

1. 农林牧渔业总产值稳定增长，且农业占比最大

由图 1 可见，江西省农林牧渔总产值呈不断上升的趋势，总产值从 2009 年 17 338 215 万元增长至 2019 年 34 812 926 万元，总额翻了两倍。其中农业产值的增长速度最快，从 2009 年的 7 297 223 万元增长至 2019 年 6 242 516 万元，总额翻了 2.2 倍。其次是牧业，从 2009—2014 年其增长相对稳定，2014 年达到 8 148 821 万元；然而 2015—2018 年又出现缓慢下降，直至 2019 年又慢慢增长至 8 889 402 万元。最后林产业和渔产业，

均呈现稳定增长。通过简单计算，不难得到：农业占比为49%，排名第一；牧业占比为27%，排名第二；渔业占比为14%，排名第三，林业占比为10%，排名四。

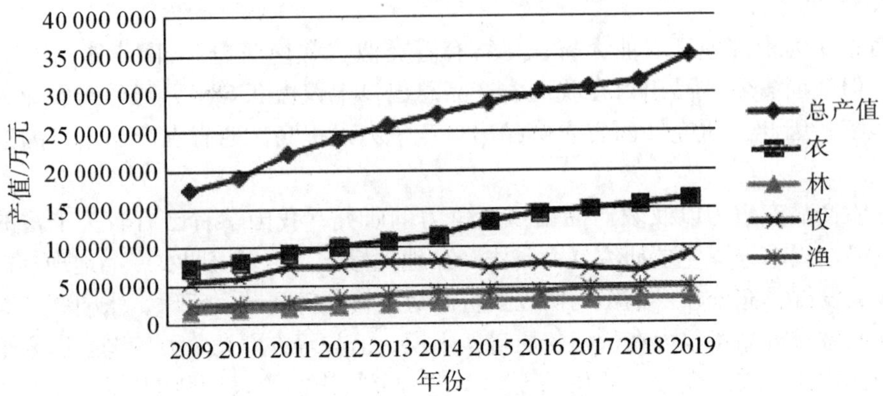

图1　江西省2009—2019年农林牧渔业产值

因此，从农林牧渔产值分布可以看出：农业和牧业是江西省的相对优势产业，其产值较高，发展稳定；而渔业和林业基数虽小，但均能实现稳定增长。

2. 农业产值位于全国中下游

江西省农业虽然发展较快，但是与其他省份相比，产值还是相对较低。以2019年来说（见表1），其仅仅有1 624.3亿元，在全国排名为19名，全国总产值占比2.46%。并且，与河南，山东，四川等省相比，还存在相对较大的差距。

表1　2019年各省农业产值排名表

排名	省份	农业产值/亿元	占比/%	排名	省份	农业产值/亿元	占比/%
1	河南	5 408.6	8.19	17	福建	1 774.8	2.69
2	山东	4 914.4	7.44	18	江西	1 624.3	2.46
3	四川	4 395	6.65	19	内蒙古	1 606.3	2.43
4	江苏	3 828.6	5.80	20	浙江	1 595	2.41
5	黑龙江	3 774.5	5.71	21	重庆	1 397.5	2.12
6	广东	3 530.2	5.34	22	甘肃	1 306.4	1.98
7	湖北	3 257.9	4.93	23	吉林	1 014.1	1.53
8	河北	3 114.9	4.71	24	山西	936.8	1.42
9	广西	3 102.3	4.70	25	海南	819.6	1.24
10	湖南	3 052.1	4.62	26	宁夏	330.8	0.50
11	云南	2 680.2	4.06	27	天津	202.9	0.31
12	新疆	2 616.3	3.96	28	青海	181.3	0.27
13	贵州	2 535.7	3.84	29	上海	145.8	0.22
14	陕西	2 445.8	3.70	30	北京	102.3	0.15
15	安徽	2 365.4	3.58	31	西藏	94.9	0.14
16	辽宁	1 912	2.89				

3. 主要农作物耕种面积，呈现先增长后下降

江西耕种面积总体上呈现稳定增长的态势，且近几年出现下降趋势。2016 年种植面积最高，且高达 5 602. 1 千公顷。但是，从 2017—2019 年呈现出下降趋势。考虑到农作物耕地是农业生产的基本条件，应该注意保护耕地红线问题。

4. 农业劳动力投入呈现不断下降趋势

2009 年江西省农业劳动力为 892. 6 万人，2019 年降至 700. 8 万人，十年间农村劳动减少高达 191. 8 万人，降幅达 21. 5%。众所周知，劳动力是农业生产不可或缺的条件，而江西省因第二、三产业对农业的冲击、人民观念转变等原因造成近十一年农业劳动力一直下降，这对农业生产不是一个很好的现象。

5. 农业基础建设投资整体上呈上升趋势

江西省农业基础建设投资在 2018 年达到最高值，投资额达到 6 706 853 万元；2019 年基础设施投资总额虽有所下降，但也高达 5 486 206 万元。增加农产品生产，农业基础建设投资是必不可少的，从这个角度也说明江西省省政府很重视江西省农业的发展。

6. 农业科技投入逐年增加

2009 年，江西省农业科技投入为 134 021 万元，而 2019 年这一数值高达 1 829 194 万元，10 年间农业科技增长了 13. 6 倍。随着科学技术的不断发展以及科学技术转变为生产力能力的不断提高，科技投入对农业发展有着重要作用。江西省不断增加农业科技投入说明江西省政府深刻认识到这一点。

（二）江西省农产品出口状况

1. 农产品出口额基本上呈增长趋势

从整体上看，从 2009—2019 年，江西省农产品出口额基本呈上升趋势。2009 年出口总额为 2. 55 亿美元，2019 年这一值为 5. 352 6 亿美元，10 年翻两倍。但是，2019 年江西省农产品出口总额有所下降，可能是因为中美贸易战扩大化，并从电子科技转向农产品行业等导致这一结果。

表 2　江西省 2009—2019 年农产品出口情况

年份	江西省农产品出口额/亿美元	中国农产品出口额/亿美元	江西省农产品占比/%
2009	2. 555 5	391. 8	0. 65
2010	2. 580 7	432. 5	0. 60
2011	2. 913 8	607. 51	0. 48
2012	3. 822 6	632. 89	0. 60
2013	4. 806 4	678. 25	0. 71
2014	6. 757 3	718. 6	0. 94
2015	6. 187 8	706. 82	0. 88
2016	5. 904 9	729. 86	0. 81
2017	5. 712 6	755. 32	0. 76
2018	5. 860 1	804. 48	0. 73
2019	5. 352 6	790. 98	0. 68

2. 农产品出口全国占比近五年呈下降趋势

由图 2 可以看出，江西省从 2009—2019 年农产品出口，在全国农产品总出口占比波动相对较大。从 2009—2011 年基本呈现下降趋势，而 2011—2014 年又呈大幅度增长趋势，并在 2014 年达到了最大峰值 0.94%；从 2014—2019 年，又呈缓慢下降趋势，即近几年江西省农产品出口市场份额一直在降低。

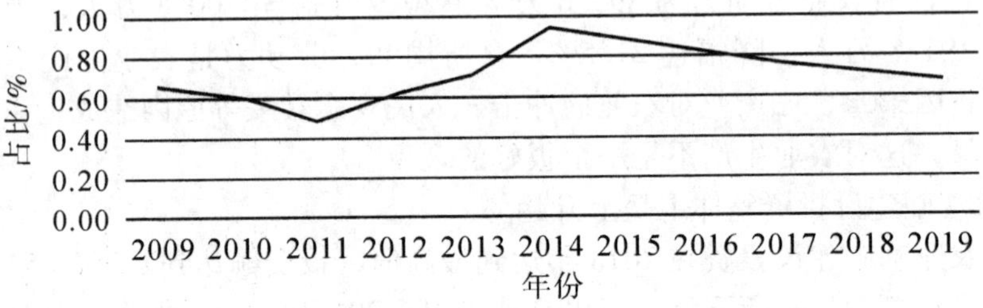

图 2　江西省 2009—2019 年农产品出口全国占比

三、构建江西省农产品出口竞争力的评价指标

有关农产品竞争力的评价指标非常多，考虑到数据的采集以及后面的实证分析，本文选取了出口贡献率、出口增长优势指数、净出口指数、贸易竞争力指数和显性比较优势指数五个指标作为指标体系。在实证分析之前，首先分别对这五个指标进行简单的描述性分析。

（一）出口贡献率指标基本稳定，但是相对较低

本文的出口贡献率是指江西省农产品实际出口份额与江西省总出口份额的比值。该指标的大小表示江西省农产品出口贡献率的大小，如果值越大，则表示农产品对于江西省的出口贡献率越大。由图 3 可知，江西省农产品出口贡献率，除 2009 年为 3.5%以外，基本稳定在 1.5%~2%，这说明江西省农产品出口贡献率是一个比较稳定，但相对较低的数值。从该指标上看，江西省农产品出口方面，并不具有竞争优势。

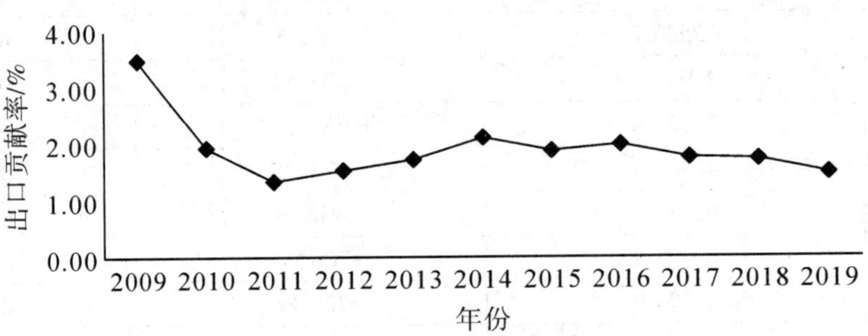

图 3　江西省 2009—2019 年农产品出口贡献率

（二）出口增长优势指数近三年为负数

本文的出口增长优势指数是指江西省农产品出口增长率减去江西省整体贸易增长率，该指标表示江西省农产品出口优势的变化情况。如果指标的值越大，说明江西省农产品的出口增长速度越快，如果该指标>0，这说明农产品出口竞争力不断上升，反之则下降。由图 4 可以看出，在 2012—2014 年以及 2016 年，该指标>0，而 2017—2019 年，该指标值<0，这说明江西省农产品出口竞争优势在下降。

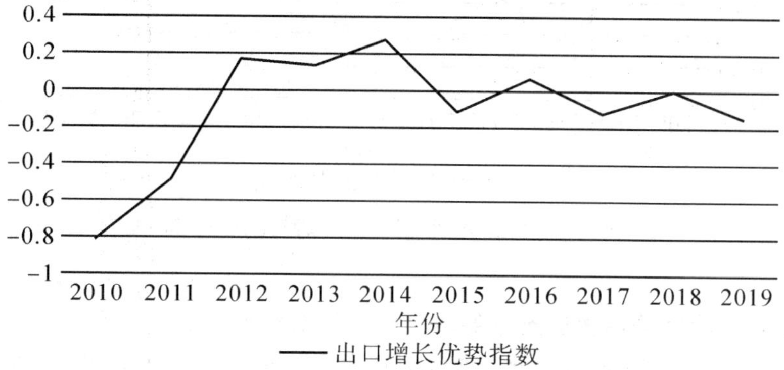

图 4　江西省 2010—2019 年出口增长优势指数图

（三）净出口指数近三年一直增长，且相对较大

本文的净出口指数是指江西省农产品的出口总额与进口总额之差与江西省农产品总出口的比值，可以反映江西省农产品对外贸易中的净收入情况。如果该值>0，这说明农产品在市场上具有竞争力；如果该值<0，则说明农产品在市场上竞争力较弱。由图 5 可知，江西省在 2009—2019 年净出口指数都大于 0，这说明江西省农产品出口远大于农产品进口，具有竞争优势。从 2017—2019 年呈上升趋势，这说明从净出口方面看，江西省农产品出口还是具有较为明显的竞争力，且近三年出口竞争力在不断提高。

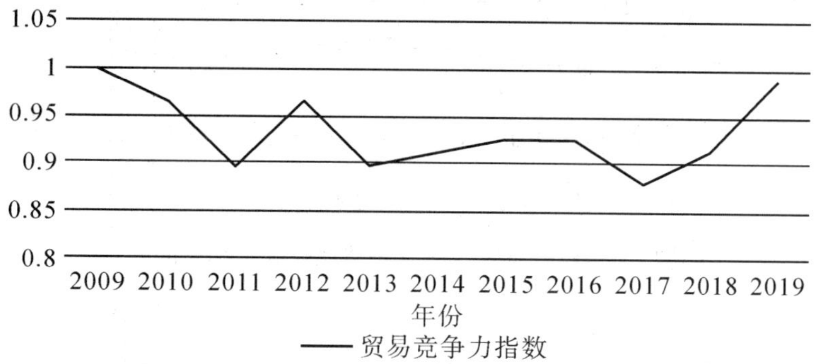

图 5　江西省 2009—2019 年净出口指数图

（四）贸易竞争力指数基本稳定，且相对较高

本文的贸易竞争力指数是指江西省农产品的净出口额与江西省农产品的贸易总额的

比值，该指标的优势在于不会受到贸易以外因素的影响，整体比较稳定，取值在-1~1。当该值>0 时，则表示农产品竞争力接近于平均水平，不具有较强的竞争优势，但具有一定的竞争力；当该值接近于 1 时，则说明农产品出口远大于进口，具有较强的竞争优势。由图 6 可知，江西省 2009—2019 年贸易竞争力指数均在 0. 85~1，接近于 1，这说明江西省农产品出口远大于进口，具有较强的竞争优势。

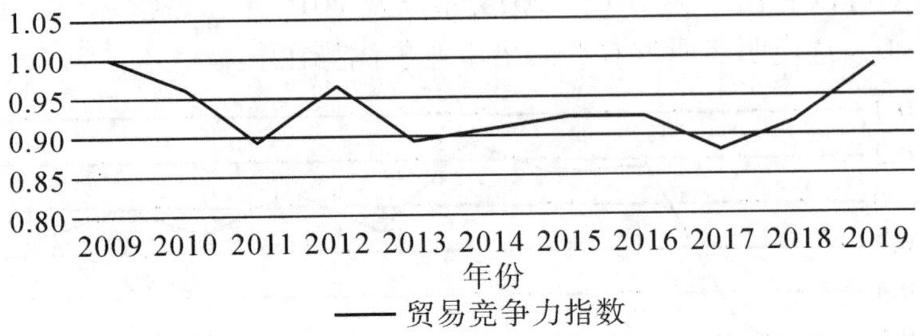

图 6　江西省 2009—2019 年贸易竞争力指数

（五）显性比较优势指数近五年基本稳定且相对较低

本文的显性比较优势指数是指江西省农产品出口额占江西省总出口额的比重，与中国农产品总出口额占中国总出口总额比重之比。一般来说，如果该值大于 2. 5，说明农产品具有强的竞争优势；如果该值介于 1. 5~2. 5，说明农产品具有较强的竞争优势；当该值介于 0. 8~1. 25，说明农产品具有中等竞争优势；当该值小于 0. 8 时，说明农产品竞争力相对较弱。从图 7 可以看出，在江西省 2009—2019 年显性比较优势指数中，除了 2009 年大于 1 外，从 2010 年到 2019 年皆小于 0. 8，且从 2014 年到 2019 年呈不断下降趋势，从该指标可以看出，江西省农产品并不具有竞争优势。造成这样的原因，可能是该指标忽略了进口的影响。

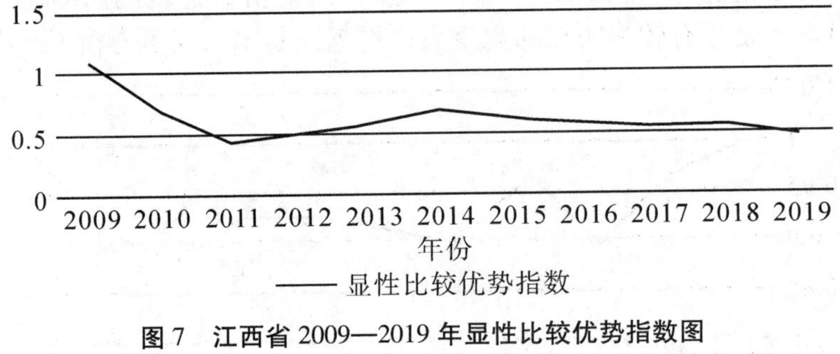

图 7　江西省 2009—2019 年显性比较优势指数图

四、江西省农产品竞争力模型分析

为了更好地研究江西省农产品出口竞争力，本文将从内在竞争力和外在竞争力两方面研究其出口竞争力，并将这两个竞争力进行综合分析。

（一）江西省农产品出口内在竞争力分析

1. 变量选取

本文选取科学技术投入、劳动力投入、土地投入、农业基础建设投入作为江西省农产品出口内在竞争力的影响因素，具体如下：

科学技术的发展，在农产品生产行业也具有重要作用。增加科学技术的投入，可以提高农产品劳动生产率，降低农产品生产过程中的成本，改善农产品自身质量，提高竞争力。

农业资本的投入对农产品生产行业也具有重要作用，本文的农业资本投入是指农业生产中的节水灌溉系统的投入，道路、新进的生产设备投入，水利、水电，防害、防灾的投入等，这些投入都可以间接地提高劳动生产率，从而增高竞争力。

劳动力对于农产品生产具有重要的作用，随着科学技术的不断发展，农业从业人员不断下降，导致农业发展没有很大的突破。提高劳动力的质量，对农产品生产具有重要作用，从而增加农产品竞争力。

土地资源也是农业生产的根本要素，随着工业化不断增加，江西省农村的耕种面积受到了一定的影响，然而土地对于农产品的生产具有决定性作用，失去土地等于失去竞争力。本文从以上四个因素作为出发点，对江西省农产品出口内在竞争力进行分析。

2. 模型构建

对劳动力投入、土地投入、科技投入、农业基础建设投入四个因素进行定量分析，并构建多元回归模型：

$$Y = \alpha + \beta_1 X_1 + \beta_2 X_2 + \beta_3 X_3 + \beta_4 X_4 + \mu$$

其中 Y 表示江西省农产品出口额，X_1 表示江西省农业劳动力投入，X_2 表示江西省可耕种土地投入，X_3 表示江西省农业科技投入，X_4 表示江西省农业基础建设投入。α 为常数项，β_1、β_2、β_3、β_4 分别表示相应的回归系数。

通过回归分析，可以得到实证结果如下：

$$Y = -132.8874 - 0.148357X_1 + 0.135253X_2 + 16.64475X_3 + 0.82311X_4$$

从上述实证结果可以看出：

劳动力投入对农产品出口额的贡献系数为-0.148 3，这表示江西省对劳动投入每增加1%，其出口额降低0.148 3%。造成这样的原因可能是由于劳动力质量提高、科技机械引入代替原始劳动力等原因造成的，这些原因可能导致现有农产品生产效率高于原始劳动力时生产效率，所以劳动力投入减少反而使得江西省农产品出口额有所上升，但是影响度较小。

土地投入贡献系数为0.135 3，这表示江西省对土地投入每增加1%，其出口额增加0.135 3%。这说明增加土地投入，可以使江西省农产品出口增加，但是增加额度幅度较小。

科技投入贡献系数为16.644 8，这表示江西省对农产品科技投入每增加1%，其农产品出口额增加16.448%，这说明增加科技投入对江西省农产品出口增加有较大的影响，所以政府应该增加江西省农业科技投入。

农业基础建设投入贡献系数为 0. 082 3，这表示江西省对农业基础建设投资，每增加 1%，其出口额增加 0. 082 3%。造成这样的原因可能是农业基础建设投资耗费大，见效慢，短期内可能对江西省农产品出口不会产生较大的影响。

（二）江西省农产品出口外在竞争力分析

1. 变量选取

本文考虑了指标的综合性、全面性等因素，在上文已经建立了竞争力评价指标，本文选取出口贡献率、出口增长优势指数、净出口指数、贸易竞争力指数、显性比较优势指数五大竞争力评价指标对江西省农产品外在竞争力进行分析。

2. 模型分析

为了全面分析江西省农产品出口竞争力，本文用 SPSS22. 0 对农产品竞争指标进行主成分分析进而分析其外在竞争力：

假定：X_1 = 出口贡献率、X_2 = 出口增长优势指数、X_3 = 净出口指数、X_4 = 贸易竞争力指数、X_5 = 显性比较优势指数。

从表 3 可以看出各变量之间存在较强的相关关系，要想对江西省农产品出口竞争力做出正确判断，就要进行主成分分析。

表 3　相关矩阵

相关	X_1	X_2	X_3	X_4	X_5
X_1	1. 000	0. 353	−0. 365	−0. 135	0. 904
X_2	0. 353	1. 000	−0. 352	0. 076	0. 373
X_3	−0. 365	−0. 352	1. 000	0. 243	−0. 043
X_4	−0. 135	0. 076	0. 243	1. 000	0. 059
X_5	0. 904	0. 373	−0. 043	0. 059	1. 000

从表 4 可知，变量相关矩阵中有两个最大特根分别为 2. 397 和 1. 133，它们的累积贡献率为 70. 603%，而其他三个被放弃的因子，一共解释了 29. 397%。所以我们可以认为前两个因子起到了主要作用，可以代表全部信息。同时我们可以注意到旋转后因子的特征变为 2. 303 占方差的 46. 069%，第二个因子的特征根为 1. 227，占方差的 24. 534%，两个因子特征根共占方差的 70. 603%。

表 4　解释的总方差

成分	初始特征值			提取平方和载入			旋转平方和载入		
	合计	方差/%	累积/%	合计	方差/%	累积/%	合计	方差/%	累积/%
1	2. 397	47. 947	47. 947	2. 397	47. 947	47. 947	2. 303	46. 069	46. 069
2	1. 133	22. 656	70. 603	1. 133	22. 656	70. 603	1. 227	24. 534	70. 603
3	0. 846	16. 911	87. 515						
4	0. 594	11. 886	99. 401						
5	0. 030	0. 599	100. 000						

由图 8 可以分析出，因子 1 和因子 2 占据了大概三分之二的位置，这说明前两个因子可以说明大部分信息。因此，我们将前两个因子进行保留，认为因子 1 和因子 2 可以作为主成分，用其代表原始的 5 个变量。

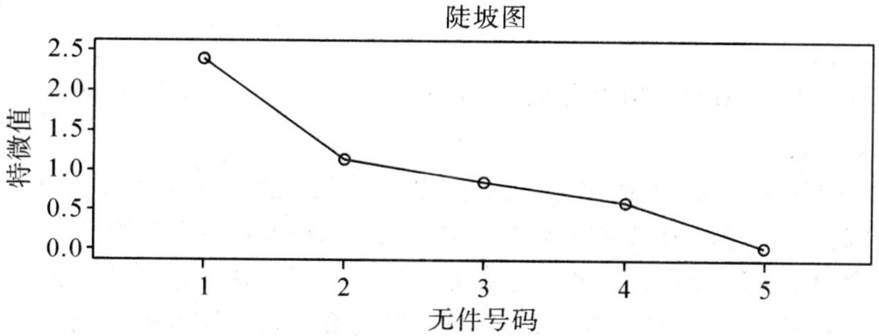

图 8 碎石图

由表 5 可知，这时因子已经发生明显的两极分化，这时数据更加具有现实意义。F_1 中系数绝对值较大的有 X_1、X_2、X_5， 这三个变量主要是从农产品的市场占比角度来分析农产品出口竞争力的；F_2 中系数绝对值较大的有 X_3、X_4， 这两个变量主要是从农产品净出口角度反映农产品出口竞争力的，所以我们可以得出江西省农产品出口竞争力的公式为

$$F = (46.069\% \times F_1 + 24.534\% \times F_2)/70.603\%$$

公式中 F 是指江西省农产品出口综合竞争力；F_1 是指农产品出口的市场占比；F_2 是指农产品的净出口。

表 5 成分矩阵

	成分	
	1	2
X_1	0.936	0.073
X_2	0.638	0.010
X_3	−0.494	0.658
X_4	−0.116	0.790
X_5	0.859	0.398

提取方法：主成分提取法。

根据倒推公式，可以算出 2019 年江西省农产品综合竞争力为 0.426 4，F_1 = 0.013 6，F_2 = 1.201 4。由于数据收集局限性，本文选取山东 2019 年数据进行比较，得出山东省综合竞争力为 1.046 9，F_1 = 0.819 1，F_2 = 1.147 5。

从指标可以分析出：相对于山东而言，江西省农产品出口的综合竞争力不高，尤其是在农产品出口的市场占比方面，但是在农产品净出口方面的竞争力较强。

五、研究结论与建议

（一）主要结论

本文根据江西省2009—2019年农产品相关数据，对数据进行处理和实证分析得出以下几个主要结论：

1. 江西省农产品行业位于国内中下游位置，但发展前景良好

江西省农林牧渔总产值虽然在全国排名中处于18名，名次并不靠前，但是农林牧渔总产值呈现稳定的增长趋势，尤其是农业产值，发展较快。这说明江西省农产品行业具有良好的发展前景。江西省农产品出口额不断提高，占全国农产品出口份额呈现下降趋势，这一点需要引起政府的重视。同时本文发现江西省在农业科技投入呈现明显的增加趋势，这也说明江西省政府很重视农业科技的发展。

2. 江西省农产品出口提高内在竞争力的关键在于科技投入

本文对江西省农产品出口内在竞争力分析中得到，江西省对农产品科技投入每增加1%，其农产品出口额增加16.448%，科技的投入会使得其生产效率，产品质量等都有一定的提高，所以要想提高江西省农产品内在竞争力的关键便是农业科技。

3. 江西省农产品净出口方面竞争力较强，但是综合外在竞争力略显不足

本文通过上文竞争力指标实证分析得出，影响江西省农产品外在竞争的主要是农产品净出口和农产品出口所占市场份额，我们通过计算2019年江西省与山东省的外在竞争力，发现与山东省相比，江西省农产品出口竞争力还是存在一定的差距，尤其是农产品出口市场份额占比情况。要想提高江西省农产品外在竞争力，需要增加江西省农产品出口市场份额比。

（二）相关建议

根据本文研究的结论和江西省农业发展的实际情况，本文提出以下两点建议，以期提升江西省农产品出口竞争力情况。

1. 加大科技投入，提高内在竞争力

我们从上述分析中可以得出，科技投入是江西省农产品出口内在竞争力的关键。我国每年新增人口大概为600万人，而新增城镇人口却高达2 000万人。随着我国农业人口资源越来越少，而农产品需求越来越高，这就更加要求农业在人员要求上更加的专业。科技投入不仅包括专业机械设备，还包括种植科研专业人员和专业营销人员。这就需要政府、社会和学校共同努力，不断提高人员专业性，小到育种技术，大到专业机械设备，以此提高江西省农产品出口的内在竞争力。

2. 增加市场份额，提高外在竞争力

抓住“互联网+农业”的机会，改变传统的营销方式，利用新媒体等方法进行新销售，政府也可以促进地方销售平台的搭建，不仅可以实现相关信息共享，还可以以政府为优质代言对农产品进行进一步推广。在与传统企业进行合作的基础上，加强与互联网

高新企业的联系。现如今拼多多、淘宝、京东、美团等大型网商平台已经开启了助农平台，应该在此基础上，实现技术与产品的结合，更好提高出口所占市场份额。

参考文献：

[1] 许晶晶，周军，管珊红，等. 基于农产品地理标志的江西省农产品市场竞争力提升研究[J]. 南方农业学报，2014，45（4）：691-696.

[2] 范琛，张朝辉. 江西省农产品竞争力现状及提升对策分析［J］. 农业经济，2008（10）：40-42.

[3] 唐云平. 江西省主要农产品国际竞争力研究［D］. 南昌：江西农业大学，2019.

[4] 李丹，吴玲. 中国农产品出口竞争力的实证研究［J］. 统计与决策，2012（19）：145-147.

[5] 肖帅，肖黎. 基于因子分析的湖南省农产品出口竞争力实证研究［J］. 中国市场，2020（28）：16-20.

[6] 吴晓露. 浙江省农产品出口竞争力研究［J］. 统计科学与实践，2019（12）：12-15.

[7] 李小想. 广东省农产品出口竞争力提升策略研究［J］. 当代农村财经，2019（2）：21-27.

[8] 苏长庚. 贵州农产品出口竞争力研究［D］. 贵阳：贵州财经大学，2017.

[9] 刘长溥，韩蕾，李佳. 提升黑龙江省农产品出口竞争力的对策建议［J］. 农业经济，2016（6）：121-123.

[10] 刘丽娜. 基于钻石模型的中国水产品出口竞争力分析：以福建省为例［J］. 世界农业，2017（6）：150-157.

[11] 廖程胜，廖良美. 中部地区农产品出口竞争力实证研究［J］. 湖北农业科学，2015（20）：5173-5176.

[12] 金廷芳. 中国农产品出口竞争力存在的问题及提高对策［J］. 特区经济，2011（4）：241.

[13] 杨照，陈伟忠. 中国特色农产品出口竞争力提升战略研究［J］. 世界农业，2018（12）：220-225.

资源型地区以新基建推动高质量转型发展的路径研究①
——以山西为例

李越②

摘　要：“六新”是习近平总书记视察山西时提出的重要指示，为山西转型发展指明了方向，新基建作为“六新”之首，具有其深刻的政治经济学内涵。新基建是变革社会生产方式的重要物质条件，生产方式的变革对山西转型发展起着根本性决定作用，因而山西要抢抓新基建战略窗口期，以新基建先行带动生产方式变革，以生产方式变革推动山西各方面转型。本文从马克思主义生产方式理论视角分析了新基建的政治经济学内涵，阐明了积极布局新基建对山西高质量转型发展的重大意义，认为以新基建为基础的数字化、网络化、智能化新型生产方式通过变革人与人、人与物的技术结合方式，进而促进山西产业结构优化、市场主体多元化和创新生态的改善，是有效破解山西“一煤独大”“一股独大”和创新不足的新路子。然而，山西的新基建整体上还处于起步阶段，面临人才、技术、资本、产业基础和政策等供给不足，以及企业投资需求不足的双重困境。基于山西转型发展战略规划，本文提出要构建以数字政务为引领，以煤炭工业互联网平台、综合能源消费服务平台、轨道交通装备工业互联网平台为支撑的特色化新基建格局。通过关键领域的基础设施现代化，形成山西转型发展的强劲动力。

关键词：新基建；资源型地区；转型发展

一、新基建的政治经济学分析

2018 年中央经济工作会议提出“加大制造业技术改造和设备更新，加快 5G 商用步伐，加强人工智能、工业互联网、物联网等新型基础设施建设”，这是新型基础设施建

① 基金项目：山西省科技厅软科学项目（2019041018-3）。

② 李越，山西财经大学政治经济学博士研究生，山西省财政税务专科学校讲师。

设（简称新基建）第一次正式出现在政府文件中，2020 年新基建又首次写入政府工作报告。关于新基建的内涵，2020 年 3 月 2 日央视新闻提出新基建的七大领域即 5G 基建、特高压、城际高速铁路和城际轨道交通、新能源汽车充电桩、大数据中心、人工智能和工业互联网；4 月 20 日国家发展和改革委员会进一步明确了新基建的基本特征并扩大了涵盖范围，指出新基建是以新发展理念为引领，以技术创新为驱动，以信息网络为基础，面向高质量发展需要，提供数字转型、智能升级、融合创新等服务的基础设施体系，包括信息基础设施、融合基础设施和创新基础设施三个方面[1]。此外，有学者对新基建的内涵又进行了扩展，任泽平（2020）认为新基建不仅包括“硬”基建，还包括深层次体制机制改革即反映国家治理能力的“软”基建[2]，但是在当前语境下新基建主要是指数字基础设施建设[3]。

新基建是实现数字经济的有力抓手，而数字经济又将从底层深刻改变每一个行业，对社会整体发展产生穿透性、颠覆性的影响[4]。与传统基建相比，新基建最重要的原材料是高新技术而不是钢筋水泥，且具备高科技与基础设施的双重属性。传统基建推动了我国机械化、电气化生产方式的进程，为加快人流、物流的流动提供了物质基础，而新基建则是我国开启数字化、网络化、智能化这一新型生产方式的技术底座，关键是利用新技术促进了人与人、人与物以及物与物之间信息流的高效生产与消费。因而，新基建将改变传统基建下人与人、人与物之间的关系。

（一）新基建将改变生产的技术条件，即改变人与物的技术结合方式

新基建从要素投入来看，是一系列新技术、高水平人才投入的结果，从产出来看，新基建带来的是一系列新兴产业。因而，新基建本身就是先进生产力，表现为劳动者对生产资料的改造能力不断增强。具体来看，新基建主导下的生产过程，是劳动工具的数字化、网络化、智能化变革推动劳动方式发生变化。在生产领域，劳动者与生产资料的新型技术结合方式使劳动者的直接劳动趋于下降，而通过借助新型劳动工具的间接劳动逐渐增加，最终表现为劳动生产率的提高。例如在研发环节，部分研发过程利用云计算、大数据的强大算力缩短了研发周期，2020 年 1 月，希望组生物科技有限公司依靠华为 5G 和华为云完成了实时机动的测序数据上云传输和计算实验，率先完成了基于纳米孔测序技术的新型冠状病毒测序试剂盒的研发①；在生产环节，山东能源枣矿集团高煤公司通过推进智能化洗煤厂建设，生产人员由 292 人减少到 60 人，人均工效同比提升 231.7%②。因而，新基建是新型劳动方式的技术基础，也是提升全社会劳动生产率的物质基础。

（二）新基建将改变生产的组织形式，即改变人与人的社会结合方式

新基建改变了劳动者与生产资料的技术结合方式，或者说由于劳动工具的变革，随

---

① 案例来源：https://t.cj.sina.com.cn/articles/view/1219921942/48b6881601900x2ux？from=tech.

② 案例来源：大众日报. 2020－01－18. https://baijiahao.baidu.com/s？id = 1655992179338899361&wfr = spider&for=pc。

之会改变生产过程中人与人的生产关系。首先改变的是人与人之间的分工协作方式，在组织内部由于劳动工具的智能化使部分从事生产活动的简单劳动者，以及部分从事生产管理活动的简单劳动者被智能化劳动工具替代，因而，在以新基建为基础的数字化、网络化、智能化的新型生产方式下，人与人之间的结合形式将以复杂脑力劳动结合为主，改变了原来以简单脑力劳动和体力劳动为主的分工协作形式；其次改变的是人与人的结合形式，在传统基建条件下人与人面对面的相互协作是主要的结合形式，而在新基建环境中，人与人通过网络虚拟现实技术构建了更高质量的数字化协作关系，使得协作成本不断降低、效率不断提高、范围不断拓展，协作内容不断深化。进而会松绑人与人之间的地理关系以及人与企业的从属关系，催生了平台的出现，平台既不是企业也不是市场，是第三种组织工作形式[5]137，能够打破时空限制，创建柔性、灵活的办公组织，平台数字化协同将成为人与人在新基建条件下结合的主要形式。灵活用工平台青团社的数据显示，2020 年春节期间，平台兼职报名人数较去年同期增长了 262%，新增注册用户数量较去年同期增长了 221%①。以平台为主的灵活用工模式通过科技赋能企业与个人，实现了企业节约用工成本和个人自由灵活就业的双赢，最为关键的是推动了整个社会人才的虚拟流动。

（三）新基建将加快新型生产资料的生产，提升生产的社会化程度

5G 基站、大数据中心、工业互联网、人工智能等数字化新基建参与到生产活动时，会生产出大量的新型生产资料即数据，数据作为新要素投入生产，又会使生产中的劳动者和生产资料被赋能，从而在改进企业生产流程、优化内部要素配置以及科学管理决策等一系列活动中发挥重要推动作用，并节约了企业生产的个别劳动时间。对外而言，泛在连接即无所不在的连接是新基建的本能，“劳动过程的协作性质，现在成了由劳动资料本身的性质所决定的技术上的必要了”[6]443，在以新基建为基础的生产方式下，企业为共同应对消费者的需求而协作，不仅是商品的交换还包括数据的共享，形成以消费者的需求为驱动的企业之间的数据协作。“创造性破坏”了传统生产方式下的分工协作模式，企业之间以数据为纽带的交易使社会化分工程度进一步深化，也就是生产的社会化程度会进一步提高。因而，新基建为重新布局区域发展格局和产业链提供了新机遇。

二、山西发展新基建的现状与困境分析

（一）山西新基建的发展特点

1. 从山西发展新基建的总体成果来看，山西的新基建布局以信息基础设施和融合基础设施建设为主，创新基础设施建设相对不足。

在信息基础设施建设方面，5G 网络是各类新基建的基础设施，截至 2020 年 6 月 1 日，山西共开通 5G 基站 7 738 座，5G 基站开通比例已进入全国第一方阵[7]；综合类的

① 数据来源：“灵活用工”开启社会化用工新时代. https://xw.qq.com/cmsid/20200408A0MZNW00.

互联网云平台有中服山西工业互联网平台、山西工业互联网云平台、长治工业互联网平台等。行业类的工业互联网平台主要有，2019 年 11 月上线运行的国家首个煤炭行业工业互联网标识解析二级节点，2020 年 4 月建成的太原工业互联网平台，以打造太原市信息技术、装备制造、新材料、绿色能源四大产业集群为重点，2020 年 5 月发布了煤机行业 5G+工业互联网平台；有四大大数据即百度数据中心阳泉基地、秦淮数据中心灵丘基地、“天河二号”吕梁基地、国科晋云先进计算中心太原基地，已建、在建数据中心设计标准机架达 21.63 万架，约合服务器能力近 220 万台[8]。总体来看，信息基础设施的建设重建轻用的特点显著，尤其是各类工业互联网项目对数据的挖掘、使用还不充分。在融合基础设施方面，重点是将 5G、大数据、人工智能等技术与矿山、文旅和医疗项目的融合，已建成 2 个“5G+智能矿山”、实现了 5G+智慧文旅即山西智慧旅游云平台，还有山西大医院 5G 应用示范医院等。在制造业领域，全国日用玻璃器皿产业第一家智能工厂山西大华玻璃智能工厂项目于 2020 年 5 月 21 日开工建设。可以看出，山西在融合基础设施建设方面仍处于个别企业的先行先试阶段，还未出现带动效应，产业的数字化、网络化、智能化改造规模较小；在创新基础设施方面，山西共建立大数据领域院士合作平台 16 个、省级行业技术中心 5 个、企业技术中心 16 个，研究生教育创新中心 22 个，集聚了 69 名行业领军人才[9]，高端人才短缺是主要的制约因素。

2. 从全国新基建发展布局对比来看，山西新基建整体上还在起步阶段，建设方式主要以引进为主、培育为辅。

全国已经公开的 26 个省（自治区、直辖市）2020 年度重点基础设施项目投资计划显示，山西新基建项目在重点基础设施建设中的占比为 21.8%，排名第十位[10]，这与山西“六新”政策导向密不可分。但是，通过与数字经济发达地区浙江对比，山西、浙江两省在相近的时间段设计的规划目标却相差较大。如表 1 所示，可以看出山西在“企业上云”、工业互联网和人工智能领域都处于起步阶段，不仅建设规模小而且像人工智能创新应用生态领域都是从无到有的突变。而浙江不论是建设数量还是融合体量，都已经表现出了强大的发展实力与超前的目标，进入了快速发展阶段。另外，两省的建设方式也有较大差异，山西主要是以引进和培育为主且引进在先，而浙江主要以培育为主。主要是由于新基建的高技术含量要求所致，浙江具有数字产业的基础研究优势和产业数字化的丰富实践，相比之下，山西数字经济发展还很不充分。

表 1 山西与浙江新基建政策对比汇总

政策及目标	山西	浙江
与发展目标序列相对应的政策文件	《山西省“企业上云”行动计划（2018—2020 年）》2018 年 6 月 15 日 《山西省关于深化“互联网+先进制造业”发展工业互联网的实施意见》2018 年 8 月 21 日 《山西省加快数据标注产业发展的实施意见》2019 年 7 月 9 日	《浙江省深化推进“企业上云”三年行动计划（2018—2020 年）》2018 年 4 月 16 日 《浙江省人民政府关于加快发展工业互联网促进制造业高质量发展的实施意见》2018 年 8 月 13 日 《浙江省促进新一代人工智能发展行动计划（2019—2022 年）》2019 年 1 月 31 日

表1(续)

政策及目标	山西	浙江
2020 年"企业上云"发展目标	上云企业突破万家，形成典型标杆应用案例 100 个，云平台服务商 3～5 家，云应用服务商 150 家以上，搭建省级体验中心 3～5 个	上云企业达到 40 万家，打造云应用标杆企业 300 家，培育发展国际领先的云平台 1 个、国内领先的行业云平台 20 个，发展云应用服务商 300 家
2020 年工业互联网发展目标	建成 2～3 个具有特色的行业级工业互联网平台。推动本地企业推广应用 1 000 个以上的工业 App、工业微服务	培育形成 1 个具有国际水准的基础性工业互联网平台和 10 个以上国内领先的行业级工业互联网平台，开发集成 3 万款以上工业应用程序，连接 5 000 万台工业设备，服务 10 万家以上工业企业，培育 3 000 家深度应用示范企业
2022 年人工智能发展目标	引进培育 100 家以上数据标注企业，初步形成集数据采集、数据清洗、数据标注、数据交易、数据应用为一体的基础数据服务产业体系，人工智能创新应用生态初步显现	培育 10 家以上有国际竞争力的人工智能领军企业，100 家以上人工智能行业应用标杆企业，500 家以上人工智能细分领域专精特中小企业

资料来源：从山西省、浙江省政府网站整理而得。

3. 从全国新基建的区域特色来看，山西新基建布局还未形成产业集群。

在国家新基建战略导向下，各地区有关新基建的政策、实施条例、投资项目接踵而至，但是由于不同地区创新能力、产业基础、金融服务等水平的差异，导致我国新基建的布局呈现明显区域特征，如人工智能优势较为显著的京津冀地区、大数据中心佼佼者贵州省、新能源充电桩领先者粤苏京沪以及城市轨道交通超前布局的长三角地区等。相比之下，山西的新基建发展还没有形成特色鲜明的产业集群。一方面，由于资源型地区数字经济基础薄弱，现阶段依靠自身发展难以形成产业集群。从《中国新型基础设施竞争力指数白皮书（2020 年）》可以看出，山西、内蒙古、黑龙江、甘肃、新疆、宁夏等资源型地区的新型基础设施建设指数都未达到国家平均值，山西在 31 个省（自治区、直辖市）中排名第 22 位，在中部六省中新型网络基础设施指数和新型应用基础设施均排第六位，新型行业基础设施指数好于江西排名第五位。另一方面，山西在新基建方面谋划起步较晚，因而在国家新基建战略规划中获得的政策支持也不足。以贵州为例，自 2016 年贵州被批复为首个国家级大数据综合试验区以来，贵州数字经济增速连续四年中国第一，数字经济吸纳就业增速连续两年全国第一，并提出 2020 年实现数字经济增加值占地区生产总值的比重达到 30%以上[10]，由此形成了贵州经济发展的新动能。

（二）山西发展新基建的困境

1. 山西发展新基建面临高质量要素供给不足的问题

一是人才供给不足，新基建对技术人才有较高的要求，如软件开发、算法工程师、数据库开发工程师等都是新基建所需的紧俏人才。资源型地区人才存量普遍偏低，山西拥有信息技术热门技能的存量人才占比为 1.41%，而北京、广东、江苏、上海和四川五个地区的存量人才占比达 52. 35%，占全国一半以上[11]。二是技术创新不足，从申请授权数量来看，2018 年山西专利授权数占全国比例不到 0. 64%①，而地区生产总值占全国生产总值的比重为 1. 87%，说明相较于生产总值的产出，授权专利相对产出不足，也表明生产总值还是以要素投入为主。而像广州、江苏、浙江等省份的地区生产总值占全国的比重都低于专利授权数占全国的比重。三是资本支持不足，从地区的社会融资规模来看，2019 年山西全社会融资规模占地区生产总值增量的 64. 17%，相比浙江这一比重为 90. 59%②，反映出单位地区生产总值的增加值所获的融资支持分别为 0. 64 和 0. 91，说明金融业对山西实体经济的支持还有较大空间。四是产业支撑作用不足，与新基建密切相关的基础产业有计算机、通信和其他电子设备制造业、软件和信息技术服务业、互联网和相关服务业以及电信、广播电视和卫星传输服务业等。其中，山西的计算机、通信和其他电子设备制造业营业收入 2016 年占全国比重为 0. 78%③，软件业务收入 2018 年占全国比重仅为 0. 046%④。整体上，2019 年山西数字产业指数为 6. 9，属于全国第五梯队，与第一梯队广州 95. 4 的得分相差甚远⑧，山西数字产业基础极为落后。五是政策供给质量不高，截至目前山西还未明确出台新基建的专项政策文件，除了北、上、广、浙地区外，还有四川、陕西、吉林等共 12 个地区已相继发布了新基建战略规划，是对新基建系统性、长远性、具体性的顶层设计。

2. 山西发展新基建的市场主体信心不足

市场化投资也是新基建区别于传统基建的主要特点，政府以提供政策导向为主，企业是主要投资主体。从数字经济的融合指数来看，山西数字经济融合指数是 23. 1，而全国平均水平为 32. 01⑤，表现为企业的数字化改造程度偏低。造成市场主体投资不足的主要原因，首先是市场主体的创新意识不足，2018 年山西研究与试验发展（R&D）经费强度较低为 1. 09，不及全国平均水平的一半。这也是资源型地区的共性问题，内蒙古、黑龙江、甘肃等地区的 R&D 投入强度都低于全国平均水平[12]，说明资源型地区创新投资意愿不强烈，主动创新意识不足。因而对企业内部的新基建投资布局也会表现被动；其次是新基建战略与企业经营结构不对称，就工业内部而言，山西采掘业企业数量占工业企业总数的 33. 75%，与新基建相关的制造业即通用设备制造业、专用设备制造业、电器机械和器材制造业、计算机通信和其他电子设备制造业以及仪器仪表制造业五大产业的企业数量总和占比不到 10. 25%。企业经营的产品结构与新基建所需的产品存在较大反差，使得企业数字化转型能力不足，因而企业难以快速进行数字化改造；然后是企业进行数字化改造压力较大，从量上来看，山西规模以上工业企业的占比较小，进行数字化改造的整体实力不足。从结构来看，山西“一股独大”的市场主体特征显著，非私营个体就业人员比重达到 66. 36%⑥，企业的数字化改造必然带来一部分闲置

① 数据来源：依据《山西统计年鉴》整理计算所得。

② 数据来源：根据中国人民银行公布的地区各季度社会融资增量计算所得。

③ 数据来源：根据《中国工业统计年鉴 2017》计算而得。

④ 数据来源：根据《中国电子信息统计年鉴（软件篇）2018》计算而得。

⑤ 数据来源：《2019 年中国数字经济发展指数白皮书》。

⑥ 数据来源：依据《山西统计年鉴》整理计算所得。

劳动力，使得有实力进行改造的国有企业面临较大的人员安置负担。而私营企业在追求数字化改造带来提质增效、降本的同时，融资难成为一大制约因素。同时，私营企业承受风险的能力不强，我国新基建整体上还处于探索阶段，缺乏统一的标准和行业标杆，先行地区也还未积累出成熟的经验，所以数字经济较为落后地区的企业投资新基建还没有出现后发优势，因而处于观望状态。

三、山西布局新基建的对策与建议

马克思在《哲学的贫困》中提到“人们不能自由选择构成其全部历史基础的自己的生产力，因为任何生产力都是既得的力量，即以往活动的产物”[13]140。同理，由于山西数字产业基础薄弱，难以全面开花，因而要紧紧围绕山西转型发展战略规划，优先布局重点领域、重点产业，形成特色化的新基建格局，为山西高质量转型发展提供新动能。

（一）加强政府治理能力建设，以数字政务为引领，全面服务新基建

首先，要深刻认识和准确把握新基建对山西转型发展的机遇与挑战。政府部门要领会习近平总书记视察山西的重要讲话精神，深入学习中共山西省委十一届十次全体会议对山西经济社会发展阶段的深刻剖析，清醒地认识到山西转型发展地紧迫感，也要对新基建国家战略有充分的理解。在此基础上山西要乘势而上，结合自身特色、发展水平、产业优势、区位优势以及地区定位和功能选择，统筹做好顶层设计，将新基建与转型发展有机结合，以高质量政策供给助力山西构建特色化的新基建发展格局。其次，要加快政务数字化，建设高质量数字政府。在新基建的初期阶段，供给侧要素质量不高和需求侧的信心不足同时并存，因而要求政府必须成为数字化的主要驱动者。实现以“政府上云”带动“企业上云”，以公共服务数字化带动实体经济数字化，利用数据赋能在云端实现高水平的“放管服”，并以此优化山西营商环境，助力新项目快速落地开花。再次，要直面山西发展新基建的现实困境，针对缺人、缺钱、缺技术、缺信心的市场环境。一方面要通过体制机制改革积极提升人才、技术等创新要素的本地培育能力，以及金融创新能力；另一方面要通过引进先进项目，坚持“以商招商、联盟平台招商、产业链招商、股权招商”等项目招商方式，并不断创新高层次人才和技术的引进机制。还要围绕重点项目提供用能用地及税收、融资优惠，为搞活市场主体提供优质的政务服务，以此提振市场主体的发展信心。

（二）加快智能矿山全面建设，重构煤炭产业新优势，形成转型发展新动力

《2050年世界与中国能源展望》报告指出，2035—2040年我国一次能源需求将达40亿吨标油的峰值，因而煤炭储量丰富的山西不可能完全转换能源供给的角色，关键在于转换能源供给的方式。“一煤独大”的产业结构既是制约山西转型发展的难题，也是山西的优势产业和支柱产业。如何将煤炭资源优势转变为煤炭数据优势，是山西在本

轮新基建规划中要重点解决的问题。要充分发挥阳煤集团新元煤矿和焦煤集团庞庞塔矿这两个“5G+智能矿山”的典型示范作用，着力推进5G基站多矿井布局，全面加快智能矿山建设，实现煤炭产业从开拓设计、地质保障、采掘、运输、通风、洗选、物流等各个环节的智能化协同。与此同时，还要加快建设相配套的煤炭大数据中心等，力争在煤炭工业互联网标准建设以及煤炭数据交易等方面早日掌握重要话语权，构建山西发展新基建的特色化格局，助力山西从煤炭资源禀赋到煤炭数据禀赋的转型，从资源输出到数字服务输出的转变，将是推动山西能源供给革命的标志性成果。实现煤炭产业的数字化转型，一是要加快完成煤炭企业的兼并重组，淘汰落后产能，以创造数字化改造所需的矿井环境、资本集中度和管理能力等有利条件；二是要逐步改善煤炭产业的人力资本存量，加大煤炭专业人才培养力度，尤其是生产一线劳动者素质的整体提升，还要围绕数字化改造精心培育、引进高技术人才，为煤炭产业的数字化转型提供人力保障；三是要布局煤炭产业关键技术实验室建设。煤炭产业基础创新研究对行业发展具有决定性作用，建设国内一流和具有国际影响力的煤基新材料以及煤炭绿色化、高效化、精细化利用的新技术和新方法等基础研究实验室，助力构建山西煤炭产业的数字新优势[14]。

（三）加快能源服务平台建设，推动能源消费革命，实现绿色转型发展

山西作为国家首个能源革命综合改革试点，肩负探路能源转型的国家使命。山西不仅是能源供给大省，还是能源消费大省，以全国1.6%的国土面积，消耗着全国约10%的煤炭量，单位面积消耗量是全国平均水平的5倍左右[15]。抓住新基建战略机遇期，通过打通能源流和信息流的交互渠道，实现能源供给侧与需求侧信息对接，促进能源生产和消费相协调匹配，对山西实现能源消费革命意义重大。要构建能源流和信息流的交互渠道，首先要实现能源生产的智能化，生产过程的智能化决定着消费的智能化，除了上述讲到的煤矿生产智能化，还要实现煤层气、电力生产的智能化，使能源供给端能够实时输出和接收数据。此外，也要加快光伏、风、水等分布式能源生产领域的新基建布局，提升产能和储能效率。其次要加强对能源运输设备的智能化改造，利用智能化管网降低能源运输带来的损耗，并实现运维管理的智能化。再次是要对用能侧设备进行改造，以便通过对工业、建筑、家用电器等领域用能数据的分析提供更加智慧的用能方案。最后在能源生产供给侧和需求侧数字化的基础上，重点构建综合能源服务平台，打通煤、油、电、气、水等能源部门之间的“数据孤岛”，集成综合能源服务平台。借助能源服务平台对能源生产、能源储存、能源运输、能源使用等全流程进行实时数据采集、分析和决策，实现多种能源流和信息流的融合，构建能源统计分析、运行监测、规划预警、能源服务等从而优化能源资源配置效率。将同质化的能源在数字化、网络化、智能化生产方式下转化为个性化、高效化的能源解决方案，这是新基建赋予山西能源革命的新内涵。

（四）充分发挥工业互联网平台作用，带动装备制造业高质量转型发展

以新基建为基础的新型生产方式，倒逼制造企业必须进行数字化转型，因为制造业产品的核心竞争力将从物理世界的硬件转移到赛博空间的软件、从对产品本身的消费转

移到了对服务的消费，从而改变了制造业的产业链和价值链。因此，要实现制造业的高质量发展，就必须进行数字化改造。就山西装备制造业而言，轨道交通和煤机装备具有较大竞争优势和良好的信息化条件，将其作为本轮新基建的重点行业进行积极布局具有重大战略意义，可为继续打造山西轨道交通和煤机装备在新型生产方式中的竞争优势提供先行条件。基于已经建成的山西煤机行业 5G+工业互联网平台，轨道交通装备制造业要积极借鉴经验，加快工业互联网平台的建设。山西轨道交通装备制造业集聚太原、大同和运城地区，形成了从钢材到电力机车、牵引系统和车轮、车轴比较完备的产业链，即从原材料、关键部件的供给到整车组装都完全实现了山西制造。因而，亟须将分布在不同地区的上下游产业链在工业互联网平台进行整合，进一步提升山西轨道交通装备制造业的竞争优势。第一是要依托轨道交通产业技术联盟，围绕产业链优化联盟成员结构，重点增加新一代信息技术成员单位，利用产业联盟技术优势共同打造山西轨道交通装备制造业的数字优势；第二步是布局产业联盟成员中生产企业的信息基础设施和融合基础设施，架构高质量的信息网络，对生产设备进行数字化改造，形成设备之间的互联互通，并依据技术、知识、经验、模型等工业原理构建满足自身生产、运营、管理需要的工业互联网平台。利用平台对联盟企业数据进行自动采集、自主分析和自我决策，打通企业内部以及联盟企业之间的数据孤岛，以实现山西轨道交通装备制造业智能化生产、网络化协同、服务型制造以及规模化定制的新模式和新业态；第三步是要将适用联盟企业的工业互联网的平台积极推广成为全国层面的工业互联网平台，形成在全国具有影响力的轨道交通装备制造业工业互联网平台，从而创造更大范围的虚拟产业集群，提升山西在轨道交通装备制造业的新优势，为优化山西产业结构实现转型发展提供强劲动力。

参考文献：

［1］国家发改委首次明确新基建范围［EB/OL］. http://www.mofcom.gov.cn/article/i/jyjl/e/202004/20200402957398.shtml.

［2］任泽平，熊柴，孙婉莹，等. 中国新基建研究报告［J］. 发展研究，2020（4）：4-19.

［3］李晓华. 面向智慧社会的新基建及其政策取向［J］. 改革，2020（5）：34-48.

［4］李越. 以新基建推动资源型地区高质量转型发展［J］. 理论探索，2021（4）：100-106.

［5］凯文，凯莉. 必然［M］. 周峰等，译. 北京：电子工业出版社，2019.

［6］马克思. 资本论：第 1 卷［M］. 北京：人民出版社，2008.

［7］山西：抢抓新基建先机推进高质量发展［EB/OL］. http://www.sx.xinhuanet.com/2020-06/15/c_1126114686.htm.

［8］抢抓先机加速布局乘势而上山西擘画新基建发展“新蓝图”［EB/OL］. http://www.cac.gov.cn/2020-07/21/c_1596886038302937.htm.

［9］2020 城市新基建布局与发展白皮书［EB/OL］. https://tech.sina.com.cn.

［10］贵州提出到 2020 年实现数字经济增加值占地区生产总值 30%以上［EB/OL］. http://www.gov.cn/xinwen/2018-06/23/content_5300754.htm.

［11］2020 年新基建产业人才发展报告［EB/OL］. http://www.techweb.com.cn/it/2020-05-22/2791155.shtml.

［12］2018 年全国科技经费投入统计公报［EB/OL］. http://www.stats.gov.cn/tjsj/tjgb/rdpcgb/qgkjjftrtjgb/.

［13］马克思. 哲学的贫困［M］. 北京：人民出版社，1961.

［14］李越. 智能化生产方式对产业结构变迁的作用机理：基于马克思主义政治经济学视角［J］. 财经科学，2021（1）：53-64.

［15］能源革命综合试点改革“山西探索”［EB/OL］. http://www.cpnn.com.cn/cpnn_zt/dsj/dlrsb/202003/t20200323_1197256.html.

农民工市民化：历程、特征及政策建议

龚钰[①] 谢元态[②]

摘　要： 我国是人口大国和劳动力大国，又是典型的城乡二元结构的发展中国家。与发达国家相比，我国农村剩余劳动力市民化是异常艰难的过程。本文运用历史分析与比较分析的方法，在梳理了我国不同时期、不同背景下农民工向城市转移的艰难历程的基础上，定量分析我国市民化变化的特征，总结出中国农村剩余劳动力市民化过程的几点规律性认识，最后提出下一阶段加快农民工市民化的政策建议。

关键词： 农民工市民化；艰难历程；主要特征

习近平同志指出，“脱贫攻坚取得胜利后，要全面推进乡村振兴，这是‘三农’工作重心的历史性转移”。在未来15年内基本实现社会主义现代化的新阶段，要让2.8亿已经和将要在城镇务工经商的大多数农民工基本上成为市民，享受与城镇居民同等的权利和义务，在城镇安居乐业，不再在城乡之间频繁流动。在实现就业非农化的同时，实现身份的非农化即市民化，也就是消除“半城镇化”现象，使农民工实现完全的市民化。这里之所以说是绝大多数农民工市民化而不是全部农民工市民化是因为农民工数量庞大，随着脱贫攻坚战任务的完成、乡村振兴战略的实施、农村经济的发展和就业机会增加，应当鼓励也必然会有相当部分的农民工回乡创业和就业，因此他们的身份也就不再是农民工，也就不需要市民化了。今年正处于两个一百年的历史交汇点，在2021年新阶段期间，农民工市民化也具有新的特点和特征，故本文以这个新时期为背景来分析农民工市民化的特点与特征。

一、发展沿革：我国农民工市民化的艰难历程

农民工市民化是世界各国和地区经济社会发展的必要趋势和必由之路。发达国家农村剩余劳动转移的一般规律是：从农业部门向第二产业和第三产业转移，背后体现的经

① 龚钰，江西农业大学经济管理学院2020级硕士研究生。
② 谢元态，江西农业大学经济管理学院教授。

济学规律就是从劳动力从劳动生产率低的地方向劳动力生产力高的地方转移。但是我国在计划经济时期所诞生的一种特有的制度，即城乡二元结构制度，且目前我国经济还依旧保存这一制度。故我国农村剩余劳动力向城市转移的过程与发达国家不一样的转移方式，具体体现为两个阶段：第一阶段是职业的转换和地域的变动，农民从农村转移出来，在城市从事非农产业，从而完成职业的转变。这是从农民变成农民工的过程。第二阶段则是身份的转换，转移出来的劳动者在城市逐步沉淀，而实现其市民化并与城市市民逐步融合，即身份的农村户籍向城镇户籍的转换。正是因为农村劳动力转移过程的这种特殊性，农村劳动力一方面不断地从农村转移出来，另一方面又无法获得在一个正常的人口流动社会中所应获得的市民身份，因此就形成了目前一个非常特殊的社会群体——农民工。

（一）初步放开对农民工进城务工限制阶段（20 世纪 70 年代末—1991 年）

20 世纪 70 年代末到 80 年代初，从小岗村秘密实行包产到户到后面实行家庭承包制，农村剩余劳动由于农民生产积极性的大幅度提高而出现，而这些剩余劳动力逐渐向城市移动。但此时城市的食物、住房等供给能力较低，满足不了流入城市的农村劳动人口。故当时国务院的政策是严格限制农村劳动力向城市流动。

20 世纪 80 年代中期，随着人民公社制度的解体和乡镇企业尤其是发达地区的乡镇企业的大规模出现，当时的户籍制度极大阻碍了经济发展，国家就对其进行调整，主要是放宽农民工进城务工、经商的政策限制。国家在这一段时期发布了以下政策，如表 1 所示。

表 1　农民工进城务工限制初步开放时期的政策文件

发布年份	发布单位	文件名称	政策要点	意义
1984	中共中央	《关于 1984 年农村工作的通知》	在稳定和完善生产责任制的基础上，提高生产水平，疏通流通渠道，发展商品生产	标志着我国严格的户籍壁垒开始松动，从而为农业劳动力合法转移提供了制度上的保证
1984	国务院	《关于农民进入集镇落户问题的通知》	首次将满足一定条件的那些申请到集镇务工、经商等农民划分为非农业人口	
1985	公安部	《关于城镇暂住人口管理的暂行规定》	开始允许农民持有暂住证长期在城镇合法居留，正式赋予农民可以在城镇长期居住的合法权利	标志着我国实施了 20 多年的城乡分割管理制度开始打破，城市大门第一次向农民打开，使得我国出现了改革开放以来农村劳动力转移的第一次高潮

但到了 20 世纪 80 年代末，我国经济出现了通货膨胀，中央为了“治理经济环境、整顿经济秩序”这一目的，再一次对农村劳动力流动进行限制，强调农村剩余劳动力离土不离乡。从当时实际情况来看，虽然实行这一方案的最初，农村劳动力流动态势减

缓，但是后续又恢复成快速增长的情况。

（二）逐步加强对农民工的规范管理阶段（1992—2002 年）

1992 年是中国经济史是一个特殊的年份，在这一年里，党的十四大正式确立了社会主义市场经济体制的改革目标，我国正式进入计划经济向市场经济转型的时期。随着经济体制的变革，原有户籍制度也发生相应的变化，主要集中在全面放开县级区域以下的城镇户口。后续发生与户籍制度相关的事件如表 2 所示。

表 2　1992—2001 年户籍制度逐步放开的政策文件

时间	内容
1993 年	实施了四十年的粮票制度被正式取消，粮油等生活资料分配与户口挂钩成为历史
1994 年	国家开始建立以常住户口、暂住户口、寄住户口为基础的户籍登记制度，将居住地和职业作为划分农业和非农业人口标准；以地域划分城镇人口和农村人口、以职业划分农业人口和非农业人口
1997 年 5 月	公安部发布《小城镇户籍管理制度改革试点方案》，农民及直系亲属符合条件之后可在试点小城镇办理城镇常住户口
1998 年 6 月	公安部发布《关于解决当前户口管理工作中几个突出问题的意见》，中等城市的落户政策进一步开放
2001 年 3 月	公安部在《关于推进小城镇户籍管理制度改革的意见》中全面放开小城镇户口经国务院批转

社会主义市场经济这一制度的实行，使得国家经济变得更有活力。其中经济发达地区就相应地需要大量的劳动力，农村剩余劳动力就会跨区流动。针对这一现象，政府采取相应的政策措施。政府部门由限制转为有意识地引导其流动，加强城乡劳动力管理，有利于资源配置效率的提高。就具体政策而言，虽然不再严令禁止，但限制依旧较为严格。例如农民工在当时建立“证卡合一”和暂住证制度两制度进行流动，而不同地区情况不一样，农民工又要遵守当地的相关规定。

在这一时期中，城市劳动力供给的主要来源于两个：一是国企改革导致大量工人失业；二是农村大量剩余劳动力流入城市。但是城市对于劳动力的需求不能满足供给。为了保护城市失业工人就业，避免城乡劳动者之间的激烈竞争，外来工人被排除在城市社会福利之外，故城乡二元户籍制度的实质并没有发生变化。

（三）逐步完善对农民工权益法律与政策保护阶段（2003—2012 年）

由于我国 1982 年实施的计划生育剩余导致农村剩余劳动力无限供给的这一特征的逐渐消失，政府对农村剩余劳动力流动的态度发生了由限制转为保障农民工合法权益，创造适合农民工务工经商的良好环境。故国务院在 2003 年提出了“公平对待，合理引导，完善管理，搞好服务”，即针对农村剩余劳动力流入城市的方针。且国家在接下来的一段时期内发布了具体政策来落实该方针，见表 3。

表 3　2003—2012 年农民工权益保护政策的逐步完善

时间	文件名	内容
2003 年	《工伤保险条例》	保险范围包含农民工
2006 年	《国务院关于解决农民工问题的若干意见》	首次从国家层面构建了针对农民工的保障政策体系，提出在中小城镇和小城镇适当放宽农民工落户、解决满足条件的农民工在大城镇的户籍问题。同时高度重视多方面的配套改革
2008 年 10 月	党的十七届三中全会	该会议提出，要逐步实现农民工与城镇居民在劳动报酬、子女就学、公共卫生、住房租购等享有同等待遇
2011 年	《国务院办公厅关于积极稳妥推进户籍管理制度改革的通知》	重点在于解决暂不具备落户条件的农民工在劳动报酬、公共卫生、社会保障等方面的问题
2012 年 11 月	党的十八大报告	“要加快改革户籍制度，有序推进农业转移人口市民化，努力实现城镇基本公共服务常住人口全覆盖”

这一段时期户籍制度改革的基本方向就是建立城乡统一的户口登记制度，弱化户籍与社会福利之间的关系。但是城乡居民之间的社会保障、公共服务、教育等还存在很大的差距，实质就是城乡二元户籍制度还没有得到根本性的改变。从现实情况来看，大城市的“积分落户制”，中小城镇普遍存在的“门槛落户制”（需满足如合法居所等条件）等门槛。

（四）农民工逐步市民化阶段（2013 年至今）

自党的十八大以来，我国发布了重要文件以加快推进农民工市民化，见表 4。

表 4　2013—2019 年农民工逐步市民化的政策

时间	文件名	内容
2013 年 11 月	《关于全面深化改革若干重大问题的决定》	逐步把符合条件的农业转移人口转为城镇居民对进城落户的农民工给予与城镇居民同等的社会保障，并要求城乡社会保障体系衔接，为农业转移人口市民化提供财政支持
2014 年 3 月	《国家新型城镇化规划 2014—2020》	提出关于到 2020 年努力实现 1 亿左右农业转移人口及其他在城镇落户目标
2014 年 7 月	《关于进一步推进户籍制度改革的意见》	统一城乡户口登记制度全面实施居住证制度将义务教育、就业服务、基本养老等城镇基本公共服务覆盖城镇全部常住人口
2015 年 10 月	《中共中央关于制定国民经济与社会发展第十三个五年规划的建议》	提出了两个挂钩机制：实施财政转移支付同农业转移人口市民化挂钩机制，实施城镇建设用地增加规模与吸纳农业转移人口落户数量挂钩机制
2016 年 2 月	《国务院关于进一步加强城市规划建设管理工作的若干意见》	稳步推进城镇基本公共服务常住人口全覆盖，稳定就业和生活的农业转移人口在住房、教育、文化、医疗卫生等方面，与城镇居民有同等权利和义务
2017 年 6 月	《新时期产业工人队伍建设方案》	明确提出，要把产业工人队伍建设作为实施科教兴国战略、人才强国战略、创新驱动发展战略的重要支撑和基础保障

表4(续)

时间	文件名	内容
2018 年 9 月	《乡村振兴战略规划（2018—2022）》	加快推进户籍制度改革，全面实行居住证制度，促进有能力在城镇稳定就业和生活的农业转移人口有序实现市民化
2019 年 1 月	《新生代农民工职业技能提升计划（2019—2022 年）》	帮助农民工特别是新生代农民工增加受教育培训机会，提高专业技能和胜任岗位能力，将其培养成为高素质技能劳动者和稳定就业的产业工人

《2019 年全国农民工监测调查报告》显示，从历年数据来看，经过 40 多年的不断积累，全国农民工增速已大大放缓了，2018 年只有 0.6%，2019 年 0.8%。但是虽然我国农民工规模仍在增加，2019 年全国农民工总量还高达 29 077 万人，规模之庞大居世界第一。

二、特征分析：我国农民工市民化的定量分析

我国农民工问题这一非常特殊的社会现象，是伴随我国特殊的工业化路径、特殊的城市化形式和特殊的市场化进程而出现的。随着产业结构调整与梯度转移的快速推进，必然带来工业化不断全面升级、经济市场化不断深化、新型城镇化不断发展、农业和农村现代化不断加快，农民工问题将必然会呈现出一些新的特点和趋势。因此，要加快农民工市民化进程，首先必须把握农民工本身的主要特征，才能在制定农民工市民化政策时做到有的放矢。

（一）我国农民工规模呈现缓慢上升趋势

如图 1 所示，我国 2019 年总人口为 141 178 万人（未含港澳台和海外华侨人数），城镇常住人口 84 843 万人，占总人口约为 60.6%，比上年年末增加 1 706 万人；乡村常住人口 55 162 万人，占总人口约为 39.4%，减少 1 239 万人。而农村人口在发达地区的占总人口比例只有 10%~20%。

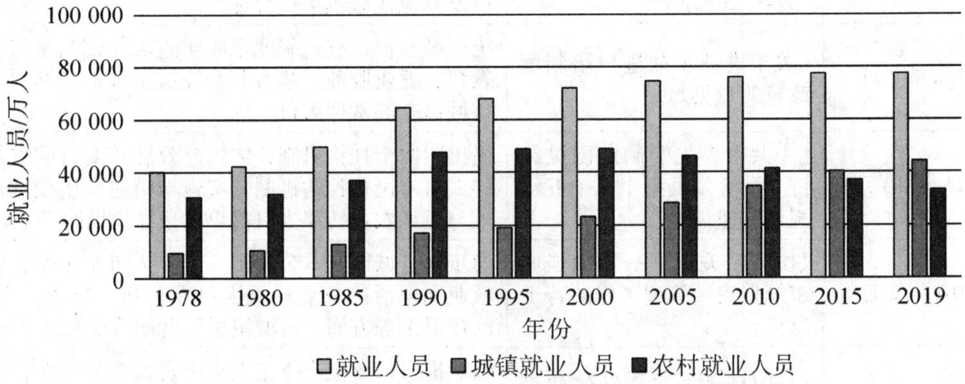

图 1　1978—2019 年社会就业总体情况

数据来源：2020 年《中国统计年鉴》。

根据2020年《中国统计年鉴》的相关统计数据，我国社会就业人口及其组成成分（农村就业人口和城镇就业人口）从1978—2019年的相关情况如图1所示，我国农村就业人数由1978年的30 683万增长到1995年49 025万人，达到最高值。之后由于社会主义市场经济的实行以及加入世界贸易组织等促进经济活力的事件，农民工逐渐向第二、三产业转移，因此，农村劳动力逐渐减少。到2019年年底农村劳动力总量33 224万人。

（二）东部地区农民工输出输入量最高，其次是中部、西部、东北部

（1）东部地区输出农民工人数减少最多，占到减少总量的一半以上。如表5所示，从输出地看，2020年东部地区输出农民工10 124万人，比上年减少292万人，下降2.8%，占农民工总量的35.4%；中部地区输出农民工9 447万人，比上年减少172万人，下降1.8%，占农民工总量的33.1%；西部地区输出农民工8 034万人，比上年减少17万人，下降0.2%，占农民工总量的28.1%；东北地区输出农民工955万人，比上年减少36万人，下降3.6%，占农民工总量的3.3%。东部地区农民工减少量占到全国农民工减少总量的56.5%。

表5　2018年与2020年农民工地区分布及变化

		2019年人数/万人	2020年人数/万人	增量/万人	增速/%
按输出地分	东部地区	10 416	10 124	-292	-2.8
	中部地区	9 619	9 447	-172	-1.8
	西部地区	8 051	8 034	-17	-0.2
	东北地区	991	955	-36	-3.6
按输入地分	在东部地区	15 700	15 132	-568	-3.6
	在中部地区	6 223	6 227	4	0.1
	在西部地区	6 173	6 279	106	1.7
	在东北地区	895	853	-42	-4.7
	在其他地区	86	69	-17	-19.8

注：其他地区指中国港澳台地区及国外。

数据来源：《中国统计年鉴》（2020年）。

（2）在东部地区务工人数减少最多，中西部地区吸纳就业的农民工继续增加。从输入地看，在东部地区就业的农民工15 132万人，比上年减少568万人，下降3.6%，占农民工总量的53%。其中，在京津冀地区就业的农民工2 076万人，比上年减少132万人，下降6.0%；在苏浙沪地区就业的农民工5 179万人，比上年减少212万人，下降3.9%；在珠三角地区就业的农民工4 223万人，比上年减少195万人，下降4.4%。在中部地区就业农民工6 227万人，比上年增加4万人，与上年基本持平，占农民工总量的21.8%。在西部地区就业农民工6 279万人，比上年增加106万人，增长1.7%，占农民工总量的22.0%。在东北地区就业农民工853万人，比上年减少42万人，下降4.7%，占农民工总量的3.0%。

（三）集中在制造业和建造业的农民工减少，但仍然超四成

从国家统计局 2014—2020 年的相关数据看，中国农民工就业主要集中在制造业、建筑业、批发零售业、住宿和餐饮业及交通运输、仓储和邮政业以及居民服务、修理和其他服务业，如表 6 所示。

表 6　农民工从业分布

单位:%

年份	制造业	建筑业	批发零售业	住宿和餐饮业	交通运输、仓储和邮政业	居民服务、修理和其他服务业
2014	31. 3	22. 3	11. 4	6. 0	6. 5	10. 2
2015	31. 1	21. 1	11. 9	5. 8	6. 4	10. 6
2016	30. 5	19. 7	12. 3	5. 9	6. 4	11. 1
2017	29. 9	18. 9	12. 3	6. 2	6. 6	11. 3
2018	27. 9	18. 6	12. 1	6. 7	6. 6	12. 2
2019	27. 4	18. 7	12. 0	6. 9	6. 9	12. 3
2020	27. 3	18. 3	12. 2	6. 9	6. 5	12. 4

数据来源：《中国统计年鉴》（2020 年）。

由表 6 数据可知：农民工就业行业主要是集中在制造业和建筑业当中，两者之和大于 40%。但农民工在制造业就业占比逐年下降，由 2014 年的 31. 3%下降到 2020 年的 27. 3%，六年下降了 4. 0%；在建筑业就业占比也逐渐下降，由 2014 年的 22. 3%下降到 2020 年的 18. 3%，下降了 4. 0%。而农民工从事居民服务、修理和其他服务业占比这六年间有所增加，上涨了 2. 2%。这上涨与下降的因素与宏观经济大环境有密切相关。

（四）受教育程度虽然有缓慢提高的趋势，但初中及以下文化程度尚占七成以上

2019 年农民工监测调查报告显示，我国农民工的受教育程度整体上在不断提高。在全部农民工中，未上过学的占 1%，小学文化程度占 15. 3%，初中文化程度占 56%，高中文化程度占 16. 6%，大专及以上占 11. 1%。大专及以上文化程度农民工所占比重比上年提高 0. 2 个百分点。在外出农民工中，大专及以上文化程度的占 14. 8%，比上年提高 1 个百分点；在本地农民工中，大专及以上文化程度的占 7. 6%，下降 0. 5 个百分点。

（五）农民工平均年龄缓慢提高，但 40 岁以下所占比例下降

由 2020 年农民工监测调查报告（图 2）可知：农民工平均年龄为 41. 4 岁，比上年提高 0. 6 岁。从年龄结构看，40 岁及以下农民工所占比重为 49. 4%，比上年下降 1. 2 个百分点；50 岁以上农民工所占比重为 26. 4%，比上年提高 1. 8 个百分点，占比继续提高。从农民工的就业地看，本地农民工平均年龄 46. 1 岁，其中 40 岁及以下所占比重为 32. 9%，50 岁以上所占比重为 38. 1%；外出农民工平均年龄为 36. 6 岁，其中 40 岁及以下所占比重为 66. 8%，50 岁以上所占比重为 14. 2%。

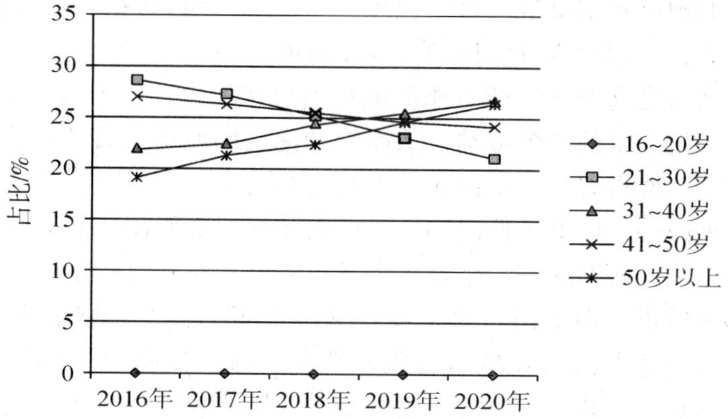

图 2　2015—2020 农民工年龄分布

数据来源：2020 年农民工监测调查报告。

（六）农民工收入缓慢上升

分行业看（见表 7），农民工就业集中的六大主要行业月均收入继续增长。其中，从事制造业农民工月均收入 4 096 元，比上年增加 138 元，增长 3.5%；从事交通运输仓储和邮政业农民工月均收入 4 814 元，比上年增加 147 元，增长 3.1%；从事建筑业农民工月均收入 4 699 元，比上年增加 132 元，增长 2.9%；从事住宿餐饮业农民工月均收入 3 358 元，比上年增加 69 元，增长 2.1%；从事批发和零售业农民工月均收入 3 532 元，比上年增加 60 元，增长 1.7%；从事居民服务修理和其他服务业农民工月均收入 3 387 元，比上年增加 50 元，增长 1.5%。

表 7　分行业农民工月均收入及增速　　单位：元、%

	合计	制造业	建筑业	批发和零售业	交通运输仓储邮政业	住宿餐饮业	居民服务修理和其他服务业
2019 年	3 962	3 958	4 567	3 472	4 667	3 289	3 337
2020 年	4 072	4 096	4 699	3 532	4 814	3 358	3 387
增速	2.8	3.5	2.9	1.7	3.1	2.1	1.5

数据来源：2020 年农民工监测调查报告。

三、规律性认识：我国农民工市民化过程的定性分析

通过以上对我国改革开放之后的农民工市民化四个阶段的历史回顾和特征分析，可以得到我国农民工市民化过程与发达国家不一样的规律性认识。

（一）非同步性：农民工市民化与工业化过程的不协调

发达国家国家的经验表明：工业化和农民工市民化是同步的，是同一过程的两个不

同的角度。背后的理论基础就是“推—拉理论”，工业化过程中，城市的各个行业发展需要大量的劳动力，从而形成对农村剩余劳动力的“拉力”。与此同时，工业化意味着科技的进步，那么与提高农业生产力相关的机器设备产生，从而提高农业劳动生产率，而这就会使农村产生大量的剩余劳动，从而推动他们向城市转移，形成“推力”。而我国存在的特有国情，使得农民工市民化和工业化不同步。在计划经济时期，我国优先发展重工业经济发展战略，以低进低出的方式把农业的剩余来补助重工业，快速完成重工业所需要的资本积累，而造成的后果就是引发农业及其农村商品经济的衰退，以及大量的农村人口转移到城市。但是由于重工业是资本密集型行业，城市所需要的劳动力较少，无法就业的农村游荡人口在城市造成的不良影响（如偷窃，斗殴等）给城市造成了极大的负担。在这一大背景下，为了限制农村人口涌入城市，于是通过户籍制度将全国居民分为了“农业户口”和“非农业户口”两种类型。由此，只是我国的工业化运动长期限制在城市当中，而对农村发展帮助微乎其微。所以，我国七十年来工业化与农民工市民化的步伐很不协调，进而阻碍着农民工市民化进程。

（二）“挤压式”：农民工市民化过程的流动方式主要依靠推力

我国农民工市民化的特殊性表现为，人口和劳动力的流动方式上表现为“挤压式”，而不是发达国家的“推—拉式”。西方发达地区农村劳动力在这两个“力”的作用西向城市居民转移，这是一个自然发展的过程。而我国农民工市民化流动过程的特殊之处在于城市工业化过程能容纳的劳动力较少，所以城市产生不了拉力，而农村存在大量剩余劳动力，故一方面吸力不足，另一方面又存在大量的推力，故导致了我国农村劳动力流动特有的“挤压式”的方式。

（三）“中间障碍”：城乡二元制度下农民工市民化过程的艰难性

我国的城乡经济社会呈现出比较固化的二元结构特点。西方发达国家的农民工市民华过程不具有这种制度上的障碍，甚至有些发达国家还会强制让农村居民变为市民（英国采用暴力的方式剥离农民与土地的所有关系，直接将农民转为市民）。我国因为这一特殊制度的存在，使得农民向市民转化过程多了一个阶段，那就是农民工时期。

（四）复杂性：农民工市民化受到转化内容、转化方式及原因综合因素制约

我国农民工市民化过程的复杂性具体体现在：一是转化内容复杂。农民工市民化表象是职业、身份以及居住空间的变化，但是实质是农民工转化为市民之后的社会保障、教育、医疗的转变，与城市居民一致。既要解决思想观念和行为方式的问题，又要解决高素质与社会权利的问题。二是转化方式复杂，这是因为：①地理因素复杂，我国地理辽阔，各地区经济发展不同，基础设施也就不相同，故各地区需要因地制宜，而这就体现出其复杂性；②文化意识形态因素复杂，在农民工市民化的过程中，文化意识形态、行为生活方式发生一系列变化，这种变化就是“农民—市民”这两者之间相互交融和冲突的结果，而意识和行为的改变是具有长期和不确定的特点；③涉及面比较复杂，涉及对象包括各级政府、有关部门以及数以亿计的农民。而这不仅会涉及政策制度等宏观方面的创新，还会涉及农民生活交往行为等微观层面的市民化。

（五）长期性：我国农民工市民化必然是比较缓慢的过程

农民工市民化之所以有较长的路要走，主要因为：一是我国农民工数量巨大，且还有源源不断的农民转变为农民工，这个过程是艰巨且长期的；二是农民工转为市民这个过程所需时间较短，但是社会层面、心理层面转化为市民需要很长时间，尤其涉及一些制度因素，非一朝一夕可达成。所以，相对于市民而言，由于农民工整体素质较低，因而适应城市生活也需要较长的时间。

四、几点政策建议

综上所述，虽然近十年来农业就业人数总规模有所下降，但 2015—2019 年农民工总规模却有增加的趋势。根据这一发展趋势和 2035 年远景目标纲要以及《中华人民共和国乡村振兴促进法》的总要求，在 2021—2035 年加快农民工市民化是事关国家整体发展的一项战略任务，农民工市民化仍然任重道远。针对上述对我国农民工市民化的特征和规律性分析，提出下一阶段加快农民工市民化的相关政策建议。

（一）坚持存量优先带动增量，以户籍制度改革为核心加快农民工市民化

首先，统筹推进户籍制度改革。我国户籍制度改革是缓慢的逐步松动过程，绝大多数城市对农民工进城落户都有较严格的标准限制。因此，下一步户籍制度改革要优先解决进城务工多年的农民工存量，同时带动增量。针对不同的城市规模分类施策：①常住人口在 300 万以下的城区，全面取消其落户限制，并确保外地和本地农民工进城落户标准一致；②常住人口在 300 万至 500 万的 I 型大城市，全面放开其落户条件；③城区常住人口 500 万以上的超大特大城市，完善其积分落户政策，其中确保社会保险缴纳年限和居住年限分数占主要比例。

其次，加快相关配套制度改革。健全以居住证为载体、与居住年限等条件相挂钩的基本公共服务提供机制，鼓励地方政府提供更多基本公共服务和办事便利，提高居住证持有人城镇义务教育、住房保障、医疗保险、社区服务等方面的实际享有水平。

（二）扩大高中阶段教育规模，以提高人力资本素质为目标加快农民工市民化

首先要扩大农村高中阶段教育规模。现阶段我国九年义务教育取得了一定的成果，但是政府对农村高中阶段教育的投入严重不足，导致不少农村家庭子女因高中阶段的教育支出负担过重而选择弃学。如果多数农村劳动力的受教育程度普遍停留在初中或者小学水平，就必然造成农村劳动力低素质的代际传递。因此，要加大对农村地区高中阶段教育财政投入力度。

其次要切实提高存量农民工的人力资本素质。我国产业结构的转型升级对人力资本建设提出了新的更高要求。要制定农民工人力资本素质提升规划，全面提高新生代农民

工的人力资本素质：首先要明确农民工人力资本素质的分阶段提升目标，使之细化成为农民工培训机构的工作计划，同时成为农村教育的培养目标；其次要根据产业优化升级和就业结构的需要，加强对低素质农民工的工作技能和经验储备培训。

（三）营造宽松的创新创业环境，以自主创业为龙头带动广大农民工市民化

在大力倡导“大众创业、万众创新”的宏观大背景下，全国各地涌现了大量进城的农民企业家自主创业成为龙头并带动成百上千农民工就业的企业，这是加快农民工向市民化转变的重要有生力量。首先要完善支持进城农民企业家自主创业的政策法规，使进城农民企业家自主创业享有与市民创业完全平等的地位和权利，着力健全新生代农民工创业服务体系，为推进农民工市民化提供一个良好的就业平台，为其提供更多更为优质的就业机会；其次要引导舆论树立起农民工的正面形象，帮助他们建立自信心，跨出熟人小圈子，减少与外界群体的隔阂；再次要提高农民工的组织程度，允许建立诸如“工友之家”“农民工互助合作组织”等社团组织，以培养农民工互助合作的意识与能力，以团结互助的力量推动农民工群体向市民化的转化。

参考文献：

[1] 陈广桂. 房价、农民市民化成本与我国城市化 [J]. 中国农村经济，2004（3）：45.

[2] 简新华，黄锟. 中国工业化城镇化过程中的农民工问题研究 [M]. 北京：人民出版社，2008：257-259.

[3] 张国胜，基于社会成本考虑的农民工市民化 [J]. 中国软科学，2009（4）：56-69.

[4] 张善柱. 新生代农民工优先市民化的必要性与可行性研究 [J]. 调研世界，2013（3）：28-31.

[5] 张丽艳，陈余婷. 新生代农民工市民化意愿的影响因素分析：基于广东省三市的调查 [J]. 西北人口，2012，33（4）：63-66.

[6] 李璐伊. 新生代农民工市民化条件和意愿分析：基于浙江省永康市的调查 [D]. 杭州：浙江大学，2010.

[7] 杨春华. 关于新生代农民工问题的思考 [J]. 农业经济问题，2010（4）：80-84.

[8] 李永友，徐楠. 个体特征、制度性因素与失地农民市民化：基于浙江省富阳等地调查数据的实证考察 [J]. 管理世界，2011（1）：62-70.

[9] 邵彩玲，张洪杰. 农民工的“三种资本”对其社会融入的影响 [J]. 调研世界，2011（6）：34-36.

[10] 石智雷，杨云彦. 家庭资本、家庭决策与农村迁移劳动力回流 [J]. 社会学研究，2012（3）：157-181.

[11] 文军. 农民市民化：从农民到市民的角色转型：以上海市郊区为例 [J]. 华东师范大学学报（哲学社会科学版），2004（5）：22-26.

[12] 易丹辉. 结构方程模型方法与应用 [M]. 北京：中国人民大学出版社，2008.

[13] 姚植夫，张译文. 新生代农民工工作满意度影响因素研究 [J]. 中国农村经济，2012（8）：46-55，78.

第四编

人工智能与数字经济研究

数据作为生产要素参与收入分配的政治经济学分析

张建武[①] 张艺馨[②]

摘 要：在不断发展的数字信息技术的支撑下，全球数字经济规模迅速增长，日益成为促进科技创新和拉动全世界经济增长的重要驱动力。作为数字经济的关键性投入要素，数据已经成为当前各国经济发展的战略性资源。党的十九届四中全会首次提出数据作为生产要素参与分配，这是加快激活数据要素活力、开放数字共享，促进数字经济及大数据相关产业发展的必然要求，也是增加居民收入和激励创新的有益举措，为推进高质量发展创造条件。我国实现数据要素参与收入分配的核心关键在于数据要素市场的建设，在坚持市场的决定性作用的同时，要充分发挥政府宏观调控与监督作用，并且要注意数据权属、数据利用与保护、数据交易机制等具体问题，最后还应该积极贯彻社会公平原则，防止收入差距的不合理扩大。

关键词：数据；生产要素；收入分配；社会公平

一、问题的提出

生产要素是社会生产经营活动时所需要的各种社会资源，它们是影响国民经济运行及市场主体的生产经营活动所必需的基础性因素，也是社会财富的创造和实现经济增长的基础、源泉。一般而言，生产要素主要体现为劳动者与其他生产资料或劳动工具与其他劳动对象相互作用的组合，在不同的生产力水平下，生产要素对价值形成和财富创造所起作者用不同，生产要素组合也会随之再生分化。马克思指出："各种经济时代的区别，不在于生产什么，而在于怎样生产，用什么劳动资料生产。劳动资料不仅是人类劳动力发展的测量器，而且是劳动借以进行的社会关系的指示器"[1]253。在生产力水平较

① 张建武，广东外语外贸大学经济与贸易学院教授、博士生导师。

② 张艺馨，广东外语外贸大学经济与贸易学院博士生。

低的农业经济时期，土地要素是最关键的生产要素，经济增长主要依赖于提高土地供给的数量和质量。工业经济时代，以机器设备为代表的物质资本在推动经济发展中的作用日益突出，机械化大生产逐步代替人力。第二次工业革命之后，社会化大生产要求更多的资本投入，工业生产活动更多地围绕着资本要素展开，资本由此成为最重要的生产要素，传统两要素扩展为土地、劳动力和资本三要素。20 世纪以后，随着专业化分工和企业发展规模的日益扩大，附着在企业家身上的管理和企业家精神成为新的备受关注的生产要素。20 世纪四五十年代以原子能技术、航天技术、电子计算机技术的应用为代表的第三次科技革命使得科学技术成为越来越重要的生产要素，土地、劳动力、资本三要素扩展为土地、劳动力、资本、管理、技术五要素。20 世纪八九十年代，随着互联网的广泛接入，数字经济随着信息通信技术（ICT）的兴起而蓬勃发展，新一轮科技革命将人类社会推向数字经济时代。人类社会生产方式发生了根本性的变革，数据要素投入以及数字技术在各行业领域中的扩散应用使得社会商品生产和流通更加趋向于智能化、个性化，数字经济对增强经济发展内生动力贡献显著，尤其是经历了 2020 年新冠肺炎疫情的冲击之后，数据要素在全球经济增长中的价值更加凸显，各国都把推进和加快数字经济发展作为实现创新发展的新动能，数字经济已然成为全球竞争的新阵地。

中国错失了前两次工业工业革命发展的机会，在新一轮的数字信息技术革命中，我国紧抓发展机遇、精准发力，在全球数字经济产业竞争力上成为世界引领者，2019 年中国数字经济规模达到 5.2 万亿美元，占 GDP 比重达 36.2%，对国内生产总值增长贡献率达到 67.7%，排名全球第二①，显示出了强大的成长潜力和发展势头。这是我国政府对数字经济在引领高质量经济增长、推动产业结构升级方面重要作用的重视的结果，2014 年国务院政府工作报告首次提出大数据的概念后，我国大数据开始进入迅猛发展时期，2014 年以来，数字经济对我国 GDP 贡献率均达到 50%以上，每年的政府报告及领导人重要讲话当中都提及大数据相关问题。2015 年随着大数据对全球生产消费活动以及经济运行、人民生活和国家治理产生重要积极影响，数字经济发展上升为国家战略，这一年也被称作“大数据元年”。2016 年 10 月习近平总书记在中央政治局第三十六次集体学习时强调“要加快传统产业数字化、智能化，做大做强数字经济，拓展经济发展空间”，同年发布的“十三五”规划纲要也将数字经济单独列出，强调把大数据作为基础性战略资源，实施国家大数据战略。2017 年 3 月政府工作报告再次提到大数据战略，提出促进数字经济加快成长，让企业广泛受益、群众普遍受惠，同年 10 月数字经济被写入党的十九大报告。2019 年政府工作报告进一步提出“深化大数据、人工智能的研发应用，培育新兴产业集群，壮大数字经济”。2020 年 5 月政府工作报告中提到“要继续出台支持政策，全面推进互联网+，打造数字经济新优势”。由此可见，数字经济已经上升为国家战略，各地方政府也正积极响应将数字经济打造成为未来经济发展的重要新动能。

当前，数字经济正在引领新经济发展，大数据与各行业的融合发展创新了数字经济

① 数据来源参见：中国信息通信研究院《中国数字经济发展与就业白皮书（2020）》. https://www.websaas.cn/typecho/news/index.php/archives/76/。

时代的生产方式，同时，在线教育、远程医疗、线上消费等也改变了人们的生活方式，此外，大数据在社会治理如城市交通、政府治理、社区服务等方面也发挥着重要作用。在这样的背景下，中国共产党第十九届四中全会审议通过的《中共中央关于坚持和完善中国特色社会主义制度、推进国家治理体系和治理能力现代化若干重大问题的决定》（以下简称《决定》）提出，要“健全劳动、资本、土地、知识、技术、管理、数据等生产要素由市场评价贡献、按贡献决定报酬的机制”，首次明确数据作为一种新型生产要素参与收入分配，是继资本、土地、知识、技术、管理之后又一个参与收入分配的非劳动要素，这是对数据要素作为国家战略资源地位的肯定，反映了数字经济的时代特征，更激发数据要素活力、推动数字经济发展的必然要求，同时也是我国收入分配制度的又一次创新。由此也出现了一系列新的研究问题：首先，数据为什么能够且必须参与收入分配，数据要素参与分配的必然性和必要性如何理解？什么数据可以参与分配、参与哪一部分的分配？其次是数据要素如何参与分配的问题，比如数据要素如何定价，要素的贡献如何衡量，它的实现路径如何？最后，数据要素参与分配是否会削弱按劳分配的主体地位，会不会引起更大的收入差距？为厘清这些问题，有必要从历史和逻辑以及实践的角度，从马克思政治经济学的角度进行理论辨析。

二、数据作为生产要素参与分配的历史逻辑

马克思在《〈政治经济学批判〉导言》中指出，社会再生产是由生产、分配、交换和消费四个环节构成的一个有机体。生产是这个动态循环体系的起点，终点是消费，分配和交换为中间环节，收入分配是影响生产和消费的直接动力，收入分配通过决定可支配收入进而决定个体购买力影响着总体消费需求，由此可见收入分配在经济内循环体系中的重要地位，作为一项基础性制度安排，收入分配不仅影响着市场资源配置，也影响着社会公平正义的实现，科学有效的收入分配能够激发要素活力，实现经济可持续健康增长和社会和谐稳定，扭曲的收入分配导致收入差距过大，造成资源错配、供需失衡和贫富差距拉大。党的十九大报告指出我国社会主义阶段的主要矛盾已经转化为“人民日益增长的美好生活需要和不平衡不充分的发展之间的矛盾”，人民的美好生活需要是在物质文化生活更高追求的基础上，对民主、法治、公平、正义、安全、环境等方面提出了比以往更多的诉求，而现实发展的不平衡、不充分显然无法满足这种需求。在发展不平衡的矛盾中，收入不平衡是直接影响人民美好生活愿望实现的重要因素，要解决这个矛盾，其中重要的一环就是收入分配，只有让人民拥有更多的可支配收入才能提供其满足需求的实际能力，同时，只有更加公平有效的收入分配，才能让一切可被利用的生产要素充分涌流，实现经济社会的发展平衡。

改革开放四十多年来，随着中国社会、经济、政治、文化的发展，党中央对收入分配问题的认识经历了明显的历史变迁历程。改革开放之前，我国实行单一的按劳分配制度，尽管在一开始有力地推动了我国生产力发展，但是在后来的实践中逐渐陷入了平均主义的泥潭，公平性缺失，人们的生产积极性严重受挫，对经济发展造成较大的负面影

响[2]21。直到1978年党的十一届三中全会，邓小平同志重新确立了按劳分配的分配制度。此后，随着个体经济等非公有制经济的活跃，党的十二大将个体经济作为公有制经济的必要、有益补充，在收入分配上也打破了按劳分配的唯一性，将非公有制收入分配方式补充进来，促进了收入分配方式的多样性[3]。1987年党的十三大报告进一步明确“以按劳分配方式为主体，其他分配方式为补充”，并强调要“在促进效率提高的前提下体现社会公平”。1992年党的十四大将“按劳分配为主，多种分配方式为补充”确立为社会主义基本收入分配制度，并指出要“兼顾效率与公平”。此后，随着非公有制经济在市场经济体系中的作用进一步凸显，一系列新的非劳动生产要素对社会经济发展和财富创造起到了重要的不可忽视的作用，越来越多地被个人所拥有的非劳动生产要素参与收入分配，党中央对我国社会主义收入分配制度的具体提法与描述也越来越清楚和准确。1997年党的十五大报告中“多种分配方式”的地位表述从“补充”调整为“并存”，提出“把按劳分配和按生产要素分配结合起来，允许和鼓励资本、技术等生产要素参与分配”，首次将技术作为生产要素参与分配，并将效率提到优先的位置。2002年党的十六大报告首次将管理要素纳入分配体系中，并提出非劳动要素“按贡献参与分配”的具体原则，为调节日益扩大的收入分配差距提出了“初次分配注重效率、再次分配注重公平”的原则。2007年党的十七大报告强调健全非劳动生产要素按贡献参与分配的原则，指出“初次分配和再分配都要处理好效率与公平的关系，再分配更加注重公平”，并且要“创造条件让更多群众拥有财产性收入”。2012年党的十八大报告指出要“提高居民收入在国民收入分配中的比重，提高劳动报酬在初次分配中的比重”，强调通过健全、完善税收和社会保障等相关机制调节社会再分配，缩小贫富差距。2017年党的十九大报告再次强调“坚持按劳分配原则，完善要素分配的体制机制，促进收入分配更合理、更有序”。2019年10月党的十九届四中全会将“按劳分配为主、多种分配方式并存”上升为我国基本经济制度，并首次将数据作为生产要素纳入收入分配体系。

从我国收入分配制度的历史演进中也可以看出，生产力和生产关系的变革是收入分配制度演进的物质基础。数字经济是继农业经济和工业经济之后的一种新型经济形态，它的生产要素结构和生产力水平发生了革命性的变化，数据、技术和资本是主要投入要素，且数据在生产过程中的作用不断提升并成为关键生产要素[4]。数字经济对宏观经济增长的巨大驱动作用是数据要素参与收入分配的必要前提。荆文君，孙宝文（2019）从微观和宏观两个层面分析了数字经济促进经济增长的理论机制，在微观层面，数字经济通过规模经济、范围经济及长尾效应促进了供需匹配并提高经济的均衡水平；宏观层面，数字经济通过新要素投入，新资源配置效率和新的全要素生产率三条路径促进经济增长。[5]许宪春、张美慧（2020）通过对2007—2017年中国数字经济规模进行测算发现2008—2017年中国数字经济的增速（年均14.43%）明显高于同期GDP增长速度（8.27%），数字经济推动整体经济增长的作用明显[6]。因此，杨汝岱指出应该在包含全要素生产率的增长核算框架中纳入数据要素 D，此时 $Y = AF(D,K,L)$ *REF_Ref67653347 \ r \ h \ * MERGEFORMAT*[7]。数据和信息不仅可以作为新要素投入到生产函数影响产出水平，还可以提高劳动、资本、企业家才能等传统要素的生产效率进而产生新的生产函数[8]。数据要素在各行业的广泛应用还有利于降低市场交易和企业管理的成本，有利于提高资源配置效率。最后，数据生产要素归属不同所有者，这是数据要素参与分配的另一个前提，在生产资料公有制条件下，数字要素无疑是全民共享的，而在社会主义初级阶段，数据生产要素并未实现完全公有化。要素资源拥有者根据资源的稀缺性、重要性和供求关系，以及其在生产经营和价值创造中所做贡献参与分配也是必然的，将数据要素纳入收入分配体系将激励数据要素的生产、加工和流通利用[9]。

三、数据作为生产要素参与收入分配的理论逻辑

（一）数据及数字经济的内涵

对数据要素参与收入分配进行理论辨析，首先要弄清楚什么是数据。根据世界银行（1998）的定义，广义上的数据是指那些未经组织的数字、词语、声音、图像、地理位置等。但是数字经济关注的是大数据。易宪容等（2019）定义大数据为移动互联网、云计算、物联网、智能化等新的信息技术的普及及广泛应用、万物互联的环境下所形成的数据集合，是经过数字化处理后的数据[10]。大数据能够更好地被运用于生产、经营和投资决策中，成为价值的重要来源，掌握和利用大数据的能力将成为未来决定竞争优势的关键因素。其次，从生产要素的属性考察，区别于传统生产要素，数据要素具有以下几个新特征：第一，数据要素需要经过数字化处理才能投入生产，数据采集、储存、分析转化的能力才是关键。第二，不同类型的数据在产权上具有不同的属性。比如数字平台出于商业目的所采集的大数据一般属于私人品，具有完全排他性，而政府公开数据则是完全公共品，还有一种介于两者之间的准公共品，这一类数据可以通过相关制度安排而具有有限的排他性。第三，相对于传统生产要素有限供给的特征来说数据要素还具有可再生、易复制的特征，可以通过深度挖掘多次循环使用，并且可以通过数字技术的应用，使生产者和消费者更容易实现规模经济[11]。数据要素的特殊属性决定了其在社会经济运行中的重要作用，同时也决定了数据要素市场化将面临全新的挑战。

目前学界还没有普遍认可的数字经济的定义，G20 杭州峰会将数字经济定义为“以使用数字化的知识和信息作为关键生产要素、以现代信息网络作为重要载体、以信息通信技术的有效使用作为效率提升和经济结构优化的重要推动力的一系列经济活动”①。从中提炼出数字经济的几个核心特征：第一，数字经济是以数据作为关键生产要素。相较于传统要素，数据要素具有无限供给的特点，为持续增长提供了可能性[12]。第二，数字经济是以信息通信技术（ICT）为技术基础，以信息网络为载体，数字技术具有通用目的技术（general purpose technology，GPTs）适用范围广、可持续进行改进和促进创新的一般特征，同时，互联网效应促进了信息扩散，使得数字经济价值呈现指数型增长[11]。第三，数字经济对提升经济效率和优化经济结构具有重要作用。从构成上来看，

① 中华人民共和国互联网信息化办公室.《二十国集团数字经济发展与合作倡议》. 2016-9-29.

"数字经济"通常可以分为数字产业化和产业数字化两个部分，前者通常指信息产业，后者指应用数字相关技术带来的产出增加和效率提升。数字产品也表现为物质形态的硬件产品以及非物质形态的信息产品两种，数字化信息产品的生产主要依赖于无形资本投入，产品交易在虚拟市场进行，打破了时空限制，大大降低了交易成本。数字化信息产品不仅可以作为直接消费品，也是重要的中间投入品，当数据表现为生产要素投入社会生产过程中，对价值实现和财富创造的贡献是不容忽视的，这也是将数据要素纳入收入分配体系的原因。

（二）数据作为生产要素参与分配的理论逻辑

习近平总书记指出，"数据是新的生产要素，是基础性资源和战略性资源，也是重要生产力"①，然而，需要强调的是数据本身不是生产力，不能创造价值和财富，数据在这里是作为生产资料的属性，只有将数据物化在生产力的三个基本要素，即劳动者、劳动资料及劳动对象上，才能转换为现实的生产力。数据与劳动者相结合，可以提高劳动者的劳动技能和劳动效率，劳动资料和工具的数据化也将极大地提升产出效率，而数据与劳动对象的结合将创新出更多丰富的劳动对象，同时还可以提高其质量和附加值。此外，以大数据、云计算、人工智能等为代表的新兴技术与其他科学技术的结合将成为推动经济社会发展的更强大的生产力。

因此，讨论数据作为生产要素参与收入分配的原理不能脱离对劳动的分析。洪银兴（2015）指出非劳动生产要素参与分配和马克思的劳动价值论是相容的，劳动以外的生产要素参与收入分配丝毫没有否定劳动是价值创造的源泉，非劳动要素尽管不创造价值，但参与了社会财富的创造，对财富增进做出了贡献[13]。马克思的劳动价值论将劳动划分为死劳动和活劳动两种形态，其中死劳动指的是凝结在劳动对象中最终体现为劳动产品的一般人类劳动，而活劳动则是指劳动过程中劳动者脑力和体力的耗费。只有活劳动才创造价值，死劳动只转移自身价值，帮助价值实现，并不能创造新价值。活劳动既包括简单劳动也包括复杂劳动，既包括生产工人的劳动，也包括各种技术、管理人员和其他知识分子的劳动。在社会主义大生产过程中，劳动者同时持有资本、管理、技术、数据等生产要素，资本所有者、职业经理人、数字产品的生产和创造等活动都是一种复杂的活劳动，因此，劳动要素获得工资收入，其他非劳动生产要素依据市场供需关系分享劳动剩余。从这个角度说，数据参与分配包含按劳分配和按生产要素两个方面，当数字产品作为一种最终劳动商品时，凝结劳动者的一般劳动，这部分按劳分配原则进行数字劳动产品分配，而当数据表现为一种非物质形态的生产要素作为中间投入品服务于生产过程，创造出剩余价值，则按要素贡献程度参与分配。《决定》所提到的"健全……数据等生产要素由市场评价贡献，按贡献决定报酬的机制"就是指数据表现为生产要素作为中间投入品投入生产过程，数据要素作为劳动的生产资料和劳动者利用数据要素的劳动是不同的，前者属于按生产要素分配后者属于按劳分配的范围。

① 参见央视网《习近平带政治局集体学习，领导干部要学懂用好大数据》，http://news.cctv.com/2017/12/10/ARTI3HNR1LMiMiNZKmr1NMD1171210.shtml，2017-12-10.

马克思认为“分配的结构完全取决于生产的结构，分配本身就是生产的产物”[14]。生产结构的核心是所有制结构，决定我国收入分配制度的是社会主义初级阶段的所有制结构，“公有制为主体，多种所有制共同发展”决定了我国采取“按劳分配为主，多种分配方式并存”的收入分配制度。按劳分配为主是公有制为主体在分配上的体现，资本、技术、管理、数据等非劳动要素参与分配体现多种所有制经济共同发展的要求。尽管劳动价值论否定物质生产要素是价值的源泉，但是马克思并没有否定各种生产要素在财富生产中的重要性，这些非劳动生产要素尽管没有直接创造新价值，却有利于生产力发展和社会财富创造，这是它们能够参与收入分配的前提。这些要素的供给不足将严重制约我国社会生产力的发展，单靠按劳分配不可能充分动员和激励资本、技术、管理、数据这些非劳动要素的投入。

收入分配的对象是社会生产的新增价值 $v+m$。v 一般指劳动者的劳动报酬，参与直接生产的劳动者、对生产过程起促进作用但不直接参与生产的劳动者都可以通过按劳分配获得 v。在初次分配中，数据最初作为一种劳动产品或者商品（如数字化的硬件产品）凝结了劳动者的活劳动，当数据作为生产要素投入到生产过程中，数据技术和管理人员尽管不直接参与生产，但在数据的生产、加工、传播过程中提供了复杂劳动，这两种情况下劳动者都可以按劳分配形式参与分配获取劳动报酬。再来看剩余价值 m。m 通常被看作资本的报酬，在现代化生产中，剩余价值的增加不仅依赖于物质资本投入，人力资本、技术创新、管理效率的作用也日益增强，因此这些要素也应该分享剩余价值 m。可见，收入分配的过程包括 $v+m$ 在劳动报酬 v 和剩余价值 m 之间的分配以及剩余价值 m 在不同非劳动要素之间的分配。根据马克思政治经济学的分配理论，要素参与分配的实质是要素所有权在经济上的实现，数字经济时代，数据要素的占有数量和质量以及企业大数据处理和创新应用的能力将对企业价值创造起着至关重要的作用，数据所有者理应凭借所有权按贡献程度参与剩余价值 m 的分配从而获得要素收益。

四、数据作为生产要素参与收入分配的现实条件

那么什么样的数据才能参与分配，分配时的份额是如何确定的呢？《决定》提出“由市场评价贡献、按贡献决定报酬”的要求，可见要素市场是问题的核心关键。首先，数据必须通过市场完成向现实生产力的转化创造出市场承认的财富才能参与分配。其次，数据要素参与分配的份额与数据的贡献程度正相关，这个贡献程度也由市场衡量。

把利息、工资和地租看作资本、劳动和土地要素的价格，即要素报酬，同理数据要素的价格也体现数据要素报酬，体现市场对数据要素价值的认可，是数据要素最终能获得收益分配份额的核算基础之一，价格由数据要素市场供需情况决定，不同企业对数据要素的需求不同，不同类型的数据以及数据的稀缺程度差别也将影响数据价格。西方经济学认为市场经济中存在着一只“看不见的手”，引导资源流向更加高效率的地方，通过供求机制、价格机制、竞争机制使资源配置达到最佳组合实现资源配置的帕累托最优

状态，一个健康有序的数据要素市场无疑是保证数据要素按市场评价贡献、按贡献决定报酬的基本前提。然而，根据国家工业信息安全发展中心发布的《中国数据要素市场发展白皮书》，我国数据要素市场发展目前还处于起步阶段，尽管“十三五”期间我国数据要素市场复合增速超过 30%，但对于数据要素市场化配置的规律认知还不够，存在不少问题。为此，十九届四中全会提出了“产权有效激励、要素自由流动、价格反应灵活、竞争公平有序、企业优胜劣汰”的具体要求。可见产权界定清晰、要素流动自由、价格体系合理是一个有序高效的要素市场的三个基本条件。与产品市场相比，我国要素市场发展相对滞后，对于数据要素市场来说更是如此。第一，数据的科学分类与产权界定问题，数据涵盖的信息种类繁多，根据不同的分类标准可以进行多种分类，并且不同类型数据的所有权、使用权、收益权的归属界定问题还尚未明确。第二，数据公开与交易涉及数据安全和隐私保护，目前在法律层面还存在着许多空白。第三，数据的度量和交易问题，对数据要素的度量已然不能简单使用条数、流量、存储空间等传统计算机术语，传统的产权交易模式对数据要素也已不再适用。第四，数据要素定价机制问题。目前我国尚未形成科学合理的数据要素市场价格，定价模式也缺乏系统框架，针对不同数据应用场景也缺乏统一数据定价标准，市场决定数据要素配置的范围严重受限[15]。

五、数据作为生产要素参与收入分配条件下的收入差距

改革开放以来，我国人均 GDP 由 1979 年的 423 元增至 2019 年的 70 581 元，提升了近 167 倍①。与此同时，指示收入差距的基尼系数从改革初期 0.2~0.3 扩大到 2000 年前后突破 0.4 的国际警戒线，2008 年全球金融危机时更是达到了 0.491，此后尽管呈现下降的趋势，但仍未出现明显的缩小趋势，一直在 0.46~0.47 的高位徘徊[16]。收入差距过大仍然是我国经济发展转型面临的主要矛盾之一，也影响着社会公平与共同富裕目标的实现。在数据作为生产要素参与收入分配的条件下，收入差距是否会因此进一步拉大是人们关注的焦点。不同主体对生产要素占有的差别对拉大收入差距的作用具有更大的力度、更广的影响，采用按生产要素分配方式不应回避由此引起的收入分配差距拉大的问题[17]。

（一）收入分配中两组关系的理论辨析

要辩证看待数据要素参与分配可能带来的收入差距问题，首先必须要厘清楚两组关系：一是按劳分配与按生产要素分配的关系；二是收入分配中公平与效率的关系。首先，按照马克思的设想，共产主义的收入分配方式包括按劳分配和按需分配，按劳分配是共产主义第一阶段即社会主义阶段的收入分配方式，是社会主义分配制度的基本原则。但是，单一的按劳分配方式还不足以充分调动各种要素，所有者的积极性也不满足社会主义初级阶段市场经济发展的要求，必须将按劳分配与按生产要素分配结合起来。

① 根据国家统计局公布数据计算得到。

按劳分配是社会主义公有制经济及其利益实现的基本方式，体现尊重劳动、以人为本的理念，而按生产要素分配是公有制之外多种所有制经济发展的必然要求，是激发各种要素和市场活力的重要手段，坚持按劳分配为主体才能保证经济社会发展不偏离社会主义方向，同时按劳分配又不能阻碍和束缚生产要素参与分配，两者之间并不是非此即彼、此消彼长的关系，而应该长期共存，互相促进。其次，收入分配中的公平与效率问题。习近平主席曾形象地用做“蛋糕”与分“蛋糕”打比喻来说明公平和效率的问题，一方面要把“蛋糕”做大，以有利于全国人民都能分到一份较大的“蛋糕”，另一方面要将已有的“蛋糕”公平合理地分配给每个社会成员，让他们有更多的获得感，收入水平和生活水平逐步提高，以更大的积极性去做大“蛋糕”。做大“蛋糕”是分配的基础，让多种生产要素参与收入分配就是为了做大蛋糕，据马克思的解释，计量尺度的统一，等价交换的原则就是平等，就是公平的，这个角度说按劳分配和按生产要素分配都是促进资源高效配置的公平原则。

对于我国现阶段收入差距问题的认识要明确平等不是均等，在我国社会主义初级阶段的条件下收入差距是必然会存在的。从居民收入构成来看，居民收入主要是来自劳动所得和出让生产要素所有权或使用权而获得的收益两个部分，收入差距也来自这两部分。劳动者之间会因为所付出的劳动强度及复杂程度不同而产生收入差距，同时不同的主体对资本、技术、管理、数据等生产要素的占有差别，特别是当多种要素叠加在同一主体身上时，收入差距会拉大，这种个人所占有的参与分配要素差别所导致的相对收入差距在某种程度上是将长期存在的，并不能因此质疑甚至否定非劳动要素参与收入分配的作用。我国社会主义市场经济制度还在不断地发展完善中，按劳分配制度的执行本身也存在着诸多问题，这些都会影响收入差距的扩大，要控制和缩小这种差距，关键在于从源头上缩小个体所拥有的要素数量和质量的差异。

（二）数据要素参与收入分配与收入公平的实现

马克思认为，收入公平的实现依赖于生产力水平、个人能力以及家庭情况，同时也需要社会保障水平做支撑，保证没有劳动能力的群体也能拥有基本的生存和发展的权利。在社会主义初级阶段的生产力水平下，在劳动生产率还没有足够高的情况下，不可能实现真正地收入分配公平，按劳分配也默认了不同等的个人天赋，不同人的工作能力不等，本身就是一种不平等的权利，因此只能是在承认一定收入差距的基础上，采取一定的有效措施避免收入差距的进一步扩大。在数据作为生产要素参与收入分配的制度安排下，不同个体在数据要素占有及数据处理能力上的差异将直接导致由此产生的收入差距，且非劳动生产要素的个体占有差异非常容易产生叠加效应，比如个人能力突出的高级管理者或者高端技术人才可能会拥有更多的资本，更多的资本也会带来更多的数据要素的占有，这种叠加效应会加剧收入差距。

首先，要最大程度上实现由全体人民共享数字经济发展成果，缩小收入差距，最基本的途径还是推进教育公平。尽管个体存在先天禀赋差异，但是教育公平仍然是缩小个体后天差距最为有效的方法，通过教育的普及，让处在要素占有相对劣势的群体能够拥有平等的积累人力资本等重要要素的机会，如今与数字信息技术相关的例如计算机编程、平台运营、大数据处理、数据交易等通用课程与专业课程都已经逐步进入高校甚至是义务教育阶段的课堂当中。此外，人力资本的获得与积累还体现在就业与职业技能培训等方面，鼓励更多数字行业企业吸纳劳动力就业，将数字相关的职业技能培训向中等职业教育推进。其次，个体通过人力资本投资获得和累积了要素资源之后，还要在一个公平的市场环境下平等竞争，要完善数据要素市场，健全数据要素分配机制，在初次分配中让各项要素能够平等地参与生产竞争，探索数据要素的定价和评价方式，保障各要素在分配中应得的份额从而获得相应的要素收益。再次，还应该发挥政府的宏观调控作用，在二次分配和三次分配中对收入分配进行调节，同时为居民提供更多提高财产性收入的途径。不断完善居民医疗、养老保险体系，发挥商业保险与社会保险的补充作用，保障人们的基本生活，同时合理设置个税起征点和征收范围调节各类人员收入差距。最后，为实现共同富裕的社会主义根本目标，还需要全体社会成员团结一致，通过道德力量以慈善、个人捐赠等方式帮助贫困者。

六、结论

我国经济已经由追求高速增长转向以高质量发展为目标的新时代，数字经济对于转变经济增长方式、优化资源配置效率、促进科技创新、提高全要素生产率都具有积极作用，是转型期驱动我国高质量发展的重要引擎。数据作为数字经济的关键投入要素参与收入分配，可以有效激发数据要素活力，推动数字产业自身发展的同时，还将有利于传统产业的数字化转型，但在收入分配的实践中还有许多需要注意的问题。本文对此做如下的总结：

首先，针对数据要素参与收入分配在实践中所面临的几个现实问题，可以从以下几个方面来解决：①积极推动数据保护、数据交易等相关立法，构建完整的数据法体系，尽量避免数据权属争议的同时也要大力维护国家数据安全。②加快和完善数据要素市场建设，政府主导形成统一平台，引导企业积极参与数据市场交易，扩大数据要素市场规模，提升市场评价要素贡献的能力。③注重对数据人才的培养，加强校企合作，采取相关奖励基金或激励机制吸引国内外大数据高端技术人才，突破数据定价、流通、交易等关键技术。④积极扶持数字相关企业的发展，特别是发挥龙头企业的带动作用，可以通过行业协会形式持续推动数据标准化建设，引导企业提升数据管理能力，逐步建立起完整的数据管理体系，并参与到国家标准的评估工作中来，为我国在数据管理领域争取更多的话语权。其次，对于数据要素参与收入分配可能带来的进一步的收入差距问题，可从以下几个方面着手：①通过推进教育公平缩小人们所占有的参与收入分配的要素的差异。②在保障提高劳动者报酬的基础上为居民提供更多投资渠道增加财产性收入。③继续推进市场化改革，为促进竞争公平创造良好的环境和市场秩序。④初次分配和再分配都要处理好效率与公平的关系。

参考文献：

［1］马克思. 资本论：第1卷［M］. 北京：人民出版社，2004.

［2］于国安. 我国现阶段收入分配问题研究［M］. 北京：中国财政经济出版社，2010.

［3］李全喜，王美玲. 党对收入分配问题总体认识的历史演进及其特点：基于党的十二大至十九大报告的分析［J］. 长白学刊，2021（1）：1-7.

［4］王颂吉，李怡璇，高伊凡. 数据要素的产权界定与收入分配机制［J］. 福建论坛·人文社会科学版，2020（12）：138-145.

［5］荆文君，孙宝文. 数字经济促进经济高质量发展：一个理论分析框架［J］. 经济学家，2019（2）：66-73.

［6］许宪春，张美慧. 中国数字经济规模测算研究：基于国际比较的视角［J］. 中国工业经济，2020（5）：23-41.

［7］杨汝岱. 大数据与经济增长［J］. 财经问题研究，2018（2）：10-13.

［8］石良平，王素云，王晶晶. 从存量到流量的经济学分析：流量经济理论框架的构建［J］. 学术月刊，2019（1）：50-58.

［9］李政，周希禛. 数据作为生产要素参与分配的政治经济学分析［J］. 学习与探索，2020（1）：109-115.

［10］易宪容，陈颖颖，位玉双. 数字经济中的几个重大理论问题研究：基于现代经济学的一般性分析［J］. 经济学家，2019（7）：23-31.

［11］丁志帆. 数字经济驱动经济高质量发展的机制研究：一个理论分析框架［J］. 现代经济探讨，2020（1）：85-92.

［12］孙克. 数字经济时代大幕开启［J］. 世界电信，2017（3）：2-9.

［13］洪银兴. 非劳动生产要素参与收入分配的理论辨析［J］. 经济学家，2015（4）：5-13.

［14］马克思恩格斯选集：第2卷［M］. 北京：人民出版社，1995.

［15］戴双兴. 数据要素：主要特征、推动效应及发展路径［J］. 马克思主义与现实，2020（6）：171-177.

［16］周晓桂. 经济新常态下我国收入分配制度改革的在思考［J］. 宏观经济管理，2019（9）：51-58.

［17］葛扬. 社会主义基本经济制度的重大理论问题研究［J］. 经济学家，2020（10）：14-23.

人工智能背景下机器替代人与失业问题初探[①]

董长瑞[②]　仇佳慧[③]

摘　要：伴随着技术进步和生产力发展，人工智能产业和机器人行业发展迅速，社会生产生活中机器替代人的现象越来越多，有效利用智能机器的技术优势推进机器替代人的进程成为社会发展的新趋势。然而，随着智能机器对劳动者的替代，机器替代人和就业的矛盾逐渐凸显，阻碍了人工智能发展进程。从部分行业角度来看，人工智能的短期替代作用比较明显，对就业产生了挤出效应，对劳动力市场和产业升级产生了不利影响。实际上，随着人工智能技术的完善和发展，不断开拓出新的就业空间，人工智能的技术红利会越来越明显。因此，应该统筹考虑机器替代人和就业的矛盾，加快人工智能背景下机器替代人的进程，进一步解放劳动力，促进社会和谐发展。

关键词：人工智能；机器替代人；失业；社会发展

人工智能技术为社会经济发展提供了升级和活力，对社会生产生活方式产生越来越深刻的影响。《中国新一代人工智能发展报告2019》显示：中国的人工智能发展呈现出企业数量增长快、产生扩张多元化的特点。人工智能技术和智能机器应用领域广泛，改变了社会生产方式。同时，人工智能也影响着日常生活的各个方面。《中国机器人产业发展报告（2019）》数据显示，中国智能机器人市场规模庞大，高达86.8亿美元。智能机器人种类繁多，其中服务机器人有较快的增长速度，已经占据市场的25%；而占据市场66%的工业机器人，在全球的影响力持续增加。

2019年年底，中国出现新型冠状病毒引发的肺炎疫情事件，受疫情影响，社会秩序、生产生活方式、经济发展状况有所变动。抗疫期间，人工智能技术和智能机器人发挥了重要的作用，再一次受到广泛关注。此次疫情的传染性较强、传播较快，隔离传染源的难度大大增加，受疫情压力影响，为减少人员接触，多地医疗机构使用智能机器人

① 基金项目：国家社会科学基金项目“人工智能技术对收入分配影响研究”（18CJL042）。

② 董长瑞，山东财经大学经济学院教授、山东省习近平新时代中国特色社会主义思想研究中心山东财经大学基地首席专家。

③ 仇佳慧，南开大学经济学院博士研究生。

辅助工作。智能机器人可以代替人进行智能消毒、配药和辅助检测、送药送餐……多种功能的辅助形式，使得机器人备受欢迎，并且形成了一定的发展规模。人工智能技术在医疗和防疫上的投入和应用为缓解疫情提供了重要的技术支持，智能机器人的投入使用，有效地避免了因接触而导致的传染。不仅如此，智能机器人的使用也破解了“复工难”的问题，在疫情防控的特殊情况下，智能机器打破了时间和空间限制，高效率助力“复工复产”，发挥了重要作用。疫情期间智能机器人的高效利用，为社会经济发展提供了新思路。推进智能机器的规模化利用，进一步解放劳动力，是人工智能完善和发展的重要过程。

机器替代人的过程就是将先进的智能机器应用到现代经济发展中，利用技术红利对生产生活各方面进行智能化改造，以智能机器代替人类劳动，使人类从烦琐的劳动过程中获得解放。随着现代化进程的发展，自动化装备和智能机器受到广泛关注，机器替代人成为新趋势，为社会发展带来新契机。但是，在智能替代人的过程中，机器会挤占就业机会，机器替代人对经济发展、就业结构影响不可避免。因此，如何利用人工智能新技术优势，完成智能机器的逐步替代，是人工智能时代社会发展的机遇与挑战。本文针对现阶段人工智能机器替代人及其导致的失业问题，分析机器替代人和就业的矛盾和统一性，并且从加快人工智能发展进程的角度来解决矛盾，为推进智能机器的规模利用提供新思路。

一、问题的提出

机器对解放人类双手和促进社会发展有着重要的积极意义，机器代替人进行生产，提高生产效率，将人类从烦琐、复杂、劳累的生产环节解放出来。同时，机器不断更新发展，逐渐向智能化转变，对劳动者的替代作用越来越广泛，机器替代人和就业的矛盾不利于智能机器的规模发展。从现有文献来看，关于人工智能背景下机器替代人的问题存在争议，主要有三个方面观点：第一，从现有的数据和研究来看，机器替代人导致失业问题是必然存在和不可逆转的；第二，机器替代人对就业影响广泛，增加了劳动者的就业压力；第三，尽管机器替代人导致了失业问题，但不可否认使用机器的积极意义，面对人工智能背景下新的生产方式和劳动力市场变化，要正确看待机器替代人和就业的联系。

首先，现阶段人工智能的发展对劳动者造成的失业压力是必然存在和不可逆转的，是亟待解决的问题。高奇琦、张结斌认为人工智能发展带来了就业压力，可能会造成结构性失业和全面性失业，考虑到失业者产生的不安定因素，必须妥善处理失业者的问题，并且从约翰罗尔斯的差别原则的角度，提出了人工智能时代补偿失业者的办法，即向高收入人群征税、向人工智能或机器人征税[1]。赵磊、赵晓磊指出失业问题是人工智能发展的必然结果，他认为人工智能的发展并不一定增加就业机会，而是能够提供更多的自由时间，为实现人的全面发展提供契机[2]。蒋南平、邹宇则使用多个领域的行业数据，分析新兴行业增加的就业机会远少于失业的数量，不能缓解现在的失业压力。在正常社会发展中，总量失业已经成为既定事实，人工智能技术的冲击会造成结构性失业进一步加剧[3]。陈明生的研究则是关注到人工智能发展中的结构性失业问题，这是人工智能冲击下就业压力的必然表现，他将人类的劳动分为各种类型，并且分析了人工智能替代各种劳动类型的难度。研究表明，创造性劳动和情感性劳动较难被替代，短时间内受到人工智能的冲击较小，但是一些行业中需要的非创造性劳动较多，在新技术的冲击下，在这些行业中的劳动者比较容易被取代[4]。

其次，人工智能替代对劳动者就业影响广泛，给失业待业、低技能劳动者等人群带来了压力。新技术推动生产力进步，对传统生产方式造成冲击。人工智能技术发展对部分劳动者产生替代效应，在提高产出的同时也会造成工资率降低、就业机会减少等问题[5]。周程、和鸿鹏指出人工智能背景下机器使用会导致失业问题，财富分配和失业人群都是需要解决的现实问题[6]。朱小黄等指出，智能化时代出现一些新特征和新变化，使得失业人群再就业更加困难，给劳动者就业带来更大的压力[7]。除此之外，人工智能造成了就业结构的两极分化，中等技能的就业岗位逐渐被替代、减少，影响劳动者个人生活。尹蕾、王让新指出，很多相关著作中对人工智能替代造成失业现象进行了阐释，在某种程度上，这些压力和危机可能对个体生活的意义产生重要的影响[8]。甚至有人提出，人工智能的发展趋势可能会形成新的技术奴隶社会，在人工智能影响下，人类无法获得充足的就业岗位，两极分化严重，会导致一系列不公平的社会问题，形成绝大多数人通过学习提升也无法克服失业的局面[9]。

最后，机器替代人造成了失业现象，但是产生矛盾的原因有很多，应当正确看待机器替代人和失业之间的关系。在现阶段国内外研究中，一直存在悲观和乐观的两种预测，即人类面对人工智能对就业的冲击能否将就业问题妥善解决。吴清军等指出一些研究中的实证数据分析均是一种预测，无法知晓未来产业发展和就业情况，可能存在一些误差[10]。段海英、郭元元在国内外关于人工智能和就业联系的文献分析中总结到，国内外大多数的观点都是从两方面来证实，一类是人工智能替代减少了劳动力需求的负面影响，另一类是人工智能技术创造的新兴产业和新岗位的积极影响，两种观点也有相关的行业数据可以进行实证分析，人工智能影响就业的问题，并不是依靠简单的技术可行性就能得出结论的[11]。从马克思主义人类解放的观点来分析，这一场科技革命对劳动者的威胁也正是人类将要接受的重大考验[12]。在人工智能技术完善和发展中，应该正确认识机器的作用，正确认识机器替代人并不是导致直接失业的原因（潘文轩，2018）[13]。

从现有文献来看，很多研究成果关注到人工智能背景下机器替代人对就业的影响，主要是针对就业的替代效应和创造效应的扩展分析，且多以短期分析和未来预测为主。本文认为，人工智能是生产力发展到一定阶段的必然产物，机器替代人与就业既有矛盾的一面，又有统一的一面。因此，本文关注人工智能背景下机器替代人与就业的矛盾，尝试从机器替代人与就业的统一性出发，从生产力和生产关系相适应的角度，分析加快人工智能发展进程对解决机器替代人和就业矛盾的积极意义。

二、机器替代人与就业的矛盾

大机器工业时代以来，机器替代人与就业的矛盾一直存在。一方面，机器的使用延长了人的“手臂”，解放了人的劳动，保证了社会生产的有序高效运行；另一方面，机器替代人对就业产生冲击和影响，导致劳动力市场的波动，引发失业问题。

（一）机器替代人是生产力发展的必然产物

随着技术提升不断更新，机器更适应生产力发展，在社会发展中起着愈来愈重要的作用。机器生产突破时间和空间的限制，辅助完成生产任务，提高生产效率，使得劳动者从繁重的、重复的体力劳动或者脑力劳动中解放出来。经过几次科技革命的推动和发展，机器已经可以实现对一些辛苦的、繁杂的、重复性的劳动进行替代，社会发展愈来愈离不开机器对人的替代。

1. 机器替代人是生产力发展的内生需要

生产力是衡量社会进步的根本尺度。生产力是具有劳动能力的人，跟生产资料（生产工具和劳动对象）相结合而形成的征服、改造自然的能力。生产力的发展离不开生产工具，生产工具是反映社会生产力发展水平的主要标志，机器作为重要的生产工具，是社会生产力水平的集中体现。《马克思恩格斯文集》中提道：“自然力的征服，机器的采用，化学在工业和农业中的应用，轮船的行驶，铁路的通行，电报的使用，大陆的开垦，河川的通航，仿佛用法术从地下呼唤出来的大量人口——过去哪一个世纪料想到在社会劳动里蕴藏有这样的生产力呢？”[14]马克思、恩格斯见证了那个时期机器所带来的生产力的爆发，也见证了机器使用对推动社会发展的巨大影响。一般来说，生产工具革新代表着生产力水平的提升，机器的创新不断突破人类劳动的限制，既提高了生产效率，又使得人类从繁杂的劳动中脱离出来，对社会生产发展具有重要意义。

人类文明社会的发展过程中，人类首先学会了使用身体器官进行简单的劳动；随着劳动能力的提高，又学会了制作工具作为辅助；后来生产力水平不断提高，发明了机器作为生产工具，并不断更新、改造，使其变得精密、复杂，适应更高的生产力发展水平，满足人类发展需要。马克思指出“劳动资料取得机器这种物质存在方式，要求以自然力来代替人力，以自觉应用自然科学来代替从经验中得出的成规”[15]。人类将自己的经验运用到机器中，逐渐实现机器的自动化、智能化，进一步解放双手。机器对人类劳动的替代过程，是人类解放双手的过程，是人类文明的体现。人类社会的文明史就是生产力发展的历史，是不断实现机器替代劳动、解放劳动的历史。因此，生产力的发展离不开机器替代人，机器替代人是生产力发展的内生需要。

2. 机器替代人是提高生产效率的需要

马克思在《资本论》中论述机器的发展时指出：“人能够同时使用的工具的数量，受到人天生的生产工具的数量，即他自己身体的器官数量的限制。”“同一工作机同时使用的工具的数量，一开始就摆脱了工人的手工工具所受的器官的限制。”[16]人与机器的自然差别机器突破了人的生理约束，正是因为机器不受体力和数量等限制，在工业革命中发挥了巨大的作用。在机器进入资本主义生产过程时，“资本不要工人用手工工具去做工，而要工人用一个会自行操纵工具的机器去做工。因此，大工业把巨大的自然力和自然科学并入生产过程，必然大大提高劳动生产率，这一点是一目了然的”[16]424。亚当·斯密时期，不使用机器的情况下十个男人分工合作每天制针 48 000 多枚，而使用机器之后，仅一台机器工作 11 小时就可以制针 145 000 枚，机器的生产效率可见一斑。

机器是由人类根据一些特定的需要制造出来的，机器使社会分工更加细致，具有更高的生产效率。马克思说：“一个工业部门生产方式的变革，必定引起其他部门生产方式的变革。这首先是指那些因社会分工而孤立起来以致各自生产独立的商品、但又作为总过程的阶段而紧密联系在一起的工业部门。”[16]421 在一个部门使用机器之后，各个相互联系的部门也会受到影响。例如有了机器纺纱快速的发展，也会带动机器织布、漂白业、印花业、染色业等各行业的发展。机器的高效带动，推动了经济快速发展、生产力飞速提高。同时，先进的生产力又推进了机器的革新，制造出更先进的机器和工具，以追求技术进步所带来的更多的剩余价值。同样道理，在一些人工智能相关的产业中，智能机器比以往的机器更加高效便捷，生产效率也比以前提高许多，智能机器有着人工智能和互联网大数据作为技术支持，有其独特的优势。因此，机器对生产效率的贡献推进社会进步，机器替代人是提高生产效率的需要。

3. 机器替代人是劳动解放的需要

劳动解放的过程伴随着劳动工具的改进和劳动者智力、素质的提升。在社会发展的最初阶段，人类学会了运用身体器官，利用双手和自然条件，从动物群体中脱离和解放出来；随后，人类学会了制作工具进行辅助，经历了石器时代，青铜器时代，铁器时代，但是工具的动力始终来源于人；直到机器的发明使用，将人类从繁重的劳动中解放出来，几次科技革命的发展，逐渐实现机器对体力劳动、脑力劳动进行替代；至今，很多生产部门已经依靠智能机器实现了“无人工厂”模式，随着技术进步发展，机器能够完成更多替代人类劳动的工作，成为将人类从劳动中解放出来的基础。

从科技革命的历史演进变化来看，每一次劳动工具的革新都有着划时代的意义，每一次机器更新对劳动的解放都有重大的突破。马克思将人类发展过程中的需要分为生存需要、享受需要、发展需要。现阶段人类发展更注重发展需要，机器替代人，使得劳动者有更多自由时间去追求自身发展的需要。马克思主义著作中所阐释的共产主义社会中，要实现人类自由而全面的发展，即“个性得到自由发展，因此，并不是为了获得剩余劳动而缩减必要劳动时间，而是直接把社会必要劳动缩减到最低限度，那时，与此相适应，由于给所有的人腾出了时间和创造了手段，个人会在艺术、科学等等方面得到发展”[14]101。在人的自由而全面的发展状态下，劳动者根据自己的能力和爱好选择劳动方式和职业，是一种自由的劳动解放状态。劳动解放是一个漫长的过程，从现代社会发展来看，实现机器替代为劳动解放和人类自由而全面的发展提供了条件。

（二）机器替代人对就业的挤出效应

机器与劳动者有着密不可分的关系，从工业时代、信息时代，到智能时代，机器的作用已经与最初工业革命时代大不相同，机器和劳动者的关系也在这个过程中不断发生变化。但是，不论机器发展到什么阶段，以何种形式存在，机器的使用都会在某些程度上对劳动者产生替代作用，产生机器对就业的挤出效应。

1. 机器对劳动者数量的替代

早在工厂手工业到机器大工业的转变时期，李嘉图就认识到机器对工人的排挤问题。马克思则根据资本主义大工业时期的现实问题，详细地论述了机器对工人的影响。在议会对联合王国的所有工厂进行调查时发现："从 1860 年到 1865 年，这些工厂的蒸汽织机增加了 11%，纱锭增加了 3%，蒸汽马力增加了 5%，而与此同时雇用的人数却减少了 5.5%。"随着机器的使用，生产力不断提高，雇佣劳动却在减少，机器对工人的替代作用逐渐明显[16]491。而随着机器的普及使用，机器导致工人失业的矛盾更加深化。例如：1958 年的第一台水力剪毛机，被 10 万失业工人焚毁；数万名工人向议会请愿，公开反对使用梳棉机等；十九世纪初的鲁德运动中，工场手工业中的机器遭到大规模的破坏[16]469……进入人工智能时代以来，智能机器替代人的现象更加普遍。早在 2016 年，牛津大学关于人工智能相关调查中发现，美国市面上 47%工作将来可能会被替代，而中国有 77%的工作可能被替代；在麦肯锡的研究中，1.4 亿全职知识工作者可能会被智能机器取代，到 2020 年，全球范围内 700 万个工作岗位将会消失。在日新月异的经济发展下，就业形势瞬息万变，机器对就业的规模替代不可避免。

2. 机器对劳动者能力的替代

在 2017 年，中国上海出现了首例因人工智能引起的法律案件，一位从事数据分析工作的职场白领，其所做工作被人工智能替代，由此引发了劳动者和就业单位的劳资纠纷和矛盾。"阿尔法狗"（AlphaGo）是谷歌旗下团队开发的人工智能机器人，"阿尔法狗"来到中国之后，引发了有关围棋 AI 的无数话题。2017 年，"阿尔法狗"以 3∶0 的成绩战胜了世界冠军柯洁，赢得这场人机大战的胜利，再次将机器替代人的话题推上热议。随着人工智能技术的发展，智能机器应用到更多的部门，机器能够取代劳动者的某项技能，挤占就业机会。尤其是一些技能相对较低的劳动者，被机器替代的可能性非常大。同时，劳动者提升技能和寻找合适岗位还需要一段时间，在短期内难以有合适的岗位和就业机会，造成失业问题。

3. 机器在产业发展中的替代

《2016 全球人力资本报告》指出，到 2020 年，全球范围内 700 万个工作岗位将会消失，一些基础白领和蓝领技工等将会被人工智能替代。这些被替代的工作背后，不仅是劳动者会面临失业风险，有些行业已经在这种替代的压力下完全消失。有数据显示，人工智能将在与工业、农业、建筑业相关的传统行业中取代 26%的就业岗位，但是在服务业等行业中却可以额外创造出 38%的工作机会。随着社会经济飞速前进，不同行业的发展方向已经发生变化。一般来说，新技术推行之后，传统行业会受到冲击进行产业升级和调整，新兴行业也会伴随着技术升级逐渐发展起来。在这种产业结构的调整过程中，有些行业只是进行了智能机器的更新；有的行业仍然存在但是已经全部实现自动化，生产模式发生变化；还有些行业已经不适合发展而被淘汰。因此，机器替代人的过程中会对不同行业产生不同的作用，影响产业发展。

三、机器替代人与就业的统一性

在生产力进步和机器革新的互相推动下，在螺旋式上升的社会发展过程中，从最初的机器辅助生产，解放人的体力劳动，到后来机器替代人的脑力劳动，再到人工智能时代，智能机器人和“无人工厂”等形式的出现，机器已经可以完全替代部分劳动者，机器替代人与就业的矛盾仍然存在。马克思说：“这些矛盾和对抗不是从机器本身产生的，而是从机器的资本主义应用产生的！因为机器就其本身来说缩短劳动时间，而它的资本主义应用延长工作日；因为机器本身减轻劳动，而它的资本主义应用提高劳动强度；因为机器本身是人对自然力的胜利，而它的资本主义应用使人受自然力奴役；因为机器本身增加生产者的财富，而它的资本主义应用使生产者变成需要救济的贫民。”[16]483 从本质来看，机器和劳动者并不存在对抗关系，受不同环境的影响，机器的使用会带来不同结果。实际上，机器和劳动者在社会发展和解放劳动中具有统一性。长期以来，机器和劳动者的替代矛盾被放大，掩盖了统一性的积极意义，不利于推进人工智能发展进程。我们应该正确对待机器和劳动者的关系，利用智能机器的技术优势，进一步解放劳动力，促进社会发展。

（一）机器与劳动者统一于生产力发展

生产力的三要素是劳动资料、劳动对象和劳动者。从基本要素来看，生产力是人和物的结合，是人和物的统一。在“人”的要素中，最重要的就是有一定经验和技能的劳动者；在“物”的要素中，机器作为生产工具，在生产过程中连接劳动者和劳动对象，代表着生产力发展水平。因此，机器和劳动者都是生产力的关键因素，统一于生产力发展之中。

马克思提道：“机器生产用相对少量的工人所提供的原料、半成品、工具等等的数量日益增加了，与此相适应，对这些原料和半成品的加工就越分越细，因而社会生产部门也就越来越多样化。机器生产同工场手工业相比使社会分工获得无比广阔的发展，因为它使它所占领的行业的生产力得到无比巨大的增加。”[16]487 在其他条件不变的情况下，资本有机构成的提高往往与可变资本增长速度的减少相联系，也就是随着机器投入数量增多，可吸纳的劳动力是减少的，机器挤占了劳动者就业机会，这种替代确实不利于就业形势和发展。在我们所看到的机器对劳动者产生替代作用的矛盾中，往往是在资本规模不变的情况下分析的，但是忽略了一个问题：机器使用带来了资本总量的增加。社会是不断发展变化的，机器替代人并不是单纯的替代过程，它可以创造出更高的生产力。在先进生产力的带动下，机器的使用不一定会排斥就业，反而会促进资本总量不断增加，可以吸收过剩人口，有利于提高生产效率、提升就业质量、促进社会发展。

（二）机器与劳动者统一于产业结构演进

机器出现以来，相对人口过剩问题有一定的发展逻辑，最初劳动力的转移是从农业开始转移到工业，随着工厂中逐渐实现机器替代人和机器自动化，过剩的人口又再次转移到服务性的行业。在这个发展过程中，伴随着每一次科技生产力的提升，都会有传统行业受到冲击甚至消亡，同时也有新的行业产生。《2016 全球人力资本报告》指出，在科技驱动和产业升级带动下，有大量的工作岗位被替代，同时也有大量的新的工作岗位产生，在计算机、数学、建筑等领域中，可以创造出 200 万个就业机会，并且在被替代的岗位和新岗位之间存在 500 万个工作缺口。除此之外，人工智能也带动了教育行业发展。从 2019 年全国高校专业申报情况来看，180 所本科院校申报"人工智能"专业，2020 年有 563 所高职院校成功申报智能相关方向专业，教育行业受益于人工智能技术的发展，同时也在一定程度上缓解了就业压力。正规教育还能够为社会提供更多高素质的人才，适应当前的就业形势。因此，在机器替代人的过程中，机器的规模使用能够促进生产力发展，提升传统行业或者创造出的新行业，新的产业结构拥有巨大的潜力，可以吸纳更多劳动者，更有利于高素质、高技能劳动者的培养，形成机器和劳动者互相促进发展的有利局面。

（三）机器与劳动者统一于人类发展

美国作者范德赞登在《人类发展（第八版）》中提到人类发展三大规律，其中惯性规律中阐明了人类发展是什么，他指出："人类总是不断地探索、认识其所在的这个世界，不断地发现、利用、改造这个世界原本就存在的各种资源发明、产生、创造出各种不断供人类在这个世界更好生存的经济福利。"[17]人类社会是不断发展变化的，在智能机器的帮助下，各行业和部门在较为平衡的状态下维持生产，机器投入数量的增多，会将劳动者从一些生产过程中解放出来，转而从事创造性劳动，创造更多的价值，为人类自由发展创造条件。因此，机器替代人有利于人类发展和解放。

四、加快人工智能发展，解决机器替代人和就业的矛盾

在社会发展中，机器替代人和就业的矛盾根源来自生产关系与生产力之间的矛盾运动。在机器发展初期，生产关系较为适应生产力发展，使"资产阶级在它的不到一百年的阶级统治中所创造的生产力，比过去一切世代创造的全部生产力还要多，还要大"[18]。但是随着生产社会化发展，机器替代人的矛盾逐渐显露出来。马克思指出："如果只把机器看作使产品便宜的手段，那么使用机器的界限就在于：生产机器所费的劳动要少于使用机器所代替的劳动。可是对资本说来，这个界限表现得更为狭窄。"[16]430在利润最大化动机驱使下，当使用机器的成本低于雇佣劳动的成本时，机器的使用数量会增加，挤占劳动者的就业机会，造成失业问题；当使用机器的成本高于雇佣劳动的成本时，机器的使用数量会减少，阻碍了生产力发展。因此，要解决机器替代人和就业的矛盾，需要加快人工智能替代人进程，调整生产力和生产关系，促进社会经济发展。

（一）加快人工智能替代人进程，提高生产力水平

从生产力角度来看，加快人工智能发展进程，有利于解决人工智能替代和就业的矛盾。

生产工具是反映社会生产力发展水平的主要标志。机器作为重要的生产工具，影响着社会经济水平。机器的不断更新和对人类劳动的替代，是社会发展的需要，也是生产力发展的需要。同时，机器替代人的过程，本身就是生产力提高的过程。从生产力的动态变化来看，生产力发展和社会进步需要机器的不断改进，也需要劳动者素质的不断提高，机器替代人可以为劳动者提供更多自由时间去不断学习和提高技能，使得劳动者更好的驾驭机器，两者互相促进，互相提高。

（二）加快人工智能替代人进程，优化生产关系

从生产关系角度来，加快人工智能发展进程，不仅有利于解决人与自然的矛盾，有利于生产力的发展，而且有利于人的全面发展。如果说生产力角度是从社会发展的自然属性分析，那么生产关系角度就是要考虑相对应的社会属性。生产资料所有制和收入分配制度，是影响机器替代人过程的两个重要制度，也是生产关系调整中最基础的、最重要的部分。生产关系的调整要适应生产力的发展，加快人工智能替代人进程，也要充分考虑到机器的有序替代。

参考文献：

［1］高奇琦，张结斌. 社会补偿与个人适应：人工智能时代失业问题的两种解决［J］. 江西社会科学，2017（10）：25-34.

［2］赵磊，赵晓磊. AI 正在危及人类的就业机会吗？一个马克思主义的视角［J］. 河北经贸大学学报，2017（6）：58-60.

［3］蒋南平，邹宇. 人工智能与中国劳动力供给侧结构性改革［J］. 四川大学学报（哲学社会科学版），2018（1）：130-138.

［4］陈明生. 人工智能发展、劳动分类与结构性失业研究［J］. 经济学家，2019（10）：66-74.

［5］董志强，黄旭. 人工智能技术发展背景下的失业及政策：理论分析［J］. 社会科学战线，2019（12）：76-84.

［6］周程，和鸿鹏. 人工智能带来的伦理与社会挑战［J］. 人民论坛，2018（2）：26-28.

［7］朱小黄，孙伟，王丹，陈洁莹. 智能社会的经济学困境及其化解［J］. 宏观经济管理，2018（5）：46-56.

［8］尹蕾，王让新. 人工智能发展的喜与忧［J］. 人民论坛，2018（35）：84-85.

［9］邓曦泽. 技术奴隶社会：人工智能的社会逻辑［J］. 江海学刊，2018（6）：5-12.

［10］吴清军，陈轩，王非，杨伟国. 人工智能是否会带来大规模失业？基于电商平台人工智能技术、经济效益与就业的测算［J］. 山东社会科学，2019（3）：73-80.

［11］段海英，郭元元. 人工智能的就业效应述评［J］. 经济体制改革，2018（3）：187-193.

［12］黄欣荣，张魏欣. 人工智能对人类劳动的解放［J］. 四川师范大学学报（社会科学版），2020（2）：5-12.

［13］潘文轩. 人工智能技术发展对就业的多重影响及应对措施［J］. 湖湘论坛，2018（4）：145-153.

［14］马克思恩格斯文集：第3卷［M］. 北京：人民出版社，2009.

［15］马克思恩格斯文集：第5卷［M］. 北京：人民出版社，2009.

［16］马克思. 资本论：第1卷［M］. 北京：人民出版社，1986.

［17］范德赞登. 人类发展［M］. 8版. 北京：中国人民大学出版社，2011.

［18］共产党宣言［M］. 北京：人民出版社，2018.

中国省域数字经济发展水平实证分析①

肖皓文② 杨 洋③ 刘乐山④

摘 要：本文选取2013—2019年中国30个省（自治区、直辖市）相关数据，从三个维度即基础空间、运行空间、融合空间来构建数字经济发展水平测评体系，利用熵权法进行客观赋权以测评各省（自治区、直辖市）数字经济发展水平，利用自然断点法以反映各省（自治区、直辖市）数字经济发展水平分级情况，利用ArcGIS10.8以呈现各省（自治区、直辖市）数字经济发展水平时空演变过程。研究表明，中国省域数字经济发展具有不平衡不充分的问题，具体表现为区域发展不平衡、发展水平不平衡、发展潜力释放不充分、新旧动能转换不充分。提出应加大建设数字基础设施力度，为推进数字经济发展保障基础条件，加紧汇聚数字人才和壮大数字企业，为推进数字经济发展提供动力源泉等政策建议。

关键词：数字经济；发展水平；不平衡；不充分

一、文献回顾

1996年，Don Tapscott出版的*The Digital Economy*：*Promise and Peril in the Age of Networked Intelligence*首次将数字经济的概念正式提出，该著作详细地描述了数字经济的各个方面，成为研究数字经济的开山之作。1998年，美国商务部发布The Emerging Digital Economy，引发更多学者对数字经济进行研究。此后，数字经济的概念进入大众视野。相比国内，国外对数字经济研究较早，许多权威的国际组织如联合国（UN）、欧盟（EU）、经济合作与发展组织（OECD）等都对数字经济开展了相关研究。

从国内来看，对于数字经济的测评主要分为三种方法即规模测评法、卫星账户测评

① 基金项目：湖南省教育厅科学研究项目“湖南养老服务需求预测及其供给侧改革研究”（20C0541）。

② 肖皓文，湖南工商大学经济与贸易学院硕士研究生。

③ 杨洋，湖南工商大学经济与贸易学院硕士研究生。

④ 刘乐山，湖南工商大学经济与贸易学院教授，湖南经济改革与发展研究中心研究员。

法、指标体系测评法。规模测评法一般先明确数字经济大致范围，再对数字经济规模进行测评。康铁祥根据 1993 年版联合国国民经济核算体系（SNA），将数字经济辅助活动纳入数字经济规模测算[1]。蔡跃洲提出从增量测算入手，按照“先增量后总量、先贡献度后规模”的思路，将增长核算与常规 GDP 核算方法相结合构建数字经济测算框架[2]。刘方和孟祺将数字经济分为基础部分和融合效率部分，并采用统计指标加回归分析的复合方法测度出世界主要国家数字经济的规模[3]。中国信息通信研究院发布的《中国数字经济发展白皮书（2020）》将数字经济分为数据价值化、数字产业化、产业数字化和数字化治理四部分进行测算[4]2。金星晔等认为应当以三种方式即实体产品或服务交易方式的数字化、数字化的交易内容以及生产过程的数字化来识别数字经济活动[5]。许宪春和张美慧认为数字经济主要包括数字化赋权基础设施、数字化媒体、数字化交易以及数字经济交易产品四项内容，借助行业增加值结构系数、数字经济调整系数、行业增加值率三种工具系数测算出中国数字经济规模[6]。朱发仓等将数字技术视为资本投入要素，开发了计算数字技术应用部门增加值的“两步法”，并以此方法测算得到了浙江省数字经济总量[7]。

卫星账户测评法是指在现行统计核算体系的基础上，针对数字经济的特性构建一般性的核算指标对数字经济进行多种测评。杨仲山和张美慧结合中国数字经济发展现状，提出中国数字经济卫星账户的整体框架，对其涉及的基本概念、中心框架、核心表式与数据清单做出说明，并提出实例编制方法[8]。向书坚和吴文君研究了中国数字经济卫星账户框架的设计原理及可行性，分析了中国产业、产品分类的国际可比性和可行性，提出对数字经济生产核算、资金流量核算和资本核算的体系[9]。崔保国和刘金河主张以通信基础设施的 ICT 产业、数字传媒产业以及网络平台产业三大方面作为对数字经济进行统计测算的基础[10]。罗良清等编制了数字经济供给表、数字经济使用表、数字经济投资矩阵表、数字经济就业统计表以及互联网免费服务统计表五类表式，共同构成了中国数字经济卫星账户[11]。

指标体系测评法通过构建多维度的指标体系来测评数字经济发展水平。张雪玲和焦月霞运用熵值法与指数法测算出 2007—2015 年我国数字经济发展状况[12]。张伯超和沈开艳采用主成分法，将三个主成分分别命名为要素禀赋与基础设施因子、信息技术外向性竞争力因子以及营商与创新环境因子，通过加权计算得出“一带一路”沿线国家数字经济发展就绪度总得分[13]。单志广等从信息网络空间、实体物理空间、人类社会空间三个空间维度入手建立数字经济发展评价体系[14]。范合君和吴婷从生产数字化、消费数字化、流通数字化和政府数字化四个维度入手构建数字化程度测度指标体系[15]。刘军等从信息化发展、互联网发展和数字交易发展三个维度入手测度出 2015—2018 年我国 30 个省份的数字经济发展水平[16]。陈梦根和张鑫将我国数字经济测度指标体系分为数字基础发展水平、数字融合、数字经济的社会影响三个维度[17]。庞如超等从数字基础设施质量、数字产业质量、数字应用质量、数字创新质量和数字政务质量五个层次入手构建地区数字经济发展质量体系[18]。

尽管数字经济已成为学术界的研究热点，但对中国省域数字经济发展水平的研究较少，笔者对此做一尝试性探讨，以期抛砖引玉。需要说明的是：在数据选择上，以时效性、可得性和完整性作为原则，而西藏由于数据的不完整，所以研究的对象是我国除西藏外的30个省（自治区、直辖市）（不含香港、澳门、台湾）2013—2019年的数字经济发展水平。

二、数字经济发展水平测评体系及测评方法

（一）数字经济发展水平测评体系

本文从三个维度来构建数字经济发展水平测评体系（如表1所示），共涉及一级指标3项，二级指标6项，三级指标11项。

基础空间用以反映数字经济发展所需基础设施情况，分为网络基础和移动基础两类，涉及4项三级指标。其中互联网宽带接入端口和长途光缆线路长度反映互联网接入能力和信号传输能力；移动电话基站和移动交换机容量反映移动互联的发展情况。

运行空间用以反映个人和企业对数字工具和数字资源的应用情况，分为个人应用和企业应用两类，涉及3项三级指标。其中移动电话普及率和互联网宽带接入用户反映数字化应用在个人生活中的普及程度；企业拥有网站数反映企业的数字化应用能力。

融合空间用以反映数字技术的融合应用情况，分为数字产业化和产业数字化两类，涉及4项三级指标。其中信息技术服务收入和域名数反映数字产业化的趋势；有电子商务交易活动企业数和电子商务销售额反映产业数字化的规模。

表1　数字经济发展水平测评体系表

一级指标	二级指标	三级指标	单位
基础空间	网络基础	X_1互联网宽带接入端口	万个
		X_2长途光缆线路长度	公里
	移动基础	X_3移动电话基站	万户
		X_4移动电话交换机容量	万户
运行空间	个人应用	X_5移动电话普及率	部每百人
		X_6互联网宽带接入用户	万户
	企业应用	X_7企业拥有网站数	个
融合空间	数字产业化	X_8信息技术服务收入	万元
		X_9域名数	万个
	产业数字化	X_{10}有电子商务交易活动企业数	个
		X_{11}电子商务销售额	亿元

注：X_7缺失2015年数据，已采用插补法补齐。所有数据来源于国研网数据中心与统计年鉴。本文对数字经济发展水平的测评考虑到各省（自治区、直辖市）规模差距，故将以上指标做相应处理，用各省（自治区、直辖市）面积除以X_2、X_3，用各省（自治区、直辖市）城镇人口数量除以X_1、X_4、X_6、X_7、X_8、X_9、X_{10}、X_{11}。

（二）数字经济发展水平测评方法

采用熵权法对数字经济发展水平测评体系所涵盖的指标进行赋权测评，其基本原理是根据指标变异程度大小确定客观权重。一般来说，熵的大小代表系统的无序程度，某个指标的信息熵越小，其变异程度越大，信息量越大，权重也越大，反之相反。本文利用熵权法以便减少主观赋权的影响，从而更加客观地对各省（自治区、直辖市）数字经济发展水平进行测评。

首先对异质指标进行同质化处理。由于各个指标计量单位不同，因此在计算综合指标时，要对数据进行标准化处理，以消除不同量纲异质问题。此外，由于选取指标与数字经济发展水平均成正向关系，故进行标准化处理时采用正向指标的标准化方法。设 x_{ij} 表示第 i 个地区第 j 个指标的原始数据，其中 $i=1,\ 2,\ \cdots,\ n$；$j=1,\ 2,\ \cdots,\ m$，正向指标的标准化处理如下：

$$x'_{ij} = \frac{x_{ij} - \min\{x_{1j},\ \dots,\ x_{nj}\}}{\max\{x_{1j},\ \dots,\ x_{nj}\} - \max\{x_{1j},\ \dots,\ x_{nj}\}} \tag{1}$$

其中 $n=30$，$m=11$。

其次，计算第 j 项指标中第 i 个省（自治区、直辖市）的样本值占该指标的比重：

$$p_{ij} = \frac{x_{ij}}{\sum_{i=1}^{n} x_{ij}},\quad i=1,\ 2,\ \cdots,\ n;\ j=1,\ 2,\ \cdots,\ m \tag{2}$$

再次，计算第 j 项指标的熵值：

$$e_j = -k\sum_{i=1}^{n} p_{ij}\ln(p_{ij})\ ,\quad j=1,\ 2,\ \cdots,\ m \tag{3}$$

其中，$k=\dfrac{1}{\ln(n)}>0$。

然后计算信息熵冗余度：

$$d_j = 1 - e_j,\quad j=1,\ 2,\ \cdots,\ m \tag{4}$$

最终计算各项指标权重并计算各省（自治区、直辖市）数字经济发展水平：

$$\omega_j = \frac{d_j}{\sum_{j=1}^{m} d_j},\quad j=1,\ 2,\ \cdots,\ m \tag{5}$$

$$\mathrm{DEDI}_i = \sum_{j=1}^{m} \omega_j\, x'_{ij},\quad i=1,\ 2,\ \cdots,\ n \tag{6}$$

显然，DEDI_i 值越大即表示 i 省（自治区、直辖市）的数字经济发展水平越高。

三、数字经济发展水平测评结果及分析

（一）数字经济发展水平测评结果

根据熵权法计算步骤，先将各省（自治区、直辖市）相应的三级指标按计算顺序代入公式，得出 2013—2019 年各项三级指标熵权（如表 2 所示），再用各项指标标准化值加权计算得出 2013—2019 年各省（自治区、直辖市）数字经济发展水平测评结果（如表 3 所示），最后为方便进行比对分析，计算得出各年数字经济发展水平测评结果均值及标准差（如表 4 所示）。

表 2　三级指标熵权表

指标	年份						
	2013	2014	2015	2016	2017	2018	2019
X_1	0.031	0.031	0.025	0.025	0.030	0.037	0.038
X_2	0.046	0.056	0.060	0.061	0.054	0.053	0.049
X_3	0.154	0.153	0.158	0.157	0.134	0.148	0.157
X_4	0.064	0.059	0.057	0.055	0.051	0.055	0.057
X_5	0.060	0.056	0.056	0.055	0.042	0.057	0.056
X_6	0.031	0.033	0.037	0.037	0.036	0.047	0.044
X_7	0.072	0.066	0.069	0.040	0.045	0.060	0.077
X_8	0.126	0.170	0.172	0.176	0.165	0.187	0.189
X_9	0.186	0.161	0.169	0.204	0.219	0.151	0.110
X_{10}	0.115	0.092	0.070	0.059	0.060	0.068	0.076
X_{11}	0.114	0.122	0.126	0.131	0.163	0.137	0.147

由表 2 可知：从时间上来看，各项三级指标熵权所占比重基本保持稳定。从指标权重上来看，指标中移动电话基站（X_3）、信息技术服务收入（X_8）、域名数（X_9）和电子商务销售额（X_{11}）这 4 项指标的熵权在数字经济发展水平测评体系中所占比重较大，均达到 0.1 以上，这说明上述 4 项指标中包含数据的变异性较其余三级指标更大，包含信息更多。从指标对应维度上来看，融合空间涉及的指标对数字经济发展水平具有更大的影响。

表 3　数字经济发展水平测评结果表

地区	年份						
	2013	2014	2015	2016	2017	2018	2019
北京	0.76	0.77	0.77	0.77	0.78	0.77	0.81
天津	0.23	0.23	0.24	0.23	0.21	0.23	0.24

表3(续)

地区	年份						
	2013	2014	2015	2016	2017	2018	2019
河北	0.14	0.13	0.12	0.13	0.12	0.13	0.13
山西	0.11	0.10	0.09	0.09	0.08	0.12	0.11
内蒙古	0.11	0.09	0.09	0.10	0.09	0.09	0.09
辽宁	0.19	0.20	0.17	0.14	0.12	0.12	0.12
吉林	0.10	0.10	0.09	0.10	0.11	0.11	0.09
黑龙江	0.12	0.10	0.08	0.07	0.07	0.07	0.07
上海	0.55	0.63	0.64	0.63	0.58	0.59	0.61
江苏	0.34	0.33	0.32	0.29	0.26	0.34	0.34
浙江	0.45	0.42	0.42	0.40	0.37	0.41	0.40
安徽	0.13	0.13	0.15	0.14	0.14	0.16	0.16
福建	0.31	0.30	0.31	0.35	0.43	0.40	0.36
江西	0.06	0.06	0.08	0.08	0.09	0.12	0.13
山东	0.34	0.25	0.21	0.20	0.19	0.21	0.18
河南	0.12	0.13	0.14	0.14	0.13	0.14	0.14
湖北	0.13	0.14	0.15	0.14	0.12	0.13	0.14
湖南	0.10	0.10	0.09	0.10	0.10	0.11	0.12
广东	0.37	0.33	0.31	0.29	0.28	0.32	0.32
广西	0.08	0.08	0.07	0.08	0.11	0.14	0.15
海南	0.17	0.17	0.16	0.15	0.17	0.19	0.23
重庆	0.15	0.17	0.17	0.17	0.17	0.19	0.18
四川	0.16	0.17	0.18	0.18	0.17	0.20	0.22
贵州	0.12	0.10	0.11	0.11	0.11	0.13	0.15
云南	0.10	0.09	0.09	0.08	0.07	0.10	0.11
陕西	0.13	0.14	0.15	0.15	0.14	0.17	0.17
甘肃	0.07	0.06	0.07	0.08	0.10	0.13	0.14
青海	0.10	0.09	0.10	0.12	0.07	0.09	0.09
宁夏	0.12	0.12	0.11	0.11	0.12	0.16	0.15
新疆	0.15	0.14	0.12	0.13	0.12	0.14	0.15

由表3可知：从整体来看，数字经济发展水平测评结果排名前列的是北京、上海、浙江、福建、江苏、广东，其中北京和上海在各年的测评结果比各年全国均值高出多倍，优势显著。从具体来看，以2019年为例，北京、上海、浙江、福建、江苏、广东的测评结果位于全国前6名，且均超过当年全国均值，其中北京、上海的测评结果分别为0.81和0.61皆高于当年全国均值多倍，大幅领先其他省（自治区、直辖市）。

表 4　数字经济发展水平测评结果均值及标准差表

年份	2013	2014	2015	2016	2017	2018	2019
均值	0.200	0.196	0.193	0.192	0.187	0.207	0.210
标准差	0.157	0.162	0.161	0.159	0.158	0.155	0.159

由表 4 可知：从时间上来看，数字经济发展水平测评结果均值在各年份基本保持稳定，有震荡上升的趋势。数字经济发展水平测评结果标准差在各年份基本保持稳定，其波动程度基本不变。

（二）对数字经济发展水平测评结果的分析

为了更为直观地分析 2013—2019 年中国省域数字经济发展水平，将各省（自治区、直辖市）数字经济发展水平测评结果按东、中、西、东北地区进行划分（如图 1 所示）。

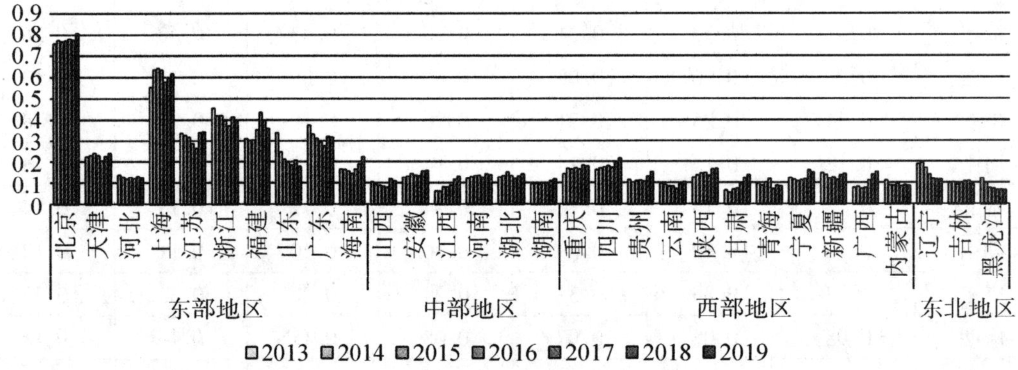

图 1　数字经济发展水平测评结果

为了更为具体地分析 2013—2019 年中国省域数字经济发展水平，且考虑到测度期内各省（自治区、直辖市）数字经济发展水平测评结果的值域特点，采用自然断点法进行空间分级（如表 5 所示）。

表 5　数字经济发展水平分级表

地区	年份						
	2013	2014	2015	2016	2017	2018	2019
北京	1	1	1	1	1	1	1
上海	1	1	1	1	1	1	1
浙江	2	2	2	2	2	2	2
福建	2	2	2	2	2	2	2
江苏	2	2	2	2	3	2	2
广东	2	2	2	2	3	2	2
天津	3	3	3	3	3	3	3

表5(续)

地区	年份						
	2013	2014	2015	2016	2017	2018	2019
海南	3	4	4	4	4	3	3
四川	4	4	4	3	4	3	3
重庆	4	4	4	3	4	3	4
山东	2	3	3	3	3	3	4
陕西	4	4	4	4	4	3	4
安徽	4	4	4	4	4	4	4
广西	5	5	5	5	4	4	4
贵州	4	5	5	5	4	4	4
宁夏	4	4	5	5	4	4	4
新疆	4	4	5	4	4	4	4
湖北	4	4	4	4	4	4	4
河南	4	4	4	4	4	4	4
甘肃	5	5	5	5	5	4	4
江西	5	5	5	5	5	4	4
河北	4	4	5	4	4	4	4
湖南	5	5	5	5	5	5	5
辽宁	3	3	4	4	4	4	5
山西	5	5	5	5	5	4	5
云南	5	5	5	5	5	5	5
吉林	5	5	5	5	4	5	5
内蒙古	5	5	5	5	5	5	5
青海	5	5	5	4	5	5	5
黑龙江	4	5	5	5	5	5	5

中国省域数字经济发展具有不平衡不充分的特点，具体表现在以下四个方面：

第一，区域发展不平衡。从图1数字经济发展水平测评结果图可知，东部地区数字经济发展稳中向好，大幅领先其他地区，以2019年为例，东部地区里只有山东低于当年全国均值。西部地区数字经济发展水平差于东部地区，西部地区里各省（自治区、直辖市）数字经济发展水平差异明显，以2019年为例，西部地区里只有四川超过当年全国均值，其余如内蒙古和青海数字经济发展水平明显差于西部地区里其他省（自治区、直辖市）。中部地区数字经济发展大致呈现缓慢上升的趋势，与东部地区相差甚远，略差于西部地区，中部地区里各省（自治区、直辖市）数字经济发展水平相差不大。东北地区数字经济发展滞缓，其中辽宁相对较好。

第二，发展水平不平衡。从表 5 数字经济发展水平分级表可知，北京、上海、浙江、福建、江苏、广东数字经济发展水平明显优于其他省（自治区、直辖市），特别是北京、上海在各年始终处于第一梯队，优势最为显著，浙江、福建在各年始终处于第二梯队，优势比较显著。除东部地区外，其他省（自治区、直辖市）数字经济发展水平整体偏低，除辽宁在 2014 年的测评结果超过当年全国均值和四川在 2019 年的测评结果超过当年全国均值以外，其他非东部地区的各省（自治区、直辖市）在各年的测评结果都低于各年全国均值。

第三，发展潜力释放不充分。从两个方面分析：一方面指发展潜力绝对释放不充分，除东部地区外，西部地区、中部地区、东北地区数字经济发展都还处于起步阶段，发展空间巨大，潜力十足。另一方面指发展潜力相对释放不充分，如北京、上海、浙江、福建、江苏、广东数字经济发展水平虽大幅领先其他省（自治区、直辖市），但与纽约等发达国家大城市的数字经济发展水平相比仍有差距，说明依然大有潜力。

第四，新旧动能转换不充分。除北京、上海、浙江、福建、江苏、广东始终保持优势外，其他省（自治区、直辖市）在 2013—2019 年数字经济发展水平始终处于一种没有实质性突破的局面，说明数字产业化程度不够和产业数字化程度不够，新技术、新模式、新业态等还没充分发挥作用，反映出新旧动能之间转换不充分。

四、省域数字经济发展出现不平衡不充分问题的原因分析

数字经济可分数字产业化和产业数字化两部分。数字产业化也称为数字经济基础部分，是指有了数字技术后带来的产品和服务，如互联网业、软件服务业等都是有了数字技术后出现的产业。产业数字化也称为数字经济融合部分，是指利用数字技术对原本存在的产业进行改造升级以增加产出和提升效率。因此，从影响数字产业化和产业数字化的主要因素入手，查找省域数字经济发展出现不平衡不充分问题的原因。

一是数字基础设施完善度的差异。数字产业化和产业数字化都离不开数字基础设施，数字基础设施是推进数字经济发展的基础条件，数字基础设施完善度直接关乎数字经济发展水平。一般来说，数字基础设施是指至少有一个部分包含信息技术的基础设施，可分为专用型数字基础设施和混合型数字基础设施两类。专用型数字基础设施是指如 5G 网络、宽带、无线网络等数字化的基础设施。混合型数字基础设施是指对原有传统基础设施进行数字化改造后的基础设施，如数字化交通系统、数字化停车系统等。相对来说，经济基础好且有资金、有资源、有发展数字经济理念的省（自治区、直辖市）数字基础设施完善度相应更高，如北京、上海在 5G 网络等数字基础设施完善度上远高于其他省（自治区、直辖市），北京、上海数字经济发展水平也相应更高。

二是拥有数字人才和数字企业数量的差异。数字人才和数字企业是推动数字技术不断创新的根本动力，也是推进数字经济发展的关键主体。一方面，数字人才和数字企业通过不断创新数字技术为数字产业化提供不竭动力；另一方面，产业数字化也有赖于通过数字人才和数字企业对产业进行改造升级。从具体情况来看，拥有数字人才和数字企

业数量多的省（自治区、直辖市）数字经济发展水平更高，如北京、上海在信息传输、软件和信息技术服务业的从业人数排名全国前列，北京、上海数字经济发展水平也相应更高。拥有数字人才和数字企业数量少的省（自治区、直辖市）数字经济发展水平较低，如青海在信息传输、软件和信息技术服务业从业人数等和数字经济相关的指标上表现不佳，其数字经济发展水平也相应较低。

三是产业结构的差异。产业结构差异应从两个方面来分析。一方面是各省（自治区、直辖市）ICT 行业发展水平。ICT 是指信息技术（IT）和通信技术（CT）的结合，ICT 行业的发展直接影响数字产业化的程度。如长三角地区和珠三角地区 ICT 行业发展水平远高于全国平均水平，长三角地区如上海、浙江、江苏数字经济发展水平都处于全国前列。同理，广东数字经济发展势头也十分强劲。另一方面是各省（自治区、直辖市）农业、工业和服务业发展情况。从目前国内外数字经济发展的情况来看，农业、工业和服务业中，数字经济渗透率最高的是服务业，这意味着，服务业对 GDP 贡献率高的省（自治区、直辖市）在产业数字化上相对更有优势，如四川第三产业发展水平远高于西部地区里其他省（自治区、直辖市），四川数字经济发展水平相应也远高于西部地区里其他省（自治区、直辖市）。

四是相关顶层设计的差异。理念是行动的先导，推进数字经济发展需要制定相关顶层设计作为发展指导，也反映出该省（自治区、直辖市）对发展数字经济的重视程度。各省（自治区、直辖市）由于经济基础、发展情况的差异，对发展数字经济的重视度也呈现出差异。重视发展数字经济的省（自治区、直辖市）对推进数字经济发展的政策支持力度、资金帮扶力度、数字基础设施建设力度更大，其数字经济发展水平也相应更高，如浙江数字经济发展水平处于全国前列，而全国第一部促进数字经济发展的地方性法规正是在浙江出台。

五、结论与政策建议

（一）结论

通过对中国 30 个省（自治区、直辖市）数字经济发展水平进行实证分析，发现中国省域数字经济发展具有不平衡不充分的问题，其发展不平衡表现为区域发展不平衡和发展水平不平衡，其发展不充分表现为发展潜力释放不充分和新旧动能转换不充分。现阶段解决中国省域数字经济发展不平衡不充分的问题，关键在于提升除东部地区以外的各省（自治区、直辖市）数字经济发展水平，据此，对除东部地区以外的各省（自治区、直辖市）提出以下四点政策建议。

（二）政策建议

第一，加大建设数字基础设施力度，为推进数字经济发展保障基础条件。数字基础设施是推进数字经济发展的基础条件，加大建设数字基础设施力度应从专用型数字基础设施和混合型数字基础设施两方面着手。一方面，应着重加大建设专用型数字基础设施力度，完善专用型数字基础设施有助于为各类数字经济活动保障基础条件，为各行各业的数字化发展提供坚实基础，以便进一步催生出更多的创新和应用。另一方面，应重视建设混合型数字基础设施，完善混合型数字基础设施有助于提升数字化程度，也能进一步使“数字”全面融入生产和生活。

第二，加紧汇聚数字人才和壮大数字企业，为推进数字经济发展提供动力源泉。数字人才和数字企业是数字技术得以不断创新的根本动力，也是推进数字经济发展的关键主体，应加紧汇聚数字人才和壮大数字企业。要在汇聚数字人才上下功夫，应从全流程入手，既要健全数字人才吸引机制，又要完善数字人才培养机制，还要创新数字人才使用机制，如在吸引数字人才上可以制定相关特殊政策等，在培养数字人才上可以扩大数字人才培养规模，支持数字人才职业教育等，在使用数字人才上要因人而异、人尽其才。也要在壮大数字企业上花心思，应从鼓励支持和依法管理两方面着手壮大数字企业，既要在资金、资源上支持数字企业发展，又要依法管理，保证数字企业在法治轨道上运行，确保数字企业合理合法有序发展壮大。

第三，加速推动“数字”和产业深度融合，为推进数字经济发展营造良好数字生态。推进数字经济发展离不开良好数字生态，良好数字生态是数字经济得以持续稳定发展的必要条件。要加速推动“数字”和产业深度融合以营造良好数字生态，既要做强数字产业化，又要做大产业数字化。应认识到加快数字产业化和产业数字化的融合进程有助于激发出新技术、新模式、新业态的新动能。做强数字产业化应积极支持如大数据、云计算、物联网、人工智能等数字技术进一步发展。做大产业数字化应积极利用数字技术对传统产业进行改造升级，使传统产业更具强劲动能。

第四，加快转变发展理念，为推进数字经济发展制定相关顶层设计。制定相关顶层设计是推进数字经济发展的应有之义，应认清发展数字经济的重要性，加快转变发展理念。应加大对发展数字经济的政策支持力度、资金帮扶力度，根据自身情况出台相应政策，既要从长期着眼，又要从短期着手，既要能兼顾各类主体利益，又要能调动各类主体积极性，为推进数字经济发展注入多方力量。

参考文献：

[1] 康铁祥. 中国数字经济规模测算研究 [J]. 当代财经，2008 (3)：118-121.

[2] 蔡跃洲. 数字经济的增加值及贡献度测算：历史沿革、理论基础与方法框架 [J]. 求是学刊，2018，45 (5)：65-71.

[3] 刘方，孟祺. 数字经济发展：测度、国际比较与政策建议 [J]. 青海社会科学，2019 (4)：83-90.

[4] 中国信息通信研究院. 中国数字经济发展白皮书（2020 年）[R]. 2020.

[5] 金星晔，伏霖，李涛. 数字经济规模核算的框架、方法与特点 [J]. 经济社会体制比较，2020 (4)：69-78.

[6] 许宪春，张美慧. 中国数字经济规模测算研究：基于国际比较的视角 [J]. 中国工业经济，2020 (5)：23-41.

[7] 朱发仓，乐冠岚，李倩倩. 数字经济增加值规模测度 [J]. 调研世界，2021 (2)：56-64.

[8] 杨仲山，张美慧. 数字经济卫星账户：国际经验及中国编制方案的设计 [J]. 统计研究，2019，36 (5)：16-30.

[9] 向书坚，吴文君. 中国数字经济卫星账户框架设计研究 [J]. 统计研究，2019，36 (10)：3-16.

[10] 崔保国，刘金河. 论数字经济的定义与测算：兼论数字经济与数字传媒的关系 [J]. 现代传播（中国传媒大学学报），2020，42 (4)：120-127.

[11] 罗良清，平卫英，张雨露. 基于融合视角的中国数字经济卫星账户编制研究 [J]. 统计研究，2021，38 (1)：27-37

[12] 张雪玲，焦月霞. 中国数字经济发展指数及其应用初探 [J]. 浙江社会科学，2017 (4)：32-40，157.

[13] 张伯超，沈开艳. "一带一路"沿线国家数字经济发展就绪度定量评估与特征分析 [J]. 上海经济研究，2018 (1)：94-103.

[14] 单志广，徐清源，马潮江，等. 基于三元空间理论的数字经济发展评价体系及展望 [J]. 宏观经济管理，2020 (2)：42-49.

[15] 范合君，吴婷. 中国数字化程度测度与指标体系构建 [J]. 首都经济贸易大学学报，2020，22 (4)：3-12.

[16] 刘军，杨渊鋆，张三峰. 中国数字经济测度与驱动因素研究 [J]. 上海经济研究，2020 (6)：81-96.

[17] 陈梦根，张鑫. 数字经济的统计挑战与核算思路探讨 [J]. 改革，2020 (9)：52-67.

[18] 庞如超，韩钰，赵金发. 中国地区数字经济发展质量评价研究 [J]. 浙江档案，2021 (1)：41-43.

数字经济赋能高质量发展的政治经济学分析

韩文龙①

摘　要： 数字经济是创造社会财富的新经济形态。新发展阶段，数字经济是赋能高质量发展的新动力。从马克思主义政治经济学视角来看，数字经济时代，社会再生产过程中的生产、流通、分配和消费四个环节正在实现数字化变革。数字生产力为高质量发展提供了新动力，数字流通力提升了资本周转与价值实现的效率，数字分配力的普惠效应可以优化收入分配结构，数字消费力将助推产业转型升级和进一步扩大内需。中国作为世界第二大数字经济体，为了进一步培育数字经济竞争力，需要通过强化反垄断保持数字经济活力，通过产业数字化、数字产业化、治理数字化和数据价值化“四化”做大做优做强势数字经济，通过形成“四位一体”的科技创新体系提高数字经济创新力。

关键词： 数字经济；高质量发展；治国治理

党的十九大报告提出要建设“数字中国”，随后将发展数字经济逐渐上升为国家重大经济发展战略。2020 年 5 月 23 日，习近平总书记在参加全国政协委员经济学界联组讨论时进一步指出“加快推进数字经济、智能制造、生命健康、新材料等战略性新兴产业，形成更多新的增长点、增长极”[1]。目前，中国已经成为全球第二大数字经济体。按照中国信息通信研究院的报告，2019 年中国数字经济规模达到了 5.2 万亿美元[2]，具有一定的数字经济规模优势和国际竞争力。

2016 年 G20 杭州峰会通过的《二十国集团数字经济发展与合作倡议》对数字经济进行了定义，即数字经济是指以使用数字化的知识和信息作为关键生产要素、以现代信息网络作为重要载体、以信息通信技术的有效使用作为效率提升和经济结构优化的重要推动力的一系列经济活动[3]。进入 21 世纪以来，全球科技创新进入空前密集活跃的时期，新一轮科技革命和产业变革正在重构全球创新版图、重塑全球经济结构。尤其是随着大数据、云计算、人工智能和量子信息技术等数字信息技术的迅速发展，数字经济正

① 韩文龙，西南财经大学经济学院经济系主任，副教授，四川省中国特色社会主义理论体系研究中心特约研究员。

在深刻改变着我们的生产方式和生活方式。对于中国而言，数字经济在释放消费潜力、拉动投资、创造就业和实现经济结构转型升级等方面发挥着越来越重要的作用[4]。数字经济正在改造传统产业，促进产业的转型升级，同时数字经济也在创造新产业、新业态和新模式，为中国经济创造新的增长空间。当前，我国经济已由高速增长阶段转向高质量发展阶段。在数字经济时代，工业互联网、物联网、智能制造、电商网购、线上服务等数字经济新业态已经成为中国经济高质量新动力来源。数字经济是创造社会财富的新经济形态。新发展阶段，数字经济是赋能高质量发展的新动力。从马克思主义政治经济学视角来看，我们有必要从社会再生产过程中的四个环节视角来审视数字化赋能高质量发展问题，以及探索培育数字经济竞争力助力高质量发展的路径。

一、社会再生产过程的数字化赋能与高质量发展

在马克思主义政治经济学中，生产、流通、分配和消费是社会再生产过程的四个环节。畅通四大环节是实现经济高质量发展的关键。数字经济时代，社会再生产过程的四个环节已经实现了数字化变革，为经济高质量发展赋予了新动能和新活力。

（一）数字生产力为高质量发展提供了新动力

生产力是人们适应自然、改造自然的能力。生产力包括实体性要素，包括劳动对象、劳动资料和劳动者，渗透性要素，包括科学技术、管理和信息等。数字经济时代，生产力的实体性要素和渗透性要素都发生了重大改变，正在形成数字生产力。数字生产力中，劳动对象由传统的自然资源等实体性物质逐渐转向虚拟性要素，以及实体性要素与虚拟性要素等结合体。尤其是在数据价值化过程中，单纯的数据已经成了重要的劳动对象。劳动资料是劳动过程中所使用的物资资料和物质条件等，是劳动者与劳动对象之间的媒介，其中劳动工具在其中起到决定性作用。劳动资料是一个社会生产力发展的测量器，劳动工具的水平往往可以反映一个社会的生产力发展水平。数字劳动过程中，随着要素数据化，以及交换和分工的拓展，劳动资料中的动力系统、控制系统、运输系统和信息传递系统也越来越数字化和智能化。尤其是人工智能和大数据技术改变了人类所使用的劳动工具，正在用人工智能设备和工具不同程度地替代劳动者的脑力劳动。数字经济时代的劳动者仍然是生产力诸要素中最富有活力和创造力的要素。数字劳动过程中，数字化的知识和技能成为对劳动者的基本素质要求。掌握更高水平数字知识和技能的劳动者，例如科学家、工程师和高级技工等成为推动数字经济相关产业高质发展的关键力量。

现代社会中，生产力的渗透性要素发挥着越来越重要的作用。数字经济领域，科学技术是第一生产力这一规律发挥着重要作用。科技正在改变着人类劳动的对象、劳动资料和劳动者自身，实现了经济社会发展加速器的作用。数字经济时代，数字技术和数字产业高已经成为国家之间竞争的重要领域。随着中国经济增长由要素驱动向创新驱动转变，科学技术的重要性更加突显出来。高新技术产业和传统产业转型发展中，科技创新

是最大的助推器。哪个行业的科技研发投入多，科技含量高，哪个行业的发展速度就快，获得的社会评价就高。管理也是渗透性要素中的重要内容。数字化过程既是技术过程的变迁，也是组织和管理变迁的过程。数字技术重塑了组织构架和管理过程，组织结构越来越扁平化和网络化，管理技术也越来越数字化和智能化。通过人工智能、大数据等技术的使用，管理控制技术可以更好地实现对个体劳动者的监督和考核。数字技术带来的管理变革提高了组织能力和管理效率，有利于更好地组织资源进行社会扩大再生产。数字劳动过程中，数字化的知识和信息正在取代传统的土地、资本等，成为核心生产条件。数字化的知识和信息，尤其是大数据，不仅本身具有劳动对象的属性，同时也是实现劳动者与劳动对象之间快速联系、劳动者之间密切合作、生产者与销售者之间沟通的重要载体。数字经济时代，通过大数据产权的界定、定价和交易等可以实现数据要素的经济价值，同时创造新的数字财富。

数字经济时代，劳动对象、劳动资料和劳动者等实体性要素数字化的创造效应，以及数字科技、数字化管理、数字化知识和信息等渗透性要素的组合效应，可以进一步促进数字生产力的快速发展。目前，从世界范围看，数字生产力实现了极大发展。研究报告显示，截至 2018 年年底，数字经济发展较好的 47 个国家的数字经济规模超过 30.2 万亿美元，占 GDP 的 40.3%[5]。就中国而言，中国已经成为全球第二大数字经济体，2019 年数字经济规模达到了 5.2 万亿美元，占 GDP 的比重约为 1/3。新发展阶段，要实现中国经济高质量发展，就需要形成新的发展动力。新动力的来源在于科技创新、产业创新、模式创新等。数字生产力是适应新科技革命和产业变革，形成的新的改造自然和创造新财富的能力，理应成为中国经济高质量发展的动力。当前，通过改革和创新，进一步解放和发展数字生产力，做强做优做大数字经济，是实现中国经济转型升级和高质量发展的重要途径。

（二）数字流通力提升了资本周转与价值实现的效率

数字经济时代，依靠大数据、人工智能、云计划等技术可以实现信息流和数据流的快速聚合、提取和挖掘，大数据整合各个流通环节，可以有效缩短流通时间，降低交易成本，提高流通效率。数字流通力就是基于数字技术的流通能力。技术创新、场景创新、组织创新和模式创新，带动了数字流通力的快速发展。在工业化时代，铁路、公路、飞机和船舶的使用加快了商品的国内流通和国外流通。在数字经济时代，互联网等数字信息技术加快了信息和数据的流通，优化了传统的流通网络，创新了组织形式，形成了强大的互联互通能力，提高了经济运行的整体效率。数字技术改变了流通的内容。工业社会中，可以进行贸易的主要是实体性商品，而凭借数字存储技术和互联网的链接功能，很多之前不可进行贸易的服务也变得可以在全球范围内进行交易。在全球的数字贸易中，服务贸易占比不断增加，可贸易的范围不断扩张，贸易的方式不断创新，已经成为全球贸易的主要发展趋势之一。

平台经济正在成为数字经济领域发展的新趋势，它依靠数据收集、数据传输、数据处理和数据挖掘等形成了商品流和信息流的集成，正在形成跨越时空的全球性生产和销售网络体系，影响着全球范围的生产、交换、分配和消费等活动[6]。平台经济的崛起，已经改变了传统的商品流通方式，使得产销者和消费者通过网络平台实现交易，然后通过现代物流和仓储系统实现精准配送，形成了新的商业生态体系。平台经济极大地缩短了资本流通时间，有利于价值的实现。流通产业的双重功能包括延续生产的价值生成过程和媒介交换的价值实现过程。一方面，流通过程中的生产性劳动创造了新价值，使得专业化和分工效应进一步发挥，有利于产业结构向高附加值领域的转型升级，有利于创造更多的社会财富。另一方面，数字流通力助力媒介交换体系的转型，由传统的相对静态系统转化为跨越时空的相对动态体系，由一元的简单交换体系转型为以互联网平台为基础的多元复杂交换体系，衍生出了更多的新行业和新部门，创造了更多的就业岗位。

数字流通力改变了流通体系，促进了资本周转和价值实现，但是除生产性劳动以外，它自身不能创造新价值。新价值的创造必须依赖于获得劳动力这种特殊的商品。在数字经济时代，强大流通能力的形成离不开互联网等数字基础设施的支撑，以及具有数字化技能的劳动者的支持。所以，要更好发挥数字流通力的积极作用，必须充分重视数字基础设施建设和数字劳动者的教育培养问题。

（三）数字分配力的普惠效应可以优化收入分配结构

数字经济时代的分配关系正在发生改变。基于数字技术、数字要素和数字生产过程的数字分配力成为影响收入分配方式和结构的重要变量。正如马克思所言“所谓的分配关系，是同生产过程的历史地规定的特殊社会形式，以及人们在他们的人类生活的再生产过程中互相所处的关系相适应的，而且是由这些形式和关系生产的”[7]。随着数字化生产方式的变革，以及由此导致的生产关系的局部变化，收入分配关系也发生了局部调整。这种调整涉及两个方面，一是客观和主观生产条件的数字化趋势，二是收入分配的普惠性可以有条件地实现。

马克思的收入分配理论涉及两个层次：生产资料或生产条件的分配，以及收入分配[8]。关于物质资料再生产过程中需要的生产条件的分配涉及的两个方面“一方面，物质的生产资料，即客观的生产条件，另一方面，活动着的劳动能力、合目的地表现出来的劳动力，即主观的生产条件”[9]。数字经济时代，数字化的知识和信息，尤其是数据，已经成为越来越重要的生产资料或生产条件。谁占有这些数字化生产要素谁就可以在财富创造和财富分配中处于有利地位。目前，数字化生产要素的确权、交易、定价和经济价值实现还处于研究探索阶段，但是数据要素按照贡献参与收入分配已经在党的十九届四中全会公报中明确了，这将有利于进一步完善中国在社会主义初级阶段中按劳分配为主体，多种分配方式并存的收入分配制度。除了客观的生产条件以外，数字技术创新和产业变革也对主观的生产条件，即劳动者提出了新要求。数字经济时代，劳动者必须具备数字知识和技能，尤其是从事数字经济领域的研发者，必须具备高度的创新思维、完整的数字知识体系、过硬的数字技能操控能力等。所以，数字经济时代，从主观的生产条件来看，谁最先掌握了数字知识和技能，谁就能在劳动力市场竞争中处于有利地位，获得超过一般劳动者平均工资的高工资。尤其是数字科学家、工程师等已经成为数字经济时代最为关键的主观生产条件，他们的平均工资已经成为各个行业最高的工资之一。可见，客观生产条件和客观生产条件的变化，都在一定程度上影响或者改变着收入分配的方式和结构。

数字经济中存在着收入分配的普惠效应。普惠效应是指通过数字连通、数据共享、产业数字化和收入分配均等化，使得数字经济发展的成果由全体参与者共享。普惠效应发挥作用的前提是不存在较大的“数字鸿沟”。以数字经济中发展较快的数字金融为例，得益于互联网革命，使得中国实现了数字经济和数字金融的快速发展。研究发现，中国的数字金融不但在落后地区的发展速度更快，而且显著提升了家庭收入，尤其是对农村低收入群体而言。数字经济中，要发挥收入分配的普惠效应，需要关注几个作用机制。一是高质量和均等化的互联网等数字基础设施。目前，中国已经拥有超过 9 亿网民，互联网普及率达到了 64.5%，形成了较好的互联互通的数字基础设施和庞大数字消费市场。这样就有利于消除地区之间和不同群体之间的数字鸿沟，通过产业数字化和数字产业化等创造新财富，实现共享发展。二是顺畅的数字要素参与收入分配的机制。数字化的知识和信息，尤其是数据，如何参与收入分配，必须建立一整套完善的收入分配机制，重点是要完善数据要素的确权、定价、交易和收入分配等相关制度。三是收入分配中的机会均等和过程公平问题。数字要素参与收入分配，要统筹兼顾效率和公平，让市场在数据要素配置中起决定性作用，同时要发挥好政府的调节作用，让不同主体的要素所有者依据在数字财富创造中的贡献获得相应的收入。

（四）数字消费力助推产业转型升级和进一步扩大内需

按照马克思主义理论，消费力就是消费者的消费能力，一般由个人消费力和社会消费力两部分构成[10]。马克思认为“消费的能力是消费的条件，因而是消费的首要手段，而这种手段是一个人才能的发展，一种生产力的发展”[11]。数字经济时代，数字生产力创造了越来越丰富的数字消费资料和数字生产资料，为数字消费提供了坚实的财富基础。同时，数字消费中的新业态、新模式正在引领消费新方向，形成新消费力。

数字经济时代，个人消费的内涵和外延都发生了新变化。消费的内涵由传统的物质主导型消费转向精神享受型消费。消费的内容更加多元化，不仅包括衣食住行等生存型消费资料，还包括教育、医疗、养老、文化、娱乐、新闻、资讯等发展型和精神享受型生活资料。其中，随着互联网、大数据、人工智能和云计算等新技术的发展，以及新业态、新模式和新产品的出现，很多消费内容逐渐实现了网络化、数字化和虚拟化。基于数字产品和服务的新消费成为一种趋势，正在改变着人们消费观点和消费方式。消费的外延不再局限于物理场所，而是通过现代化的数字基础设施、仓储物流系统和平台经济等实现了线上线下消费的互动、国内国际消费的结合。由于互联网等数字基础设施的全球性普及，消费正在突破传统地域的限制，一国消费者可以通过谷歌等国际性的互联网搜索引擎浏览其他国家的新闻资讯，通过亚马逊或淘宝等跨国电子商务平台购买他国生产的各类商品，通过微信或推特等在线交流平台与其他人建立联系并产生互动，通过去哪儿和爱彼迎等商旅服务平台订购其他地区或国家的酒店服务等。

数字经济时代，社会消费的内涵和方式也在发生新变化。马克思主义政治经济学中社会消费也被称为公共消费。通过社会扩大再生产形成社会总产品以后，一部分用于积累，另一部分用于消费。其中消费包括个人消费和社会消费两部分。社会消费主要用于一国的国防安全、政府运转、科学研究、文化教育、医疗保健、社会保障、环境保护、城乡公共设施和服务等方面的耗费。随着数字生产方式的变革，公共消费领域的数字化倾向日益明显，例如国防建设的信息化数字化要求采购信息化数字化新装备，社会治理数字化要求政府在信息技术使用和大数据管理等方面发挥示范作用，教育、医疗、社会保障和文化服务的数字化也要求全社会必须加大投资力度支持数字基础设施和数字公共服务的高质量发展。信息化和数字化是新技术变革推动的结果，也是社会需求转型的需要，因此，党的十九届五中全会进一步提出要加快“数字中国”建设。当前，必须通过大力发展数字生产力和加大政府投资力度等培育社会消费力，通过高质量的数字基础设施和公共服务体系，更好地服务经济社会的高质量发展。

数字消费正在引领产业转型升级。为了适应数字消费内容的多样化、虚拟化和个性化，以及消费方式的数字化和平台化发展趋势，产业转型升级的步伐被迫加快。为了适应数字产品和数字服务发展的新需求，数字技术不断渗透和融合到三次产业中，第一、二、三产业都加快了产业数字化转型。农业数字化就是用现代数字技术与农产品的生产、加工和销售等各个环节紧密结合，提高农产品品质和售卖速度等。制造业通过采用人工智能和大数据等技术，不仅提高了生产效率，还满足了市场的多样化、个性化需求。服务业数字化的发展速度最快，范围最广，已经在教育、医疗、体育、资讯、娱乐、住宿、旅游、出行、零售等众多领域实现了数字化改造，创新了很多新业态和新模式，极大地便利了居民的生产和生活。数字消费正在促进市场的转型升级。消费内容的数字化和消费方式的数字化已经成为消费市场转型发展的新特征。尤其是线上线下消费已经成为一种常态化的消费模式。2019 年，中国实物商品网上零售额 85 239 亿元，比上年增长 19.5%，占社会消费品零售总额的比重为 20.7%。数字消费促进了企业实现管理的数字化转型。企业数字化转型是大势所趋，通过管理数字化进一步促进技术数字化，提升企业运行效率，攀升价值链中高端。尤其是一些传统企业通过数字化改造，增加了活力，增加了竞争力，找到了新市场和利润增长点。

数字消费成为扩大内需的关键途径。当前，为了应对中华民族伟大复兴的战略全局和世界百年未有之世界大变局，统筹国家安全和经济发展，以习近平同志为核心的党中央审时度势提出了加快构建以国内大循环为主体、国内国际双循环相互促进的新发展格局。扩大内需是构建新发展格局的战略基点。扩大内需的重点是充分利用好国际国内两个市场、两种资源，发挥好投资和消费的作用。其中消费是扩大内需的关键。目前，最终消费对中国经济增长的贡献率已经超过了 60%，但是与美国等发达国家相比，我国的消费对经济增长的贡献率还有 20%左右的提升空间，中国超大规模的市场红利有待进一步释放。数字消费赋予了消费新内涵，创造了新模式，正在成为扩大内需的关键。因此，必须通过加快数字基础设施建设、营造良好消费环境和收入分配改革等，进一步形成数字消费力，充分发挥数字消费对扩大内需的重要作用。另外，也要不断扩大公共领域的数字消费，重点加强国防安全、政府运转、科学研究、文化教育、医疗保健、社会保障、环境保护、城乡公共设施和服务等领域的数字化建设力度，为高质量发展提供良好的基础设施和公共服务保障。

二、培育数字经济竞争力助力高质量发展

世界范围内，数字经济已经成为驱动经济高质量发展的新经济形态。中国作为世界第二大数字经济体，可以在反垄断、“四化”建设和科技创新体系建设等方面做出有益探索，进一步培育数字经济竞争力。

（一）强化反垄断保持数字经济活力

当前，数字经济领域出现了平台化趋势。平台已经成为数字经济中最重要的组织形式。平台经济快速发展，一方面有效对接了产销者和消费者，加速了资本循环，提高了流通效率，促进了社会生产力的发展。另一方面，平台经济中垄断的危害性日益扩大，一些大平台凭借规模优势和市场支配地位排挤中小平台、扰乱市场竞争秩序，损害消费者的利益。平台经济中的垄断是多种原因导致的，包括借助于互联网和大数据技术，平台经济形成了网络效应，接入的用户越多，节点越多，进而网络规模越大，创造的价值也就成几何指数形式扩张。平台经济中存在着多边市场，即平台经济一般是嵌套型的组织结构，大平台中由小平台，小平台中由诸多企业入驻，每一类商品又有多家产销者提供，这就导致平台中存在着大平台与小平台、平台与产销者、产销者与消费者、平台与消费者等多重市场和经济关系。与传统的市场规模效应不同，平台经济中存在着供给侧和需求侧双边的规模效应。平台经济连接了产销者和消费者，在供给侧的产销者会观察平台在线活跃用户数，在线活跃数越多，更多的产销者就愿意加入平台，产生供给侧的规模效应。在需求侧，消费者观察到平台上的产销者很多，也愿意加入具有个性化和多元化供给的平台，进而产生需求侧的规模效应。供给侧的产销者和需求侧的消费者互动以后，又会产生“滚雪球效应”，使得平台供需两侧的用户规模快速增长。除此之外，依赖于大数据、云计算和人工智能等计算，平台经济可以通过强大的算法和算力规避传统反垄断监管中的价格限制等问题。总之，基于平台经济的网络效应、供需两侧的规模效应、利用算法和算力导致的“监管脱敏”使得平台经济领域容易产生垄断问题。其中，封杀竞争对手产品、虚假评论、对竞争者的恶意差评、平台要求商家“二选一”，大数据“杀熟”、捆绑销售、利用混合经营模式规避监管等是平台经济中不正当竞争和垄断中比较常见的形式。

2020年的中央经济工作会议提出了将“强化反垄断和防止资本无序扩张”作为八大重点任务之一。反垄断和防止资本无序扩张已经成为保障数字经济健康发展，保持市场经济活力和创造力的重要措施。近日，国家市场监管总局对涉嫌垄断的企业京东、天猫、优品会等进行了反垄断调查和处罚。国家市场监管总局调查组进驻阿里巴巴集团提取相关证据资料，相关部委还对蚂蚁金服进行了约谈。随着平台经济不断做大做强，监管部门对数字经济领域的垄断问题由过去以发展为目的的“放任与宽容”态度转向了现在以公平发展和共享发展为目的的“严格监管”新态度。

当前，随着数字经济的蓬勃发展，跨国数字巨头公司的规模越来越大，数字经济中

的反垄断成了各国政府关注的焦点之一。例如，美国司法部对微软、亚马逊、脸书等公司的反垄断调查，欧盟对微软、谷歌等公司垄断行为开出的巨额罚款等。同时，在国际社会中，主要国家已经就数字经济领域的垄断问题和数字税等问题展开国际协调和谈判。中国对平台经济等的反垄断是基于世界范围内的反垄断趋势、保障数字经济健康发展、释放市场经济活力和创造力的战略格局出发做出的重大决策部署。

数字经济中的垄断破坏了市场竞争秩序，抑制了其他市场主体的创新，损害了广大消费者的权利和利益。因此，加强反垄断是势在必行。具体而言，需要根据数据经济，尤其是平台经济的特点重新界定“相关市场范围”“滥用市场支配地位”“经营者集中”“达成垄断协议”的内涵。相关市场界定是反垄断的首要条件，不同的界定标准会导致相关市场的范围大小不一致。对于平台经济，必须考虑到供给侧和需求侧两端的规模效应，明确界定其市场范围。平台经济的竞争中，借助于互联网、人工智能、大数据和云计算等技术，以及嵌套型的市场结构，容易形成市场支配地位。判断大型平台企业是否存在滥用市场配置地位的行为，需要针对平台经济技术和组织特点重新考虑其滥用市场支配地位的表现。平台经济的竞争也容易形成大平台的垄断竞争格局和跨界混业经营格局。在跨界混合经营中如何界定是否存在“经营者集中”问题，需要考虑平台组织的核心业务多元化问题。借助于发达的算力和算法，平台经济可以形成隐形的垄断协议，这就需要提升反垄断监管中的技术识别能力，建立适应平台经济组织特点和大数据技术特点的新监管模式。当前，强化数字经济领域的反垄断和防止资本无序扩张，最终目的就是要保持数字经济活力，维持公平的市场竞争秩序，激发市场主体的创新活力，进一步释放数字经济红利。

（二）通过“四化”建设培育数字经济竞争力

数字经济已经成为各国激发经济增长动力的新经济形态。为了在数字经济领域创造更多的财富，形成国际竞争力，各国都加快了数字技术研发、数字组织创新、数字基础设施建设、数字市场培育和数字技术人才培养的战略布局。尤其是美国、日本、欧盟等发达国家和地区，制定了战略性的数字经济发展远景规划。印度、马来西亚等一些发展中国家也试图通过财政政策、产业政策和贸易政策的支持来形成数字经济中的竞争力。中国作为世界第二大数字经济体，具有数字经济发展的规模优势和一定的竞争优势。要在激烈的国际竞争中保持数字经济的国际竞争力，需要从产业数字化、数字产业化、治理数字化和数据价值化四个方向大力推进数字经济高质量发展。

产业数字化、数字产业化、治理数字化和数据价值化是数字经济发展的四大新方向。我国在数字经济的“四化”发展过程中，有一定的优势，也存在一定的短板，因此必须“扬长补短”，不断提高数字经济发展的竞争力。产业数字化是将第一、二、三产业与数字技术进行有机融合，提升产业发展的质量，提高经济运行的效率。目前我国的第三产业，尤其是商业、仓储、物流、娱乐、咨询等服务行业与数字经济融合发展较好，新业态和新模式不断出现。但是第一产业农业、第二产业制造业和建筑业与数字技术的融合，与美国和德国等发达国家相比，还存在融合度低，创造的数字经济价值相对较低等问题。考虑到经济发展的可持续和安全性，应该重点提升第一、二产业与数字技术的融合度，加快发展数字农业，实现制造业的数字化转型升级等。数字产业化主要涉及信息技术、网络技术、人工智能等数字行业的发展问题。从国际比较来看，中国的数字产业化发展具有一定的规模优势，但是在发展质量上还存在较大差距。尤其是对于芯片等核心技术和前沿产业还存在“卡脖子”等问题，这需要加大自主创新力度和科学布局前沿产业等方式来弥补短板。治理数字化是数字技术在经济社会治理领域的重要运用，是国家治理体系和治理能力现代化建设中的关键环节。经过改革和发展，中国的数字化治理水平已经处于较高水平，但是仍然存在着治理短板。这些短板既表现在微观组织中的治理碎片化等问题，也表现在宏观层面数字化治理中多元主体的冲突和标准不统一，以及大数据安全等问题。数据价值化是数字经济发展的新方向，主要是基于经济社会运行中产生的海量大数据，经过大数据挖掘等实现大数据的经济价值。数据是数字经济时代的核心资源，必须高度重视数据经济价值的实现和分配问题。党的十九届四中全会已经将数据列为新要素，要与其他劳动、土地、资本等要素一起参与收入分配。但是，现实经济社会生活中，数据产权的界定、定价、交易、经济价值的实现和分配等问题仍然需要在实践和理论上的探索。

（三）形成“四位一体”的科技创新体系提高数字经济创新力

当前，大国之间的竞争是以经济、政治、科技、国防和文化影响力为内容的综合国力的竞争。数字经济时代，科技创新的作用更加突显。尤其是大国之间关于数字技术的竞争日趋激烈，美国等霸权国家为了保持自身的科技竞争优势，动用国家力量打击华为、中芯国际、TikTok 等中国数字技术公司。从历次科技革命和产业变革历史来看，大规模的科技创新是推动产业变革和经济创新的原始动力。在数字经济时代，大数据、云计算、人工智能、量子通信等技术正在成为新经济、新产业、新业态和新模式的牵引力量。因此，数字经济时代，科技创新是战略支点，业态创新是活力来源，模式创新是盈利增长点。

中国要进一步形成数字经济竞争优势，关键是构建企业—市场—国家—国际“四位一体”的科技创新体系。企业是市场经济中从事科技创新的主体。从中国数字技术发展的情况来看，中国数字企业抓住了全球数字技术创新的发展机遇期，利用中国的人才优势和超大规模市场优势，在数字技术的应用基础研究和市场应用研究方面形成了发展优势。但是，与美国等国家的数字企业相比，中国数字企业在支持数字技术发展的核心物理技术和操作系统等方面还存在一定的差距。因此，政府可以通过税收、研发补贴、转移支付等方式激励企业加大数字技术研发力度。在社会主义市场经济中，市场在资源配置中发挥着决定性作用。数字经济发展必须依靠市场力量，将核心要素配置到价值最大的地方，通过专利市场、科技成果转化市场构建，形成支持科技创新的市场体制机制。在基础研究、应用基础研究领域，中国需要发挥新型举国体制优势，加强国家战略科技中心布局，解决芯片等卡脖子的技术问题，强化科技自主创新能力，实现高科技和战略性新兴行业自主、安全和可控。在全球化时代，科技要素逐渐实现了全球化配置。科技发展中的国际交流和合作的作用日益加强。为了更好地发展数字科技和数字产业，我国必须统筹利用国际国内两大市场和两种科技资源和智力资源，更好地形成数字科技创新体系，助力经济高质量发展。

三、结论

随着大数据、云计算、人工智能和量子技术的快速发展，数字经济在科技创新、组织变革和管理创新中实现了蓬勃发展。从世界范围来看，数字经济占 GDP 的比重在美国、欧盟等国家比重不断提升。中国作为世界第二大数字经济体，数字经济占 GPD 的比重已经超过了 1/3。数字经济已经成为推动中国经济高质量发展的新动力。从马克思主义政治经济学视角来看，数字经济时代，社会再生产过程中的生产、流通、分配和消费四个环节正在实现数字化变革：数字生产力为高质量发展提供了新动力，数字流通力提升了资本周转与价值实现的效率，数字分配力的普惠效应可以优化收入分配结构，数字消费力将助推产业转型升级和进一步扩大内需。为了进一步培育中国的数字经济竞争力并赋能经济高质量发展，需要重点强化数字经济领域的反垄断，加快产业数字化、数字产业化、数字治理化和数据价值化“四化”建设力度，构建有企业—市场—国家—国际“四位一体”的数字科技创新体系，加强自主创新，重点突破“卡脖子”的技术问题，打造完整的数字经济供应链和产业链体系，保障产业链自主、安全和可控。

参考文献：

［1］习近平在看望参加政协会议的经济界委员时强调坚持用全面辩证长远眼光分析经济形势 努力在危机中育新机于变局中开新局 汪洋参加看望和讨论［J］. 中国政协，2020（10）：7-9.

［2］中国信息通信研究院. 全球数字经济新图景（2020 年）：大变局下的可持续发展新动能［EB/OL］［2020-10-01］. http://www.caict.ac.cn/kxyj/qwfb/bps/202010/t20201014_359826. htm.

［3］中国网信网. G20 杭州峰会通过《G20 数字经济发展与合作倡议》为世界经济创新发展注入新动力［EB/OL］［2016-09-29］. http://www.cac.gov.cn/2016-09/29/c_1119648535. htm.

［4］刘航，伏霖，李涛，等. 基于中国实践的互联网与数字经济研究：首届互联网与数字经济论坛综述［J］. 经济研究，2019（3）：204-208.

［5］中国信息通信研究院. 全球数字经济新图景（2019 年）［EB/OL］.［2019-10-14］. http://www.caict.ac.cn/kxyj/qwfb/bps/201910/t20191011_214714. htm.

［6］谢富胜，吴越，王生升. 平台经济全球化的政治经济学分析［J］. 中国社会科学，2019（12）：62-81.

［7］马克思. 资本论：第 3 卷［M］. 北京：人民出版社，2018：999-1000.

［8］洪银兴，葛扬.《资本论》的现代解析［M］. 北京：经济科学出版社，2011：437.

［9］马克思恩格斯文集：第 8 卷［M］. 北京：人民出版社，2009：458-459.

［10］洪银兴. 马克思的消费力理论与扩大消费需求［J］. 经济学动态，2010（3）：10-13.

［11］马克思恩格斯全集：第 46 卷（下册）［M］. 北京：人民出版社，1980：225.

数据要素参与收入分配：理论基础、经济依据与实践路径[①]

李标[②]　孙琨[③]　孙根紧[④]

摘　要：数据要素的运用塑造了经济增长新动能、推动了经济转型升级、提升了全要素生产率、改善了宏观调控效率，这为数据要素参与收入分配提供了坚实的经济依据。数据要素参与收入分配依循马克思劳动价值论和收入分配理论的逻辑进路，发展了中国特色社会主义收入分配制度。数字经济时代下，此项制度安排有益于激励数据要素的潜在生产力加速向现实生产力转化，稳定释放数据要素改善经济效率、优化财富创造能力以及促进质量跃升的结构效应。数据要素参与收入分配的实践应以清晰界定不同类型数据的权属范围为逻辑起点，建立健全数据要素科学的价格生成机制，创新拓宽数据要素参与收入分配的方式，构建确保数据要素收益公平分配的制度体系。

关键词：数字经济；数据要素；收入分配

数据是生产生活与经济社会发展“足迹”的数字记录，是数字经济时代不可替代的生产资料和国家战略资源，被称为“未来的石油”“流动的黄金”。分配领域纳入数据要素的制度安排体现了中国共产党解放思想、实事求是、与时俱进的精神，创新了新时代中国特色社会主义收入分配制度。全面建设社会主义现代化阶段下，此激励机制设计有利于促进数据要素深度融入财富创造过程，有利于社会再生产良性循环、加速数字化发展，有利于顺利实现十九届五中全会设定的“建设制造强国、质量强国、网络强国、数字中国，推进产业基础高级化、产业链现代化，提高经济质量效益和核心竞争力”等远期目标。

市场经济条件下，明确权利归属、科学制定价格、建立有序的交易机制等是推进数据要素参与收入分配的重要内容。理论上，数据要素权属的配置理论上应与数据类型相

---

① 基金项目：中央高校基本科研业务费项目“供给侧结构性改革的理论创新与路径选择研究”(JBK2004015)。

② 李标，西南财经大学经济学院副教授，四川省中国特色社会主义理论体系研究中心特约研究员。

③ 孙琨，西南财经大学经济学院博士研究生。

④ 孙根紧，四川农业大学旅游学院副教授。

适应。数据按照不同的生产主体可以划分为政府数据、企业数据和个人数据[1]。个人数据的生产主体是个人，个人数据应完全归个人所有，企业对基于原始数据匿名、清洗等处理后的数据集享有限制性所有权，即不完整的所有权[2]；政府具有公权力属性，政府收集的数据是使用纳税人缴纳的税收获取的，应属于全社会所有[3]。然而，《数据安全法》等法律法规并没有对数据要素的权利配置给出具体规定，其原因在于数据要素载体多样、价值有差异且不稳定、外部性等使数据要素产权难以照搬或参照物权予以界定。此外，围绕数据要素价格制定的研究发现，市场经济主体针对数据及其产品的价格制定开展了实践，并已探索出不同的定价模式或方法。具体有：适应共用品特征的差别定价模式[4]、卖方视角下匹配不同市场结构的经济导向定价模型或博弈定价模型[5]、买方视角下公允价格估价方法[6]。由于缺乏完整的定价机制以及定价技术水平的不一致，诸如数据要素市场明显分割、定价不够客观、价格差异较大等不利于公平分配数据要素市场化收益的问题已然显现，所以仍需深入研究设计科学的数据要素价格生成机制。要素市场化进程中，让渡所有权或使用权是数据要素参与收入分配的基本方式，数据交易机制对收益分配有重要影响。与市场经济相适应，数据交易应通过法律法规对数据的可转让性给予明确说明[7]，并划定数据要素合理的流转范围与流转内容[8]，以确保交易安全有序；数据交易机制应尽可能地规范、简洁、程序化，减少人为因素[9]，以提升交易效率；在数据交易过程中，“大数据垄断企业拒绝交易数据破坏了市场竞争生态，可将必要设施原则用于数据垄断规制”[10]，以确保交易公平。

在前期已有研究基础上，本文着重回答三个问题：第一，数据要素参与收入分配的理论基础是什么？与基于西方经济学或法经济学理论的已有研究不同，本文尝试挖掘数据要素参与收入分配内蕴的马克思的劳动价值论与收入分配理论精髓。第二，数据要素参与收入分配的经济依据有哪些？既有成果多是简要提及数字经济的贡献，并将之作为数据要素分配社会财富的依据。本文进一步从动能塑造、转型升级、效率改善和宏观调控四个角度探求支撑数据要素参与收入分配的经济事实。第三，数据要素参与收入分配通过何种路径加以推进？数据要素参与收入分配是系统性问题，其科学实现在实践过程中亦是难点，现有文献尚未给予充分地回应。本文将着力从产权界定、价格生成机制、分配方式以及制度体系四个方面给出促进这一制度安排落地的实践路径。

一、理论基础

数据作为生产要素参与收入分配是中国特色社会主义初级阶段收入分配制度的重大理论创新。表面上，数据要素参与收入分配是以西方经济学中的“三要素理论”为基础，是生产过程中数据要素创造价值在分配领域的体现。实际上，按照马克思的劳动价值论，生产环节创造价值的要素只有“活劳动”，而作为生产要素之一的数据参与收入分配的主要原因在于数据要素对价值创造与价值实现方面有显著的作用。数据要素参与收入分配的理论基础并不是“三要素理论”，而是马克思的劳动价值论与收入分配理论。

基于威廉·配第、亚当·斯密和大卫·李嘉图等人的价值理论，古典政治经济学家萨伊在《政治经济学概论》一书中提出了价值创造的“三要素理论”。该理论的核心要义是，劳动、资本和土地三种要素协同生产商品，提供了效用，所有的生产要素共同创造了价值，进而劳动要素获得工资、资本要素获得利润、土地要素获得地租，即“三位一体”公式。相对地，马克思则认为：“工资、利息、地租等作为社会生产过程的各种特殊因素所分得的收入的不同形式，源泉仍然是劳动创造的价值。”[11]931 实际上，按生产要素分配与“三位一体”公式有着显著的区别：首先，“三位一体”公式的庸俗性在于将资本、劳动、土地都同等地看作价值的源泉；其次，混淆了收入分配与价值创造，二者不是同一层面的问题，价值创造与劳动相关，分配则与要素所有权相关，分配过程就是要素所有权的实现过程[12]。需要强调，按照马克思主义政治经济学的理论逻辑，“劳动是创造价值的唯一源泉，但不是创造财富的唯一源泉，非劳动生产要素参与了社会财富创造，对社会财富的增进做出了贡献，就应参与财富的分配，这是与马克思的劳动价值论相容的”[13]。

依循马克思的分析进路，价值是活劳动而不是物的生产要素创造的，货币、土地等要素所有者能够获得一部分剩余价值依靠的只是他们拥有的所有权，按要素分配的实质是按产权分配，而不是因为各种要素能创造价值[14]。因而，理论上可认为生产要素参与分配是各种要素所有权在经济上的实现，也就是新生产的价值在不同要素所有者之间的分配。正如马克思在《资本论》中指出的那样：“这个价值的一部分属于劳动力的所有者，另一部分属于或归于资本的所有者，第三部分属于或归于地产的所有者。因此，这就是分配的关系或形式，因为它们表示出新生产的总价值在不同生产要素的所有者之间进行分配的关系。”[11]993

社会主义初级阶段下生产力水平还不够高，物质财富还未充分涌流，按劳分配与按生产要素分配相结合的分配制度实现了公平与效率的统一[15]。在中国特色社会主义市场经济运行过程中，市场机制已经在生产要素的配置方面起着决定性作用，生产要素按贡献参与收入分配既是对市场经济规律的适应，也是对市场经济规则的具体运用，极大程度上调动了数据生产要素参与社会主义生产的积极性。这对促进数字经济发展，提高中国经济的全要素生产率与发展质量有重要的推动作用。循着马克思的劳动价值论以及分配理论分析进路可知，虽然只有劳动要素创造了价值，但由于要素所有权的差异以及不同生产要素在财富创造过程中有着不同忽视的贡献，新生产出的总价值在劳动要素、资本要素与土地要素的所有者之间进行了分配。在中国特色社会主义市场经济运行过程中，管理要素、技术要素也因其对财富创造的作用而参与了收入分配。在数字经济时代，数据要素的渗透融合作用的发挥变革了生产方式，极大程度上促进了生产力发展。数据与劳动者、劳动资料、劳动对象、科学技术相结合使数据的潜在生产力转变为现实生产力[16]，这为数据被确认为生产要素，并和其他生产要素一同分配新创造的价值提供了逻辑支持。

总之，依据马克思主义政治经济学的基本原理，数据作为生产要素参与收入分配是数据要素资源所有权的经济实现，即市场主体通过数据要素及其相关产品所有权或使用权的转移而获取的经济收益。尽管数据要素本身并不创造价值，但是数据要素对价值创造及其实现的积极作用愈发显著，按贡献参与分配的理论逻辑自洽，符合社会主义市场经济效率与公平兼顾以及共同富裕的价值取向。

二、经济依据

数据要素参与收入分配内蕴了完备的现实逻辑，这主要源于中国特色社会主义经济建设进程中广泛运用数据要素以后，经济社会发展出现了诸多显著的改善。例如，塑造了增长新动能、推动了经济转型升级、提升了全要素生产率以及改善了宏观调控的绩效等。这些实际的经济益处为数据要素参与收入分配提供了牢固的事实依据。

（一）数据要素的运用塑造了增长的新动能

1978—2011 年，在要素粗放投入的推动下，中国的经济总规模得以迅速增加，一跃成为世界第二大经济体。进入经济新常态发展阶段以后，数量扩张型增长模式掩盖下的结构性问题不断显现，过去多年的高速增长路径已难以为继，重塑经济增长动能成为主动适应经济发展新规律的客观需要。

从要素投入的角度看，土地、劳动、资本、管理、技术等生产要素在不同时期发挥了促进经济增长的作用。当前阶段，数据要素对经济增长的积极影响愈发显著。《中国数字经济发展与就业白皮书（2019 年）》的相关数据显示，以数据为关键要素的中国数字经济规模在 2018 年已经达到 31.3 万亿元，占 GDP 比重约为 34.8%；2013—2018 年，数字经济增速显著高于同期的 GDP，并且自 2011 年以来，数字经济与 GDP 增速差距有扩大趋势，2018 年可比口径的数字经济增速为 20.9%，高于同期 GDP 增速约 11.2 个百分点。

数字经济的实际发展成效表明，数字经济正逐步成为结构性减速背景下拉动中国经济增长的新动力，数据要素有较大或然率在未来较长一段时期内成为引领新一轮经济周期的关键变量。鉴于数据要素对短期以及长期经济增长有重要推动作用，国家适时给出了数据要素参与收入分配的制度设计，这既是对数据要素撬动经济增长能力的尊重与回应，也是确保数据要素能够长期、持续释放生产力的科学激励机制。

（二）数据要素的运用推动了经济转型升级

经济转型升级是促进经济发展方式转变的抓手之一，也是新时代发展背景下建立现代化经济体系的主要目标。立足供给侧结构性改革的视角，经济转型升级的关键在于产业调整及其结构优化。从历史来看，不同经济发展阶段对应的支柱产业与主导产业明显不同，影响产业结构升级的关键因素也有所差异。新一代数字技术的突破性发展，使得数据日益成为产业发展核心生产要素，三次产业的边界日趋模糊，推动产业数字化转型，促进从研发设计、生产加工、经营管理到销售服务全流程数字化，促进产业融合发展和供需精准对接，将为转型升级开辟新路径[17]。

随着中国对数字经济发展的日益重视，数据要素正不断与传统产业渗透融合，加速了不同产业、不同行业的数字化，不断推动了经济转型升级。来自《全球数字经济新图景（2020年）——大变局下可持续发展的新动能》的研究数据表明，2019年中国的产业数字化持续快速发展，占数字经济比重达到80.2%，农业、工业、服务业的数字经济渗透率分别达到了8.2%、19.5%、37.8%，超过中高收入国家和发展中国家平均水平，且服务业数字化已达到世界领先水平。可见，中国经济正沿着数字化的方向快速转型，取得了一定的实际效果。在数据已成为经济数字化转型关键因素的当下，确立数据要素参与收入分配的制度，并将之付诸实践，有利于促进数据要素稳定释放结构调整红利。

（三）数据要素的运用提高了全要素生产率

提高全要素生产率是破除增长乏力的着力点，是实现发展速度与发展质量跃升的抓手所在。在互联网、大数据、云计算、人工智能等被广泛运用的数字经济时代，数据要素的使用规模、使用频次、使用效率均呈现出不断提升的趋势，对全要素生产率的影响日益显著。数据要素对全要素生产率的积极作用具体表现在如下方面：

首先，数据要素与生产过程中的劳动者、劳动资料相互结合，提升了个体的劳动技能与综合素质，革新了劳动工具、改善了劳动资料的质量，丰富了劳动对象的种类与范围，从而促进生产效率提高。其次，在经济活动中，数据要素的运用能够通过微观交易成本的传导途径影响资源配置效率，进一步促进生产效率提升。有学者指出，大数据降低了交易发生的信息门槛，降低了搜寻成本，匹配大量新交易，加快资源流通速度，改进资源配置效率[18]。此外，与数字经济相匹配的技术进步与商业模式创新有效提升了劳动生产率。一方面，云计算与人工智能等新技术涌现改善了生产效率；另一方面，共享经济、O2O等新的商业模式不仅创造了新需求，也更精准地匹配了供需两端，提高匹配效率与生产效率[19]。

由实证角度考察，数据要素对全要素生产率的积极影响也能够在经济发展实践中找到证据。例如，陈维涛等发现以数据为关键要素的互联网电子商务及其应用显著促进了中国企业全要素生产率的提升[20]；肖国安和张琳得出数字经济与全要素生产率在全国和区域层面上均正相关的结论[21]；侯层和李北伟发现数字普惠金融显著提高了全要素生产率[22]。不论是理论视角还是实证视角，数据要素均表现出促进全要素生产率上升的作用，有利于优化经济发展效率，这为数据要素参与收入分配提供了重要支撑。

（四）数据要素的运用改善了宏观调控效率

市场经济运行过程中，不完全信息时常引发“市场失灵”现象，致使供给与需求出现总量失衡、结构失衡，经济出现周期性的波动，极端情况时更将导致经济危机，造成难以忽视的资源浪费与福利损失。在完全信息条件难以得到满足时，政府通过宏观调控实行一定的经济职能（如提供公共服务、制定战略规划、设计制度政策、监管市场等）具有理论与实践的双重必要性。

理论上，宏观调控是否有效主要取决于政府职能部门能否搜集、整合、分类和处理海量数据，进一步获取完备的信息。在工业化时代，科技水平和技术手段只能搜集和提供不完全信息，作为决策依据的信息是不完全和不准确的，政府制定和实施产业政策、财政政策、金融政策时不可避免地有主观判断成分；在大数据时代，经由大数据智能平台（大数据、互联网、物联网、人工智能）存在着获得完全信息和准确信息的可能[23]。新一轮的科技革命为数据作为宏观调控依据提供了良好的技术条件和设施条件，以数据为基础、具有中国特色的新型宏观调控模式正逐步成为现实。

政府将数据要素渗透于社会主义的经济管理领域实现了宏观调控绩效的优化。首先，数据要素的充分运用能更好地发挥政府调节市场的作用。大数据特有的海量挖掘、实时获取、高速处理和即时分享市场信息的技术属性使得市场更有效、政府更有为[24]，能真正实现以市场发挥决定资源配置作用为基础的宏观调控，明确政府宏观调控的界限。其次，数据要素的运用使得宏观调控更趋精准。得益于大数据相关技术的发展与广泛运用，中国的宏观调控已由过去的“总量调控”转向了“区间调控、定向调控、相机调控、精准调控、适时预调和微调控”。而且，国务院相关部门采取多种方式开发社会上的形式多样的大数据，并与政府信息整合，构建大数据经济分析模型，对国民经济各领域的运行状况及时检测，提高了宏观调控的精准性[25]。最后，数据要素的运用使得宏观调控政策更加及时有效。运用分析大数据有效刷新了政府的认知能力，“一定程度上扫清了掌握总体知识的障碍，极大地缩短了宏观调控政策的认识时滞、行动时滞和生效时滞”[26]，提升了宏观调控的政策时效。

数据要素进入生产函数并获得相应的经济回报不仅是马克思劳动价值论与收入分配理论核心要义的体现，也是经济实践的客观要求。伴随数据要素利用广度与深度的提升，供需的快速匹配加速了价值的循环与周转，使得数字经济成为增长的新动力。数据要素向传统产业的渗透蕴生了产业数字化的新业态，加速了经济转型升级。生产、交换与消费环节充分挖掘使用数据，有效优化了生产效率。大数据技术的充分运用提高了获取数据以及更多、更精准地甄别数据映射信息的能力，使得政府决策的依据更加牢靠、更加科学，改善了宏观调控绩效。在数据要素渗透融合经济社会各领域的新时代，数据要素参与收入分配以数据做出重大经济发展贡献的事实为依据，所以有必要加快推动这一制度安排的落实，以更好地发挥数据要素优化经济发展质量的作用。

三、实践路径

新时代高质量发展阶段下，数据要素在价值创造及其实现方面的作用日益显著，数据要素参与收入分配具备理论与实践双重逻辑的一致性。数据要素参与收入分配的具体实践较为复杂，涉及产权界定、价格生成机制、分配方式以及制度体系等。此处将从这四个方面入手探讨全面实践这一制度安排的路径，以稳定释放数据要素促发展的积极效应。

（一）加快完善数据要素产权的细化分类界定

数据要素清晰的产权是规范数据要素市场、形成数据要素公允价格、降低数据交易与使用风险、维护数据要素收益分配公平的基础。理论上，产权产生的经济基础是明确产权的收益大于界定产权的成本[27]。进入 21 世纪，数据资源已成为重要的生产要素，对经济发展的作用愈发显著；同时，囿于数据要素权责归属的模糊不清，国内外围绕数据要素发生的经济纠纷（例如，微博与脉脉案、Facebook 与 Power 公司案、大众点评与百度案等）也呈现出日益增多的态势。可见，清晰界定数据要素产权的理论与实践条件趋于成熟，这也是有效推动数据要素参与收入分配的前置条件。

历史地看，各个国家或地区主要基于资源的属性与经济特征进行产权界定。数据要素具有载体上的多栖性、使用的高盈利性、价值的差异性、使用方式的差异性、用途的难以预测性以及使用效果的外部性，使得现有法律制度难以解决数据产权制度安排的问题[28]。中国既有的《中华人民共和国物权法》《中华人民共和国专利法》《中华人民共和国著作权法》《中华人民共和国合同法》《中华人民共和国债权法》等具有排他性权利配置的法律制度与数据要素的经济特征不相容，作为数据要素产权界定的法律依据并不充分，且 2020 年经由全国人大审议的《中华人民共和国数据安全法》针对数据要素的权利配置问题也没有给出明确规定。因此，基于数据要素已产生显著的经济社会发展贡献以及数据要素参与收入分配得到认可与鼓励的背景，有必要加快明确数据要素的产权安排。

在数据生产、搜集、存储、处理以及利用等链条环节上，主要涉及个人、企业与政府三类主体。与之相适应，数据存在原始数据或底层数据、企业数据以及政府数据之分，由此在理论上规定着无形生产要素数据的产权应区别进行界定。个人是数据最初的生产者，考虑到姓名、性别、身份证号码、家庭住址以及交易信息等数据能够形成“人格画像”，属于个人隐私范畴，因而应按照人格保护原则，个人对原始数据或底层数据享有绝对的所有权，以充分体现个人对自身信息的绝对控制。

相对于原始数据，企业数据的确权稍显复杂，需进一步分类界定权属。企业数据主要有自身数据、用户数据以及脱敏建模数据三类。对于为改善自身劳动生产率，自行搜集的提供最终产品或服务过程中的生产数据，属于商业机密，企业拥有绝对的所有权。此外，企业可能会搜集具体交易发生前后生成的相关用户数据，以进行“精准营销”，提高交易效率，但在一定程度上会侵犯用户的隐私权与知情权。因而，企业对这类数据仅应享有不完全的所有权，在用户同意的前提下享有使用权。如果企业对用户数据进行了脱敏建模处理，可遵循“额头出汗”原则，将此类数据的产权赋予脱敏技术劳动付出的企业较为适当。

与原始数据和企业数据的私产属性不同，政府数据具有非排他、非竞争和使用价值不可分割的特征以及政府与生俱来的公共属性，这意味着将政府数据视为公共产品或公共资源更为恰当合理。此外，政府在相关数据搜集、整理、存储、挖掘以及数据确权等方面付出了大量劳动，为数据资产化与价值化提供了可能，而且数据的使用以社会公共利益为导向，政府数据的开放共享也取得很大进展。因而，政府数据的所有权应由国家代表全体人民享有（也即国家所有权），其产权应界定给政府。

（二）建立健全数据要素科学的价格生成机制

在清晰界定数据要素产权的基础上，建立科学的定价机制是促进数据要素市场形成，引导数据要素合理配置，促进数据要素收益公平分配的核心关键。按照党的十九大报告、十九届四中全会关于要素配置市场化改革的相关要求，中共中央国务院于2020年3月出台的《关于构建更加完善的要素市场化配置体制机制的意见》明确指出要健全完善“由市场决定要素价格机制以及生产要素由市场评价贡献、按贡献决定报酬的机制”，这为建立健全数据要素科学的价格生成机制提供了基本方向。

沿着要素配置市场化变革的进路思考，数据要素合理价格的制定应当以提升数据交易意愿与频率、提高使用数据效率、促进全要素生产率改善为基本目标参照，坚持充分体现市场决定要素价格的基本经济原则，建立由“均衡价格参照机制、询价竞价机制以及公允估价机制”构成的数据要素科学的价格生成机制。

数据要素的均衡价格参照机制是基于国民经济各部门的投入产出均衡，形成数据理论价格的定价机制。按照马克思的劳动价值论和价值转型理论，商品的价值分为不变资本、可变资本与剩余价值三部分，依循完全竞争假设与等量资本获得等量利润原则，经过要素在部门内部与部门之间自由流动直至达到相对稳定状态，商品价值转化为生产价格，变形为生产成本（预付资本，即不变资本加上可变资本）与平均利润（预付资本与平均利润率的乘积）之和。理论上，通过搜集相关统计资料，并借助大数据技术，能够模拟出数据要素在不同经济社会部门达到相对均衡状态时的理论价格，用于数据要素定价及交易的参考基准，可将其作为数据要素市场交易的初始基准价格或理论参考价格。

数据要素的询价竞价机制是在存在市场交易场景的条件下，由供求双方共同作用生成数据市场交易价格的一种定价机制，是通过市场机制实现数据要素价值的具体表现。市场经济条件下，数据交易价格的形成要受到数据要素的供给与需求状况、市场结构等因素影响。当市场关于数据要素的供求不匹配时，数据的市场交易价格将偏离初始的理论参考价格。如果供给与需求的数量都很大，数据市场接近完全竞争市场，可让买卖双方基于理论参考价格在合法的数据交易平台上进行询价与竞价，由市场自行探索生成体现遵循价值规律的数据交易价格。当数据要素市场上的供给方较少时，数据市场的活力由卖方主导，此时应允许卖方采取成本加成策略，获取适度的垄断利润，引导卖方主动出售数据，增加供给。此外，倘若数据要素供给与需求的市场主体都存在较强的垄断力量，这时可遵循福利最大化原则，通过竞价拍卖的模式形成市场交易价格。

数据要素的公允估价机制是在数据要素资源化基础上，推进数据要素资产化与资本化过程中经由可信第三方对数据资源进行评估价值的一种定价机制。数据在搜集与建模脱敏等处理形成要素资源后的价值较低，而且受高频性、外部性等因素影响使得数据价值不稳定，通过数据要素与具体业务融合以及交易、流通等社会化配置等方式实现资产化与资本化，能够提升拓展数据的使用价值与交换价值。由于“大数据具有分割组合使用特性、不同购买者大数据分析技术能力和使用目的差异”[6]以及诸如并购、诉讼等非交易场景的存在，基于卖方视角的竞价询价机制不适用，需要立足买方视角依托持有数据资产评估许可证的第三方对数据资产进行估价，形成公允价格。在实践中，可根据实际情况选择成本法、收益法、市场调查法、Shapely 值法或比较法等方法评估数据资产价格。

（三）创新拓宽数据要素参与收入分配的方式

在数据资源产权界定清晰、明确以价格间接反映数据要素贡献大小以及科学生成数据要素价格的基础上，需要明确数据参与收入分配的可能方式。这是实现数据要素价值、提高数据使用价值与交换价值、稳定释放数据要素参与经济社会建设的积极性以及切实推进数据要素参与收入分配的重要问题。

世界经济发展经验表明，不同生产要素参与财富分配的方式与商品经济发展的阶段相适应，是由单一向多元逐步演化的动态调整过程。在简单商品经济发展时期，生产要素参与财富分配的形式相对单一，主要通过市场交易获得相应收入。比如，土地要素在土地市场上获得出让金或租金收入、劳动要素在劳动力市场上获得工资收入、资本要素在资本市场上获得利息收入等。在市场经济发展时期，生产要素的市场交易不再是要素参与收入分配的唯一方式，还存在着土地、劳动、资本、技术以及管理者才能要素作价入股获取股息股利、资产估价置换以及非土地要素以融资租赁工具获取租金等形式。

中国目前已经建立了社会主义市场经济体制，不同类型、不同层次的要素市场与商品市场趋于完善，不同的收入分配方式业已实践多年，这为数据要素市场的建立完善以及探索数据要素参与收入分配的多元方式提供了较好的基础与实践参考。直观地，数据要素参与收入分配的直接方式是通过市场交易数据原材料以及初步加工的数据集获得要素回报，这与数据成为要素或数据资源化相适应。虽然前端的市场交易能够直接实现了数据要素的价值，但难以有效支撑数据的资产化与资本化，与数据要素价值链的延展不适应。因而，有必要探索其他收入分配方式以鼓励市场经济主体充分利用数据要素，最大化数据要素的价值。

借鉴其他生产要素参与收入分配的方法，除了以反映供求关系的市场交易方式参与收入分配以外，还可以“估价作股、数字租金、以数易数或以数易商（服）”等形式参与收入分配。具体来看，估价作股是通过数据资产估价参股企业，并凭借股份从数据资产运营收入中获取股息、股利或者通过出让股份获取收益的收入分配方式。此种分配方式适用于组合海量数据、构建数据集合、深度挖掘数据价值的情景，有利于促进数据由要素资源升级为资产与资本，形成数字经济支撑力。数字租金是在特定的安全环境下出租使用数据分析技术、数据平台或数字生产设备等获取租金收入，这是数据要素参与收入分配的另一种方式。在数据要素产业链分工严格、技术门槛高、成本较大的背景下，数字租金模式一定程度上能够消除数据及其相关产品需求方资金不足、技术不足以及使用目的差异等制约，加速数据要素价值实现速度，促进数据要素价值出现叠加。此外，亦可尝试以数易数或以数易商（服）的模式推动数据要素参与收入分配。不同于前述的三种方式，该分配模式并未通过货币中介体现数据要素价值，而是遵循等价交换的原则，不同数据供给主体之间或数据供给主体与需求主体之间（例如平台与平台、个人与平台等）在签署相关共享服务等协议条件下直接进行数据与数据的交换或数据与产品服务使用权限的交换，这对于引导相关各方主动提供数据、降低数据重复搜集成本、壮大数据资源资产集合、促进数据要素市场形成有积极影响。

（四）构建确保数据收益公平分配的制度体系

数据要素产权不清、商业机密和个人隐私泄露、数字平台寡头、监管制度不完善等问题易造成福利损失，致使数据要素收益分配结果不公平，妨碍数据要素深度融入参与经济社会发展。基于中国特色社会主义收入分配制度内在的公平价值导向，有必要从法律法规、安全保护以及监督管理等方面着力，构建完善数据收益公平分配的制度保障体系。

加强数据收益归属的相关法律建设。从制度经济学视角分析，数据要素参与收入分配的逻辑起点是数据产权清晰，这也是数据收益分配公平的根本保障。只有清晰界定数据要素的产权，才能明确数据要素参与市场流通的收益归属，规避数据要素收益被其他主体无偿占有的分配结果扭曲现象。《中华人民共和国民法通则》《中华人民共和国物权法》《中华人民共和国网络安全法》《中华人民共和国数据安全法》等法律法规中尚不能找到数据权利归属的明确条款，数据要素收益分配的法律依据不充足、不充分。因而，在数据要素日益渗透经济社会各领域、并做出重大贡献的当下，数据要素获取收益与市场经济规则相容，需要进一步健全法律法规，明确数据要素的权属，以确保数据要素收益更合理、更公平的分配。

完善数据安全和隐私保护的立法建设。安全使用数据要素，不泄露个人隐私以及企业和政府的敏感信息是建立数据要素市场、促进数据流通交易、获取公平收益的必要条件。中国已有的法律中，《中华人民共和国网络安全法》《中华人民共和国数据安全法》对数据安全给出了较为完备的规定，但与个人信息保护相关的条款较为笼统，散布于根本大法、基本法以及部分下位法中。虽然《中华人民共和国网络安全法》对个人数据的搜集、处理、传输与使用等予以了一定说明，《中华人民共和国数据安全法》也强调了对国家利益、公共利益和个人、组织利益给予保护，但它们对个人信息、隐私等涉及自身安全保护的问题均未提及。在高度发达的数据交叉识别技术下，完全可以通过看似碎片化的数据识别个人身份或窥探隐私，并将之运用于商业发展中获取经济利益，而作为数据主要贡献者的个人却没有获得应有收益，个人的福利明显受损。因此，在清晰界定不同类型数据产权的同时，需要加快《中华人民共和国个人信息保护法》立法，促进数据的人格权与财产权两大权利属性特征兼容，夯实数据收益公平分配的制度基础。

健全数据要素流通的管理制度。数据获取收益的基本途径是参与市场流通，此时数据要素收益分配公平与否将取决于数据市场经济秩序。研究发现，中国的数据交易存在“缺乏国家层面的数据交易法律法规和行业标准规范、数据交易平台分割的市场之间缺乏流动性、缺乏数据交易统一的定价标准与参与主体标准”[29]以及数据平台寡头垄断等问题，切实影响着数据要素价值的实现与公平分配。为确保数据要素收益公平分配，需要加强数据要素市场的监督管理制度建设，形成全国统一、公平竞争、规范有序的数据要素市场体系。首先，应在地方设定的数据交易规范或标准基础上，建立全国适用的数据交易法律或法规，统一数据交易市场规则，提升数据流通效率。其次，国家层面应发布数据交易与使用的垄断和不正当竞争行为指南，“加快推动《中华人民共和国反垄断法》和《中华人民共和国不正当竞争法》的‘修改废释’工作，明确执法标准，避免监管真空”[30]，促进数据要素市场公平竞争。此外，应设立专门监管数据流通的政府职能部门，明确监督管理职责、对象与范围等；“加强监管队伍建设，在各职能部门之间建立信息共享机制，形成全面监管的制度环境”[31]，更好地维护数据要素市场秩序。

四、结语

数字经济时代，数据资源的战略地位极为显著，在后工业化社会经济发展质量跃升的进程中发挥着难以替代的作用。正如习近平总书记所强调的：“大数据是工业社会‘自由’的资源，谁掌握了数据，谁就掌握了主动权”。设计科学的激励机制通常是促进要素主动参与价值创造，释放生产力的有效手段。中国特色社会主义进入发展的新时代，数据作为生产要素参与收入分配的制度安排不仅依循了马克思劳动价值论和收入分配理论的分析逻辑，而且以有机融合运用数据要素而成功重塑经济增长新动能、推动经济转型升级、提升全要素生产率、改善宏观经济调控效率等一系列经济事实为基础，体现了理论与实践层面上的双重逻辑自洽性。经济发展新时代阶段下，稳妥推进数据要素参与收入分配有利于促进数据的潜在生产力转化为现实生产力，提升经济质量效益。数据要素参与收入分配的落地应以清晰界定不同类型数据的权属为逻辑起点，建立健全数据要素科学的价格生成机制，创新拓宽数据要素参与收入分配的方式，构建确保数据要素收益公平分配的制度体系。

参考文献：

［1］李政，周希禛. 数据作为生产要素参与分配的政治经济学分析［J］. 学习与探索，2020（1）：109-115.

［2］王融. 关于大数据交易核心法律问题：数据所有权的探讨［J］. 大数据，2015（2）：49-54.

［3］刘朝阳. 大数据定价问题分析［J］. 图书情报知识，2016（1）：57-64.

［4］干春晖，钮继新. 网络信息产品的定价模式［J］. 中国工业经济，2003（5）：34-41.

［5］LIANG F, YU W, AN D, et al. A survey on big data market：pricing, trading and protection［J］. Ieee Access, 2018（4）：15132-15154.

［6］左文进，刘丽君. 大数据资产估价方法研究：基于资产评估方法比较选择的分析［J］. 价格理论与实践，2019（8）：118-121，150.

［7］SAMUELSON P. Privacy as intellectual property?［J］. Stanford Law Review, 2000（5）：1125-1173.

［8］朱新力，周许阳. 大数据时代个人数据利用与保护的均衡："资源准入模式"之提出［J］. 浙江大学学报（人文社会科学版），2018（1）：18-34.

［9］吴江. 数据交易机制初探：新制度经济学的视角［J］. 天津商业大学学报，2015（3）：3-8.

［10］曾彩霞，朱雪忠. 必要设施原则在大数据垄断规制中的适用［J］. 中国软科学，2019（11）：55-63，73.

［11］马克思. 资本论：第 3 卷［M］. 中共中央编译局译，北京：人民出版社，2004.
［12］洪银兴. 先进社会生产力与科学的劳动价值论［J］. 学术月刊，2002（1）：38-43.
［13］洪银兴. 非劳动生产要素参与收入分配的理论辨析［J］. 经济学家，2015（4）：5-13.
［14］吴宣恭. 产权、价值与分配的关系［J］. 当代经济研究，2002（2）：17-22.
［15］刘灿. 马克思关于收入分配的公平正义思想与中国特色社会主义实践探索［J］. 当代经济研究，2018（2）：17-25.
［16］蒋永穆. 数据作为生产要素参与分配的现实路径［J］. 国家治理，2020（8）：43-45.
［17］王一鸣. 数字经济启动经济发展新引擎（新论）：激发数字经济新动能［N］. 人民日报，2020-7-8（5）.
［18］杨汝岱. 大数据与经济增长［J］. 财经问题研究，2018（2）：10-13.
［19］荆文君，孙宝文. 数字经济促进经济高质量发展：一个理论分析框架简［J］. 经济学家，2019（2）：66-73.
［20］陈维涛，韩峰，张国峰. 互联网电子商务、企业研发与全要素生产率［J］. 南开经济研究，2019（5）：41-59.
［21］肖国安，张琳. 数字经济发展对中国区域全要素生产率的影响研究［J］. 合肥工业大学学报（社会科学版），2019（5）：6-12.
［22］侯层，李北伟. 金融科技是否提高了全要素生产率：来自北京大学数字普惠金融指数的经验证据［J］. 财经科学，2020（12）：1-12.
［23］何大安，杨益均. 大数据时代政府宏观调控的思维模式［J］. 学术月刊，2018（5）：68-77.
［24］朱建田，何艳霞. 大数据：重建"计划经济"还是完善社会主义［J］. 西部论坛，2020（5）：13-21.
［25］马建堂. 新常态下我国宏观调控思路和方式的重大创新［J］. 行政管理改革，2015（11）：4-9.
［26］周梦，周绍东. 信息革命背景下的企业决策行为与政府宏观调控［J］. 中共南京市委党校学报，2020（4）：6-112.
［27］DEMSETZ H. Toward a theory of property rights［J］. The American Economic Review，1967（2）：347-359.
［28］丁文联. 数据竞争的法律制度基础［J］. 财经问题研究，2018（2）：15-19，23.
［29］唐斯斯，刘叶婷. 我国大数据交易亟待突破［J］. 中国发展观察，2016（13）：19-21.
［30］熊鸿儒. 我国数字经济发展中的平台垄断及其治理策略［J］. 改革，2019（7）：52-61.
［31］周德良，徐宏玲. 基于生态系统的电商监管模式研究［J］. 社会科学研究，2021（1）：83-91.

数字经济促进制造业高质量发展了吗？[①]

——基于我国省际面板数据的实证研究

廖信林[②]　曹欣宇[③]　叶青杨[④]

摘　要： 我国制造业正面临转型和发展的瓶颈，如何提高制造业发展质量成为制造业发展的核心命题。数字经济发展是新时代经济发展的重要推动力，其创新性与融合力逐渐引领着各行业新一轮的发展，重新塑造着制造业的新业态，对制造业提质增效或有着不可估量的作用。本文基于全国 30（自治区、直辖市）2013—2018 年的面板数据，对数字经济影响制造业高质量发展进行了效应评估，并进一步在理论分析的基础上，通过实证检验了数字经济影响制造业高质量发展的作用机制。实证检验得知数字经济总体上显著促进了制造业高质量发展，这种影响表现出地区间的异质性，并且数字经济对制造业高质量发展的正向影响是通过创新效应、劳动生产率提高效应两大路径实现的。

关键词： 数字经济；制造业；高质量发展

引言

制造业是一国经济发展的支柱。我国拥有最完善的工业体系和强大的市场优势，制造业总产量居世界第一，但我国制造业质量仍具有很大的进步空间。数字经济的发展推动全球的技术与产业发生新一轮的变革，对全球制造业发展也产生了巨大的冲击，在这种国际大环境下，我国必须抓住这次产业变革的机遇，尽快完成转型，推动制造业实现

---

① 基金项目：安徽省自然科学基金青年项目：长三角城市群房价分化的制造业空间集聚效应研究（1808085MG218）；安徽省自然科学基金面上项目：新时代中国财政政策作用空间及其调控机制优化研究（1908085MG231）；2019 年度高校优秀青年人才支持计划：新时代完善我国财政政策调控机制研究（gxyq2019024）；安徽省社科联 2020 年度攻关研究类课题：经济高质量发展视阈下长三角要素市场一体化建设的关键举措研究（2020CX066）；安徽财经大学研究生科研创新项目：数字经济驱动制造业高质量发展研究（ACYC2020220）。

② 廖信林，安徽财经大学经济学院教授。

③ 曹欣宇，安徽财经大学经济学院硕士研究生。

④ 叶青杨，安徽财经大学经济学院硕士研究生。

高质量发展。党的十九大报告中指明了制造业实现高质量发展转型的方向，要推动制造业加速向数字化、网络化、智能化发展[1]。与此同时数字经济发展迅猛，2020 年数字经济增加值达到 39.2 万亿元，占 GDP 比重为 38.6%[2]。可见数字经济发展已经成为新时代经济发展的重要推动力，不断地推动着协同创新、技术变革、智能生产。数字经济作为一种新动能，在制造业提质增效的关键阶段必然将发挥重大作用。数字经济对制造业高质量发展影响如何？数字经济作用制造业高质量发展存在何种机制？本文将基于全国 30（自治区、直辖市）2013—2018 年的面板数据，围绕这两个命题开展研究，探索数字经济赋能制造业高质量发展的作用效果和机制。

一、文献综述

（一）数字经济发展研究

数字经济一词首次进入公众视野是在 1994 年的一份名为 *The San Diego Union-Tribune* 的期刊中，而正式提出是在 1996 年 Don Tapscott 的有关数字经济的著作中。随着数字经济的社会关注度越来越高，学术界对于数字经济的研究也越来越丰富。现有关于数字经济的研究主要集中在数字经济内涵的界定、数字经济的量化以及数字经济对经济的影响等方面。首先，学者们尝试从不同的角度去定义数字经济，廓清数字经济的内涵。第一，从数字经济囊括的内容角度定义数字经济。Mesenbourg（2001）认为电子商务可以很好地反应数字经济[3]，中国信通院（2017）将数字经济分为数字经济基础和数字经济融合两部分[4]。第二，以 2016 年 G20 峰会为代表，认为数字经济是一种经济活动[5]。第三，部分学者从产业、产出的视角去定义数字经济，以 Knickrehm（2016）等学者为代表。关于数字经济的量化学术界主要采用两种方法，康铁祥（2008）、刘方（2019）等学者采用数字产业的增加值来量化数字经济[6][7]，而以陈芳（2018）、沈运红（2020）、刘军（2020）等为代表的学者则通过构建指标体系来度量数字经济的大小[8][9]。数字经济对经济社会的影响是学术界以及现实经济社会中极受关注的问题，学者们从不同视角探究了数字经济对经济社会各方各面的影响。如何帆（2019）认为数字经济会对企业的经济效益产生影响，并证实了数字经济对其的正向促进作用[10]。徐铭（2021）提出数字经济与金融结合形成数字普惠金融，它的形成对经济高质量发展起到了显著的推动作用[11]。随着数字经济的进一步发展，也有不少学者开始关注数字经济的管控和治理问题，如熊鸿儒（2019）、杜庆昊（2019）等学者[12][13]。

（二）制造业高质量发展研究

现阶段对于经济高质量发展的研究较为丰富，但较少有学者对制造业高质量发展进行研究，究竟如何测度制造业高质量也未形成统一确定的标准。部分学者对制造业高质量发展的内涵进行了探讨，余东华（2020）从新发展理念的角度定义了制造业高质量发展[14]；张志元（2021）从发展变革、方向、模式三个角度阐释了制造业高质量发展，指出高质量是符合五大发展理念的高质量[15]。综上所述，现有研究中衡量制造业高质量发展的方法大都是基于五大发展理念。而现有文献中关于制造业高质量发展的测度方法主要有单一指标法或者指标体系法两种方法，王卫（2017）、韦庄禹（2021）等采用全要素生产率来度量制造业高质量发展情况[16]，江小国（2019）、赵卿（2020）等学者则通过构造指标体系更加全面地度量了制造业高质量发展水平[17]。

关于数字经济影响制造业高质量发展的研究中着眼于理论分析的文献较多，而实证研究相对较少。丁志帆（2020）从经济学层次划分的角度，聚焦微观、中观、宏观三个层面，构建了数字经济驱动制造业高质量发展的理论框架，从理论上详尽分析了数字经济作用于制造业高质量发展在每个层面的机制[18]。李英杰（2021）从质量变革、动力变革、效率变革三大方面分析了数字经济促进制造业高质量发展的作用机理[19]。吕铁、李载驰（2021）基于价值创造和获取的视角分析了数字经济如何赋能制造业高质量发展[20]。除此之外，也有少数学者进行了实证研究，王永龙（2020）基于二元边际的理论实证分析了数字经济赋能制造业高质量的效应与机理[21]，韦庄禹（2021）实证验证了数字经济对制造业高质量发展具有正向效应，但其只从理论上分析了作用机理，未提供实证证据，对于制造业高质量的衡量使用单一指标，未能全面地反映制造业高质量发展水平。

综上所述，数字经济促进制造业高质量发展的研究大多集中于作用机理的理论探讨，较少有研究运用实证方法进行效应评估与路径识别。本文将基于全国省际 2013—2018 年的面板数据，对数字经济促进制造业高质量发展进行效应评估与路径识别。本文的边际贡献如下：第一，通过构建数字经济和制造业高质量发展的指标体系，更加全面精确地对两者进行了量化分析；第二，定量分析了数字经济对制造业高质量发展的影响效应，并进一步探究了全国范围内这种影响效应的区位异质性；第三，通过构造中介效应模型，在理论分析的基础上进一步通过实证检验了数字经济推动制造业高质量发展的机制。

二、理论机理分析与研究假设

施蒂格勒认为制造业发展遵循由劳动到资本再到知识制造最终到智能化制造的路径。数字经济时代，数据成为不可取代的要素，它推动了其他产业的快速发展，也加速了知识的传播和溢出（武梦超，2019）[22]，进而推动了知识制造。数字经济推动传统产业融合加速发展，使得传统产业的数字化和智能化坐上了快车（童锋，2020）[23]，进而加速了智能制造。可见数字经济极大地赋能了制造业的知识制造和智能制造，在此基础上能够促进制造业高质量发展。由此，本文提出假设 1。

假设 1：数字经济在总体上正向促进制造业高质量发展。

除此之外，数字经济还会通过不同的路径促进制造业高质量发展，具体如下：

（一）数字经济通过创新效应促进制造业高质量发展

数字经济发展进程中可以对制造业产生创新效应，并通过创新效应促进制造业高质量发展。数字经济主要通过以下几个方面激发企业创新潜能，促进企业创新：第一，数字经济的发展加剧了企业之间的竞争，倒逼企业进行创新。企业研发投入需要巨大的成本，且风险较大，这导致企业的创新研发积极性不高（温珺，2020）[24]。数字经济发展，特别是平台经济的快速发展，使得市场更加公开透明，信息的对称性加剧了企业间的竞争。面对激烈的竞争，企业若想在竞争中存活下来，就要不断创新优化自身的产品，加大创新研发投入。第二，数字经济发展提高了创新效率。传统的封闭式创新模式下，内部创新研发周期长，且研发成果不一定符合市场偏好，创新研发失败的风险大、效率低。数字经济大环境下使得创新模式由封闭式向开放式转型（王德辉，2020）[25]，消费者可以通过数字平台加入创新研发中，使得产品研发更能够满足市场需求，大大提高了创新研发的成功率。数字经济也为企业之间的创新研发合作提供了平台，企业间横向合作可以合理解决创新中卡脖子问题，提高创新效率。第三，数字经济发展加速了知识传播和溢出，为创新提供了知识支撑。根据内生增长理论，知识的积累是创新活动的基础。数字经济时代扩展了知识的获得途径，加速了知识的传播，增加了全社会知识积累，为企业创新提供了强大的知识库。创新是技术进步的源泉，而技术进步是制造业高质量发展所必不可少的要素。根据上述分析，本文提出假设 2。

假设 2：数字经济通过创新效应推动了制造业高质量发展。

（二）数字经济通过劳动生产效率提高效应促进制造业高质量发展

数字经济的发展可以为企业的生产和管理提供技术、产品和服务，助推企业实现数字化生产和管理。数字化的生产和管理可以极大促进企业劳动生产效率的提高，生产效率提高意味着生产效益的提高，进而能够促进制造业高质量发展。第一，生产方面，数字经济的发展可以从生产过程和生产设备两个方面提高劳动生产效率，数字经济发展不仅能够加快生产各环节的信息互通，进而提高生产过程中的生产数据整合、分析效率，数字经济发展同样有利于提高机器设备数字自动化程度。第二，管理方面，数字经济发展加速企业管理数字化建设，提高管理效率，进而提高企业的劳动生产率，因此本文提出假设 3。

假设 3：数字经济通过提高劳动生产率促进了制造业高质量发展。

三、变量选择与模型设计

（一）变量设计

1. 被解释变量

被解释变量为制造业高质量发展水平（quality）。现有研究主要采单一指标和构建指标体系两种方法来量化制造业高质量发展水平，常用的单一指标有全要素生产率（王卫，2017；文东伟，2019；韦庄禹，2021）和产业增加值率（张杰，2013；彭树涛，2018；高丽娜，2020）。指标体系测度法，扎根制造业高质量发展的深刻内涵，更加全面地测度了制造业高质量发展水平。江小国（2019）、赵卿（2020）等学者结合五大发展理念构建起了涵盖多层级多项指标的制造业高质量发展指标体系。单一指标法简单易操作，但往往会遗漏一些关键信息，指标体系测度法能够将更多的信息纳入指标体系中，更加全面精确地量化测度制造业高质量发展的水平。因此本文选用指标体系测度法，构建起包含三大类 9 项指标的指标体系，来更加全面、更加精确地测度制造业高质量发展的水平，指标体系构建如表 1 所示。

表 1　制造业高质量发展水平指标体系

一级指标	二级指标	三级指标	权重
制造业高质量发展指数	经济效益	劳动生产率	0. 098 4
		利润率	0. 033 6
	创新驱动	R&D 人员投入水平	0. 141 1
		R&D 经费投入水平	0. 194 2
		有效专利收入率	0. 328 4
	绿色制造	电力消耗水平	0. 049 3
		水资源消耗水平	0. 056 0
		废水排放强度	0. 061 7
		废气排放强度	0. 037 3

2. 核心解释变量

核心解释变量为数字经济发展水平（digital）。现有研究对于数字经济发展水平的量化主要是基于政府与官方研究机构公布的统计方法，大致分为以下几种测度方法：第一种是将数字产业化部分与产业数字化部分所创造的价值归为数字经济的贡献，以此来量化数字经济发展水平；第二种是基于数字经济的内涵构建数字经济发展水平指标体系，并采用某种赋权方法确定指标体系不同类目的权重，以此来测度各地区的数字经济发展水平（陈芳，2018；沈运红 等，2020）；第三种是以张海峰（2018）、万晓榆（2019）等学者为代表，采用 DEEP 模型构建数字经济评价模型，以此来量化数字经济发展水平。本文选用第二种量化方法，构建了涵盖数字经济基础设施建设水平、数字经济应用水平、数字产业化水平三大类 7 项指标的数字经济发展评价指标体系，指标体系构建如表 2 所示。

表 2　数字经济发展水平指标体系

一级指标	二级指标	三级指标	权重
数字经济发展指数	数字经济基础设施建设水平	电信业务总量	0. 135 2
		移动电话用户	0. 080 8
	数字经济应用水平	长途光缆线路长度	0. 055 4
		互联网宽带接入端口	0. 091 2
	数字产业化水平	信息服务业就业人数	0. 167 7
		软件和信息技术服务业收入	0. 271 7
		电子商务销售额	0. 197 9

3. 控制变量

为了避免模型因遗漏变量造成误差，影响估计结果的真实可靠性，本文引入了政府干预（gov）、城市化率（urb）、市场化水平（market）、对外依赖程度（et）四个控制变量。

（1）政府干预（gov）

本文用地方政府一般财政预算支出来表示政府干预。地方政府的财政支出为当地的技术进步、产品研发提供了大量资金支持，政府对基础设施建设的支出一定程度上代表当地基础设施的完善程度，而基础设施是当地制造业高质量发展所依托的环境，因此政府在制造业实现高质量发展的过程中发挥着不可替代的作用。

（2）城市化率（urb）

城市化核心是人的城市化，本文用地方城镇人口数/年末常住人口数来表示城镇化率。城市化的过程不仅仅是人的城市化过程，还伴随着各种要素的城市化，城市化推动了产业的集聚，也极大提高了资源的配置效率，也有利于提高劳动力的质量，从而对制造业的高质量发展起到正向的促进作用。

（3）市场化水平（market）

市场化水平本文参照韩先锋（2019）的做法，用非国有企业员工占比表示市场化水平，比值越大则说明市场化水平越高[26]。市场化水平提高更有利于企业之间的自由竞争，倒逼企业进行产品和技术升级，所有的制造企业都追求技术进步和质量提升的结果就是带来整个制造业的高质量发展。

（4）对外依赖程度（et）

本文用经营单位所在地进出口总额与地方生产总值的比值来表示对外依赖程度[27]，对外依赖程度与该值大小呈正相关。对外依赖程度越高，本国的发展越容易受到全球经济的影响和制约，越不利于本国制造业的发展，因此对外依赖程度对制造业高质量发展具有负向效应。

（二）模型设计

1. 熵值法评价方法

本文选用熵权法对各项指标进行赋权，在求得指标权重的基础上采用加权求和的方法计算制造业高质量发展水平（quality）和数字经济发展水平（digital），具体的步骤省略。根据熵权法计算所得到的制造业高质量水平指标体系与数字经济发展水平指标体系的权重分别如表 1、表 2 所示。

2. 面板模型构建

为验证数字经济对促进制造业高质量发展有着显著的正向效应，本文构建如下模型：

$$\mathrm{quality}_{it} = \beta_0 \mathrm{digital}_{it} + \sum_j \beta_j X_{it} + \mu_i + \gamma_t + \varepsilon_{it} \tag{1}$$

其中，$\mathrm{quality}_{it}$ 为第 i 个省份第 t 年的制造业高质量发展水平；$\mathrm{digital}_{it}$ 为第 i 个省份第 t 年的数字经济发展水平；X 表示第 i 个省份第 t 年的控制变量的值；μ_i 为个体效应，γ_t 为时间效应，ε_{it} 为随机扰动项。

3. 中介效应模型构建

为了验证前文机制假设，本文引入创新（innovation）和劳动生产率（lp）两个中介变量，构建中介效应模型实证验证数字经济影响制造业高质量发展的路径。本文参照 Baron 和 Kenny（1986）[28] 的做法，构建了如下中介效应模型：

$$quality_{it} = \alpha_0 digital_{it} + \sum_{j=1} \alpha_j X_{it} + \mu_i + \varepsilon_{it} \tag{2}$$

$$M_{it} = \rho_0 digital_{it} + \sum_{j=1} \rho_j X_{it} + \mu_i + \varepsilon_{it} \tag{3}$$

$$quality_{it} = \gamma_0 digital_{it} + \gamma_1 M_{it} + \sum_{j=2} \gamma_j X_{it} + \mu_i + \varepsilon_{it} \tag{4}$$

模型中：$quality_{it}$ 为被解释变量；$digital_{it}$ 为数字经发展水平；M_{it} 为中介变量，即为创新（innovation）和劳动生产率（lp）；X 则为控制变量，与面板模型中的控制变量保持一致。

检验步骤如下：①若 α_0 显著不为 0，说明机制检验的前提存在，继续进行检验；②若 ρ_0、γ_1 都显著，那么说明中介效应是存在的；③是否为完全中介则取决于系数 γ_0，γ_0 不显著时为完全中介效应，反之为部分中介效应。

（三）数据来源与变量描述性统计

为了减少数据的波动，对政府干预（gov）、创新（innovation）做了取对数处理，人均工业增加值作为替换被解释变量记为 quality1，工具变量光缆长度和互联网端口数分别记为 glcd 和 hlwdk。本文数据来源于历年《中国统计年鉴》《中国环境统计年鉴》。考虑到数据的可获得性，面板数据的时间跨度为 2013—2018 年，研究对象为中国 30 个（自治区、直辖市）（西藏、港、澳、台除外），共 180 个样本量，变量的描述性统计如表 3 所示。

表 3　变量描述性统计

变量名	样本量	平均值	标准误	最小值	最大值
quality	180	0. 383	0. 138	0. 124	0. 792
digital	180	0. 164	0. 151	0. 008	0. 936
lngov	180	8. 397	0. 548	6. 827	9. 663
urb	180	0. 582	0. 118	0. 378	0. 896
market	180	0. 503	0. 088	0. 299	0. 724
et	180	0. 267	0. 275	0. 018	1. 257
quality1	180	0. 829	0. 745	0. 044	3. 383
lninnovation	180	8. 696	1. 405	4. 710	11. 708
lp	180	9. 922	3. 448	3. 713	22. 671
glcd	180	3. 115	1. 686	0. 090	7. 790
hlwdk	180	2. 051	1. 57	0. 118	8. 149 1

四、实证分析

（一）基准回归分析

对制造业高质量发展指数和数字经济发展指数进行线性回归以验证假设 1，检验数字经济是否正向促进了制造业高质量发展，结果如表 4 所示。其中，模型（1）为个体固定效应模型，模型（2）为 OLS 模型，模型（3）为双向固定效应模型，模型（4）为随机效应模型。模型（1）—（4）的结果均显示数字经济对制造业高质量发展水平具有显著的正向促进作用，除了模型（2）其他三个模型均在 1%的显著性水平下通过了检验，模型（2）显著性有所降低，但仍在 5%的显著性水平上通过了检验。

由于各个省份之间的情况不尽相同，应该允许每位个体拥有自己的截距项，同时 Hausman 检验显示固定效应模型较为合理，且个体固定效应模型要优于双固定模型，因此在结合实际情况与检验的情况下，本文最终选择固定效应模型。如列（1）所示，在 1%的显著性水平上，数字经济发展水平每提高 1 单位，制造业高质量发展水平将提高 0. 508 个单位，数字经济发展水平对制造业高质量发展有着显著的正向促进作用，验证了假设 1。

表 4　基准回归结果

变量	(1) FE	(2) OLS	(3) FE	(4) RE
digital	0. 508*** (0. 092 0)	0. 270** (0. 117)	0. 414*** (0. 115)	0. 390*** (0. 073 6)
lngov	0. 085 5 (0. 057 9)	0. 077 6** (0. 029 9)	0. 042 3 (0. 058 6)	0. 083 1*** (0. 030 6)
urb	1. 433*** (0. 368)	0. 905*** (0. 176)	0. 714 (0. 493)	1. 106*** (0. 179)
market	−0. 029 7 (0. 085 9)	0. 140 (0. 126)	−0. 097 1 (0. 068 4)	0. 064 7 (0. 091 4)
et	−0. 095 8 (0. 081 1)	−0. 170*** (0. 060 5)	−0. 079 0 (0. 075 5)	−0. 221*** (0. 062 6)
_cons	−1. 212*** (0. 350)	−0. 866*** (0. 269)	−0. 421 (0. 588)	−0. 997*** (0. 247)
个体固定	Y	N	Y	Y
时间固定	N	N	Y	N
R^2	0. 842 8	0. 782 5	0. 871 5	0. 794 0
N	180	180	180	180

注：Standard errors in parentheses，* 表示 $p < 0.1$，** 表示 $p < 0.05$，*** 表示 $p < 0.01$。

（二）稳健性检验

1. 替换核心被解释变量

为了验证回归结果具有稳健性，该部分将核心被解释变量进行替换，重新进行回归，参考邓峰（2020）[29]的做法，由于人均工业增加值从增量的角度反映了制造业高质量发展水平，因此本文选用人均工业增加值（quality1）替代被解释变量进行回归，其他变量与前文保持一致，回归结果如表5方程（1）所示。方程（1）回归结果表明，数字经济发展水平在5%的显著性水平上促进了制造业高质量发展，数字经济发展水平每提高1个单位，制造业高质量发展水平将提高1.311个单位，与基准回归结果的系数值相差不大，表明回归结果是稳健的，数字经济确实能够在总体上促进制造业高质量发展。

2. 地区异质性检验

不同地区的数字经济发展水平、制造业高质量发展水平都不尽相同，数字经济发展水平对制造业高质量发展的影响程度也具有一定差异。为了进一步研究数字经济对制造业高质量发展是否具有地区异质性，我们进一步将全样本细分为东部地区、中部地区和西部地区。如图1所示，2013—2018年东部、中部、西部地区的制造业高质量发展水平呈不断上升的趋势，西部地区的制造业高质量发展水平，明显高于其他两个地区，西部地区次之，东部地区发展较为落后。如图2所示，各地区的数字经济发展水平不断攀升，东部地区的数字经济发展水平以较快的速度不断增长。中西部地区增长较缓慢，两者在绝对水平上相差不大，西部地区略领先于中部地区。很显然，三大地区在数字经济发展水平和制造业高质量发展水平上具有地区异质性。

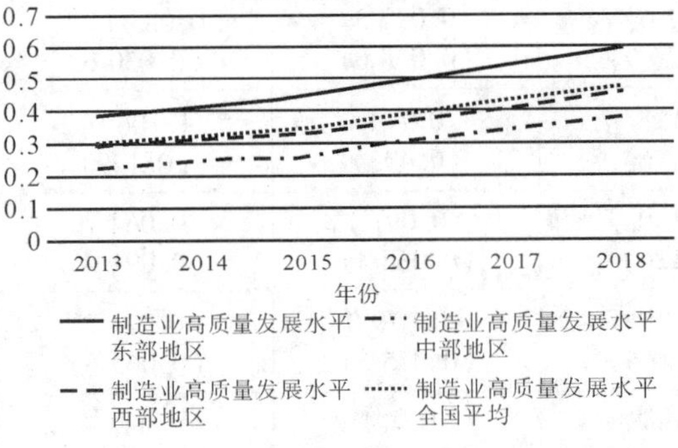

图1　分地区制造业高质量发展水平

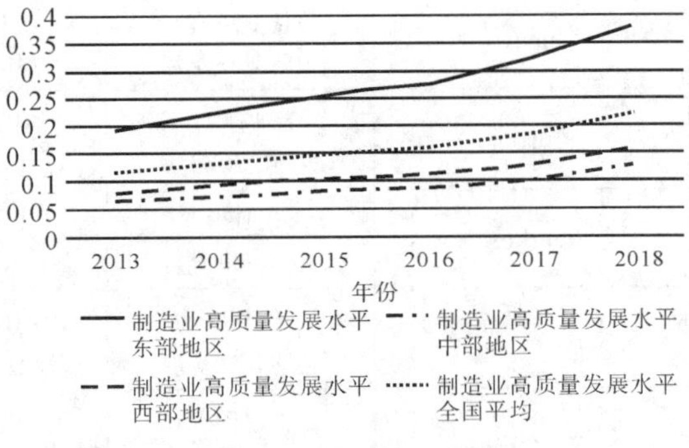

图2　分地区数字经济发展水平

数字经济发展水平对制造业高质量发展的影响是否具有地区异质性，分地区回归结果如表5所示。列（2）表示东部地区回归结果、列（3）表示中部地区回归结果、列（4）表示西部地区回归结果，三大地区的回归结果均显示数字经济显著地促进了各地区制造业高质量发展，再次印证了前文的结论。从系数大小看，三大地区数字经济对制造业高质量发展的影响程度具有明显的区位异质性，在前文分析中数字经济以及制造业高质量发展水平最为领先的东部地区，数字经济发展系数却是最小的，反而两者较为落后的中部地区，数字经济系数最大，这说明数字经济影响制造业高质量发展的效应大小与区域发展水平相反。这种现象的出现或许可以从边际报酬的视角寻找答案。数字经济在知识、技术的创新阶段时，数字经济水平越高边际报酬就越高，越发达的地区数字经济的促进效应就越大；而到了知识、技术创新发展到模仿阶段，由于知识容易被模仿因此具有一定的时效性，在这个阶段，较发达的地区进入了边际报酬递减的阶段，而不发达的地区充分发挥后发优势，处于边际报酬递增阶段，因此中部地区的数字经济影响效应更大一些。

表 5 稳健性检验结果

变量	(1) quality1	(2) East	(3) Middle	(4) West
digital	1.311*** (0.307)	0.418*** (0.075 8)	1.195*** (0.227)	0.551* (0.303)
lngov	−0.111 (0.139)	0.000 696 (0.054 2)	−0.067 1 (0.060 4)	−0.074 0 (0.118)
urb	0.359 (0.755)	0.257 (0.167)	2.209*** (0.570)	2.513*** (0.590)
market	0.270** (0.109)	0.841** (0.270)	−0.258** (0.106)	−0.089 8 (0.086 6)
et	0.220* (0.108)	−0.004 07 (0.054 3)	−0.070 3 (0.145)	−0.079 8 (0.173)
_cons	1.143 (0.740)	−0.235 (0.421)	−0.255 (0.219)	−0.373 (0.751)
R^2	0.593 0	0.893 7	0.890 7	0.867 8
N	180	66	48	66

注：Standard errors in parentheses，* 表示 $p<0.1$，** 表示 $p<0.05$，*** 表示 $p<0.01$。

3. 内生性检验

虽上文检验已说明数字经济对制造业高质量发展有正向影响，但不能排除制造业高质量发展与数字经济可能存在由于互为因果问题而导致的内生性问题。制造业高质量发展是经济发展的重要部分，而经济发展会促进数字经济发展，这说明制造业发展可能对数字经济也有正向影响。另外，制造业的高质量发展能够促进数字基础设施的建设和完善，良好的制造业发展环境也会吸引更多的数字化服务型企业入驻。为了检验模型是否具有内生性问题，本文引入两个工具变量，分别是滞后一期的光缆长度（L. glcd）和滞后一期的互联网端口数（L. hlwdk）。一方面两个工具变量从数字经济基础设施角度很好地代表了数字经济发展水平的大小，跟数字经济有很强的相关性；另一方面，两个工具变量是前定变量，现期制造业高质量发展水平并不会对前期的光缆长度跟互联网端口数产生影响，可以有效地解决双向因果关系造成的内生性问题。

内生性检验结果如表 6 所示，表 6 中模型（1）和模型（2）在考虑了内生性问题后，数字经济依旧对制造业的高质量发展有显著促进作用，且在 1%的显著性水平下成立。此外，本文对工具变量进行了检验，Hansen J 统计量的 P 值均大于 10%，过度识别检验均接受原假设，说明工具变量均为外生；识别不足检验中 Kleibergen-Paap rk LM 统计量的 p 值均为 0，显著拒绝原假设，说明不存在识别不足问题；Kleibergen-Paap rk Wald F 统计量均大于 Stock-Yogo 弱识别检验 10%水平上的临界值，说明不存在弱工具变量问题[30]。总而言之，以上检验结果说明所选择的 L. glcd、L. hlwdk 两个工具变量具有合理性。

表 6　内生性检验结果

变量	(1) quality	(2) quality
digital	1.483*** (0.138)	0.714*** (0.136)
lngov		0.008 48 (0.066 9)
urb		1.723*** (0.352)
market		−0.005 42 (0.064 4)
et		−0.101 (0.084 6)
Hansen J statistic	2.378 [0.123]	0.000 [0.992 5]
Kleibergen-Paap rk LM statistic	22.645 [0.000]	13.951 [0.000]
Kleibergen-Paap rk Wald F statistic	111.161 {19.93}	23.556 {19.93}
R^2	0.498 7	0.811 7
N	150	150

注：Standard errors in parentheses * 表示 $p < 0.1$，** 表示 $p < 0.05$，*** 表示 $p < 0.01$。

( ) 数值为稳健标准误，[ ] 数值为 P 值，{ } 数值为 Stock-Yogo 弱识别检验 10%水平上的临界值。

（三）中介效应检验

本文参照 Baron 和 Kenny（1986）做法，构建了中介效应模型，用于验证数字经济促进制造业高质量发展的作用路径，表 7 报告了数字经济影响制造业高质量发展的中介效应检验结果。模型（1）为基准模型，结果显示数字经济对制造业高质量发展的影响系数显著为正，因此可以继续进行中介效应检验。模型（2）、模型（3）用于检验数字经济是否通过创新效应促进制造业高质量发展，模型（4）、模型（5）用于检验数字经济是否通过生产率提高效应促进制造业高质量发展。

表 7 模型（2）表示数字经济对创新具有显著的正向促进效应，模型（3）表示创新对制造业高质量发展具有显著的正向影响，并且数字经济的影响也是显著为正的，但

系数比基准回归要小一点，这意味着创新具有部分中介效应，直接效应为 0. 404，中介效应为 0. 103。说明数字经济促进制造业高质量发展的创新效应是存在的，验证了假设 2。数字经济的发展，特别是平台经济的快速发展，使得市场更加公开透明，无形中促进了市场竞争，竞争加剧会倒逼企业创新，而创新能够进一步促进制造业的高质量发展。

表 7 的模型（4）中数字经济对劳动生产率的影响效应显著为正，而模型（5）中劳动生产率和数字经济对制造业高质量发展的影响效应也都显著为正，表明存在部分中介效应，中介效应大小为 0. 078 4。说明数字经济促进制造业高质量发展的劳动生产率增长效应的确存在，验证了假设 3。数字经济的发展从生产和管理两方面提高劳动生产率，劳动生产率提高意味着经济效益提高、生产成本降低，从而实现制造业高质量发展。

表 7　中介效应检验结果

变量	(1) quality	(2) lninnovation	(3) quality	(4) lp	(5) quality
lninnovation			0. 050 2*** (0. 011 6)		
lp					0. 009 48*** (0. 002 29)
digital	0. 508*** (0. 070 6)	2. 054*** (0. 478)	0. 404*** (0. 070 7)	8. 268*** (2. 430)	0. 429*** (0. 069 6)
lngov	0. 085 5* (0. 043 4)	−0. 571* (0. 294)	0. 114*** (0. 041 5)	3. 309** (1. 494)	0. 054 1 (0. 041 9)
urb	1. 433*** (0. 245)	6. 008*** (1. 658)	1. 132*** (0. 241)	12. 75 (8. 423)	1. 312*** (0. 234)
market	−0. 029 7 (0. 063 8)	0. 080 6 (0. 432)	−0. 033 8 (0. 060 2)	2. 187 (2. 196)	−0. 050 4 (0. 060 7)
et	−0. 095 8 (0. 059 8)	0. 441 (0. 405)	−0. 118** (0. 056 7)	2. 335 (2. 060)	−0. 118** (0. 057 0)
_cons	−1. 212*** (0. 261)	9. 497*** (1. 767)	−1. 689*** (0. 270)	−28. 37*** (8. 980)	−0. 943*** (0. 256)
中介效应		是		是	
R^2	0. 842 8	0. 305 7	0. 861 0	0. 587 1	0. 859 6
N	180	180	180	180	180

注：Standard errors in parentheses，* 表示 $p < 0.1$，** 表示 $p < 0.05$，*** 表示 $p < 0.01$。

五、结论与建议

（一）研究结论

本文基于 2013—2018 年全国省际面板数据，科学测度数字经济发展和制造业高质量发展水平，深入研究了数字经济影响制造业高质量发展的效应评估和作用机制，并对结果进行稳健性检验，得出如下结论：第一，数字经济影响制造业高质量发展的直接效应在总体上显著为正；第二，数字经济作用制造业高质量发展的程度表现出地区间的异质性；第三，数字经济可以通过创新效应、劳动生产效率提高效应两大路径促进制造业高质量发展。

（二）政策建议

在上述研究结论的基础上，结合当下数字经济和制造业发展的现状，提出以下几点政策建议：

第一，政府应该抓住信息技术发展的契机，着力于推动数字经济发展，并利用数字经济的发展带动制造业等产业的发展。首先要加大基础设施建设投入，尤其要侧重完善数字基础设施，为数字经济发展“打好地基”。除此之外，还应尽快建立健全数字经济的法律法规，尤其是数字经济发展过程中各主体权力保护以及公平竞争的相关法律制度，确保数字经济正向稳定发展。

第二，打破“数字壁垒”，避免“数字鸿沟”。由地区异质性检验结果可知，中部地区数字经济对制造业高质量发展的正向影响效应最大，发展数字经济或可以成为其追赶东部地区的突破口。可以通过发展数字经济更快提高落后地区制造业发展质量，进而缩小地区发展差距，有效促进制造业的区域协调发展。因此，发展数字经济的同时要通过完善数据要素市场和健全数字经济相关法规来避免“数字鸿沟”，充分发挥“数字红利”促进全国范围内制造业高质量发展。

第三，鼓励研发与创新，打通数字经济促进制造业高质量发展的创新效应路径。除了加大研发投入外，更应该注重对创新型人才的培养，完善数字经济素养的培养机制，增加数字经济人才数量，优化数字教育的培养方法，提高数字经济人才质量；要不断完善人才激励政策，为数字经济发展留住人才。

参考文献：

［1］中华人民共和国中央人民政府．习近平：决胜全面建成小康社会夺取新时代中国特色社会主义伟大胜利：在中国共产党第十九次全国代表大会上的报告［R/OL］．（2017-10-27）［2021-06-17］．http://www.gov.cn/zhuanti/2017-10/27/content_5234876. htm.

［2］中国信息通信研究院．中国数字经济发展白皮书（2021 年）［R/OL］．（2021-04-23）［2021-06-17］．http://www.caict.ac.cn/kxyj/qwfb/bps/202104/P020210424737615413306.pdf.

［3］MESENBOURG T L. Measuring the Digital Economy［R/OL］．［2021-11-02］．https://www.

census.gov/econ/ estats/papers/umdigital.pdf.

［4］中国信息通信研究院. 中国数字经济发展白皮书（2017年）［R/OL］.（2017-07-13）［2021-06-17］. http://www.caict.ac.cn/kxyj/qwfb/bps/201707/P020170713408029202449.pdf.

［5］2016年G20杭州峰会. 二十国集团数字经济发展与合作倡议［EB/OL］.（2020-10-24）［2021-11-02］. http://www.cac.gov.cn/2016-09/29/c_1119648520. htm.

［6］康铁祥. 数字经济及其核算研究［J］. 统计与决策，2008（5）：19-21.

［7］刘方，孟祺. 数字经济发展：测度、国际比较与政策建议［J］. 青海社会科学，2019（4）：83-90.

［8］张雪玲，陈芳. 中国数字经济发展质量及其影响因素研究［J］. 生产力研究，2018（6）：67-71.

［9］沈运红，黄桁. 数字经济水平对制造业产业结构优化升级的影响研究：基于浙江省2008—2017年面板数据［J］. 科技管理研究，2020，40（3）：147-154.

［10］何帆，刘红霞. 数字经济视角下实体企业数字化变革的业绩提升效应评估［J］. 改革，2019（4）：137-148.

［11］徐铭，沈洋，周鹏飞. 数字普惠金融对经济高质量发展的影响研究［J］. 资源开发与市场：1-10［2021-08-16］.

［12］熊鸿儒. 我国数字经济发展中的平台垄断及其治理策略［J］. 改革，2019（7）：52-61.

［13］杜庆昊. 数字经济协同治理机制探究［J］. 理论探索，2019（5）：114-120.

［14］余东华. 制造业高质量发展的内涵、路径与动力机制［J］. 产业经济评论，2020（1）：13-32.

［15］张志元，李娟娟. 新旧动能转换视角下东北制造业高质量发展研究［J］. 长白学刊，2021（3）：109-119.

［16］韦庄禹，李毅婷，武可栋. 数字经济能否促进制造业高质量发展？基于省际面板数据的实证分析［J］. 武汉金融，2021（3）：37-45.

［17］赵卿，曾海舰. 产业政策推动制造业高质量发展了吗？［J］. 经济体制改革，2020（4）：180-186.

［18］丁志帆. 数字经济驱动经济高质量发展的机制研究：一个理论分析框架［J］. 现代经济探讨，2020（1）：85-92.

［19］李英杰，韩平. 数字经济下制造业高质量发展的机理和路径［J］. 宏观经济管理，2021（5）：36-45.

［20］吕铁，李载驰. 数字技术赋能制造业高质量发展：基于价值创造和价值获取的视角［J］. 学术月刊，2021，53（4）：56-65，80.

［21］王永龙，余娜，姚鸟儿. 数字经济赋能制造业质量变革机理与效应：基于二元边际的理论与实证［J］. 中国流通经济，2020，34（12）：60-71.

［22］武梦超，李随成. 知识积累与产品创新性：知识整合机制与动态知识能力的作用［J］. 科学学与科学技术管理，2019，40（6）：37-53.

［23］童锋，张革. 中国发展数字经济的内涵特征、独特优势及路径依赖［J］. 科技管理研究，2020，40（2）：262-266.

［24］温珺，阎志军，程愚. 数字经济驱动创新效应研究：基于省际面板数据的回归［J］. 经济体制改革，2020（3）：31-38.

［25］王德辉，吴子昂. 数字经济促进我国制造业转型升级的机制与对策研究［J］. 长白学刊，2020（6）：92-99.

［26］韩先锋，宋文飞，李勃昕. 互联网能成为中国区域创新效率提升的新动能吗［J］. 中国工业经济，2019（7）：119-136.

［27］高青亮，刘毅，苏烈英. 陕西省人力资源与经济发展关系研究［J］. 西安石油大学学报（社会科学版），2018，27（5）：12-18，75.

［28］BARON R M，KENNY D A. The Moderator-Mediator Variable Distinction in Social Psychological Research：Conceptual，Strategic，and Statistical Considerations［J］. Journal of Personality and Social Psychology，1986，51：1173-1182.

［29］邓峰，任转转. 互联网对制造业高质量发展的影响研究［J］. 首都经济贸易大学学报，2020，22（3）：57-67.

［30］赵涛，张智，梁上坤. 数字经济、创业活跃度与高质量发展：来自中国城市的经验证据［J］. 管理世界，2020，36（10）：65-76.

人工智能产业发展有助于缓解相对贫困吗？[①]

胡联[②] 吉路涵[③] 杨成喻[④]

摘 要：人工智能产业的不断发展，给人们带了许多便捷，但是人工智能产业发展有助于缓解相对贫困吗？本文运用2009—2017年的省级面板数据构建固定效应模型，发现人工智能产业的发展有助于降低相对贫困发生率。通过机制分析发现，人工智能产业发展有利于增加服务业就业，同时能改善收入分配和减少非正规就业，从而缓解相对贫困。进一步发挥出人工智能对产业的赋能作用，实现经济高质量发展；推进人工智能与公共服务相结合，提供更广泛更优质的公共服务；完善技能培训体系，减少人工智能引起的结构性失业。这是本文的建议。

一、引言

2015年5月国务院颁布《中国制造2025》，表明我国要从“制造大国”向“智造强国”转变。中国科学技术信息研究所研究发布的《2020全球人工智能创新指数报告》显示，我国人工智能创新指数在参评国家中排名第二；在人工智能产业发展和应用方面，我国人工智能企业数量和企业融资金额均排在前两名，截至2020年9月，我国共有823家人员规模较大的人工智能企业，人工智能企业累计共获得377.01亿美元投资。人工智能是我国未来发展的关键领域。

然而，社会和学术界开始担心人工智能的发展会带来一系列社会问题，尤其是收入分配问题。人工智能技术的应用会削减重复性的低技能劳动需求，增加高技能劳动需求，这种劳动岗位替代和创造会加剧劳动（要素）收入不平等（Hémousand Olsen，2016；Acemogluand Restrepo，2018；王林辉 等，2020）。而杨飞和范从来（2020）构建

① 基金项目：国家社会科学基金项目“城乡融合视阈下的农村基本公共文化服务供给机制优化研究”（18BJY204）。

② 胡联，安徽财经大学经济学院副教授、硕士生导师。

③ 吉路涵，安徽财经大学经济学院硕士研究生。

④ 杨成喻，安徽财经大学经济学院硕士研究生。

内生人工智能创新模型研究发现，当高-中技能劳动替代弹性大于高-低技能劳动替代弹性时，产业智能化通过新工作创造效应和生产率效应促进益贫式发展。十九届四中全会提出“坚决打赢脱贫攻坚战，巩固脱贫攻坚成果，建立解决相对贫困的长效机制”的目标任务。人工智能产业的发展是否有利于穷人（通常也是低技能劳动者），是否助力贫困治理（巩固脱贫攻坚成果和相对贫困治理）？这是本文的主要研究目的。

人工智能技术现在成为各行各业的普遍技术，促进了我国产业智能化升级。除此之外，国家可以利用人工智能技术为大众提供更好的公共服务，能有效提高低收入人群的福利。人工智能与公共服务领域的深度应用有利于保障和改善民生。

当前学术界缺乏人工智能产业发展对相对贫困的研究。目前学术界关于人工智能的研究主要关注人工智能技术在制造业的应用或人工智能提高生产率这一特点，忽视了人工智能对各行各业的赋能作用，人工智能的应用以及因此而产生的新产品和新服务。本文从相对贫困的视角来分析人工智能产业发展是否会缩小贫富差距，减缓相对贫困，这对我国建立解决相对贫困的长效机制具有重大意义。

二、文献综述与理论假说

（一）文献综述

笔者首先要指出，本文研究的是人工智能产业发展对相对贫困的影响。当前关于人工智能的研究大多是围绕人工智能技术，即技术进步这一特点，广泛使用机器人数量来衡量某地区人工智能的发展。本文研究对象是人工智能产业发展，包括人工智能技术的发展和人工智能技术的产业应用。

从狭义的角度来看，把人工智能技术作为部门的中间产品，即运用人工智能可以提高自动化水平，提高生产效率。那么，人工智能技术的发展的确会替代低技能劳动者，从而加剧劳动收入不平等。与那些没有从自动化中受益的行业相比，自动化程度较高的行业的需求份额将相对下降，从而创造的就业岗位规模也将减小。这又将导致工作的两极分化和收入不平等的加剧（Bessen，2018）。高技能劳动者的收入上升，而相对于高技能劳动力的收入份额，低技能劳动力的收入份额会大幅下降，最终表现为技能收入分配对高学历、高技能劳动者群体的不断倾斜，技能收入差距不断扩大（Autor D et al.，2017）。而从就业结构考虑，现代理论模型强调自动化兼具补充人力的补充作用与替代人力的替代作用，Acemoglu 和 Restrepo（2016）在此基础上假设劳动力富有弹性并代入任务模型，得出自动化降低传统任务就业的同时，新任务的增加产生了促进就业的趋势，反而缓和了劳动市场的收入不均问题。进而 Dauth 等（2017）运用近几年德国的 IFR 机器人产业报告数据发现，机器人虽减少了制造业的就业，但却增加了服务业的就业。鲍春雷（2017）从此角度切入提出智能化行业将引导国家相关教育政策的偏移，短期内促进人们知识技术能力的提升，在一定程度上则会缓和收入不平等。

从狭义的角度来看，仅把人工智能作为一种提高生产率的中间产品，忽视了人工智能更为广泛的作用。例如，人脸识别、泛图像识别、语音识别等人工智能技术；智能机的语音助手、扫地机器人、无人驾驶等人工智能应用；未来的人工智能可能还会代替人类工作、做家务，帮助人类学习、照顾老人和小孩等诸多应用。

（二）理论假说

在上面的文献综述中，许多学者认为人工智能会加剧劳动收入不平等，拉大收入差距。但从事实来看，机器人多应用在第二产业，在第一产业和第三产业的应用并不广泛。王永钦和董雯（2020）研究发现工业机器人渗透度增加会降低制造业企业劳动需求。而剩余劳动力大多会流向服务业。综上所述，本文提出假说1。

假说1：人工智能产业的发展会改善收入分配。人工智能产业发展会增加服务业就业，从而减缓相对贫困。

人工智能的发展对就业具有替代效应和创造效应。人工智能技术的应用推广，人工智能资本要素会替代劳动要素，从而带来部分劳动就业岗位消失，这种情况在制造业尤为明显。然而纵观历史发展过程，每次技术革命都会引发就业方面的替代效应，导致部分就业岗位的直接消失。事实表明，在过去一个多世纪里各国就业人数基本保持着不断增长的态势（Bessen，2018）。创造效应指人工智能会带动其相关产业的发展，产生新的岗位和需求。例如，中国全职的“数据标注者”达到10万人，兼职人群的规模则接近100万人，这完全是人工智能带来的新职业。同时人工智能对某些传统岗位无法进行替代，例如家政、医护、养老、建筑师、艺术家等。总体来看人工智能所替代和摧毁的就业岗位与它所创造的就业机会大致是相当的，创造的岗位总体上比摧毁的还要多。Mokyr等（2015）调查了18世纪后期工业革命以来的历史经验教训，并认为技术进步促使计算机和机器人的广泛使用，有助于创造新产品和服务。已经开展智能化升级的企业中，仍有80%以上企业表示存在一般管理人员、生产管理人员、普通操作工人的短缺问题①。人工智能产业发展会对就业产生影响是正向的还是负向的取决于人工智能产业发展对劳动产生的替代效应和创造效应。稳定就业是宏观调控的主要目标之一。国家会考虑到人工智能产业发展对就业产生的影响而采取一定的行动避免结构性失业或者转移就业。因此，我国失业率的数据并不能较好地反映当前劳动力市场的变化。因此，本文从就业结构考虑，如果人工智能产业发展对就业的影响总体是正面积极的，那么在所有就业者中正规就业者的比例应当更大；如果人工智能产业发展对就业的影响总体是负面消极的，那么在所有就业者中非正规就业的比例更大。当劳动市场紧张，供大于求，多余的那些劳动人口就要被迫寻找新的谋生手段，例如小商小贩，回家种田，直播、临时工等，广义非正规就业比例会增加，更多人从事非正规就业。定义广义非正规就业为除了签订劳动合同以外的就业综上所述，本文提出假说2。

假说2：人工智能产业的发展会减少广义非正规就业。

① “人工智能发展对劳动就业的影响”专题调研综述，全国政协 http://cppcc.china.com.cn/2020-01/02/content_75570544.htm.

三、研究设计

（一）模型设计

为了考察人工智能产业发展对相对贫困的影响，本文建立以下模型：

$$P_{it} = \alpha + \beta_1 AI_{it} + \gamma X_{it} + \mu_i + \tau_t + \varepsilon_{it} \tag{1}$$

式（1）中 P_{it} 指的是 i 省 t 时期的相对贫困发生率，AI_{it} 指的是 i 省 t 时期的数字金融发展指数，X_{it} 指的是控制变量，μ_i 为个体固定效应，τ_t 为时间固定效应，ε_{it} 为扰动项。

（二）变量选取与数据说明

1. 相对贫困

本文使用宏观收入分组数据计算城镇的相对贫困发生率，分为 0.4、0.5、0.6 三个标准。众多学者（Shorrocks et al., 2009；汪晨 等，2020）都利用收入分组数据模拟合适的洛伦茨曲线，再设定相对贫困线计算相对贫困程度。本文根据收入分组数据计算的相对贫困，参照胡联等（2021）的做法计算。本文根据宏观收入分组计算的城镇相对贫困涉及 23 个省（自治区、直辖市）：上海、内蒙古、北京、四川、宁夏、安徽、山西、广东、广西、新疆、江苏、江西、河北、河南、浙江、海南、湖北、甘肃、福建、贵州、辽宁、重庆、陕西。由于数据可获得性和时间局限性，所有数据的时间选取为 2009—2017 年。

2. 人工智能产业发展水平

人工智能产业发展水平使用的是国家社会科学基金一般项目“我国人工智能产业发展评价及推进策略研究”（18*BJY*014）所计算的数据。该数据衡量了我国 30 个省（自治区、直辖市）（除港、澳、台和西藏）的人工智能产业的发展情况，具有合理性和科学性。

3. 控制变量

城市化率。农民工作为城市化进程中的主力军，人力资本不足和户籍歧视所带来的农民工职业分布固化，使其不仅初始工资低，而且工资同化速度慢，因而无法从根本上消除与城市居民的工资差距（陈珣 等，2014；吕炜 等，2019）。因此本文将城市化率作为控制变量，以控制城市化发展所引起的相对贫困问题。城市化率为年末常住城镇人口比上年末总人口，数据来源于国家统计局。

政府干预。政府在再分配过程中主要依据财政支出和税收来调节初始分配所导致的不公平的收入结构。李永友和沈坤荣（2007）认为收入再分配会影响到相对贫困的发生，政府的教育支出和卫生支出会改善收入分配，从而降低相对贫困的发生。基本医疗保障瞄准偏差在一定程度上反而加剧了相对贫困（秦建军，2012）。教育支出的偏差也可能导致马太效应的产生从而加剧相对贫困。本文将政府一般预算支出中教育支出占比和医疗卫生支出占比纳入控制变量。数据来源于国家统计局。

对外开放程度。总体来说，一国对外开放程度的扩大有助于一国经济增长，同时存在长期均衡关系（lucas，1988；康继军，2007）。既然提高对外开放程度对经济增长具有正效应，那么低收入人群是否获得经济增长的大部分收益？一种观点认为，由于熟练劳动和资本的相互匹配，对外开放程度扩大也可能通过减少非熟练劳动需求而导致非熟练劳动人口的高失业率（Beyer，1999）。扩大对外开放的收益会被富人掌控，因而并不会增进低收入人群的福利；另一种观点认为，经济增长可以同比例提升穷人的收入（Dollar，2001；Dollar，2002），有利于缓解城市相对贫困问题。本文使用进出口贸易额与国内生产总值的比值作为对外开放程度的代理变量。数据来源于国家统计局。

（三）描述性统计

宏观面板模型的描述性统计如表1—表2所示。在2009—2017年，我国23个省（自治区、直辖市）的城市相对贫困发生率在0.4、0.5、0.6三个标准下最小值分别为0.9%、6%和11.4%，在高标准下的相对贫困发生率相对于低标准而言有显著的变大。在此期间，我国人工智能产业发展水平最小值为0.012 3，最大值为0.780 8，人工智能在此期间有着较大的发展。

表1　描述性统计1

变量名	样本量	均值	标准差	最小值	最大值
0.4标准相对贫困发生率	207	0.082 6	0.027 2	0.009	0.181
0.5标准相对贫困发生率	207	0.144 5	0.030 1	0.06	0.246
0.6标准相对贫困发生率	207	0.216 0	0.033 9	0.114	0.309
人工智能产业发展水平	207	0.111 7	0.132 3	0.012 3	0.780 8
城市化率	207	55.475 3	13.122 8	29.89	89.6
教育支出占比	207	0.167 3	0.024 0	0.115 8	0.221 0
医疗支出占比	207	0.073 3	0.014 3	0.043 9	0.105 6
开放程度	207	0.048 7	0.056 1	0.004 8	0.239 7
人均社会消费品零售额	207	1.803 6	1.106 0	0.352 6	6.418 1
收入基尼系数	207	0.298 6	0.026 1	0.2	0.376

表2　描述性统计2

变量名	样本量	均值	标准差	最小值	最大值
0.4标准相对贫困发生率	32 817	0.228 905 8	0.420 134 8	0	1
0.5标准相对贫困发生率	32 817	0.285 583 7	0.451 698 9	0	1
0.6标准相对贫困发生率	32 817	0.340 920 9	0.474 026	0	1
人工智能产业发展水平	32 815	0.161 094 8	0.178 979 2	0.014 3	0.696
广义非正规就业	22 110	0.707 507 9	0.454 917 4	0	1
狭义非正规就业	22 110	0.232 021 7	0.422 132 3	0	1
受教育年限/年	32 777	9.134 027	3.957 896	1	23
婚姻状况	32 817	0.850 412 9	0.356 671 7	0	1
是否为共产党员	32 817	0.487 735	0.499 857 2	0	1
家庭人口规模/人	32 817	3.219 338	1.560 158	1	15

表2(续)

变量名	样本量	均值	标准差	最小值	最大值
年龄	32 812	53. 704 44	14. 164	3	116
是否具备金融知识	32 817	0. 029 405 5	0. 168 942 8	0	1
是否有互联网金融理财产品	32 817	0. 068 470 6	0. 252 555 6	0	1
是否使用互联网	32 817	0. 452 113 2	0. 497 709 2	0	1
是否有金融理财产品	32 817	0. 032 269 9	0. 176 718 6	0	1
是否有汽车	32 817	0. 254 288 9	0. 435 467 4	0	1
总资产/万元	32 817	87. 940 38	188. 468 9	0	3 000

四、实证结果

（一）基准回归

为考察人工智能产业发展水平对相对贫困的影响，本文用逐步回归法逐渐加入控制变量。经过 hausman 检验，本文采用固定效应模型进行估计，结果如表 3 所示。从结果来看，人工智能产业发展水平的系数均为负，且数值大小并未产生较大波动，因此从基准回归来看，人工智能产业不断发展，是有利于减缓相对贫困发生率的。

表 3　基准回归

	(1)	(2)	(3)	(4)	(5)
人工智能产业发展水平	−0. 209 *** (0. 041 2)	−0. 209 *** (0. 044 0)	−0. 208 *** (0. 044 5)	−0. 219 *** (0. 050 2)	−0. 207 *** (0. 060 1)
城市化率		−0. 000 047 1 (0. 001 49)	0. 000 165 (0. 001 46)	−0. 000 277 (0. 001 63)	−0. 000 680 (0. 001 49)
教育支出占比			−0. 106 (0. 114)	−0. 168 (0. 119)	−0. 173 (0. 121)
医疗支出占比				0. 420 (0. 354)	0. 348 (0. 416)
开放程度					0. 101 (0. 135)
地区固定效应	控制	控制	控制	控制	控制
时间固定效应	控制	控制	控制	控制	控制
_cons	0. 098 2 *** (0. 003 97)	0. 101 (0. 076 4)	0. 107 (0. 081 6)	0. 113 (0. 080 6)	0. 133 * (0. 074 9)
N	207	207	207	207	207
R-sq	0. 341	0. 341	0. 344	0. 352	0. 355

注：虽然本文所建的模型是用的是短面板数据，笔者按照严谨的态度进行了自相关检验和异方差检验，结果表明存在自相关和异方差，因此本文使用稳健标准误。括号内的是稳健标准误。* 表示对应的伴随概率 $P<10\%$，** 表示对应的伴随概率 $P<5\%$，*** 表示对应的伴随概率 $P<1\%$。以下各表同。

表4是普通最小二乘法、随机效应和固定效应模型是否加入时间虚拟变量的结果。（1）和（4）是普通最小二乘法；（2）和（5）是随机效应模型；（3）和（6）是固定效应模型。当我们加入时间虚拟变量时，我们可以发现普通最小二乘法的人工智能产业发展水平的系数从正变为了不显著；随机效应模型的系数有较大幅度的变化；固定效应模型的系数有略微变化。考虑到数据短面板的特征，本文加入时间固定效应。

表4　是否加入固定效应

	(1) *ols*1	(2) *re*1	(3) *fe*1	(4) *ols*2	(5) *re*2	(6) *fe*2
人工智能产业发展水平	0.067 2*** (0.021 9)	−0.059 1** (0.028 8)	−0.213*** (0.054 3)	0.027 8 (0.022 5)	−0.078 4*** (0.029 6)	−0.207*** (0.060 1)
城市化率	−0.000 243 (0.000 364)	0.000 520 (0.000 357)	0.001 61** (0.000 703)	−0.001 44*** (0.000 485)	−0.001 05** (0.000 526)	−0.000 680 (0.001 49)
教育支出占比	−0.155 (0.185)	−0.318*** (0.092 9)	−0.380*** (0.089 3)	0.069 5 (0.193)	−0.088 6 (0.137)	−0.173 (0.121)
医疗支出占比	−0.113 (0.221)	0.583*** (0.204)	0.691** (0.276)	−1.036*** (0.328)	−0.229 (0.324)	0.348 (0.416)
开放程度	−0.135 (0.109)	−0.018 2 (0.124)	−0.151 (0.151)	0.116 (0.129)	0.282** (0.115)	0.101 (0.135)
地区固定效应	否	否	是	否	否	是
时间固定效应	否	否	否	是	是	是
_cons	0.129*** (0.043 8)	0.071 8*** (0.027 4)	0.037 3 (0.031 3)	0.203*** (0.053 6)	0.158*** (0.044 1)	0.133* (0.074 9)
N	207	207	207	207	207	207
R-sq	0.077		0.271	0.248		0.355
r2_o		0.001 41	0.003 88		0.077 6	0.005 67

（二）稳健性分析

使用不同标准的相对贫困发生率作为稳健性分析。结果如表5所示，人工智能产业发展水平的系数仍为负，且0.5标准下的人工智能产业发展水平的系数大小从0.207增大到0.256，表明人工智能产业发展水平对高标准的相对贫困发生率的减缓作用更强。三个标准下的人工智能产业发展水平系数均在1%的显著性水平下通过，表明人工智能产业发展减缓相对贫困的结果不会因相对贫困标准变化而发生改变。

表5　稳健性检验1

相对贫困发生率	(1) 0.4标准	(2) 0.5标准	(3) 0.6标准
人工智能产业发展水平	−0.207*** (0.060 1)	−0.256*** (0.059 6)	−0.262*** (0.065 4)

表5(续)

相对贫困发生率	(1) 0.4 标准	(2) 0.5 标准	(3) 0.6 标准
城市化率	−0.000 680 (0.001 49)	0.000 160 (0.001 37)	0.001 22 (0.001 66)
教育支出占比	−0.173 (0.121)	−0.210 (0.134)	−0.205 (0.168)
医疗支出占比	0.348 (0.416)	0.373 (0.422)	0.349 (0.499)
开放程度	0.101 (0.135)	0.182 (0.143)	0.309* (0.163)
地区固定效应	控制	控制	控制
时间固定效应	控制	控制	控制
_cons	0.133* (0.074 9)	0.164** (0.067 0)	0.184** (0.084 7)
N	207	207	207
R-sq	0.355	0.318	0.289

本文使用0.4、0.5和0.6三个标准的相对贫困深度和相对贫困强度替换被解释变量。结果如表6所示。模型（1）—（6）中，除了模型（5）中人工智能产业发展水平的系数不显著，其他模型结果现实人工智能产业发展水平的系数均显著为负，表明人工智能产业的发展有利于减缓相对贫困，增强了结论的可靠性。

表6　稳健性检验2

模型变量	(1)	(2)	(3)	(4)	(5)	(6)
被解释变量	相对贫困深度			相对贫困强度		
贫困标准	0.4	0.5	0.6	0.4	0.5	0.6
人工智能产业发展水平	−0.049 3** (0.018 2)	−0.140** (0.060 2)	−0.115*** (0.027 7)	−0.017 2 (0.011 8)	−0.035 3** (0.013 7)	−0.056 0*** (0.016 1)
城市化率	0.000 210 (0.000 404)	−0.000 331 (0.000 935)	0.000 262 (0.000 645)	0.000 241 (0.000 205)	0.000 267 (0.000 288)	0.000 157 (0.000 368)
教育支出占比	0.003 25 (0.050 5)	−0.076 7 (0.079 8)	−0.065 6 (0.069 9)	0.017 3 (0.027 2)	0.001 60 (0.036 6)	−0.013 9 (0.043 7)
医疗支出占比	0.026 4 (0.172)	0.648 (0.581)	0.129 (0.237)	−0.036 5 (0.092 2)	0.003 94 (0.126)	0.025 9 (0.150)
开放程度	0.047 7 (0.043 8)	0.124 (0.076 5)	0.102 (0.071 7)	0.030 0 (0.022 8)	0.040 0 (0.033 0)	0.050 1 (0.041 1)
地区固定效应	*Y*	*Y*	*Y*	*Y*	*Y*	*Y*
时间固定效应	*Y*	*Y*	*Y*	*Y*	*Y*	*Y*
_cons	0.004 39	0.027 5	0.054 5	−0.008 43	−0.001 17	0.017 6

表6(续)

模型变量	(1)	(2)	(3)	(4)	(5)	(6)
被解释变量	相对贫困深度			相对贫困强度		
贫困标准	0.4	0.5	0.6	0.4	0.5	0.6
	(0.022 3)	(0.030 8)	(0.033 4)	(0.012 1)	(0.016 1)	(0.020 1)
N	207	207	207	207	207	207
R-sq	0.397	0.141	0.348	0.362	0.373	0.376

五、机制分析

(一)人工智能产业发展会改善收入分配

为了验证假说1，本文把收入基尼系数作为中介变量，考察人工智能产业会改善收入分配，从而降低相对贫困发生率。结果如表7所示，模型(2)结果显示人工智能产业发展水平的系数在5%的显著性水平下为负，表明人工智能产业发展有利于改善收入分配。模型(3)收入基尼系数的系数在1%的显著性水平下为正，即收入基尼系数与相对贫困是呈正相关的。人工智能产业发展水平会通过改善收入分配，降低基尼系数，从而降低相对贫困发生率。从模型(1)和模型(3)人工智能产业发展水平的系数大小来看，加入收入基尼系数这一中介变量后，人工智能产业发展水平系数大小从0.207降至0.130，有近1/3的变动，这意味改善收入分配是人工智能产业发展水平降低相对贫困的重要途径之一。

表7 机制1——收入基尼系数

模型编号	(1)	(2)	(3)
被解释变量	0.4相对贫困发生率	收入基尼系数	0.4相对贫困发生率
人工智能产业发展水平	−0.207***	−0.112**	−0.130**
	(0.060 1)	(0.052 4)	(0.053 2)
收入基尼系数			0.682***
			(0.118)
城市化率	−0.000 680	0.002 79**	−0.002 59**
	(0.001 49)	(0.001 24)	(0.001 23)
教育支出占比	−0.173	−0.064 8	−0.129
	(0.121)	(0.080 3)	(0.108)
医疗支出占比	0.348	0.225	0.194
	(0.416)	(0.389)	(0.352)
开放程度	0.101	0.053 0	0.065 2
	(0.135)	(0.177)	(0.158)
地区固定效应	控制	控制	控制

表7(续)

模型编号	(1)	(2)	(3)
被解释变量	0.4 相对贫困发生率	收入基尼系数	0.4 相对贫困发生率
时间固定效应	控制	控制	控制
_cons	0.133* (0.074 9)	0.168*** (0.046 6)	0.018 2 (0.076 2)
N	207	207	207
$R-sq$	0.355	0.272	0.588

（二）人工智能产业发展会降低广义非正规就业

为了验证假说 2，本文使用 CHFS2017 年家庭数据，与国家社会科学基金一般项目“我国人工智能产业发展评价及推进策略研究”（18BJY014）所计算的数据匹配，考察人工智能产业是否会降低广义非正规就业。广义非正规就业的平均工资是不如正规就业的，虽然缓解就业压力，对低收入人群增加收入有一定积极作用，但非正规就业规模的扩大意味着有更多的人处于低收入水平。结果如表 8 所示，模型（2）结果显示人工智能产业发展水平的系数在 1%水平下显著为负，人工智能产业的发展会降低非正规就业比例。模型（3）广义非正规就业的系数在 1%的显著性水平下为负，意味着广义非正规就业者比正规就业者更容易陷入相对贫困当中。模型（1）到（3）表明人工智能产业发展会降低当地非正规就业规模，从而减缓相对贫困。

表 8　机制 2——非正规就业

模型编号	(1)	(2)	(3)
人工智能产业发展水平	−21.17*** (0.952)	−2.677*** (0.592)	−24.36*** (1.635)
广义非正规就业			0.586*** (0.037 9)
受教育年限	−0.078 2*** (0.006 28)	−0.168*** (0.009 10)	−0.050 3*** (0.009 09)
婚姻状况	−0.211*** (0.048 7)	−0.304*** (0.077 0)	−0.088 5 (0.068 7)
共产党员	0.075 7*** (0.028 0)	0.029 7 (0.048 2)	0.017 9 (0.036 2)
家庭人口规模	0.206*** (0.015 0)	0.069 2*** (0.021 4)	0.203*** (0.021 1)
年龄	−0.019 8*** (0.002 22)	0.003 95** (0.001 97)	−0.014 5*** (0.002 67)
是否具备金融知识	−0.024 6 (0.095 0)	0.134 (0.083 6)	−0.056 8 (0.184)

表8（续）

模型编号	（1）	（2）	（3）
是否有互联网金融产品	−0.286*** （0.078 2）	−0.099 7*** （0.037 2）	−0.284*** （0.088 5）
是否使用互联网	−0.259*** （0.044 1）	−0.239*** （0.055 4）	−0.210*** （0.047 9）
是否有金融产品	−0.372*** （0.096 7）	−0.189*** （0.063 1）	−0.415*** （0.127）
是否有汽车	−0.319*** （0.044 6）	−0.048 3 （0.035 1）	−0.350*** （0.048 0）
总资产	−0.001 69*** （0.000 339）	0.000 451*** （0.000 062 6）	−0.001 90*** （0.000 518）
地区虚拟变量	控制	控制	控制
_cons	1.977*** （0.219）	2.016*** （0.166）	1.226*** （0.246）
N	10 946	6 105	6 107
R−sq	0.148 5	0.174 1	0.194 7

六、结论与政策建议

本文主要结论如下：①2009—2017 年我国人工智能产业的发展显著缓解了我国相对贫困问题；②人工智能产业发展有利于改善收入分配，降低广义非正规就业比例，从而减缓相对贫困。

虽然结果表明人工智能产业发展有利于减缓相对贫困，这并不代表未来人工智能不会加剧相对贫困。当前我国处于弱人工智能时代，并未到达强人工智能的地步。要进一步实现人工智能对相对贫困的减缓作用，本文提出以下几点建议：①充分发挥出人工智能赋能这一特点，持续推进人工智能对公共服务的赋能作用，为更多居民提供更为优质的公共服务；②完善技能培训体系，促进劳动力结构转型，减少人工智能引起的结构性失业以及寻找新岗位的时间成本。③持续推进人工智能应用，创造更多新型产品和服务，刺激总需求，增加正规就业比例，利于增加劳动收入。

参考文献：

［1］王永钦，董雯. 机器人的兴起如何影响中国劳动力市场？来自制造业上市公司的证据［J］. 经济研究，2020，55（10）：159-175.

［2］杨飞，范从来. 产业智能化是否有利于中国益贫式发展？［J］. 经济研究，2020，55（5）：150-165.

［3］王林辉，胡晟明，董直庆. 人工智能技术会诱致劳动收入不平等吗：模型推演与分类评估

［J］. 中国工业经济，2020（4）：97-115.

［4］谢萌萌，夏炎，潘教峰，等. 人工智能、技术进步与低技能就业：基于中国制造业企业的实证研究［J］. 中国管理科学，2020，28（12）：54-66.

［5］孙早，侯玉琳. 智能化推动就业结构深刻变革［N］. 中国社会科学报，2019-07-24（4）.

［6］张新春. 人工智能技术条件下资本主义劳资关系演化与启示［J］. 当代经济研究，2018（12）：12-18.

［7］姚伟. 人工智能的广泛应用与收入分配制度的创新［J］. 学术界，2018（4）：66-74.

［8］鲍春雷. 人工智能发展对就业岗位的替代是大势所趋［J］. 中国人力资源社会保障，2017（12）：50.

［9］赵磊，赵晓磊. AI正在危及人类的就业机会吗？一个马克思主义的视角［J］. 河北经贸大学学报，2017，38（6）：17-22.

［10］朱琪，刘红英. 人工智能技术变革的收入分配效应研究：前沿进展与综述［J］. 中国人口科学，2020（2）：111-125，128.

［11］HÉMOUS D，M OLSEN. The Rise of the Machines：Automation Horizontal Innovation and IncomeInequality［R］. University of Zurich Manuscript，2016.

［12］ACEMOGLU D，P RESTREPO. Artificial Intelligence，Automation and Work［R］. NBER Working Paper，2018a.

［13］ACEMOGLU D，P RESTREPO. The Race between Man and Machine：Implications of Technology for Growth，Factor Shares，and Employment［J］. American Economic Review，2018b，108（6）：1488-1542.

［14］ACEMOGLU D，P RESTREPO. Low-Skill and High-Skill Automation［J］. Journal of Human Capita，2018c，12（2）：204-232.

［15］ACEMOGLU D，P RESTREP. Automation and New Tasks：How Technology Displaces and Reinstates Labor［J］. Journal of Economic Perspective，2019，33（2）：3-30.

［16］AGHION P，B F JONES，C I JONES. Artificial Intelligence and Economic Growth［R］. NBER Working Paper，2017.

［17］AUTOR D，SALOMONS A. Does productivity growth threaten employment［EB/OL］.（2017-06-19）［2020-01-15］. http://www.ecb.europa.eu/pub/conferences/shared/pdf/20170626_ecb-forum/D_Autor_A_Salomons_Does_productivity_growth_threaten_employment.pdf.

［18］郭凯明. 人工智能发展、产业结构转型升级与劳动收入份额变动［J］. 管理世界，2019，35（7）：60-77，202-203.

［19］SUSAN B HANSEN. The Impact of a Low-Wage Strategy on State Economic Development［J］. State Politics & Policy Quarterly，2001，1（3）：27-31.

［20］DAUTHSTEPHANIE，MAOZ BEN M，SHEEHY SEAN P，et al. Neurons derived from different brain regions are inherently different in vitro：a novel multiregional brain-on-a-chip.［J］. Journal of neurophysiology，2017，117（3）：17-21.

［21］BRYNJOLFSSON E，T MITCHELL，D ROCK. What Can Machines Learn and What Does It Mean for Occupations and theEconomy［J］. AEA Papers and Proceedings，2018，108：43-47.

［22］AGHION P，B F JONES，C I JONES. Artificial Intelligence and Economic Growth［M］. Working Paper，2017.

［23］SHORROCKS A，WAN G. Ungrouping Income Distributions：Synthesising Samples for In-equality and Poverty Analysis［A］. in Basu K.，and Kanbur R.（eds.）. Arguments for u Better World ：Essays in

Honor of Amartya Sen [C]. Oxford: Oxford University Press, 2009.

[24] 汪晨，万广华，吴万宗. 中国减贫战略转型及其面临的挑战 [J]. 中国工业经济，2020 (1): 5-23.

[25] 胡联，缪宁，姚绍群，等. 中国农村相对贫困变动和分解：2002—2018 [J]. 数量经济技术经济研究，2021，38 (2): 132-146.

[26] 秦建军. 农业贸易自由化、财政支农与农村减贫 [J]. 中国劳动经济学，2012，8 (1): 79-100.

[27] 吕炜，杨沫，朱东明. 农民工能实现与城镇职工的工资同化吗？[J]. 财经研究，2019，45 (2): 86-99.

[28] 陈珣，徐舒. 农民工与城镇职工的工资差距及动态同化 [J]. 经济研究，2014，49 (10): 74-88.

[29] 秦建军，戎爱萍. 财政支出结构对农村相对贫困的影响分析 [J]. 经济问题，2012 (11): 95-98.

数字经济对农业高质量发展的影响研究①

吴友群② 毛莉③

摘　要：农业是立国之本，农业高质量不仅是经济高质量的基础，也是经济高质量的关键。目前，数字技术加速向各领域渗透发展，正在全球范围内开启一次具有革命性的数字化转型。在十四五规划中，提出“发展数字经济，推进数字产业化和产业数字化，推动数字经济和实体经济深度融合”。本文以2013—2019年的面板数据为基础，从供给优质、高效生产、创新融合、绿色可持续发展四个方面构建农业高质量指标，并结合数字经济的定义，从产业数字化和数字产业化两个方面构建数字经济指标，同时分析数字经济助推农业高质量发展的理论机理，并构建了个体时点双固定的面板效应模型加以论证并进行稳健性检验，最后得出结论：数字经济会对农业高质量发展产生显著的正向影响。此外，对数字经济影响农业高质量发展进行时空差异性分析和区域异质性分析，分析得出数字经济发展水平和农业高质量发展水平分布不均，且数字经济对农业高质量发展的影响只有东部地区影响显著，中部地区次之，西部地区不显著，存在区域异质性。最后基于上述分析与结论提出了相关政策建议来促进农业高质量发展。

关键词：数字经济；农业高质量；面板效应；差异性分析

一、引言

务农重本，国之大纲。“农业、农村、农民”的问题是与国际人民生活相关的基本问题。改革开放40多年以来，我国农业发展迅速。2020年全国粮食总产量13 390亿斤（1斤=500克），比上年增加113亿斤，增长0.9%，粮食产量再创新高，连续6年保持在1.3万亿斤以上[1]。中国的粮食总产量连续五年超过65亿吨，肉、蛋、蔬菜、水果、

① 项目基金：安徽省自然科学基金面上项目：新时代中国财政政策作用空间及其调控机制优化研究（1908085MG231）；2019年度高校优秀青年人才支持计划：新时代完善中国财政政策调控机制研究（gxyq2019024）；2020年研究生科研创新基金项目：数字经济助推安徽省农业高质量发展研究（ACYC2020239）。

② 吴友群，安徽财经大学副教授。

③ 毛莉，安徽财经大学硕士研究生。

鱼等农产品的产量居世界第一。综合农业生产能力大幅提高，在确保国家粮食安全和重要农产品有效供应方面发挥了重要作用。但是，从中国农业生产的实际情况来看，缺水、耕地减少、青年、中年劳动者大量流出、生产地污染、环境安全问题越来越明显，生产要素的制约也越来越高，支持农业生产和质量持续提高的东西变得更加有限，高生产成本和产品质量的缓慢改善共存，以家庭为单位的分散型运用模式，越来越限制农业标准化生产和大规模运用，农业高质量发展成了关注的重点。

在信息化、共享经济、大数据时代，数据成了重要的生产要素。数字技术逐渐渗透到传统产业的生产、流通、销售、融资等环节，带来了产业的变革和升级。大力发展数字经济对中国具有特殊意义，将成为新常态下发展中国经济的新动能、引领国家创新战略的重要力量（张新红，2016）[2]。而且数字经济已经成为经济发展提质增效、产业转型升级的新动能与新途径（刘航，2019）[3]。我国数字经济快速发展，在激发消费、拉动投资、创造就业、增强创新力（赵涛，2020）[4]与竞争力等方面发挥了重要作用，促进我国经济的高质量发展（荆文君 等，2019）[5]。此外，数字经济与多产业融合发展，如形成数字媒体模式（肖永亮，2005）[6]、数字金融模式（钱海章，2020）[7]、数字乡村模式（张鸿，2021）[8]，以及促进工业高质量发展（曹正勇，2018）[9]等等。

随着区块链、大数据、物联网、5G、人工智能等技术的深入研发、逐渐成熟和广泛推广，数字经济在中国形成了具有市场规模的变革态势，并激发了各产业数字化改造趋势的加速（罗浚文 等，2020）[10]。农业信息化（韩海彬 等，2015；沈剑波 等，2019）[11][12]是数字农业改造的前身。农业数字化转型能有效提高供给体系质量和效率、更好地适应需求转型升级、形成数字化再生产共同体（刘元胜，2020）[13]。与此同时，数字经济与农业的融合发展，也逐步形成了一系列实践路径（温涛 等，2020）[14]，以数据和信息为核心要素的精准农业模式（漆海霞 等，2019）[15]、基于区块链下的农业产业链的治理机制（付豪 等，2019）[16]、与电商平台结合的农业数字供应链金融（许玉韫 等，2020）[17]、以互联网推动形成农业生产的服务化（楚明钦，2020）[18]、基于大数据和现代信息技术的农业保险决策管理、以新兴技术为依托的智慧农业（郑大睿，2020）[19]等等。此外，数字经济还促进传统农业转型升级，发展“数字农业”（刘雨轩 等，2019）[20]。

在数字经济时代，应大力开发数字技术，加强数字经济和农业的深度整合，变革农业开发方法，改善农业供给的质量，利用科学技术的开发，使农业开发更有效率。走高质量的农业开发道路用自己的手牢牢掌握农业开发的主导权，实现从大农业国向农业大国的转换。

二、理论分析与研究假说

（一）数字经济产生新生产方式，提高农业生产效率

在过去传统的农耕结构中，农业的发展主要是为了满足自身的需求，农业生产多数以人工劳作为主，生产规模较小，且很容易受到自然灾害的影响，导致农业产量低下，

且价格不高。当前，数字经济发展迅速，数据成了现代经济发展的关键因素。精准农业利用卫星导航、遥感、地理信息系统等现代化空间技术，实现精准农业的生产方式（刘海启，2019）[21]。利用现代信息技术，对农产品生长过程进行监控，收集实时数据如气候、土壤 、水源等，保障农产品正常生长，一旦出现异常，及时进行补救。同时将收集的数据经大数据分析为农业生产提供种植、施肥等方案，帮助提高产量和增收效益。农业机械化（刘雨轩，2019）[22]的不断普及，扩大农业生产规模，使得农业可以获得规模化效益，在提高产量的同时，也使得收益提高。

（二）数字经济转换新内在结构，促进农业质量变革

传统农业由于是以农户为单位，比较零散，没有一个完整的系统进行整个的农业生产、销售等，其农业的内在结构不稳定，不能够把握农业的生产与发展。在数字经济发展背景下，借助于大数据、云计算、互联网、区块链、物联网等数字技术，构建农业生产资源数据库，以及农业生产、经营的体系，对农业的生产、经营进行科学合理的管理，优化农业内在结构，提高农业质量。精准农业对农业整个生产过程进行监管，提供精准灌溉、施肥等等，从供给侧改革出发，提高农业供给质量（刘元胜，2020）[13]。发展数字经济，从生产驱动转变为需求驱动，与市场结合，促进农业高质量发展。

（三）数字经济提供新发展机遇，创新农业经济模式

传统的农业生产方法，由于销售渠道不足，信息不对称性严重，导致农产品的低价格化和销售延迟，对农业的发展产生恶劣影响。在数字经济时代，信息是非常重要的因素，信息网络的普及和适用范围可以优化市场分配，科学管理生产要素的供给。借助信息技术等数字技术，新农民可以及时掌握市场需求信息，了解各品类农产品的价格情况。在全面了解市场需求后所做出的生产布局，将有利于实现“供需平衡”。“互联网+农业”新的经济模式通过技术渗透、功能拓展、资源整合来推动一、二、三产业融合，同时也可以丰富数据的资源属性，缓解农业生产经营信息不对称的问题，结合供求关系进行资源优化配置（马晓河，2020）[23]。在互联网发展迅速的背景下，农村电子商务的新的经济模式助力农业创收，拉动经济增长。数字普惠金融的新的经济模式保障了农村经济发展，有效提高金融运行效率，降低金融服务成本，满足更广泛的金融需求，为农业发展增添活力（田娟娟 等，2020）[24]。

（四）数字经济融合新发展理念，实现农业可持续发展

传统的农业生产方式，没有科学方法指导，常常会对土地、自然环境造成污染和损害。例如秸秆焚烧，秸秆的烧毁会对大气造成污染，会造成雾霾天气，并产生大量有毒有害物质，对人与其他生物的健康构成威胁，同时也会破坏土壤结构，造成农田质量下降，不利于农业绿色可持续发展。在科学技术的发展下，对秸秆进行回收利用，解决土地、大气污染等问题，实现农业绿色可持续发展。智慧生态农业利用网络数字计算实现农业的精准灌溉，实时监控幼苗的生长状态，不但可以减少生产活动过程中的灌溉投入

量，还可以减少环境污染和损害，打破限制农业开发的瓶颈，构建绿色农业体系和实现农业可持续发展（寇有观，2018）[25]。具体来说，数字农业通过实现农业的精准化管理，将农产品生产过程中的成本投入控制在最小限度，在增加农业收入的同时，减少对自然环境的损害。

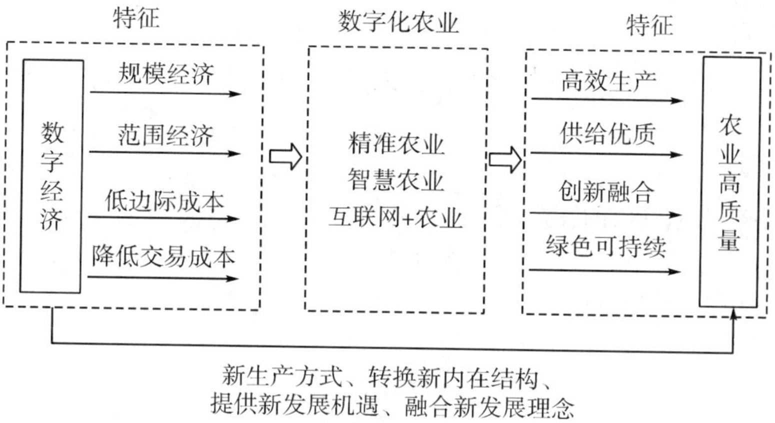

图 1　数字经济对农业高质量发展的理论机理分析

综合上述分析，数字经济以其规模经济、范围经济、降低交易成本等特点，与农业发展深入融合，对农业生产、经营等产生正的促进作用，促进农业高效生产、供给优质、创新融合、绿色可持续发展，促进农业高质量发展，因此提出研究假说：数字经济发展会对农业高质量产生显著的正向促进作用。

三、变量选择与模型设定

（一）综合评价法——熵值法

1. 指标选取

由于所选数据为面板数据，设有 h 个年份，m 个地区，n 项测评指标，而$X_{\lambda it}$ 为第 λ 个年份第 i 个地区的第 j 项指标的数值。

2. 数据标准化

由于指标存在属性和数量级的差异，需要对原始数据进行标准化处理。本文选取的指标分为正向指标和逆向指标，选取 max-min 指数化处理：

正向指标：$$Z_{\lambda ij} = \frac{X_{\lambda ij} - X_{min}}{X_{max} - X_{min}}$$

逆向指标：$$Z_{\lambda ij} = \frac{X_{max} - X_{\lambda ij}}{X_{max} - X_{min}}$$

其中 X_{max}、X_{min} 为所有对象中不同指标 j 的最大值和最小值。

3. 归一化处理

$$P_{\lambda ij}=\frac{Z_{\lambda ij}}{\sum_{\lambda=1}^{h}\sum_{i=1}^{m}Z_{\lambda ij}}$$

4. 熵值计算

$$E_j=-k\sum_{\lambda=1}^{h}\sum_{i=1}^{m}P_{\lambda ij}\ln P_{\lambda ij}$$

其中 $k=\frac{1}{\ln(h\times m)}$。

5. 计算各项指标熵值的冗余度

$$D_j=1-E_j$$

6. 计算各项指标的权重

$$W_j=\frac{D_j}{\sum_{j=1}^{n}D_j}$$

7. 计算各年份各地区影响力指数

$$W_j=P_{\lambda ij}\times W_j$$

（二）数据选择与变量设定

1. 数据选择

基于数字经济发展历程，同时考虑电子商务指标的重要性（统计数据从 2013 年开始），以及数据的可获取行，选取了剔除西藏地区的 2013—2019 年全国 30 个省份的面板数据，数据主要来源于各年份《中国统计年鉴》《中国农村统计年鉴》以及国家统计局。

2. 变量设定

（1）被解释变量：农业高质量发展水平指数（AHD）。国内外对农业高质量发展指标构建大多基于五大新发展理念以及农业高质量发展的内涵、特征。本文参考辛岭[26]（2019）、黄修杰[27]（2020）等人关于农业高质量指标的构建，基于数据的可获取性，从农业高质量发展的特征进行指标构建，即供给优质、高效生产、绿色可持续、创新融合。供给优质是农业高质量发展的前提，只有高质量的农产品供给才能生产出高质量的农产品，提高供给质量，扩大有效供给，优化农业要素配置，实现农业高质量发展；高效生产是农业高质量发展的保证，高效率的生产产量和高效益的收入是农业高质量发展的最终目标；绿色可持续发展是衡量农业发展是否可持续的重要指标，是农业高质量发展的保障；创新融合是农业高质量发展的驱动力，技术革新改变生产、生活方式，发生翻天覆地的变化，数字技术的创新融合促进农业高质量发展，具体指标构建见表 1。

表 1　农业高质量发展水平指数（AHD）指标构建

目标层	一级指标	二级指标	变量解释	属性	权重/%
农业高质量发展水平	供给优质	土地资源	耕地面积/土地面积	+	7.09
		基础设施	乡村办水电站个数/土地面积（吨/千公顷）	+	24.62
		资本资源	农村居民人均可支配收入/元	+	5.50
		财政支持力度	地方财政农林水事务支出/地方财政总支出	+	3.28
	高效生产	效益好	农林牧渔业增加值/亿元	+	8.33
		效率高	人均粮食产量/公斤	+	9.12
	绿色可持续	资源使用	农用塑料薄膜使用量/播种面积（吨/公顷）	−	0.98
			农药使用量/播种面积（吨/公顷）	−	0.88
			农用化肥施用折纯量/播种面积（吨/公顷）	−	2.04
	创新融合	技术投入	农业气象观测业务站点个数/土地面积（个/千公顷）	+	6.92
		数字投入	国内专利申请受理量/项	+	17.86
			农村宽带接入用户/万户	+	13.37

（2）核心解释变量：数字经济发展水平（DE）指数。国内外学者以及机构对数字经济指标体系的构建总的来说相差不大，主要从数字基础、数字投入、数字应用等方面进行构建。本文参考张雪玲[28]（2021）、王军[29]（2021）等人的数字经济指标构建体系，基于数据的可获取行，从数字经济的定义出发即数字产业化和产业数字化两个方便进行构建指标体系。数字产业化选取了三个主要行业规模，即电信业规模、软件业规模、互联网业规模；产业数字化从农业数字化、工业数字化、服务业数字化以及数字化人才四个方面进行构建指标，具体指标构建见表 2。同时参考王娟娟等人（2021）[30]消除区域差异的办法，对部分数据进行处理，如软件业务收入、电子商务销售额等除以地区生产总值。

（3）控制变量：产业结构调整（IS），产业结构调整选用第二、三产业增加值之和比上第一产业增加值；政府行为（GOV），政府行为选用地方财政农林水事务支出（亿元）；对外开放程度（EO），对外开放程度选用外商投资企业投资总额与 GDP 的比值，如表 3 所示。

表 2　数字经济发展水平指数（DE）指标构建

	一级指标	二级指标	变量解释	权重/%
数字经济发展水平	数字产业化	电信业规模	移动电话交换机容量/万户	2.80
			电话普及率（包括移动电话）/部·百人$^{-1}$	0.65
		软件业规模	软件业务收入占地区生产总值的比重	10.45
			信息传输、软件和信息技术服务业城镇单位就业人员/万人	6.59
		互联网业规模	长途光缆线路长度/万公里	2.65
			互联网宽带接入端口数/万个	3.31
			互联网域名数/万个	13.34
			互联网普及率/%	0.80
	产业数字化	农业数字化	农林牧渔增加值/亿元	5.47
			农业机械总动力/万千瓦	5.86
			已通邮的行政村比重/%	0.02
			农村用电量/亿千瓦时	11.26
		工业数字化	第二产业增加值/亿元	4.50
			规模以上工业企业有效发明专利数/件	13.24
			规模以上工业企业 R&D 经费支出占地区生产总值的比重/%	2.20
		服务数字化	第三产业增加值/亿元	4.19
			有电子商务交易活动的企业数比重/%	2.38
			电子商务销售额占地区生产总值的比重/%	5.91
			邮电人均业务总量/万元·人$^{-1}$	2.03
		数字化人才	普通高等学校数/所	1.58
			每十万人口高等学校平均在校生数/人	0.77

表 3　变量描述性统计

变量	变量说明	样本容量	均值	标准差	最小值	最大值
AHQ	农业高质量发展水平	210	2.686	1.512	0.362	6.955
DEI	数字经济发展水平	210	4.762	4.001	0.491	24.377
IS	产业结构调整	210	27.401	60.042	3.152	353.693
GOV	政府行为	210	5 303.815	2 749.823	922.480	17 297.850
EO	对外开放程度	210	6.202	5.793	0.769	25.146

（三）模型设定

面板数据模型一般形式有三种：混合回归模型（pooled model）、固定效应回归模型（fixed effects regression model）和随机效应回归模型（random effects regression model）。本文 Hausman 检验来判断固定效应模型和随机效应模型的选取，检验结果显示 P 值为 0，在 0.001 的显著性水平下拒绝原假设，选择固定效应模型。

本文在考虑了个体、时间双效应的情况下，选择了个体时点双固定效应模型。同时在数据处理中，将数据对数化处理，减少模型误差。本文设定如下基准计量模型来研究新时代数字经济发展对农业高质量发展的影响：

$$\text{lnahq}_{it} = \lambda_i + \gamma_t + \beta_1 \text{lndei}_{it} + \sum_{k=2}^{k} \beta_k X_{kit} + \mu_{it} + \varepsilon_{it}$$

其中，lnahq 代表农业高质量发展水平指数，下标 i、t 分别表示分别表示地区和时间；lnde 表示数字经济发展水平指数；X 为其他的控制变量，k 为变量个数；λ_i、γ_t、μ_{it} 为个体固定、时点固定、个体时点双固定效应；ε_{it} 为随机扰动项。

四、数字经济影响农业高质量发展的实证检验

（一）基准回归分析

根据 stata15 对面板数据进行回归分析，对所有变量都进行了对数处理，并比较了混合、随机、个体固定、时间固定、个体时间双固定效应模型的结果，具体结果见表 4（数字经济发展水平对农业高质量发展水平的影响结果）。总体来看，在显著性水平为 5%时，模型（1）（2）（3）（4）（5）都拒绝了原假设，且在显著性水平为 1%时，模型（1）（2）（4）（5）拒绝原假设，即数字经济发展对农业高质量发展都产生显著的正向影响，表明数字经济具有显著的助推作用，即假说得证。具体而言，本文采用多种回归形式进行面板回归，其中表 4 列（1）采用混合回归，列（2）采用随机效应回归；列（3）、列（4）、列（5）是个体固定效应模型和时间固定效应模型，都加了稳健标准误，数字经济发展对于农业高质量发展仍然显著，其中列（4）（5）的回归系数在 1%的水平上依然显著。

表 4　主模型回归结果

	(1) lnahq	(2) lnahq	(3) lnahq	(4) lnahq	(5) lnahq	(6) lnav
lndei	0.610***	0.210***	0.101**	0.497***	0.123***	0.227***
	(0.141)	(0.064 0)	(0.041 4)	(0.059 9)	(0.040 3)	(0.044 1)
lnis	−0.328***	−0.274***	−0.250***	−0.350***	−0.255***	−0.912***
	(0.034 8)	(0.044 8)	(0.086 1)	(0.009 28)	(0.057 5)	(0.033 3)
lngov	0.486***	0.362***	0.215**	0.680***	0.255**	0.211***
	(0.175)	(0.077 8)	(0.081 3)	(0.076 2)	(0.082 1)	(0.036 7)

表4(续)

	(1) lnahq	(2) lnahq	(3) lnahq	(4) lnahq	(5) lnahq	(6) lnav
lneo	-0. 226*** (0. 057 1)	-0. 135*** (0. 033 3)	-0. 031 1 (0. 031 2)	-0. 134*** (0. 019 7)	-0. 028 3 (0. 033 2)	-0. 042 1** (0. 013 1)
R-sq	0. 885 0	0. 191 3	0. 209 8	0. 917 0	0. 987 8	0. 998 8
固定效应	否	否	是	是	是	是
_cons	-2. 925** (1. 385)	-1. 639*** (0. 598)	-0. 473 (0. 573)	-4. 498*** (0. 605)	-0. 741 (0. 392)	7. 481*** (0. 283)
N	210	210	210	210	210	210

注：括号内为稳健标准误下对应的 t 统计量，***、**、* 分别表示在 1%、5%、10%的水平上显著，N 为样本容量，解释变量与被解释变量均采用对数化的形式。

数字经济发展水平指数（AHQ）对农业高质量发展具有显著的正向影响。从表 4 可以看出，数字经济发展水平指数在显著性水平为 1%的情况显著，且从列（5）的结果可知，数字经济发展水平指数每提高 1%，农业高质量发展水平指数将会增加 0. 123%，表明数字经济发展对农业高质量发展具有显著提升作用，该结果进一步验证了假说 1。数字经济从时间变化来看呈现出逐渐上升的趋势，从空间分布上来看，呈现出地区分布不均的现象，以 2019 年我国 30 个省（自治区、直辖市）数字经济发展水平为例，如图 2 所示。具体来说，呈现出东高西低的趋势，其中广东省、江苏省、四川省、山东省、河南省、北京市最为突出，西藏、青海、宁夏等地区数字经济发展水平欠佳。

产业结构（IS），如表 4 主模型回归结果显示，产业结构（IS）的系数为负数，且在显著性水平为 1%的情况下显著，当产业结构每提高 1%时，农业高质量发展将会降低 0. 255%。表明产业结构调整对农业高质量发展水平产生负向影响，这主要是因为二、三产业占比增加，会导致产业结构转型升级，将第一产业（大部分情况下认为农业为第一产业）的劳动力、资本等转移到第二产业和第三产业，会对农业的发展造成不利的影响，会阻碍农业的发展。

政府行为（GOV），如表 4 主模型回归结果显示，政府行为指标的系数为正，且在显著性水平为 1% 下显著，当政府行为每提高 1% 时，农业高质量发展水平会提高 0. 255%，即政府行为会对农业高质量发展产生正向影响。政府加大扶持力度将会进一步加大农业高质量发展水平，会助推农业高质量发展。

对外开放程度（EO），如表 4 主模型回归结果显示，在显著性水平为 10%时，该变量 t 检验在模型（3）（4）（5）中不显著，相差较大，不稳定，导致其变化的原因很可能是由于指标选择的不恰当，导致其系数变动波动大，有待改进。

（二）时空差异性分析

从图 2 看，各地区数字经济发展水平呈逐年上升的趋势，但各地区差异较大。2013—2019 年，数字经济发展水平逐年上升，除极少部分地区（如福建省）。具体分析自 2013 年数字经济初步形成，稳步发展，到 2017 年发展迅速。2016 年 9 月，二十国集团杭州峰会将“数字经济”列为 G20 创新增长蓝图中的一项重要议题，从此数字经济成为重点关注和发展对象，数字经济开始蓬勃发展起来。但各地区数字经济发展水平差异明显，其中广东省发展最为突出，其次是江苏省和北京市。广东省因其数字经济政策规划全面、数字经济基础设施建设良好、数字经济规模领先，成为数字经济发展的“领头羊”。

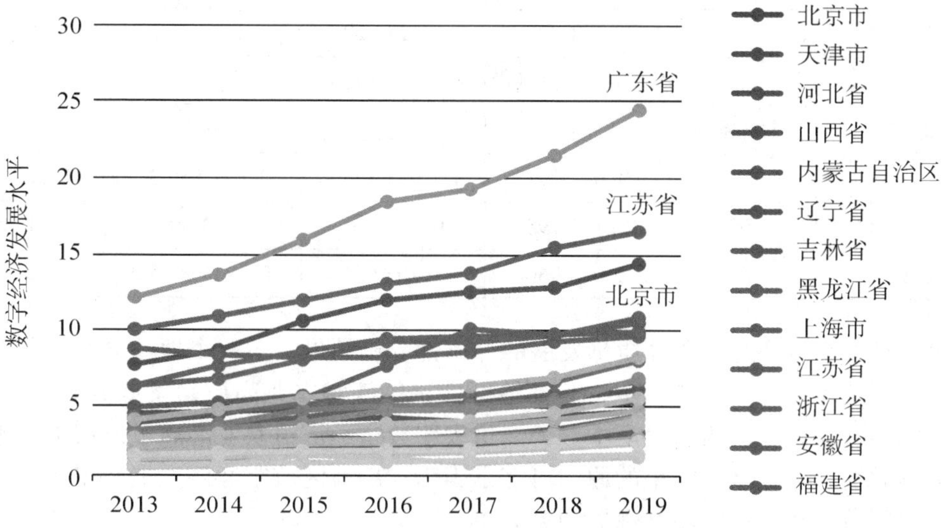

图 2　2013—2019 年数字经济发展水平趋势

注：因省（自治区、直辖市）过多，图例只显示部分地区。

从空间分布上来看，数字经济发展水平和农业高质量发展水平呈现出地区分布不均的现象。2019 年我国 30 个省（自治区、直辖市）数字经济发展水平呈现出“东高西低”的趋势，其中广东省、江苏省、北京市最为突出，青海、宁夏等地区数字经济发展水平欠佳。2019 年我国 30 个省（自治区、直辖市）农业高质量发展水平，东部和中部地区农业高质量发展突出，西部与北部地区农业高质量发展水平欠佳。

（三）区域异质性分析

由于地区发展水平和资源禀赋的差异，数字经济发展水平与农业高质量发展水平都存在着明显的异质性特点，从空间上来说呈现出“东高西低”的发展布局。为了探究数字经济发展水平对农业高质量发展水平的影响是否存在地区上的异质性。本文参考三大地区的划分标准，将全国 30 个省划分为三大地区即东部地区、中部地区、西部地区。同时参考赵涛（2020）[4] 区域异质性分析的做法，将各地区进行描述性统计分析以及回归分析。如表 5 可见，东部地区的数字经济发展水平远远领先于中部地区和西部地区，均值相差近 2 到 4 倍，东部地区相较于其他两个地区具有“先发优势”；农业高质量发展水平从数值上来看，相差不大，较稳定。其中，中部地区领先于其他两个地区。

表 5　分地区数字经济和高质量发展水平差异

数字经济发展水平（DEI）					
地区	样本数	均值	标准差	最小值	最大值
东部地区	77	8.019 832	4.790 698	0.722 096 3	24.377 46
中部地区	56	3.483 229	1.474 514	1.598 829	7.686 039
西部地区	77	2.433 923	1.428 329	0.490 922 5	7.909 74
农业高质量发展水平（AHQ）					
地区	样本数	均值	标准差	最小值	最大值
东部地区	77	3.047 391	1.923 844	0.627 550 3	6.955 108
中部地区	56	3.103 198	0.947 879	1.313 595	4.813 541
西部地区	77	2.020 066	1.105 651	0.361 683 7	5.121 377

表 6 是数字经济对农业高质量发展的异质性分析结果，对三个地区分别进行了个体时间双固定效应模型。结果显示，东部地区数字经济对农业高质量发展具有显著作用，中部地区显著性次之，西部地区不显著。这表明数字经济对农业高质量发展的影响是存在地区异质性，导致这样结果的原因可能是因为东部地区数字经济发展较早、发展水平较高，使得数字经济释放的红利更为充分。

表 6　数字经济对农业高质量发展的区域异质性分析

变量	东部地区	中部地区	西部地区
	（1）	（2）	（3）
ahq	0.183 066 1** （0.019）	0.124 513 6** （0.076）	0.113 729 4 （0.663）
控制变量	Yes	Yes	Yes
常数项	-4.545 957*** （0.004）	-4.795 742*** （0.000）	-7.534 518*** （0.001）
年份固定	Yes	Yes	Yes
省（市）固定	Yes	Yes	Yes
时期数	7	7	7
省（市）个数	11	8	11
R^2	0.927 1	0.945 3	0.924 5

注：括号内为稳健标准误下对应的 t 统计量，***、**、* 分别表示在 1%、5%、10% 的水平上显著。

（四）稳健性检验

工具变量法。为了检验模型的稳健性，本文采用替换被解释变量的方法对模型进行稳健性检验，用农林牧渔总产值（AV）的对数值作为农业高质量发展水平指数的替代变量进行回归，表 4 列（6）报告了稳健性检验的结果。在模型（6）中，数字经济发展水平指数在显著性水平为1%的水平下显著，对农林牧渔总产值有显著的正向影响，其系数为0.227，即当数字经济发展水平指数每提高1%时，农林牧渔总产值指数则增加0.227%。由此可见，数字经济发展水平指数对农林牧渔总产值指数的影响依然很显著，符号没有发生改变，且数值变化不大。可以看出，模型是稳健的。

五、结论与政策启示

本文从数字产业化和产业数字化两个方面，构建数字经济发展水平指数的指标，测度了2013—2019年30个省（自治区、直辖市）的数字经济发展水平指数，农业高质量发展水平指数亦同。构建数字经济发展对农业高质量发展影响的理论模型，考虑到个体效应与时间效应，选择个体时间双固定模型对数字经济发展对农业高质量发展水平进行研究分析。同时对数字经济对农业高质量发展影响做了时空差异性分析和区域异质性分析。研究结果表明：第一，数字经济发展对农业高质量发展产生了显著的正向影响。第二，数字经济对农业高质量发展的影响存在区域异质性。

基于此，应该从以下几个方面采取措施来促进农业高质量发展：

第一，加快建立基于大数据的全国农业信息资源平台。习近平总书记强调，要对抗农村广大肥沃土壤，促进信息资源的整合、共享和利用。下一阶段，必须基于需求导向的高层设计和高质量农业开发和农业工作者准确需求的模块功能规划，加快农业工作者建设，基于以往试点领域。以全国农业信息资源共享平台为核心，州、市、县（地区）、镇在多个级别上同时进行了大数据监测和收集，农业数据真的对政府有用。根据大数据进行决策，满足农户的需求，有助于企业的发展，并发布更多的数据红利。

第二，要深入融合数字经济和农业发展，加快数字转化和现代农业升级。加快数字农业技术创新发展和创新变革，促进双重创新成果和农业产业链全面整合。特别是为了完全保证智能供应链系统中的传感器、智能设备和其他要素的创新投资，包括云计算和物联网等新一代信息技术，核心研究技术的投资、研发、和加深应用。同时，为了加速“互联网+新农业”的技术革新，促进完整的农产品产业链系统，建议试验性地导入全国的智能农场和智能果园的成熟经验。

第三，以综合性农业信息服务成果为基础，推进电子商务模式的创新。政府业务、农业、业务、商业交易中的大数据和区块链等技术的革新性开发和详细整合，使政府、企业、小规模农户、企业成为地方电子商务数据的所有者和用户。大数据和区块链的智能相互作用，自动识别和中介解除特性，构筑了“政府+企业+小农户+商家”的农村电子商务模式，通过革新模式促进农业的高品质发展。

参考文献：

［1］国家统计局—全国两会服务（stats.gov.cn）。

［2］张新红. 数字经济与中国发展［J］. 电子政务，2016（11）：2-11.

［3］刘航，伏霖，李涛，孙宝文. 基于中国实践的互联网与数字经济研究：首届互联网与数字经

济论坛综述［J］. 经济研究，2019，54（3）：204-208.

［4］赵涛，张智，梁上坤. 数字经济、创业活跃度与高质量发展：来自中国城市的经验证据［J］. 管理世界，2020，36（10）：65-76.

［5］荆文君，孙宝文. 数字经济促进经济高质量发展：一个理论分析框架［J］. 经济学家，2019（2）：66-73.

［6］肖永亮. 数字媒体在创意产业发展中的地位［J］. 现代传播，2005（5）：62-64.

［7］钱海章，陶云清，曹松威，等. 中国数字金融发展与经济增长的理论与实证［J］. 数量经济技术经济研究，2020，37（6）：26-46.

［8］张鸿，杜凯文，靳兵艳，刘启雷. 数字乡村战略下农村高质量发展影响因素研究［J］. 统计与决策，2021，37（8）：98-102.

［9］曹正勇. 数字经济背景下促进我国工业高质量发展的新制造模式研究［J］. 理论探讨，2018（2）：99-104.

［10］罗浚文，李荣福，卢波. 数字经济、农业数字要素与赋能产值：基于 GAPP 和 SFA 的实证分析［J］. 农村经济，2020（6）：16-23.

［11］韩海彬，张莉. 农业信息化对农业全要素生产率增长的门槛效应分析［J］. 中国农村经济，2015（8）：11-21.

［12］沈剑波，王应宽. 中国农业信息化水平评价指标体系研究［J］. 农业工程学报，2019，35（24）：162-172.

［13］刘元胜. 农业数字化转型的效能分析及应对策略［J］. 经济纵横，2020（7）：106-113.

［14］温涛，陈一明. 数字经济与农业农村经济融合发展：实践模式、现实障碍与突破路径［J］. 农业经济问题，2020（7）：118-129.

［15］漆海霞，林圳鑫，兰玉彬. 大数据在精准农业上的应用［J］. 中国农业科技导报，2019，21（1）：1-10.

［16］付豪，赵翠萍，程传兴. 区块链嵌入、约束打破与农业产业链治理［J］. 农业经济问题，2019（12）：108-117.

［17］许玉韫，张龙耀. 农业供应链金融的数字化转型：理论与中国案例［J］. 农业经济问题，2020（4）：72-81.

［18］楚明钦. 数字经济下农业生产性服务业高质量发展的问题与对策研究［J］. 理论月刊，2020（8）：64-69.

［19］郑大睿. 我国智慧农业发展：现状、问题与对策［J］. 农业经济，2020（1）：12-14.

［20］刘雨轩，王佳美，张巍. 发展“数字农业”推动传统农业转型升级［J］. 黑龙江畜牧兽医，2019（10）：1-6.

［21］刘海启. 以精准农业驱动农业现代化加速现代农业数字化转型［J］. 中国农业资源与区划，2019，40（1）：1-6，73.

［22］马晓河，胡拥军. “互联网+”推动农村经济高质量发展的总体框架与政策设计［J］. 宏观经济研究，2020（7）：5-16.

［23］田娟娟，马小林. 数字普惠金融推动农业转型升级的效应分析：基于省际面板数据的实证［J］. 征信，2020，38（7）：87-92.

［24］寇有观. 试论智慧生态农业和智慧生态工业［J］. 办公自动化，2018，23（8）：8-12.）

［25］辛岭，安晓宁. 我国农业高质量发展评价体系构建与测度分析［J］. 经济纵横，2019（5）：109-118.

［26］黄修杰，蔡勋，储霞玲，等. 我国农业高质量发展评价指标体系构建与评估［J］. 中国农业

资源与区划，2020，41（4）：124-133.

［27］张雪玲，焦月霞. 中国数字经济发展指数及其应用初探［J］. 浙江社会科学，2017（4）：32-40，157.

［28］王军，朱杰，罗茜. 中国数字经济发展水平及演变测度［J］. 数量经济技术经济研究，2021，38（7）：26-42.

［29］王娟娟，佘干军. 我国数字经济发展水平测度与区域比较［J］. 中国流通经济，2021，35（8）：3-17.

数据要素化视角下数字资本的扩张冲动与风险管控[1]

朱巧玲[2] 杨剑刚[3]

摘 要： 数字经济正在成为我国经济社会发展的重要推动力，以数据要素化为特征的数字经济时代的到来不仅促进了生产方式的转变，还推动了生产力的巨大进步，促进了新的生产关系的生成，这既是一次对传统价值生产模式的再造，也是一次对社会经济形态的重塑。数字资本是数字经济发展的产物，在数据要素化的驱动下，对于生产要素的攫取和对利润的追逐依然是资本扩张最核心的驱动力。本文从数字资本扩张的驱动机制出发，将数字资本扩张置于马克思主义政治经济学的框架下分析，研究发现数字资本扩张过程中隐藏了包括平台经济垄断化、社会贫富分化加剧以及数字治理失控等风险，针对这些问题，提出了有效规制数字资本无序扩张，加快数字收入分配制度改革以及构建数字治理综合体系的建议。

关键词： 数据要素化；数字经济；数字资本无序扩张；反垄断规制

引言

从工业革命到信息革命，人类生产力发展和经济形态的每一次颠覆都伴随着新的生产要素的产生，正如资本之于工业经济时代成为新的生产要素，互联网技术之于信息经济时代成为新的生产要素，数据作为数字经济时代关键的生产要素，给经济社会带来了新的生产工具、生产方式和生产关系，也极大地促进了经济增长和社会进步。数据要素化是数字经济有别于传统经济形态的特征之一，通过对数据的有效利用和应用开发，将数据要素充分融入价值创造、产业升级和技术创新，充分释放社会经济增长的潜力。数据作为土地、劳动力、资本、技术之后的第五大生产要素，对于数字经济的发展起到了

① 基金项目：中南财经政法大学学科统筹建设项目《构建中国经济发展学》，项目编号 XKHJ202105。

② 朱巧玲，中南财经政法大学经济学院教授。
③ 杨剑刚，中南财经政法大学经济学院博士研究生。

基础性和支撑性的关键作用[1]。数据作为要素将显著提高经济社会各领域资源配置能力，提高全生产要素效率，推动产业结构的升级优化，以及产业业态创新，激发企业创新能力和运营管理效率，对于数字经济时代生产力的发展和提高具有重要作用。数据的有效运用还将促进社会治理模式的变革，由粗放型向着精细化转变，通过对数据的挖掘和分析，进一步加强了政府宏观经济调控政策的精准度和有效性以及对微观经济的调节能力，进一步丰富了政府社会治理的手段和方式[2]。在 2017 年 12 月 8 日，习近平总书记在主持中共中央政治局就实施国家大数据战略进行第二次集体学习时强调，要构建以数据为关键要素的数字经济，发挥数据的基础资源作用和创新引擎作用，加快形成以创新为主要引领和支撑的数字经济[3]。

在数据要素化极大地驱动了数字经济蓬勃发展的背景之下，数据要素创造的价值在国民经济中所占的比重逐步提高。我国数字经济整体规模从 2014 年的 16. 16 万亿元到 2020 年的 39. 2 万亿元，年均增长率达到了 23. 76%，2020 年数字经济整体规模更是占 GDP 比重达到了 38. 6%，在 2020 年的增速达到了 GDP 增速三倍以上，有效地维护了我国经济的稳定发展，成为经济增长的新引擎①。数字经济对社会和经济的影响力也在不断增强，并通过运用大数据、人工智能等信息技术加速了与产业的互相融合，数字经济在第一产业中的渗透率从 2016 年的 6. 2%增长到 2019 年的 8. 2%，数字经济在第二产业中的渗透率从 2016 年的 16. 8%增长到 2019 年的 19. 5%，数字经济在第三产业中的渗透率最为明显，从 2016 年的 26. 6%增长到 2019 年的 37. 8%，数字经济与第三产业的融合明显加速，推动了产业结构的调整，数字经济与产业的互相渗透促进社会形态向着数字化、网络化、智能化的方向改造，同时也促进数字经济生态体系的构建和完善②。数字技术的普遍运用促进了数字经济形态对社会经济各个领域的渗透，数字经济的外延不断扩张，有助于打破阻碍提高生产力水平的桎梏，给资本的扩张带来的新的契机和有利条件，使得数字技术和资本更加紧密地结合在一起，利于利润的追逐和更多的价值占有，也催生了数字资本的扩张冲动。全球主要数字经济产业市场集中度情况一直稳步提高，从全球视野下数字经济发展的趋势以及市场经济发展的必然规律来看，数字资本的扩张必将带来产业集中度的提高，但是与此同时，如果数字资本的扩张冲动是不受限制的或是无序的，那么数字资本追求无限增值的本性和市场经济“马太效应”必然会带来垄断，从而阻碍市场竞争，削弱市场经济对资源配置的效率以及创新机制，最终损害经济发展。2020 年中国人民银行、中国银保监会等四部门联合约谈并处罚蚂蚁金服，到市场监管总局立案调查美团、饿了么等网络餐饮服务平台，这些案例就是数字资本扩张后利用其垄断地位损害数字经济领域的公平竞争环境，其垄断行为已经构成了当前妨害我国数字经济健康发展的主要因素[4]。

长期以来，数字经济对于国民经济增长的贡献备受瞩目，但是对于由数字资本不加节制的扩张冲动所引发的无序扩张以及新的风险的研究却少有人关注，因而有待进一步的完善和丰富。马克思在《资本论》中指出“各个经济时代的区别，不在于生产什么，

① 由中国信通院发布的《中国数字经济发展白皮书（2021）》整理。

② 由中国信息通讯研究院、前瞻产业研究院发布的数据整理。

而在于怎样生产，用什么劳动资料生产”[5]210，虽然数字资本与工业资本在生产资料、生产工具以及价值形成等方面存在着很多不同，但是其本质依旧遵循着资本的运动逻辑。由此出发，本文试图通过探究数字资本扩张的冲动内在驱动力，研究分析其无序扩张可能导致的主要危害以及潜在风险，并针对性地提出风险监管的措施，有助于发现数字资本的运动规律以及风险的生成过程，更好地维护经济安全，推动数字经济健康稳定发展提供理论路径。

一、数字资本扩张冲动驱动机制的多维分析框架

数字经济的发展特征是以数据要素化为驱动形式，推动社会生产方式向数字化方向转化，促进社会经济形态向数字化演变[6]。我们基于数据要素、生产方式、社会经济形态的三个维度，建立数字资本扩张冲动的多维分析框架，对数字资本扩张冲动的内生性驱动机制进行分解探析，以系统地阐释数字资本扩张的内在驱动力。

（一）数据要素的双重属性维度：规模化质变和零边际成本的激励机制

个人的单位数据只是个人在某一时间点或时间段里在数字平台上进行某种活动的单次纪录，于数字平台而言并无价值，只是对其单位个体的某次行为的描述而已。数据作为生产要素投入到价值生产过程中的前提条件是数据的规模化生产，只有数据规模化才能产生质变，单个的无价值的数据才能形成规模化的有价值的数据，才能由无价值的数据转变为作为生产要素的数据要素。数据的规模化来自两个层面：一是数据来源的规模化，是指作为数据来源的个人要形成足够多的数量；二是个人数据的规模化，是指个人数据类型的丰富程度，包括数据的连续记录时长，以及数字平台上的活动内容种类，每种内容的消耗时长等。数据的规模质变的本质是从规模化的群体的数据流中通过大数据算法的分析工具，对其群体进行筛选，根据行为习惯、个人喜好和潜在需求，对其中具有价值潜力的用户进行甄别，筛选出具有一定消费能力和消费意愿的数字平台用户，通过为其提供数字商品或者服务来进行价值创造。

由此，数据要素的规模化越大，发现具有价值潜力用户的概率就越大，就能为数字平台带来更多的价值财富，对数字资本形成正向激励。与此同时，由于数字平台运营成本相对固定，数据要素规模化能够将运营成本极大地降低，数据要素规模化所带来的边际成本几乎为零。随着数据流的积累，大数据算法持续不断地改进和自我进化，数据的分析和筛选更为精细和准确，提高筛选效率和准确性，数字平台的经济效益将极大地提高，将整个价值链的边际成本降低到接近于零。规模质变和零边际成本对数字资本形成激励机制，激发数字资本的扩张冲动，以数据要素为扩张目标，追逐更高的收益。

（二）生产方式的双重转变维度：技术创新和先入为主的竞争机制

数据要素化将推动传统生产方式向着数字化的生产方式转变，数据作为新的生产要素参与到生产过程中来，而生产工具就是依靠数字技术来实现数据要素的价值创造。一

方面，数字技术创新作为数字经济发展核心驱动力，能够驱动数字经济不断实现更好的要素配置，更加合理的经济结构，更加高效率的投入产出。人作为数据要素的来源，数据的产出是受人所限制的，而数字平台上的用户也是有限的，一旦平台用户增长放缓，那么意味着市场的分割也接近尾声了，数字平台之间的竞争必将从用户数量的竞争转向对数字技术创新之间的竞争，通过数字技术创新来提高数据要素的价值潜力，实现更高效率的价值创造，这反映了数字资本的扩张能够有效提高技术创新的水平，推动生产方式的转变，提高社会经济的运行效率，进而增进社会福利。

另一方面，数字平台可以通过控制数据资源，来提高市场进入壁垒及转换成本，进而形成“赢家通吃”的局面。由于数据具有非排他性，并且可以循环使用，一旦掌握了数据资源，经过不断的积累和算法进化，对用户的黏附能力会越来越强。这个特征又反过来加强了数据的控制力——平台越大，用户越多，沉淀的数据越大，对用户的黏附能力越强，用户的依附度就会越高。谁能先入为主，占领数据资源，谁就赢得先机，对后来者形成较高的壁垒，对后来者进行打压以及对潜在竞争对手形成威慑。这种赢家通吃的效应，迫使数字平台之间进行激烈的竞争，从单一的平台竞争，向着全方位的各个产业蔓延，加速了数字经济与不同产业之间的融合，促进了产业经济的发展。

（三）社会治理的双重演变维度：数字改造和结构转变的协同发展机制

数字技术的广泛运用，将社会中各类经济活动和社会行为进行数字化转换，人们的行为举止和思想意识变成了数字信号被记录、传输、存储以及积累，形成了海量的数据资源，增加了经济社会运行的复杂程度[7]，提高了社会治理的门槛，无疑增加了社会治理的技术难度，推动社会治理的数字化转型。一方面极大地降低了社会治理的成本，提高了社会治理方式的网络化、信息化、智能化，使得社会治理更加高效、顺畅。另一方面，社会治理的结构也发生了转变，数字技术的普及和网络空间的拓展，使得每个人拥有了更多接近社会权利的途径，对权力诉求的上移，使得社会权力呈现分散化和均等化，同时数字经济中个人数据的适用范围、隐私权保护和网络有害信息的泛滥等问题，需要更为系统化的规制，社会治理结构的转变方向也更为扁平化和系统化。

社会治理的数字化改造和社会治理结构的转变是协同发展的，一个是方式上的创新，一个是结构上的变革，二者互相促进，为数字资本的扩张解决了社会治理和经济发展之间的协调问题，适宜的社会治理环境也降低了扩张所带来的摩擦。

二、数据要素化视角下数字资本无序扩张的风险

数据要素化促进了数字资本的扩张，如果不加节制，极易引发数字资本的无序扩张，将给经济发展和社会稳定带来新的风险，其中直接风险是以由无序扩张所引起的平台经济垄断化为主要表现，损害经济的健康发展。其次是数字鸿沟扩大以及数字红利不平等带来的社会贫富分化加剧和阶层固化。最后是由于数字资本无序扩张带来的权利扩张了，造成数字治理失控，给社会经济发展带来新的不稳定因素。

（一）平台经济垄断化的风险

从美国谷歌利用旗下安卓系统对华为手机进行封杀，到亚马逊、阿里巴巴等电子商务平台要求入驻商家二选一和大数据“杀熟”，平台经济垄断化已经成为世界各国反垄断领域关注的重点。2020 年 12 月 15 日，欧盟委员会出台了《数字服务法》和《数字市场法》两部草案，旨在加强数字经济反垄断调查，破除行业竞争垄断壁垒，激发市场活力。近些年美国平台经济巨头谷歌、微软、苹果、亚马逊等也因反垄断调查而被多次处以巨额罚金[8]。中国作为数字经济大国，在 2020 年也迎来了《中华人民共和国反垄断法》实行 11 年来的首部修订草案，表明我国平台经济垄断化问题已经威胁到社会公众利益和经济健康发展[9]。

1. 对市场支配地位的滥用的风险

互联网数字平台垄断化具有跨界垄断和界内垄断两种方式，即跨越行业界限，与不同产业的竞争者竞争，获取垄断地位，以及在同行业内的竞争来获取垄断地位。

跨界垄断是互联网数字平台利用本身的市场支配地位，进入全新的市场进行跨界经营，提供全新的商品或者服务，利用本平台的庞大用户群体和海量的数据资源优势，将原有市场的客户全体迁移到新的行业中，通过低价、免费以及折扣等措施来增加用户黏度以及吸引新的用户加入，通过让利、补贴等方式吸引平台上的商家入驻，对新行业原先的竞争者造成挤压，进而获得新的垄断优势[10]。

界内垄断是互联网数字平台通过利用其在行业内的市场支配地位，对同行业相对弱势地位的竞争者进行不公平的打压，旨在消灭能够威胁自身地位的潜在对手，从而巩固自身地位。具有市场优势地位的互联网数字平台依靠其自身庞大的用户全体和海量的数据为其在行业竞争中获得强势的地位，在和平台上商家谈判时具有不对等的议价优势，能够制定出实现自身利益最大化的规则，滥用市场支配地位，通过打价格战，以及提供更多优惠等措施，将竞争者排挤出去，巩固垄断地位，再进行提价，从而享受垄断的超额利润。

2. 对数据支配地位的滥用的风险

互联网数字平台每天都汇集了海量的数据，这些数据经过平台的筛选、分析，能够准确预测商品的价格走势、销量的变化趋势以及需求量的大小，互联网数字平台通过大数据的分析，可以及时发展具有市场潜力的产品以及处于生命周期末期的商品，发现产品市场需求的变化趋势，确定这些产品的种类、设计属性、性能大小以及最适宜的价格区间、效果最好的广告推送方式、目标客户特征和受欢迎的地区，甚至最佳交易时间，或者排除那些不具有市场发展前景的产品。互联网数字平台在获知这些信息后，利用其自身对数据的支配地位，拥有数据信息的定价权，通过将这些数据高价售卖给平台上的商家，帮助商家开发出新的产品，减少市场风险，商家为了在同类产品中取得竞争优势，不得不接受平台定价。平台自己也可以联系商家进行设计生产，依靠对数据的支配地位，完全独享其数据信息的，通过推出自营的热销的产品，将数据转化为现金流量，对其他同类型的产品形成不公正的竞争，损害了市场的公平和自由竞争[11]。此外，平台还利用其数据支配地位，对商家的营业活动进行监控，对商家的产品定价进行干预，强迫商家接受其平台定价，将价格控制在与其他平台产品的同一价格水平。

3. 产业集中度过高的风险

互联网数字平台一旦占据了垄断地位就会“赢家通吃”，加快其资本的积累和扩张脚步，头部效应更为显著，其扩张的冲动得到强化，利用其优势地位对其他平台进行整合，通过并购、股权投资等方式不断提高行业集中化程度，不断扩大其自身的规模，扩展其业务范围，巩固自身的竞争优势[12]。

产业集中度过高的风险主要体现在以下几个方面：一是头部企业占据了产业的优势地位，通过制定产业标准和平台规则，形成较高的行业壁垒，产生合谋行为，联合榨取高额的垄断利润；二是对新创企业和中小企业的上升空间产生了挤压，减少了市场竞争，抑制了创新创业的市场活力，损害了科技创新的内生动力；三是由于市场竞争减少，平台拥有较高的议价能力，在平台上经营的商家或者购买广告的企业将支付给平台更高水平的费用和佣金，这些增加的成本将会转嫁给消费者，迫使消费者接受更高的商品或者服务价格，消费者的福利将会被削减，从而损害了社会总福利。

（二）社会贫富分化加剧的风险

数字资本无序扩张造成的数字鸿沟扩大和数字红利不平等分配将带来社会贫富分化加剧的风险，数字资本的扩张可以一方面促进资本集中程度的增加和集中速度的加快，另一方面一旦扩张失控演变为无序扩张，资本的集中导致资源要素分配不公，从而加剧了社会财富分配的不平等。正如皮凯蒂在《21 世纪资本论》中所说的那样，在实践中，试图衡量收入不平等时，观察到的第一个规律是：资本导致的不平等总是比劳动导致的不平等更严重[13]248。社会贫富分化加剧的影响首先是增加了社会不稳定的因素，仇富心理和拜金主义盛行，激化阶层矛盾，影响社会的安定和谐。其次是降低了政府的公信力，影响社会制度的公正和权威，削弱国家的凝聚力，容易造成国家安全问题。最后是经济增长乏力，内生动力不足，由于收入差距扩大，社会财富分配向中高阶层倾斜，导致社会消费倾向下降和总体消费不足，削弱了社会经济发展，降低经济效率[14]。数字资本无序扩张造成社会贫富分化的风险主要表现具体而言，在于以下几个方面：

1. 城乡之间的贫富分化加剧的风险

信息基础设施是社会信息化建设的基石，也是保证社会经济活动正常运行的重要支撑，但是由于我国长期以来的城乡二元结构体制的历史惯性，导致我国城乡收入存在显著差距，从而形成了城乡之间信息基础设施建设存在较大差异。农村地区的宽带网络、卫星通信、移动通信等信息基础设施建设投入不足，导致信息网络覆盖率不足，宽带传输性能不强，电信服务水平不高，与城市还存在较大的差距。数字经济的发展高度依赖可靠、稳定、高速的信息网络，而可靠、稳定、高速的信息网络离不开信息基础设施软件和硬件的支持，信息基础设施建设的差距则会扩大城乡之间的数字鸿沟。

城乡二元结构是我国在特定的历史时期为了迅速建立起独立完整的工业体系而构建的以城市社会为中心的社会制度体系，具有特殊的历史性，这一结构不仅拉大了收入差距，还在基础设施建设，社会保障等各个方面形成较大的差距。数字经济的发展离不开信息基础设施的支撑，城乡二元结构在信息基础设施上的差距也将辐射到数字经济发展的活跃程度上来，最终造成数字经济发展带来的数字红利的不平等分配，加剧了城乡之间的贫富分化。

2. 区域之间的贫富分化加剧的风险

区域数字经济发展不均衡的重要原因在于要素市场化建设差距较大，以及软环境建设、市场成熟度以及技术创新具有显著差异。西部地区，要素市场化建设滞后，导致要素配置效率偏低，经济效率不高导致人才、技术、资本、数据等要素流向更高经济效率的东部地区，造成西部要素供给不足，反而进一步促进要素配置效率降低，形成恶性循环。其次是制度供给不足，政策、法规、市场和人文等软环境建设落后，无法吸引到足够的数字经济企业和人才。再次是市场规模不大，没有足够的需求去拉动数字经济的增长，市场成熟度不高。最后，数字经济的发展依靠技术创新来推动，西部地区的技术创新活力不足，并且由于市场较小，无法形成规模效应，快速摊平企业研发的成本，并且缺乏应用场景的支撑，不能讲技术快速转化为生产力。前瞻产业研究院发布的《2020年中国数字经济发展报告》显示，我国数字经济发展在不同区域之间呈现较为明显的两极分化现象，北京、上海的数字经济产值占 GDP 比重达到了 50%以上，而沿海地区以广东、福建、江苏和浙江为第二梯队，数字经济产值在 GDP 中占比为 40%～50%，以重庆、湖北、辽宁、河北、广西、四川、江西、贵州为主的中西部地区，数字经济产值在 GDP 中占比为 30%～40%，而其他的省份，如天津、辽宁、吉林、黑龙江、山东、湖南、云南、山西、陕西、宁夏等数字经济产值在 30%以下，与北京、上海以及沿海地区存在较大的差距①，如图 1 所示。

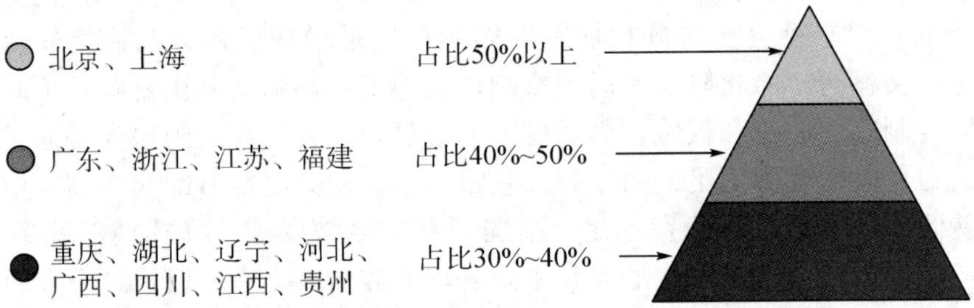

图 1　全国部分省份数字经济在 GDP 中占比情况

区域数字经济发展的差异，将伴随着数字经济发展会越拉越大，进一步加剧要素资源分布的不均衡，拉大经济效率的显著差异，进而市场化程度的差距拉大，进而形成恶性循环，西部地区将陷入数字经济荒漠化的窘境，区域之间的贫富分化加剧的风险越来越明显，将加剧区域经济发展的失衡，造成区域经济结构失衡，将严重制约经济发展。

3. 社会阶层之间贫富分化加剧

中高收入人群在社会经济中具有较高的社会地位，在市场竞争中能够获得更多资源，包括更多的有效信息，更广阔的人脉资源，能承担更高的风险，能支付更高的资金成本，以及拥有较高的受教育水平、更为专业技能和较丰富的文化知识素养等，这些优

① 数据来源于：前瞻产业研究院《2020 年中国数字经济发展报告》。

势使得中高收入阶层能够更加深入地、更大范围地参与到数字经济的发展过程中，拥有较多的资本优势使得中高收入阶层在数字红利的分配中占据更高的主导地位，加快了中高收入阶层财富的积累速度，形成正向激励，使得更多的资源投入到数字经济的价值生产运动中，从而占据更多的价值分配优势，积累更多的社会财富，加剧了社会财富分配的不公。低收入人群的收入较为固定，主要支出在于日常的消费以及住房、教育、医疗等方面，风险承受能力较弱，财富积累速度较慢，有效信息的来源较为单一，受教育程度较低，缺少参与数字经济发展的机会，无法直接享受到数字红利的分配，在社会财富分配的变化过程中处于劣势地位。

社会阶层之间贫富分化加剧是当今社会收入分配制度改革要解决的重点问题，其根本原因在于社会资源的不公平分配以及机会的不均等，中高收入阶层占据更多的社会资源以及更多的机会，拥有更多的有效信息，对低收入阶层形成信息不对称，从而能够有更多的机会进入数字经济发展的快车道，获得社会财富分配的优先权，从而加剧社会阶层之间贫富分化。

（三）数字治理失控的风险

在社会治理方面，数字资本的无序扩张还造成了数字治理失控的风险。数字资本借助互联网数字平台向社会各个层面进行扩张，对人们的衣食住行都产生了较大的影响，一方面为人们的生产生活提供便利条件，另一方面由于缺乏相应的制度约束和法治边界的模糊，数字资本通过对数据的掌控，以自己的意志对社会进行改造，通过对社会公共领域的各个层次进行渗透、影响甚至主导，以谋求通过“俘获”公共领域以谋取商业利益最大化，损害社会公共利益，削弱政府的社会治理能力，从而造成数字治理失控的风险，引发数字治理的危机。

1. 算法失控

算法作为数据处理的核心内容是信息提取的关键，但是算法没有价值判断，最终是人给计算结果施加带有人主观性质的价值判断，信息通过算法的筛选从而影响接收信息的人认知社会的方式，一旦算法被赋予了价值判断，那么赋予算法价值判断的人就会掌握社会价值判断的权利，为了实现利益最大化而影响社会公众的价值判断标准，一旦权力过大，就会挤占政府社会治理的空间，削弱政府的社会治理的实施效果，造成社会混乱和失序，威胁到社会安定和谐。

算法失控的另一表现就是“信息茧房”，是指人在接收信息时会选择性地接受自己感兴趣的信息，习惯性地被自己的偏好所引导，从而将自己的思想意识桎梏于像蚕茧一般的“茧房”中的现象[15]。用户一旦对单一互联网数字平台产生依赖，算法根据用户的偏好和需求对信息进行筛选，并将这些经过算法筛选的定制化的信息投放在用户的平台账号上，用户通过不断地接受这些经过算法筛选的定制化的信息，其思想意识被自己的偏好不断地强化和巩固，进而更加依赖平台来获取相关的信息，其思想意识从而在不知不觉中被算法所改造[16]。这些现象深刻地揭示了掌控算法的人可以通过算法对数据信息进行有选择性的筛选和定制，通过对人们偏好的感知进行数据信息的定向投送，来影响人们的决策和行为习惯。这不仅剥夺了人们自由选择信息的权利，而且通过影响人们的思想行为来获取利益最大化，危害市场经济的公平竞争，扰乱市场秩序。

2. 个人信息泄露和隐私权被侵害

个人用户在互联网平台上的账户信息由平台数据库进行存储和保管，平台对数据安全负有直接责任。但是近些年来个人信息泄露、身份冒用和盗用，隐私权被侵害以及电信诈骗等安全问题伴随着互联网发展，发生频率也越来越高，数据泄露总数呈指数递增的趋势，如图 2 所示。近些年较为严重的数据泄露案统计如表 1 所示，所影响的社会公众数量都达到了上亿人，造成的社会影响极大。这些数据泄露案严重损伤了社会公众对于互联网企业的信任，也为平台监管和数字治理敲响了警钟。在用户利用互联网平台进行网络活动时会将个人信息暴露给平台，由于个人用户与互联网数字平台之间存在信息不对称，用户不知道互联网企业是怎么使用自己的个人信息的，也不知道企业有没有过度采集自己的个人信息，互联网企业利用这种信息不对称为自己牟取利益，并且个人信息侵害行为发现和查处难度明显大于传统犯罪，导致事后惩处无法产生足够的威慑力，个人账户数据的安全得不到保障，数据信息泄露的风险加大。在日常生活中，证件复印件、快递单和手机是泄露个人信息的重要载体，从而滋生出个人信息遭人倒卖、隐私权被侵害、遭遇电信诈骗等一系列数据安全问题，严重威胁了社会治安和经济秩序，给社会公众造成巨额的财产和精神损失。

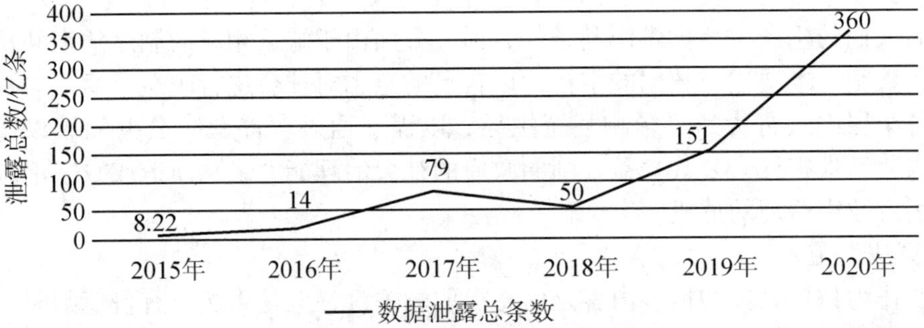

图 2　2015—2020 年互联网数据泄露总数

数据来源：根据 Verizon 发布的《2015-2020 年数据泄露调查报告》、IBM 和 Ponemon 联合发布的《2016—2020 年度数据泄露成本调研报告》进行整理。

表 1　近些年影响较大的数据泄露案

时间	涉事企业或者机构	国别	影响
2011 年 12 月	CSDN	中国	600 万用户的登录名、密码及邮箱遭到泄漏
2013 年 6 月	谷歌、雅虎、微软、苹果、Facebook、美国在线、PalTalk、Skype、YouTube 等九大公司	美国	美国棱镜窃听计划，监控平台上所有音视频、图片、邮件、文档以及连接信息，受影响的人数无法估算
2015 年 12 月	Anthem	美国	8 000 万个人信息受影响
2016 年 10 月	Uber	美国	5 000 万名优步客户和大约 700 万名司机的个人资料被曝光

表1(续)

时间	涉事企业或者机构	国别	影响
2017 年 3 月	58 同城	中国	超 2 亿用户敏感信息简历被泄露
2017 年 10 月	雅虎	美国	30 亿用户被影响
2018 年 1 月	Aadhaar	印度	10 亿公民身份信息泄露并受影响
2018 年 2 月	Facebook	美国	超过 8 700 万用户被影响
2019 年 9 月	Zynga	美国	2. 18 亿用户被影响
2019 年 12 月	TrueDialog	美国	10 亿用户被影响

数据来源：来自对公开新闻报道的收集整理。

3. 网络空间治理机制不够完善

如果说工业社会是一个脱域化的社会，那么它所实现的是地理意义上的脱域，在进入数字社会的发展中，人类社会再一次进入了脱域化进程[17]。人类的活动通过数字技术得到了极大的拓展，不仅跨域了地理的限制，还突破了领域、族域的限制，凡网络之所见所及，皆无边界。在数据要素化之后，对资源配置的形态、方式以及效率都产生了深刻的影响，数字技术、数据处理使得资源配置不再依托于过去的地理空间和物理空间，而是依托于网络空间，但是随之而来的网络空间的治理问题也逐渐凸显出来。一方面好的网络空间治理能够有效地提高资源配置的效率；另一方面，网络空间治理的不完善也会对资源配置起到相反的作用，降低了配置效率，阻碍经济发展。

作为网络空间的重要参与者，互联网企业、政府机关各自掌握了一定的网络信息资源，既是网络空间治理的主体，也是网络空间治理的最大受益者。由于利益相关性，不同互联网企业之间存在竞争性，为了防止竞争对手利用自己所掌握的网络信息资源，不同企业之间对于网络信息资源的自由流动建立起壁垒，阻碍网络信息资源的互联互通和自由共享，降低了数据资源的流动效率，一方面增加了网络用户的上网成本，另一方面增加了网络安全风险，降低了资源配置效率。

此外，网络空间作为一种公共空间，网络有害信息的传播已经成了网络空间治理的一大公害，谣言惑众、网络诈骗以及数据“注水”等一系列问题严重污染了网络空间的生态环境，造成社会公众的价值观扭曲，误导社会舆论，危害未成年人心理健康。同时，还引发犯罪行为，造成民众的财产损失和精神伤害，其危害不容小觑，凸显了网络空间治理的紧迫性和必要性。网络有害信息的传播还衍生出网络暴力问题，通过造谣污蔑和网络曝光，借助网络舆情对特定的个人或者组织进行网络暴力，或者进行有组织的欺凌，甚至还将网络暴力延伸到线下，对个人或者组织进行诋毁、谩骂、诽谤甚至侮辱，导致受害者“社会性死亡”[18]。

三、数据要素化视角下推进数字资本扩张风险管控的路径和对策

当前数字资本的扩张已经影响到了社会各个方面，对于价值利润的攫取仍然是其孜孜以求的根本目的，也是推动社会生产力发展的内生动力，但是也要意识到数字资本的扩张冲动势必将带来新的问题，毫无节制的扩张冲动必将带来新的风险，由此将引发新的社会危机[19]。目前我国正处于构建双循环新发展格局的关键时期，要做好风险管控的对策和措施，统筹好发展和安全两件大事，为“第二个一百年”奋斗目标奠定坚实的基础。

（一）有效规制数字资本无序扩张

首先是要明确对垄断的市场界定[20]，从用户规模、流量大小的市场份额占比，市场地位影响力大小，市场区块分割大小，市场议价权强弱，以及行业进入壁垒等方面进行全方位的划分和标准制定，确立垄断的临界线。其次是对于市场行为进行规范，限制无序竞争和恶性竞争，针对平台之间的价格战和滥用数据垄断地位进行大数据杀熟，以及平台自营与商家、用户不当竞争，进一步加强约束和限制，提高处罚的上限，对垄断协议中限制条款依法取缔，对影响市场公平竞争的行为强化动态监督。最后针对产业集中度过高的风险，主要是预防合谋的产生，和挤压和排斥中小企业的生存空间，减少竞争强度。要加强对行业标准和规则的制定过程的审查以及对执行过程、执行效果的检查监督，对于具有较高门槛且不利于中小企业发展的行业标准或行业规则要及时进行干预和调查，维护市场正常的竞争秩序，保持市场健康发展。

（二）加快社会收入分配制度改革

第一，要减少城乡之间、不同区域之间的信息基础设施建设的差距，弥补经济失衡造成的信息基础设施投入不足的问题。有研究表明，经济增长变量与移动服务增长是一体联系的[21]，通过加大信息基础设施建设，能够有效填补数字鸿沟，带动经济增长向着均衡发展。第二，是加强制度供给和社会引导，创造良好的软环境激发社会公众对数字经济的关注和热情，通过制度设计为数字经济的发展提供良好的平台，加强政策的引导和政府的招商引资，建立数字经济分工协调机制，为数字经济发展创造良好的条件，如浙江、江苏等省份依靠电商业务的兴起迅速在农村地区发展起来一批淘宝村，带动当地的经济发展[22]。第三，强化大型互联网企业的社会责任，从制度和法律层面赋予大型互联网企业更多的社会责任，推动大型互联网企业为数字经济不发达地区以及社会低收入人员提供专项的培训服务和技术支持。第四，加快数字经济和产业的融合，推动数字技术在产业结构调整中发挥更大的作用，缩小产业之间的经济效率的差距。

（三）构建数字治理综合体系

第一，加强对算法的约束条件，明确算法的应用边界，实行算法的登记备案，提高算法的透明度，并对算法的技术框架、应用场景、应用目的进行伦理审查，建立以人为本的算法逻辑，加强对算法应用的事后评估和干预机制，防范算法失控。第二，加强对个人信息资料和隐私权的保护，加强制度立法，明确个人信息的使用范围和用途，限制对隐私权的使用，更好地平衡以隐私权为交换条件的商业化利润和消费者权益之间的关系[23]，加大对数据泄露案件的处理力度，强化互联网企业对个人信息和隐私权保护责任的监督和评估，对保护措施不力的企业加大处罚力度。第三，加强网络数据资源的互联互通，促进政府部门之间、互联网企业之间、政府和互联网企业之间的信息交流，使网络信息公开化、透明化，提高政府网络空间治理效率，建立互联网信息共享机制，降低数据信息传播过程中的损耗和使用成本，最大地发挥数据信息的社会效益。落实互联网企业的主体责任，针对各自平台上的网络有害信息加强审查监督，及时清理网络有害信息，坚持正确的舆论导向，加强舆论监督。

参考文献：

[1] 李天宇，王晓娟. 数字经济赋能中国“双循环”战略：内在逻辑与实现路径［J］. 经济学家，2021（5）：102-109.

[2] 黄勇. 强化平台经济反垄断监管　促进数字产业经营者合规［N］. 中国市场监管报，2021-04-15（5）.

[3] 中华人民共和国中央政府网站. 习近平主持中共中央政治局第二次集体学习并讲话［EB/OL］.（2017-12-9）. http://www.gov.cn/xinwen/2017-12/09/content_5245520. htm.

[4] 蔡跃洲. 数字经济的国家治理机制：数据驱动的科技创新视角［J］. 北京交通大学学报（社会科学版），2021，20（2）：39-49.

[5] 马克思. 资本论：第1卷［M］. 北京：人民出版社，2018：3.

[6] 蓝庆新. 数字经济是推动世界经济发展的重要动力［J］. 人民论坛·学术前沿，2020（8）：80-85.

[7] 魏旭. 数字资本主义下的价值生产、度量与分配：对“价值规律失效论”的批判［J］. 马克思主义研究，2021（2）：50-61，151-152.

[8] 黄金. 欧美是如何反互联网平台垄断的［N］. 人民邮电，2019-06-04（8）.

[9] 孟飞，程榕. 如何理解数字劳动、数字剥削、数字资本？当代数字资本主义的马克思主义政治经济学批判［J］. 教学与研究，2021（1）：67-80.

[10] 宗良，徐田昊，叶银丹. 平台经济：全球反垄断新动向与中国健康发展路径［J］. 新视野，2021（3）：25-30，44.

[11] 曲创，王夕琛. 互联网平台垄断行为的特征、成因与监管策略［J］. 改革，2021（5）：53-63.

[12] 胡继晔，杜牧真. 数字平台垄断趋势的博弈分析及应对［J/OL］. 管理学刊：1-17.（2021-04-09）［2021-06-04］. http://kns.cnki.net/kcms/detail/41. 1408.F. 20210409. 1357. 002.html.

[13] 皮凯蒂. 21世纪资本论［M］. 巴曙松，等译. 北京：中信出版社，2014.

[14] SHAO XU，YANG YANLIN，WANG LINGZHI. Digital Divide or Digital Welfare? The Role of the

Internet in Shaping the Sustainable Employability of Chinese Adults [J]. Journal of Global Information Management (JGIM), 2021, 29 (5).

[15] 吴铭. 警惕陷入“信息茧房”[N]. 解放军报, 2021-03-15 (7).

[16] 吴清军, 李贞. 分享经济下的劳动控制与工作自主性: 关于网约车司机工作的混合研究 [J]. 社会学研究, 2018, 33 (4): 137-162, 244-245.

[17] 张康之, 向玉琼. 网络空间中的政策问题建构 [J]. 中国社会科学, 2015 (2): 123-138, 205.

[18] 朱松岭, 王颖. 青少年网络暴力的治理路径初探 [J]. 中国青年社会科学, 2020, 39 (3): 126-133.

[19] 王世强. 数字经济中的反垄断: 企业行为与政府监管 [J]. 经济学家, 2021 (4): 91-101.

[20] 唐要家, 唐春晖. 数字平台反垄断相关市场界定 [J]. 财经问题研究, 2021 (2): 33-41.

[21] MURTHY K V BHANU, KALSIE ANJALA, SHANKAR RISHIKA. Digital economy in a global perspective: is there a digital divide? [J]. Transnational Corporations Review, 2021, 13 (1).

[22] 杨文溥. 数字经济与区域经济增长: 后发优势还是后发劣势? [J]. 上海财经大学学报, 2021, 23 (3): 19-31, 94.

[23] SIMON LOERTSCHER, LESLIE M MARX. Digital monopolies: Privacy protection or price regulation? [J]. International Journal of Industrial Organization, 2020, 71.

第五编 乡村振兴研究

农地产权制度变迁的路径依赖与政策分析[1]

顾昭明[2] 霍婕[3] 舒灿[4]

摘 要：土地制度是"三农"问题的根本，而产权是农村土地制度的核心。新中国成立以来，源于政府、社会与市场之间的结构演变，我国的农地产权制度经历了"单一产权→二级产权→'三权分置'"的改革，三种产权结构分别在特定的历史时期对我国农业发展起到促进作用。本文运用马克思土地产权理论分析我国农地产权制度的变迁因素，以2018CHARLS数据为依托采用分位数回归法研究"三权分置"的基础确权及相应的社会保障服务对不同收入水平农户的影响程度，为我国深入推进农村改革提供理论基础和借鉴意义。

关键词：农地产权制度；马克思土地产权理论；分位数回归

一、引言

新中国成立70多年来的农地产权制度变迁，对农村农业发展产生影响的同时，对整个社会经济政治也产生影响。农地制度改革牵一发而动全身，这一变革不仅调整农民与土地之间的关系，也调整城市与农村之间的关系，城乡要素双向流动必须以农地产权改革撬动农村发展活力为前提。农地既要承担农户农民的社会保障功能，也拥有国家粮食安全的战略保障属性。因而，农地制度作为生产关系，在兼顾效率与公平的原则下，应根据不同的发展阶段即生产力条件做出调整。

在建国初期，面临着恢复国民经济秩序的战略目标，国家用强制性变迁的手段，通过土地改革法实行农民的土地所有制，激发农民的生产积极性，并且为之后的集体所有制埋下伏笔。伴随着土地改革的完成，社会主义工业化成为当时振兴国民经济的战略规划，单一产权的形式经历了农民所有向"三级所有，队为基础"的转变，通过统购统

---

① 基金项目：山西省科技厅重点项目"科技创新支撑引领乡村振兴发展研究"（2018042006-1）。

② 顾昭明，山西财经大学经济学院教授。

③ 霍婕，山西财经大学经济学院硕士研究生。

④ 舒灿，湖北大学商学院博士研究生。

销政策形成工农产品剪刀差，为实现工业化提供物质支持和人力支撑。但是，人民公社实行“政设合一”，降低社员的积极性，也使得基层生产单位缺乏自主权。计划经济时期的农村政策一直优先服务于重工业来促进国家发展，对于农业、农村、农民的发展形成了较大的限制。

家庭联产承包责任制一直被认为是诱致性变迁和强制性变迁共同作用的结果。家庭联产承包责任制发端于基层，小岗村农民创造的“大包干”拉开了农村改革的序幕，1982 年《全国农村工作会议纪要》正式肯定了农村土地的联产承包责任制。仅一年时间，实行大包干户数占比就由 72. 5%上升至 94. 5%，由此可见，家庭联产承包责任制的出台顺应了基层百姓的心声，中央人民政府对土地制度的及时调整也促进我国农业的进一步发展，农民获得土地的经营自主权，也能够从土地上解放出来。1978—2013 年，乡村人口从 82. 1%下降到 46. 3%，第一产业就业比重从 92. 4%下降到 62. 4%。农民的跨区域流动，乡镇企业的蓬勃发展又进一步推动了我国的城市化进程。然而，所有权与承包经营权的分离，也出现了一些弊端。集体所有权渐渐处于产权虚置的状态，两权分离使得农村土地出现粗放利用、细碎化经营的问题，“公地悲剧”与生产要素市场化流动显得格格不入，对农地产权制度的调整又引发人们的思考。

2014 年的中央一号文件指出要落实土地所有权，稳定承包权，放活经营权。“三权分置”的提出正是在解决“两权分离”困境的基础上，面对“人地分离”问题所做出的重要论断。2018 年我国外出务工劳动力数为 24 536 万人，占比达到了 42. 3%，保障外出务工农民的权益至关重要。坚持农村土地所有权有利于提高要素配置水平，使得农业的生产效率与生态效率趋于一致，农地的投资趋向于长期化，避免短期投资行为对农地生产力的破坏。承包权与经营权的分离，在给予承包户土地的社会保障功能的同时，也赋予新型经营者抵押、担保权利，稳定了新型经营者的收益预期，在一定程度上有利于推动土地流转，形成适度的规模经营，推动农地生产要素充分流动发展现代农业。随着工业化、城镇化的推进，市场经济的发展，农民收入中非农收入不断上升，农地的资本属性得到增强，土地产权商品化是土地产权配置市场化的基础和前提，因而农地确权就显得尤为重要。

关于土地产权制度变迁问题的研究必须契合我国的基本国情，将其放在宏观背景下进行考虑。我国农地产权制度面临城乡二元土地所有制结构、国家粮食安全战略、农民社会保障机制及地方政府发展激励四重约束[1]。人口结构变动及城乡基本公共服务均等化等条件的改变意味着约束条件正在发生变化，农地的市场化程度随着产权细分和交易成本降低不断提高，推动农地深入改革必须正确处理好农村集体、承包户及经营户三者之间的关系。本文用马克思土地产权相关理论理清我国农地产权制度变迁的演进逻辑，能够为较好处理三者关系提供理论基础。同时，确权对于“三权分置”具有基础性作用，本文从微观角度入手，运用分位数回归法分析 2018CHARLS 数据中农地确权及相应社会保障服务对不同收入水平农户的影响程度，为我国深入推进农地改革提供方向。

二、文献综述

土地制度变迁应放置在政府、社会组织、微观主体及其交互作用的社会系统之中，战略目标及约束条件的组合改变土地产权制度。因而，农村土地制度的演变不仅影响农业、农村、农民，对我国整个社会结构都存在深层次的影响。吴成峡引入多源流理论，认为问题源流、政治源流、政策源流三条源流的合力作用影响中国农地产权政策演进，其交汇为农地产权政策的演进提供契机[2]。张海丰将农地产权制度变迁与工业化和城市化的协同演进进行研究，认为我国第一阶段土地价格和劳动力成本低廉的制度红利已经消失；第二阶段市场经济发展，农地溢价，农民的产权意识提升，因而必须改变相应的制度供给，明晰产权界定，来适应生产要素的发展[3]。如今，“三权分置”的实施正是国家政策倾向于卡尔多式改进的体现。郑兴明基于中央一号文件的政策回顾，认为改革开放以来，我国农村土地产权制度经历了“稳权”到“确权”，“权益保护”到“还权赋能”的转变，使农村经济社会结构深刻改变[4]。钟晓萍认为，“三权分置”既实现了地权阶级属性、土地财产属性与生产要素属性的三重属性融合，又维护了地权意识形态功能、社会保障功能与生产效率功能的三重功能协调，使公平与效率得到有机统一[5]。

“三权分置”作为现阶段农地产权制度变革的基本方向，有利于推动土地流转形成适度规模经营，反映了市场经济对农地产权的多样化需求。罗必良将科斯的思想范式进一步拓展到农地产权的交易问题，深化对产权的交易制度结构的研究[6]。胡新艳从地权安全性的三个维度对农地流转的影响进行分析，认为“以确权促流转”政策目标的实现，离不开制度执行与制度认知的强度[7]。胡雯认为农地确权对农户的长期投资行为存在促进作用，产权稳定能够优化土地要素配置[8]。确权作为“三权分置”稳步推行的前提条件，确权模式经历了个体化确权到多样化确权的转变[9]。运用马克思土地产权理论分析所有权、承包权、经营权的状态变化，能够从本质上对这一制度改变进行理解。同时，通过2018CHARLS数据探讨确权及社会保障服务对不同收入水平农户的影响，能够从微观角度把握政策的实施方向，为更好地推进农地制度改革提供依据。

三、理论基础

自家庭联产承包责任制实施以来，我国一直坚持农地的集体所有权，与马克思所提出的观点一致。马克思在《论土地国有化》一文中认为土地只能是国家的财产，集体所有制最终要过渡到国有化。农民土地所有制在我国持续时间较短，为了促进国家整体的发展，社会主义改造时期就转变为集体所有制。所有权的转变基于国家发展战略的考量，在计划经济时期大大降低了工业化的成本。同时，集体所有也是考虑农民利益的体现。绝对地租是指土地所有者以土地所有权的垄断而获得的地租。集体土地所有权将地租收益收归政府，有利于通过公共支出、社会服务提高整体福利。这也意味着在进行农地制度改革的同时，必须关注农民的社会保障体系、医疗体系等配套服务体系的完善。集体土地所有权不仅源于我国国家体制、意识形态，也源于集体统一经营所带来的巨大优势，充分考虑了我国实际情况。

马克思所论述的"土地产权"由土地终极所有权以及其派生的占有权、使用权、收益权等权能共同组成。土地占有权主体是从事经济生产活动的"劳动者"，在我国农村集体所有制下，农民凭借成员权身份获取的"承包经营权"或"承包权"，是"事实占有权利"。两权分置赋予农民对土地的占有、使用、收益权，激发其生产积极性。现阶段"三权分置"稳定承包权，让农民享受土地收益权，是坚持公平与效率的体现。2018 年修订的土地承包法规定"不得以退出土地承包经营权作为农户进城落户的条件"。土地承包法的不断修订，顺应当前经济社会发展现状，最大程度保障农民的利益，在一定程度上为农民吃下了一颗"定心丸"，为农村劳动力流动提供法律保障。

"三权分置"具有现实基础。农民外出务工、工业化的快速推进，使承包权与经营权实质性分离。土地产权的出租和转租及土地产权的买卖作为其市场化配置的两个途径。"三权分置"正是我国商品经济发展到一定程度，土地要素需要得到充分配置的一种体现，放活经营权实质上是对新型经营主体的政策保障。租种土地质量的不同会形成级差地租。级差地租Ⅰ由土地肥力程度和地理位置所形成，而级差地租Ⅱ的决定性因素是资本的投入量。市场经济的发展，生产要素的充分涌流，使得土地要素的资本属性不断增强，级差地租Ⅱ与级差地租Ⅰ相比具有更大的发展潜力。新型经营主体能够运用科技、人力等要素推动农业的发展，是新时期解决农业发展困境的着力点。

"三权分置"作为现阶段农地产权制度的实施政策，具备现实基础及理论价值。而"三权分置"政策的有效落实必须以确权为前提，明晰的产权有利于将这一政策的效果发挥到最大。因此，确权是否能从整体上改善农民的收入水平，缩小收入差距，即达到效率与公平的统一是值得深入研究的问题。本文将通过 2018CHARLS 数据对这一问题进行分析，并研究农地产权制度改革过程中应注意的问题。

四、实证研究设计

（一）数据与变量

数据来源。本文使用中国健康与养老追踪调查（China health and retirement longitudinal survey，CHARLS）2018 年调查数据，该调查是由北京大学国家发展研究院主持、北京大学中国社会科学调查中心与北京大学团委共同执行的大型跨学科调查项目。本研究重点关注的是确权问题对农户收入水平的影响，根据问卷现有问题确定标准，最终使用的数据包括 4 006 个农户。

变量定义。本文将农户家庭收入作为被解释变量，农地确权作为核心自变量。农地产权制度的演变必须与相应的社会保障措施配套，本文选取农户医疗保险个数作为这一衡量指标。控制变量包括户主特征、人力资本与物质资本。户主特征包括性别、年龄、政治面貌、婚姻状况以及医疗保险个数。人力资本包括家庭教育状况和家庭务农人数占比，物质资本包括农产品自身消费比例、土地可灌溉面积以及家庭资产。本文重点解决农地确权的内生性问题，由于农地确权与农户收入可能存在反向因果关系及遗漏变量和测量误差问题，需要引入工具变量解决。家庭农地是否确权与本村庄农地确权情况存在较大的关联，符合工具变量与这一核心自变量高度相关的条件。同时村庄农地确权与家庭收入不存在直接联系，因而本文选用村庄农地确权比例作为工具变量。变量定义如表1所示。

表1 变量定义

变量类型	变量名称	含义及赋值
被解释变量	家庭收入（lny）	2018年农户家庭收入（单位：元），取自然对数
核心自变量	农地确权（ha070）	土地是否进行确权，是=1，否=0
工具变量	村庄土地确权比例（mean）	村庄中土地确权的比例
户主特征	性别（gender ）	男=1，女=0
	年龄（lnage）	户主年龄，单位：岁，取对数
	政治面貌（party）	户主是否是党员，是=1，否=0
	婚姻状况（mar）	是=1，否=0
	医疗保险（HCI）	户主医疗保险个数
人力资本	家庭教育状况（edu）	家庭人均受教育比例（初中以上）
	务农人数占比（gb0011）	家庭从事农业活动人数占家庭总人数比例
物质资本	农产品自身消费比（selfcon）	农产品自身消费占农产品总值的比例
	土地可灌溉面积（lnirrigable）	可灌溉面积占土地面积比例
	家庭资产（lnproperty）	家庭现有资产，取对数

（二）实证模型

本文采取分位数回归模型分析农地确权对不同收入水平农户的影响，研究确权是否在整体上存在缩小收入差距缓解收入不平等的作用。普通回归属于均值回归，无法研究自变量对不同区域因变量的具体影响。当研究收入处于低尾和高尾的农户时，这些样本位于因变量非中心的位置，难以用普通回归测量具体效果。同时，普通回归的条件均值模型假定残差服从同方差、正态分布等假设，在现实中难以满足。

分位数回归强调条件分位数的变化，可以对分布的任意非中心位置进行建模，适用于随机扰动项非正态分布、异方差的情况，并且估计量更加稳健不易受离群值的影响。当家庭收入相差较大时，农户的行为选择会有所不同。以不同层次的收入水平来研究农地确权对特定群体的作用，能够更为真实、客观地反映这一政策的效果，从而为深化农地改革提供经验与方向。本文建立如下分位数回归模型：

$$Q_{\tau}[\text{Income} \mid X] = \beta_{0,\tau} + \beta_{1,\tau}X_i + \sum \beta_{i,\tau}\text{CV} + \varepsilon_{\tau} \tag{1}$$

式中，$Q_{\tau}[\text{Income} \mid X]$ 指农户家庭收入；X_i 是本文的核心自变量即农地是否确权，ε_{τ} 是随机扰动项，CV 估是控制变量，包括户主特征、人力资本、物质资本。$\beta_{i,\tau}$ 是对自变量进

行参数估计的第 τ 分位数上的系数。

分位数回归在变量具有内生性问题时，估计的参数将不具有一致性，本文考虑到农地确权的内生性，引入工具变量法解决这一问题。建立如下工具变量分位数回归模型：

$$Y = D'\alpha(U) + X'\beta(U) \tag{2}$$

式中，Y 是农户家庭收入，D 是农地确权。其中，$D = f(X, Z, U)$，$U|_{X,Z} \sim \text{Uniform}(0,1)$ 内生变量 D 是 X、工具变量 Z 以及误差项的函数，其他不可观测变量通过 U 来影响农户的收入。

（三）实证结果分析

本文借鉴现有文献[10]常用的分位点选取，选择 0.1、0.25、0.50、0.75、0.9 分位点分别表示低收入、中低收入、中等收入、中高收入和高收入组。

1. 分位数回归结果

本文使用自助重复抽样技术进行分位数回归分析农地确权对不同收入农户的影响，在各分位点回归时均做了 200 次重复抽样。结果如表 2 所示。由表 2 可知，对于低收入、中低收入、中等收入组而言，农地确权具有显著正向影响，说明确权政策的实施，有利于提高这三组农户的收入，对于低收入人群有改善收入的作用。农地确权对不同收入农户的影响系数均为正，随着收入水平的上升可以看到确权的边际贡献不断降低，高分位点与低分位点的系数之差均为负，表明农地确权在整体上有助于缓解农民收入不平等。

表 2　分位数回归

	(1) OLS	(2) q10	(3) q25	(4) q50	(5) q75	(6) q90
ha070	0.089* (0.047 0)	0.141* (0.075 7)	0.105* (0.055 0)	0.102* (0.055 3)	0.071 (0.053 1)	0.037 0 (0.065 1)
edu	0.139** (0.060 9)	0.029 (0.093 0)	0.116 (0.079 0)	0.140* (0.080 1)	0.124 (0.083 6)	0.002 (0.075 5)
gender	0.360*** (0.044 9)	0.212*** (0.067 0)	0.342*** (0.056 5)	0.421*** (0.056 5)	0.313*** (0.055 0)	0.309*** (0.068 6)
gb0011	2.253*** (0.222 0)	3.762*** (0.355 0)	4.472*** (0.272 0)	2.441*** (0.372 0)	1.042*** (0.218 0)	0.101 (0.267 0)
lnirrigable	0.095*** (0.022 1)	0.148*** (0.035 3)	0.115*** (0.033 4)	0.091*** (0.026 8)	0.062** (0.030 2)	0.062** (0.028 0)
lnproperty	0.184*** (0.015 5)	0.113*** (0.030 0)	0.190*** (0.022 8)	0.226*** (0.019 1)	0.186*** (0.018 3)	0.126*** (0.018 4)
lnage	−2.118*** (0.161 0)	−0.496 (0.303 0)	−1.983*** (0.266 0)	−2.789*** (0.220 0)	−2.172*** (0.234 0)	−1.374*** (0.237 0)
party	0.293*** (0.080 5)	0.228 (0.150 0)	0.306*** (0.096 0)	0.360*** (0.095 4)	0.363*** (0.106 0)	0.275*** (0.077 8)

表2(续)

	(1) OLS	(2) q10	(3) q25	(4) q50	(5) q75	(6) q90
mar	−0. 150 ** (0. 065 0)	0. 009 (0. 073 4)	−0. 128 * (0. 067 8)	−0. 038 (0. 079 0)	−0. 292 *** (0. 113 0)	−0. 269 *** (0. 087 4)
HCI	0. 178 ** (0. 082 4)	0. 306 ** (0. 131 0)	0. 374 *** (0. 111 0)	0. 228 *** (0. 083 9)	0. 005 (0. 080 3)	0. 049 (0. 151 0)
selfcon	−0. 294 *** (0. 078 2)	−0. 106 (0. 108 0)	−0. 181 * (0. 1030)	−0. 289 *** (0. 088 7)	−0. 445 *** (0. 111 0)	−0. 312 *** (0. 103 0)
_cons	15. 650 *** (0. 736 0)	7. 286 *** (1. 3980)	13. 490 *** (1. 1970)	17. 870 *** (1. 013 0)	17. 410 *** (0. 994 0)	15. 460 *** (1. 009 0)
N	4 006	4 006	4 006	4 006	4 006	4 006

注：Standard errors in parentheses，* 表示 $p<0.1$，** 表示 $p<0.05$，*** 表示 $p<0.01$。

此外，控制变量对农户收入不平等也存在显著影响。本文选取医疗保险个数来衡量社会保障服务体系，从表中可以看出，对于分位点为 0. 1、0. 25、0. 5 的农户组而言，医疗保险存在显著的正向影响，并且系数与其他两组收入水平较高的农户相比存在较大的差别。这说明社会保障服务体系的健全对农民收入水平存在减缓差距的作用，为农民从事农业活动或外出务工提供良好的保障。本文选取的 2018CHARLS 数据统计的是我国 45 岁及以上中老年人家庭情况，医疗保险对于这一部分人群的作用较为重要。本文选取家庭务农人数占比作为人力资本衡量指标。从表中可以看出，除了高收入组，这一变量对于其他分组农户均具有显著正向影响。我国目前处于小农户占大多数的情况，家庭务农人数的增加有助于农业活动的较快开展，因而对于农户收入的影响仍较为显著，这也从侧面反映出发展规模经营解放劳动力的潜能依旧很大，但是发展适度规模经营才能顺应当前形势。作为物质资本衡量指标，农产品自身消费比例及土地可灌溉面积对于不同收入农户均具有显著影响。农产品自身消费比例对于不同收入农户均具有负向影响，随着收入水平的提高，系数绝对值处于不断增大的趋势，这表明农产品的商业化对于提高农户收入具有重要作用，推动农产品市场的发展，为农民增收创造良好的市场环境。土地可灌溉面积对于不同收入农户均具有正向影响，说明农业基础设施的建设、土地的质量对于农户收入存在正向作用。因而，一方面，水利设施的完善对农业发展的作用不容忽视；另一方面，在从事农业活动时，要注重农地资源的可持续利用。

为了便于看清不同分位点上各变量的变动情况，绘制如下分位数回归趋势图。从图 1 中可以看出，确权和土地可灌溉面积随着分位点的提高总体上趋于下降趋势，即这两者对于较高收入水平的农户影响较小，对于较低收入水平的农户影响较大，最低分位点与最高分位点农户的系数之差分别接近于 5 个百分点和 10 个百分点。教育、个人资产和政治面貌的回归趋势图大致呈倒“U”形曲线，教育和个人资产均在分位点为 0. 5 即农户收入水平中等的情况下达到最高值，对于低收入水平农户受教育水平的提高会增加收入，但收入达到一定水平后，受教育水平的影响力度会降低。政治面貌即是否是党员的回归趋势图在分位点为 0. 75 时达到最高值，从图中可以看出，政治面貌整体上变化趋势不大，但存在显著正向影响。家庭从事农业活动人数占比的趋势图在低收入组农户有较高的起点，在分位点为 0. 25 时达到最高值之后便呈急速下降趋势，说明低收入组农户进行农业活动时对人数的要求仍较高，倾向于劳动密集型。医疗保险个数的回归趋势图在刚开始时处于上升趋势，于 0. 25 分位点达到最大值后下降，0. 75 分位点达到最低值后上升。医疗保险个数对于不同收入水平的农户均呈显著正向影响，但存在较大差异。农产品消费比例趋势图呈“U”形曲线，在分位点为 0. 75 时达到最低值，但是农产品消费比例对农户收入水平均为负向影响。对于不同收入水平的农户，各变量系数的估计值存在不位于均值回归模型系数置信区间的情况，说明了分位数回归模能够更好地解释变量间的关系。

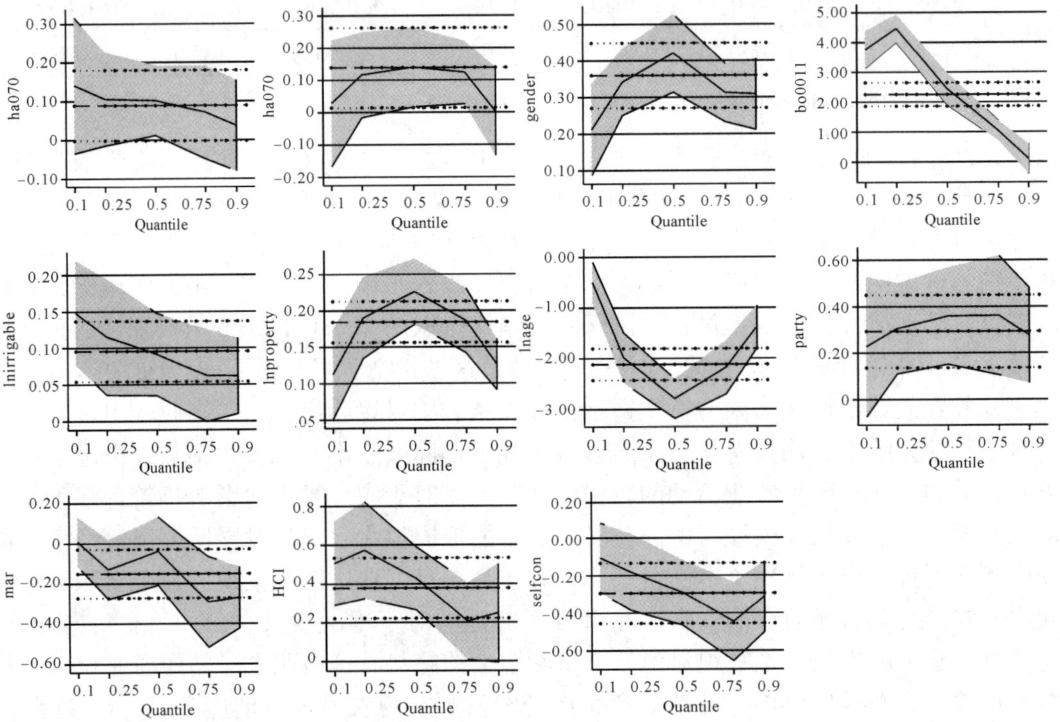

图 1　分位数回归趋势图

2. 工具变量分位数回归结果

本文考虑到农地确权的内生性，采用工具变量分位数回归法分析。在两阶段最小二乘法第一阶段回归中 F 统计量为 116. 93，大于临界值 10，可以不必担心弱工具量问题。同时，工具变量系数显著为正，表明工具变量与农地确权显著正相关，可见工具变量是有效的。

表 3　工具变量分位数回归

	(1) OLS	(2) q10	(3) q25	(4) q50	(5) q75	(6) q90
main						
ha070	0. 089 * (0. 046 4)	0. 023 (0. 128 0)	−0. 052 (0. 107 0)	−0. 149 (0. 098 8)	−0. 248 ** (0. 116 0)	−0. 325 ** (0. 141 0)
edu	0. 139 ** (0. 063 4)	0. 113 (0. 086 6)	0. 109 (0. 070 9)	0. 104 * (0. 060 4)	0. 098 (0. 065 7)	0. 094 (0. 079 6)
gender	0. 360 *** (0. 045 5)	0. 351 *** (0. 063 9)	0. 355 *** (0. 052 2)	0. 360 *** (0. 044 4)	0. 365 *** (0. 048 5)	0. 369 *** (0. 059 0)
gb0011	2. 253 *** (0. 2010)	4. 634 *** (0. 3190)	3. 718 *** (0. 2630)	2. 546 *** (0. 214 0)	1. 341 *** (0. 204 0)	0. 393 * (0. 230 0)
lnirrigable	0. 095 *** (0. 021 1)	0. 198 *** (0. 034 6)	0. 168 *** (0. 027 9)	0. 129 *** (0. 021 6)	0. 089 *** (0. 020 2)	0. 058 ** (0. 023 3)
lnproperty	0. 184 *** (0. 014 5)	0. 197 *** (0. 020 7)	0. 191 *** (0. 017 0)	0. 183 *** (0. 014 2)	0. 175 *** (0. 015 0)	0. 168 *** (0. 018 0)
lnage	−2. 118 *** (0. 1590)	−1. 618 *** (0. 2430)	−1. 770 *** (0. 1970)	−1. 965 *** (0. 1650)	−2. 165 *** (0. 179 0)	−2. 322 *** (0. 2190)
party	0. 293 *** (0. 080 0)	0. 291 ** (0. 118 0)	0. 309 *** (0. 095 6)	0. 333 *** (0. 079 4)	0. 357 *** (0. 084 7)	0. 376 *** (0. 103 0)
mar	−0. 150 ** (0. 061 8)	−0. 033 8 (0. 086 0)	−0. 093 2 (0. 071 6)	−0. 169 ** (0. 066 0)	−0. 247 *** (0. 078 0)	−0. 309 *** (0. 096 0)
HCI	0. 178 ** (0. 079 7)	0. 343 *** (0. 096 6)	0. 283 *** (0. 081 3)	0. 206 *** (0. 077 0)	0. 128 (0. 092 2)	0. 065 9 (0. 113 0)
selfcon	−0. 294 *** (0. 081 9)	−0. 132 (0. 089 5)	−0. 203 *** (0. 076 3)	−0. 294 *** (0. 071 8)	−0. 388 *** (0. 083 3)	−0. 462 *** (0. 1000)
_cons	15. 650 *** (0. 7210)	11. 070 *** (1. 115 0)	12. 840 *** (0. 905 0)	15. 100 *** (0. 7560)	17. 420 *** (0. 8130)	19. 250 *** (0. 987 0)
N	4 006	4 006	4 006	4 006	4 006	4 006

注：Standard errors in parentheses，* 表示 p<0. 1，** 表示 p<0. 05，*** 表示 p<0. 01。

由表 3 可知，工具变量分位数回归中，确权仅对分位点为 0. 1 的农户具有正向影响，即农地确权对低收入组农户收入起到促进作用；对其他四组农户均为负向影响，并且系数绝对值不断增大，即农地确权与农户收入之间存在负向关系。对于分位点为 0. 75、0. 9 的农户而言，在 5%的水平下农地确权具有负向影响。同时，工具变量分位数回归的确权系数与之前的回归相比都变小，表明普通分位数回归中农地确权的作用被高估。但是，工具变量分位数回归中高、低分位点的系数差均为负，表明两个回归的结果基本一致，即确权对于农民收入不平等存在改善作用这一结论是稳健的。

控制变量在工具变量分位数回归中的影响从整体上来说更为显著。工具变量分位数回归中医疗保险个数对于低收入组的影响在 5%水平下显著，且边际贡献即 HCI 的系数增大，再一次说明社会保障体系的健全对缩小农户收入差距的影响。家庭务农人数占比对农户收入的影响除了中低收入组外，系数均变大，高收入组的家庭务农人数占比的显著性得到增强。同时，从表中可以看到，教育状况、农产品自身消费比例对于不同收入农户的边际贡献与普通分位数回归相比均得到增强，教育状况存在正向影响，而农产品自身消费比例存在显著负向影响。土地灌溉面积的边际贡献除了高收入组之外均有所提高，土地作为从事农业活动的必需品，稳定并改善土地质量是提高农户收入的重要措施。

五、结论与启示

农地产权制度的变迁是经济政策变迁的缩影，从计划经济到社会主义市场经济，我国不断改变生产关系适应生产力的发展。作为社会主义国家，各项政策的实施必须兼顾效率与公平，不断缩小贫富收入差距，实现共同富裕。农地确权有利于保障农户的土地权益，土地对于农户的重要性显而易见，如何在保障农户权益的同时推动土地要素的市场化流动是农地产权制度的关键。作为三权分置政策良好运行的前提，确权起到了缓解收入不平等的效果。为了更好地推进农村土地改革，仍需要关注以下问题：

第一，扎实推进农地确权工作。农地确权颁证工作应继续稳步落实，保障农民权益。在确证工作实施过程中，基层政府要将政策宣传到位，提高群众对政策的理解能力，使之意识到确权有利于“三权分置”的实施，进而起到优化土地资源配置、提高农民收入、发展现代农业的作用。

第二，尊重农民意愿和主体地位。农地制度从强制性向诱致性的转变，离不开广大农民的亲身实践，这样不仅能够节约政策成本，而且有利于政策的快速推进。在“三权分置”实施过程中，要坚持自愿互利的原则。对于农户承包地有偿退出机制的探索，要坚持渐进式改革模式，完善资金补偿体系及土地用途规范体系。

第三，完善农村社会保障体系。农村劳动力流动为土地流转形成适度规模经营提供了前提，但农民工的权益保障依旧是一个难题。因此，建立新型城乡社会保障体系，推动户籍制度改革，有利于解决农民工外出的困境，消除农民就业歧视，缓解农户收入不平等。

第四，形成现代化农业产业体系。政府应加大财政扶持力度，通过引进人才、技术等方式引导并构建现代农业产业体系。新型规模经营主体的加入，能激活农村土地的发展潜力；农业技术的广泛使用，能将土地的生产潜力发挥到最大。各地政府应依托本地特色资源打造农业全产业链，让农民更多分享产业增值收益。

参考文献：

[1] 高帆. 四重约束下的中国农地产权制度变革［J］. 政治经济学报，2019，15（2）：49-65.

[2] 吴成峡，邓正阳. 农地产权政策演进的多源流理论分析：以家庭联产承包责任制为例［J］. 社会主义研究，2017（6）：50-56.

[3] 张海丰. 农地产权制度变迁、工业化与城市化协同演化机制研究 [J]. 社会科学战线，2020 (5)：68-74.

[4] 郑兴明. 改革开放40年我国农村土地产权制度的历史演进：基于中央一号文件的政策回顾 [J]. 福建农林大学学报（哲学社会科学版），2018，21 (5)：1-7.

[5] 钟晓萍，于晓华，唐忠. 地权的阶级属性与农地“三权分置”：一个制度演化的分析框架 [J]. 农业经济问题，2020 (7)：47-57.

[6] 罗必良. 科斯定理：反思与拓展：兼论中国农地流转制度改革与选择 [J]. 经济研究，2017，52 (11)：178-193.

[7] 胡新艳，王梦婷，洪炜杰. 地权安全性的三个维度及其对农地流转的影响 [J]. 农业技术经济，2019 (11)：4-17.

[8] 胡雯，张锦华，陈昭玖. 农地产权、要素配置与农户投资激励：“短期化”抑或“长期化”？[J]. 财经研究，2020，46 (2)：111-128.

[9] 胡依洁，丰雷. 从个体化确权到多样化确权：农地产权正规化五种模式的比较分析 [J]. 农业现代化研究，2019，40 (3)：366-376.

[10] 杨丹，唐羽. 农地确权缓解了农户收入不平等吗？基于IVQR模型的分析 [J]. 新疆农垦经济，2019 (6)：37-50.

我国农村集体经济发展历程及展望

康静萍[①]　叶阿慧[②]

摘　要：随着我国经济的快速发展和社会的不断进步，发展所存在的问题也日益显现出来。习近平总书记曾指出，“农业农村农民问题是关系国计民生的根本性问题，必须始终把解决好‘三农’问题作为全党工作重中之重”。新时代发展农村集体经济是打破“三农”发展困境的主要突破口，也是协调推进精准扶贫、乡村振兴等实现的重要抓手，所以发展好农村集体经济是当前农村发展的首要任务。

本文主要是以改革开放和党的十八大两个重要的时间节点，梳理了我国农村集体经济的发展历程。通过数据的整理，从宏观上分析了现阶段我国农村集体经济现状，主要表现为全国范围内整体发展不平衡，东、中、西各区域发展不充分，资产负债结构不合理，农村经营管理力量不足几方面。最后，笔者针对发展现状并结合实际提出了几点展望。

关键词：农村集体经济；发展历程；发展现状；展望

一、引言

2021年，是中国共产党成立100周年，也是我国第十四个五年计划的开局之年，更是踏上全面建设社会主义现代化国家新征程之年，我国发展将进入一个新的阶段。在新的发展阶段，“三农”工作依然是全党的工作重点，始终要把解决好“三农”问题摆在首要位置，把统筹推进乡村振兴建设作为实现第二个百年目标的重点任务。民族要复兴，乡村必振兴。乡村振兴战略作为新时代中国特色社会主义主要发展战略之一，受到党和国家的高度重视。在2021年题为《中共中央国务院关于全面推进乡村振兴加快农业农村现代化的意见》的中央一号文件中强调，要“实现巩固拓展脱贫攻坚成果同乡村振兴有效衔接”。习近平总书记曾在《摆脱贫困》中指出“发展集体经济是实现共同

① 康静萍，女，江西财经大学经济学院教授。
② 叶阿慧，女，江西财经大学经济学院政治经济学专业2018级研究生。

富裕的重要保证，是振兴贫困地区农业发展的必由之路，是促进农村商品经济发展的推动力”。所以，全面推进乡村振兴，加快推进农业农村现代化，发展好农村集体经济是主要任务。

集体经济是构成我国国民经济的主体，农村集体经济则是农村经济最为重要的组成部分。发展农村集体经济，无论是从实现“脱贫”、防止“返贫”或是从实现乡村振兴的视角来看，都发挥着压舱石的作用。早在1988年，习近平总书记任中共宁德地委书记时，就阐述了扶贫和农村集体经济之间的关系，他指出“在扶贫中，要注意增强乡村两级集体经济实力，否则，整个扶贫工作将缺少基本的保障和失去强大的动力”。“发展集体经济是实现共同富裕的重要保证，是振兴贫困地区农业发展的必由之路，是促进农村商品经济发展的推动力。”[1]2020年7月22日至24日，习近平总书记在吉林省考察时，参观了四平市梨树县卢伟农机农民专业合作社，他说道：“今天到这儿，主要来看农业合作社。这件事情，对咱们国家来讲也是非常有意义的事情。走好农业合作化的道路，我们要总结经验，在全国不同地区实施不同的农业合作化道路。”[2]农业合作社是市场经济条件下发展农村集体经济的一种有效形式，也是党带领我们打赢脱贫攻坚战实现乡村振兴的有效途径。

二、农村集体经济的基本概念

何为农村集体经济？农村集体经济，又被称作“农村集体所有制经济”。各方学者从不同的角度对农村集体经济的概念进行界定。以孔祥智、李昕洋、黄延信、高鸣等为代表的学者，他们认为集体经济的核心就是集体所有制，他们从宪法对集体所有制的规定出发并指出：根据《中华人民共和国宪法》第八条规定“农村中的生产、供销、信用、消费等各种形式的合作经济，是社会主义劳动群众集体所有制经济”。换言之，一切以集体所有制为基础的生产、经营活动都可以纳入集体经济的范围。刘晓生认为集体经济是包含不同类型的合作社经济，是一种经济共有模式。翟新花主要是从生产资料所有制角度定义了农村集体经济的主要内涵，她认为：“农村集体经济指的是集体对农村生产资料具有所有权，且集体有权享有和支配生产经营成果的一种公有制经济。”韩松却认为传统的农村集体经济不是简单地指生产资料的所有制性质，还应该要包括劳动者、生产资料的结合方式以及产品的分配等内容。简单地说，就是指“在规定的范围内劳动群众集体所有的生产资料，在集体经济组织的管理下，集体劳动，按劳分配的一种经济”。学者梁昊在此基础上对其进行更深入的定义，将农村集体经济界定为“集体成员利用自有或是集体资源，以合作的方式，通过集体产权的所属关系进行清晰的界定，有效地激发各种生产要素的潜在效能。这种做法不仅可以有效地激发集体成员的生产积极性，还能将集体的优势更好地展现出来”。农村集体经济在不断地改革和发展，也在不断地支持和鼓励“以土地入股，由农民变股民”。刘贤认为新时期的农村集体经济应该是包含股份制的一种新的经济形式，同时也是合作经济的特例。主要表现为基本生产资料集体共有或是按其持有股份所有，在生产、经营、交换等各个环节都引入合作经营的概念。与大多数学者定义的农村集体经济不同，汤志华通过“互联网+”的视角来定义农村集体经济，他认为“新时代农村集体经济，实际上是市场经济条件下的一种新型的乡村经济体经济”。对于乡村经济体这个全新的概念，牛永辉在他的论文中进行了阐述，他认为乡村经济体只是为了区别于西方的工业经济体而出现的特殊的文明模型。

综合分析以上学者的研究概述并结合本文的主要方向，笔者认为农村集体经济可以定义为“它不仅仅是以土地要素为核心的一种简单的农村合作经济组织而产生的集体经济收入，更多的是指以劳动力、资本等因素形成的多种表现形式的农村合作经济产生的集体经济收入。集体成员可以将自己的土地、劳动力、资本等变换成股份的形式参与到集体资产的管理和集体利益的分配中，形成一种共同参与、相互合作、共同享有的经济形式”。

三、我国农村集体经济发展历程

我国农村集体经济的产生是基于马克思、恩格斯的合作化思想和列宁的合作社思想理论，并在此基础上形成了以毛泽东、邓小平同志等为代表的老一辈无产阶级革命家的合作经济思想以及新时代以习近平为代表的合作经济思想，结合发展的实际情况，在不同的发展阶段对农村集体经济的发展进行适当调整和创新。本文主要是以改革开放和党的十八大两个重要的时间节点，梳理了我国农村集体经济的发展历程，主要将其分为三个阶段。

（一）新中国成立至改革开放前农村集体经济的发展

1949 年新中国的成立，实现了全国人民大解放，中国共产党也开始带领全国人民寻找摆脱旧中国贫穷落后面貌的新路径。1950 年，全国上下开始推行农村土地改革运动。一直到 1952 年年底，这场轰动全国的土地改革运动迎来了胜利的曙光。土地改革运动成功后，农民获得了土地，从此成了土地的主人，同时这也标志着土地私有制的产生。土地改革运动的成功，极大地解放了农村生产力，当然也表现出了发展的局限性：一方面是小农生产模式无法抵御自然灾害所带来的风险；另一方面是小农生产满足不了新中国成立初期生产和发展的需要。所以，为了克服小农生产的不足，适应当时社会和经济发展的需要，1953 年毛泽东提出了社会主义“三大改造”。

在 1953—1956 年“三大改造”时期，我国农村集体经济的发展经历了互助组—初级社—高级社三个阶段，通过这种按部就班、循序渐进的方式，有效地促进了土地个人所有向集体所有、小农生产经济向集体经济的转变。这种转变不仅突破了小农经济生产的发展困境，也为我国工业的发展提供了基础性的帮助，其结果是值得肯定的。

1958 年，兴办人民公社的浪潮席卷了中国大地。相关的统计资料显示，截至 1958 年年底，全国建立了约 2.6 万个人民公社，参与这场运动的农户数高达 99%[3]。在 1958—1978 年，这个以“一大二公”为主要特点的人民公社存在的二十年间里，由于过度地强调发展规模和发展速度，这种生产模式不仅忽视了生产力和生产关系之间的关系，也给农民生产的积极性带来十分沉重的打击，在很大程度上阻碍了农村集体经济的发展，对我国的农村经济的发展产生了不可逆的负面影响。

（二）改革开放至党的十八大前农村集体经济的发展

1978年党的十一届三中全会提出了改革开放的新思想、新理念，对我国农村集体经济的发展也提出了新的发展方向。其主要是以安徽省凤阳县小岗村开始实行“包产到户”的生产形式为出发点，从此我国农村集体经济实现方式开始向家庭联产承包责任制转变[4]。

1998年10月28日党的十五届三中全会通过了《中共中央关于农业和农村工作若干重大问题的决定》（以下简称《决定》），在总结农村过去改革的二十年经验时，指出“实行家庭联产承包责任制，废除人民公社，突破计划经济模式……解放和发展了农村生产力，带来了农村经济和社会发展的巨变”。《决定》进一步指出：“实行土地集体所有、家庭承包经营，使用权同所有权分离，建立统分结合的双层经营体制，理顺了农村最基本的生产关系，这是能够极大促进生产力发展的农村集体所有制的有效实现形式。”以“家庭承包经营为基础、统分结合的双层经营体制”的农村集体经济形式，不仅合理地解决了人民公社时期所遗留的历史问题，也创新了农村集体经济实现形式，改变了农村经济发展面貌。

（三）党的十八大以来农村集体经济的发展

进入新时代以来，传统的家庭联产承包责任制的小农经济的生产模式已经无法满足现代农业发展的需要，针对“三农”问题的发展提出新的问题，需要找寻新的思路来解决。

2012年党中央一号文件以《关于加快推进农业科技创新持续增强农产品供给保障能力的若干意见》为题，强调“要培育和支持新型农业社会化服务组织，为壮大农村集体经济，探索有效实现形式，增强集体组织对农户生产经营的服务能力”。党的十八大以来，国家更加重视农村集体经济的发展，政策上给予更多的支持，不断地增加农村生产要素的投入等，各种各样的集体经济组织形式也不断涌现。

为了给农村集体经济发展提供更加丰富的外部条件，党中央通过文件的形式对“推进农村土地制度和产权制度改革等方面的工作”进行落实。2014年中央一号文件以《关于全面深化农村改革加快推进农业现代化的若干意见》强调要“深化农村土地制度改革。在落实农村土地集体所有权的基础上，稳定农户承包权、放活土地经营权”。2015年《中共中央国务院关于加大改革创新力度加快农业现代化建设的若干意见》指出要“推进农村集体产权制度改革。探索农村集体所有制有效实现形式，创新农村集体经济运行机制”。2016年的《中共中央国务院关于稳步推进农村集体产权制度改革的意见》指出要“构建归属清晰、权能完整、流转顺畅、保护严格的中国特色社会主义农村集体产权制度，保护和发展农民作为农村集体经济组织成员的合法权益”。进一步强调了农村集体产权制度改革工作对于发展农村集体经济的重要性。2017年党的十九大报告中，强调要通过协调推进精准扶贫、乡村振兴来促进农村集体经济的发展。

为了适应"互联网+"发展的大趋势，2018 年的中央一号文件中对于发展农村集体经济组织形式做出了创新性的论断，指出要"鼓励支持各类市场主体创新发展基于互联网的新型农业产业模式"。2019 年《中共中央国务院关于建立健全城乡融合发展体制机制和政策体系的意见》中关于支持农村集体经济的发展，在人才机制、成员权利、运行机制、资本引进和土地政策等方面做出了明确的指示，要落实好与农村集体经济发展相关的各方工作，全方位的壮大发展农村集体经济。农村集体经济发展至今呈现出积极向好的发展态势，但与此同时也伴随着发展问题的出现亟须解决。

四、我国农村集体经济的发展现状

近年来，国内很多地区也先后开始发展农村集体经济。但总体来看，目前仍存在很多问题制约着农村集体经济的发展。本文首先通过对相关研究数据的整理和典型案例的分析，从宏观上分析了现阶段我国农村集体经济的发展现状，主要表现为：总体保持递增趋势但仍有不足、各区域发展向好但发展仍不平衡、资产负债总体良好但结构仍需优化、农村经营管理力量不断提高但仍需增强。

（一）总体保持递增趋势但仍有不足

《2019 年中国农村政策与改革统计年报》的统计数据显示，2019 年，全国共有 58.4 万个行政村，其中有 41.3 万个村设有村集体经济组织，且农村集体经济组织的总收入为 5 683.4 亿元，各个行政村的平均年收入为 97.4 万元。

从表 1 的收入构成分布来看，其中占比最大的是经营性收入，为 1 770.6 亿元，占总收入的比重约为 31.2%，各个行政村的年平均经营收入约为 30.3 万元。从其增减幅度的角度来看，我国农村集体经济的各项收入都呈现出递增的趋势，其中投资收益的增幅最大，同比增加了 32.9%。这也反映出了我国农村集体经济的发展主要还是依赖于经营性收入，同时也意味着，随着农村改革的不断推行，农村集体经济的收入也更加的多元化。

表 1　2019 全国村集体经济组织的收益情况

项目	数量/亿元	比上年增减/%
总收入	5 683.4	15.7
经营收入	1 770.6	11.5
发包及上交收入	8 690.5	7.5
投资收益	200.8	32.9
补助收入	1 488.8	19.4
其他收入	1 354.2	21.1

中华人民共和国农业农村部数据显示[5]，2019 年汇入本表的村数为 55.4 万个，同比 2018 年增加了 1.6%。按当年是否有经营收入，将全国所有的行政村划分为两大类别：当年没有经营收入的村和当年有经营收入的村。其中，又将有经营收入的村细分为：当年经营收入不足 5 万元的村、大于 5 万元且不超过 10 万元的村、大于 10 万元且不超过 50 万元的村、大于 50 万元且不超过 100 万元的村、100 万元以上的村。

由表 2 数据可知，2019 年，没有经营收入的村约有 16 万个。在 39.5 万个有经营收入的村中又有 16 万个村的经营收入不足 5 万元。如果将村经营收入不足 5 万元甚至是经营收入为零的行政村定义为"空壳村"，通过上表的数据可知，约有 32 万个行政村是属于"空壳村"的范畴，占本表汇集的所有行政村数的 57.7%。同时，按照各行政村平均年经营收入为 30.3 万元来进行计算，有超过五分之四的行政村是处于平均数以下的。从经营收入的角度来看，目前我国农村集体经济发展总体是保持着递增的趋势，但发展不充分问题仍存在，绝大部分村集体经济还有很大的发展空间。

表 2　2019 年全国村集体经济组织收入分类

项目	数量/万个	占比/%	比上年增减/%
汇入本表的村数	55.4	100.0	1.6
当年无经营收入的村	16.0	28.8	−18.3
当年有经营收入的村	39.5	71.2	12.7
不足 5 万元的村	16.0	28.9	5.4
大于 5 万元且不超过 10 万元的村	10.0	18.0	20.7
大于 10 万元且不超过 50 万元的村	9.3	16.9	23.8
大于 50 万元且不超过 100 万元的村	1.9	3.4	5.5
100 万元以上的村	2.3	4.1	1.2

（二）各区域发展向好但发展仍不平衡

党的十八大以来，东部、中部和西部各区域的农村集体经济都表现出积极向好的发展态势，但各区域发展不平衡的问题仍较为突出，这主要表现为：东部地区发展劲头足、发展成效较为显著，对比来看，在中部和西部地区其发展动力略显不足、发展成效也就差强人意。发展农村集体经济受到自然因素和人为因素的多重影响，因东部、中部和西部各区域之间在不同方面存在着不同程度的差异，所以使得各区域农村集体经济的发展表现出一定的差异性。本文主要从收入和支出的角度来对比东部、中部和西部各区域农村集体经济的发展情况。

从收入角度分析。一方面是从各区域收入总量和增量看。《2019 年中国农村政策与改革统计年报》的统计数据显示，2019 年我国东部、中部和西部各区域农村集体经济组织总收入分别为 3 742.4 亿元、1 202.46 亿元和 738.53 亿元，其中东部地区的农村集体经济组织总收入占全国农村集体经济组织总收入的比重最高约 65.8%，而中部约为

21.2%、西部约为13.0%。对比各区域数据可以发现，中部和西部的农村集体经济相对于东部来说还是比较薄弱的；另一方面是从各区域总收入构成看。东部的经营收入占总收入的比重约为37.5%，中部和西部的经营收入其占总收入的比重分别为18.6%和19.2%。对比各区域的收入结构，东部的经营性收入占总收入的比重明显高于其他两个区域，进一步分析发现中部和西部的农村集体经济组织的收入来源相对于东部来说是比较有限，其中大多数地区仍存在着不少“无资产、无资源、无企业、无收入”的“四无村”，且在这些地区的补助性收入占总收入的比重比较高。据统计，2019年我国中部和西部的补助收入占总收入之比分别为39.6%和35.8%，分别比东部的20.0%高出19.6个百分点和15.8个百分点。

从支出角度分析。从全国范围来看，2019年我国农村集体经济组织的总支出为3 662.9亿元，同比增加了13.7%。其中东部的总支出为2 212.8亿元，中部为935.2亿元，西部为514.8亿元。分别计算各个区域的“支出收入比”①，东部、中部和西部分别为59.1%、77.8%和69.7%。可以看出，中部和西部的支出收入比都超过了60%。其中，中部相较于其他两个区域而言，其支出收入比最高。从会计学的角度来看，过高的支出收入比不利于农村集体经济的发展。也就是说，相较于东部而言，中部和西部的农村集体经济发展较为薄弱。

通过对比东部、中部和西部各区域农村集体经济收入和支出可得，目前我国农村集体经济的发展主要表现为：东部、中部和西部各区域的农村集体经济总体积极向好，但东部强、中部和西部弱的区域发展不平衡局面仍比较突出。

（三）资产负债总体良好但结构仍需优化

1. 资产构成不均衡，农业资产占比低、发展动力不足

《2019年中国农村政策与改革统计年报》的数据显示，截至2019年年底，全国村集体经济组织资产总额为50 670.0亿元，同比增长了19.4%。按全国58.4万个行政村计算，每个行政村平均资产约为868.3万元，其中经营性资产总额为14 561.2亿元，约占资产总额的28.7%。

从资产构成看，相较于2018年，各类资产占总资产的比重并无较大的波动，整体而言保持着相对平稳的变化。其中，流动资产总额合计为20 620.2亿元，约占总资产的40.7%，各行政村平均资产约为353.3万元；农业资产总额合计为885.2亿元，约占总资产的1.7%，各行政村平均资产约为15.2万元；长期资产总额为29 164.6亿元，约占总资产的57.6%，各行政村平均资产约为499.8万元。可以看出，村集体资产的分布结构是严重失衡的，农业资产占总资产的比重明显过低。

从其资产来源分布情况可以看出，我国的农村集体经济发展主要是来源于流动资产和长期资产。主要得益于流动资产中的货币资金和应收账款，其合计金额分别为11 095.9亿元和8 369.8亿元，分别占流动资产总额的53.8%和40.6%。以及长期资产中用于集体土地、厂房、建设用地等经营性固定资产其金额合计为25 356.9亿元，约

① 注：“支出收入比”：支出/收入，该比例过高将不利于经济的发展。

占长期资产总额的86.9%。反之，牲畜（禽）业和林木业等农业资产的占比较小。

以上数据可以反映出，无论是从资产的结构还是资产的来源来看，目前我国农村集体经济的发展存在着农业产业发展的不充分和动力不足等现象。

2. 负债金额大，其中流动负债为主要形式

自2006年1月1日我国废止了农业税条例以来，不仅农业税被废除，同时“三提五统”也被取消了，这一举措使得我国农村集体经济的主要收入来源明显减少。同时，随着农业支出项目不断增加，引发了有关农业支出金额的逐步攀升。“收入的逐步收窄、支出的继续增加”这无疑会加大农村集体经济的发展压力。自2009年开始，我国社会的建设主要以保障民生为主导方向，全国各地都开始大肆兴建农村基础设施、兴办集体公益事业、提高社会服务水平等，这也进一步地加深了农村集体经济的负债。不可否认的是，农村集体经济的债务问题是影响农村集体经济发展的关键因素之一。

数据显示，2019年全国村集体经济组织的负债总额为17 995.4亿元，当年新增负债为559.4亿元，同比下降了5.1%，各行政村平均负债约为308.4万元，各村平均资产负债率约35.5%。从负债的性质出发，可以分为经营性负债、兴办公益事业负债及其他负债。其中，经营性负债为2 300.6亿元，约占总负债的12.8%，兴办公益事业负债为1 243.2亿元，约占总负债的6.9%。又可将公益事业负债细分为义务教育、道路建设、兴修水电设施、卫生文化设施及其他项目。其中因义务教育支出而产生的负债金额为35.4亿元，大约占公益事业总负债的2.8%；因道路建设支出而产生的负债金额为446.6亿元，大约占公益事业总负债的35.9%；因兴修水电设施支出而产生的负债金额为109.2亿元，大约占公益事业总负债的8.8%；因卫生文化设施支出而产生的负债总额为111.6亿元，大约占公益事业负债总额的9.0%。从其分布可以看出，道路建设的负债占比最高，这个结果在某种程度上是具有说服力的。前些年为了发展农村经济，全国多数地区都开始进行农村基础设施建设。其中，“要想富先修路”这一口号十分响亮，所以投入最大的当属道路建设。为了响应这个号召，有很多农村地区没有综合考量其成本和自身的承受力，盲目跟风和大肆举债，从而造成农村集体经济组织债台高筑的不良现象，这非但不能促进农村集体经济健康发展，而且在很大程度上会阻碍其发展。

（四）农村管理力量不断提高但仍需增强

在分析我国农村管理力量时，本文主要从农村经营管理机构的设置情况和农村经营管理队伍组成情况入手。

一方面是农村经营管理机构的设置情况。《2019年中国农村合作经济统计年报》[6]显示，截至2019年年底，我国共设有2.8万个农经机构，与2018年相比下降了29.1%。具体的情况如表3所示。

表 3　2019 年我国农村经营管理机构设置情况

类别	省级/个	同比变化/%	地市级/个	同比变化/%	县级/个	同比变化/%	乡级/个	同比变化/%
总机构数	86	−3.4	497	1.2	2 861	−3.9	24 294	−31.7
行政机构数	57	1.8	258	38.7	653	16.4	5 719	−11.4
事业机构数	29	−12.1	239	−21.6	2 208	−8.6	18 575	−36.2

从图 1 可以看出，在我国省地县乡各级农经机构中，乡级的农经机构数占比最大约为 87.6%，远高于省、地市和县之和。农村经营管理机构主要是针对农村工作展开的，故在乡级设有更多的农经机构是符合实际工作需要的。此外，观察上表可知，2019 年除地市级以外，省、县、乡各级的农经机构数都有所减少，其中变化最明显的是乡级的，这一变化从一定程度上反映出了目前我国农村经营管理的主要问题：农村经营管理机构数呈负增长趋势。同时可以看出，在 24 294 个乡级农经机构中有 5 719 个是职责由行政机构承担的，其在乡级农经机构的占比也由 2018 年的 18.1%增加至 2019 年的 23.5%。随着乡镇机构改革的深入，之前由事业单位负责的农村经营管理工作也逐渐地转移给了行政机构，这不仅增加了行政机构的工作负担，同时也混淆了行政机构的工作性质。

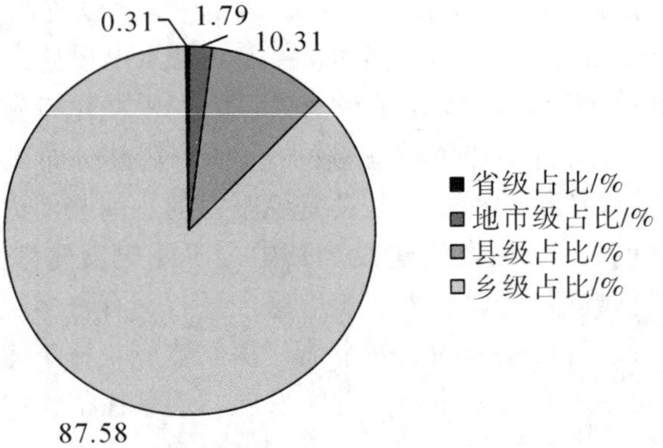

图 1　2019 年我国省地县乡各级农经机构数分布

另一方面是农村经营管理队伍组成情况。据统计，截至 2019 年年底，我国省地县乡四级的农经队伍实际人数共为 11 万人，同比 2018 年下降了 23.0%。其中，在编的有 9.2 万人，占实际人数的 83.8%。在编的九万多人中，仅有 2.3 万人为在编行政人员，占在编总人数的 25.1%。进一步分析可知，乡级在编行政人员为 1.8 万人，同比下降了 24.7%，仅占乡级在编人数的 26.5%。2019 年农经机构队伍情况的报告显示，在乡级机构中，有 6 个省的农经队伍人员平均低于 2 人。不仅如此，农经队伍的质量也在不断走低。截至 2019 年年底，县乡在编的 8.9 万人中，获得中专以上学历的有 8.1 万人，同比下降了 21.7%；获得大专以上学历的有 6.7 万人，同比下降了 21.1%；全国拥有专业技术职称的也从 2018 年的 4.9 万人下降至 2019 年的 3.4 万人，同比下降了 29.6%。通过对以上数据的分析可知，现阶段受乡级行政机构改革、在编人员数量的控制以及人才外流等因素的影响，我国的农经队伍不仅表现为数量的极度匮乏，同时其队伍质量也在下降。

五、我国农村集体经济发展展望

新时代要实现农村集体经济的发展壮大，有效地推进乡村振兴的发展进程，就要始终以经典作家的理论思想和新时代习近平发展农村集体经济的新思想为根本指引，并在此基础上认真总结我国农村集体经济发展历程中的经验和教训。从我国的基本国情与发展现实出发，针对当前我国农村集体经济发展现状，笔者提出以下几点展望。

第一，是要发挥好基层群众的力量。习总书记指出："脱贫致富终究要靠贫困群众用自己的辛勤劳动来实现，要尊重扶贫对象主体地位。"发展农村集体经济，群众始终是主体。一方面是要鼓励有能力的农村劳动力留在农村，加强他们在发展农村集体经济中的参与感。另一方面是要吸引更多的爱乡人士返乡创业，提高他们在发展农村集体经济中的获得感。

第二，是要强化基层管理队伍力量。首先是要发挥好基层党组织的带头作用，农村基层党组织是党中央在农村工作的基础，是落实好党中央基本政策的主要抓手，更是带领农民群众摆脱贫困实现乡村振兴的主要力量；其次是要增强基层政府的责任意识，落实县乡村各级主体的责任意识；最后是要通过建立人才的保护措施和人才激励约束机制等，加强农村人才队伍的建设。

第三，是要提高对财政补助资金的利用率。通过设立财政专项扶持资金，因地制宜、因地施策，有计划地使用财政资金，发挥好涉农金融的助推作用，提高财政补助的利用率。一方面是利用涉农资金盘活农村的自有资源，稳固好经营型集体经济的来源。另一方面是利用涉农资金组建村级股份经济合作社，优化产业结构。

第四，是要实现农村集体资产科学管理。现阶段，我国农村集体资产的管理水平存在着很大的进步空间。提升对农村集体资产的管理水平，可以有效地促进农村集体经济更好地发展。主要可以通过建立健全村级集体资产管理机制、提高对农村集体资产管理队伍水平、充分挖掘农村集体资产的附加值等方式来实现农村资产科学管理。

六、结语

农村集体经济作为公有制经济的重要组成部分，是公有制经济在农村最有效的实现形式。我国的农村集体经济的发展经历了从最初的互助组、到初级社、到最后的高级社这样三个阶段，有效地促进了土地个人所有向集体所有、小农生产经济向集体经济的转变，同时也把农村集体经济推向了发展的高潮；到1978年家庭联产承包责任制的兴起，这种集体经济的形式也逐渐被边缘化；随着我国进入新的发展时代，传统的家庭联产承包责任制的小农经济的生产模式已经无法满足农业发展的需要，针对"三农"问题的发展提出新的问题，需要找寻新的思路和新的路径来解决，农村集体经济作为解决“三农”问题的突破口再次受到大家的关注。但是，通过对相关研究数据的整理分析，可以发现现阶段我国农村集体经济的发展存在着：总体发展不平衡、区域发展不充分、资产负债结构不合理、农村经营管理力量不足等问题。

新时代要实现农村集体经济的发展壮大和乡村振兴战略，要始终以经典作家的理论思想和新时代习近平发展农村集体经济的新思想为指导，要始终立足于基本国情，要始终坚持中国共产党的领导。党政军民学，东西南北中，党是领导一切的。2018 年习近平总书记在给浙江余姚横坎头村全体党员回信时指出：“办好农村的事情，实现乡村振兴，基层党组织必须坚强，党员队伍必须过硬。”农村基层党组织是党中央在农村工作的基础，是落实好党中央基本政策的主要抓手，更是带领农民群众摆脱贫困实现乡村振兴的主要力量。所以，发挥好基层党组织的“领头羊”的作用，对破解“三农”问题，实现脱贫攻坚与乡村振兴的有效衔接都具有十分重大的意义。

参考文献：

［1］习近平. 摆脱贫困［M］. 福州：福建人民出版社，2014：191.

［2］习近平在吉林考察时强调《坚持新发展理念深入实施东北振兴战略加快 推动新时代吉林全面振兴全方位振兴》［N］. 人民日报，2020-07-25（1）.

［3］国家统计局国民经济综合统计司. 新中国五十年统计资料汇编［G］. 北京：中国统计出版社，1999.

［4］宋宇，孙雪. 建国 70 年农村集体经济实现方式的阶段性发展与理论总结［J］. 人文杂志，2019（11）：11-18.

［5］2019 年中国农村政策与改革统计年报［M］. 北京：中国农业出版社，2020.

［6］2019 年中国农村合作经济统计年报［M］. 北京：中国农业出版社，2020.

淮河生态经济带农业全要素生产率测算及其空间特征研究

李朝林[①] 王韬[②]

摘 要：农业保障国民经济的发展，高质量的要素投入在现代农业生产中起着决定性的作用。利用2003—2017年淮河生态经济带市际面板数据，结合DEA-Malmquist指数法测算并分解农业全要素生产率，并运用Moran's I指数分析全局和局部地区的空间特征。结果表明：淮河生态经济带农业全要素生产率呈增长趋势，农业TFP与技术进步一同出现周期性变化；地区农业TFP增长主要依赖技术进步，但差异明显，呈现东—中—西递减趋势，与经济发展高度相关；观察期内区域关联表现为空间正相关性，但已出现空间正相关效应减少、空间集聚特征减弱的趋势。考虑空间关联，区域内政府除了要加强本地区的农业技术研发力度和建立健全农业创新科技激励体系外，还需同周边地区积极开展多维合作，适度推行土地产权改革，同时创新资金使用方式，从而缩小农业发展的地区差距。

关键词：农业；全要素生产率；淮河生态经济带

引言

农业是国民经济发展的基础,而农业全要素生产率是衡量农业发展质量和生产效率的重要指标，也是比较区域发展水平的基准工具。我国农业资源虽然丰富，但人口众多，目前我国人均粮食产量仅达到世界平均水平。由于土地、水源等农业资源有限，所以农业生产效率亟待提高。因此面对农业经济发展困难、农业要素有限和环境限制加大的现状，提高农业全要素生产率是传统农业转换生产方式的必由之路，农业的高效和可持续发展要以农业生产率的提高为主；同时，现实情况显示我国各地区农业资源禀赋差

---

① 李朝林，安徽财经大学经济学院教授。
② 王韬，安徽财经大学经济学院学生。

距悬殊，先天资源条件好的地区与条件资源状况差的地区在农业生产上相差很大，这种不平衡的发展态势是我国农业生产的现状，因此研究地区农业全要素生产率空间关联性具有重要的现实意义。

目前关于农业全要素生产率的研究内容主要分为以下三方面：一是农业全要素生产率的影响因素分析，大部分学者从人力资本、基础设施建设、工业化与城市化水平等不同维度探讨得出工业进程、技术水平等人为因素对农业 TFP 的提高起正向作用，自然环境因素呈现负面影响，如李谷成[①]等人利用 1999—2011 年中国农业 TFP，发现公路设施与农业 TFP 呈正相关关系，灌溉设施与农业 TFP 呈负相关；韩海彬[②]等人通过省际面板数据模型发现农业网络化对农业 TFP 具有双重作用。

二是农业全要素生产率的地区差异研究，中国省际的农业 TFP 增长呈现“东—中—西”依次递减的趋势以及“弱—强—弱”的空间相关性，并且地区差距仍会长期存在；省域内的农业 TFP 同样存在一定差距，但各市农业 TFP 主要呈增长态势。如高帆[③]通过研究 1992—2012 年省际农业全要素生产率，得出东、中、西部农业全要素生产率依次下降且存在显著落差的结论；刘莉[④]等人从空间溢出效应角度出发，发现我国农业 TFP 增速放缓，具有较强的正面效应。

三是农业全要素生产率核算方法选取，目前主要以随机前沿法（SFA）和 DEA-Malmquist 指数法为主，由于 DEA-Malmquist 指数法无需设定函数，计算相对简单，故其应用最为广泛；不少学者也引入了资源环境约束条件来分解农业 TFP，如刘华军[⑤]等人。

总体来看，上述文献研究为全面认识我国农业全要素生产率奠定了基础，但大部分研究集中在全国范围的宏观经济或单个省份的中观经济，对于跨省及市际角度的中微观经济研究偏少。

综上，已有研究集中在淮河生态经济带[⑥]农业绿色发展、生态效率评价、农业趋同化研究等问题上，从省际、市际视角切入研究淮河生态经济带农业全要素生产率偏少，且大部分文献忽略空间关联，使结果不符合实际。由于 DEA-Malmquist 指数法应用简单，能减少结果误差，故该文采取此方法测算全要素生产率；而地理空间中的事物又存在一定相关性，因此结合空间自相关分析。基于此，该文以淮河生态经济带 25 个地市

---

① 李谷成，尹朝静，吴清华. 农村基础设施建设与农业全要素生产率［J］. 中南财经政法大学学报，2015（1）：141-147.

② 韩海彬，张莉. 农业信息化对农业全要素生产率增长的门槛效应分析［J］. 中国农村经济，2015（8）：13-23.

③ 高帆. 我国区域农业全要素生产率的演变趋势与影响因素［J］. 数量经济技术经济研究，2015（5）：3-19，53.

④ 刘莉，张文爱. 我国农业全要素生产率增长与空间溢出效应：基于 31 个省市区 2000—2014 年数据的实证分析［J］. 西部论坛，2017，27（6）：49-57.

⑤ 刘华军，杨骞. 资源环境约束下中国 TFP 增长的空间差异和影响因素［J］. 管理科学，2014，27（5）：133-144.

⑥ 根据《淮河生态经济带发展规划（2018—2035）》，淮河生态经济带以淮河流域为覆盖范围，横跨我国河南、山东、安徽、江苏、湖北等中东部五省地区，覆盖淮安、蚌埠、信阳等 25 个地级市以及 4 个县（市）。

2003—2017 年面板数据，利用 DEA-Malmquist 指数法对农业 TFP 进行测算与分解，结合空间自相关分析，探讨农业 TFP 时空演变特征，提出相应建议。

一、淮河生态经济带农业发展现状

（一）淮河生态经济带农业发展状况

由图 1 可以发现，2003—2017 年淮河生态经济带农林牧渔业总产值呈增长态势，2003 年仅为 160 亿元，2017 年则达到 342 亿元，在 15 年间增长超过 110%，且年均产值占全国比重超过 12%，2009 年则达到 13.5%。具体到各地区，可以发现安徽等四地区农林牧渔业总产值均呈上升态势，2003—2017 年农林牧渔业总产值高低次序为：江苏>山东>河南>安徽。江苏地区农林牧渔总产值在四地区中排名第一，年均产值 306 亿元，年均增长率约为 5%；其次是山东地区，其农林牧渔业年均产值为 296 亿元，年均增长率约为 5.3%；河南地区的农林牧渔年均总产值为 264 亿元，年均增长率约 6.2%；安徽地区的农林牧渔业总产值明显低于平均水平，年均总产值 159 亿元，年均增长率约 5.9%，到 2017 年农林牧渔业总产值为 216 亿元，与江苏相差悬殊。通过上述分析可以得出 2003—2017 年淮河生态经济带农林牧渔业不断向好发展，但是区域内差距明显，造成这种状况的原因将在下文进行研究。

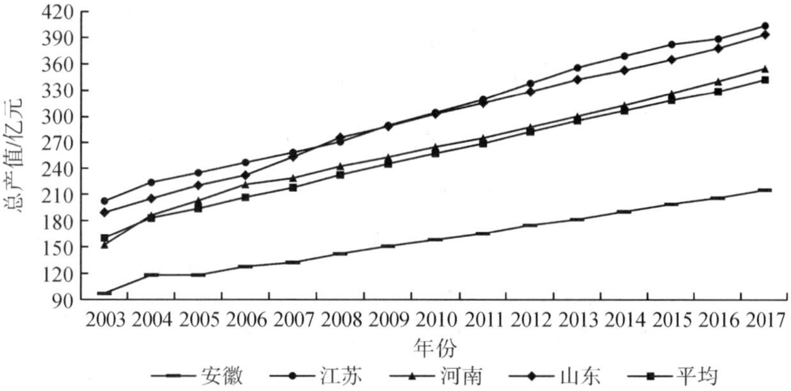

图 1 淮河生态经济带各地区农林牧渔业总产值

数据来源：根据各地市统计年鉴整理而得。

（二）淮河生态经济带农业发展问题

从严格意义上来讲，淮河生态经济带沿带所有城市均处于欠发达的状态，并且仍有不少城市经济总量低于全国平均水平。除却经济发展问题，这些城市在农业发展上还存在以下问题：

首先，基础设施薄弱，淮河生态经济带沿带城市大部分处于欠发达状态，城市内农业基础设施如农业机械、灌溉设施以及部分地区的交通运输仍处于较落后阶段；其次，农业资源人均占有量少，淮河生态经济带共有 25 个地级市和 4 个县级市，横跨河南、安徽、江苏、山东、湖北五省地区，总人口约占全国的六分之一，尽管耕地面积、水源等农业资源总量丰富，但人均占有量很少；再次，劳动者素质较低。淮河生态经济带多数地区教育资源处于落后先进地区水平的状态，农业劳动者素质普遍较低；最后，科技创新动力不足，淮河生态经济带沿带地区的高等院校、科研院所等机构在农业问题上有重大创新技术产品的不多，较多机构并没有重视农业科技产品的研发与创新。

二、淮河生态经济带农业全要素生产率测算及其空间特征分析

（一）研究方法

1. DEA-Malmquist 指数法

DEA（数据包络分析）是一种非参数估计法，模型理论最早由 Farrel（1957）提出，后由 A. Charnes（1978）[19] 等人完善。Malmquist 指数法是瑞典经济学家 Malmquist 提出的用于计算跨期消费水平的非参数法，后来由其他学者引入计算生产率的方法中。DEA-Malmquist 指数法是 Fare 将数据包络分析与 Malmquist 指数相结合形成的一种方法。由于该模型在计算生产率时无需设定特定函数形式，适用范围广，忽略主观因素干扰，从而使得计算结果较精确。根据 Fare 定义的表达式为

$$
\begin{aligned}
M_{i,\ t+1}(x_i^t,\ y_i^t;\ x_i^{t+1},\ y_i^{t+1}) &= \left[\frac{D_i^t(x_i^{t+1},\ y_i^{t+1}) \times D_i^{t+1}(x_i^{t+1},\ y_i^{t+1})}{D_i^t(x_i^t,\ y_i^t) \times D_i^{t+1}(x_i^t,\ y_i^t)}\right]^{\frac{1}{2}} \\
&= \frac{D_i^{t+1}(x_i^{t+1},\ y_i^{t+1})}{D_i^t(x_i^t,\ y_i^t)} \times \left[\frac{D_i^t(x_i^{t+1},\ y_i^{t+1})}{D_i^{t+1}(x_i^{t+1},\ y_i^{t+1})}\frac{D_i^t(x_i^t,\ y_i^t)}{D_i^{t+1}(x_i^t,\ y_i^t)}\right]^{\frac{1}{2}} \\
&= \mathrm{TEC}(x_i^t,\ y_i^t;\ x_i^{t+1},\ y_i^{t+1}) \times \mathrm{TP}(x_i^t,\ y_i^t;\ x_i^{t+1},\ y_i^{t+1})
\end{aligned}
$$

x_i^t，x_i^{t+1} 分别表示 i 地区 t 时期和 $t+1$ 时期的投入；y_i^t，y_i^{t+1} 均表示 i 地区产出；D_i^t、D_i^{t+1} 为投入与产出的距离函数；TEC 表示技术效率变化指数，TP 表示技术进步指数。当规模报酬可变（VRS）时，上式化为

$$M_{i,\ t+1}(x_i^t,\ y_i^t;\ x_i^{t+1},\ y_i^{t+1}) = \mathrm{TEC}_i^{t+1} \times \mathrm{TP}_i^{t+1} = \mathrm{SEC}_i^{t+1} \times \mathrm{PEC}_i^{t+1} \times \mathrm{TP}_i^{t+1}$$

SEC、PEC 分别代表规模效率、纯技术效率，即全要素生产率分解为规模效率、技术进步和纯技术效率。应当指出，Malmquist 指数计算的是 t 时期到 $t+1$ 时期的几何平均值，并将结果与值“1”进行比较：大于 1，表示农业生产效率提高；小于 1，表明农业生产效率降低；等于 1，即农业生产效率保持不变。

2. 空间自相关分析

空间自相关分析主要用于研究空间要素之间的相关程度，可以揭示区域集聚特征，分为全局自相关和局部自相关分析，Moran's I 指数是自相关常用指标。全局自相关表示空间要素在整个研究区域内存在整体空间关联，Global Moran's I 用于衡量全局自相关程度，公示如下：

$$I = \frac{n\sum_{i=1}^{n}\sum_{j=1}^{n} w_{ij}(x_i - \bar{x})(x_j - \bar{x})}{\sum_{i=1}^{n}\sum_{j=1}^{n} w_{ij}\sum_{i=1}^{n}(x_i - \bar{x})^2}$$

n 为地区数；x_i表示农业 TFP；$\bar{x}$ 表示农业 TFP 均值；w_{ij} 为距离权重矩阵。Moran's I 指数取值范围为［-1，1］. 绝对值越大代表相关性越强，当取值大于 0 时，表示农业 TFP 在区域内呈正相关；当取值小于 0 时，表示呈负相关；等于 0 则表示不存在空间相关性。一般用标准化统计量 Z 作为检验参数，公式为

$$Z = \frac{1 - E(1)}{\sqrt{\mathrm{VAR}(1)}}$$

Z 值符号同相关性一致，且相关性强弱同绝对值大小一致。正值表示农业 TFP 呈现空间集聚特征；负值表示呈空间分散特征；为 0 则表示空间不相关，农业 TFP 趋于随机分布。

局部自相关分析用于研究区域内特定位置的空间要素集聚或分散程度，弥补了全局自相关无法分析局部地区的缺点。局部自相关表示空间要素在研究区域不同位置呈现出不同空间分布模式。Local Moran's I 用于衡量局部自相关程度，公式为

$$I_i = \frac{(x_i - \bar{x})}{S^2}\sum_{j} w_{ij}(x_j - \bar{x})$$

（二）指标选取与数据来源

因湖北省随县等 4 县（市）数据不齐全，故该文剔除湖北省县市数据，选取淮河生态经济带其余 25 个地市 2003—2017 年面板数据进行分析。数据选自 2003—2017 年各地市统计年鉴、农业和农村统计年鉴，如表 1 所示。由于农林牧渔业总产值包含价格因素，为消除价格波动造成的影响，故以 2003 年为基期对农林牧渔业总产值进行平减处理；对于数据出现少量缺失值的情况，用平均值进行平滑处理。

该文指标包括 1 个产出指标和 6 个投入指标。农业生产投入一般包括劳动、机械、化肥、电力、土地和灌溉等要素，故分别以农林牧渔业从业人员、农业机械总动力、化肥施用量、农业农村用电量、农作物总播种面积、有效灌溉面积代表以上要素为投入变量。采用农林牧渔业从业人员代表劳动投入；农业机械总动力代表机械投入，如拖拉机、农用运输机器、农业收割机等；化肥施用量代表化肥投入；农业农村用电量代表电力投入；农作物播种面积代表土地投入；有效灌溉面积代表灌溉投入。

表 1　描述性统计结果

变量	样本数	均值	标准差	最小值	最大值
农林牧渔总产值/亿元	375	247. 214	137. 588	27. 320	780. 392
农林牧渔业从业人员/万人	375	150. 641	85. 153	28. 107	399. 800
农业机械总动力/万千瓦	375	567. 405	319. 869	128. 430	1 509. 070

表1(续)

变量	样本数	均值	标准差	最小值	最大值
农业农村用电量/亿千瓦时	375	20.557	21.659	0.820	129.208
农用化肥施用量/万吨	375	50.141	37.345	7.726	158.239
有效灌溉面积/千公顷	375	364.368	153.136	80.050	706.630
农作物播种面积/千公顷	375	772.000	468.369	80.100	1 738.690

数据来源：根据2003—2017年淮河生态经济带各地市统计年鉴整理得。

狭义农业指种植业，而广义农业包括种植业、林业、渔业、副业、畜牧业五种产业形式。狭义农业界定太窄，不能代表该文研究的农业范畴，因此该文研究对象为广义农业，且也符合统计数据口径。因此结合研究结果的真实性、准确性，以及数据的可得性，选取农林牧渔业总产值为产出变量。数据基本性质见表1。

（三）淮河生态经济带农业全要素生产率测算

1. 淮河生态经济带农业全要素生产率时序变化

利用DEAP2.1软件将25个地市面板数据运用DEA-Malmquist指数法计算，得到如表2所示数据。

表2 2003—2017年淮河生态经济带全要素生产率分解

年份	技术进步	技术效率	纯技术效率	规模效率	全要素生产率
2003/2004	1.179	0.955	0.967	0.987	1.126
2004/2005	1.003	1.012	1.004	1.008	1.015
2005/2006	1.036	1.004	1.006	0.998	1.041
2006/2007	1.007	1.010	1.018	0.992	1.017
2007/2008	1.037	1.000	0.999	1.001	1.037
2008/2009	1.018	1.006	0.997	1.009	1.024
2009/2010	1.03	0.993	0.992	1.001	1.023
2010/2011	1.021	0.997	0.995	1.002	1.018
2011/2012	1.026	1.001	1.001	1.000	1.026
2012/2013	1.008	1.013	1.004	1.008	1.021
2013/2014	1.026	0.988	0.993	0.995	1.014
2014/2015	1.019	0.978	0.977	1.001	0.996
2015/2016	1.048	1.008	1.045	0.964	1.056
2016/2017	1.042	0.983	0.958	1.026	1.024
均值	1.036	0.996	0.997	0.999	1.031

数据来源：由表1根据DEAP2.1软件计算整理得。

从表 2 可以看出，除 2014—2015 年农业 TFP 指数变化小于 1，其他年份均大于 1，2014—2015 年技术进步和规模效率分别增长 1.9%、0.1%，而技术效率下降 2.2%，纯技术效率下降 2.3%，农业 TFP 下降 0.4%，因此该年纯技术效率下降是造成技术效率下降的主要原因。2003—2017 年淮河生态经济带整体的农业全要素生产率保持增长态势，年均增长率 3.1%。其中，技术进步年均增长率 3.6%，纯技术效率、规模效率和技术效率分别下降 0.3%、0.1%、0.4%，仅有技术进步呈增长趋势，可以看出技术进步是淮河经济带 15 年来农业 TFP 的增长动力，技术效率已成为阻碍淮河经济带农业 TFP 增长的主要原因，技术效率下降的主要原因是纯技术效率下降，表明纯技术效率对技术效率的贡献程度大于规模效率。

由图 2 可知，2003—2017 年技术进步、技术效率与农业全要素生产率总体波动不大，且三者处于较为平稳的发展态势之中。2004—2005 年三者波动幅度均为历年最大，农业 TFP 同比下降了 11.1%，而技术进步下降幅度更是达到了 17.6%，相反，当年的技术效率则上升了 5.7%，根据黄会平、王丹丹等人的研究可以发现，2004—2005 年全国出现了较大范围的旱灾、雹灾等，据此可以推断淮河经济带四省可能是受到了较大的影响，造成技术效率的大幅度下降。2005—2014 年三者变化趋势稳定，波动幅度较小；但 2015—2017 年三者波动幅度增大。这可能与政策变化有关—2015—2017 年是淮河经济带的成立阶段，四省在推行新的农业政策，从而造成波动幅度增加，但也看出相关性较强。2014 年以后三者之间的变化出现明显的同步趋势，表明相关性在增强。此外，农业 TFP 在 2008—2016 年出现周期性变化，每隔 3 年上升一次；技术进步同样具有周期性，2003—2017 年一直在反复变化，曲线呈“锯齿状”。

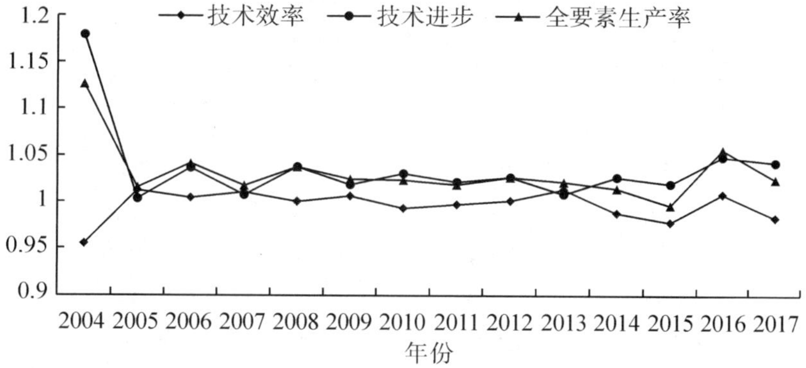

图 2 淮河生态经济带 2003—2017 年技术效率、技术进步、全要素生产率

数据来源：根据表 2 数据整理得。

通过上述分析，可以发现，要想提高淮河经济带整体的农业 TFP，地区政府必须重视同邻近地区的合作，注重农业先进技术的学习、引进，并且也要提高农业技术效率，以免造成资源的浪费，引起农业 TFP 的降低。此外，还需注意农业生产的适度规模经营，以形成规模经济，带动农业效率的提高，同时也要利用先进技术侦测自然灾害，及时预防严重的农业受灾情况。

2. 淮河生态经济带各地市农业全要素生产率分布特征

淮河生态经济带涵盖江苏、安徽、山东、河南四省，表 3 和图 3 呈现出四地各城市农业全要素生产率的具体情况。从省来看，农业 TFP 年均增长次序依次为：山东>江苏>安徽>河南，农业 TFP 增长呈东—中—西依次递减态势。农业 TFP 增长最快的山东地区，达到 4.8%，技术效率、技术进步分别增长 0.5%、4.3%，并且是唯一一个所有指数均增长的地区；紧接着是江苏地区，农业 TFP 年均增长 3.4%，但江苏仅有技术进步指数增长了 3.8%，技术效率下降 0.4%；安徽地区农业 TFP 增长 3.2%，技术效率下降了 0.7%，在所有地区中下降最大，但技术进步增长 4%；河南地区农业 TFP 增长最慢（2.7%），其技术效率、技术进步分别增长 0.3%、2.5%。四省的农业 TFP 增长同地区的经济发展高度相关。山东增长快的原因在于经济水平高，农业机械化程度高，技术先进，效率高；河南低的原因正好与之相反，农业机械化程度低，技术落后且效率低。通过与上述分析中的各地区农林牧渔业总产值相比较，可以发现农林牧渔总产值较高的地区其农业 TFP 增长率亦相对较高。

从各市角度来看，农业 TFP 增长最快的是泰州（9.8%），最慢的是淮北（-0.9%），而这两市技术效率、技术进步增长分别相差 4.6%、5.5%，说明地区差异很大。此外，技术进步增长最快的是泰州（7.8%），最慢的是信阳（0.2%）；技术效率增长最快的是泰州（1.8%），最慢的是淮南（-3.3%），而信阳 TFP 增长为-0.3%，淮南为 2.8%，可以看出，技术进步是地市农业全要素生产率增长的主要来源，同时技术投入也已成为影响各地农业全要素生产率增长差异的主要因素。

表 3　2003—2017 年淮河生态经济带各地市农业全要素生产率分解

地区	技术进步	技术效率	纯技术效率	规模效率	全要素生产率
淮北市	1.023	0.972	1.000	0.972	0.991
亳州市	1.037	0.988	0.988	1.000	1.026
宿州市	1.023	1.000	1.000	1.000	1.023
蚌埠市	1.053	1.002	1.006	0.996	1.056
阜阳市	1.032	1.000	1.000	1.000	1.032
淮南市	1.061	0.967	1.026	1.045	1.028
滁州市	1.050	1.001	1.004	0.997	1.050
六安市	1.042	1.010	1.009	1.001	1.049
安徽地区	1.040	0.993	1.004	1.001	1.032
徐州市	1.044	0.999	0.999	1.000	1.042
连云港市	1.038	0.993	0.992	1.002	1.031
淮安市	1.006	1.000	1.000	1.000	1.006
盐城市	1.024	1.000	1.000	1.000	1.024
扬州市	1.055	0.989	1.000	0.989	1.043
泰州市	1.078	1.018	1.013	1.006	1.098
宿迁市	1.020	0.976	0.978	0.998	0.996
江苏地区	1.038	0.996	0.997	0.999	1.034

表3(续)

地区	技术进步	技术效率	纯技术效率	规模效率	全要素生产率
平顶山市	1.030	0.990	0.987	1.003	1.018
漯河市	1.023	1.004	1.000	1.004	1.026
商丘市	1.038	1.003	1.000	1.003	1.039
信阳市	0.998	1.000	1.000	1.000	0.997
周口市	1.034	1.013	1.001	1.013	1.046
驻马店市	1.028	1.008	1.008	0.999	1.036
河南地区	1.025	1.003	0.999	1.004	1.027
枣庄市	1.060	1.011	1.000	1.011	1.072
济宁市	1.033	1.013	1.012	1.000	1.045
临沂市	1.056	1.007	1.005	1.002	1.063
菏泽市	1.024	0.989	0.993	0.996	1.012
山东地区	1.043	1.005	1.003	1.002	1.048

数据来源：根据表 1 由 DEAP2.1 计算得。

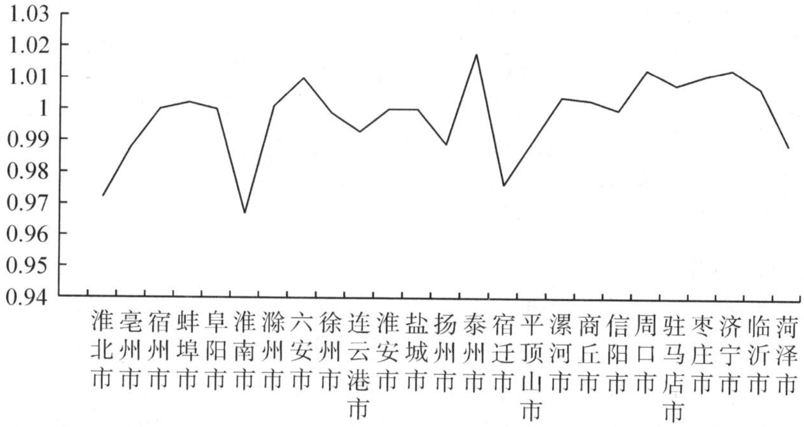

图 3 淮河生态经济带农业全要素折线分布图

数据来源：根据表 3 整理而得。

（四）淮河生态经济带农业全要素生产率空间自相关分析

为探究淮河生态经济带农业全要素生产率是否存在空间关联，利用 Arcgis10.5 进行淮河生态经济带农业 TFP 的全局和局部空间自相关分析。

1. 全局空间自相关分析

淮河生态经济带农业 TFP 全局空间自相关数据见表 4。可以发现，2003—2017 年淮河生态经济带整体空间相关性呈下降趋势。2003—2013 年 Moran's I 指数处于波动中，但在 2013 年之后呈下降趋势，并且下降幅度较大。2003—2014 年 Moran's I 均为较显著的正值，表明空间相关性较强，2014 年之后 Moran's I 出现负值，表明农业 TFP 空间状态已经趋于分散。

总体来说，2003—2017 年淮河生态经济带农业 TFP 空间正相关性较显著，但呈降低趋势，全要素在往空间分散方向发展。由于还需深入研究淮河生态经济带各地区间的空间自相关特征，因此下文将通过局部空间自相关分析揭示问题。

表 4　淮河生态经济带农业全要素生产率 Global Moran's I

年份	Moran's I	*Z*	*P*
2003/2004	0.391	2.249	0.024
2004/2005	0.274	1.637	0.102
2005/2006	0.096	0.708	0.479
2006/2007	0.358	2.111	0.035
2007/2008	0.304	1.806	0.071
2008/2009	0.215	1.655	0.098
2009/2010	0.212	1.334	0.182
2010/2011	0.375	2.266	0.023
2011/2012	0.397	2.452	0.014
2012/2013	0.212	1.308	0.191
2013/2014	0.109	0.817	0.414
2014/2015	−0.342	−2.052	0.040
2015/2016	0.052	0.659	0.510
2016/2017	0.056	0.846	0.398

数据来源：根据表 3 数据由 Arcgis10.5 计算整理而得。

2. 局部空间自相关分析

表 5 反映了淮河生态经济带部分地市农业全要素生产率 2003—2017 年的空间分布特征，HH 型城市以盐城、周口、枣庄为中心，其解释为农业 TFP 高生产率城市与高生产率城市集聚，表现为正的空间相关性；LL 型城市以驻马店、宿州、宿迁为中心，其解释为农业 TFP 低生产率城市与低生产率城市集聚，表现为正的空间相关性；LH、HL 型城市均以六安、阜阳等安徽城市为主在相互转化，其分别解释为低生产率城市被高生产城市包围、高生产率城市被低生产率城市包围，表现为负的空间相关性。在通过显著性检验的条件下，2003—2017 年 HH、LL 型的城市相对较多，共有 17 个城市，占比 68%，但明显在减少，而 HL、LH 型城市数量呈增加趋势，表明 15 年来淮河经济带各地市农业 TFP 增长主要呈局部正自相关性，但空间集聚性减弱。但同时需注意的是，部分城市并未通过显著性检验，说明这些城市之间的空间相关性不明显。

综上分析，淮河经济带不同城市的农业全要素空间关联类型在 15 年间变化十分显著，城市农业 TFP 逐渐从空间正相关特征向负相关转化，这与全局空间自相关分析一致，说明淮河经济带城市农业 TFP 有分散的倾向，各地农业发展相差悬殊，具有显著的空间差异；淮河生态经济带若需提高整体农业 TFP，则可以通过加强地区农业之间的空间相关性，通过溢出效应促进整体效率提高。

表 5　2003—2017 年淮河生态经济带农业全要素生产率空间分布①

年份	H-H	L-H	L-L	H-L
2003—2008	蚌埠、漯河、济宁、枣庄、连云港	六安	平顶山、蚌埠、徐州、淮安、驻马店	滁州
2009—2013	扬州、周口	盐城、临沂	信阳、驻马店	六安
2014—2017	扬州、盐城	淮南、阜阳	宿迁、宿州、商丘	蚌埠、六安、阜阳

数据来源：根据表 3 数据由 Arcgis10.5 计算整理而得。

三、结论及建议

（一）结论

运用 DEA-Malmquist 指数法测算淮河生态经济带 2003—2017 年农业全要素生产率，并利用 Moran's I 指数分析其全局和局部地区的空间分布特征，得到以下结论：①2003—2017 年淮河经济带农业 TFP 年均增长 3.1%，技术进步是增长的主要动力，技术效率起到一定的阻碍作用；农业 TFP 增长与技术进步呈周期性变化。②各地市农业 TFP 增长主要依赖于技术投入，地区内农业 TFP 增长呈现东—中—西依次递减趋势，地区增长差异显著。③2003—2017 年淮河经济带农业 TFP 存在较显著的空间正相关性。Moran's I 指数均值 0.19，但呈波动下降趋势，表明地区农业 TFP 空间正相关效应减小。④2003—2017 年淮河经济带农业 TFP 增长以局部正相关为主，但 HH、LL 型城市数逐渐减少，表明空间集聚特征减弱，有朝向空间分散方向发展的态势。

（二）建议

根据上述结论，提出以下建议：

1. 政府

（1）同邻近地区开展多维合作、资源共享。如同周边政府建立农业技术交易市场，采取技术引进政策，学习邻省先进农业科技；打通与其他地区的农产品市场壁垒，形成制度完善、交流畅通的农产品、农副产品贸易市场；建立农业科技项目交流与合作制度，为区域内农业技术人才合作提高便利；建立健全区域内农业技术资源服务体系，减少因沟通交流而产生的问题发生。

（2）建立健全农业创新科技激励制度，缩短农业创新技术应用周期。合理配置资金，引导相关企业进行创新研究；积极培育农业创新科技类企业，鼓励与农业相关联企业研究农业课题；积极在本地区内宣传推广新技术，提高农户使用新技术的积极性；适当推行农业创新技术补贴政策，降低农民生产负担，加快新技术应用于农业市场；加强农业教育科技培训，培养农业科技人才和创新团队，提高农民技术提升素质。

① 在 5%的统计水平上显著。

（3）加强资金帮扶力度，引导投融资金流入。如创立农业发展基金、农业受灾风险基金、优势特色农业补助基金等项目，通过社会资金及财政资金给予当地农业部门优待与帮助；同时，要拓宽资金渠道，通过创新信贷投放方式鼓励农村地区投资。

（4）适度推行土地流转政策，引导农民集约化经营。如建立适当的农业示范基地，以期形成一定规模，提升农业生产效率，从而提高收益，朝现代化农业方向不断发展；加大农村土地产权改革的力度，积极引导农民集体生产，加深农民对于集约化生产的了解，为农业机械化、科技化推广铺平道路；但也要注意农业经营的适度规模，避免过度扩张造成生产效率下滑等问题的发生。

2. 企业

（1）加强自身研发力度，合理支出科技资金。农业科技企业应加大研发投入和创新力度，如通过"产学研"合作，设立与高等院校和科研机构合作专项资金，鼓励员工积极创新研究。

（2）遵守市场准则，提高创新科技转化效率。农业科技企业要以政府规定的农业产品技术标准体系以及同行业制定的规定为准则，重点研发创新性更强的技术产品；要准确获取市场信息，防止自身产品技术与现实脱节。

（3）注重人才培训，健全创新人才体系。农业科技类企业要注重员工的引进和培训，大力培养一批农业产业研发、推广及管理等专业人才。

参考文献：

［1］李绍亭，周玉玺．山东省农业全要素生产率及其影响因素研究［J］．山东农业科学，2019，51（4）：162-168.

［2］卢小丽．三峡库区农业转型发展的时空分析及问题识别：基于全要素视角［J］．中国农业资源与区划，2018，39（9）：162-168.

［3］舒银燕．西部地区农业全要素生产率增长及其影响因素分析［J］．江苏农业科学，2014，42（5）：377-381.

［4］李飞，曾福生．中国农业基础设施的技术效应：基于MML指数和SYS-GMM的分析［J］．农业技术经济，2016（6）：23-33.

［5］尹朝静．城镇化、工业化对农业全要素生产率增长的影响研究：来自重庆37个县（区）面板数据的证据［J］．重庆大学学报（社会科学版），2020，26（6）：58-68.

［6］赫国胜，张薇薇．中国农业全要素生产率影响因素、影响效应分解及区域化差异：基于省级动态面板数据的GMM估计［J］．辽宁大学学报（哲学社会科学版），2016，44（3）：79-88.

［7］李谷成，尹朝静，吴清华．农村基础设施建设与农业全要素生产率［J］．中南财经政法大学学报，2015（1）：141-147.

［8］韩海彬，张莉．农业信息化对农业全要素生产率增长的门槛效应分析［J］．中国农村经济，2015（8）：13-23.

［9］李文华．基于DEA-Malmquist指数的中国农业全要素生产率时空差异及影响因素分析［J］．山东农业大学学报（社会科学版），2018（2）：101-108，178-179.

［10］李欠男，李谷成，高雪，等．农业全要素生产率增长的地区差距及空间收敛性分析［J］．中国农业资源与区划，2019，40（7）：28-36.

[11] 史常亮，朱俊峰，接昌亮. 中国农业全要素生产率增长地区差异及收敛性分析：基于固定效应 SFA 模型和面板单位根方法 [J]. 经济问题探索，2016 (4)：134-141.

[12] 曹明霞，高珊. 我国农业全要素生产率研究：基于江苏省农业面板数据分析 [J]. 价格理论与实践，2018 (9)：153-156.

[13] 王亚坤，王慧军，姜冰. 基于超效率 DEA 和 Malmquist 指数的河北省农业生产效率分析 [J]. 东北农业大学学报（社会科学版），2014，12 (3)：1-7.

[14] 高帆. 我国区域农业全要素生产率的演变趋势与影响因素 [J]. 数量经济技术经济研究，2015 (5)：3-19，53.

[15] 刘莉，张文爱. 我国农业全要素生产率增长与空间溢出效应：基于 31 个省市区 2000—2014 年数据的实证分析 [J]. 西部论坛，2017，27 (6)：49-57.

[16] 刘华军，杨骞. 资源环境约束下中国 TFP 增长的空间差异和影响因素 [J]. 管理科学，2014，27 (5)：133-144.

[17] 刘瑛. 湖北省农业全要素生产率及其影响因素研究 [D]. 武汉：华中农业大学，2014.

[18] 金怀玉，菅利荣，焦立新. 安徽省农业技术效率改动的实证分析 [J]. 中国科技论坛，2011 (7)：129-133，146.

[19] FARREL M J. The Measurement of Productive Efficiency [J]. Journal of the Royal Statistic society, 1957, (20)：252-259.

[20] CHARNES A, W W COOPER, E RHODES. Mersuring the efficiency of decision making units [J]. European Journal of Operational Research, 1978, (2)：429-444.

[21] 张佳佳. 河南省农业全要素生产率的影响因素分析 [D]. 郑州：河南大学，2019.

[22] 黄会平. 1949—2005 年全国干旱灾害若干统计特征 [J]. 气象科技，2008 (5)：39-43.

[23] 王丹丹，潘东华，郭桂祯. 1978—2016 年全国分区农业气象灾害灾情趋势分析 [J]. 灾害学，2018，33 (2)：114-121.

“三权分置”背景下农地经营权的流动性命题[①]

崔宝敏[②] 唐玲玲[③] 梁云燕[④]

摘　要：本文在农村土地集体所有权、农户承包权、农地经营权“三权分置”背景下提出了我国农地经营权的流动性问题，以农地经营权作为财产性权利为出发点来分析经营权在不同农业经营主体间的产权流动能力和财产变现能力，并综述了农地经营权流动性的影响因素、农地经营权流动的收入结构效应和土地产出效应。论文试图构建一个分析农地经营权流动性的理论分析框架，并认为“三权分置”背景下“经营权的流动性”不再是单纯的土地流转问题，它更多的是关于土地经营权的财产性和市场化程度问题，既与细分后的产权权属特征及其变现能力密切相关，又受到法律界定、历史“制度锁定”、可执行性与金融限定等诸多因素的影响。

关键词：农地经营权；财产变现能力；流动性；稳定性

一、引言

新中国成立以来，我国土地产权结构的改革依次经历了土地革命、人民公社化运动、“两权分离”和“三权分置”路线，农地产权制度一直伴随着国家发展导向和农民现实需求不断发生变化。改革开放后，为了调动农民的生产积极性，中共中央确立了“两权分离”的土地制度，即土地所有权和承包经营权分离的家庭联产承包责任制，这种土地产权制度虽然在一定程度上释放了农村生产力，使粮食产出大幅度增加，解决了新中国成立以来的温饱问题，但是也固化了基于公平机制而设立的“家家有地户户种

① 基金项目：国家社科基金青年项目“‘三权分置’改革下中国农地经营权的流动性问题研究”（17CJL028）。

② 崔宝敏，山东财经大学经济学院副教授，山东省习近平新时代中国特色社会主义思想研究中心研究员。

③ 唐玲玲，山东财经大学经济学院硕士研究生。

④ 梁云燕，对外经贸大学经济学院博士研究生。

田”的农业细碎化格局，其土地承包权归集体所有的机制也使农民更加明确集体成员身份，违背了市场经济下土地经营权应该具有流动性的现实需求。为了顺应农民要求保留土地承包权、流转土地经营权现实意愿，将承包经营权分成承包权和经营权的“三权分置”改革应运而生。“三权分置”是我国农地产权结构坚定不移的改革办法，是继家庭联产承包责任制之后的第二次土地制度创新。“三权分置”改革的重点是放活土地经营权，让农村土地“动”起来，以产权的“流动”促进土地的流转，制度设计的目的是通过产权的细分突破农地的规模经营局限和流转障碍，以推动规模经营，提高农业生产率，进而实现农业的集约化和现代化。本文将上述农村土地经营权的流转能力问题称为农地经营权的流动性问题作为研究的主题，以产权的“动”对应土地的“不动”。农村土地产权的流动性问题，主要是针对“三权分置”改革背景下将农地经营权作为财产性权利的出发点来分析经营权在不同农业经营主体间的产权流转能力和财产变现能力。

二、地权流动性命题的提出

早在明清时期，地主对农民的剥削形式已发生变化，永佃权产生。永佃权是指佃农通过约定交付租金的方式可以永久地使用某块土地，地主转卖土地不会影响佃农耕种土地，这种方式在现代农业生产过程中也可以使用，拥有土地但是没有耕种能力的农民可以只保留土地的田底权，出卖田面权（王红蕾，1996），古代“永佃权”的产生为当代地权流动提供了新思路；到了 20 世纪 80 年代，有学者提出土地的流动及其调节问题，当时将“土地流动”界定为土地用途和权属的比例结构及布局格局的调整（王家梁 等，1987），流动的目的也主要是服务于国家或地区土地利用的全局。此后土地流动进一步被界定为土地经营权、使用权的流动（武玉铭，1989；林毅夫，1993，1994；张红宇，1998），只不过受市场发展程度和生产力水平的制约，这时候的土地流动基本局限于集体范围内成员间的流动。90 年代土地股份制改革也是土地流动和集中的一种方式，如果大多数农民可以脱离土地有生存保障，拥有土地承包权并自愿进行土地流动，那么就可以通过土地流动的方式集中利用土地（陈锡文，2001）。广泛研究农地“使用权流动”的学者是邓大才，他在不同层面论证了使用权流动的环境、层次、模式，流动的风险和障碍，认为土地不能参与市场化是对土地资源的极大浪费，我们不能因为土地流动存在风险就放弃土地的最优化配置（2004），并认为这一时期农地产权流动的内生机制和外部环境均不成熟，流动的比例也比较低（邓大才，2000，2003，2004），但是，土地流动的条件是相对的，其条件的形成也是随着土地流动的发展逐步完善的过程，如果等条件成熟后再推进土地流动，那么土地流动的条件将永远不会成熟，主张土地流动和完善流动条件应同时进行（邓大才，2002）。于代松也指出，市场经济的基本特征就是流动，各要素通过流动进行重新整合以达到资源的最优配置，面对当前市场化的大环境，土地作为农村经济的核心要素有必要参与到市场化中来（2002）。

2004 年国务院颁布《关于深化改革严格土地管理的决定》，出台了“农民集体所有建设用地使用权可以依法流转”的规定，学术界开始陆续使用“土地流转”的概念，不过与之前农用地“使用权流动”所不同的是，此时“流转”规范的是集体建设用地使用权流转。之后土地“流转”逐步取代“流动”成为农村产权关系变更的惯常用语并渐进沿用到承包地的使用权和经营权领域。国外有关土地流动的研究基本上都是指代所有权归属的变更，与我国“落实集体所有权、稳定农户承包权、放活农地经营权”的土地权属关系是截然不同的。

“三权分置学说”具有独特的理论价值，其前提是“落实集体所有权”，就是要坚持农村土地集体所有制，尊重所有权主体的集体组织占有、处分土地的权能，监督处理撂荒土地，发挥平整和改良土地的主导作用，在促进土地合理适度规模经营方面起到桥梁作用（叶兴庆，2014）；其基础是“稳定农户承包权”，要保证土地承包关系长久不变，土地的承包权始终属于集体组织内部的农民；其核心是“放活土地经营权”，就是在保证耕地类型不改变的前提下引导土地经营权有序流转，发挥市场在资源配置中的决定性作用，允许土地经营权向金融机构抵押融资，发展形式多样、适度规模的农业，不断提高劳动产出率、资源利用率和土地产出率，实现农业现代化产业化经营，提高农业生产质量，提升农业竞争力（肖卫东 等，2016）。“三权分置”的创新点在于将土地承包权与经营权分离，其设立顺应了农村人地分离的现实情况，将土地经营权从承包经营权中解放出来。土地经营权具有特殊权益，农地的社会价值决定了农地的集体所有权和家庭承包权不具有流通的性质，土地经营权不可具有永久性，流转合同到期时可以通过延长承包期或者重新承包形成新的土地经营权，继续经营土地。土地经营权流动不具有永久性也意味着农民不会丧失自己的生存利益（孟勤国，2018）。现阶段，农民财产性收入的构成主要来源于土地流转方面，因此，增加农民财产性收入的主要措施是促进土地流转（蒲实 等，2016）。本文重申农地经营权的流动性命题，主要是基于“三权分置”改革背景下将农地经营权作为财产性权利的出发点来分析土地经营权的资产性，以及土地产权在不同农业经营主体间的流动能力和财产变现能力。“三权分置”改革背景下“经营权的流动性”不再是单纯的土地流转问题，它更多的是关于土地经营权的财产性和市场化程度问题，既与细分后的产权权属特征及其变现能力密切相关，又受到法律界定、历史“制度锁定”、可执行性与金融限定等诸多因素的影响。

经营权的进一步细分使农地经营权流动的制度条件、相关理论和实践发生了哪些变化，具体分析目前制度安排的演进轨迹下土地经营权流动的现状究竟如何？土地产权的流动存在哪些市场流动性风险？流动性不足问题又受哪些因素的影响或制约，怎样突破这些约束或制约？产权细分和经营权的流动性强度对农地流转的作用有多大？土地经营权作为财产性权利的流动是否真的能够有效推动土地规模化和农业的现代化？本文重新提出“三权分置”改革背景下农村土地经营权的流动性问题这个命题，与“流转”相对比，后者更多地强调土地产权关系变更这样一种现象和描述，而“流动性”概念的提出主要是为了评价农地产权的资产化能力和市场化程度，以分析如何提升产权的“流动性强度”和降低“流动性风险”来推进“不动产”要素——土地的流转和规模经营。

三、地权流动性的影响因素

农地经营权财产化既是促进农地规模经营，转变农业增长方式的现实选择，也是实现农地流转机制创新和效率增进的客观要求（夏显力 等，2013）。农地经营权财产化有利于推进土地经营权流动。根据已有文献研究来看，影响农地经营权流动性的因素和风险主要可以概括为以下四个方面：

首先，从法律权属的界定来看，经济逻辑不能代替法律逻辑，在经济逻辑上形成的方案未必符合法学逻辑，土地承包权和经营权在权利内容、权力主体和权利性质等方面存在较大差异，两者的侵权形态、救济方面以及责任方式均不相同，存在分置的法律基础（丁文，2015）。但是，承包权和经营权分置后经营权的定性依旧存在很大的问题。第一，《中华人民共和国物权法》第184条和《中华人民共和国担保法》第37条第2款明确指出禁止土地承包经营权的抵押，由于农村土地集体所有并且承载特定的保障功能，即使在"三权分置"的背景下，土地承包经营权仍然不能抵押（焦富民，2016）。《中华人民共和国物权法》若将承包经营权界定为用益物权便可以自由转让，但分置后的土地经营权并不具备物权的基本属性，而是债权，债权的法律流通性和转让的安全性是不足的（Deininger et al.，2009，2011；孙宪忠，2016；张毅 等，2016），将债权用来设置抵押也是没有法律依据的（楼建波，2016；单平基，2016），同时有学者认为，从经营权能够收益、入股和抵押的角度来看应该被界定为用益物权，而从其能转包、出租的角度看应该被界定为债权，但一项权利既可能是物权也可能是债权是不符合法律规定的（孙中华，2015；孙越 等，2018），因此中央文件对于经营权设置不符合"一物一权"的原则，经营权的物权化是亟待解决的问题。第二，虽然土地经营权财产化是改革的方向，其发展将会对保障私权提出更高的要求，但《中华人民共和国物权法》并非事关土地问题的基本法典，这也就迫切需要完善《中华人民共和国土地管理法》，与此同时，土地制度的改革和财产化的完善决不能突破《中华人民共和国宪法》的约束，具体改革措施必须符合集体所有权的约束（张富利，2018）。第三，集体土地所有权和个人使用权记录体系薄弱，虽然颁发产权证书，但国家对于承包地设置的物权权能不完整，农户个人产权证书不明确、产权缺乏排他性、产权权能不完备，使用权和处分权受到严格限制等等（杨璐璐，2015），这些因素都限制了土地流转效率。

其次，从禀赋效应和流转主体意愿来看，笔者将从土地经营权流动的转入者和转出者两个角度进行分析。对于转出者，一方面，农地确权和细分强化了土地的人格化财产特征，增强了农户对承包土地的资源禀赋效应，患有"土地焦虑症"的农户选择保有土地静待地权的资产升值空间，降低了农户的流动意愿（Holden et al.，2011；钟文晶等，2013；罗必良 等，2014，2015；张毅 等，2016），造成土地经营权的主观流动性不足。除此之外，由于农民的流转意愿不同，土地的流转时间和流转范围可能不一致，例如有的农民只想将土地的一部分进行流转，留下一部分自己耕种，有的农民愿意短期流转土地，有的愿意长期流转，这种现实情况下很难实现土地的集约利用、规模生产，要使有需求的生产者挨家挨户地去签约也会导致交易成本升高，可行性不高，甚至会出现政府强制农户参与土地流转的行为。另一方面，研究表明农户的水平分化（用“非农劳动力人数/总劳动力人数”表示）和垂直分化（用“非农收入/家庭总收入”表示）越明显，其农地资本化的意愿越强烈，农户的垂直分化影响其对土地功能的偏好，垂直分化程度越高，对于土地财产功能的偏好越明显，从而越愿意实现土地经营权的资本化，进而促进土地的流动性（黎翠梅 等，2018）。除此之外，农业生产的高风险、高成本和低收益的特点也会使农民更愿意转出土地。

再次，从产权流动的具体形式、流转期限和二级市场流通等具体操作层面来看，政策实施细则和操作惯例都对农地经营权流动施加了各种限制，严重束缚了农地产权的价值评估和区域性流动市场的完备性（赵翠萍 等，2015），高圣平（2014）将其称之为“方式强制”和“条件限制”，这些限制性条件构成了经营权的流动性障碍。土地流转存在区域差距明显、亲属间流转比例高的特点（郜亮亮，2014），土地分散化较为严重，农地流转供需不匹配是农民参与土地流转程度低的主要原因，其中地块不匹配造成的影响大于制度不匹配（高名姿 等，2018）。具体来看，第一，土地的价值一直是学术界争论的热点问题，土地流转的价值体系评估不完善，价格评估方法不健全，市场配置资源的作用没有得到充分的发挥，减缓了土地资源市场化的步伐（张晓娟 等，2016）。第二，土地流转的市场体制不完善也是阻碍其流转的关键因素，土地流转的一级市场（土地所有者与土地承包者之间的纵向让渡）和二级市场（土地承包者之间的横向交易）不健全，许多地方的土地流转都在自发、盲目地进行。第三，政府职能不明确，其宏观管理和微观服务的职能不清晰，没有建立与农民生产水平相适应、与农民承受能力相符合、与农村发展水平相协调的管理和服务体系。第四，过度强调放活经营权，将导致土地的使用用途不好控制，流转前可能出现“确权不确地”的问题，流转后可能导致农地“非农化”和“非粮化”以及土地过度集中、合同违约等问题。土地流转速度越快、规模越大越容易导致“非农化”和“非粮化”现象，“非农化”可能侵蚀农业的基础地位，导致农产品供价出现问题，“非粮化”则会危及国家粮食安全，使“三权分置”增加粮食产量和增加农民收入的政策初衷被扭曲（郑志峰，2014；杨璐璐，2015；黄建军，2018）。第五，国家对“三权分置”的政策解读不明确，广大农民对政策知悉程度低，广泛存在农民不清楚土地经营权流动的形式有哪些、错误的“土地私人所有”的观念根深蒂固、“恋土”情节严重、流转后能否拿到农业补贴等问题，严重影响土地流转效率。

最后，从承包权与经营权细分的内生制度缺陷来看，“三权分置”的落实必须清晰界定农村土地权利体系，明确界定所有权、承包权、经营权的权力边界和三者之间的权力关系，这样才能构建完整的产权基础和主体间权利与义务的对等机制（郭晓鸣，2016；郑荣宝 等，2018）。但是，中央并未在法律上和实施办法上都对“农村土地经营权”做出明确的权利义务规定，土地流转过程中农户承包权和经营权的相互权利关系和具体形式没有详细解释，没有考虑到对承包权进行保护或限制时经营权的物权属性和存续方式（杨璐璐，2015）。具体来看，一方面，农户承包的“资格垄断性”与经营权的分散性和多主体介入性无疑会面临流动的交易成本约束（黄季焜 等，2012；罗必良 等，

2016），影响经营权流动主体的定价独立性和投资能力（赵鲲，2016），抑制了产权流动市场的拓展。另一方面，土地流动机制的不健全、法律不完善势必会导致土地流出方和流入方权利与责任界定不明确，使流动后的土地缺乏利益保障、流动双方缺乏基本责任驱动力，容易出现双方在"谈判"时窃取额外利益或者短期掠夺土地的行为，可能会违背提高土地利用率、优化土地资源配置和进一步促进经济发展的改革初衷。"三权分置"改革为完善我国农村土地制度提供了政策指导，开拓了实践创新空间，但是在经营权流动的具体细节和实践中依然面临众多尚未突破的流动性约束。

四、地权流动性的分析路径与基本观点

"三权分置"改革在农村有着强烈的社会诉求和深厚的实践基础，是马克思产权理论在实践中的新探索。近年来，由于城市化步伐加快，农业生产、组织、经营方式发生市场化变革，农产品的商品化程度大幅提高并且伴随相对价值下降，城乡之间的隔离屏障松动，农民市场经济意识逐步增强，城乡之间的迁徙活跃，"三权分置"改革在这样的时代背景下应运而生。"三权分置"在城市化和农业现代化发展的过程中发挥着重要作用，能够解决由于农村人口进城务农导致的农用地荒废问题，推进城乡一体化，解放了人和地，满足了农民生存和发展的多层次需求，同时满足了市场经济体制下市场对资源配置的要求，有效解决农村劳动力过剩的问题。"三权分置"改革是基于实践发展的诉求而迎刃构建的一个破解流转窘境、化解权利冲突的顶层制度设计，这既是一个重大的理论创新，也是一次巨大的制度创新和政策飞跃，其改革和实践是国家意志和政府能力在农村的社会的生动体现，具有重构政府、市场、农民和现代化之间关系的深层含义，不仅会对我国农村的治理和阶层重构产生重大影响，还将理顺乡村社会关系和政治权利，进而牢固广大人民群众的社会认同，促进社会稳定（卢新海 等，2017）。

农地经营权的流转规模虽然逐步扩大，但其产权流动性和流转能力依然不足，受到法律悖论、交易边界、定价评估、抵押融资、实现形式等诸多因素的制约。土地经营权抵押权的实现可以采取《中华人民共和国物权法》规定的协议折价、协议拍卖、协议变卖、强制拍卖、强制变卖等方式，可以选择普通民事诉讼程序或者实现担保物权案件的特别程序，土地经营权的变价可以借助农村土地产权交易平台。农户以土地经营权设置抵押时，抵押权的实现可以采用强制管理的方式，不宜采用强制拍卖和强制变卖的方式。

农地经营权流转的效果并不确定。农地经营权流转的边际收益曲线的变动受农村要素市场联动叠加效应的影响，而边际成本曲线的变动则取决于交易费用和交易价格的叠加效应（林文声 等，2016）。钱忠好等（2016）通过实证分析农地流转对农民收入的影响得出，农地流转能够促进转入户和转出户的家庭收入增加。对于转入户来说，虽然农地流转不利于转入户工资性收入增加，但有利于经营性收入增加且增加效应大于减少效应，进而使得家庭总收入增加；对于转出户而言，农地流转对于家庭工资性收入、经营性收入和财产性收入均具有增加效应。付振奇、陈淑云（2017）通过对 1 025 个农户流转租金价格及满意度进行实证分析得出，我国土地流转普遍存在“农户个体收益的流转悖论”，无论组织是否参与土地流转过程，农户收益和心理预期都很难达到最优，组织干预虽然提升了土地流转的价格，但也使转入户流入成本上升，农户的满意度降低，降低土地流转效率，在土地流转过程中要尽量避免政府组织直接干预流转过程。

农地经营权的流转规模虽然逐步扩大，但其产权流动性和流转能力依然不足，受到地权“内圈关系”与“外圈关系”的双重约束。“内圈关系”主要是指“三个特定”限制、预期地租收益、交易边界、交易平台和成本、配套迂回装置的完备性、定价评估、市场定价机制缺失等内生制度的缺陷和不足；“外圈关系”则受到法律悖论、抵押融资、剩余劳动力转移、征地不可抗性、工商资本挤出效应等诸多城市外生环境和风险因素的制约。“两圈关系”的共同作用会严重束缚产权资产的定价能力和定价机制，进而影响土地经营权的流动性。

破解农地经营权流动性不足的路径需要在造成流动性障碍的“两圈关系”中不断规范农村要素资产市场。包括经营权的权属性质物权化和可抵押细则的出台；产权定价与土地租金的市场议价机制、经营权流动的有效组织结构和实现形式；社会化专业化配套服务体系的构建和完善等。

参考文献：

[1] 丰雷，蒋妍，叶剑平，等. 中国农村土地调整制度变迁中的农户态度［J］. 管理世界，2013（7）：44-58.

[2] 付振奇，陈淑云. 组织干预还是个体主导：对农户土地经营权流转行为效果的研究：基于1025个农户流转租金价格与满意度的分析［J］. 开放时代，2017（4）：177-190.

[3] 顾钰民，汪艳. 三权分置：中国特色社会主义农村集体土地产权模式的创新［J］. 学习与实践，2017（10）：41-48.

[4] 郭晓鸣. “三权分置”改革必须构建三大制度支撑［J］. 社会科学报，2016（4）：11.

[5] 黄季焜，冀县卿. 农地使用权确权与农户对农地的长期投资［J］. 管理世界，2012（9）：76-81.

[6] 李中. 农村土地流转与农民收入：基于湖南邵阳市跟踪调研数据的研究［J］. 经济地理，2013（5）：144-149.

[7] 林善浪，林炜，梁琳. 家庭生命周期对农户农地流转意愿的影响研究：基于福建省1570份调查问卷的实证分析［J］. 中国土地科学，2018（3）：68-73.

[8] 罗必良，林文声，邱泽元. 农地租约以及对象选择：来自农户问卷的证据［J］. 农业技术经济，2015（9）：9.

[9] 冒佩华，徐骥，贺小丹，周亚虹. 农地经营权流转与农民劳动生产率提高：理论与实证［J］. 经济研究，2015（11）：161-176.

[10] 钱忠好，王兴稳. 农地流转何以促进农户收入增加［J］. 中国农村经济，2016（10）：39-50.

[11] 钟涨宝，胡梦琪. 农户农地所有权认知及其对农地流转意愿的影响：基于湖北两县483个样本农户的实证研究［J］. 中南民族大学学报（人文社会科学版），2018（4）：100-105.

数字农业、资本有机构成与农村居民收入[①]

吴友群[②] 叶青杨[③] 曹欣宇[④]

摘 要：本文从政治经济学中资本有机构成的视角出发，构建数字农业发展影响农村居民收入和城乡收入差距的分析框架，运用多种计量模型分析数字农业发展对农村居民收入和城乡收入差距的影响效应和作用机制，最终得出以下结论：①根据基准回归结果和稳健性检验结果，数字农业发展会导致农村居民收入下降和城乡收入差距增加。②根据机制分析和中介效应检验，数字经农业通过降低农业资本有机构成，进而削弱农业资本有机构成的“创造效应”使得农村居民收入下降。分析有关原因之后，结合数字农业发展的时代必然性以及现状提出未来发展数字农业、提高农村居民收入以及缩小城乡收入差距的建议。

关键词：数字农业；资本有机构成；农村居民收入；乡村振兴

一、引言

中共中央、国务院办公厅于2019年发布了《数字乡村发展战略纲要》，把数字农业发展作为乡村发展的重要途径以及乡村振兴的战略方向[1]，这是由当前中国的农情以及经济发展的客观规律决定的，是为了提高农村居民收入、缩小城乡收入差距以及助推城乡融合发展进程而提出的，说明农村居民收入和城乡收入差距是需要聚焦的主题。而近年来随着信息技术的蓬勃发展，催生了大量新技术、新产业、新产品、新模式，推动了

① 基金项目：安徽省自然科学基金青年项目“长三角城市群房价分化的制造业空间集聚效应研究”（1808085MG218）；安徽省自然科学基金面上项目“新时代中国财政政策作用空间及其调控机制优化研究”（1908085MG231）；2019年度高校优秀青年人才支持计划“新时代完善我国财政政策调控机制研究”（gxyq2019024）；安徽省社科联2020年度攻关研究类课题“经济高质量发展视阈下长三角要素市场一体化建设的关键举措研究”（2020CX066）；安徽财经大学校级研究生科研创新基金项目“数字经济驱动区域一体化发展的异质性研究——基于三大城市群的比较分析”（ACYC2020217）。

② 吴友群，安徽财经大学副教授，博士。

③ 叶青杨，安徽财经大学经济学院硕士研究生。

④ 曹欣宇，安徽财经大学经济学院硕士研究生。

全球经济的深刻变革，使现实世界和数字世界之间的边界日渐模糊，可以称之为“第四次工业革命”[2]。从内涵上说，数字经济主要包括“数字产业化”和“产业数字化”[3]，说明数字经济存在强大的包容性和结合力，可以和各种产业相结合并且达到相互促进的作用。因此，农业的数字化或者说数字农业也就应运而生了。数字农业的定义中包括了随着数字化时代、信息化时代、网络化时代的发展以及新兴技术和工具在农业农村中的应用，农民所掌握信息技术技能不断提高，农村现代化信息设备不断更新，实现农业的集约化、规模化以及机械化生产，因而这是一个早就开始自发形成和发展的经济过程。在此背景下，数字农业对于农村居民收入有什么样的影响？存在怎样的作用路径？各个时期、各个地区有怎样的异质性或一致性？都是值得不断研究和挖掘的。

二、文献综述

（一）关于数字农业与乡村发展

在数字农业的影响效应方面，钟文晶等（2021）在肯定数字农业对经济效率有益的同时，指出数字技术对小农经营可能存在的“双刃剑”效应，深入分析了数字农业发展可能存在的种种问题[4]。王胜等（2021）认为虽然数字乡村要大力建设，但是要想数字乡村发挥预期作用还需要解决乡村资金缺、人才少、科技落后、政策滞后等问题[5]53。曾忆武等（2021）认为建设数字乡村要提高农民数字素养，发挥数字技术的赋能作用和外溢效应以激发乡村内生发展动力[6]。罗浚文等（2020）基于投影寻踪模型（GAPP）和随机前沿模型（SFA），得出我国农业数字化还处于早期阶段，且农业数字化有利于提升农业经济效益，但我国农业产出仍旧由劳动力支配且存在农村劳动力缺失问题等结论[7]。在数字农业的测度方面，张鸿等（2021）在乡村振兴背景下，构建了包括6个层级25个指标的数字农业发展评价指标体系[8]144。在数字乡村和数字农业对农村发展的作用机理方面，王胜等（2021）认为数字农业发展到一定程度会衍生出一个虚拟的数字乡村空间，这种空间具有匹配效应、协同效应、乘数效应、溢出效应以及公平效应，能够将传统小农业、小乡村存在的各种问题一一解决[5]49。

（二）关于资本有机构成

方达、郭研（2020）根据经验证据以及政治经济学理论研究了农村土地流转与农业资本有机构成共同作用于农村居民收入和城乡收入差距的影响效应和作用机理，从理论和实证上解释了资本有机构成影响农村居民收入存在创造效应和替代效应两种复杂的机制，而不是绝对的提升作用或者抑制作用[9]109。蒋南平、徐明（2019）梳理了关于资本有机构成内涵、计算、指标、核算、趋势等一系列主题的新进展，拓展了马克思中关于资本有机构成的理论，丰富了相关领域的理论基础[10]。孔祥智等（2018）根据马克思在资本论中对资本有机构成的定义，提出了一种兼具理论可依性和现实可行性的农业资本有机构成方法，并且在此基础上测度了1978—2016年全国的资本有机构成，深入探究了改革开放以来农业资本有机构成的变化趋势及其内在原因[11]。冉光和、郑久平

（2011）测算中国省际1978—2007年资本有机构成并利用计量模型证明较高的资本有机构成在当期具有缩小城乡收入差距的作用，但在中期将扩大城乡收入差距[12]。

（三）数字经济与资本有机构成关系

刘冠军、李鑫（2020）总结了学术界关于资本有机构成变化趋势所存在的争论，并在设计中国在数字经济时代资本有机构成的测度指标和方法的基础上，分析了我国总体上和三个产业中资本有机构成的变化趋势。“劳动生产率、资本技术构成与资本价值构成之间存在联系，人工智能技术的使用可以提高一个国家的劳动生产率，而劳动生产率的增长会对劳动力的需求减少，使资本技术构成提高，此时二者的变动是同一方向的；如果劳动生产率的提高是因为节约了生产资料，那么这会对资本技术构成的提高起到反作用。”[13]66胡莹（2020）认为数字经济时代的来临伴随着资本主义劳动过程中劳资关系的深刻变革，主要表现为社会总体劳动资料作用增强和单个劳动者活劳动作用减弱、劳动过程渗透到日常生活使得劳动和闲暇边界模糊以及数字革命导致的劳动力相对过剩和资本有机构成提高[14]。杨虎涛、冯鹏程（2019）基于马克思的相关理论和新熊彼特学派的技术—经济范式理论以及美国1944—2016年历史数据，认为人工智能时代不仅有提高资本有机构成的趋势，还存在阻碍其提高的反制力量[15]76。解勇（2019）认为技术进步对资本有机构成的影响需要分时期、分阶段去看，具体问题具体分析，因为其对不变资本和可变资本都有不同程度的影响[16]。

（四）文献述评

从以上的文献梳理中可以看出，发展数字农业具有时代必然性，但是数字农业在实际农业生产和农民生活中产生的影响是存在一些争议的，并且相关的实证研究还有所不足；资本有机构成方面，其对农村居民收入产生的作用也是多层次的，需要在实际经济活动中加以检验；而数字农业或者说技术进步作用于资本有机构成的效应也在不同的经济环境、发展阶段下不尽相同，有进一步研究的空间和价值。

本文可能的边际贡献在于：第一，本文借鉴现有文献，合理测度了中国31个省（自治区、直辖市）的数字农业发展水平。第二，本文实证检验了数字农业对农村居民收入以及城乡收入差距的影响效应，并且采用多种方法进行稳健性检验和内生性处理，保证结果的合理性。第三，本文创新采用政治经济学视角研究数字农业影响农村居民收入以及城乡收入差距的作用机制，深化了政治经济学的应用研究。

三、理论分析：基于农村资本有机构成视角

（一）数字农业对农村居民收入和城乡收入差距的影响效应

数字技术与产业的结合即“产业数字化”毋庸置疑是一种技术进步，根据经济增长的相关理论，技术进步必然有利于经济发展，但这种技术进步带来经济效益的速度是否有预期的快还有待商榷。特别是在农业这一产业方面，接受和适应技术进步的能力较

其他产业来说远远不足，如果生硬地将数字技术融入农业生产，可能会产生揠苗助长的效果。

相关学者研究过数字农业发展早期现状（梁斌 等，2020；钟文晶 等，2021；王胜 等，2021）：

第一，农村数字环境方面发展落后。

第二，农村数字化人才缺乏。

第三，农村地区政策体系不健全。

可以看出农村地区数字经济发展不足且远远落后于城市，这种数字农业发展现状可能引发以下问题：

第一，数字农业水平提升以及农村地区数字基础设施建设势需要更大的资金投入，这些资金投入要求财政支出向发展数字农业倾斜，可能会减少对农村地区其他方面如居民转移支付的财政投入，也可能会提高税收，这都会降低农村居民收入。

第二，现阶段数字化农业生产工具在农村使用成本较高，因为当前农村地区田亩并不集中，不能实现规模化生产，小面积使用数字机械所消耗的人力、物力成本高，而不使用数字机械人力、时间成本高并且当前农村地区存在劳动力不足问题，这些问题也会使得农村居民收入下降。

第三，数字农业发展导致周边地区相关工作技术含量提高，“数字鸿沟”使得一些农村劳动者失业，农村居民工资性收入降低，而城市地区掌握数字技术的居民反而会因此提高收入，城乡收入差距增大，并且部分情况下数字化机械代替农业劳动力导致的农业资本有机构成提升可能会引起农业部门利润率下降，由此带来农户收入下降。

因此，提出假设 1：数字农业发展会降低农村居民收入，加大城乡收入差距。

（二）数字农业与农业资本有机构成的关系

根据马克思主义政治经济学有关资本有机构成的理论以及新熊彼特学派的技术—经济范式理论（杨虎涛 等；2019）[15]，首先，由于数字农业发展还处于起步阶段，发展水平相对较低，其对劳动生产率的提高主要表现在部分生产资料的集约化，而农业生产活动对劳动力的需求并未缩减。其次，处于起步阶段的数字农业技术研发需要大量的资金和人员投入，对相关理论人才的需求还在增加，与此同时，数字农业发展以及技术进步还创造出了许多新兴岗位和工种，给部分农村居民和大量城市居民增加了工资性收入。最后，正如上文分析，大多数农村居民还未跟上农业技术进步的脚步，还没有享受到数字农业发展所带来的经济效益，由“数字鸿沟”所带来的负面影响不可忽视。

据此，提出假设 2：在数字农业发展初期，数字农业会降低农业资本有机构成。

（三）农业资本有机构成与农村居民收入的关系

有学者将农业资本有机构成对农村居民收入的影响分为“创造效应”和“替代效应”两类（方达 等，2020）[9]109。“创造效应”是指农业资本有机构成提升会增加居民收入：第一，农业资本有机构成提升可能伴随着农业的机械化、规模化生产，能够提高生产效率、增加农业产量，从而提高农村居民收入。第二，农业资本有机构成提升可能伴随着农产品市场的扩展和便捷化，降低交易成本，并且提升市场议价能力和经营能力，从而提高农村居民收入。第三，农业资本有机构成提升可能伴随着各类不变资本的提高，农业生产经营过程中融入商业资本、流通资本能够提升农产品附加值，从而提高农村居民收入。“替代效应”是指农业资本有机构成提升会降低居民收入：随着农业资本有机构成的提升到一定程度可能出现先进机械对农业劳动力的替代，使得农村居民收入下降；并且传统农业部门资本有机构成低于社会平均资本有机构成，农村资本有机构成提升可能伴随着城乡资本的自由流动，随着自由流动程度的深化可能导致农业部门平均利润率向社会平均利润率靠近，但是一些农村居民并不能跟上技术进步的脚步，其收入将低于已经跟上技术进步脚步的农村居民。根据上文分析，数字农业发展水平还未达到使农业资本有机构成产生“替代效应”的程度，因此本文主要考虑资本有机构成的“创造效应”。

综上，提出假设3：数字农业通过减少农业资本有机构成从而削弱农业资本有机构成的“创造效应”，使得农村居民收入减少。

四、变量说明与模型设计

（一）变量指标和数据来源

1. 被解释变量

本文主要是研究数字农业对农村居民收入的影响并探究其影响机制，而农村居民收入与城乡收入差距又息息相关。因此本文选取的被解释变量为农村居民可支配收入，记为inc，探究数字农业对农民收入的直接效应。进一步计算城乡居民人均可支配收入之比，记为inccr，研究数字农业对城乡收入差距的直接效应，并且可以将两种直接效应的结果进行比较以检验实证结果的稳健性。

2. 核心解释变量——数字农业发展的测度

参考张鸿等（2021）[8]144对数字农业高质量发展指标体系的构建，以及我国31个省（自治区、直辖市）统计数据的实际情况，兼顾代表性和可行性，构建了包括数字农业发展的环境资源、信息资源、人才资源、技术资源、生态效益等五个层面共16个指标，其中有13个正向指标和3个负向指标，将各指标数据利用面板熵值法测度得到数字农业发展指数，记为diagri。

3. 中介变量——资本有机构成测算

“我把由资本技术构成决定并且反映技术构成变化的资本价值构成，叫作资本的有机构成。”[18]707这是马克思在《资本论》第1卷中对资本有机构成的定义。具体说来，资本的有机构成是由使用的生产资料及使用这些生产资料的劳动量比率决定的生产资料和劳动力的价值比率。结合现有研究和数据的可得性，参考方达等（2020）[9]112的测度方法，用31个省（自治区、直辖市）的农业生产资料价格指数（P）代表不变资本C，而用农村居民人均可支配工资性收入（WI，单位：元）代替可变资本V。由于要进行比值计算，参考农业生产资料价格指数的计算方式，以上年指数为100进行折算，计算结果记为 cc，具体如公式（1）和（2）：

$$V_{it} = \frac{WI_{it}}{WI_{it-1}} \times 100 \tag{1}$$

$$cc_{it} = \frac{C}{V} = \frac{P_{it}}{V_{it}} \tag{2}$$

4. 控制变量

根据现有的研究以及经验证据，选取以下控制变量：①第二、三产业生产总值占地区生产总值比重（fnjj），用于衡量非农经济在当地的发展状况；②人均地区生产总值（pgdp）；③当地教育情况（edu），使用每十万人口高等学校平均在校人数作为教育的代理变量；④财政支农（czzn），表现为地方财政农林水事务支出；⑤农林牧渔业生产总值占地去生产总值比重（agri），用于衡量当地农林牧渔业发展状况；⑥第二、三产业生产总值与第一产业生产总值比（cyjg），将之作为当地产业结构的代理变量；⑦当地的城镇化率（urb），城镇化率采用城镇人口与年末常住人口数之比计算得到。

（二）研究方法与模型设计

1. 面板熵值法测算数字农业指数

熵值法作为一种常用的客观赋权方法，应用十分广泛。最开始熵值法仅能用于处理截面数据，参考杨丽、孙之淳（2015）[19]在研究中采用的改进的熵值法，使之能运用于面板数据。根据面板熵值法计算得到的数字农业发展各指标权重如表 1 最后一列所示。

表 1　数字农业发展指标体系

目标层	准则层	指标层	指标属性	权重
数字农业评价指标体系	数字农业环境资源	科学研究、技术服务和地质勘查业全社会固定资产投资/亿元	正向	0.103 22
		信息传输计算机服务和软件业全社会固定资产投资/亿元	正向	0.054 33
		交通运输、仓储和邮政业全社会固定资产投资/亿元	正向	0.043 97
		农业机械总动力/万千瓦	正向	0.067 87
		农村用电量/亿千瓦小时	正向	0.135 98
	数字农业信息资源	光缆线路长度/公里	正向	0.056 23
		移动电话交换机容量/万户	正向	0.040 92
	数字农业人才资源	地方财政教育支出/亿元	正向	0.043 81
		信息传输、软件和信息技术服务业城镇单位就业人员/万人	正向	0.103 06
	数字农业技术资源	电信业务总量/亿元	正向	0.095 17
		信息传输、计算机服务和软件业法人单位数/个	正向	0.097 46
	数字农业生态效益	有效灌溉面积/千公顷	正向	0.066 51
		农林牧渔业总产值/亿元	正向	0.053 57
		农用塑料薄膜使用量/吨	负向	0.011 52
		农药使用量/万吨	负向	0.016 79
		农用化肥施用折纯量/万吨	负向	0.009 6

2. 实证模型方案

根据上文理论分析部分提出的假设以及现有研究基础，通过两个部分进行实证检验：

（1）第一部分：通过建立模型研究数字农业对农村收入的影响

首先，可以通过对数字农业与农村居民收入取对数研究弹性变化并增加数据平滑性：

$$\text{lninc}_{it} = \beta_0 + \beta_1 \text{lndiagri}_{it} + \gamma \text{ln}X_{it} + u_i + \varepsilon_{it} \tag{3}$$

其次，可以通过对数字农业与城乡居民收入差距建立模型进行稳健性检验的同时进一步研究数字农业的现实作用：

$$\text{lninccr}_{it} = \alpha_0 + \alpha_1 \text{lndiagri}_{it} + \gamma \text{ln}X_{it} + u_i + \varepsilon_{it} \tag{4}$$

其中，inc_{it}、inccr_{it} 与上文相同，表示农村居民人均可支配收入与城乡居民收入两个被解释变量，diagri_{it} 为数字农业指数，X_{it} 表示控制变量组，i 和 t 分别表示地区和时间，u_i 表示地区效应，ε_{it} 为随机扰动项。

（2）第二部分：通过建立中介效应模型检验农业资本有机构成在数字经济影响农村收入模型中的作用：

首先利用逐步回归检验系数法检验模型是否存在中介效应，模型如下：

$$\text{lninc}_{it} = \beta \text{lndiagri}_{it} + \gamma \text{ln}X_{it} + u_i + \varepsilon_{it} \tag{5}$$

$$\text{lncc}_{it} = \rho \text{lndiagri}_{it} + \sigma \text{ln}X_{it} + u_i + \varepsilon_{it} \tag{6}$$

$$\text{lninc}_{it} = \tau \text{lndiagri}_{it} + \varphi \text{lncc}_{it} + \omega \text{ln}X_{it} + u_i + \varepsilon_{it} \tag{7}$$

其中，cc_{it} 为资本有机构成，作为中介变量，其余变量和前文相同。检验步骤如下：①若 β 显著不为 0，则可能存在中介效应，继续进行检验；②若 ρ、φ 都显著则存在中介效应；③若 τ 不显著，则为完全中介效应，显著则为部分中介效应，其中中介效应大小为 $\rho\varphi$，直接效应为 τ，总效应为 β，并且满足 $\beta = \tau + \rho\varphi$，即总效应为直接效应与间接效应的和。

其次，利用 Sobel-Goodman 检验再次验证模型中介效应，保证中介效应检验的稳健性。

Sobel-Goodman 检验模型与逐步回归检验系数法相同，其原假设 H_0：$\rho\varphi = 0$（不存在中介效应），其检验统计量为

$$z = \frac{\hat{a}\hat{b} - ab}{\hat{se}(\hat{a}\hat{b})} = \frac{\hat{a}\hat{b}}{\sqrt{\hat{a}^2\ \hat{se}\ (\hat{b})^2 + \hat{b}^2\ \hat{se}\ (\hat{a})^2}} \sim N(0,\ 1) \tag{8}$$

（三）数据来源和描述性统计

所使用的各变量数据均来源于国家统计局，需要说明的是，农业生产资料价格指数存在的部分缺失值用线性插值法插入，而农村居民人均可支配工资性收入的统计口径在 2013 年发生变化，但是并未影响到其数值大小。受限于部分数字农业指标数据只有 2012—2017 年，因此本文选取 2012—2017 年全国 31 个省（自治区、直辖市）的面板数据，得到省级层面样本 186 个，各变量描述性统计结果见表 2。

表 2　各变量数据描述性统计结果

变量名	样本数	均值	标准误	最小值	最大值
inc	186	11 282. 178	4 402. 014	4 506. 7	27 825
inccr	186	2. 678	0. 429	1. 845	3. 934
diagri	186	0. 22	0. 133	0. 044	0. 705
cc	186	0. 923	0. 093	0. 694	1. 282
fnjj	186	0. 906	0. 052	0. 749	0. 997
pgdp	186	48 960. 446	23 452. 368	19 394	137 596
edu	186	2 531. 403	793. 949	1 133	5 534
czzn	186	487. 949	224. 697	100. 98	1 023. 13
agri	186	0. 104	0. 054	0. 003	0. 251
cyjg	186	23. 437	47. 981	3. 079	296. 157
urb	186	0. 561	0. 131	0. 227	0. 896

五、实证检验结果

（一）基准回归结果

在进行基准回归之前，首先对各个变量进行平稳性检验，为了保证数据平稳性对所有变量进行了一阶差分处理。进行回归时，为了避免异方差对模型估计准确性的不利影响，对所有模型系数汇报稳健标准误下的估计结果。另外，为了初步验证农业资本有机构成是否在数字农业影响农民收入的模型中产生某种效应，笔者分别做了两次基准回归。第一次不引入农业资本有机构成的对数变量（$lncc_{it}$）；第二次引入对数变量，进而可以初步分析农业资本有机构成的作用，具体如表 3 和表 4 所示。

从表 3 的逐步回归结果中可以看出：第一，当下数字农业发展（diagri）对于农村居民收入提升具有负向作用，并且各阶段回归中其系数至少在 5%的水平上显著，这也验证了前文理论分析部分所提出的假设 1，这可能是由于数字农业发展还未成熟，没有形成规模化、机械化、集约化的农业生产，而且数字农业发展初期一些先进生产工具、数字信息工具和一些电子工具价格较为昂贵，导致农民收入下降。第二，随着控制变量的加入，数字农业指数的系数绝对值减小，其降低农村居民收入的效应减弱，这是因为数字农业的发展对于控制变量所代表的各类因素有提升效应，而这些因素对农村居民收入提升有促进效应，这就间接削弱了当前数字农业发展水平对农村居民收入的负向作用。

从表 4 的逐步回归结果中可以看出：第一，加入农业资本有机构成（cc）后，各阶段回归中数字农业的系数（diagri）依旧显著为负，再度支持了假设 1。但其绝对值明显下降，说明农业资本有机构成确实削弱了数字农业对农村居民收入的负向效应，或者说农业资本有机构成会分担一部分数字农业对农村居民收入的负向效应，这也初步验证了理论分析部分提出的假设3。第二，随着其余控制变量的加入，其系数依旧存在与表3相同的下降趋势，说明农业资本有机构成并未影响到数字农业与其余控制变量的交互效应，而只影响到数字农业与农村居民收入。第三，各阶段回归中农业资本有机构成（cc）的系数皆在1%的水平上显著为正，说明农业资本有机构成增加会显著提升农村居民收入。

表3 未加入农业资本有机构成时数字农业影响农村居民收入的回归结果

	(1) D. lninc	(2) D. lninc	(3) D. lninc	(4) D. lninc	(5) D. lninc	(6) D. lninc
D. lndiagri	−0.220** (0.083 3)	−0.165** (0.065 1)	−0.157*** (0.052 3)	−0.155*** (0.052 1)	−0.145*** (0.045 6)	−0.139*** (0.049 8)
D. lnfnjj		2.379*** (0.363)	2.789*** (0.426)	2.610*** (0.433)	2.815*** (0.502)	2.791*** (0.521)
D. lnpgdp			0.358** (0.151)	0.302* (0.151)	0.260* (0.145)	0.278** (0.126)
D. lnedu				0.217* (0.115)	0.218* (0.109)	0.222** (0.104)
D. lnczzn					−0.060 7* (0.030 2)	−0.060 2* (0.030 3)
D. lnagri						0.269 (0.762)
D. lncyjg						0.219 (0.681)
D. lnurb						−0.234 (0.506)
_cons	0.123*** (0.007 68)	0.116*** (0.006 10)	0.087 0*** (0.013 6)	0.087 4*** (0.012 4)	0.095 4*** (0.013 3)	0.099 3*** (0.017 7)
withinR^2	0.099 2	0.319 1	0.390 2	0.411 1	0.435 6	0.437 7
N	155	155	155	155	155	155

注：表中括号内报告的是稳健标准误，***、** 和 * 分别表示回归结果在1%、5%和10%的置信水平下通过显著性检验，表4同。

表4 加入农业资本有机构成后数字农业影响农村居民收入的回归结果

	(1) D. lninc	(2) D. lninc	(3) D. lninc	(4) D. lninc	(5) D. lninc	(6) D. lninc	(7) D. lninc
D. lndiagri	−0.220** (0.083 3)	−0.171** (0.078 3)	−0.120* (0.060 4)	−0.115** (0.049 3)	−0.114** (0.049 3)	−0.109** (0.043 5)	−0.093 9** (0.045 7)
D. lncc		0.073 8*** (0.024 8)	0.069 9*** (0.024 0)	0.064 8*** (0.022 5)	0.063 9*** (0.023 0)	0.059 3*** (0.021 3)	0.065 2*** (0.022 4)
D. lnfnjj			2.336*** (0.384)	2.721*** (0.446)	2.550*** (0.451)	2.719*** (0.495)	2.651*** (0.505)

表4(续)

	(1) D. lninc	(2) D. lninc	(3) D. lninc	(4) D. lninc	(5) D. lninc	(6) D. lninc	(7) D. lninc
D. lnpgdp				0. 333 ** (0. 144)	0. 280 * (0. 144)	0. 248 * (0. 144)	0. 301 ** (0. 119)
D. lnedu					0. 207 * (0. 119)	0. 209 * (0. 113)	0. 203 * (0. 104)
D. lnczzn						-0. 048 6 (0. 029 7)	-0. 047 3 (0. 028 8)
D. lnagri							0. 698 (0. 686)
D. lncyjg							0. 570 (0. 607)
D. lnurb							-0. 266 (0. 491)
_cons	0. 123 *** (0. 007 68)	0. 119 *** (0. 007 23)	0. 112 *** (0. 005 73)	0. 085 0 *** (0. 013 1)	0. 085 4 *** (0. 012 0)	0. 092 0 *** (0. 013 5)	0. 094 3 *** (0. 017 7)
withinR^2	0. 099 2	0. 176 8	0. 388 7	0. 449 8	0. 468 9	0. 484 3	0. 493 4
N	155	155	155	155	155	155	155

（二）稳健性检验与进一步研究城乡收入差距

除了农村居民收入，另一个需要关注的现实问题是城乡收入差距问题，缩小城乡收入差距也是乡村振兴战略和城乡融合发展所要实现的目标。如果数字农业对农村居民收入有显著的负向效应，那么其对城乡收入差距应该有显著的正向效应，否则其经济意义就会自相矛盾。由于前文已经初步验证了资本有机构成的影响效应，这部分将不再重复说明，因此，本文拟在表 3 回归的基础上将被解释变量替换为城乡收入差距的代理变量——城乡居民人均可支配收入之比（inccr），既可以进一步研究数字农业对城乡收入差距这一现实问题的影响效应，又可以检验上文的研究结果是否可靠。具体结果如表 5 所示。可以看出，各阶段的回归中数字农业的系数都显著为正，说明其对城乡收入差距扩大存在正向效应，并且其系数绝对量与表 3 的回归结果相差不大，这证明了上文基准回归结果的稳健性，截至 2017 年数字农业的发展确实会造成农村居民收入的降低，进而造成城乡收入差距扩大，不利于城乡融合发展。其余控制变量对城乡收入差距的影响方向和程度与表 3 也是一一对应的。

表 5　数字农业影响城乡收入差距的回归结果

	(1) D. lninccr	(2) D. lninccr	(3) D. lninccr	(4) D. lninccr	(5) D. lninccr	(6) D. lninccr
D. lndiagri	0. 224 ** (0. 095 4)	0. 171 ** (0. 081 3)	0. 164 ** (0. 075 4)	0. 162 ** (0. 076 0)	0. 147 ** (0. 067 2)	0. 141 * (0. 069 4)

表5(续)

	(1) D. lnincer	(2) D. lnincer	(3) D. lnincer	(4) D. lnincer	(5) D. lnincer	(6) D. lnincer
D. lnfnjj		-2.301*** (0.420)	-2.622*** (0.470)	-2.477*** (0.472)	-2.814*** (0.543)	-2.914*** (0.553)
D. lnpgdp			-0.280** (0.131)	-0.235* (0.130)	-0.166 (0.112)	-0.070 6 (0.119)
D. lnedu				-0.175* (0.101)	-0.177* (0.102)	-0.248** (0.093 0)
D. lnczzn					0.099 5*** (0.028 7)	0.097 7*** (0.027 9)
D. lnagri						0.596 (0.758)
D. lncyjg						0.461 (0.692)
D. lnurb						0.924* (0.456)
_cons	-0.041 6*** (0.008 79)	-0.034 3*** (0.007 54)	-0.011 8 (0.014 0)	-0.012 1 (0.013 3)	-0.025 2* (0.012 8)	-0.048 7*** (0.014 6)
withinR^2	0.078 8	0.237 1	0.270 4	0.280 9	0.331 5	0.353 4
N	155	155	155	155	155	155

六、机制分析

为了进一步验证数字农业通过农业资本有机构成影响农村居民收入的机理，本文拟参照 Baron 和 Kenny（1986）[20]关于检验中介效应的做法，构建数字农业、资本有机构成以及农村居民收入之间的中介效应模型，主要运用两种方法检验，确保结论的可靠性。

从表 6 的结果中可知：第一，模型（1）中的基准回归如上文所说明的那样，数字农业对农村居民收入有显著的负向效应，验证了假设 1；第二，模型（2）表示数字农业对于农村资本有机构成有显著的负向影响，验证了假设 2；第三，模型（3）说明农业资本有机构成对农村居民收入有显著的正向效应，并且模型（3）中数字农业的系数也显著为负，但其绝对值比模型（1）中系数绝对值小，这说明农业资本有机构成确实具有中介效应，直接效应为-0.093 9，中介效应为-0.044 86。这说明数字农业通过农业资本有机构成影响农村居民收入的路径是存在的，验证了假设 3。这可能是由于截至 2017 年，数字农业的发展还不够充分，只实现了农业生产资料的集约化，降低了农业生产资料的价格，但是未能实现农业生产的规模化、机械化，农业生产对劳动力的需求并未减少，再加上农村劳动力对新技术的学习能力较差，并且学习新的农业生产知识需要一定时间，导致数字农业发展作用于劳动力的效应有所延缓，不如数字农业发展影响农业生产资料迅速，因此数字农业发展会降低农业资本有机构成；而农业资本有机构成对农村居民收入有正向效应，因此数字农业降低农业资本有机构成会间接降低农村居民收入，也就是数字农业对农村居民收入的负向效应被分担了。为了保证机制检验的结果具有稳健性，本文进一步进行 sobel 检验，检验结果可知：Sobel 的伴随概率为 0.033 862 15，在5%的显著性水平上拒绝“无中介效应”的原假设，并且中介效应、直接效应和总效应的伴随概率几乎都小于 0.05，再次印证了模型存在显著的中介效应，且中介效应占比约为 30%。

表 6　中介效应逐步回归结果

	(1) D. lninc	(2) D. lncc	(3) D. lninc
D. lncc			0.065 2*** (0.022 4)
D. lndiagri	−0.139*** (0.049 8)	−0.688** (0.254)	−0.093 9** (0.045 7)
D. lnfnjj	2.791*** (0.521)	2.151 (1.348)	2.651*** (0.505)
D. lnpgdp	0.278** (0.126)	−0.341 (0.465)	0.301** (0.119)
D. lnedu	0.222** (0.104)	0.292 (0.428)	0.203* (0.104)
D. lnczzn	−0.060 2* (0.030 3)	−0.198 (0.185)	−0.047 3 (0.028 8)
D. lnagri	0.269 (0.762)	−6.580** (2.787)	0.698 (0.686)
D. lncyjg	0.219 (0.681)	−5.388** (2.431)	0.570 (0.607)
D. lnurb	−0.234 (0.506)	0.497 (2.819)	−0.266 (0.491)
Sobel 检验		−0.035** (0.016 5)	
_cons	0.099 3*** (0.017 7)	0.076 6 (0.067 3)	0.094 3*** (0.017 7)
withinR^2	0.437 7	0.134 7	0.493 4
N	155	155	155

七、结论与建议

（一）结论

本文将从政治经济学中资本有机构成的视角出发，构建数字农业影响农村居民收入和城乡收入差距的分析框架，测度2012—2017年中国数字农业发展早期31个省（自治区、直辖市）的数字农业发展指数，深入研究数字农业发展早期对农村居民收入以及城乡居民收入差距存在的影响效应，并结合马克思《资本论》中关于资本有机构成的论述以及现实数据的可得性计算农业资本有机构成，进一步发掘数字农业通过影响农业资本有机构成影响农村居民收入的作用机理，根据上文的理论和实证分析，得出以下结论：

第一，根据基准回归结果和稳健性检验结果，起步阶段数字农业发展会导致农村居民收入下降和城乡收入差距增加。

第二，根据机制分析和中介效应检验，数字经济通过降低农业资本有机构成，进而削弱农业资本有机构成的“创造效应”使得农村居民收入下降。

（二）建议

虽然当前数字农业发展有一些不利影响，但要用长远的眼光看待数字农业事业，这些不利影响都只是短暂的阵痛，一旦数字农业发展走上正轨，这些问题都将迎刃而解。因为数字农业是伴随数字经济时代来临自发且内生的农业产业数字化过程，正如马克思主义关于新事物发展趋势的说明，是曲折发展的“螺旋式上升过程”，当前数字农业发展带来的一系列问题都是由于数字农业发展还不够成熟，可以将其看作发展数字农业的前期投入。因此，有关政府和部门还是要继续重视数字农业发展，让数字农业慢慢发展至成熟，进而让更多农村居民享受到数字农业发展所带来的福利，例如提高农村居民收入，缩小城乡差距等。为此，笔者提出如下建议：

第一，加强农村地区的基础设施建设，尤其是数字基础设施以及交通基础设施一定要跟上时代发展的步伐。加大农村地区通信网络投入，加快向农村居民普及互联网应用的步伐。与此同时，引进更多的快递行业，设立更多的快递点，给农村居民生活带来更加便捷的体验，也能接触到更加新鲜的知识和先进的生产生活工具。

第二，加大农村地区数字化人才培养和引进力度，特别是吸引更多年轻人到农村发展。一方面，年轻人的加入可以缓解农村地区老龄化严重的问题。另一方面，年轻人对数字知识的掌握程度或者接受能力更高，能够有效解决农村地区“数字鸿沟”问题。

第三，扩大对数字化生产工具的应用，合理规划乡村土地，在集约化生产的基础上形成规模化、机械化生产，同时提高农村劳动力对数字化生产工具的接受能力和学习能力，以数字化生产工具解放农村劳动力，进而实现数字农业提高农业资本有机构成，以实现农村居民收入的提高，缩小城乡收入差距。

参考文献：

［1］中共中央办公厅 国务院办公厅. 数字乡村发展战略纲要. 中国政府网.（2019-05-16）［2019-05-19］. http://www.gov.cn/zhengce/2019-05/16/content_5392269. htm.

［2］FRANCISCO-JAVIER BRAÑA. A fourth industrial revolution? Digital transformation, labor and work organization: a view from Spain［J］. Journal of Industrial and Business Economics, 2019, 46（3）.

［3］中国信息通信研究院. 中国数字经济发展白皮书（2021）［R/OL］.（2021-04-23）［2021-06-17］. http://www.caict.ac.cn/kxyj/qwfb/bps/202104/P020210424737615413306.pdf.

［4］钟文晶，罗必良，谢琳. 数字农业发展的国际经验及其启示［J］. 改革，2021（5）：64-75.

［5］王胜，余娜，付锐. 数字乡村建设：作用机理、现实挑战与实施策略［J］. 改革，2021（4）：45-59.

［6］曾亿武，宋逸香，林夏珍，等. 中国数字乡村建设若干问题刍议［J］. 中国农村经济，2021（4）：21-35.

［7］罗浚文，李荣福，卢波. 数字经济、农业数字要素与赋能产值：基于 GAPP 和 SFA 的实证分析［J］. 农村经济，2020（6）：16-23.

［8］张鸿，王浩然，李哲. 乡村振兴背景下中国数字农业高质量发展水平测度：基于 2015—2019 年全国 31 个省市数据的分析［J］. 陕西师范大学学报（哲学社会科学版），2021，50（3）：141-154.

［9］方达，郭研. 农村土地流转、资本有机构成与城乡收入差距：基于马克思政治经济学的经验与实证证据［J］. 经济学家，2020（11）：107-115.

［10］蒋南平，徐明. 当代马克思主义资本有机构成理论的新进展［J］. 当代经济研究，2019（4）：5-12，113.

［11］孔祥智，张琛，张效榕. 要素禀赋变化与农业资本有机构成提高：对 1978 年以来中国农业发展路径的解释［J］. 管理世界，2018，34（10）：147-160.

［12］冉光和，郑久平. 资本有机构成与城乡收入差距［J］. 中央财经大学学报，2011（9）：58-62，74.

［13］刘冠军，李鑫. 资本有机构成变化趋势及其对就业的影响研究［J］. 中国特色社会主义研究，2020（Z1）：62-73.

［14］胡莹. 论数字经济时代资本主义劳动过程中的劳资关系［J］. 马克思主义研究，2020（6）：136-145.

［15］杨虎涛，冯鹏程. 技术—经济范式演进与资本有机构成变动：基于美国 1944—2016 年历史数据的分析［J］. 马克思主义研究，2019（6）：71-82.

［16］解勇. 新科技革命背景下生产资料优先增长规律［D］. 南京：南京财经大学，2019.

［17］梁斌，吕新，王冬海，等. 规模化数字农业农村发展趋势探讨：以新疆生产建设兵团为例［J］. 农业经济，2020（12）：36-38.

［18］马克思. 资本论：第 1 卷［M］. 北京：人民出版社，2004.

［19］杨丽，孙之淳. 基于熵值法的西部新型城镇化发展水平测评［J］. 经济问题，2015（3）：115-119.

［20］BARON R M, KENNY D A. The Moderator-Mediator Variable Distinction in Social Psychological Research: Conceptual, Strategic, and Statistical Considerations［J］. Journal of Personality and Social Psychology, 1986, 51: 1173-1182.

农村一、二、三产业融合：驱动因素与实现路径[①]

——乡村振兴战略视角的研究

李冬莲[②] 李练军[③] 刘滨[④] 谢元态[⑤]

摘　要：研究农村“三产融合”及其驱动因素和实现路径是实施乡村振兴战略的题中应有之义。本文在分析乡村振兴战略视角下的农村“三产融合”的内涵、内部分工结构和基本特点的基础上，重点论证了农村“三产融合”的驱动因素，即原生力——区位优势，引擎——市场需求，驱动力——技术进步，催化剂——基础设施建设，保障力——政府支持。最后从水平、垂直和交叉融合以及多种契约方式等角度对“三产融合”的实现路径进行探索，并为提高农民收益、推动农村和农业发展、助力“三产融合”提出相关的对策建议。

关键词：农村“三产融合”；驱动因素；实现路径

一、问题的提出

农业是我国国民经济的基础，农业、农村和农民的发展关系着国民经济的发展。同时，农业、农村和农民现代化对中国现代化也有着重要的影响，“三农”没有实现现代化，中国也就不可能实现全面现代化发展。2020 年是我国脱贫攻坚的收官之年，但这并不意味着脱贫攻坚工作的结束，也不意味着全国农村已经取得全面的良好发展，而是

---

① 基金项目：国家自然科学基金项目“‘城归’返乡创业与农村三产整合：内在逻辑、绩效评价与实现路径”（72063016）；教育部人文社科规划项目“乡村振兴战略下新农人创业成长路径与关键要素研究”（20YJA630032）。

② 李冬莲，江西农业大学经济管理学院硕士研究生。
③ 李练军，江西农业大学经济管理学院副教授。
④ 刘滨，江西农业大学“三农”问题研究中心教授、博士生导师。
⑤ 谢元态，江西农业大学经济管理学院教授。

表示乡村振兴工作应当继续全面推进，将“三农”工作重心进行有效转移。自 2015 年提出农村“三产融合”发展以来，每年的中央一号文件都对其有着相关的具体要求。在现实和政策双重背景之下，研究农村“三产融合”的驱动因素和实现路径，对推动农村“三产融合”的发展、提升农民收益和促进农村农业发展具有重要意义。

农村“三产融合”自提出以来，学者们就从多视角、多方位对其进行了研究：

对绩效评价的研究。对农村三产融合水平的研究，国内学者对其绩效评价和测量的成果比较丰富，如关浩杰侧重从五大发展理念角度进行研究[1]。李玲玲等和欧小琼则分别运用 DEA 法和层次分析法进行了分析和测算[2][3]。但在对农村三产融合水平的评价和测量方面的研究还尚不成熟，缺乏统一的评价和衡量标准。

对驱动因素的研究。Lei D T 认为农村三产融合的前提条件是形成了产业公地[4]。植草益则认为根源是技术进步和管制的放松[5]。李治和王东阳认为驱动因素包括技术和制度创新、市场需求扩大和农业多功能综合开发[6]。谭丹的论证很有新意，认为政策导向和管理“方向盘”、改革与创新“引擎”、资源要素流动和渠道建设“四轮”，构成其动力系统[7]。

对实现路径的研究。国外对于农村“三产融合”的实现路径研究，如 Jang W，Klein C. M. 主要体现在农业产业链和经营主体、农业多功能以及利益联结机制等多个方面[8]。国内学者如姜长云、梁树广和马中东、蒋淑玲[9-11]，根据相关数据和案例对在探索期如何推动农村产业融合发展提出了自己的看法，从而对相应的实现路径进行阐述和分析。

综上所述，国外学者在农村产业融合研究方面起步较早，对我国农村产业融合发展起到了借鉴作用，其中影响较为深刻的就是“六次产业化”理论。国内自农村产业融合提出以来，学者们对其的关注度也逐渐提高，目前对农村一、二、三产业融合的绩效评价研究还处在起步阶段，缺乏一套系统、完备的评价指标体系，在测量方面还没有较为有效和权威的测度方法；在农村一、二、三产业融合的驱动因素分析中，大多数学者从内因和外因两个角度进行分析，指出政策因素和创新因素起着主要的作用，但在主体方面的分析还有待加强；在如何更好地实现农村三产融合路径分析上，学者们都提出了较为系统的建议，但在可行性制度、微观具体的落地措施以及激发农民积极性的激励机制还有待完善。

因此，本文将在前人的研究基础上，对尚未完善的不足之处进行相应补充，基于前人理论对农村产业融合进行概念界定，分析乡村振兴战略视角下的农村“三产融合”的特点与意义，探讨农村三产融合的驱动因素，并据此探索出农村产业融合的实现路径，并得出相应的结论和建议，为农村产业融合发展提供借鉴和启示。

二、乡村振兴战略视角下的农村“三产融合”

（一）相关概念界定

乡村振兴战略。党的十九大报告将“乡村振兴”上升为国家战略。根据报告内容和专家解读，本文将乡村振兴战略理解为一项以乡村为主体，立足乡村经济、政治、生态、文化和社会，力求实现农村现代化、缩小城乡差距实现乡村全面发展的战略。

农村“三产融合”。Rosenberg 最先提出“三产融合”概念，但他侧重强调的是“技术融合”[12]。舒尔茨最早提出农村三大产业融合，并将其纳入发展中国家“二元”过渡理论[13]。今村奈良臣提出的“第六产业”概念，其要义是农业生产往第二、第三产业延伸，并融合成“生产→加工→销售→服务”的产业链[14]。姜长云从路径、表现和结果视角研究农村三产融合[9]。刘国斌、李博认为是农村三大产业相互融合渗透的过程[15]。

结合学界观点和农村发展实际，可以将农村“三产融合”界定为：一种由农业经营者借助新技术等条件使农村资源得到最优配置，从而实现产业链延伸、产业范围拓展和产业功能丰富的产业间交叉融合和渗透的过程。

（二）乡村振兴战略要求农村“三产融合”

“五位一体”总布局中的“产业兴旺”是促进乡村经济发展的表征，其需要通过促进农村“三产融合”发展衍生出更多新产业、新业态。乡村振兴战略将“五位一体”要求进行了具体展开，旨在解决农村发展不平衡不充分的问题，实现农村现代化和提高农村农业产业附加值，而农村产业融合作为落实乡村振兴战略的重要举措，可推动农户融入农业现代化体系之中。

乡村振兴战略强调要注重乡村崛起建设，以城助乡，实现城乡平衡发展，同时，也要重视“五位一体”的实现。减缓城乡差距的途径之一，就是工业反哺农业，但企业“利益最大化”的目标也意味着城镇的反哺功能有限，农村和农民并不会因此永久受益，而且，资本在农村的投入，农村资源并未得到充分利用、农副产品加工数量也是受企业利润高低的限制。因此，缩小差距，最主要的还是需要乡村自身的崛起，农村“三产融合”便是既有效又有力的措施，农村“三产融合”表现为延伸产业链、拓展农业功能和完善利益链，农村“三产融合”，既利用农村资源发展农村产业达到“产业兴旺”，也为农民增收增利实现“生活富裕”，同时，还能通过发展“生态农业”“绿色农业”保证“生态宜居”，在产业发展、生活富裕的环境之下，“乡风文明”和“治理有效”也能同步跟进。

（三）“三产融合”过程的产业间分工

马克思在《资本论》[16]中指出，随着分工的细化和深化，新行业不断出现，而当其发展到一定阶段，满足一定条件后，产业逐渐收敛，出现结合。分工使产业不断细分，产业数量也不断增加，同时，在这一发展过程中，分工界限不断模糊，一些已经分开的产业又会重新合并，出现一种合久必分、分久必合的现象。由此可以看出，产业融合并不是产业间做简单的加法，而是产业之间基于分工、产业间相互融合直至实现一体化从而形成新业态。

融合与分工并不矛盾，在农村“三产融合”问题中，产业分工理论起着基础性的作用，“三产融合”过程也体现着产业间的分工协作。当生产力不断发展、产业分工细化到一定程度，交叉产业便产生融合，而在融合过程中，又因各有所长出现产业间的分工。例如农产品的生产、加工和销售因为分工得到细化，形成不同的行业，而在细化的深化过程中，如果能将生产和销售结合起来，就能实现一、二、三产业的融合，形成供销一体化的新型业态，乡村旅游业的出现则是因产业融合而出现的产业间分工具体表现。

（四）农村“三产融合”的几个特点

农村“三产融合”是农业与其他产业相互融合的过程，它具有以农村为基地、以农业经营者为主体，以“产业公地”为基础，以技术、产品和业务融合为表现和以产业化为结果四个特点。具体表现为：

（1）各类农业经营主体以农村为基地。农村是产业振兴的主打战场，能否树立农村产业这面大旗，在于在此阶段中是否立足农村发展，益于农村，发挥主体的基础性力量。农村“三产融合”是因农而生、为农村发展提出的针对性措施，各类新型经营主体以农村为基地，全面发展农业规模经营，加快“三产融合”进程。

（2）以相互联系的“产业公地”为基础。“产业公地”即产业之间产生联系的共同点。例如，因为信息技术和互联网等共同的技术促使原来分工不同的产业进行融合，进入技术融合和产品融合阶段，从而衍生出新业态和新产业。农村“三产融合”也是同样的道理，需要进行融合，必须具备相同的或者产业之间可通用的技术，只有满足了这一条件，才能实现真正意义上的“三产融合”。

（3）以技术、产品和业务融合为表现。技术融合常出现在农村产业融合的初级阶段，在共同的技术基础下，让原本并无太大关联的生产与管理顺利达成合作协议，如农业与旅游业在信息技术的作用下形成休闲农业和乡村旅游等产业，随后实现产品和业务上的融合。

（4）以形成“三产”一体化为结果。农村“三产融合”在农业经营主体以“产业基地”为基础下实现技术、产品和业务融合，从而产生许多新兴产业和业态。农业生产活动规模化生产、生态旅游与农业生产、收获等相结合成一条全新且完整的产业链，进行产业化运作等的结果都是各种生产流通活动形成产业化、“三产”实现一体化。

（五）农村“三产融合”的重要意义

农村“三产融合”是一项系统且全面的政策，对乡村振兴具有重要意义。

（1）有助于乡村产业融合，提高现代化水平。农村“三产融合”通过延伸产业链，囊括农产品的生产、加工和销售等多个环节，保证农村产业的一体化运行和发展；通过对农产品的精细加工，如使用更精美的包装、生产绿色、健康新产品以及利用初级农产品生产药材等增加其附加值；通过将农业资源与生态环境进行有效结合，开发极具乡村劳作特色的劳动体验产品，形成了生态、文化和生活体验一体化的旅游业发展模式。乡村全面建设将以产业的发展为前提，如果产业取得良好发展，乡村的交通和其他基础设施也能与之同步提升，农村的整体水平都能上一个台阶，现代化水平也能因此提高。

（2）有助于城乡协调发展，提升广大农民获得感。城乡发展不平衡的主要原因是因为乡村发展缓慢，经济等各项指标水平落后，农产品价格波动大，农民的实际收益极低；而城市则依靠工业的蓬勃发展日益繁荣，二者对比之下，差距越拉越大。农村“三产融合”的开展，将有助于平衡城乡发展，提升农民获得感。农村“三产融合”主要内容为产业链延伸，带动产业发展，产业范围和产业功能得到拓展。与此同时，就业岗位数量增加，农民劳动力需求扩大，农民收入渠道拓宽，随之而来的便是农民收入提高、生活水平改善，实现生活富裕。

（3）有助于保护乡村生态，优化农村生产生活环境。绿水青山是最宝贵的金山银山，但是有些乡村为了创造更高的经济效益，不顾生态环境的污染和破坏。而且，农村居民由于缺乏对生态文明的认知和生态环境保护意识，环保观念淡薄，农药、化肥用量过度，生活垃圾未能得到正确处理，乱砍滥伐现象频现，如此等等现象和行为，都在摧残着农村生态。我们应该认识到，在发展乡村经济的同时，要注重乡村原始生态的维持和保护，同时，也要培养村民的环保意识。基于此，农村“三产融合”的提出和推进，则有助于保护乡村生态，优化农村环境。农村“三产融合”，并不是产业与产业简单的合并，而是基于效率和质量的原则及发挥农村经济功能经济也注重生态功能，选择绿色生态的发展方式建立农村产业，并就地取材，利用农村绿色资源发展农村生态农业、休闲农业；通过农村产业的发展，随之而来的必然是对员工的培训，农民的素质不断提高，生态环保意识增强，乡村生态也能因此得到优化和保护。

（4）有助于传承乡村文化，繁荣农村文化生活。乡村文化独具特色，但农村居民为了生活水平的提高，只顾“向前看”，忽视了乡村文化的建设，精神文化生活甚至出现倒退的现象。农村“三产融合”鼓励农村发挥当地优势，尤其是鼓励利用当地优秀的文化资源发展文化产业、旅游产业，这将让当地村干部和农民重新重视农村的传统文化、重塑农村文化观念和审美观念，推崇传统道德，弘扬农村特色风俗文化，既利用乡村文化发展了农村产业，也对乡村文化进行传承，促进乡村文化发展，繁荣农村文化生活。

（5）有助于优化乡村治理，稳定社会大局。乡村振兴离不开良好的乡村治理，但是农村村民参与基层治理程度不足，基层领导班子结构有待优化，民主意识较为薄弱，容易忽略村民意见、忽视村民的民主权利而自主决策村中事务。农村“三产融合”发展则有多种发展模式，农村产业的发展能吸引有才干、有经验者进入农村，乡村治理领导班子备选人员数量增加，领导队伍质量得到提升，而且在农村“三产融合”的推动下，乡村治理水平提高，治理格局更为有序，农村乃至全社会都能和谐稳定发展。

三、农村“三产融合”的驱动因素

（一）原生力——区位优势

一个农村所处的地理位置意味着它所具备的原始资源禀赋和历史文化底蕴等要素的丰富度，而这又将影响着当地农村“三产融合”发展的方向。土地平整度影响着农业生产规模扩大的难易程度，地理位置则影响着引进资金和技术的便利性。比如，交通便利的发达地区更易于吸引外资投入，新技术也能更容易地传进来，因此，便能驱动该类地区以资金密集型和技术密集型“三产融合”模式为主，利用资金和技术等禀赋发展设施农业、高技术农业、信息农业和农产品精深加工业等；欠发达地区则拥有较为丰富的森林资源和土地资源，可以依傍本地特色资源、生态绿色优势采取特色资源开发模式，发展休闲观光农业、生态农业、生态旅游和文化旅游等服务业以及农产品初级加工业。区位优势为农村“三产融合”奠定了极具地方特色的物质基础，激活农村生产要素，让区位优势作为原生力带动着农村“三产融合”的发展。

（二）牵引力——市场需求

有需求才有供给，所以市场需求承担着农村“三产融合”牵引力的重要角色。随着社会的发展，消费者的消费偏好和观念也随之改变，对农产品也表现出更高品质、多元化的需求，例如，消费者已从注重产品的量转变为重视产品的质，现在人们更倾向于选择绿色、生态食品，对“土家”产品表现出极高的热情，对于农业产品的体验需求也不断提升，同时，对包装精美的产品更为青睐。这些需求的转变促进农村“三产融合”的发展，要求农业不仅要打造自身特色农业品牌，发展休闲体验农业、旅游业等产业，还要根据市场需求与二、三产业相融合，生产出更符合市场需求的产品；根据市场需求形成新业态，为农村青壮年劳动力提供了就业、创业机会，对农村人员结构和农村产业结构都起到了优化作用。

（三）驱动力——技术进步

今年来我国技术不断进步创新，信息技术和生物技术等在农村“三产融合”发展上起着驱动力的作用。一方面，技术的创新和发明是产业融合的驱动力，为农业产业发展提供了更多的可能，通过技术助推农业与其他产业相融合，借助技术创新丰富农业功能和体系；另一方面，科学技术的发展也是产业分工精细化的驱动力，随着技术的不断更新，农业产业的经营组织形式也随之创新，凭借新技术与其他经营组织形式互相合作，进而助推农业产业与其他产业的融合。例如，机械自动化耕种不仅提高了农业生产效率、形成规模耕种模式，还将工业与农业相结合，形成农业科技。农户利用互联网等信息网络技术将农产品推向世界、销往世界各地，丰富农产品销售渠道，赣南脐橙便是典型代表。运用信息技术促进商品流通，也是农业与技术产业融合的突出表现，技术进步为产品提供质量保证，是农村“三产融合”的驱动力，助推农业与其他产业之间的融合，延伸产业链。

（四）催化剂——基础设施建设

基础设施建设有利于构建标准化、规模化和机械自动化以及品牌化生产方式，为农村“三产融合”发展提供物质条件支持，加速“三产融合”发展。改善乡村交通、水电供应和网络信息等基础设施建设情况，保障农村居民基本生活的正常运行，打通农村与城镇的“毛细血管”，加快交通运输速度、信息传播速度和产品流通速度；建设与农村“三产融合”相对接的基本配套设施和服务平台，设立农业生产资料和农产品专用基地和品牌设计基地以及农产品电商服务平台，为农业的生产、储存和销售流通提供基础设施保障；建立农业人才、农民创新创业和技术指导培训中心，为农村“三产融合”所需人才补充农业知识营养、提供创业条件；完备农村景点参观设施，修建景点观光道路、游客停车场以及公共厕所等基础建设，为农村发展休闲农业和乡村旅游提供高质量基础设施条件，让农村“三产融合”发展再上台阶。

（五）保障力——政府支持

政府部门通过制定政策法规为农业与其他产业的融合提供保障，如提出农村土地流转制度保证土地这一生产要素能根据市场需求进行资源配置，通过整合重组，优化土地分布和面积，便于机械化、规模化生产，提高农业生产经济效益；出台相关政策给在农业方面的创业者以保障，支持现代化服务业发展。“三产融合”不仅需要发挥农村内部的资金和人才等资源禀赋以及制度支持，还需要外部投入以补充后劲。因此，政府不仅在制度方面对农村“三产融合”发挥着保障力的作用，财政上的支持也同等重要，农村“三产融合”的发展需要大量的资金投入，农民的投入只能是冰山一角，而资本的引入也受时间和区位因素等的影响。因此，在农村“三产融合”发展阶段，政府的财政支持起着尤为重要的作用，创新金融信贷管理机制和农村产权交易形式，积极开发农业金融产品，为农业发展提供资金和基金担保。

四、农村“三产融合”的实现路径

农村“三产融合”的实现需要规划可行路径，通过对产业链与价值链的水平、垂直和交叉融合、利益链的多种契约方式进行选择，以丰富“三产融合”的实现路径。

（一）进行水平融合，延伸农业产业链

产销一体化，地产地销，延长产业链，将农业生产产前、产中和产后相结合，补齐产业链断点，形成“一条龙”式生产，形成产销一体化路径。为此，农业相关部门产前对新品种进行研发和试验，提供优质的农产品种子、所需化肥和农药等农资，并且开发新型耕作种养模式，降低农产品的病害率，提高农产品成活率，为农业生产创造高质量起步；农业经营主体在产中将原料生产基地按照标准化、专业化和规模化原则进行建设和维护，并根据一定配比进行生产活动，确保产品价值提升；农产品加工处理部门产后设立农产品初加工、精细加工以及精美包装和“双线”先上线下宣传销售等环节和部门。

进行水平融合，实际上就是延伸农业产业链。在生产→加工→流通链条中，将农业生产与农产品加工业以及产品服务、销售业融合，实现“地产地销”和“地产地消”，打造从农田到餐桌等模式，缩减中间环节，降低企业生产成本，保持农产品和服务的“土味”，让消费者在农村不仅能直接看到产品的生产和加工过程，还能参与到农产品的生产、加工过程当中，并且体验和购买农产品，开发农业新功能。

（二）进行垂直融合，提升农业价值链

提升农业价值链，开发农业新功能和多重价值，保护农村自然资源和历史文化底蕴，优化产业结构。不仅要激发“衣食”农业的基本价值，还要通过农业与其他产业融合的发展带活农业的生态价值和文化价值，借助“三产融合”推动农村生态绿色发展，同时利用农村多山多树的自然资源优势发掘农村生态价值从而发展旅游观光和休闲度假产业；发掘农村潜在文化并利用其价值发展文化产业，并通过公众的参与传播乡村文化。

深化产业体系。将农业与其他产业进行垂直融合，形成新型业态，提高农业产业附加值。比如，将农业与机械业相结合，形成机械化、规模化耕作农业，在扩大生产规模的同时增进农村基础设施建设，构建现代化农村体系；农业与其他产业相结合，推动“农家乐”等体验农业发展，既实现农村产业发展，丰富消费方式，也能起到保护农村生态的作用。

（三）进行交叉融合，拓展产业——价值链

在产业链延伸的同时提升价值链。利用产业链的延伸促进价值链的提升，通过前后延伸产业链，扩展价值来源，在发展农村产业之时，以提升产品价值为目标，提升农产品附加值。同时，在价值链不断深化之时，也寻找产业链得以延长的途径和方式，二者同步发展。因地制宜，在交通便利、面积宽阔地区，以水平融合为主，兴建产业园，形成完整的“三产融合”产业链；在特色明显地区，以垂直融合为主，在水平延伸产业链的同时进行垂直融合，进行交叉融合，实现产业多元化发展，提高农业产业生产力。不仅发挥农产品的初级产品使用价值，还要发展精细加工业，将初级农产品加工，生产果汁、药材等加工产品，并对其进行包装，设计成精美产品，吸引更多消费者的注意和购买。紧跟科技发展脚步，创建农产品电商等平台，带领农产品进入网络，让农产品成为“网红”，通过网络走出村门、走向世界。同时，发掘农业新功能，发展综合性农业。

（四）建立契约机制，完善农业利益链

完善利益联结机制，建立从利益创造产生到利益享用，从农户到政府、企业和中介组织的复合链条，首先，通过政府推动农户在农村创业就业，直接增加农民收入。其次，推动企业与农户合作发展，由企业带动经营主体创收增收，增加就业机会，提高农民参与度，从而间接增加农民收益。以农民为主要受益者，以农村为利益和利润“蓄水池”，将“三产融合”的成果留在农村，惠及农民。最后，建立保障机制，与农民共同承担因气候等因素所引发的农业风险和市场风险，降低农户损失。完善农业的利益链，可以有多种契约方式选择：

一是大户农业和农场农业形成的契约方式。农业大户和农场主通过与超市、商场和食品加工公司等大型卖场和企业签订订单，按时按量地生产订单所需的产品，为农产品的销售提供渠道保障，同时也能规避因价格波动给农户造成的风险；同时，还能降低农

户销售的“脚底成本”，省去中间环节，增加农户的收入。另外，相关企业还可对农民进行职业教育，增强农民农业生产力和管理经营水平，提升农民整体素质，为所需产品提供质量保障，也能推动大户农业和农场农业的形成、扩大和发展。

二是村集体与农户进行合作的契约方式。这种契约方式下，村集体提供技术和优质品种、化肥和农药等生产资料，农户提供劳动，双方协作进行，形成合作农业，打造特色农业品牌，同时，村集体还可以利用组织优势对农产品进行宣传，提高农产品销售数量。

三是“产学研一条龙”合作的契约方式。加强农村、企业与学校的合作：①利用高校的研发能力，将高校研究的新品种和新技术在农村“落地”，应用新品种提高农产品质量，运用新技术提高生产力；②发挥高校的教学职能，通过在高校建立“农学”辅导班和实验班，对新品种的种植和培育等流程进行技能培训和指导，确保新品种的成功“落地”，对农业企业管理者进行培训，提升管理层的管理能力；③发挥企业的带头作用，引进外资，推动城乡合作发展，吸引企业参与农业产业振兴，加强企业与学校的合作，建立企业农业。

以大户农业、农场农业和合作农业以及企业农业形成的三种契约方式为主，鼓励市场经营主体与农户合作丰富契约方式，如“主导产业+农户”“公司+基地+农户”“专业市场+农户”等，最优化配置农村生产要素，完善“商品—要素”“分成—定额”两组利益链机制。

五、政策建议

通过农村“三产融合”助力乡村振兴，目前仍存在农业根基不牢、主体单一、内在动力不足、产业聚集规模偏小、融合机制不灵、“复合”人才缺乏、创新激励政策不完善、乡村生态保护度不高等问题。为此笔者提出以下政策建议：

第一，要“以农为本”，筑牢农业根基。农业是“三产融合”的基础性产业，农村依农而立、以农为生。所以，要筑牢农业基石，发挥农村独特的区位优势，利用区位优势生产特色产品，唱响“农字号”“土字号”。完善基础设施建设，改善农村基建条件，为农业的发展提供基础保障，从基础建设入手，扩大道路、改善路况；点亮农村、提高宽带覆盖率；修建村民活动广场和文化场馆，丰富群众生活，提升村民文化气质，实现从村容村貌到人文气息的改善与升华，筑牢农业根基。并据此延伸产业链，在农业的基础之上发展第二、第三产业。

第二，要尊重多元主体，促进“三产融合”。不仅要发挥政府的主导作用，也要重视农户和农业企业的主体作用。在政府的主导之下，引导农业经营主体利用当地特色资源进行优化布局，及时了解市场需求并根据市场需求调整生产计划，在市场需求引擎的作用下，提升农产品附加值，做到有规划、有计划、有特色地融合。发挥多元主体作用，丰富农村“三产融合”的契约方式，以主体力量带动“三产融合”。推动土地流转，平整土地，扩大生产规模，发展规模经济。根据农村实际调整、完善融合机制，保证“三产融合”在机制的引领下发展。

第三，要注重人才培育，完善“复合”人才体系。三产融合得以正常进行，离不开主体的参与，而多样和个性化的主体也需要满足一定的质量条件，产业振兴和产业融合都需要“全才”，利用政策吸引和产业发展引进复合型人才，为农村发展多种产业增添“人气”从而保证“财气”和“村气”更充足、更饱满。从德智体美劳等多方面制定培养方案，通过政府、合作社与高校联合，开办农技培训班，对农村干部班子、经营主体和其他农业从业人员进行指导和培训，提升人员素质，增长农业经营知识和农业机械操作技能，促进农业规模化经营。通过构建“复合”人才体系，为“三产”融合提供人才基础。

第四，坚持创新引领，健全相关制度。坚持技术创新和技术人才培育，完善科技创新政策体系，保障农村技术的可行性和可靠性，为三产融合提供坚实的技术基础；完善技术创新政策，健全创新制度，通过制度规范技术创新行为，在政策的保障下促进技术创新，为农业技术提供强有力的支持，同时也起到推动技术创新的作用，通过技术的创新衍生更多新型农业产业；健全创新激励机制，鼓励技术发明和创新，以更先进的技术丰富融合模式、推动“产业融合”和产业规模化，促进农业生产朝高效、高质方向发展，以创新引领“融合”。

第五，坚持绿色发展，三产与生态交融。不仅重生存，也要重生态，护绿增绿，加大生态保护力度。以绿色理念贯穿三产融合过程，不论是农业、工业还是服务业，都要将生态放在重要位置。在农业生产中，坚持绿色利用，畜禽粪便绿色处理并进行循环利用，实现种养结合；在加工业中，“三废”进行绿色处理和排放，保护乡村的蓝天；在旅游等服务业中，加强环保意识宣传，避免游客乱丢乱放，破坏乡村美观。加强宣传和引导，增强农户生态风险防范意识和环境保护意识，在保护农村绿色的同时鼓励农户多种树植绿，增添农村绿色，从人出发，提升乡村文明程度，促进旅游农业和休闲农业的发展；增建农村垃圾处理点，添置污水净化器，保护农村生态能力，在发展产业的同时，提升生态保护系统，既实现产业现代化，也实现生态保护现代化。

参考文献：

［1］关浩杰. 农村产业融合发展综合评价指标体系如何构建［J］. 人民论坛，2016（20）：52-54.

［2］李玲玲，杨坤，杨建利. 我国农村产业融合发展的效率评价［J］. 中国农业资源与区划，2018，39（10）：78-85.

［3］欧小琼. 重庆市农村一二三产业融合水平评价与发展研究［D］. 重庆：重庆工商大学，2020.

［4］T-LEI DAVID. Industry evolution and competence development：the imperatives of technological convergence［J］. Int. J. of Technology Management，2000，19（7/8）.

［5］植草益. 信息通讯业的产业融合［J］. 中国工业经济，2001（2）：24-27.

［6］李治，王东阳. 交易成本视角下农村一二三产业融合发展问题研究［J］. 中州学刊，2017（9）：54-59.

［7］谭丹. 构建农村三产融合的动力系统［J］. 人民论坛，2019（24）：146-147.

［8］JANG WOOSEUNG，CERRY M-KLEIN. Supply chain models for small agricultural enterprises［J］. Annals of Operations Research，2011，190（1）.

[9] 姜长云. 推进农村一二三产业融合发展新题应有新解法［J］. 中国发展观察，2015（2）：18-22.

［10］梁树广，马中东. 农业产业融合的关联度、路径与效应分析［J］. 经济体制改革，2017（6）：79-84.

［11］蒋淑玲. 湖南农村一二三产业融合发展的影响因素及发展对策研究［J］. 经济师，2019（8）：31-32.

［12］ROSENBERG NATHAN. Technological Change in the Machine Tool Industry，1840—1910［J］. The Journal of Economic History，1963，23（4）.

［13］舒尔茨. 改造传统农业［M］. 北京：商务印书馆，1999.

［14］今村奈良臣. 把六次产业的创造力作为21世纪农业产业［J］. 月刊地域制作，1996（1）：89.

［15］刘国斌，李博. 农村一二三产业融合发展研究：理论基础、现实依据、作用机制及实现路径［J］. 治理现代化研究，2019（4）：39-46.

［16］马克思. 资本论：第1卷［M］. 北京：人民出版社，2004.

乡村振兴下的皖北地区特色旅游小镇发展研究

赵茂林①　刘素钰②

摘　要： 特色小镇是作为“小城镇”建设的延续和发展，成为“城乡一体化”发展的重要节点。特色旅游小镇是乡村旅游发展的重要模式之一，对促进“三农”问题的解决，增加农民就近创业就业的机会，提高农民收入，建设美丽乡村，最终实现乡村振兴起着举足轻重的作用。皖北地区特色旅游小镇发展的制约因素及面临的主要问题在于：经营模式单一，文化挖掘层次较浅；发展基础较为薄弱，产业产品尚未紧密关联；文化特色的精髓体现不足，有待于深入挖掘。通过分析，形成了如下的皖北地区特色旅游小镇发展思路和对策：第一，充分发挥最具有比较优势的资源，走特色化发展道路；第二，让休闲旅游与小城镇特色产业、产品实现紧密关联；第三，深入挖掘、充分吸收传统文化，开创文旅结合的发展皖北特色旅游小镇的新思路；第四，积极探索“互联网+旅游”的新模式。

关键词： 特色小镇；特色化道路；产业链；传统文化

一、特色小镇产生的背景

特色小镇概念最早产生于2014年的浙江省云栖小镇。在2016年的《中华人民共和国国民经济和社会发展第十三个五年规划纲要》提出：“加快发展中小城市和特色镇……因地制宜发展特色鲜明、产城融合、充满魅力的小城镇”[1]。全国各地就兴起了特色小镇的建设热潮。以浙江省云栖小镇为代表，在国家政策的支持下，特色小镇在全国范围内快速发展。在此之前，国家倡导的是新型城镇化战略，小城镇的发展也是热点，特色小镇是“小城镇”建设的继续和发展，它也成为“城乡一体化”发展的继续

① 赵茂林，安徽财经大学经济学院教授、硕士生导师。
② 刘素钰，安徽财经大学经济学院硕士研究生。

和重要发展节点[2]。特色小镇是指有在一定区域内形成旅游资源的聚集，形成涵盖休闲度假旅游、商贸物流流通、现代生产制造、教育科技聚集、传统文化发展、美丽乡村宜居等特色的小镇[3]。

在党的十九大报告中提出了实施乡村振兴战略，党的十九大报告指出："农业农村农民问题是关系国计民生的根本性问题，必须始终把解决好'三农'问题作为全党工作重中之重。要坚持农业农村优先发展，按照产业兴旺、生态宜居、乡风文明、治理有效、生活富裕的总要求，建立健全城乡融合发展体制机制和政策体系，加快推进农业农村现代化。"[4]在新的历史时期，人民群众的精神文化需求越来越多样化、个性化、和品质化，这也间接地推动了我国旅游产业的发展，旅游产业越来越成为国民经济体系中重要的产业之一。在乡村振兴战略背景下，乡村旅游作为融合各个产业发展的"黏合剂"，农耕文化与加工业、体育、旅游的融合发展将有效地整合农业、工业、服务业等各个产业的资源，进一步提高各个产业的品质，并推动各个产业的内涵式发展。而特色旅游小镇就成为乡村旅游发展的重要模式之一，对促进"三农"问题的解决，加强农业基础产业发展，拉长产业链条，一方面增加农民就近创业、就业的机会，另一方面达到提高农民收入，建设美丽乡村，最终实现乡村振兴具有非常重要的作用。本文就皖北地区特色旅游小镇发展的制约因素及面临的问题、探索进一步发展的思路和对策。

二、特色小镇相关文献综述

（一）特色小镇的概念与特点

在对特色小镇进行研究之前，我们需要明白到底何为特色小镇。实际上，特色小镇的提法源自早期的小城镇战略。费孝通（1996）早年就提出小城镇是一种新型的处于城市和乡村之间的过渡性社区，它经过了人民公社时期的结束、中国农村工业化、农村城市化三个阶段的发展，虽然并没有完成城市化的进程但基本已脱离了乡村社区的性质[5]。1998 年中共中央《关于农业和农村中若干重大问题的决定》提出小城镇的发展战略并开始在全国推广，在小城镇战略发展的基础上特色小镇逐渐应运而生。王博雅等（2020）指出中国特色小镇概念的演进也经历了三个阶段，即以特色小镇之名发展的传统意义上的小城镇、与行政意义上的建制镇区分开以浙江为代表的特色小镇、在 1～3 平方公里内生产生活生态空间相融合且特色产业聚集的特色小镇三个阶段[6]。

浙江省对特色小镇的实践始终走在全国前列，现阶段我们所建设的特色小镇便是在 2014 年杭州的云栖大会上第一次被提及的概念，2015 年浙江省颁布的《浙江省人民政府关于加快特色小镇规划建设的指导意见》首次提出浙江省特色小镇的概念，即"相对独立于市区，具有明确产业定位、文化内涵、旅游和一定社区功能的发展空间平台，区别于行政区划单元和产业园区"[7]。在此基础上，2016 年国家发改委在《中华人民共和国国民经济和社会发展第十三个五年规划纲要》提出建设"具有特色鲜明的产业形态、和谐宜居的美丽环境、彰显特色的传统文化、便捷完善的设施服务、充满活力的体制机制的特色小镇"[1]。之后便掀起了全国特色小镇建设与研究的热潮，众多学者从不同角度对特色小镇的特点做了阐释。盛世豪等（2016）指出特色小镇就是一种产业组织形式，是推进供给侧改革的重要实践[8]。周晓虹（2017）认为特色小镇是以区域性空间再造和增长要素集聚为主要特征的城市化模式[9]。卫龙宝等（2016）认为特色小镇是区域经济发展的新动力和创新载体，将其的特征总结为产业"特而强"、功能"有机合"、形态"小而美"、机制"新而活"四点[2]。

（二）特色小镇与乡村振兴的内在联系

继党的十九大报告提出乡村振兴战略之后，习近平总书记在十九届五中全会的讲话中又再次强调乡村振兴的重要性，要想实现奋斗目标就要"优先发展农业农村，全面推进乡村振兴"[10]。而特色小镇作为城乡一体化发展的重要节点，与乡村振兴之间存在密切的内在联系。姚尚建（2016）指出随着城市化进程加快，乡村与城市问题与矛盾凸显，设立兼顾产业与生态的特色小镇，有助于解决游离于城市体系之外的城镇的身份冲突，成为疏解城市功能，促进城乡一体化，推动乡村振兴战略发展的重要政策方案[11]。王天宇（2020）认为乡村振兴与特色小镇建设、中小企业发展三者之间存在良性互动，特色小镇的建设对聚焦产业、转移农村剩余劳动力及提高中小企业发展水平起到重要作用，是实现农业农村现代化与工业化、城市化的良性互动，进而促进乡村振兴发展的有效载体[12]。宋宏（2019）、熊正贤（2019）和侯燚（2020）分别强调了特色小镇的可持续发展是实现乡村振兴战略目标的重要保障，是乡村振兴战略中镇村联动发展的重要引擎，是为乡村旅游新的增长极，也是实现乡村振兴、精准扶贫的创新路径[13]-[15]。

正如王景新（2018）等所说，中国农村发展正处于特色小镇与美丽乡村同建，推进中国乡村振兴进入地域空间重构和综合价值追求的新阶段，应该把握好特色小镇建设在乡村振兴战略实施中的重要地位，将特色小镇和美丽乡村同步规划建设作为抓手，以乡村振兴为重心，制定更加具体可行的乡村振兴计划和推进政策，逐步实现伟大复兴的中国梦[16]。

（三）特色小镇的建设模式

国内外学者从不同角度分析了特色小镇的建设模式或路径。谭荣华（2018）以四川省的特色小镇为例，将特色小镇分为旅游休闲型、现代农业型、商贸物流型、加工制造型、文化创意型、科技教育型与其他七种类型，探索"产业+金融"的特色小镇发展模式[17]。赵佩佩（2016）分析了走在全国特色小镇建设前列的浙江省特色小镇建设模式创新的特点，即突出产业、空间双升级的综合性建设规划，与市场接轨、体现规划的供给侧改革创新，面向实施、全过程的集成设计这三方面[18]。魏蓉蓉（2017）认为PPP模式是特色小镇建设的必然选择，根据产业发展的三个阶段选择不同的融资路径，可以实现特色小镇的可持续发展[19]。纪维巍（2020）以六安市独山镇为例，运用实证分析验证了PPP模式下文旅特色小镇可持续发展的可行性[20]。徐虹等（2019）以陕西省袁家村为例，指出以领导执行机制、公平参与机制、利益共享机制和引导服务机制为代表的村民自治共享的包容性乡村旅游脱贫致富机制有助于特色小镇旅游经济的发展[21]。国外学者鲁赫萨纳·N. 巴达尔（Rukhsana N. Badar）以印度西姆拉为例，对山区特色小镇的发展进行了评估，认为特色小镇的可持续发展发展需要平衡好旅游业增长与自然和文化资产的保护之间的关系[22]。阿赫塔尔·西迪奇（Akhtar Siddiqi）（1993）强调了地方政府的政策制定在特色小镇发展中的作用[23]。格里特·斯蒂尔（Griet Steel）等基于喀麦隆、加纳、卢旺达和坦桑尼亚等10个不同研究地点的定性与定量数据的分析，对撒哈拉以南非洲小城镇的发展进行了讨论，表明了农村产业多样化、商业化对特色小镇产生与发展起到了至关重要的作用[24]。张庆（2015）认为国外特色小镇的建设模式主要包括科技特色、传统产业特色、文化特色三类，其中比较有代表性的有：产业转型升级模式，例如法国格拉斯小镇；发挥规模效应模式，例如美国格林威治；发挥循环经济模式，例如丹麦的卡伦堡小镇[25]。

除此之外，从研究对象上看，现有的研究成果主要集中在特色小镇发展比较成熟的中东部地区，尤其是苏南、浙江等地区，对西部地区特色小镇的研究还不是很多。就安徽省内来看，现有研究主要集中在皖南与皖中地区，对皖北地区特色小镇的研究尚有欠缺，本文将从乡村振兴的视角分析皖北地区特色旅游小镇的发展现状，探索皖北地区建设特色小镇与推动乡村振兴战略发展的新思路新策略。

三、皖北地区特色旅游小镇发展的总体情况

（一）数量分布情况

从区域划分上来看，皖北地区共包括淮北、亳州、阜阳、淮南、蚌埠、宿州6个地级市，界首市1个县级市，以及包括濉溪县、涡阳县、蒙城县、利辛县、太和县、临泉县、阜南县、颍上县、凤台县、寿县、怀远县、五河县、固镇县、萧县、砀山县、灵璧县、泗县在内的18个县。根据国家发展和改革委员会、安徽省发展和改革委员会官方网站所公布的特色小镇名单，截止到2020年年底，安徽省共有国家级特色小镇15个，省级特色小镇127个，共计142个，其中皖北地区共有32个，仅占全省数量的22.5%，并且国家级特色小镇仅有阜阳市界首市光武镇这一个。

2020年，安徽省有9个省级特色小镇被评选为中国特色小镇50强，总体数量上位列全国第三，仅次于浙江省（18个）与广东省（11个），其中包括宿州市高新区数字小镇、淮北市相山区健康食品小镇两个皖北地区的省级特色小镇。

（二）具体发展情况

皖北地区具有独特和丰富的自然和环境资源，它不但具有丰富的文化旅游价值。而且其特色的形成，意味着各个小镇虽然处于同一个地区，但其运行和发展具有不同的侧重点和特色。以皖北地区唯一的一个国家级特色小镇——阜阳市界首市光武镇为例，光武镇自古以来是中原地区的驿站和重镇，有2 000多年的历史，以具有深厚的历史文化积淀文物遗址以及依托自然景观建立的人文景观为主要特色，并且再生塑料资源丰富，循环经济产业园不断发展壮大，是界首市颍河以北的经济中心，除了是国家级特色小镇，光武镇也曾入选“2018中国中部乡镇综合竞争力100强”。又如宿州市高新区数字

小镇，规划面积 3.35 平方公里，是当前宿州市高新区数字产业发展的核心区域，重点聚焦基础型、应用型、创新型三大数字产业发展方向，以云计算产业为核心，数字文化创意、数字智能制造、数字电子商务三大产业互为支撑，着力构建基础云、平台云、应用云产业发展模式，通过完善数字服务和配套服务业，打造完整的数字经济产业体系[26]。淮北市相山区健康食品小镇是集食品加工、食品文化、休闲旅游为一体的一、二、三产业融合发展的特色小镇，小镇内食品产业聚集，已入驻食品加工企业与相关配套企业 42 家，拥有中国驰名商标 5 个，省级农业产业化龙头企业 8 家，除此之外配套设施齐全，基本形成以"两纵六横"道路为主要框架的路网格局，实现了水、电、路、通讯、污水管网、天然气、供热等"九通一平"[27]。亳州市谯城区十河芍花养生小镇，以芍药花种植、融合中国传统养生文化形成中华五禽戏体育特色小镇。亳州是中国著名的中药材之都，以中医药的种植和集散地闻名于世。依托中国药材之都的资源，亳州市谯城区十河芍花养生小镇的"亳药花海大世界"种植十多万亩的亳白芍是它亮丽的名片。形成了中药种植及文化、五禽戏等为特色的中药种植及养生文化小镇[28]。

表 1 为现阶段皖北特色旅游小镇发展状况统计表，笔者分别对其特点进行了分析与总结。

表 1　皖北地区特色小镇名单及特色要点统计表

序号	地区	小镇名称	特色要点
1	淮北（6）	烈山区七彩和村农旅小镇	水果种植、水果电商销售示范、农业旅游景区
2		烈山区石榴小镇	石榴种植加工，旅游观光
3		濉溪县韩村镇"三彩"文旅小镇	工业重镇、红色旅游景区
4		濉溪县百善镇运河文化小镇	千年运河历史文化古镇
5		相山区健康食品小镇	食品加工、食品文化、休闲旅游
6		相山区芳香小镇	芳香植物种植、加工、研发及休闲旅游产业
7	亳州（6）	经开区中药电商小镇	中药材种植、康养旅游
8		利辛县绿色果蔬小镇	果树种植
9		蒙城县立仓农旅小镇	"稻虾共作"生态农业、休闲旅游
10		谯城区十河芍花养生小镇	中草药种植及文化，五禽戏
11		谯城区古井白酒小镇	白酒加工，酒文化旅游
12		涡阳县义门中药养生小镇	中药种植及养生文化
13	阜阳（7）	界首市光武镇	文化遗址，人文景观
14		颍州区中原花都. 芳香小镇	花卉种植培育
15		颍上县八里河旅游风情小镇	旅游景区，自然保护区
16		阜南县黄岗柳艺小镇	中国杞柳之乡、柳编工业品制作产业
17		临泉县木一钓鱼运动休闲小镇	运动休闲
18		颍泉区抱龙石艺小镇	石产业集聚区、"石文化"旅游
19		太和县马集发艺小镇	发艺文化产业
20	淮南（2）	寿县八公山豆腐小镇	豆腐发源地，旅游景区
21		毛集实验区焦岗湖荷香小镇	国家湿地公园、湿地文化旅游

表1(续)

序号	地区	小镇名称	特色要点
22	蚌埠(6)	怀远县上谷农贸小镇	农产品市场
23		蚌山区国际足球小镇	体育复合产业，运动品牌商
24		经开区工业设计小镇	工业设计产业培育基地
25		高新区新型显示小镇	完整的电子信息产业链
26		禹会区禾泉农旅小镇	农业休闲旅游
27		淮上区智慧物流小镇	全省首批省级物流示范园区
28	宿州(5)	砀山县酥梨小镇	酥梨加工，梨花旅游观光
29		泗县运河小镇	非物质文化遗产
30		高新区数字小镇	数字文化创意、数字智能制造、数字电子商务
31		砀山县马术小镇	生态旅游、休闲运动
32		马鞍山现代产业园智能终端小镇	智能终端制造、文化旅游

注：表1是根据国家发展改革委员会及安徽省特色小镇官方网站公布的信息进行的统计。

四、皖北地区特色旅游小镇发展的制约因素及面临的问题

近年来，皖北地区在挖掘旅游文化、发展旅游小镇方面表现比较突出。因起步较晚，其发展面临着一些制约性因素和问题，影响了特色旅游小镇的进一步发展。其主要表现为：

第一，经营模式单一，文化挖掘层次较浅。当前，游客对乡村旅游的需求越来越强烈，而皖北的乡村旅游经营模式较多的仍然是以家庭经营为主，其旅游资源整合性较差，一个旅游地出现多个分散的经营地。此外，经营者与服务者以当地居民为主，当地服务者和管理人员缺乏系统的管理与服务经验，导致当地的旅游资源未能得到深入的挖掘，这大大影响了带给游客的旅游体验。虽然近年来出现了文化和旅游融合的趋势，但像陕西西安的袁家村那样把当地的民族文化和旅游深度融合的旅游小镇模式在皖北地区仍不多见。存在思路不清晰，旅游产品失衡，没有抓住产品主线，整合焦点不强，造成产业发展失衡。

第二，发展基础较为薄弱，产业产品尚未紧密关联。根据调研发现，由于皖北地区大部分农村远离城市，经济是以传统种植业为主的传统农业，因此，依靠现有农业基础，把现代农产品培植为主要产业，是实现农业现代化的主要方向。优化农村的产业结构，提高农产品的质量，依靠优质、生态、高效农产品赢得市场，是目前特色旅游小镇发展的重要任务。产业结构调整还要结合自身的产品资源优势，扬长避短，拉长产业链条，以现代农产品生产发展为基础，形成以现代化农业产业公司为龙头，集生农产品生产、深加工、销售服务一条龙，集游、玩、娱于一体的立体化旅游文化发展的新的产业格局。

游客一般在农村特色小镇休闲旅游后都喜欢采购特色农产品带回家分享给亲朋好友，但目前在皖北农村特色小镇的建设中，尚未考虑把农业农产品和休闲旅游紧密关联，形成配套区域产业链。

第三，文化特色的精髓体现不足，有待于深入挖掘。特色是旅游之魂，文化是特色之基，只有通过对文化的挖掘，才能真正形成一个旅游目的地的特色。比如，很多特色小镇在进行乡村旅游建设时，主要是以果蔬采摘为主的体验观光游或者是简单的农家乐，以至于游客去了一次，再也不愿意去第二次了。这种只是简单地迎合大众口味，过度追求商业价值，却忽略了特色小镇建设当中的发展“特色”最为核心的问题。

五、皖北地区特色旅游小镇的发展思路和对策

第一，充分发挥最具有比较优势的资源，走特色化发展道路。特色就是在有市场、有生产条件的前提下，特色就是产品的个性。特色就是差异，差异就是此处与别处不同。差异就是这种产品与别的产品相比的不同之处、独特之处。可以说，旅游业存在的基础，就是不同国家、民族、区域存在地理条件、自然风光、社会文化的差异，以及人们追求差异的猎奇心理。所以，各地特色旅游小镇景点建设和宣传，一定要追求个性，突出差异，突出与众不同的方面。

发展特色小镇，最重要的是开发本地最独有的特色、最具有比较优势的资源，形成市场需要的、独特的、有竞争力的产品，获得较好的经济效益。每一个地方都有自己的独特优势，“边远”地区洁净的土地和空气、有特色的自然资源和人文景观都是优势所在。皖北地区在发展特色旅游小镇的进程中，首先要辩证地看待优势与劣势，善于发现并利用自己的优势；关键是思路要正确，信息要灵通，产业发展、产品开发要适应市场的需要。

要充分利用自然和人工营造的森林和植被环境，如山峦生态、峡谷生态、草原生态、自然湖泊生态等自然和人文环境，适度开发和不知农业种植区和养殖区使生态环境和农业结合起来共同发展农业生态旅游，达到既保护生态，又使游客充分享受自然美景的修身养性的目的[29]。

农民是特色旅游小镇建设的主力军，本身也是展示皖北特色旅游小镇文化的一种方式。皖北特色旅游小镇建设过程中要尊重农民的劳动成果，一方面要尊重农民的原生习惯和生活方式，另一方面最大限度地保留原生态印记。通过当地独特的风土人情文化吸引游客，这也是体现特色旅游小镇特色的一种有效的方式。

第二，让休闲旅游与小城镇特色产业、产品实现紧密关联。特色旅游小镇的中心是农业产业，农业产业是根基是基础，旅游业是以农业为基础发展起来的第三产业和服务业，也是产业发展高级化的必然产物和结果。要以旅游业为中心整合农村的各个产业发展，开发产品要充分利用产品的性质，尽可能延长产品的产业链，就是要把人们划分一次产业、二次产业、三次产业的思维方式运用到发展特色旅游小镇上来，考虑对同一资

源的三次产业的综合开发，从而提高特色旅游小镇发展的综合效益。比如成都龙泉驿的农民过去种水蜜桃只知道卖水蜜桃，过了几年，他们用桃源的环境，在桃花绽放的季节搞旅游业，赚了很多钱。进一步地，他们把水蜜桃汁的加工、桃脯和桃木旅游纪念品结合起来，这样，特色旅游小镇的综合效益就能够发展起来了。

第三，深入挖掘、充分吸收传统文化，开创文旅结合的发展皖北特色旅游小镇的新思路。皖北特色旅游小镇存在的一个问题，就是文化精髓体现不足。比如很多特色小镇在进行乡村旅游建设时，主要是以果蔬采摘为主的体验观光游或者是简单的农家乐的休闲旅游度假模式，缺少对传统文化的挖掘，这种缺少对传统文化深层次挖掘的设计会导致特色旅游小镇发展中的核心竞争力下降，因此，要深入挖掘利用本地的特色资源，挖掘本地的乡土文化、积极引入历史、文化、民族等元素。那么，在发展特色旅游小镇过程中如何与挖掘保护本地的非物质文化遗产结合起来，非物质文化资源都包含哪些内容呢？具体地说，非物质文化资源的内容，可以参照联合国教科文组织关于列入《人类非物质和口传文化遗产代表作名录》的要求，非物质资源包括：诸如各类戏曲和相关的面具、道具、服装等的制作工艺；舞蹈，如民族节日舞蹈、礼仪；音乐，如各类民族民间音乐以及器具制作工艺；口传文学、如神话、传说、史诗、游戏和故事；各类精湛的接触的传统工艺、手工艺、如针织、织染、刺绣、雕刻、竹藤编织、面人制作、玩具制作和剪纸等[30]。大力保护本地的非物质文化遗产，并对农村的特色旅游小镇的设施和产品进行特色化改造。比如像河南少林寺周边的武术学校、吴桥的杂技、重庆铜梁区的舞龙都已形成产业。都是靠传统技艺赚钱，赚的都是文化的钱，这样比哪些拼体力、拼资源、拼地力的赚钱方式赚得多，而且是属于可持续发展的产业。

第四，积极探索“互联网+旅游”的新模式。当前，我国社会已经正题进入信息经济社会，智慧旅游不断推进。传统的线下旅游模式已经不能满足人们对高品质旅游产品和旅游体验的要求，现在的中国已经进入信息化社会，即“互联网+”时代，网络生活和网络生存渗透到人们生活的方方面面。乡村旅游的智慧化发展有助于实现旅游产品的转型升级，有利于吸引游客参与到旅游产品的传播和推广，从而提高就业和旅游小镇的经济效益。因此，皖北地区特色旅游小镇的发展过程中，要充分利用互联网的优势，要将云计算、云存储、物联网技术、虚拟现实技术、大数据、智慧终端技术和乡村旅游小镇的发展结合起来，将其融入“吃、住、行、游、购、娱”六大要素的每一个环节，建立乡村特色旅游小镇的旅游信息库，将“线上展示”“线下体验”密切结合起来，搭建“云旅游”平台，形成皖北地区“互联网+旅游”的乡村特色旅游小镇发展的互联网模式。

参考文献：

［1］中华人民共和国国民经济和社会发展第十三个五年规划纲要［DB/OL］.（2016-03-17）［2020-10-15］. http://www.xinhuanet.com//politics/2016lh/2016-03/17/c_1118366322_21. htm.

［2］卫龙宝，史新杰. 浙江特色小镇建设的若干思考与建议［J］. 浙江社会科学，2016（3）：52-53.

［3］刘瑞芳. 论乡村振兴背景下乡村特色旅游小镇的功能定位［J］. 现代商业，2019（10）：28-29.

［4］习近平. 决胜全面建成小康社会，夺取新时代中国特色社会主义伟大胜利［M］//习近平. 谈治国理政. 北京：外文出版社，2020：25.

［5］费孝通. 论中国小城镇的发展［J］. 中国农村经济，1996：3-37.

［6］王博雅，张车伟，蔡翼飞. 特色小镇的定位与功能再认识：城乡融合发展的重要载体［J］. 北京师范大学学报（社会科学版），2020（1）.

［7］浙江省人民政府关于加快特色小镇规划建设的指导意见［DB/OL］.（2015-05-04）［2021-01-03］. http://www.zj.gov.cn/art/2015/5/4/art_32431_202183. html.

［8］盛世豪，张伟明. 特色小镇：一种产业空间组织形式［J］. 浙江社会科学，2016（3）：36-38.

［9］周晓虹. 产业转型与文化再造：特色小镇的创建路径［J］. 南京社会科学，2017（4）：12-19.

［10］十九届五中全会公报要点［DB/OL］.（2020-10-29）［2021-01-03］. http://cpc.people.com.cn/n1/2020/1029/c164113-31911575.html.

［11］姚尚建. 特色小镇：角色冲突与方案调适：兼论乡村振兴的政策议题［J］. 探索与争鸣，2018，346（8）：86-92，145.

［12］王天宇. 论乡村振兴战略背景下特色小镇的培育发展：基于特色小镇、中小企业与乡村振兴三者契合互动分析［J］. 河南社会科学，2020，28（7）：105-111.

［13］宋宏，顾海蔚. 乡村振兴背景下农业特色小镇可持续发展影响因素研究［J］. 东北农业科学，2019，44（2）：75-80.

［14］熊正贤. 乡村振兴背景下特色小镇的空间重构与镇村联动：以贵州朱砂古镇和千户苗寨为例［J］. 中南民族大学学报（人文社会科学版），2019，39（2）：118-122.

［15］侯燚，蒋军成. 乡村振兴战略下文旅特色小镇持续助力精准扶贫研究［J］. 现代经济探讨，2020（8）：125-132.

［16］王景新，支晓娟. 中国乡村振兴及其地域空间重构：特色小镇与美丽乡村同建振兴乡村的案例、经验及未来［J］. 南京农业大学学报：社会科学版，2018，18（2）：17-26.

［17］谭荣华，杜坤伦. 特色小镇“产业+金融”发展模式研究［J］. 西南金融，2018（3）：3-9.

［18］赵佩佩，丁元. 浙江省特色小镇创建及其规划设计特点剖析［J］. 规划师，2016（12）.

［19］魏蓉蓉，邹晓勇. 特色小镇发展的 PPP 创新支持模式研究［J］. 技术经济与管理研究，2017（10）：125-128.

［20］纪维巍. PPP 模式下文旅特色小镇可持续发展评价研究［D］. 合肥：安徽建筑大学，2020.

［21］徐虹，王彩彩. 包容性发展视域下乡村旅游脱贫致富机制研究：陕西省袁家村的案例启示［J］. 经济问题探索，2019（6）：59-70.

［22］RUKHSANA N，BADAR，SARIKA P，et al. Assessing tourism sustainability in hill towns：Case study of Shimla，India［J］. Journal of Mountain Science，2020，17（9）：2241-2261.

［23］AKHTAR SIDDIQI. Small town growth and development policy in Pakistan［J］. GeoJournal，1993，30（4）.

［24］GRIET STEEL，TORBEN BIRCH-THOMSEN，INECOTTYN，et al. Multi-activity，Multi-locality and Small-Town Development in Cameroon，Ghana，Rwanda and Tanzania［J］. The European Journal of Development Research，2019，31（1）.

［25］张庆．特色小镇导向下的皖北历史文化名镇保护发展研究［D］．合肥：安徽建筑大学，2018.

［26］丁辉．宿州市高新区数字小镇成功入选省级特色小镇［EB/OL］．(2019-03-15)［2020-10-14］．http://www.suzhoufb.cn/htmls/suzhoukuaixun/shizhengkuaixun/2019-03-15/24260.html.

［27］淮北市局．淮北市相山区健康食品小镇入选中国特色小镇 50 强［EB/OL］．(2020-08-19)［2021-01-06］．http://amr.ah.gov.cn/xwdt/dszc/143318021.html.

［28］钟红霞．世界药都地康养最亳州［N］．安徽日报，2020-04-14（11）.

［29］孔祥智．中国三农前景报告［M］．北京：中国时代经济出版社，2005：273.

［30］张小良．农村特色经济金观念［M］．重庆：重庆大学出版社，2006：166.

第六编

经济体制改革研究

我国人口生育政策变迁的经济学分析

张存刚[①] 王宁[②]

摘　要： 本文通过分析我国生育政策的历史及现状，认为我国的人口生育政策大致经历了“鼓励生育”“限制生育”和“生育限制有序放开”三个阶段。进一步梳理了乐观、中立和悲观三种认识论的观点，持有不同认识论的经济学家分别认为人口增长对经济发展有积极、不能确定和消极作用。从经济学视角分析，现阶段促使我国人口生育政策从“限制生育”到“生育政策有序放开”的因素有：生产力提高、人民生活水平提升、家庭生育意愿低；弥补养老金亏空、缓解人口老龄化压力；国内政治经济环境稳定，国际不确定因素增强等。综合各因素分析，“三孩”政策是我国人口生育政策适应经济社会发展的积极调整。在未来，我国的人口压力有望缓解，并再次向推动经济社会高质量发展的动力方面转换。

关键词： 三孩政策；生育政策变迁；经济学视角

一、引言

新中国成立之初，党和国家就十分重视人口生育问题。毛泽东在 1949 年 9 月 16 日发表《唯心历史观的破产》[1]1509-1517一文，驳斥艾奇逊的“由于中国人口多，所以发生革命”的错误观点，指出“中国人口众多是一件极大的好事。再增加多少倍人口也完全有办法，这个办法就是生产”。毛泽东认为“人口问题本质上是制度问题，要推翻旧制度，建立新制度。发挥生产关系对生产力的反作用，解放人的生产力，这是解决人口问题的关键。”虽然这之后的二十年党和国家也曾考虑并实施过控制人口的政策，但是由于政治运动影响以及推行范围不大，最终没有全面开展。这一阶段的生育政策基本是不成文的鼓励生育政策。

---

① 张存刚，兰州财经大学经济学院教授。

② 王宁，兰州财经大学经济学院硕士研究生。

20 世纪 70 年代以后，我国的人口生育政策从“晚、稀、少”① 到“一个孩子”②，原则从“群众自愿执行、不具备强制力”到“强制力约束”，体现出党和国家对人口增长过多过快的担忧，以及对实现人与社会协调持续发展关系的探索。这一阶段的生育政策是严格的计划生育政策。经过二十年的控制，我国的总和生育率从 1981 年的 3.05 下降到 1999 年的 1.49。进入 21 世纪，我国又继续实行了一段时间的计划生育政策，目的是将生育率稳定在低水平。随着 2011 年 11 月的“双独二孩”政策实施，我国的人口政策进入第三阶段。两年之后，可以生育二孩的父母范围从“双方都是独生子女”扩大到“夫妻双方一方是独生子女”即可。2015 年 10 月，党中央根据我国的人口总体情况和年龄结构分布，决定在坚持计划生育基础上，推行全面二孩政策。我国的人口生育政策变迁的过程反映了党和国家对人口与经济社会协调发展规律的积极探索。

2021 年 5 月 31 日，中共中央政治局审议《关于优化生育政策促进人口长期均衡发展的决定》（以下简称《决定》），《决定》实施一对夫妻可以生育三个子女政策及配套支持措施，来积极应对我国的人口老龄化问题。2021 年 7 月 30 日中共中央政治局召开的会议再次强调“推进基本养老保险全国统筹，落实‘三孩’生育政策，完善生育、养育、教育等政策配套”[2]。这是自 2015 年全面放开二孩政策之后，党和国家对我国人口生育政策的又一次重大调整。在新的人口形势下调整生育政策，有利于调节人口结构，保持巩固人力资源禀赋优势。

二、我国人口生育政策的历史与现状分析

（一）历史分析

1.“放任生育”阶段

新中国成立初期，生产力水平低下，一穷二白，百废待兴。要研究当时的人口生育状况，可以与清初做对比。清军入关，面对明朝末年王朝腐败和战争留下的残局，统治者意识到横征暴敛难以维持国家的长治久安，必须整顿财政，建立一个适合当时社会经济发展的赋税制度。1711 年，康熙在明代“一条鞭法”的基础上实行“盛世滋丁，永不加赋”的政策，并在 1723 年正式确定为“摊丁入亩”③，改革了中国实行两千多年的以人丁为征税标准的赋税制度，减轻了人民生育子女的经济负担，刺激了人口增长。摊丁入亩作为一项财政政策，既给当时的人口增长创造了政策条件，又提供了经济保障，所以间接起到了人口生育政策的作用。劳动力是农业社会发展的重要因素，没有了人头税的负担，再加上农民大规模开垦荒地，种植引入的玉米、番薯等高产经济作物，引发

① “晚”是指男 25 周岁、女 23 周岁才结婚；“稀”指拉长生育间隔，两胎要间隔 4 年左右；“少”是指只生两个孩子。

② 1980 年，中共中央《关于控制我国人口增长问题致全体共产党员共青团员的公开信》中明确指出，提倡一对夫妇只生育一个孩子。

③ “摊丁入亩”就是把所有丁银，根据各省、州县的不同情况摊入地亩当中，真正实现了按土地为唯一收税标准的税制。

人口进一步增长，1794 年全国人口约 3.14 亿人。

新中国成立之初，乡村人口比例高达 82.56%，自给自足的小农经济占主要地位，这种生产方式需要丰富的劳动力，这与清朝建立之初的内部环境有些相似。更进一步分析人均收入水平和资本积累水平。新中国刚建立，资本积累水平低，资本积累能力不足，在工业产业方面技术落后、缺少资本的新中国也只能依靠劳动力，发挥人多力量大的优势来搞经济建设。在当时的背景下，毛泽东认为“人是世间一切事物中第一个可宝贵的”，所以对人口生育基本上采取了放任的态度。在卫生和医疗水平差，死亡率较高的背景下，多生孩子可以有效地分散风险，为老年生活提供保障，所以家庭生育孩子收益高，但成本和边际成本都较低。在家庭已经有至少一个孩子的前提下，再多生育一个孩子的额外支出很少，即边际成本低。小孩子不仅可以穿家里大孩子的旧衣服，而且大孩子基本承担了照顾弟弟妹妹的工作，这节省了抚育孩子的劳动力，家长就可以下地务农或进工厂当工人，用大孩子的“半个劳动力”节省了一个成年人的劳动力。家庭积极生育、国家放任生育，在 20 世纪 50 年代，我国出现了第一个婴儿潮。1960 年时，人口达到 6.6 亿，1970 年达到 8.3 亿。

2.“限制生育”阶段

1978 年，我国开始实行改革开放政策，当年全国人口数 9.6 亿，人口对经济增长的压力较大，国家开始在全国范围内推行计划生育政策，并采取财政补贴的方式，提倡一对夫妇只生一个孩子[3]。改革开放初期，我国农村的大量人口变成了最大的优势。这些大量农村显性和隐性劳动力作为廉价劳动力，来源就是五十年代和六十年代的婴儿潮长成的青年劳动力。同时，我国积极引进外资，资本投入的大量增加也增加了劳动力的边际收益。一方面，随着我国农业生产率提高，被土地束缚住的劳动力逐渐减少，这些农民大量涌入城市、进入工厂。利用人口红利，我国积极参与经济全球化，加入世贸组织后，我国劳动力丰富的优势在生产端显现，成为名副其实的世界工厂。外商投资，开办劳动密集型产业，创造了大量的就业机会，在这一时期，执行严格的计划生育政策，减少了育龄女性因生育孩子而不能劳动的时间，增加了劳动力利用率。另一方面，大量人口涌入城市，增加了对自来水、电和天然气的需求，住房、交通和医疗的需求等，巨大的内需和辛勤的劳动促进了城市化的发展，创造了经济快速增长奇迹，极大地提高了人民的生活水平；但是也造成了各类资源紧张和城市拥堵等城市病，增加了对公共资源的压力。在当时实施独生子女政策，体现出党和国家为了实现经济社会的可持续发展解决人口问题的积极探索，取得了很好的控制人口增长的效果。

3.“生育限制有序放开”阶段

从 2010 年开始，我国的人口形势和发展趋势发生了阶段性的变化，出现了许多新特点。如图 1 所示，大专及以上女性人口占总人口的比例由 2009 年的 6.55%增长到 2011 年的 9.63%；从人口全体来看，受高等教育的人口比例也在 2011 年突破了 10%；我国受高等教育的人口比例显著增长，在未来还有继续增长的趋势。这一方面说明我国已到适婚年龄的人口会因选择继续接受教育而推迟结婚生子，客观上造成了晚婚晚育；另一方面，受高等教育的人口增多意味着我国高素质劳动力的比例增加，既有利于我国经济的高质量发展，又有利于个人提高劳动收入和生活水平。国家财政性教育经费支出占 GDP 的比重自 2012 年达到 4%之后，就一直维持在 4%以上。国家的社会保障体系逐步完善，年末参加生育保险的人数由 2011 年的 1. 38 亿人增长到 2020 年的 2. 35 亿人。这些客观条件说明国家有能力负担和培养更多的新生儿，个人也有条件多生育孩子，这两方面的优势都为社会和家庭养育孩子创造了有利的环境。立足人口发展的新阶段，把握新的人口发展规律，在 2011 年我国对夫妻双方都是独生子女的家庭放开了“只能生育一个孩子”的限制，而后又逐步对夫妻双方中有一方是独生子女的家庭开放了“二孩政策”，并在 2015 年全面推行“二孩政策”。二孩政策的有序放开到如今实行的“三孩政策”，避免了突然解除人口生育限制对经济运行、社会承载力和教育医疗等资源的巨大冲击。我国限制人口生育政策逐步放开的经济背景是 GDP 持续地中高速增长，提供社会福利和社会保障的能力不断加强，这在调整人口结构的同时减缓了社会动荡，体现党中央和政府对人口生育政策的谨慎态度。

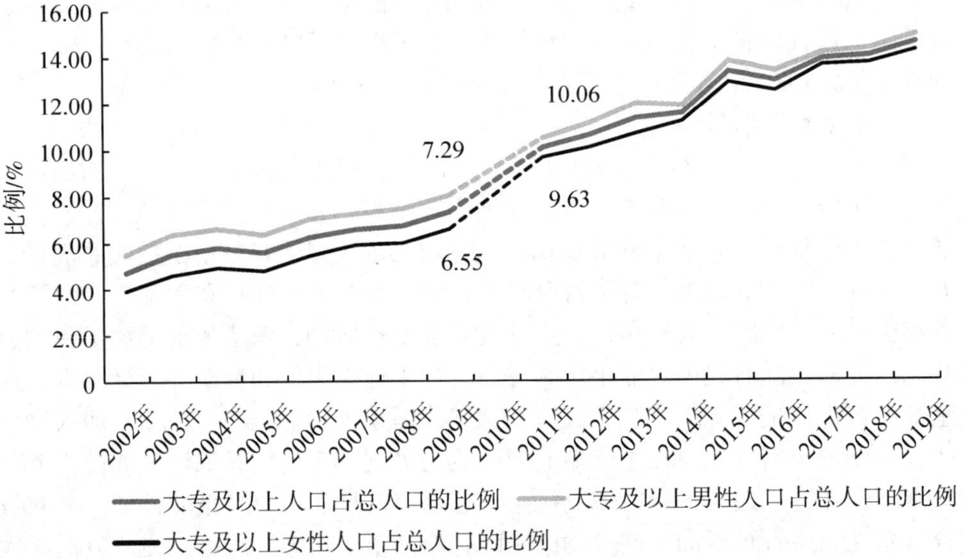

图 1　2002—2019 年受高等教育人口占总人口的比例①②

数据来源：国家统计局。

（二）人口生育现状

2021 年 5 月 11 日国家统计局公布的第七次人口普查公报显示：我国人口总数增速持续放缓，年平均增长率 0. 53%。如图 2 所示，我国 15~64 岁人口比例在 2010 年达到峰值 74. 5%。此时，在实行严格的计划生育政策之前出生的人口已成长至工作年龄；自此之后，此部分人口占比逐年下降，直到 2020 年下降为 68. 55%。65 岁以上人口占总人口的比重逐年上升，直到 2020 年增加到 13. 5%。根据数据分析，我国已经渡过了

① 以上所指的人口均为六岁及六岁以上人口。

② 2005 年、2015 年为 1%人口抽样调查样本数据，其他年份为 1‰人口变动调查样本数据。2010 年无数据，用虚线表示。

"人口红利期"①，步入老龄化②社会。

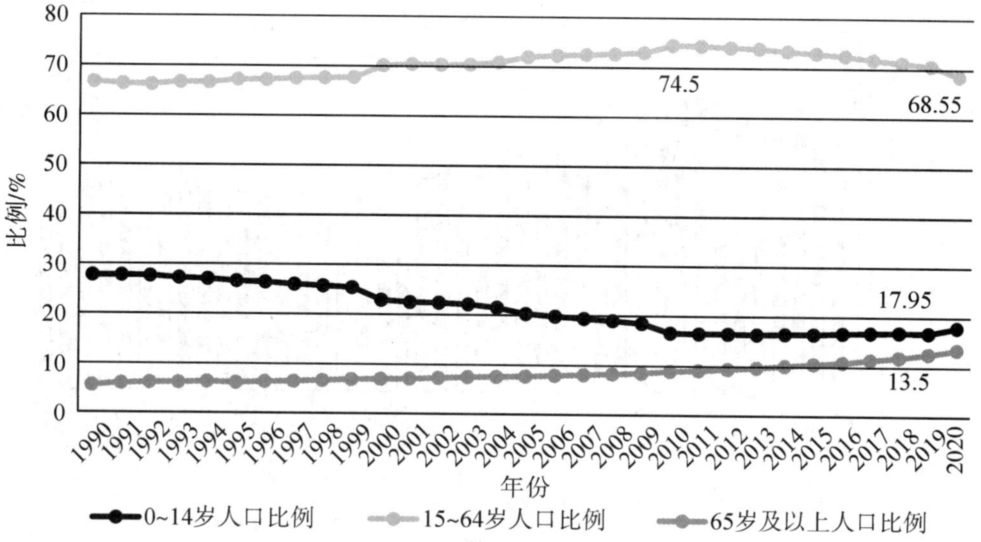

图 2　1990—2020 年我国各年龄阶段人口比例

数据来源：国家统计局。

根据图 3，我国人口死亡率从 1978 年至今变化不大，出生率自 1987 年达到峰值之后逐年下降，2000 年之前和之后的出生率数据分布明显不同。自然增长率也从 1987 年开始就逐年下降，2016 年自然增长率受全面放开二胎政策的影响，短暂回升，但仍没有阻止自然增长率总体的下降趋势，这在未来将造成我国的社会负担不断加重，不利于经济社会的长期发展。

抚养比是非劳动年龄人口与劳动年龄人口数之比，由老年抚养比和少儿抚养比构成。老年抚养比反映老年人口对国家财富的消耗，是"还债"；少儿抚养比则反映国家财富中分配在少年儿童上的比例，是"投资"。我国近期的人口问题是少儿抚养比低，内需增长后劲不足；远期问题的核心是总抚养比中的老年抚养比高。如图 4 所示，我国老年抚养比逐年缓慢递增，在 2019 年达到 17.8%。总抚养比与儿童抚养比的变动趋势在 2010 年以前基本一致，2010 年之后，受老年抚养比持续增加的影响，总抚养比攀升速度快于儿童抚养比。

---

① 人口红利期是指总人口结构"中间大、两头小"，劳动力供给充足。

② 联合国认为，当一个国家或地区 60 岁以上老年人口占人口总数超过 10%，或 65 岁以上老年人口占人口总数超过 7%，就意味着这个国家或地区已处于老龄化状态。

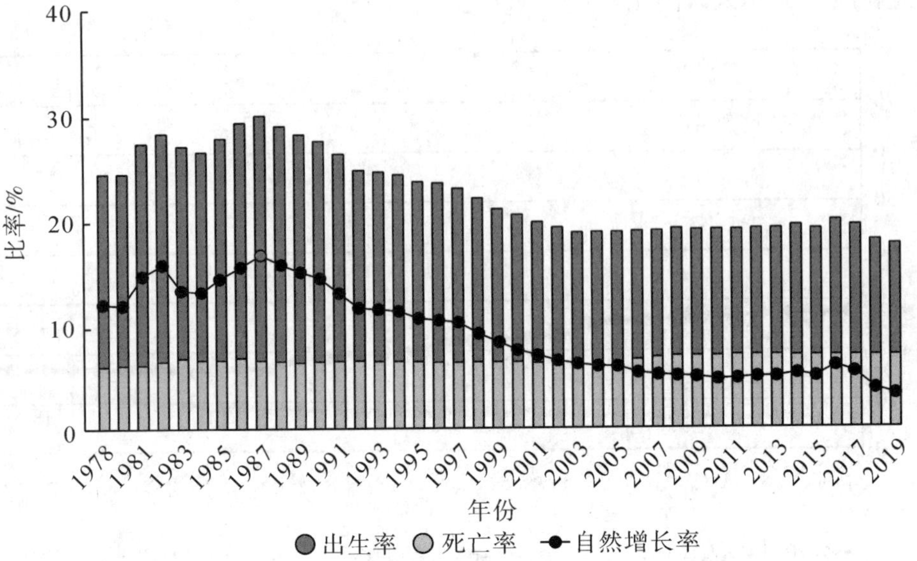

图 3　1978—2019 年我国出生率、死亡率和自然增长率

数据来源：国家统计局。

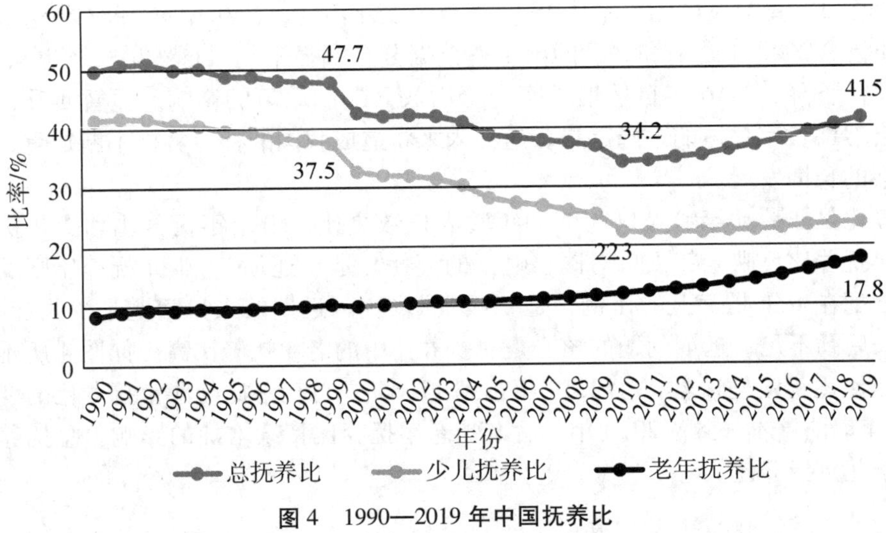

图 4　1990—2019 年中国抚养比

数据来源：国家统计局。

三、人口增长与经济发展的理论观点

自经济学诞生以来，经济学家就展开了对人口与经济社会发展关系的研究[4]。分析他们的观点和理论，对从经济学角度分析我国人口生育问题有重要的参考价值。

（一）乐观认识论

亚当·斯密强调分工的重要性，认为分工和劳动细化的程度会受到本国居民规模或人口数量的制约。库兹涅茨也认为人口增长对经济有积极的促进作用，体现在大量的人口会增加对消费品的需求，进而引发厂商的投资需求，促进国家的经济繁荣。马歇尔细化了库兹涅茨的理论，认为需求增加使市场供不应求，商品价格走高，从而刺激厂商投资。舒尔茨和贝克尔的人力资本投资理论的主要观点是：虽然劳动力和资本都是推动经济增长的要素，但是资本的边际报酬递减而人力资本的边际报酬递增，增加的人口有利于人力资本的形成，进而推动技术进步和经济增长。

毛泽东是伟大的理论家，他从历史唯物主义的角度来讨论人口生育问题，在不同的历史时期，不同的社会经济发展水平下，解决人口问题的侧重点不同，制约人口与经济社会协调发展的主要矛盾不同。1958 年，毛泽东指出：人多好还是人少好？我说现在还是人多好，恐怕还要发展一点。但是毛泽东所说的“人多好”并不是“人越多越好”，而是“有时候使他能够增加一点，有时候使他能够停顿一下，有时候减少一点，波浪式前进”。由此可见，毛泽东的观点是人类有计划的管理自身的生产，以使我国的人口达到合理的规模。

我国学者易富贤对人口问题做了专门的研究，体现在：人口增长推动经济增长、人口爆炸导致科技爆炸、人具有规模优势和密度优势。他认为，人口增长不仅能引起知识、科技的增长，还会加快知识和科技成果的传播速度，并由此推动经济增长。人口的规模优势即人口基数大，微小的需求也能形成市场；密度优势即人口密度大，提高了公共产品的利用效率。针对人口增长过多过快会给资源环境造成巨大压力的观点，易富贤指出：人口增加对现有资源的消耗，是“减法”；但是人口增加引起的科技进步会将过去的“非资源”转化为现在和将来可以利用的“新资源”，是“乘法”。

（二）中立认识论

索洛建立了新古典增长模型，将人口增长率作为影响经济增长的变量放入模型分析，得到静态和动态两个结论。他认为，静态来看稳态下的总产出增长率是技术进步率和人口增长率之和，此时人口增长率增加会带来总产出增长率的增加；加入动态分析之后，若人口增长率上升，则人均储蓄率下降，导致人均资本存量和人均总产出均下降。

马克思认为“每一种特殊的、历史的生产方式都有其特殊的、历史的起作用的人口规律”[5]，所以他从社会生产和再生产的角度分析人口问题，将社会再生产分为物质资料的再生产和人类自身也就是劳动力的再生产。劳动者的生产劳动创造出供全社会消费的各种使用价值，同时劳动者阶级也就是无产阶级作为全体消费者的一部分，也会通过消费物质资料来再生产他本身，以延续劳动力供给，从而维持物质资料的生产。马克思既一般地分析了人口再生产与物质资料再生产的关系，又揭示了人口再生产与生产关系再生产的关系，即资本主义再生产会不断再生产资本关系自身，一方面再生产出资本家，另一方面再生产出工资劳动者。因此，马克思揭示了资本主义特有的人口法则——劳动人口一方面成就资本的蓄积，同时又造出种种手段使自己变为相对多余的。马克思很重视人的劳动在社会生产中的地位和作用，也分析了劳动力的内涵和内容，提出了劳动价值论，认为只有劳动才能创造价值。离开了人及其劳动，社会财富是不能增加的。由于不同的历史阶段和社会制度下，生产力水平和生产关系不同，相对应的人口规律也不同，所以无法得出人口增长促进还是抑制经济增长的肯定结论。

（三）悲观认识论

马尔萨斯是典型的悲观派经济学家，他认为人口增长会抑制国家经济社会的持续发展。他的《人口理论》一书认为，人口呈几何级数增长，物质资料生产呈算数级数增长，人口增长总会超过物质资料增长，全社会就会出现人口绝对过剩。他认为，人口增长不仅会透支自然资源，而且部分人口的贫穷和饥饿不可避免。要想缓解贫困问题，只能控制人口生育，将人口增长率控制在物质资料增长率之下。

我国人口学家马寅初，在20世纪五六十年代发表了一系列文章来阐述自己的人口观点，即“非控制人口不可”。这个观点的提出是基于他在浙江、上海等地的田野调查和人口普查数据得出的。从当时中国的国情出发，马寅初认为，人口增长过快会导致消费增长过快，资金积累速度相对减慢；资金积累与劳动生产率的提高是双向促进的关系，资金积累速度减慢会导致劳动生产率提高速度放缓；农民劳动生产率放缓会阻碍农民纯收入和生活水平的提高。

虽然马寅初和马尔萨斯都主张控制人口数量，但二者的理论主张有着本质上的区别。马尔萨斯的理论观点是从资产阶级政府出发，为资本主义服务，但是马寅初的观点是从我国当时技术水平落后、各项发展处于起步阶段的国情出发，是为人民生活水平的提高和社会主义国家的各项事业快速发展服务[6]。

通过梳理有关理论我们发现：悲观派和乐观派的经济学家之间对人口增长抑制还是促进经济增长的态度大相径庭，但都为从经济学角度分析人口生育问题做出了贡献，为制定人口生育政策提供了支持。持乐观认识论的国外的经济学家强调人口对经济增长的积极作用，基本是单从需求因素入手，或从人力资本对经济增长的促进作用入手分析。毛泽东对人口的分析则同时考虑到了人口规模和生育管理两方面。易富贤的人口理论则是对我国计划生育政策的反思。持中立认识论的学者中，索洛构建模型来探讨人口增长率和总产出增长率之间的关系，并将技术进步率和人均储蓄率作为变量加入模型，模型结论是人口增长虽然有助于总产出的持续增长，却不能代表工人生活水平的提高。劳动者及其子女为资本家做出的大量无酬劳动对身体健康产生了巨大损害，资本主义在极短的历史期间就已经枯竭了民力之生命的根基。所以马克思特别重视促进人的全面发展，主张消除旧社会分工所带来的对劳动者的负面影响。悲观派中的马尔萨斯不能预见到未来的技术进步引起的社会发展，只提出限制生育来控制人口，未考虑到人在劳动过程中的主观能动性，也在日后被证明是错误的。马寅初针对新中国成立之初人口出生率过高和一穷二白的国情提出的控制人口过快增长理论，在当时的历史阶段是符合实际的。他从人口增长与积累、劳动生产率、工业原料、科学研究和粮食等五个方面的关系出发研究人口生育，对现在仍有借鉴意义。

四、对人口生育政策变迁的经济学分析

我国的人口生育政策大致经历了“放任生育—限制生育—鼓励生育”的转变，除去改革背后的社会因素，政策变迁也离不开经济学分析的支持。

（一）家庭—微观与国家—宏观

从家庭的角度分析人口生育问题，就是从微观视角切入，主要有消费者选择理论、费雪跨期消费选择理论、投资者资产组合理论和成本收益分析方法。这些西方经济学的理论有一个共同的假设前提：作为家庭中的理性人，夫妻双方会比较生育孩子的成本和收益。将孩子视为消费品，他可以给家庭带来快乐和情感上的满足，从而使家庭的效用增加，同其他消费品的组合构成无差异曲线。生育孩子的成本分为直接成本和间接成本。直接成本就是生育孩子过程中物质、时间和情感投入[7]；间接成本主要有生育孩子对女性职业发展的影响、因生育孩子放弃的其他娱乐活动等。考虑到家庭的总预算约束，当生育孩子的边际成本下降或孩子给家庭带来的边际效益提高时，家庭会考虑多生孩子，减少其他商品消费。作为投资品，家庭生育孩子可以看作对未来的投资，中国自古以来就有“养儿防老”的观念。通过多生孩子来提高老年时的收入，同时孩子作为投资品对其他投资方式产生替代效应。

马克思认为商品具有二重性，即使用价值和价值。若把孩子看作商品，则孩子就有价值和使用价值。针对商品所有者（这里是父母）而言，使用价值是为他人生产的，对商品生产者或所有者自己没有使用价值。从这个角度看，孩子不能被简单地视为商品，从而与其他消费品一起构成无差异曲线，家庭的生育行为不能被视为总预算约束下的商品选择问题。

国家从全社会的角度，主要关心的是人口总量及结构问题。当人口总量过大，增长过快时，对经济社会产生不利影响：降低人均 GDP，参与分配经济发展成果的人增多、过多的财政用于新出生的孩子，透支资源、给环境造成巨大的负担；积极影响是充足的劳动力供给不会出现人口老龄化问题。现阶段，每个家庭结合成本收益法，不愿多生孩子是其做出的理性选择，但是全国范围内的家庭都不愿意多生孩子，对国家就不是理性选择。国家在制定人口生育政策时，一定要关注家庭的生育意愿[8]，充分了解家庭的生育顾虑和女性生育子女时面临的困难，才能使生育政策调整与家庭生育意愿有效衔接，达到政策的预期效果。《决定》中提到，在实施“三孩”生育政策同时，完善生育、养育、教育等配套措施。这就是政策要解决的问题精准地与人民群众选择生育孩子时面临的困难相匹配。从 2021 年 9 月开始，全国各地相继落实义务教育学校课后延时服务，针对性地解决家长接送孩子的时间困难和经济负担，这项措施可看作人口生育政策的配套措施，有助于“三孩”政策的落实。

（二）现阶段“鼓励生育”政策的经济学分析

随着人口红利的逐渐消失和社会人口老龄化压力加剧，过去的独生子女政策已经很难适应当前社会需求，长期的低生育率则会制约经济的可持续发展。我国逐步放开的“二孩”“三孩”政策也在一定程度上起到了防止“人口过快下降”的作用。以下分析从经济学角度分析促使人口生育政策改革的各因素。

1. 人民生活质量提高，家庭生育意愿低

随着我国人民生活水平的不断提高，原先从事第二产业的失业工人涌入服务业。人们享受的服务越来越好，闲暇时有各种娱乐方式可以选择，还可以把积蓄用于教育和投资。我国现在收入差距较大，层级变化也越来越容易，信息越来越公开透明，每个人都可以看到比自己层级地位高或低的人的生活，每个人都不希望自己和子女的层级地位下沉，所以会把有限的资源（财力、人力）培养少数甚至一个孩子上，导致我国人口出生率低且生育意愿持续下降。

2. 弥补养老金亏空，缓解人口老龄化压力

养老金亏空是关系人口生育政策和生育问题的重要因素，我国养老金实行现收现付制，这一代人养老金的兑现，要靠下一代人生产的财富。现阶段人口出生率减少，意味着二三十年后创造财富的人会减少。养老金出现缺口提醒我们，社会的可持续发展也包括人口的可持续发展。人是生产者，也是消费者，生产者和消费者的数量要能够平衡。如果作为消费者的老人太多，作为生产者的年轻劳动力太少，养老金就无法转换成供全体社会成员消费的物质财富，社会也积累不下进一步发展的资源。

计划生育政策改变了我国原有的大家庭模式，使我国家庭更趋于小型化，独生子女家庭数量超过1.5亿，传统家庭观念日渐淡漠，在人口老龄化背景下，独生子女家庭的孩子承担着更大的养老压力。适时放开生育政策，有利于缓解人口老龄化的压力[9]。当老年人成为社会的主力，掌握大量的社会资源，他们要留下一部分资源养老，就会造成全社会消费能力下降，企业倒闭整合，产业萎缩，加剧失业，失业又会进一步造成少子化。这些因素也在倒逼政策改革，使人口生育向促进经济社会协调发展的方向转变。

3. 国内政治经济环境稳定，国际不确定因素增强

我国生产力水平相较新中国成立初期已经有了质的飞跃。我国农业发展潜力巨大、粮食产量实现“十七连丰”，通过耕地保护、科学育种、杂交水稻等方式，我国完全有能力解决中国人民的吃饭问题，因而不必因粮食问题担心人口数量和增量。人口增长可以产生规模效应，体现在基础设施建设方面就是，大量的人口摊薄了基础设施建设的巨大投入，而且更有利于环境污染的处理，从整体上提高了人民的生活水平。每个人既是具备原创力的生产者，又是具备鉴赏能力和学习能力的文化产品消费者。生产者越多，出现优秀产品的概率越大，消费者越多，分摊生产成本的人也越多，无形产品的价格就越低。作为十亿人口级别的工业国，每个人获取知识都会更容易，享受文化艺术的代价会更小。

当前世界的大环境仍是和平与发展，我国社会安定、政治稳定、经济稳中向好、法制化建设不断完善，全社会都有追求文学艺术和科技创新发明的外部环境。科学技术的发展使得承载人口的空间增加，人口相对稀少。随着 GDP 的增长和人民生活水平的提

高，生育率自然就有下降的趋势，这一点已经被发达国家的历史所证实。鼓励生育是与生育率自然下降的趋势对抗，需要高昂的物质文化成本投入。人民对未来生活有着稳定的预期和美好的期待，现阶段鼓励生育所需的成本和投入比之前较小，相对比较容易。

人口是经济社会发展的基础，劳动力是经济增长的动力之一。“英国脱欧”“让制造业回到美国”反映出逆全球化势力来势汹汹，本次新冠肺炎疫情也使世界经济遭受重创。党和国家领导人站在时代的潮头，高瞻远瞩，提出建立以国内大循环为主体，国内国际双循环相互促进的新发展格局。我国拥有全球最大的市场和最全面的工业体系，发挥我国内部可循环的大国优势，实施扩大内需战略都要立足于我国的人口优势。劳动力的质量和数量会影响经济高质量发展。保持一定的生育水平，促进人口均衡发展，对中华民族长远发展具有战略意义——智力资源越丰富，创新活力越大，技术优势也越容易发挥并被所有人共享，产业链就越完整。

4. 综合分析

生育儿童，“生”是制造业，“育”是服务业，生育问题也是关系经济发展的大问题。之前一段时间，从个人到政府都重视物质再生产，忽略了有计划的人口再生产也是全社会物质再生产的一部分，导致人口再生产与物质在生产关系错位。而人口再生产的长周期性决定了人口对经济影响的滞后性。人口生育问题的接续问题就是个人的就业和发展问题，这些问题极度依赖社会大环境和我们所处的经济周期。经济周期是人类社会发展的自然规律，不以人的意志为转移。人口数量要与国家或地区所能提供的物质资料相适应，劳动人口的数量和质量必须与社会拥有的劳动手段和劳动对象以及当时的社会生产技术水平相适应，与国民收入增长相适应。在新的历史时期，我国的制度变迁不能落后于社会发展。一个合理的生育政策，目标一定不是简单的降低或者提高生育率，而是要在保持一切社会进步成果的前提下，培育出数量足够，质量也能满足现代社会需求的新一代人口。“三孩”政策是对制度的积极调整，有了配套措施的支持和日渐完善的社会保障体系，再加上积累的财富储备和科技创新，在未来，我国的人口压力有望缓解，并再次向推动经济社会高质量发展的动力方面转换。

参考文献：

［1］毛泽东选集：第4卷［M］. 北京：人民出版社，1991.

［2］中共中央 国务院关于优化生育政策促进人口长期均衡发展的决定［J］. 中华人民共和国国务院公报，2021（22）：4-8.

［3］张越，陈丹. 新中国70年的人口政策变迁与当代人口发展［J］. 宏观经济管理，2020，4（5）：62-69.

［4］迟明. 中国人口生育政策调整的经济学研究［D］. 长春：吉林大学，2015.

［5］马克思恩格斯全集：第23卷［M］. 北京：人民出版社，1972：692.

［6］朱秋莲. 建国以来党的人口生育政策变迁研究［D］. 长沙：湖南师范大学，2013.

［7］黄步云. 家庭生育选择行为的经济学分析［J］. 西北人口，2005，4（1）：61-64.

［8］王振东，明立群. 中国人口转变的经济学分析［J］. 南昌大学学报（人文社会科学版），2003，4（3）：68-72.

［9］潘金洪. 三孩政策的动因和效应分析［J］. 人口与社会，2021，37（3）：13-21.

关于农民承包地所有权、承包权、经营权属性的思考[1]

孔陆泉[2] 曹露[3]

摘　要：改革开放以来，在习近平同志肯定的我国经济学理论创新取得的一系列重要成果中，农民承包地具有所有权、承包权、经营权属性，是一次颇有新意的理论概括。以往对承包制或者认为是向私有制的倒退，或者认为是所有权和经营权的“两权分离”，都不是全面、准确、科学的认识。承包制没有改变我国土地的公有制性质，而且在实践中被证明是公有制的有效实现形式，在解决我国粮食安全中功不可没。但也不能用“两权分离”加以解释，它是马克思个人所有制理论在我国的成功实践，在维护公有制的同时，较好地实现了农民的个人所有权，因而极大地调动了农民生产积极性。现在深化农村产权制度改革，实行所有权、承包权经营权“三权分置”，实际上进一步强调了农村集体经济中农民个人所有权的落实。它不仅对深化完善农村改革具有指导意义，而且对城市公有制经济产权制度的改革完善具有普遍指导意义。

关键词：所有权；承包权；经营权；三权分置；两权分离

2020年8月24日，习近平总书记在经济社会领域专家座谈会上，列举了改革开放以来我们不断推进理论创新取得的一系列重要成果。认为这些成果不仅有力指导了我国经济发展实践，而且开拓了马克思主义政治经济学新境界。其中关于农民承包的土地具有所有权、承包权、经营权属性的理论，笔者认为是一次颇有新意的概括，值得我们深入探讨，以求得全面、准确、科学的认识。

一、对土地承包制历来就有的两种不同看法

众所周知，我国农村土地的家庭联产承包责任制，是从过去人民公社土地的“三级

① 基金项目：国家社会科学基金后期资助项目“《资本论》三大理论新解”（19FKSB047）的中间成果。

② 孔陆泉，中共江苏省委党校经济社会发展研究教授。

③ 曹露，江苏省镇江高等职业技术学校讲师。

所有、队为基础”转化而来的经济形式。对过去土地的公有制属性，是没有人怀疑的。土地承包之后，因为土地分到了各家各户，形式上类似于新中国成立前一家一户的私有单干。于是，对土地承包制的看法，一直就有不同意见，其中最有代表性的是以下两种。

第一种看法出于对土地承包制的不理解，认为土地所有制变了，从公有制倒退到了私有制，有人说是：“辛辛苦苦三十年，一夜回到解放前”。到目前为止，还有人把它同过去的集体所有制经济相对立，不时地加以批评和指责。前不久，网上甚至出现了“小岗村应该向全国人民道歉”的文章。认为当初是他们的“红手印”，将中国农业打回到了“封建农业制度的原型”，而当年冒死摁“红手印”分田分地的带头人，现在却重新走回集体经济道路，到集体去领红包了。早知今日何必当初？所以作者气愤难平地说：“难道小岗村，不应该向全中国人民赔礼道歉吗?!”

第二种长期占主导地位的看法，是要为土地承包制进行辩护。这种看法认为承包不涉及所有权问题，只是经营权转移到了农户手里，土地的集体所有制性质没有变，所有权仍在劳动者集体手里，而农民家庭对土地只有经营权，没有所有权。后来城市国有和集体企业的改革，也要求实行所有权和经营权的“两权分离”，不承认企业及其劳动者应有的所有权。

笔者认为，以上两种看法，都是由于对改革开放中的承包制，没有全面、准确、科学地加以认识而产生的。

二、土地承包制不是公有制向私有制的倒退

承包制之所以不是公有制向私有制的倒退，是因为实行土地家庭承包之后，土地的集体所有制性质的确没有变。过去以生产队、现在以村民小组存在的劳动者集体单位，继续依法行使着土地的所有权。土地作为农村的主要生产资料，依然保留着集体所有制的性质。那么土地事实上已经分到农户，被以家庭为单位的私人所占有和使用，为什么还说集体所有制的性质没有变呢？笔者认为，要把这个问题说清楚，首先要回顾一下马克思主义的生产资料所有制理论。

从表面上看，所有制说的是生产资料归谁所有问题，在法律上表现为谁拥有所有权。但所有制绝不是单纯的法律所有权，在实际生产过程中还表现为对生产资料的占有、使用、受益和处分。正如马克思所说：“在每个历史时代中所有权是以各种不同的方式、在完全不同的社会关系下面发展起来的”，如果要给资产阶级所有权下定义，“不外是把资产阶级生产的全部社会关系描述一番”[1]177。同样，要把农村集体所有制问题说清楚，也必须把我国社会主义公有制条件下，农民生产的全部社会关系做一番描述。

为了把社会主义的生产关系描述清楚，马克思在《资本论》第1卷设想了一个“自由人联合体”。恩格斯说：这是“一个按社会主义原则组织起来的联合体”[2]473。之所以被称为“自由人联合体”，是因为实行了公有制，他们中的每一个人都有了自己的

财产，占有了自己的生产资料，而成为真正自由的人。在《共产党宣言》中，马克思、恩格斯曾肯定，财产是“构成个人的一切自由、活动和独立的基础”[1]286，而无产阶级在过去被剥夺了财产，所以没有自由。在《法国工人党纲领导言》中，马克思强调：“生产者只有在占有生产资料之后才能获得自由”[3]。所以，“自由人联合体”的形成，必须以财产或生产资料的公有制为基础。

马克思指出：在这个联合体中，“人们同他们的劳动产品的社会关系，无论在生产上还是在分配上，都是简单明了的”[4]96-97。就是说，包含于其中的生产关系，明明白白地表现在联合体的生产、分配和消费的再生产过程之中。本来再生产过程还应该包括交换，但马克思、恩格斯认为“在一个集体的、以生产资料公有为基础的社会中，生产者不交换自己的产品”[2]303，所以没有了交换环节。生产中人们“用公共的生产资料进行劳动，并且自觉地把他们许多个人劳动力当作一个社会劳动力来使用”；生产出“联合体的总产品”，一部分重新用作生产资料，依旧归公共所有；“另一部分则作为生活资料由联合体成员消费。因此，这一部分要在他们之间进行分配。这种分配的方式会随着社会生产有机体本身的特殊方式和随着生产者的相应的历史发展程度而改变”；在一定历史阶段，劳动时间既是“计量生产者在共同劳动中个人所占份额的尺度，因而也是计量生产者在共同产品的个人可消费部分中所占份额的尺度”[4]96。这就是说，在社会主义阶段是按劳分配，到共产主义阶段将改变为按需分配。

从以上描述中，我们可以看到，社会主义生产关系的核心，是生产资料的公有制，它决定了劳动者在生产、分配和消费中，共同平等享有生产资料和产品的占有权、使用权、受益权和处分权。这里的占有权、使用权、受益权，合起来就是经营权。因为经营首先要占有和使用，目的则是受益。广义的处分权包含着经营权，狭义则是专指所有权在不同主体之间的转让和变更。

应当说，我国农民从合作化的高级社开始，到人民公社的生产队，再到现今的村民小组，已经因为土地的公有制，而联结成为自由人联合体。不过马克思、恩格斯当初的设想，是在一国甚至全世界范围内建立单一的联合体，我们的实践却是在一个村庄甚至更小范围内组建众多的联合体。这是不由人的意志为转移，而由社会生产力的状况决定的。我国农村当时基本还在用手工工具搞饭吃，就不可能建立大一统的联合体，而只能在小范围内组建联合体，以便于生产的组织和管理。

实行土地承包后，公有制的性质之所以没有变，因为土地的所有权，始终掌握在小范围联合的劳动者集体手里。集体范围内的农民群众，在生产、分配和消费中，仍然共同平等享有土地的占有、使用、受益和处分的权利。所不同的是，由占有、使用、受益构成的经营权，以往由农民群众在生产队里集体行使，现在改由农户根据自己与集体签订的承包合同独立行使。每一个农户，都有平等的承包权和经营权。而土地所有权中最关键的处分权，仍由农民集体行使，农户不能单独处分。这就从根本上断绝了私有制下才有的土地兼并之可能，从而避免了农民因失地而沦为贫民，产生两极分化。所以，把土地分到各家各户，不是土地所有权的变更，而只是经营权行使方式的变更。集体范围内的农户，首先获得了自己的承包权，然后行使自己的经营权。现在，也可以在保留承包权的前提下，将自己的经营权转让给别人。

从生产的角度看，农民有了土地的承包权和经营权，其优越性十分明显。集体经济过去一度也曾显示出巨大的优越性，依靠不同范围内互助合作的人多力量大，兴修水利、整治山河，改变了农业生产条件，提高了抗御自然灾害的能力，为我国后来农业的稳产高产奠定了基础。但是毋庸讳言，集体经济发展过程中，曾经出现过的“一平二调”共产风、平均主义“大锅饭”，以及各级行政的命令主义、“瞎指挥”等不良倾向，并没有彻底消除，有时甚至还十分严重，在很大程度上剥夺了农民集体的生产经营自主权，直接损害了农民经济利益，影响了农民生产积极性，越来越与生产力发展的要求相背离。弄得全国人民辛辛苦苦30年，温饱问题始终没能解决好。笔者在生产队当农民时，亲身经历过农村收入低下粮食紧张的苦日子，也亲眼看到过一个生产队秋后算账，劳动日单价仅为人民币9分钱，还有一个生产队甚至只有5分3厘钱。农民辛酸地自嘲：“堂堂一个男子汉，不如老母鸡下个蛋”。

正是因为这种状况，才有了安徽小岗村等地农民的惊天一举，在不改变集体所有制的基础上，实行了分田到户的“大包干”。农民的章程很简单：“保证国家的，留够集体的，剩下都是自己的”。就这样一个土里土气，被人看不上眼的自救行为，很好地解决了村里多年来解决不了的吃饱饭问题。经过党和国家的支持规范，形成了以家庭承包经营为基础、统分结合的双层经营体制。此举迅速得到全国农民的欢迎，生产积极性空前高涨，极大地改变了我国粮食长期供应不足的紧张状况。我们依靠占世界不到9%的耕地，养活了占世界近21%的人口，解除了长期悬在国人头上的一把“达摩克利斯”之剑。国家统计局2020年12月发布，我国粮食生产实现了2004年以来史无前例的“十七连丰”；2015年以来，连续6年站上了总量1.3万亿斤的高台阶，全国人均粮食占有量远远超过世界平均水平[5]。从粮食长期短缺到供求基本平衡有余的历史性跨越，得到世界各国的由衷赞叹。在我国为世界粮食安全做出的巨大贡献中，农民的土地承包制功不可没。

三、“两权分离”理论解释不了承包地的所有权属性

对于农村土地承包制这样一项获得巨大成功的改革，不少同志出于为其辩护的好意，用“两权分离”理论来做解释，认为土地承包只涉及承包权和经营权，而不涉及所有权。对此笔者一直持不同意见，1986年就开始撰文，认为土地承包制是马克思个人所有制理论在我国的成功实践，是农村劳动者土地个人所有权的实现。同时认为，国有、集体企业改革的理论指导，也不应是“两权分离”理论，而应该是劳动者所有权和经营权在企业相统一的理论[6]。

个人所有制理论，是马克思一个半世纪之前在《资本论》中提出的。他认为：无产者在剥夺剥夺者之后，要对以往的生产资料所有制，实行“否定的否定”，即：“在资本主义时代的成就的基础上，也就是说，在协作和对土地及靠劳动本身生产的生产资料的共同占有的基础上，重新建立个人所有制”[4]874。我们以往对这种重新建立的个人所有制，一直不理解其真实含义，把它同公有制并列甚至对立起来，说是在公有制的基

础上建立消费品的个人所有制。笔者从 1983 年起，就发表文章认为：“否定的否定”围绕着生产资料所有制而展开，最后的结果不可能是消费品所有制；消费品归个人所有是分配问题，由生产条件的分配即生产资料所有制所决定，而且任何社会分配后的消费品都归个人所有，这种个人所有制不需要专门重建；从本质上说，消费品个人所有属于私有制，马克思已明确指出不是重建私有制，而只能是重建个人与社会高度统一、既被称为个人、也被称为社会的所有制[7]。我国已故著名经济学家，荣获“人民教育家”崇高荣誉的卫兴华先生，生前多次发文肯定过类似于笔者的这种理解，并曾当面鼓励和支持过笔者的研究。

根据马克思的个人所有制理论，在我国农村集体经济中，作为主人的农民集体，以及作为主人之一员的农民个人，对本集体的土地等各种生产要素和经营成果，都有着不可剥夺的所有权。土地的所有权意义特别重大，马克思曾经指出：“土地的占有是直接生产者的生产条件之一，而他对土地的所有权是他的生产方式的最有利的条件，即他的生产方式得以繁荣的条件”[8]693-694。恩格斯则明确告诉我们：“完全的、自由的土地所有权，不仅意味着不折不扣和毫无限制地占有土地的可能性，而且也意味着把它出让的可能性。”[9]

但是，在我国以往的农村集体经济中，外部有高度集中的计划经济体制，内部在集体与个人、干部与群众、民主与集中等关系上处理得不够好，使得农民集体和个人的所有权，都落实得不够好。在生产过程中，对作为主要生产资料的土地，如何支配和经营才能获取最大收益，应该由农民自己考虑和做主。可是在政社合一体制下，行政干预严重冲击着农民的自主经营权。土地种什么、种多少，甚至什么时候种、什么时候收，都得听命于各级领导。笔者在农村工作时，记得上级曾以“方向稻”“路线稻”的名义，强制推行不适合本地栽种的双季稻。谁不完成上级下达的栽种任务，就是犯了“方向路线”错误。集体的自主经营权尚且不保，就更不用说农民个人了。不少地方就曾以“与集体争工争水争肥”为借口，不准农民自留地种水稻或其他经济作物。农民自己个人的劳动力，也只能由集体支配，而不让个人自由支配。曾以反对所谓“资本主义倾向”为名，不准农民外出打工，不准农民搞家庭副业，也不准农民从事自由职业。在收益分配上，存在严重的平均主义和“大锅饭”，来自集体之外强派的、本集体不受益的各种义务工等等，都严重侵犯了劳动者集体和个人的经济利益。当农民个人对土地的支配、使用、经营和受益权都得不到保障时，还何谈个人所有权的落实?

实行土地承包责任制以后，情况发生了根本变化。首先，农民对土地的个人所有权落到了实处，表现为实实在在的占有权、使用权、经营权和受益权。虽然最终处分由不得个人，但每个农民仍是集体的一员，集体如何处分要征求每个人的意见，实行民主集中制原则。最终处分权不归个人，并不是对土地个人所有权的侵犯，而恰恰是为了避免土地的买卖兼并，以更好地保障其个人所有权的实现。现在的农民个人，才是土地真正的主人。种什么、怎样种，主要是根据市场的需要，同时接受国家政策的指导，完全自主地做出决策。而不再像过去那样空有主人的名号，却不能对土地自由支配、使用、经营和受益。现在农民个人的劳动力，不再像过去那样受限制和束缚，而完全可以自主支配，在适合的任何地方发展。农民的个性和才能得到了解放，发展得到了空间，这才有了乡镇企业的异军突起，农村一、二、三产业的兴旺发达，也才有了无数优秀农民企业家的涌现。一波波汹涌澎湃的“民工潮”，更是冲破了工农分离、城乡隔绝的藩篱，开启了我国城乡一体化的大门，为我国城市、农村的共同发展和振兴，为农民个人的全面自由发展，开辟了更为广阔的前景。

四、在承认所有权属性的基础上实行三权的分置和结合，对深化完善我国公有制改革具有普遍指导意义

党的十八大以来，随着改革的深化，党和国家出台了完善土地承包制的新政策。特别是党的十九大明确提出，要深化农村土地制度改革，深化农村集体产权制度改革，保障农民财产权益，壮大集体经济。并具体要求完善承包地所有权、承包权、经营权的“三权分置”，允许农民把土地的承包经营权，依法、自愿、有偿地进行流转，通过土地转包、出租、互换、转让、股份合作等形式，发展多种形式适度规模经营，培育农民新型合作组织和新型农业经营主体，构建现代农业产业体系、生产体系、经营体系和社会化服务体系，实现小农户和现代农业发展有机衔接，促进农村一、二、三产业融合发展。这些实际都是在维护农村集体公有制的同时，对农民个人所有权的进一步肯定。我们现在的“三权分置”，就是在确认承包地既是农民集体所有、也是农民个人所有，从而具有所有权属性基础上的分置，而不同于过去不承认所有权属性的“两权分离”。

小岗村的农民，正是党的政策指引下，从过去分田单干摁“红手印”，发展到现在土地确权领“红本本”，成立了集体资产股份合作社，每个村民都成为拥有个人股权的股东，至今已经迎来第四次股权分红[10]。他们从每人都能喜提的“红包”中，切实享受到了集体土地的个人所有权。应当相信，我国农村在承包地所有权、承包权、经营权属性理论指导下，认真贯彻落实党和国家确定的基本制度和方针政策，集体所有制经济必将迎来生产资料公有与农民的个人所有相统一、农民个性的解放和所有人全面自由发展相联系的美好未来。而且不仅如此，农村改革的成功经验，农民承包地具有所有权、承包权、经营权属性的理论，对深化和完善我国城市公有制企业（包括国有和集体）的改革，也具有普遍的指导意义。

回顾以往公有制企业的改革，以“两权分离”理论作指导，并没有取得实质性突破。因为历史上一直就有的“两权分离”，都是发生在不同的经济主体之间。而我国公有制企业，不论是国有还是集体，都只有一个主体，即联合起来的劳动者。国家是最高层次劳动者的联合，代表着全国范围的劳动者；每个国有企业是第二层次的劳动者，上联国家、下联职工；个人则是第三层次的劳动者。三个层次的劳动者，在整个社会再生产过程中，共同行使着生产、交换、分配、消费过程中发生的所有权。从表面上看，经营权似乎可以独立于所有权而分离，在不同的所有者那里确实如此，但在同一所有者那里，经营权实际上是所有权的具体实现，它不是二者的分离，而恰恰是在企业中的有机统一。

如果硬要在公有制企业中实行“两权分离”，在以往的实践中已经显现弊端。国有

企业实行承包制时，要求在国家掌握所有权的前提下，赋予企业经营自主权，并通过制定企业法和转换经营机制条例，明确了企业的 14 项经营自主权。但在实践中大部分自主权都难以落实，只有约占 1/3 的企业经营机制转换较好，而 2/3 的企业则陷于亏损。究其原因，就在于所谓的“两权分离”，究竟哪些是所有权、哪些是经营权，哪个是所有者、哪个是经营者，都无法界定清楚，当然也就无法分离、无法落实。

实行公司制改革，建立现代企业制度，公有资产代表进入董事会、监事会，与其他董事、监事共同行使所有权职能，这本身就是所有权、经营权在企业内部的有机结合，而不是两权的分离。但是，有些公司制企业却因循“两权分离”的旧思路，忽视国家（集体）、企业和劳动者个人三方所有权在企业内部的落实，特别表现在直接体现所有权的受益权上。受益权通过分配来实现，不合理的分配就是对他人所有权的侵犯。一些改制为上市公司而受“内部人”控制的国有或集体企业，其董事、监事、经理等高级管理人员，也仿照着非公有制上市公司的高管，拿起了几十倍、几百倍甚至几千倍于普通职工的高薪。据国家人社部劳动工资研究所《2011 年中国薪酬发展报告》披露：“十一五”期间，我国上市公司高管年薪平均值，由 2005 年的 29. 1 万元，增加到 2010 年的 66. 8 万元，部分高管的年薪超过了千万元。其中平安保险公司总经理 2007 年的年薪为 6 616 万元，是当年全国企业在岗职工平均工资的 2 751 倍，农民工平均工资的 4 553 倍[①]。那些时而为党政官员、时而为企业高管的“两栖人”，前后收入的巨额差距，更暴露出这种分配的不合理和不规范。

有人以企业的高效益和高管的突出贡献，为这种不合理的分配辩护。而众所周知，企业效益、高管贡献，很大程度上是凭着国家赋予的巨额资本、先进技术设备和特殊政策，而不是凭他们的超额劳动获得的。如我国中央直属企业，劳动者人数只占全国总数的 5%不到，所占投资却占全国的 60%以上。央企职工的平均工资，一度高出了其他国有单位 1. 5 倍。其中金融行业高出了 6. 5 倍，最高一家金融公司，更是高出了 8. 5 倍。2010 年，上海浦发银行员工一年的工资、奖金加福利，平均为 35. 74 万元，是当年我国职工平均收入的 10 倍[②]。2013 年，国家统计局发布的全国各行业年平均工资显示，城镇非私营单位就业人员中，金融业是全国平均水平的 1. 94 倍；信息传输、软件和信息技术服务业是全国平均水平的 1. 77 倍；农、林、牧、渔业仅为全国平均水平的 50%。最高与最低之比为 3. 86[③]。此外，人们所看到的我国电力、石油石化、烟草、高速公路等垄断、准垄断行业职工的高收入、高福利，也是一般国有单位所望尘莫及。这种差别，并不是按劳分配所得，很大程度上是按要素分配所得。而按要素分配与要素的全民所有制性质并不相符，在广大人民群众中也造成了不良影响。

为此，我国城市公有制企业的改革，必须摒弃过去“两权分离”的理论指导，而必须在承认企业所有权属性的基础上，实行三权的分置和有机结合。从总体上说，一方面要适应社会主义市场经济的要求，赋予每个公有制企业应有的经营自主权，形成一个

① 数据来源：国家人社部劳动工资研究所《2011 年中国薪酬发展报告》，中国新闻网，2012-10-17。

② 数据来源：国家人社部劳动工资研究所《2011 年中国薪酬发展报告》，中国新闻网，2012-10-17。

③ 数据来源：《第一财经日报》，2014-05-28。

个利益相对独立、自主经营、自负盈亏、自我发展、自我约束的市场主体，否则就搞不成市场经济。另一方面，又要维护其社会主义公有制亦即个人所有制的性质。在不同范围内联合起来的劳动者，要共同、平等地占有生产资料。全民所有制经济必须确立全体人民不分城乡、人人平等的观念，彻底打破城乡界限和所谓“体制”内外的界限。必须真正体现全民所有性质，不能降格为企业范围内的集体所有，更不能蜕变为“内部人”控制的少数人私有。现在我们党已经认识到，允许农民进城，促进劳动力和人才有序社会性流动，这既是经济持续健康发展的有力支撑，也是实现人的全面发展的必然要求[11]。这种社会性流动，正是以承认全体人民对全国范围内生产资料的平等所有权和占有权为前提的。

承认公有制企业劳动者的平等所有权，还必须承认并落实劳动者集体和个人对生产经营平等的决策权、监管权和对劳动成果平等的分享权。要按照党的十九届四中全会关于健全基层群众自治制度的要求，“全心全意依靠工人阶级，健全以职工代表大会为基本形式的企事业单位民主管理制度，探索企业职工参与管理的有效方式，保障职工群众的知情权、参与权、表达权、监督权，维护职工合法权益”[12]。市场经济条件下的现代公司制管理模式要名副其实，公有制企业的劳动者应当通过自己的职工代表大会和工会组织，选派代表进入董事会参与生产经营决策，进入监事会监督企业资本运作和生产经营，防止损害全民、集体和劳动者个人利益的事情发生。在这方面，集体企业劳动者对生产经营的民主管理和监督，应该比全民企业更能落实。而且已经涌现出了海尔、华为等一批优秀企业。全民企业资本所有者、经营者和直接生产者之间，有比较复杂的重叠、交错和委托—代理关系。而集体企业内部关系相对简单和直接。即使聘请了外部专业人员参与经营管理，也是处于资本所有者的直接监管之下，不容易发生“内部人”侵犯所有者权益之事，而保证企业所创成果的集体共享。劳动者个人除了通过按劳分配获取劳动报酬外，还可以凭个人股权获得资本收益，更有利于劳动者个人所有权的实现，以及主人翁责任感的加强。

总之，农村承包地具有所有权、承包权、经营权属性的理论，不仅为我国农村改革的深化和完善，还将为我国城市公有制企业改革的深化和完善，发挥积极指导作用。贯彻落实好这一理论，在承认企业所有权属性的基础上，实行三权分置和有机结合，我们一定能实现党的十九大提出的要求，把我国公有制企业变成产权有效激励、要素自由流动、资产保值增值、资本做强做优做大、具有全球竞争力的世界一流企业。

参考文献：

［1］马克思恩格斯选集：第1卷［M］. 北京：人民出版社，1995.
［2］马克思恩格斯选集：第3卷［M］. 北京：人民出版社，1995：473.
［3］马克思恩格斯全集：第19卷［M］. 北京：人民出版社，1963：264.
［4］马克思. 资本论：第1卷［M］. 北京：人民出版社，2004：96-97.
［5］赵鹏. 我国人均粮食占有量889多斤，远超世界平均水平［N］. 北京日报，2020-04-03.
［6］孔陆泉. 关于社会主义公有制问题的再探讨［J］. 学习与探讨，1986（5）：95-98.
［7］孔陆泉. 解开马克思“个人所有制”之谜［M］. 呼和浩特：内蒙古人民出版社，2003：3.

［8］马克思. 资本论：第 3 卷［M］. 北京：人民出版社，2004.

［9］马克思恩格斯选集：第 4 卷［M］. 北京：人民出版社，1995：167.

［10］常河. “大包干”开启农村改革序幕［N］. 光明日报，2021-03-23.

［11］新华网. 习近平在中央全面深化改革委员会第十次会议上的讲话［EB/OL］. www.xinhuanet.com/politics/2019-09/09/c.

［12］光明网. 中共中央关于坚持和完善中国特色社会主义制度 推进国家治理体系和治理能力现代化若干重大问题的决定［EB/ON］. http://epaper.gmw.cn/gmrb/html/2019-11/06/nw.

论高水平社会主义市场经济体制

史涛[①] 常荆莎[②]

摘 要：2020年党的十九届五中全会明确提出，构建高水平社会主义市场经济。不久后公布了《中共中央国务院关于新时代加快完善社会主义市场经济体制的意见》。构建高水平社会主义市场经济是推动我国经济高质量发展的内在要求。认识高水平社会主义市场经济体制必须从两方面出发：第一，高水平社会主义市场经济必须提高社会主义国家运用市场经济体制的能力。第二，必须充分利用使市场在资源配置中起决定性作用的体制机制，更好地发挥政府作用。

关键词：社会主义市场经济；制度体制；高水平

1992年以后，我国社会主义市场经济体制逐步建立，对我国解放和发展生产力、增强我国综合国力、提高人民生活水平发挥了重要作用。经过近30年的快速发展，我国社会生产力发展水平，社会主要矛盾已发生明显变化，同时全球新冠肺炎疫情仍在持续蔓延，国际经济发展不确定性增加，需要在新的历史起点上认识和把握高水平社会主义市场经济体制。

一、经济社会发展要求提升高水平社会主义市场经济体制水平

新时代阶段我国社会生产力发展已具有相当基础，生产关系问题依然比较突出。构建高水平市场经济体制是基于进一步优化社会运转体系，实现经济社会高质量社会发展的必然要求，体现现实问题和环境变化对经济体制的倒逼影响。

一方面，通过进一步改革完善生产关系的组织安排方式发展社会主义社会生产力。1992年以后，我国逐渐形成和完善社会主义市场经济体制。经过近30年的快速发展，社会生产力有了很大提高。“十三五”时期“经济实力、科技实力、综合国力跃上新的

① 史涛，中国地质大学（武汉）马克思主义学院硕士研究生。
② 常荆莎，中国地质大学（武汉）马克思主义学院教授。

大台阶，经济运行总体平稳，经济结构持续优化”[1]。2020 年国内生产总值突破 100 万亿元，如期实现全面建成小康社会，迈进全面建设社会主义现代化国家新征程。

改革开放以来我国经济高速发展，用四十多年时间经历西方发达资本主义国家两百年发展历史，成就巨大的同时，面对的社会问题相对集中表现为贫富分化、贪腐泛滥趋势、资产阶级意识形态侵蚀等方面，这些问题反映出市场经济失去正确方向时必然堕入混乱和有害。这就要求社会主义市场经济体制提高水平，摆脱现有运行状况中恶性事物。同时，新冠肺炎疫情给全球生产贸易消费形势带来深刻变化，为世界经济复苏带来不确定性，迫使我们更加需要经济体制发挥好牵引经济社会发展的重要作用，按新形势提出的更高要求提升社会主义市场经济体制水平。

另一方面，我国社会主要矛盾变化要求社会主义市场经济体制迈向更高水平。我国现阶段的社会主要矛盾，已经转变为人民对于美好生活的需要同不平衡不充分发展之间的矛盾。一方面，人民美好生活需要相当长一段时期仍将通过市场实现。人民既是社会主义市场经济中经济生产经营活动的主体，又是获取社会主义市场经济发展成果的分配主体，需要高水平社会主义市场经济体制既高效配置资源，也完善分配方式，迈入先富带后富阶段。另一方面，缓解不平衡不充分发展问题，需要更高水平的社会主义市场经济体制。社会主义市场经济体制近 30 年建立和完善历史中，我们既看到了社会生产力获得较大发展，也看到了单凭市场必然使得资源流向利润率高的行业，形成城乡、区域、行业不平衡发展。这就要求提高社会主义市场经济体制水平，推进市场在配置资源的决定性作用中更好地发挥政府作用。

二、高水平社会主义市场经济体制的基本特征

高水平社会主义市场经济体制是解决现有问题，实现我国经济体制初衷的社会主义市场经济升级版。

（一）高水平服务社会主义经济制度的成熟与完善

经济体制是对经济运行过程中资源配置方式的组织安排，是经济制度的实现形式，在经济制度统领下推动社会生产力的解放和发展。作为经济制度的实现方式，经济体制责无旁贷地担负着维护、巩固、完善经济制度的根本职能。

中国共产党十九届四中全会把社会主义市场经济体制纳入我国现阶段社会主义基本经济制度，从我国现阶段基本经济制度的构成内容可以看出，基本经济制度体现的是社会一定阶段所有制结构、分配方式结构、经济运行方式的有机统一，是重大经济关系的有机组合。坚持公有制为主体多种所有制经济共同发展，从所有制结构上规定了我国社会的基本性质是社会主义，反映出公有制是我国现阶段经济关系的“普照之光”，同时又体现我国当前仍然处于社会主义初级阶段，呈现生产力发展水平差异决定的存在多种所有制的基本国情。从所有制结构到由其决定的分配方式结构，现阶段都离不开社会主义市场经济体制这个运行中介。正是由于我国现阶段基本经济制度体系中，作为社会主

义经济制度的公有制和按劳分配决定社会主义市场经济体制的性质和发展方向，建设高水平社会主义市场经济体制就必须提升市场经济为社会主义制度成熟与完善服务的能力和水平。资本主义市场经济，虽然也客观上促进社会生产和再生产，但本质上是由剩余价值最大化推动资本积累的目的带动的，资本必然朝着利润涌流造成发展不平衡，固化资本主义私有制和雇佣劳动制。实现共同富裕是社会主义生产根本目的现阶段要义，现阶段必须经由社会主义市场经济实现。在体制运转中促进国家经济发展、巩固和壮大社会主义经济制度，钳制市场经济弊端，促进共有、共创、共富，这是对高水平社会主义市场经济体制的应然要求，从而也应化为实然特点。

（二）推动高质量配置社会经济资源

高水平社会主义市场经济的直接任务仍然是要解放和发展社会生产力，在既有基础上促进经济社会高质量发展，这就使高水平社会主义市场经济体制具有高质量配置社会经济资源的特征。

“即使市场是有效的，资源配置的方式也有可能是社会所不能接受的。”[2]334高水平社会主义市场经济内在地要求资源配置的高效率，但高效率需要超越狭隘的以利润回报为核心和唯一标准，实践证明纯粹的利润标准只会产生短期利好效应而完全可能带来透支经济社会长期向好的基础。高水平社会主义市场经济体制既应当有利于充分促进市场信号传递的准确有效性，又必须维护健康的市场竞争环境，提升市场法治化水平。现代西方经济学也知道，“离开政府的存在，现代市场经济的正常运转是不可想象的”[3]225。高水平社会主义市场经济体制，应当更好地发挥政府在确保经济体制运行秩序、效能的作用，对于市场经济无能低效的领域，政府要加大参与和调控力度，这样才能在有效市场和有为政府的合力中，高质量配置社会经济资源。

（三）党领导经济工作

我国是社会主义国家，我们搞的是社会主义市场经济，我国整个社会在相互联系不断运动变化发展中，发挥总揽全局领导核心作用的唯有执政的中国共产党。党的领导和总调控是把市场和政府所代表的社会整体利益真正结合的有效力量。“坚持党的领导，发挥党总揽全局、协调各方的领导核心作用，是我国社会主义市场经济体制的一个重要特征。”[4]118实际上，这也是对社会主义与市场经济如何有机结合给出的中国答案。运用党对经济工作的领导权，完善政府治理不足。中国共产党通过充分协调和吸收各方意见，宏观上制定国家中长期规划，部署部门和产业政策、调整经济发展结构，通过每年的中央经济工作会议，制定下一年的经济发展规划意见，对市场经济体制的发展和完善提供重要指导。而微观上，国有企业作为党在经济领域实现国家治理的重要抓手，奠定党对经济社会总体调控的微观基础。

巩固和完善社会主义基本制度、高质量配置社会经济资源、党领导经济工作相辅相成。党领导经济工作，政府宏观调控并不否认市场在资源配置中起决定性作用的地位，相反，正是由于市场本身具有缺陷性，需要党和政府通过各种体制机制来使得市场更加健康运行。

三、如何构建高水平社会主义市场经济体制

构建高水平社会主义市场经济体制，必须全面提高社会主义国家运用市场经济体制的能力。

（一）实现全体人民共同富裕，大力发展社会主义社会生产力

实现全体人民共同富裕是社会主义的本质要求。邓小平指出："社会主义和市场经济之间不存在根本矛盾。"[5]148在当时情况下，主要是指把一切有利于社会主义的经济因素都调动起来，提高生产力，为社会主义建设服务。改革开放四十多年我国经济高速发展中面临的诸多重大事件，显现出市场经济与社会主义严重冲突的一面。托马斯·皮凯蒂在其《21世纪资本论》中详细比较了世界主要国家经济增长的历史变化得出，由于资本收益率（r）大于经济增长率（g）增加了财富分配差异化的风险重要结论。尤其是皮凯蒂认为："$r>g$ 的根本性不平等，它与任何形式的市场缺陷都无关。而恰恰相反，资本市场越完善（以经济学家的角度），$r>g$ 的可能性就越大。"[6]28也就是说，财富分配差异化是资本市场的内在逻辑，这一点不是市场尚未完善的缺点，而恰恰是作为完善了的市场经济的重要特征。我们作为社会主义国家，充分发挥市场经济在配置资源时的根本作用的同时，也要对化解市场经济的潜在的分配高度差异化风险，牢牢牵好资本为社会主义发展服务、企业家融入社会主义现代化建设的牛鼻子。我国已经把最早发展商品经济、开启改革开放的地方再次开启中国特色社会主义先行示范区，又建立起共同富裕先行示范区，表明我们总结改革开放经验，努力探索出适合中国基本国情，充分发挥社会主义制度优越性，促进社会主义社会生产力发展，通过高水平社会主义市场经济体制迈向共同富裕的道路。

（二）坚持公有制为主体，多种所有制经济共同发展

从长时期看，社会主义社会生产力发展，要求高水平社会主义市场经济体制，保障市场主体公平竞争的环境。只有做强做优做大国有经济才能真正提高公有制经济引导市场经济前进方向的控制力。非公有制经济作为社会主义市场经济的重要组成部分，在高水平社会主义市场经济的构建中既不能"离场"更不能"独大"，而是应该在党和政府领导下健康发展。

（三）建立有效市场和有为政府

我国经济体制改革问题的核心问题经历由处理好"计划—市场"关系到处理好"政府—市场"关系。总的来看，市场在资源配置中的地位是不断上升的。据有关部门统计，我国目前大约97%的商品都由价格机制调节[7]，这说明我国市场在资源配置的决定性作用在"总量"上已基本实现。而要提高市场配置资源的"质量"就必须进一步深入到"政府—市场"关系中去。理论和实践证明，单纯采取某一种资源配置方式都

是不可取的，现实经济运行既不存在万能市场，也不存在无限政府。政府和市场对于资源最有效配置来说，都是手段和方式。西方市场经济中，政府与市场的关系常常是市场是主体，政府直接为其服务，例如古典政治经济学中政府承担的是“守夜人”角色，凯恩斯主义尽管强调政府的作用，但是在直接目的上依然是避免经济危机，促进市场经济长期有效运行。在社会主义建设理论和实践探索中，列宁的“新经济政策”创造了红色政权中“政府为主，市场为辅”发展思路，陈云“三个主体，三个补充”思想也内含这一逻辑。高水平社会主义市场经济中政府与市场是“双主体”关系，需要依靠党对经济工作的统一领导，通过长期规划，产业布局等方式使政府由市场经济中的“辅体”上升为领导和服务经济发展的“主体”，保持中长期政策稳定从而实现政府与市场之间的双向互动，进入结构性互补层次，推进治理体系和治理能力现代化与社会主义市场经济往高水平方向发展共同提升。

（四）提高社会主义市场经济法治化水平

市场经济本质是法治经济，法律规定了市场主体的主体责任、准入范围，也为建设有为政府圈好责任区，划定权力线。一要建立健全产权制度，完善保护产权的体制机制，推动构建归属清晰、权责明确、保护严格、流转顺畅的现代产权制度。产权关系是生产资料所有权在法律上的体现，清晰明确产权制度是市场激励机制发挥作用的基本前提。二要完善社会主义市场经济竞争机制，要给予非公有制经济合法平等参与市场竞争地位。破除部门、地区、行业之间保护主义，破除妨碍充分竞争的各种体制机制，加强反垄断和防止资本无序扩张体制机制建设。三是要加快对新科学技术的运用，完善以数据为代表的新兴生产要素的参与生产和分配的体制机制。数据为生产要素，算法为核心的数字经济已经广泛运用于人的日常生活中，平台行为失范，数据所有权问题等经济发展新现象正是当前我国社会主义市场经济发展面临的深层次问题，国家应当完善相关立法，同时探索和论证国家建立平台经济可行性及配套措施，发挥示范作用。

（五）推动构建高水平开放型经济

推动构建高水平开放型经济。坚持推动构建国内大循环为主体、国际国内双循环相互促进的新发展格局，既适应我国供给侧结构性改革深化布局要求，又切实把握当前国内外经济形势发展的前瞻性、战略性任务。推动构建高水平开放型经济是建立高水平社会主义市场经济体制的必然要求。世界经济全球化趋势不可逆转，世界各国只有在共商共建共享的基础上开展广泛合作，才能促进世界发展问题和平问题有效解决。当前，新冠肺炎疫情影响使得全球贸易疲软，“逆全球化”舆论更是甚嚣尘上。因此，加强国家间经济贸易，减少贸易壁垒，鼓励生产要素全球流动，优化资源配置对于全球经济复苏具有重要意义。要通过“一带一路”倡议、自由贸易区、进口博览会等多个平台推动我国“走出去”与“引进来”增速升级，为全球经济复苏贡献中国智慧和中国力量。

参考文献：

［1］中共中央关于制定国民经济和社会发展第十四个五年规划和二〇三五年远景目标的建议［N］. 人民日报，2020-11-04（1）.

［2］斯蒂格利茨. 经济学［M］. 高鸿业，等译. 北京：中国人民大学，1997.

［3］伍柏麟，等. 新编政治经济学［M］. 上海：复旦大学出版社，2014.

［4］习近平. 习近平谈治国理政：第一卷［M］. 北京：外文出版社，2014.

［5］邓小平. 邓小平文选：第3卷［M］. 北京：人民出版社，1993.

［6］皮凯蒂. 21世纪资本论［M］. 巴曙松，等译. 北京：中信出版社，2014.

［7］国家统计局贸经司. 消费市场日益强大 流通方式创新发展：新中国成立70周年经济社会发展成就系列报告之十一［EB/OL］.（2019-08-02）［2021-10-05］. http://www.stats.gov.cn/tjsj/zxfb/201908/t20190802_1688781. html.

华为独创的劳动和分配关系模式：理论价值与借鉴意义

——马克思主义政治经济学视角

张璐[①] 谢元态[②]

摘 要：华为是科技型民营企业，其独特的劳动和分配关系充分体现了社会主义市场经济下鲜明的中国特色。华为独创的员工持股计划实现了社会主义按劳分配与市场经济按要素分配的有机结合。运用马克思政治经济学原理分析华为的劳资关系发现，华为虽然不属于传统意义上的公有制企业，但其生产关系又凸显出一种新型公有制经济的内在属性，其独特的股权结构和全员持股的特征也展现了“资本剥削劳动”的关系已经让位于劳动者之间共享自身创造价值的新型分配关系，其员工持股制度所诠释的是这种“个人所有”“集合”的新型所有制——既符合马克思关于在生产资料“共同占有”基础上“重新建立个人所有制”的基本特征，又初步具备了马克思关于“自由人联合体”的内在属性。最后论述华为劳动和分配关系对我国国有企业、民营企业和农村微观经济体的重要借鉴意义。

关键词：华为模式；劳动和分配；政治经济学

民营经济是现阶段我国非公有制经济中的重要组成部分。华为技术有限公司（以下简称“华为”）作为代表着全球最先进生产力的中国民营高科技企业，从微观层面研究其独创的内部劳动和分配关系模式的理论价值与借鉴意义，是我国经济学界一项全新的重要任务。

就劳动关系而言，华为在其发展的过程中发展了其独特的经营管理模式如百分百员工持股计划，将公司的发展与员工的个人发展有机结合在一起，形成一种利益共享的模式，有的学者认为华为的这种新型的劳动关系模式兼具合作性和共享性，是一种合作共享型劳动关系[1]。

就分配关系而言，华为通过其特殊的股权分配模式使得企业员工在某种程度上作为

① 张璐，江西农业大学经济管理学院硕士研究生。
② 谢元态，江西农业大学经济管理学院教授。

生产者直接占有了生产资料，成为企业的主人翁，这种分配方式在某种意义上可以认为其为社会主义公有制按劳分配[2]。华为员工所持有的员工股实际上是工会所授予的一种虚拟股，只享有分红权而并未有所有权，因此，有的学者仅认为华为的分配模式是一种员工分享模式中的虚拟股分享模式[3]。华为的员工持股计划中企业员工不仅可以凭借自己所付出的劳动获得员工工资，并且可以分得一部分自身所创造出的剩余价值即利润；在分配中不仅是进行按劳分配，还是具有分享制特征的按要素分配模式。有的学者认为华为的员工持有股份制度下获得了股份分红的剩余价值实际上是以劳动为基础的个人所有制[4]。

一、股权与治理结构：华为公司独创的内部权力与责任关系

（一）华为公司独创的股权结构

华为是目前全球领先的ICT（信息与通信）基础设施和智能终端的提供商，其主要核心公司包括华为技术有限公司和华为投资控股有限公司。后者是前者的唯一股东——全额控股华为技术；而后者的股权结构的独特性却为世界股份企业史上所罕见，它只有华为投资控股有限公司工会委员会和任正非两大股东，分别持股99.123%和0.876 5%。由此可见，这两大股东又间接控股华为技术有限公司。根据“企查查”所得到的股东信息以及股权分配情况绘制的华为企业公司股权结构如图1所示。

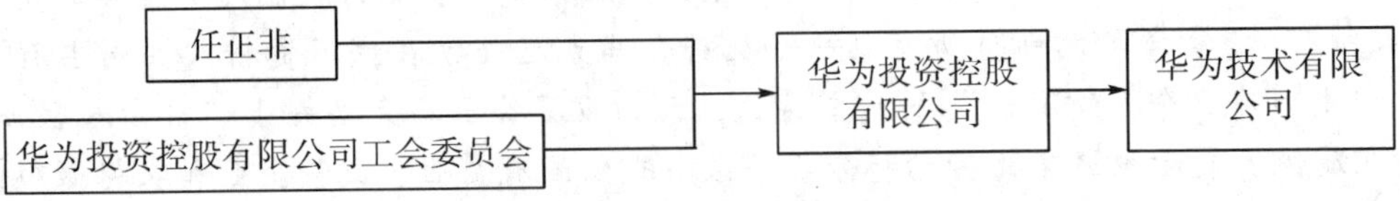

图1　华为企业公司股权结构

华为公司独创的股权结构决定其独创的分配方式。其独创性表现在：

首先，其独创股权结构和分配方式决然不同于传统的私营企业。传统的私营企业股权集中在少数人手中，利润分配方式是由企业资本导向的。理论界比较一致的观点认为，从企业的基本属性看，华为当属一家高科技型民营企业[4]。《华为基本法》明确规定，华为内部员工的股份由工会代持，但每个员工所持有的股份是确定的，也就是说华为的股份是量化到个人的——从这个意义上说，华为带有一定的私营企业性质。但是从上述其独特的股权结构和分配方式来看，它又决然不同于传统的私营企业，其超越传统私营企业的进步性表现在，从所有制形式看，企业内部多数员工都持有股份——带有一定的“集体企业”性质；从分配制度及分配方式看，它可以通过可持续性贡献、突出才能、品德和所承担的风险得到自身所创造的利润——带有一定的“合作社”性质。因此，从这个意义上说，华为是集体企业与合作社的创造性结合，是“集体主义”与“合作共享”精神的高度融合体，体现了鲜明中国特色社会主义民营经济的时代特征。

其次，其独创的股权结构和分配方式还决然不同于传统的集体企业。华为的员工股

份由工会统一持有，这与集体企业的集体所有、共同劳动、按劳分配的分配方式比较相似。但它又区别于集体经济的生产资料共同所有和劳动成果平均分配，华为员工所持有的股份主要是由其对于企业的贡献度决定的。

最后，其独创的股权结构和分配方式也绝然不同于传统的国有企业。从股权结构来看，国有企业由国家对其资本拥有所有权或控制权；华为投资控股有限公司工会委员会和任正非两大股东直接或间接拥有华为集团两大核心公司的所有权和控制权。从分配方式来看，经过改制后的国有企业，其分配方式一般都是借鉴西方国家股份制企业的薪酬制度来设计的；华为由独特的股权结构所决定，其独特性在于，既有"类按劳分配"的方式，也有"按贡献分配"的方式，还有"按资分配"的方式，是创造性地将集体企业与合作社相结合的分配方式。

（二）华为公司独创的治理结构

尽管图1股权结构图清晰地反映了我国公司法对于有限公司组织机构的要求，但是并未体现出华为企业的治理结构。尽管华为控股的两大股东是任正非和工会，但是持有决策权的意见团实际是持股员工代表大会[5]。由选举产生的115名持股员工代表，拥有选举产生董事会、监事会的权力。在董事会中再选举产生董事长1名、副董事长4名、常务董事3名和董事9名；副董事长轮流担任轮值董事长。持股员工代表会是公司最高权力机构，拥有行使对利润分配、增资和董事监事选举等重大事项的决策权。名义上持股的工委会以及任正非均通过形成持股员工代表大会形成决策意见团参与股东大会。因此，持股员工代表会行使的是传统股份有限公司股东会的职能。另外，在股权结构图中并没有体现出任正非作为华为的创始人在股权治理结构中的特殊地位。《华为章程》明确规定，任正非对进行董事和监事候选人的提名、公司增资方案、"资本结构调整""治理章程"和"重大治理文件"的修订等方面拥有"一票否决权"。但这种否决权并非全部事项上的"单独决策权"，而只是在部分事项上才能行使的"否决权"。在这种治理结构下，形成了工会与任正非之间相互制衡的共治格局。据此我们可以得出华为实际的治理结构如图2所示。

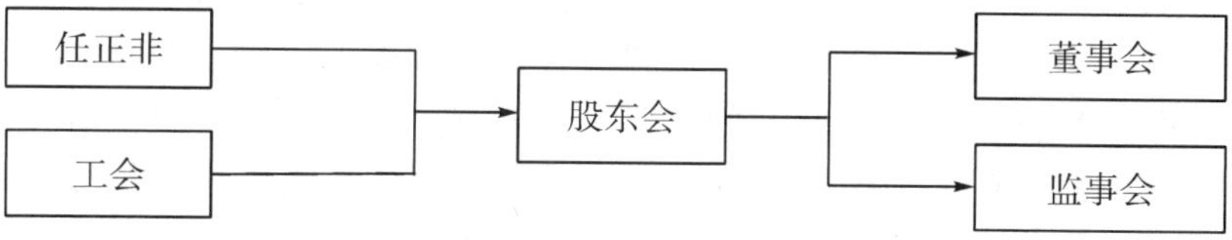

图2　合作与制衡并存的华为实际的治理结构

（三）华为公司独创的员工虚拟股及其特征

华为独创的员工持有的虚拟股，并非传统意义的普通股或优先股。首先，从权利构造上看，它与优先股和债权不同，而符合普通股某些的特性。华为持股员工在享有剩余价值分配的基础上同时可以通过持股员工代表大会享有一定的决策参与权。因此该虚拟股是有别于无法参与公司决策但对公司资产、利润分配等享有优先权的优先股，另外华为虚拟股可以进行回购和变现，这与优先股不同，优先股无法进行退股，只能通过赎回条款进行赎回。华为虚拟股在公司没有可分配利润时，持股员工也得不到分红，这也有别于债权。华为虚拟股并非传统意义上的普通股，而是一种“特殊的普通股”[6]。其特殊性主要体现在：

（1）员工标准普通股。华为员工股有别于我国公司法中所要求登记的普通股，而是在企业内部通过配股的形式进行企业内部登记，再通过工委会作为载体成为华为的标准普通股股东。

（2）表决权“代议制”。华为虚拟股的持股员工行使表决权的方式也与普通股股东不同，它是通过“代议制”的方式，借由股东代表大会形成决策意见团参与股东代表大会进行决议。

（3）员工股变现与回购。持股员工进行员工股变现和回购的方式也有别于普通股，目前华为所实施的方式主要通过企业进行统一回购，其中，当有持股员工需要离职时，公司也会将持股员工的所有股份进行回收，非该员工持股时间和年龄达到一定年限。

（4）员工虚拟股的法律基础。《华为章程》规定，华为员工所持有的员工股并不是根据我国公司法登记在册的一般普通股，其法律基础是基于持股员工和公司之间所签订的协议，具体形式可能是参股协议、公司内部规章等。

（5）员工股表决权的成本约束。《华为章程》明确规定，员工股的表决权只在持股员工代表会层面行使，这在保证员工行使表决权的基础上降低了员工直接持有公司普通股可能造成的极高的集体决策成本。

二、理论价值：华为公司独创的劳动和分配关系模式透析

（一）独创的模式：内部股权结构决定集体合作共同占有的新型劳资关系

华为尽管是民营企业，但它的内部股权结构具有明显的社会主义公有制的一些特征。根据《中华人民共和国宪法》规定，我国社会主义经济制度基础的公有制，即全民所有制和劳动群众集体所有制。由于独特的股权结构和全员持股的特征，华为企业中资本雇佣劳动的关系已经让位于劳动者之间的合作劳动关系，资本对劳动的剥削关系让位于劳动者之间共享自身创造价值的分配关系，如图 3 所示。华为目前并不是传统意义上的社会主义公有制企业，但他的内部生产关系却具有向公有制经济演变的趋势（最具标志性的事件是，华为在 2020 年和 2021 年分两次将自己的“鸿蒙系统的基础能力”，全部捐献给了国家工信部下属的“开放原子开源基金会”）。从华为的员工持股制度可以看到，华为借由工委会作为持股载体，承担对持股员工进行利润分配的统一管理和调度，以员工在规定期间的贡献程度作为分配指标进行利润即剩余价值的分配。根据华为员工持股计划，生产资料的所有权属于所有持股员工“共同所有”，而不是每个个人都具有支配自身生产资料的权利。这种联合起来的劳动者“共同占有”企业所有生产资料的模式，实现了每个个体都是全部生产资料的所有者，同时公司又是全部生产资料的“总所有者”。对于这种“共同占有”的新型劳资关系，我国学界不少观点大相径庭，

莫衷一是，有的持“集体经济说”，有的持“合作经济说”，还有的持“合伙经济说”等。但我们倾向于认为，它是同时兼有我国宪法中关于集体经济与合作经济的新型公有制经济属性和基本特征，因而它是一种同时兼有集体与合作属性“共同占有”的新型劳资关系（值得特别提及的是，当今的安徽小岗模式、贵州塘约模式和山东烟台市模式，都是同时兼有集体与合作属性“共同占有”的新型劳资关系模式）。

（二）独创的机制：劳资关系模式决定全员内部共享的新型分配方式

我国宪法规定，我国社会主义阶段“实行各尽所能、按劳分配的原则”。华为企业的劳动分配关系兼具社会主义制度下的共享性与合作性。如图3所示，与独特的股权结构和全员持股的特征相适应，华为公司独创的利益分配机制具有全员内部共享性。一方面，在动态劳动股份的激励下，劳动者通过发挥自身劳动创新能力以及劳动协调能力，创造出更多的用于分配的剩余价值或利润；另一方面，在收益分享机制作用下，劳动者创造的剩余价值或利润又依据持股数量以分红的形式分配给相关的持股员工。从这个层面来说，华为自称是一种合伙制企业是有一定道理的，企业劳动者也是企业虚拟股份的所有者通过劳动联合的方式结合起来创造和分享企业的价值和收益。在这种情况下，纯粹私有制企业中的那种劳资之间的冲突与对立的景象在华为企业中并不存在。如果说华为内部存在一定的劳资矛盾的话，仅仅是华为员工与作为联合劳动的公司（企业）之间的非对立矛盾，以及持股员工与非持股员工之间的利益分配差距的非对立矛盾。华为公司内部股权结构决定劳资关系模式及内部分配机制关系如图3所示。

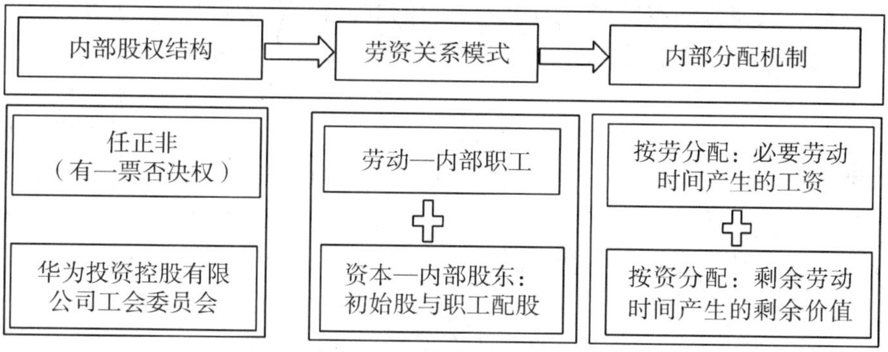

图3 华为企业的劳动分配关系模式

（三）华为公司生产关系的重大历史进步性

1. 比较充分地体现了社会主义市场经济的本质特征

中国特色社会主义经济体制的特色主要体现在“社会主义市场经济”上，既要让市场在资源配置中起决定性作用以发挥市场的效率，又要通过发挥政府的调控作用以落实“社会主义”制度的公平原则。

华为公司的生产关系比较充分地体现了社会主义市场经济的本质特征，效率与公平这对人类史上最难兼顾的矛盾在华为公司找到了在社会主义初级阶段最优的解决方案，实现了高效率与更公平的有机统一。可以说，它已经超越了当今资本主义国家和社会主义国家各类企业内部效率与公平矛盾协调的现有模式，甚至使被我国经济学界称之为所谓标准的“现代企业制度”——股份公司制度都黯然失色。

从资本的内部股权结构看，华为公司股权分为初始股与职工配股。初始股体现了资本在华为公司生产关系中资本所起的作用，而职工配股则体现了劳动激励的作用。在华为的发展初期，老员工的原始股具有资本增殖的性质，比较突出地体现了市场经济的效率原则；而员工无需出资购股仅凭借其劳动贡献而可以享有虚拟股分红，既体现了效率原则——激励员工当家作主，又体现了社会主义制度的公平原则——劳资关系得于协调，劳资地位得于均衡——“资本统治劳动”的资本主义企业模式被颠覆性地改造。可见，华为的股权激励方案经过逐步调整和完善，在不断稀释股权的资本激励占比的同时，不断增加劳动激励的股份占比。

从分配机制看，华为员工不仅能够以工资的形式获得在必要劳动时间内所创造的劳动力价值部分，还能够通过虚拟股分红的形式获得其剩余劳动时间所创造的部分剩余价值。在这个过程中，员工既是“劳动者”，同时又在一定程度上成为“自己的资本家”（马克思语）。任正非坚决不让华为公司上市，因而华为企业没有外部资本的注入。但华为通过员工配股的方式，不仅最大限度地调动了员工的积极性，而且有效地克服了单纯由资本主宰企业运行管理的弊端，探索出一种既符合“人性”特征又完全超越私有制企业的全新分配机制。

2. 符合马克思“重新建立个人所有制”构想的内在要求

马克思在《资本论》第1卷第七篇“资本积累”中所构想的未来社会，是要“在协作和对土地及依靠劳动本身产生的生产资料的共同占有的基础上，重新建立个人所有制”[7]874。以此检验华为公司，它的所有制基本属性符合马克思“重新建立个人所有制”构想的内在要求。

首先，华为公司所拥有的全部生产资料，是“依靠劳动本身产生的”，而且是以“共同占有”为基础的。华为企业在国内的民营企业中属于实行员工持股计划较早的企业，虽然学界对其企业性质争论不休，莫衷一是，但笔者比较倾向于它是一种典型的合伙制企业[1]。华为公司重要的独特贡献在于，承认员工的劳动是企业发展的力量源泉，因而体现劳动成果的企业生产资料具有“共有”（共同占有）的属性。

其次，华为公司所实行的员工持股计划，实际上是一种比较充分体现了以劳动者自己劳动价值为基础的“个人所有制”。就华为公司所有制的股权结构而言，它的新增股份几乎全部量化到公司内部员工个人，使得公司的绝大部分资产（占90%多）都具有了劳动者以自己劳动为基础的“个人所有制”性质。通过华为的股权结构和分配机制看到，华为员工通过自身的劳动不断积累公司的生产资料，从而产生丰厚的集体收益，再通过员工的贡献程度进行利益分配不断调整或增持公司股权，如此循环往复，从而实现了在生产资料“共同占有”基础上的“重新建立个人所有制”。

3. 符合马克思“自由人联合体”伟大构想的远景要求

与资本主义私有制企业不同，华为的生产资料既有公司集体所有成分，又同时具有“个人所有制”属性。这正好符合马克思对未来共产主义社会“自由人联合体”的前提条件。

马克思“自由人联合体”思想在《共产党宣言》首先提出，在《资本论》中做了精辟论证。青年马克思恩格斯在《共产党宣言》提出，“每个人的自由发展是一切人的自由发展的条件”；中年马克思在《资本论》中对“每个人的自由发展”这个条件有了更深刻的思考，认为这个条件是以生产资料“共同占有”和“重新建立个人所有制”为基础的。

从组织形式看，华为所有的员工都是独立的“自由人”，华为公司是千万个“自由人”自愿参与的“联合体”。从生产资料的基本性质看，华为员工既普遍拥有属于“个人所有制”的公司部分生产资料，而且这些生产资料又是以自己的劳动为基础由全体员工“共同占有”的，因而符合马克思对未来共产主义社会“自由人联合体”的前提条件。这是古今中外企业发展史上的巨大进步。由此可以认为，华为是富有中国特色的社会主义国家微观组织形式的一颗璀璨明珠。

综上，华为公司生产关系的重要历史进步性如图 4 所示。

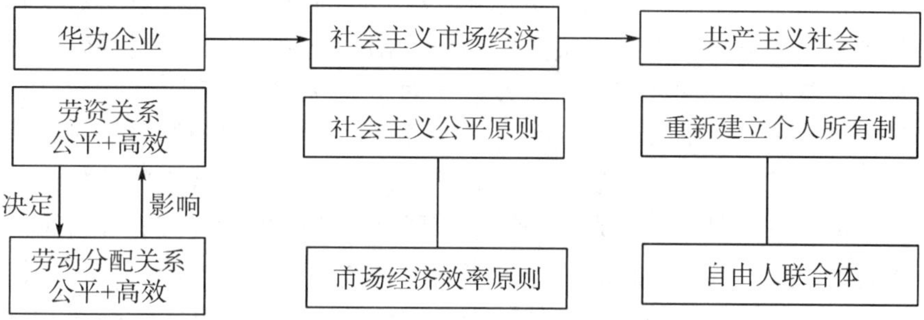

图 4　华为公司生产关系的历史进步性

三、借鉴意义：华为模式对我国各类微观经济主体改革与发展的启示

改革开放后，从计划经济体制向市场经济体制转轨，随着所有制逐渐多元化，公有制经济的劳动关系模式也逐渐往市场化、法治化、多元化的方向发展；而非公有制经济的大多数是所有者与劳动者“一身兼两任”的个体经济或带有一定剥削性质的私营经济，只有极少数以华为为代表的企业实行合作共享型劳动关系模式。

如上文所述，与其他企业中私人资本成为掌握企业分配的模式不同，华为企业体现出的是一种“强劳动弱资本”的分配关系，突出强调了劳动和创新决定利益分配的原则。华为企业动态劳动股份的员工持股模式，不仅确保了利益分配中的经济公平，同时也实现了效率最大化，同时还兼具合作性和共享性，是中国特色社会主义劳动关系新模式的重要实现形式，体现了生产关系的历史进步性。因此，华为劳动和分配关系新模式对于我国社会主义市场经济条件下的各类所有制企业改革与发展都有重要的借鉴意义。

（一）华为公司模式对国有企业未来改革的借鉴意义

国有企业是我国社会主义经济的主导力量。它不仅仅是以自身企业盈利为目标，更是兼具社会使命担负社会责任。在大众的视野里，不论当下的市场大环境如何，国企的工作同公务员一样被视为铁饭碗——劳动关系稳定，工资不会有大波动——分配相对公平但缺乏激励效应。具体而言，目前国企的薪酬管理理念还相对落后，员工薪酬分配制度设计不尽合理，缺乏高效的激励机制[8]。因此：

1. 可以适度借鉴华为实施全员持股计划

在党的十八届三中全会明确提出要积极发展“混合所有制”后，有些国有企业逐步引进了员工持股计划。但是，由于国企是国家对其资本拥有所有权或者控制权，这与华为这种民营企业性质上的不同，国企在推进员工持股计划的时候并不能简单地进行股权的赠与，而是要通过不改变国家拥有的所有权和控制权的前提下，借由员工持股计划以实现对员工的激励。在此过程中，要充分吸取苏联将国有企业资产折股平均分给全体人民——事实上是“全民瓜分国有资产”，最终导致社会主义公有制基础彻底瓦解的惨痛教训。因而，在企业经营过程中，可以通过对员工采取按贡献程度分红以激励员工，在员工对企业做出巨大贡献时，可以在对员工进行嘉奖的同时给予员工进行出资购买股权的权力。企业可以内设一种类似华为工委会的机构，员工所购买的股票必须通过该机构进行统一持有管理，但允许个人享受该股权所带来的收益和分红。在公平、公开的前提下，选举出持股员工代表。这样并不会改变国有企业的本质性质，保证了国家和集体对于国企的实际控制权。这种方法在某种程度上也是与华为一样实行结果导向，通过已知的利润分配激励使现有员工改变以往工作态度，充分展现主人翁意识。

2. 国有企业借鉴华为经验，对推进劳动关系改革、工资制度改革和人事聘任制度改革方面都具有重要的意义

对于公有制企业来说，实施劳动主导模式与资本主导模式的相互补充相互融合将是未来劳动关系的探索方向。①从所有制性质来看，华为企业的治理在充分调动员工工作的效率同时，也在分配上保证了公平[7]874。②从分配制度的激励效果来看，企业员工通过自身劳动结合企业所提供的生产资料所产生给企业以及国家所带来的价值进行收入分红，通过与员工共享企业效益，更加充分地体现按劳分配原则。从内部人事制度效果来看，为了保证企业劳动分配中的公平与效率，必然要让企业员工具有“危机感”，正如任正非所说“危机感”便是让员工具有责任感，合理地引入淘汰制度不仅会激发员工居安思危的意识，也能够为国企开源节流、减少冗员，在这种机制下迫使每位员工不断增强自身能力，将自身所拥有的劳动力不断精进提升，更好的作用于集体所提供的生产资料。

（二）华为公司模式对民营企业未来发展的借鉴意义

目前我国的民营企业主要分为个体经济和私营经济。华为模式尽管属于民营经济，却与传统的私有制经济有巨大区别，它从制度上克服了私人资本条件下的经济不公平问题。华为的薪酬制度与传统意义上的按劳分配相比而言，在更高层次上更加充分地贯彻

了按劳分配原则：①华为企业的全员持股突出了“劳动”和“劳动者”的地位。由于华为公司坚持不上市，因而确保了公司不会受外部资本的控制，利润不会被外部资本截取，劳动是企业收益分配的重要依据，消除了劳动者与资本所有者之间的分配差距问题和资本对劳动的经济剥削问题。②实施动态劳动股份制度突出了“劳动”和“劳动者”的贡献。劳动者除了获得由市场（效率与贡献）决定的工资外，还以持股分红的形式得到一部分剩余价值；劳动者获得剩余价值的多少取决于持股数量，而持股数量又与自身劳动的数量和质量密切相关。③劳动者特别是持股员工具有民主管理企业的权利。华为的持股员工代表会制度为普通员工参与企业管理于决策提供了制度化的权利保障及平台。可见，华为“类按劳分配”特征的新型分配关系模式是其新型劳动关系模式在经济上的实现，是我国民营企业向经济效率性与公平性有机结合模式发展的现实范本。

（三）华为公司模式对个体经济未来发展的借鉴意义

我国目前的个体经济绝大多数都是小微型企业。按照马克思、恩格斯的观点，个体经济在任何发展阶段都大量存在着，但是它都只处于附属地位，是国民经济不可或缺的重要补充。因此，在任何发展阶段都不应当强行抑制或者消灭个体经济。就微观而言，个体经济具有劳动者与经营者“一身兼两任”的特征；就宏观而言，个体经济具有小规模化、分散化、数量多、种类多的特点。

传统意义上的个人所有制是一种不存在剥削的小微经济体。与华为所形成的“类集体经济”与“个人所有制”的结合体不同，所有的个体经济之间都是相互独立的，它的生产资料是属于个人，而非集体。华为模式克服了个体经济分散以及低投入低产出的状况，对我国未来个体经济的发展具有重要的借鉴意义。如何将这些分散的个体经营者有效联合起来，是个体经济发展中的重要议题。华为模式中生产资料集体化也许可以为个体经济逐步走向联合提供可借鉴的改革思路。

一是国家层面制定统一的支持与优惠政策。由上述第二个特征所决定，地位低微的个体经济比较难于获得宏观（特别是财政金融）政策的支持，所以个体经济生命周期短和“融资难”几乎成为中外个体小微企业的常态。参照华为公司的股权结构和分配机制，需要国家层面制定出台支持个体经济发展的产业政策、财税政策和金融政策。产业政策要鼓励个体经济发展劳动密集型产业，以容纳更多的劳动者就业；财税政策要对个体经济给予更多的财税优惠；金融政策要鼓励银行、保险、投资、担保、租赁等机构支持个体经济发展，特别是要解决个体经济“融资难”问题。

二是各地区各行业因地制分类施策。各地政府部门可以结合当地的经济发展情况制定人才引进政策，支持个体经营者引进科技人才和管理人才。地方政府可以鼓励当地的个体经济体走向联合，做强做大，引导个体经济增加内部劳动者“共享”成分，更多地承担社会责任，为加快当地“共同富裕”贡献力量；还可以鼓励有条件的个体经营者采取参股的形式参与国有企业、集体企业。

华为劳动关系模式为私营企业向公有制企业演变提供了可能性范本。我国目前的私营企业可以结合自身的发展状况，参照华为经验制订发展规划：①逐步改善股权结构和分配关系模式。适当增加员工持股比例。通过与员工个人绩效挂钩的方式实行按劳配股，可以进一步调动企业员工的工作积极性，并有效杜绝员工在配股后降低工作效率。②科学设计劳资关系及管理决策模式。随着员工持股比例的上升，应当如《华为章程》那样建章立制，既要防止大股东“一股独大”现象，以减少股东与管理层之间的决策矛盾，使公司集体利益大于股东个人利益；又要科学划分决策权限，减少资本的话语权，使企业员工能够参与公司决策并共享企业发展的成果。对于有筹集资金性质的员工持股计划，要依法披露资金的用途和后续使用情况，并接受员工和社会的有效监督，防范有些私营企业将员工持股计划作为变相融资工具。③使企业逐步增加“共享”成分，为逐步向公有“共享”企业演变创造条件。

（四）华为公司模式对农村微观经济主体未来发展的借鉴意义

我国农村出现了合作社、集体经济、家庭农场、产业化龙头企业和单个农户经营等多种微观经济主体形式并存的局面，形成在许多方面与市场经济难以相容的总体特征，具体表现为农村基层政权经济职能“虚置”、农地细碎化经营、农民内生性发展能力较弱等，这与市场经济所要求的高效组织体系、规模化经营以及抗风险能力等相悖。

土地是目前各类农村微观经济主体共同的生产资料。目前各类农村微观主体普遍处于“无资金无技能”的窘境。如果将农地资产化，可以将农村微观经济主体发展分为两大类：要么选择以土地股份合作的“农民联合劳动”形式，这是目前农村的主要形式，应当大力推广；要么通过城市工商资本下乡而集中土地经营，这实质上是采用“资本联合劳动”形式，应当慎重推行。

一是“农民联合劳动”形式的农村微观经济主体借鉴华为公司模式。

从理论上讲，“农民联合劳动”的形式能够较好地消除“资本雇佣劳动”的剥削制度，实现社会主义公平，并同时兼顾效率，应当大力推广。目前主要有农民合作社和集体经济两类微观主体。

对于目前210多万个农民合作社而言，它是我国目前“农民联合劳动”最普遍的组织形式。它在坚持生产资料“个人所有制”而又全体社员“共同占有”的基础上“联合劳动”，因而最符合“自由人联合体”的内在属性，也与华为公司的生产资料属性最为类似。所以，农民合作社在劳动和分配关系模式上可直接借鉴或是嫁接华为公司模式。

对于现有的农村集体经济组织而言，它比农民合作社的公有制程度要高一些，它是在“共同所有”并“共同占有”的基础上“联合劳动”，近几年农村农业部设计的改革发展思路，是将现有农地资产化→资产资本化→资本股份化→农民股民化。这种改革模式基本上坚持了农地的集体所有制，但它将集体资产量化分割到了每个农民后，其资产权属结构便类似于华为公司。值得特别关注的是，2014年兴起的贵州塘约“村社合一”模式和2017年兴起的山东烟台市已有2 779个“村党支部领办合作社”模式，这是根据习总书记《摆脱贫困》著作和“发展新型集体经济，走共同富裕道路”“农业合作社是发展方向”的重要指示，在家庭承包制分散经营的基础上，重新把农民组织起来走集体化道路的非常成功的典型，对全国影响很大。这种“村党支部领办合作社”模式，完全有可能更多地吸取华为公司模式的成功经验，走出一条中国特色社会主义的农村康庄大道。

二是“资本联合劳动”形式的农村微观经济主体借鉴华为公司模式。

目前“资本联合劳动”形式的农村微观经济主体主要有家庭农场和产业化龙头企业两种。目前，家庭农场发展并不如愿，产业化龙头企业是20世纪90年代农业产业化高潮延续下来的组织形态，对农业经济发展的带动作用也不理想。为了弥补这种缺陷，2013年提出鼓励“工商资本下乡”，这实际上就是一种通过“资本联合劳动”的农村微观经济形式。目前下乡的工商资本规模并不大，而且存在较多的矛盾和问题，其中理论上就尚未取得共识，如“城市工商资本”究竟是仅指工业资本和商业资本？还是包含民间资本、私人资本、企业资本、社会资本在内的多元化资本？至今尚无统一的定义。

我们认为，通过城市工商资本下乡而集中土地经营，这实质上是采用“资本联合劳动”形式，应当慎重推行。

首先要防止城市工商资本下乡的纯粹逐利行为。马克思在《资本论》中批判说：“以追逐利润为导向的资本主义农业的一切进步，不仅是抢劫劳动者艺术的进步，而且是抢劫土地的艺术的进步。”因此，应当坚决有效地避免出现这种“以追逐利润为导向”的“一切进步”。

其次因为“工商资本下乡”的目的就是通过“下乡”的“工商资本”纽带，将目前农村仍然分散经营的广大农户组织起来进行“联合劳动”，这与上文所述的“个体经济”和“私营企业”有许多相似之处。

因此，“资本联合劳动”形式的家庭农场和产业化龙头企业也好，“工商资本下乡”也好，都要充分借鉴华为公司生产资料集体化模式。对于家庭农场和产业化龙头企业，要防止其纯粹“追逐利润”而剥夺农民利益；对目前仍然分散经营的农户，要引导其逐步向合作社或集体经济形式过渡，最近两年在全国兴起的“村党支部领办集体经济合作社”应当成为最主要的发展模式。

参考文献：

［1］严金强，刘雅埙. 中国特色社会主义劳动关系新模式探讨：以华为合作共享型劳动关系模式为例［J］. 教学与研究，2020（8）：54-63.

［2］王艺明. 从华为经验看社会主义公有制和按劳分配的新实现形式［J］. 财经智库，2019，4（4）：27-41，141.

［3］程恩富，白红丽. 我国民营企业员工分享模式的比较研究［J］. 河北经贸大学学报，2018，39（4）：1-7.

［4］严金强，刘雅埙. 中国特色社会主义劳动关系新模式探讨：以华为合作共享型劳动关系模式为例［J］. 教学与研究，2020（8）：54-63.

［5］王军. 华为，到底是谁的华为？［EB/OL］.（2020-05-24）［2021-03-08］. http://m.toutiao.com/i6830428873012806157/.

［6］魏小萍. 马克思与国民经济学家：起始于前经济学的分歧：读《詹姆斯·穆勒〈政治经济学原理〉一书摘要》［J］. 马克思主义与现实，2010（4）：152-156.

［7］马克思. 资本论：第1卷［M］. 北京：人民出版社，2004.

［8］高锋. 新形势下国有企业薪酬管理模式改革探究［J］. 中国集体经济，2021（9）：114-115.

［9］刘新刚，王玮. 华为实践的理论基础探讨［J］. 企业管理，2020（1）.

政府 R&D 补贴的技术创新效应分析①

——基于 2009—2018 年中国的经验数据

臧传琴② 王功贺③

摘　要： 政府 R&D 补贴既可以通过提供公共服务的方式直接作用于技术创新，也可以通过对社会资本的引导作用间接影响技术创新，其总效应取决于两种影响的方向与大小。基于 2009—2018 年中国的经验数据，本文建立了由技术创新方程和引致方程共同组成的动态模型，对政府 R&D 补贴的技术创新效应进行了实证分析。结果发现：持续增加的政府 R&D 补贴带来了国内专利授权数量的稳定增加，技术创新效应较为显著；政府 R&D 补贴不仅对技术创新产生了积极的直接影响，也通过引导社会资本投资于研发领域而对技术创新产生了积极的间接影响；政府 R&D 补贴的技术创新效应存在区域差异：中、东部地区为正，而西部地区为负。提高资金使用效率、积极引导社会资本投资技术研发、努力改善欠发达地区的研发环境无疑是提高政府 R&D 补贴技术创新效应的必要选择。

关键词： R&D 补贴；技术创新；直接效应；间接效应

一、问题的提出

随着工业化的快速推进，资源消耗日趋增多，环境污染不断加重，并日益威胁到经济社会的可持续发展。在这一背景下，由粗放式增长转向集约式增长成为一个国家的必然选择。从世界历史的发展来看，包括发达国家在内的几乎所有国家都经历了或正在经历着这样一个转变过程。在这一过程中，技术创新无疑是最关键的动力之一，特别是在知识经济、信息经济迅猛发展的 21 世纪，技术创新不仅成为影响一个国家经济持续发

① 基金项目：山东省社会科学基金项目“山东省财政 R&D 补贴绩效评价及优化研究”（20CJJJ15）；山东省高等学校人文社科计划项目“财政环境保护支出效应评价及其优化研究——以山东省为例”（J17RA085）。

② 臧传琴，山东财经大学经济学院教授。

③ 王功贺，山东财经大学经济学院硕士生。

展的重要因素，而且在很大程度上决定着一个国家在世界经济甚至是世界政治舞台上的竞争力和相对地位。但是，技术创新活动的高投入、高风险及其显著的正外部性特征，使得社会资本（主要是企业）在这方面的研发（R&D）投入很难达到社会最优水平[1]。因此，由政府对 R&D 活动进行补贴就成为必然。据统计，2009—2018 年，中国政府用于技术创新的 R&D 补贴从 1 358. 3 亿元增长到 3 978. 6 亿元，年均增长 14. 03%①，远远超过了同期 GDP7. 8%②的年均增长速度。这说明，技术创新正越来越多地引起政府的关注和支持。那么，大量的、持续增加的政府 R&D 补贴的绩效如何？是否实现了预期的技术创新目标，带来了技术创新的同步增长？这将是本文研究的重点。

围绕这一问题，国内外学者的研究主要表现在以下三个方面：一种观点认为，政府 R&D 补贴通过对企业 R&D 投入的“挤入效应”（crowding-in effects）促进了技术创新。企业进行技术创新的资金来源主要有两个：一是企业的自主 R&D 投入；二是政府的引导或扶持政策，即政府的 R&D 补贴。从发达国家的实践来看，其促进技术创新一般遵循如下路径：在企业为获取竞争优势[2]或暂时性垄断利润[3]自主进行 R&D 投入的基础上，政府会利用金融制度对研发项目进行筛选和风险管理[4]，并普遍利用财政政策鼓励企业增加 R&D 投入[5-6]。研究发现，政府 R&D 补贴可以有效带动企业 R&D 投入的增加，受补贴企业的 R&D 投入率会从 1. 5%上升到 3. 9%，企业专利申请率也从 20%上升到 40%[7]，而且前者投入越多，带动后者的投入将会越多，从而更好地促进技术创新[8-9]，来自美国、OECD、韩国和中国等国家级组织的经验数据很好地证明了这一点[10-15]。

但是，另一种观点则截然相反。有些学者认为，政府 R&D 补贴会对企业 R&D 投入产生“挤出效应”（crowding-out effects）而不利于技术创新[16-21]。不仅如此，政府 R&D 补贴还显著降低了高科技公司的全要素生产率，虽然具有科研背景的高管能在一定程度上缓解这一问题，但仍不能阻止这一趋势[22]。究其原因，主要有：由于信息不对称和企业的逆向选择行为，政府对企业的 R&D 补贴往往难以达到预期效果[23]；研发资源规模报酬递减使得研发效率总体较低，并未达到最佳状态[24]；因为政府的介入，可能减损了企业与高校和科研机构之间的创新合作效率[25]；我国人力资本水平较低和知识产权保护不当，很大程度上降低了 R&D 投入绩效，甚至阻碍了技术创新的发展[26]；等等。以上因素在不同程度上负面影响了政府 R&D 补贴的技术创新效应，使得技术创新的预期目标难以实现。

还有一些学者认为，政府 R&D 补贴与技术创新之间并非简单的线性关系，而是因不同情况存在不确定性：①不同的政府 R&D 补贴规模会对技术创新产生不同影响。只有当政府 R&D 补贴规模处在某个合理区间时才会有效促进技术创新，如果政府 R&D 补贴规模过低，企业会因研发资金不足而无力进行技术创新；如果政府 R&D 补贴规模过大，企业会因获得变相的高额利润甚至是超额利润而在很大程度上降低甚至失去技术创新的激励[27-28]。②不同的政府 R&D 补贴方式会对技术创新产生不同的影响。相对而

① 数据来源：根据历年《中国科技统计年鉴》的相关数据计算所得。
② 数据来源：根据历年《中国统计年鉴》的相关数据计算所得。

言，政府 R&D 间接补贴能显著促进企业自身 R&D 投入，但直接补贴的激励效应并不显著[20][29]。而就直接补贴方式来看，依据研发项目投资总额的一定比率给予的政府 R&D 补贴对企业自身 R&D 投入的正向激励效应较为显著，而政府 R&D 定额补贴的激励效应并不明显[30]。③不同的政府 R&D 补贴对象会对技术创新产生不同的影响。因为激励机制、监督和约束机制等的差异，政府 R&D 补贴对国有企业和大企业自身 R&D 投入的激励效应并不显著甚至为负，但却有效带动了非国有企业和小企业的自身 R&D 投入[31-32]；政府在基础研究领域的 R&D 补贴对企业自身 R&D 投入具有正效应，但在应用研究领域的补贴却会对企业自身 R&D 投入产生"挤出效应"[33]。

综上，已有研究为本文的研究奠定了良好基础。不过，需要指出的是，关于该问题，目前学者们并未得出确定的、一致性结论。不仅如此，学者们大都是围绕政府 R&D 补贴对企业 R&D 投入的影响进行研究，但是 R&D 投入虽然是影响技术创新的重要因素，却并不等同于技术创新。另外，政府 R&D 补贴一方面会通过提公共服务的方式直接作用于技术创新，另一方面也会通过引导社会资本投资于 R&D 活动而间接作用于技术创新。可是，目前我们尚未看到有对这两个方面进行综合分析、从而对政府 R&D 补贴的技术创新效应进行较为全面测度的研究文献，这无疑是一种缺憾。鉴于此，本文尝试利用中国的经验数据，在分析政府 R&D 补贴对技术创新的直接影响和间接影响的基础上，最终测度其综合效应，并对相关影响因素进行实证分析。本文其余部分的结构安排如下：第二部分阐述我国政府 R&D 补贴技术创新效应的典型化事实，第三部分引入计量模型进行实证研究，第四部分为结果分析与稳健性检验，第五部分是结论与政策建议。

二、我国政府 R&D 补贴技术创新效应的典型化事实

近年来，为了落实创新发展战略，从根本上促进经济增长方式的转变，我国在科技研发方面付出了很多努力，政府 R&D 补贴规模持续快速增长。据统计，2009—2018 年，随着经济增长方式的逐渐转变，加之由美国次贷危机引发的全球性金融危机的影响，中国经济增长逐渐放缓，经济增长速度由 2010 年的最高 10.3%下降到 2018 年的最低 6.6%，政府 R&D 补贴的增长速度也由 2010 年的最高 24.9%下降到 2016 年的最低 4.2%。但是，政府 R&D 补贴仍然保持了年均 14.03%的快速增长，远超过了同期 GDP7.8%的年均经济增长速度①。这说明，面对经济增速放缓，政府科技强国、创新发展的战略目标依然明确而坚定，在实行扩张性经济政策促进经济增长的同时，仍然给予了技术创新更多的关注和支持。

那么，大量的、持续增加的政府 R&D 补贴是否实现了预期的技术处创新目标？是否带来了相应的技术进步？下文将借助于经验数据对我国政府 R&D 补贴的技术创新效应的典型化事实进行分析。

---

① 数据来源：根据历年《中国统计年鉴》和《中国科技统计年鉴》的相关数据计算所得。

目前，学者们用来衡量技术创新水平的指标主要有两种：新产品销售收入和专利数量。鉴于有些技术创新（特别是基础研究）并不能体现在或者直接体现在新产品的开发和销售上，因此本文采用专利数量来衡量技术创新水平。专利数量可以区分为专利申请数量和专利授权数量，因为专利申请并不一定能够最终通过审核批准，因此专利申请数量并不能够准确反映一国的技术创新水平。为了使指标能够更加客观地反映现实，本文采用单位人口国内专利授权数量（件/百万人）来反映我国的技术创新水平。下面我们将分别从专利的三种类型——发明专利、实用新型专利和外观设计专利授权数量（见图 1）的变化来展现我国政府 R&D 补贴的技术创新效应。

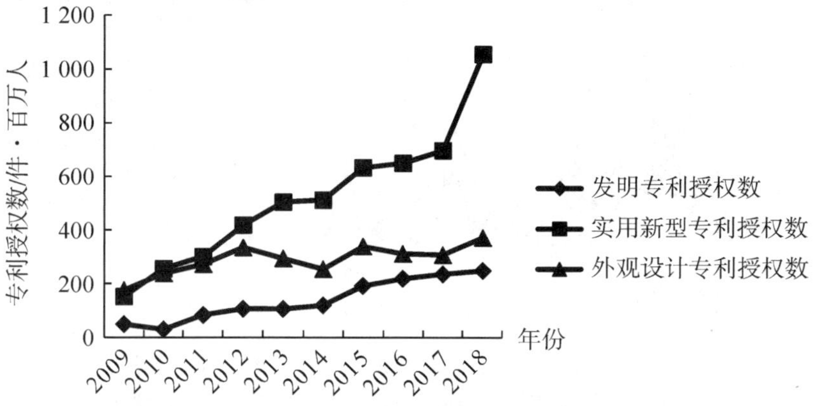

图 1　2009—2018 年中国单位人口专利授权数量

数据来源：根据《中国人口和就业统计年鉴》（2019）和历年《中国科技统计年鉴》的相关数据计算所得。

从图 1 可以看出，2009—2018 年，我国单位人口的发明专利授权数量、实用新型专利授权数量和外观设计专利授权数量均呈现出明显的、相对稳定的上升态势，特别是前两者的增长快速而稳定，分别从 2009 年的 49.01 件/百万人和 151.44 件/百万人增长到 2018 年的 247.93 件/百万人和 1 054.74 件/百万人，分别增长了约 3.09 倍和 4.25 倍。单位人口外观设计专利授权数量在 2012 年之前一直保持稳定增长态势，之后虽有起伏波动，但并未改变其增长趋势，统计区间内仍然实现了 1 倍多的增长①。而从授权专利的层次来看，统计区间内，尽管代表较高技术创新质量的、最主要的专利类型——发明专利在三类专利授权数量中最少，仅占全部专利授权量的 15%（实用新型专利授权数占 55%，外观设计专利授权数占 30%），但其年均增长率高达 23%，略微落后于实用新型专利授权数（25%），但远超过了外观设计专利授权数（18%）②。这说明，高质量的原创性技术发明和创新越来越受到政府和社会各界的关注和支持，并取得了良好的增长业绩。这一良好发展趋势，不论是为了实现创新强国还是可持续发展的目标，都是值得肯定和坚持的。从这一点来看，政府的技术创新政策是有效的，政府 R&D 补贴功不可没。当然，突出的技术创新效应并非政府 R&D 补贴一家之功，社会资本的 R&D 投入、经济社会的不断发展带来的技术创新的递增效应等都是促进技术创新的重要因素。但是，政府公

① 数据来源：根据《中国人口和就业统计年鉴》（2019）和《中国科技统计年鉴》的相关数据计算所得。
② 数据来源：根据历年《中国科技统计年鉴》的相关数据计算所得。

共支出在技术创新领域、特别是在基础研究领域的主体地位和导向功能却是不可或缺和无可替代的。

那么，大量的政府 R&D 补贴是否带来了技术创新的同步增长？为了更深入地对此问题进行分析，我们进一步将单位人口专利授权数量的增长率与人均政府 R&D 补贴的增长率进行对比分析（见图 2）。

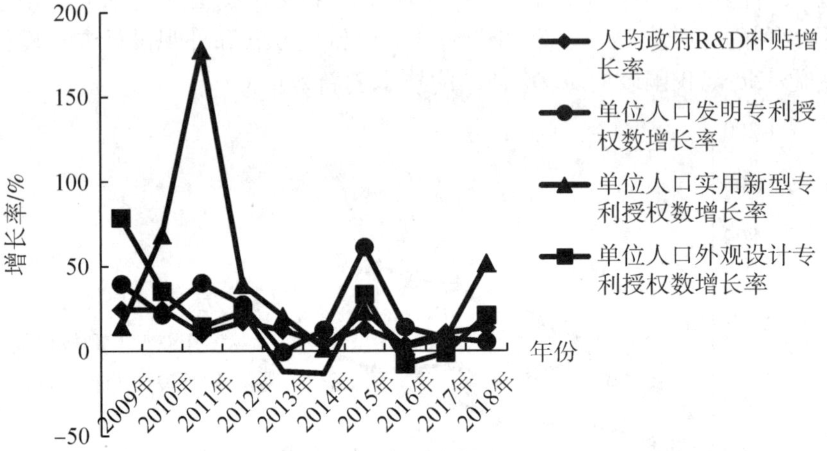

图 2　2009—2018 年中国人均政府 R&D 补贴增长率与单位人口专利授权数增长率

数据来源：政府 R&D 补贴增长率的数据是笔者根据历年《中国统计年鉴》的数据计算所得，各类专利授权数增长率是笔者根据历年《中国科技统计年鉴》相关数据计算所得。

从图 2 可以看出，统计区间内，除却个别年分外，三类单位人口专利授权数的增长率均高于人均政府 R&D 补贴的增长率。其中，单位人口的发明专利授权数、实用新型专利授权数和外观设计专利授权数的年均增长率分别为 23%、41%和 17%，而人均政府 R&D 补贴的年均增长率仅为 13%。如果将三类专利的情况综合起来看，2009—2018 年我国单位人口专利授权数年均增长率为 25%，远高于同期 13%的人均政府 R&D 补贴年均增长率。从这一角度看，政府在技术创新方面的收益远大于支出，政府 R&D 补贴带来了较大的技术进步，技术创新效应较为显著。究其原因，一方面，随着改革开放以来我国经济的快速增长，政府财政收入不断增加。据统计，2009—2018 年，我国财政收入由 68 518.3 亿元增加到 183 359.84 亿元，年均增长率达到 12%①，从而为扩大政府 R&D 补贴提供了充足的财力保障。另一方面，或者说更为重要的，是多年来政府对科学技术的高度重视和支持。新中国成立之初，在经济基础薄弱、物质财富极度匮乏的情况下，政府仍然在 1955 年制定了《中国科学院科学奖金的暂行条例》，对在科学研究和技术创新领域取得重大突破或者在科学技术发展中有卓越建树的科学家给予了最高 1 万元的奖励。之后，该项奖励制度不断完善和发展，并于 2000 年设立了由国家主席亲自签署、颁发荣誉证书和奖金的国家最高科学技术奖，该奖项的奖金也由 2000 年的 500 万元/人提高到 2018 年的 800 万元/人，不论是颁奖人的层次还是奖金规模都充分体现

① 数据来源：《中国统计年鉴》(2018)，或根据其中的数据计算所得。

出政府对科学技术、对人才的尊重和支持。在此背景下，政府 R&D 补贴不断增加，科技政策不断完善，技术创新效应日益提高。

三、计量方程与估计方法

（一）计量方程、变量选择及数据来源

政府 R&D 补贴对技术创新的影响通过两个方面体现出来：一是政府 R&D 补贴通过提供公共服务的方式直接作用于技术创新，即直接影响；二是政府 R&D 补贴通过引导社会资本投资于创新领域而间接作用于技术创新，即间接影响。为了考察政府 R&D 补贴对技术创新的直接影响和间接影响，本文的计量模型由式（1）表示的技术创新方程和式（2）表示的引致方程共同构成。方程具体表示如下：

$$\ln(\text{technology})_{it} = \alpha_0 + \alpha_1 \ln(\text{fisexp})_{it} + \alpha_2 \ln(\text{socexp})_{it} + \alpha_3 \ln(\text{socexp})_{it}^2 + \lambda \, lnX_{it} + \varepsilon_{it} \quad (1)$$

$$ln\ (\text{socexp})_{it} = \beta_0 + \beta_1 \, ln\ (\text{fisexp})_{it} + \mu_{it} \quad (2)$$

式中 i 和 t 分别表示地区与年份。为了削弱数据的共线性和异方差性，使数据更加平稳，对主要变量取自然对数，其中以货币形式表示的变量均采用 GDP 平减指数剔除物价水平的影响。

技术创新方程式（1）中的被解释变量采用各省份专利授权总数指标（technology），即用专利授权数来测度地区技术创新水平。核心解释变量选用各省份的政府 R&D 补贴总量（fisexp），度量地方政府对技术创新的支持度。为了体现社会资本对技术创新的作用，我们还选取了社会资本中的 R&D 投入（socexp）这一指标，该指标数值由全国 R&D 支出总额减去政府 R&D 补贴的差额表示。考虑到社会资本 R&D 投入的增加在一定范围内可以促进技术创新，但超过一定的规模后，持续增加的社会资本 R&D 投入可能会因研发资源规模报酬递减规律反而不利于技术创新。因此，我们在技术创新方程中加入了社会资本 R&D 投入的二次项。控制变量 X 中包括：企业规模（size），用规模以上工业企业总产值与规模以上工业企业数量的比值表示；R&D 人员数（person），用各省 R&D 人员全时当量表示；工业化水平（industry），用规模以上工业企业总产值与 GDP 的比值表示；所有制结构（state），用以下三者的均值表示：即国有控股工业企业总产值与规模以上工业企业总产值的比值、国有控股工业企业数量与规模以上工业企业数量的比值、国有控股工业企业主营业务收入与规模以上工业企业主营业务收入的比值。α_0 为常数项，α_1、α_2、α_3、λ 为待估参数，ε_{it} 为随机扰动项。

引致方程式（2）测度的是政府 R&D 补贴对社会资本投资于技术创新领域的引致效应。其中，被解释变量为社会资本 R&D 投入（socexp），核心解释变量依然是政府 R&D 补贴。β_0 为常数项，β_1 为待估参数，μ_{it} 为随机扰动项。主要变量的描述性统计见表 1。

本文考察的时间段为 2009—2018 年，数据源自国家统计局网站（http://www.stats.gov.cn/）、历年《中国统计年鉴》和《中国科技统计年鉴》。

表 1　主要变量的描述性统计（2009—2018 年）

变量	样本组	均值	标准差	最小值	最大值
专利授权数	东部	85 818.34	89 498.56	630	478 082
	中部	23 928.1	18 899.85	2 915	82 318
	西部	12 269.51	16 222.36	121	87 372
	全国	41 376.15	64 258.4	121	478 082
fisexp/万元	东部	1 406 616	1 799 081	31 512.9	8 224 113
	中部	473 642.8	262 730.8	131 631.1	1 376 141
	西部	426 046.6	654 370.8	8 263	2 455 639
	全国	786 273.5	1 239 435	8 263	8 224 113
socexp/万元	东部	6 419 658	5 482 347	26 293.1	24 170 129
	中部	2 191 041	1 602 603	466 942.9	6 518 729
	西部	815 227.3	880 936.2	1 790.9	4 461 322
	全国	3 158 945	4 209 337	1 790.9	24 170 129

（二）测度政府 R&D 补贴对技术创新的直接影响与间接影响

基于前文分析，参照 Halkos 和 Paizanos[34] 的研究方法，本文将政府 R&D 补贴对技术创新的影响分解为直接效应和间接效应两部分，其数学计算公式如下：

$$\frac{d(\text{technology})}{d(\text{fisexp})}=\frac{\partial(\text{technology})}{\partial(\text{fisexp})}+\frac{\partial(\text{technology})}{\partial(\text{socexp})}\cdot\frac{\partial(\text{socexp})}{\partial(\text{fisexp})} \tag{3}$$

式（3）右边的第一部分表示直接效应，数值上与 α_1 相对应；后一部分代表间接效应，数值上等于 $\beta_1\times[\alpha_2+2\alpha_3\ln(\text{socexp})]$。可以看出，在整个统计区间内直接效应的大小将基本保持稳定，而间接效应乃至总效应都将取决于社会资本 R&D 投入规模的影响。

四、实证结果与分析

（一）实证结果

首先，为了避免数据中的自相关性和异方差性，我们采用广义最小二乘法对引致方程进行回归，并将全国和地区层面的回归结果合并于表 2 中。由于变量均取对数值，表中回归系数代表的是弹性值概念。

表 2 显示，在全国层面，政府 R&D 补贴的系数为 0.223，即政府 R&D 补贴规模每增加 1%，社会资本 R&D 投入将增加 0.223%，并且均在 1%的水平上高度显著，这说明政府 R&D 补贴对社会资本 R&D 投入的引致效应较为明显。从东、中、西三大区域来看，只有中部地区政府 R&D 补贴对社会资本的引导效应比较显著，前者每增加 1%，会引导后者对技术创新领域的投资增加 0.585%。这说明，中部地区具备了一定的人力资

本、技术基础以及经济实力，在政府创新强国政策的引领下，社会资本更倾向于投资于能够更好促进产业转型升级、实现经济社会高质量发展的技术创新领域。而东部和西部地区政府 R&D 补贴对社会资本的引导效应并不显著，东部地区的系数符号甚至为负。可能的原因是，东部地区较为发达，市场投资机会较多，社会资本在确定投资方向时面临着更多的选择，社会资本对代表政府政策意向的支出不够敏感，政府 R&D 补贴的引导作用不明显；而在经济发展相对落后的西部地区则相反，受经济条件制约，政府在 R&D 方面的投入相对较少，加之技术基础薄弱，人力资本匮乏，使得政府 R&D 补贴对技术创新的促进作用更加难以充分发挥，其对社会资本的引导作用极为有限。另外，相对而言，西部地区仍处于粗放式增长阶段，对增长效率乃至对技术创新的重视不够，政府支出和社会资本投资于技术创新领域的意愿和动力不足，投资规模有限。

表 2　引致方程回归结果

	全国	东部	中部	西部
ln_fisexp	0.223***	-0.005	0.585***	0.250
	(0.073)	(0.096)	(0.189)	(0.155)
N	310	110	80	120
adj. R^2	0.991	0.992	0.928	0.986

注：表中括号内为 z 值；***、** 和 * 分表代表 1%、5%和 10%的水平上显著；各项检验结果显示为 P 值；常数项的回归系数未报告。

技术创新方程式（1）的回归结果见表 3。可以看出，在全国层面以及东部和中部地区，政府 R&D 补贴的系数均为正值，这说明政府 R&D 补贴有效促进了技术创新，特别是在东部地区，政府 R&D 补贴每增加 1%，将会带动技术创新水平提升 0.425%，技术创新效应较为显著。但是在西部地区，该指标的系数为负值，且不显著。可能的原因是，中、东部地区经济发展水平相对较高，在经济增长过程中更加注重效率和质量的提高。相应地，作为影响经济增长效率和增长质量的关键因素——技术创新受到了更多的关注。因此，政府 R&D 补贴的使用效率较高，有效推动了技术创新。但是在经济发展水平相对较低的西部地区，鉴于落后的发展阶段，更多关注的是经济增长速度，加之丰富的资源优势，粗放式增长的特征尚未得到根本转变，对技术创新的重视不够，政府 R&D 补贴的技术创新效应并不理想。

社会资本 R&D 投入在全国层面及三大区域的一次项系数均为正值，但二次项系数均为负值，这说明社会资本 R&D 投入的逐步增加将使技术创新指数出现先上升后下降的倒"U"形趋势，即社会资本 R&D 投入的增加在一定范围内可以促进技术创新，但超过一定的规模后，持续增加的社会资本 R&D 投入则因研发资源规模报酬递减规律降低了总体研发效率，反而不利于技术创新。虽然这一关系在三大区域有相似的表现，但相对于中、西部地区来说，东部地区社会资本 R&D 投入对技术创新的影响并不显著。究其原因，可能主要是东部地区经济社会已发展到了一个较高的阶段，经济基础和技术基础比中、西部地区的层次更高，在技术创新过程中对 R&D 投入规模和技术水平要求的门槛较高，因此即使东部地区社会资本 R&D 年均投入在 2009—2018 年高达 641 亿元，远高于中部、西部地区的 219 亿元和 82 亿元①，但技术创新效应仍不明显。

表 3　技术创新方程回归结果

	全国	东部	中部	西部
ln_fisexp	0. 117**	0. 425***	0. 014	−0. 118
	(0. 096)	(0. 141)	(0. 242)	(0. 202)
ln_socexp	0. 545**	0. 195	7. 768***	1. 021***
	(0. 259)	(0. 516)	(2. 509)	(0. 376)
ln_socexp2	−0. 032**	−0. 039	−0. 450***	−0. 079**
	(0. 016)	(0. 030)	(0. 153)	(0. 030)
ln_per	0. 204***	0. 435**	0. 150	0. 121
	(0. 077)	(0. 208)	(0. 205)	(0. 105)
ln_ind	5 333. 160***	6 439. 661**	9 637. 862***	3 007. 022
	(1 094. 675)	(2 484. 858)	(2 678. 614)	(2 028. 528)
ln_size	−34. 398***	−4. 738	−136. 285***	−57. 798***
	(9. 713)	(13. 386)	(47. 381)	(21. 069)
ln_state	−1. 019	−2. 895**	0. 741	0. 478
	(0. 663)	(1. 132)	(1. 651)	(1. 290)
N	279	99	72	108
adj. R^2	0. 986	0. 987	0. 964	0. 981

注：表中括号内为 z 值；***、** 和 * 分表代表 1%、5% 和 10% 的水平上显著；各项检验结果显示为 P 值；常数项的回归系数未报告。

控制变量中，R&D 人员数量在全国层面以及三大区域层面的回归系数均为正值，且东部地区尤为显著，人才是促进技术创新的根本因素这一理念再次得到验证。不过，相对于东部地区，中部和西部地区这一指标的影响并不显著，这可能与中、西部地区技术基础薄弱、人力资本相对匮乏以及研发环境有待改善相关。

工业化水平在全国层面及三大区域层面的回归系数均为正值，且系数值较大，特别是中部地区，系数值高达 9 637. 862，即工业化水平每提升 1%，技术创新系数将提高 9 637. 862%，工业化发展对技术创新的促进作用非常明显。技术进步是促进工业化发展的关键和根本，而工业化的发展则为技术创新创建了一个更高、更好的平台，有利于加速技术创新，二者形成良性互动。

企业规模在全国层面以及三大区域层面的回归系数均为负值，即企业规模越大，技术创新水平反而越低，这与人们的一般认知不同。可能的原因，一是规模越大的企业，其体系越冗杂，程序越繁多，从而不利于研发资源的有效配置；二是我国企业在面对国内外市场竞争时，长期规划不足，竞争手段更多放在了争取国家政策支持、营销策略等方面，而对企业长远发展具有决定性影响，但投资规模大、周期长、风险高的技术创新

① 数据来源：根据历年《中国科技统计年鉴》的相关数据计算所得。

重视不够，技术水平提升缓慢。

以国有成分占比表示的所有制结构在全国层面以及东部地区的回归系数均为负值，在中西部地区的影响则不显著。究其原因主要有：国有企业多为垄断性企业，其利润更多来源于市场垄断势力，而非依靠技术进步和管理创新带来的效率的提升，技术创新的外部压力不足；国有企业存在严重的委托代理问题，缺乏有效的激励监督机制，预算软约束等问题更是在很大程度上弱化了其参与创新的积极性，技术创新的内部动力不足。

在全国以及分地区样本的回归基础上，根据式（3）计算政府 R&D 补贴对技术创新的直接效应、间接效应及总效应，结果见表 4。在全国层面，政府 R&D 补贴对技术创新提高的总效应为 0. 124，即政府 R&D 补贴每增加 1%，技术创新提高 0. 124%。在地区层面，东部和中部两地区的总效应皆为正值，分别为 0. 428 和 0. 2，即政府 R&D 补贴支出每增加 1%，技术创新水平分别提高 0. 428%、0. 2%。而在西部地区，总效应为负值，但绝对值较小。造成政府 R&D 补贴技术创新效应区域差异的原因跟我们前面的分析基本一致，主要是因为经济增长阶段、人力资本、技术基础、研发环境等因素，此处不再赘述。

表 4　政府 R&D 补贴的技术创新效应

技术创新效应	全国	东部	中部	西部
直接效应	0. 116** (0. 096)	0. 425*** (0. 141)	0. 014 (0. 242)	−0. 118 (0. 202)
间接效应	0. 008	0. 003	0. 186	−0. 010
总效应	0. 124	0. 428	0. 2	−0. 128

（二）稳健性分析

为了考察上述结果的稳健程度，还需证明一些可能对技术创新造成影响却未被剔除的异常值样本不会对估计结果产生显著影响。考虑到被解释变量与核心解释变量有可能出现异常值，从而导致回归结果出现偏差，我们将被解释变量——专利授权数、核心解释变量——政府 R&D 补贴的极端值剔除后重新进行回归分析，并再次计算出政府 R&D 补贴的总效应，结果见表 5。将表 5 中的数值与表 4 对比发现，当极端值被剔除后，政府 R&D 补贴对技术创新的总体影响在全国以及地区层面均未发生方向以及程度上的显著变化，即前文对政府 R&D 补贴技术创新效应的分析结论在不同的样本结构下依然成立。

表 5　剔除极端值后政府 R&D 补贴的技术创新总效应

	全国	东部	中部	西部
剔除政府 R&D 补贴的最高 5%	0. 134	0. 507	0. 2	−0. 128
剔除政府 R&D 补贴的最低 5%	0. 166	0. 428	0. 194	−0. 118
剔除政府 R&D 补贴的首尾 5%	0. 197	0. 507	0. 2	−0. 118

表5(续)

	全国	东部	中部	西部
剔除专利授权数的最高 1%	0. 116	0. 414	0. 2	-0. 218
剔除专利授权数的最低 1%	0. 141	0. 421	0. 2	-0. 086
剔除专利授权数的首尾 1%	0. 086	0. 414	0. 2	-0. 086

五、结论及政策含义

本文采用 2009—2018 年中国 30 个省份的数据，实证考察了政府 R&D 补贴对技术创新的影响。我们将政府 R&D 补贴对技术创新的影响区分为直接效应和间接效应，前者着重考察政府作为公共服务提供者在促进技术创新方面的表现，后者则刻画了政府投资行为通过对社会资本的引致效应进而对技术创新产生的间接影响。在估计时，采用广义最小二乘法，致力于克服数据中的自相关性和异方差性等引起的偏误，并基于估计结果，我们测算了政府 R&D 补贴对技术创新的直接效应、间接效应以及总效应。结果显示，在全国范围内，政府 R&D 补贴每增加 1%，技术创新水平提高 0. 124%，说明政府 R&D 补贴能够有效促进技术创新；同时，政府 R&D 补贴对社会资本的 R&D 投入有显著的正向引致效应，后者对技术创新会产生积极的间接影响。在地区层面，政府 R&D 补贴对技术创新的影响呈现一定差异性：中、东部地区总效应皆为正值；西部地区总效应为负值，但绝对值较小，说明政府 R&D 补贴对技术创新的影响微弱。

上述实证结论并非仅仅要说明政府 R&D 补贴支出对技术创新有显著的影响，而是旨在促使我们思考如何获得更好的政府 R&D 补贴效应。第一，相对于政府 R&D 补贴规模，如何采取更为恰当补贴方式，以提高财政资金的使用效率和效果显得更为重要。在这方面，西方国家政府提出技术目标→企业竞相研发→政府择优购买的模式值得借鉴。第二，政府 R&D 补贴既能以提供公共服务为手段对技术创新产生直接影响，也能通过引导社会资本投资的方式来影响技术创新。所以，政府除了保证必要的投入规模，也要注意通过财政、货币等政策积极引导社会资本在研发领域的投入，双管齐下实现创新强国。第三，鉴于西部地区人才匮乏、技术基础薄弱，从而在一定程度上导致政府 R&D 补贴的技术创新效应不理想的现实，在支援欠发达地区发展的过程中，不仅要适度“输血”，更要注重培养其“造血”功能，改善研发环境，从根本上保障和促进落后地区的崛起与发展。

参考文献：

［1］ KLETTE T J, MOEN J, GRILICHES Z. Do Subsidies to Commercial R&D Reduce Market Failures? Micro -econometric Evaluation Studies ［J］. Research Policy, 2000, 29 (4-5): 471-495.

［2］ GROSSMAN G, HELPMAN E. Innovation and Growth in the Global Economy ［M］. Cambridge Mass: MIT Press, 1991.

[3] AGHION P, HOWITT P. A Model of Growth through Creative Destruction [J]. Econometrica, 1992, 60 (2): 323-351.

[4] JIAN T, CHENGGANG XU. Financial Institutions and The Wealth of Nations: Tales of Evelopment [J]. William Davidson Institute Working Paper, 2004 (4): 672.

[5] ASCHHOFF B. The Effect of Subsides on R&D Investment and Success: Do Subsidy History and Size Matter? [J]. ZEW Discussion, Mannheim, 2009: 9-32.

[6] OZCELIK E, TAYMAZE E. R&D Support Programs in Developing Countries: the Turkish Experience [J]. Research Policy, 2008, 37 (2): 258-275.

[7] ALECKE B, MITZE T, REINKOWSKI J, et al. Does Firm Size Make a Difference? Analysing the Effectiveness of R&D Subsidies in East Germany [J]. German Economic Review, 2012, 13 (2): 174-195.

[8] LINK A N. An Analysis of the Composition of R&D Spending [J]. Southern Economic Journal, 1982, 49 (2): 342-349.

[9] 苗文龙，何德旭，周潮. 企业创新行为差异与政府技术创新支出效应 [J]. 经济研究，2019 (1): 85-99.

[10] HAMBERG D. R&D: Essays on the Economics of Research and Development [M]. New York: Random House, 1966.

[11] NADIRI M I, MAMUNEAS T P. The Effects of Public Infrastructure and R&D Capital on the Cost Structure and Performance of US Manufacturing Industries [J]. Review of Economics & Statistics, 1991, 76 (1): 22-37.

[12] GUELLEC D, POTTELSBERGHE B V. The Effect of Public Expenditure to Business R&D [J]. OECD STI Working Papers, 2000: 71.

[13] LEE M H, HWANG I J. Determinants of Corporate R&D Investment: an Empirical Study Comparing Korea's IT Industry with Its Non-IT Industry [J]. ETRI Journal, 2003, 25 (4): 258-265.

[14] 白俊红，李婧. 政府 R&D 自主与企业技术创新：基于效率视角的实证分析 [J]. 金融研究，2011 (6): 181-193.

[15] 陆国庆，王舟，张春宇. 中国战略性新兴产业政府创新补贴的绩效研究 [J]. 经济研究，2014 (7): 44-55.

[16] SHRIEVES R E. Market Structure and Innovation: a New Perspective [J]. The Journal of Industrial Economics, 1978, 26 (4): 329-347.

[17] CARMICHAEL J. The Effects of Mission-oriented Public R&D Spending on Private Industry [J]. The Journal of Finance, 1981, 36 (3): 617-627.

[18] BOZEMAN B. Technology Transfer and Public Policy: a Review of Research and Theory [J]. Research Policy, 2000, 29 (4): 627-655.

[19] LACH S. Do R&D Subsidies Stimulate or Displace Private R&D? Evidence from Israel [J]. The Journal of Industrial Economics, 2002, 50 (4): 369-390.

[20] 张杰，陈志远，杨连星，等. 中国创新补贴政策的绩效评估：理论与证据 [J]. 经济研究，2015 (10): 4-17.

[21] 冯宗宪，王青，侯晓辉. 政府投入、市场化程度与中国工业企业的技术创新效率 [J]. 数量经济技术经济研究，2011 (4): 3-17.

[22] 彭红星，王国顺. 中国政府创新补贴的效应测度与分析 [J]. 数量经济技术经济研究，2018 (1): 77-93.

［23］安同良，周绍东，皮建才. R&D 补贴对中国企业自主创新的激励效应［J］. 经济研究，2009（10）：87-98.

［24］曹贤忠，曾刚，邹琳. 长三角城市群 R&D 资源投入产出效率分析及空间分异［J］. 经济地理，2015（1）：104-111.

［25］BAI J, LI J. Regional Innovation Efficiency in China: The Role of Local Government［J］. Innovation: Management, Policy & Practice, 2011, 13（2）：142-153.

［26］李平，崔喜君，刘建. 中国自主创新中研发资本投入产出绩效分析：兼论人力资本和知识产权保护的影响［J］. 中国社会科学，2007（2）：32-42.

［27］李苗苗，肖洪钧，傅吉新. 财政政策、企业 R&D 投入与技术创新能力：基于战略性新兴产业上市公司的实证研究［J］. 管理评论，2014（8）：135-144.

［28］毛其淋，许家云. 政府补贴对企业新产品创新的影响：基于补贴强度"适度区间"的视角［J］. 中国工业经济，2015（6）：94-107.

［29］戴晨，刘怡. 税收优惠与财政补贴对企业 R&D 影响的比较分析［J］. 经济科学，2008（3）：58-71.

［30］巫强，刘蓓. 政府研发补贴方式对战略性新兴产业创新的影响机制研究［J］. 产业经济研究，2014（6）：41-49.

［31］GERHARD S, SCHIBANY A, GRETZMACHER N. Input Additionality Effects of R&D Subsidies in Austria: Empirical Evidence from Firm-level Panel Data［R］. Technology Information Policy Consulting, Vienna, 2004.

［32］钱颖一. 激励与约束［J］. 经济社会体制比较，1999（5）：7-13.

［33］CLAUSEN T H. Do Subsidies Have Positive Impacts on R&D and Innovation Activities at the Firm Level?［J］. Structural Change and Economic Dynamics, 2009, 20（4）：239-253.

［34］GEORGE HALKOS, EPAMEINONDAS PAIZANOS. The Effect of Government Expenditure on the Environment: An Empirical Investigation［J］. Ecological Economics, 2013, 91（1）：48-56.

区域经济差异的虹吸效应和扩散效应比较

——基于马克思地租理论视角

饶国霞[①]

摘　要：我国经济发展区域化差异较明显，即使发达地区不断对欠发达地区进行资金、技术等要素的输出和转移，但是区域经济发展的巨大差异仍然没有得到根本改善。本文从区域发展理论和马克思地租理论出发，分析区域经济发展的虹吸效应[②]和扩散效应[③]，在马克思的级差地租理论基础上，借鉴C-D函数进行改良研究，讨论地租地价等土地因素是如何影响区域经济发展的。通过利用除西藏以外的30个省（自治区、直辖市）的2009—2016年的面板数据，结果发现土地城镇化率、人均资本额、人均技术成交额、人均劳动就业量、市场化率指标都显著且正向影响经济增长，而土地位置的差异导致的级差地租，又会影响人均资本、技术转移、劳动力迁徙等变量，因而土地的利用成为直接和间接作用经济增长的重要指标。据此提出政府应该充分考虑到土地因素对经济增长的重要影响，因地制宜的合理利用土地，充分发挥地租对各地经济增长的调节作用，有效解决当前我国社会的主要矛盾问题。

关键词：区域经济差异；虹吸效应；扩散效应；马克思地租理论

一、引言

党的十九大报告鲜明指出了“中国特色社会主义进入新时代，我国社会主要矛盾已经转变为人民日益增长的美好生活需要和不平衡不充分的发展之间的矛盾”，这项重大判断体现了当前中国改革开放取得举世瞩目成就的同时，也存在着一些突出的矛盾问题。

---

① 饶国霞，南京财经大学经济学院讲师。

② 虹吸效应，又称虹吸现象，物理上原本是指由于液态分子间存在引力与位能差能，液体会由压力大的一边流向压力小的一边，这里是指地区优良的经济环境对资源的吸引力。

③ 扩散效应，是指所有位于经济扩张中心的周围地区，会由于当地基础设施的改善等情况，从中心地区获得资本、人才等资源的溢出，并刺激促进本地区的发展，缩小和中心地区的经济发展差距。

当前我国经济发展状况呈现明显的地域差异，东部地区尤其是东南沿海地区和长江下游地区是我国经济发展的排头兵，中部地区的经济发展状况介于东部和西部之间，表现为“比上不足比下有余”的现象，西部地区往往成为贫穷落后地区的代名词，不论是经济发展还是居民生活水平通常都是低于全国平均值。纵观东、中、西部地区的环境和经济发展特征，呈现出经济发展状况和以土地为主的自然资源禀赋的反比关系，同时表现出与人口密度、便利的地理位置的正比关系，并且这种状况长期存在且没有发生实质性的改变。

针对目前经济发展的不平衡现状，已有文献从多个角度较为全面地阐释了区域经济差异的形成原因、特征和解决方法，比较完整地分析了地区经济差异中涉及的经济、政治、自然环境等多方面的问题[1-9]。但是从土地价格角度研究土地投入对区域经济发展的影响的文献较少，这可以成为研究地区经济发展差异和解决地区经济发展不平衡的一个新的着眼点。本文尝试从马克思关于地租地价理论的研究入手，借鉴马克思对于级差地租理论的深刻剖析，从地租的角度讨论地价的变动和差异，分析土地因素如何从根本影响地区经济发展，对症下药地寻求有效解决地区发展差距过大，促进经济全面均衡可持续发展的长期有效方案。

二、从马克思地租理论角度分析区域经济差异

衡量地区的经济增长和发展，我们借用反映投入产出关系的柯布-道格拉斯生产函数来进行研究，再结合马克思的级差地租理论共同进行分析。因为本文研究的侧重点是土地资源对经济增长产生的影响，因而将土地从资本投入中剥离作为一个单独的影响因素进行讨论，最终得出改良后的柯布-道格拉斯生产函数，即 $Y=AK^{\alpha}D^{\gamma}L^{\beta}$。其中 Y 是指总产出，可以国内生产总值 GDP 来表示，A 是规模系数或者是技术系数，可以社会体制变革或者技术成交量等变量来表示，K 是表示资本投入，D 代表的是土地资源的投入数量，L 是劳动力要素投入，α、γ、β 分别是资本、土地和劳动力要素对总产出的作用程度大小，也就是这三个变量的弹性系数，反映这三个要素投入的改变对总产出变动的作用大小。

然后我们将上述基本公式两边取对数得到公式：$\ln Y=\ln A+\alpha\ln K+\gamma\ln D+\beta\ln L$，接着我们再对等式两边同时关于时间求导数，得到如下公式：

$$\frac{1}{Y}\cdot\frac{\mathrm{d}Y}{\mathrm{d}t}=\frac{1}{A}\cdot\frac{\mathrm{d}A}{\mathrm{d}t}+\alpha\cdot\frac{1}{K}\cdot\frac{\mathrm{d}K}{\mathrm{d}t}+\gamma\cdot\frac{1}{D}\cdot\frac{\mathrm{d}D}{\mathrm{d}t}+\beta\cdot\frac{1}{L}\cdot\frac{\mathrm{d}L}{\mathrm{d}t}$$

在上述公式中，变量 Y，K，D，L 及系数 α，γ，β 都是正数；$\frac{\mathrm{d}Y}{\mathrm{d}t}$ 反映随着时间推移的产出变动情况，通常也是为正；科学技术的不断前进发展导致 $\frac{\mathrm{d}A}{\mathrm{d}t}$ 一般也是正数；而关于资本（这里是除土地以外的其他资本投入）、土地和劳动力的投入变动情况和时间之间的关系会随着不同地区经济发展状况的不同而呈现出正反不同的变化方向。下面我们分

别就发达地区和欠发达地区进行讨论：

（一）发达地区投入产出状况分析

就劳动力投入情况而言，在发达地区由于经济效益和居民收入水平较高，往往会吸引大量的资源不断流入，尤其是劳动力资源不断在发达地区的集聚，因而导致 $\frac{\mathrm{d}L}{\mathrm{d}t}$ 在发达地区通常是正值，当然如果由于人口不断流动导致过度拥挤，生活成本上涨等其他原因引起人口开始向欠发达地区回流，则 $\frac{\mathrm{d}L}{\mathrm{d}t}$ 通常表现为负值。所以说 $\frac{\mathrm{d}L}{\mathrm{d}t}$ 对当地经济增长的影响是随着时间的推移而不断改变，在经济发展的初期，由于劳动力资源增值能力的地区差异，会吸引劳动力不断从经济欠发达地区向经济发达地区转移，结果是经济发达地区有更多的劳动力资源投入生产，带来经济更快速的增长和发展，此时表现为经济发达地区的“虹吸效应”，形成经济发达和欠发达地区的发展状况存在明显差异的事实。

随着经济发展一段时间之后，经济发达地区由于涌入了过多的劳动力，为当地的住房、教育、医疗等民生保障带来巨大压力，高额的生活成本迫使许多外出务工人员返乡消费，导致经济发达地区的增长速度开始放缓。根据边际报酬递减规律，在资源投入的初期边际产出是在不断递增的，此时吸引资源的不断流入，但是在达到最高值之后边际产出开始递减，资源又开始不断向周边转移，此时表现为发达地区对周边地区经济的“扩散效应”。

长期来看，地理位置的优越性是经济发展的重要影响因素，其带来的保值增值能力的提升再次吸引资源不断涌入，促使发达地区积聚了更多的优质资源，产出效率不断提高，发达地区的经济增长又开始出现“回波效应”①。

就资本投入情况而言，$\frac{\mathrm{d}K}{\mathrm{d}t}$ 反映资本投入的时间变化与劳动力的流动变化具有一些类似的特征，在经济发达地区具体可能表现为如下几种情形：①发达地区在发展初期因为其投资高回报的特性，往往充分发挥出其吸纳资源的优势效应，这样资本源源不断地被吸引到发达地区，导致资本额随着时间的推移不断积累增加，表现为人们常说的“虹吸效应”，因而此时的 $\frac{\mathrm{d}K}{\mathrm{d}t}$ 为正值；②在发达地区的发展中期，资源不断聚集使得当地的资源逐渐趋于饱和，资源投入的边际收益递减规律导致资本开始出现外溢，寻找收益更高的投资领域和地区，因而资本开始随着时间的推移出现减少，此时发达地区的“扩散效应”开始逐步显现，这时的 $\frac{\mathrm{d}K}{\mathrm{d}t}$ 开始变成负数；③随后，长期来看发达地区和欠发达地区的资源回报显现出明显差距后，越来越多的资源又开始回流，“回波效应”使得

① 回波效应是由1974年诺贝尔经济学奖获得者冈纳·缪尔达尔（Gurmar Myrdal）提出的，是指经济活动正在扩张的地点和地区将会从其他地区吸引净人口流入、资本流入和贸易活动，从而加快自身发展，并使其周边地区发展速度降低，其作用结果类似于虹吸效应。

发达地区的资源投入又开始随着时间的推移而不断增加，一段时期之后的 $\frac{\mathrm{d}K}{\mathrm{d}t}$ 又开始变成正数。

最后，土地资源和产出之间的关系在经济发达地区的表现通常是一贯的，即土地投入的规模大小和经济增长的速度是成正比的，土地投入是随着时间的推移而不断增加，即 $\frac{\mathrm{d}D}{\mathrm{d}t}$ 为正数。作为稀缺的土地资源是经济建设不可或缺的要素，不论是农业生产还是非农业生产都需要土地的投入。由于对土地需求的不断增长，导致地租地价不断上涨，与此同时土地投入的增长往往可以带来更多的经济产出，同时给当地政府创造更多的税收和非税收入，地方政府财力的不断增强为经济建设提供更好的公共产品和服务保障，也促使当地经济进一步发展。

（二）经济欠发达地区投入产出分析

通过对经济欠发达地区的投入产出状况的类比分析，可以得出：欠发达地区往往是资源的流出地，因而随着时间的推移不论是劳动力还是资本一般都是呈现出减少的趋势，因此 $\frac{\mathrm{d}L}{\mathrm{d}t}$ 和 $\frac{\mathrm{d}K}{\mathrm{d}t}$ 在长期的经济发展来看通常都是负值，但是由于土地不可转移的特性，因而土地投入的变动通常是非负数。然而伴随经济发展状况的逐步转变，尤其是落后地区投资环境的改善，这些资源在有些地区也会开始出现反向流转的迹象。欠发达地区往往相对发达地区而言，拥有比较丰裕的自然资源，由于土地的相对充裕，导致这些地区的土地供求矛盾没有发达地区显著，因此级差地租相对较低，较低的地租导致较低的地价（按照马克思的地租理论，地价是地租的资本化），这些地区的投资成本较低，成本优势成功地吸引了投资和资源的转移，通过发挥价格洼地优势促使当地经济实现弯道超车的经济发展模式。

这里有几个问题需要我们格外关注，一是资本流动的转向通常发展早于和快于劳动力资源的流动转向，这是因为资本边际收益的递减促使其急于寻找更加有利的投资场所，因而资本外溢扩散的条件具备之后，资本要素迅速发生扩散效应，而劳动力资源的转移相对资本而言没有那么迅速和便利。二是在经济发展的初期，通常资本、劳动力等要素为实现规模效应，往往是集中向大城市等发达地区流动，充分体现出资源的集聚效应；进入到经济发展的中后期，由于过量资源的集中带来对土地的大量需求，造成土地供求矛盾不断尖锐，导致地租地价不断快速攀升，结果是投资成本的加大导致产出效益开始下降，于是资本、劳动力等资源开始出现“外逃”现象，现实中的表现是资源的扩散作用开始越来越显著。三是作为经济发展中不可缺少的土地，通常各地土地投入都是在不断增加，但是经济发达地区对土地的需求往往比经济欠发达地区的需求更多更大，而土地不可移动性的特点，造成了各地土地供求矛盾的巨大差异，也形成了各地土地价格的巨大差异。经济发展相对较为落后的地区，往往各行业发展的活力和动力欠佳，对土地的需求相对经济发达地区要少，因而土地随时间的增长较慢，这样实体经济发展和政府财政收入增长速度都相对发达地区要缓慢。

综合上述各个变量的变动趋势，一个地区的经济发展状况取决于这些变量共同作用的结果，而每个变量前的系数反映了该变量的变动对整体经济变动将会产生多大的影响。但是所有的变量对经济增长的影响其实都是和不同地区的地理位置相联系，因而不同的地理位置决定了级差地租的差异，而后通过土地投入直接或者间接影响经济增长，最终土地成为制约各地经济发展的重要变量。

三、从马克思地租理论角度分析区域经济差异的实证检验

我们可以先通过经济增长和土地投入的散点图，直观判断二者之间的大致关系（见图 1）。

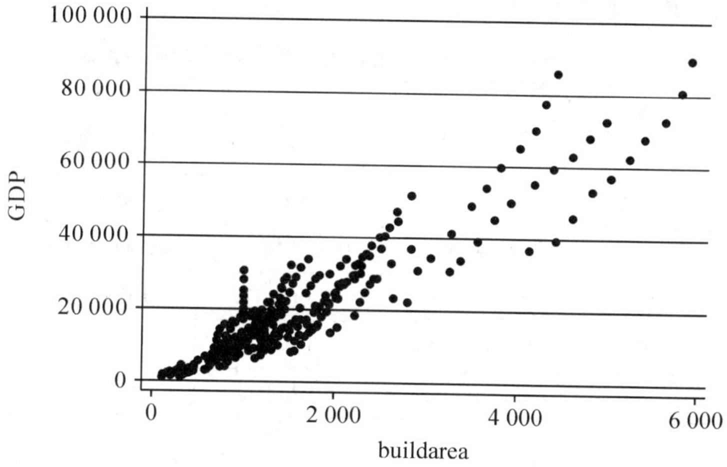

图 1　经济增长和土地投入关系

图中的经济增长 GDP 和各地区建成区面积① buildarea 两个指标，比较清晰地呈现显著的正向相关的关系。建成区面积的大小反映当地经济建设中土地资源的投入，土地投入通常会对经济增长产生正向影响作用，同时建成区面积增大可以表明当地经济发展给政府带来更多的税费，也意味着当地政府可以获得更多的土地使用权转让收入，因而建成区面积的大小会显著影响当地政府的财政收入，而财政收入和当地经济增长密切相关。因此政府财政收入是经济增长模型中的内生变量，而建成区面积可以作为工具变量替代政府财政收入来衡量和反映对经济增长的贡献。

根据前面对 C-D 函数的推导，我们将全国 30 个省（自治区、直辖市）② 的 2009—2016 年的面板数据进行动态分析，寻找各个因素的改变对各地经济增长产生作用的方向和程度大小。我们选取 GDP 指标来反映经济增长 Y，衡量资本 K 投入的指标是资本的最终形成额，衡量土地资源投入的指标是各地建成区面积占全部土地面积的比例，即

① 建成区面积和土地面积相比的结果可以视同为当地的土地城镇化率水平，反映土地投入的规模和影响。
② 由于西藏特殊的政策环境，导致该省份的数据不具备足够的参考价值，故而研究中通常忽略西藏的数据。

土地城镇化率，衡量劳动力 L 投入的指标是各地区从业人员，衡量规模系数 A 的指标是技术市场成交额和市场经济体制改革程度高低的市场化率。

我们设立如下的回归方程：

$$pergdp=\varphi+\alpha_1 percapital+\alpha_2 perlabor+\alpha_3 perskill+\alpha_4 landratio+\alpha_5 marketratio+\varepsilon$$

公式中 pergdp 表示人均 GDP；percapital 表示人均资产形成额；perlabor 表示人均就业人员；perskill 是人均技术市场成交额，反映科学技术在现实生产中的运用和市场转化；landratio 表示各地土地城镇化率，是影响不同地区经济状况的控制变量；marketratio 表示市场化指数①，可以用来衡量我国经济体制的变化状况；φ 表示常数项，$\alpha_1-\alpha_5$ 是各个变量的系数，ε 表示随机误差值。

为了消除物价波动对经济变量的影响，所用的 GDP、资本形成额、技术市场交易额指标都根据物价指数调整成了实际数值，我们首先对 30 个省（自治区、直辖市）数据的基本统计性指标描述如表 1 所示。

表 1　30 个省（自治区、直辖市）相关数据的基本信息

Variable	Obs	Mean	Std. Dev.	Min	Max
pergdp	270	4. 138 064	2. 179 526	0. 920 467 2	11. 649 67
percapital	270	2. 485 666	1. 291 435	0. 460 629	7. 778 607
perskill	270	0. 697 801	0. 217 569 5	0. 000 372 3	1. 788 573
perlabor	270	0. 122 260 7	0. 569 52	0. 060 261	0. 364 252 2
landratio	270	0. 302 639 4	0. 145 331	0	0. 687 354 5
marketratio	270	6. 581 963	1. 922 032	2. 53	11. 8

表中数据显示，人均 GDP（pergdp）在各个地区呈现出非常大的差距，最大值 11. 65 万元/人和最小值不到 1 万元/人相差约 12 倍，直接反映了我国经济发展不充分不均衡的现状特征。

人均资本形成额（percapital）的最大值为 7. 78 万元/人和最小值 0. 46 万元/人相差约 17 倍，反映和经济发展差异相关的地区资本形成总额的巨大差异，由于资源增值能力的地区差异会导致投资规模的巨大差异，最终也导致经济增长出现明显差距。

人均技术成交额（perskill）的整体平均值只有 700 元/人，反映我国整体技术发展程度相对还不高，技术的市场化运用和转移效果有待提高，最大值 1. 79 万元/人和最小值不到 4 元/人，4 800 多倍的惊人差距反映出各地经济建设中技术投入和市场化转化存在的差距十分巨大，也反映出各地在经济建设过程中高科技发展存在的显著差距。作为拉动经济发展的当前最重要的技术要素，其成交额的多少反映了技术研发的市场化程度高低，也成为制约经济发展的当前最为重要的因素。在经济发达的地区由于优质资源的集中涌入，更加有利于技术的创新和投入，因而通常在经济发达地区技术创新运用更加广泛和有效，也促进当地经济更快更好地发展，反之经济相对落后的地区由于资源的不

① 参照樊纲编著的市场化指数指标。

断流出，因而当地技术创新和运用的能力相对较弱，资源的回报率也相对较低，结果是经济比较落后，与发达地区之间的经济发展差距巨大。

人均城镇就业人数（perlabor）最大值为 0.36 人与最小值 0.06 人相差 6 倍左右，反映不同地区由于经济发展和劳动力要素增值的差别，对劳动力转移的吸引导致劳动力的迁徙和流动，最终导致劳动力在不同地区就业状况的巨大差别。

土地城镇化率①（landratio）最大值 0.69 和最小值② 0.07 相差 10 倍左右，表明我国经济发展中城镇建设的地区差异，通常经济发达的地区政府财政收入较多，因而也有更多的资金投入基础设施建设和发展，并且这些地区较高的资源回报会吸引更多的优质资源的流入，导致地区不仅存在政府投入的差异，也存在企业投资规模的巨大差别。

市场化率指标（marketratio）是反映各个地区市场化体制改革深入和完成的整体状况的差异，我国自全面市场化改革以来各地经济体制改革的成就存在较大差距，在东部沿海经济发达地区市场化程度较高，对应的经济发展成果也较好，反之经济相对落后的中西部地区市场化程度较低，经济发展状况也相对要差，统计数据显示市场化率指标的整体平均值不到 7%，说明我国自改革开放建立和不断完善市场化体制以来，市场配置资源的功效并未得到足够的充分发挥，表明市场化改革还有很大的提升空间。该指标最高值是 11.8%，最低值为 2.53%，二者相差接近 5 倍，也反映了我国各地经济建设中市场化发展程度存在较大差异，这也是各地经济发展状况存在差异的原因之一。

考虑经济学含义，因为资本、技术和土地的投入对经济增长产生的影响有一定的时间滞后性，因而除人均劳动就业量和市场化率指标以外，其余变量均取滞后一期的变量来考察对经济增长指标（人均 GDP）的影响，同时为了消除变量随时间变化的增长性特性，将除土地城镇化率和市场化率指标外所有变量都取自然对数。通过豪斯曼检验，可以得出固定效应模型的结果更加准确地反映了所选定变量之间的关系，所以我们以固定效应模型的回归结果为准，结果如下：

$$\begin{aligned} lnpergdp = & \underset{(0.0829)}{0.716} + \underset{(0.0180)}{0.567}lnpercapital + \underset{(0.292)}{2.239}lnperlabor + \underset{(0.00992)}{0.035}lnperskill + \\ & \underset{(0.106)}{0.293}landratio + \underset{(0.00571)}{0.000996}marketratio + \varepsilon \end{aligned}$$

从结果来看，解释变量和被解释变量之间的关系如下：

资本形成总额是显著且正向影响国内生产总值的，并且资本形成额的相对变动对 GDP 相对变动的影响接近 57%，正的弹性系数值表明资本的多少是制约和决定经济产出的重要变量，投资的规模越大产出的规模自然越大，充分表明我国经济增长长期依赖的是投资形成。而且我国由于经济发展存在明显的地域差异，因而在经济发达的东部沿海地区由于资源的保值增值能力更强，因而也会吸引更多的优质资源投入，最终带来产出的进一步增长，或者说资本和 GDP 有相互影响的作用。不同地区资本投入的差异，导致各地经济产出存在巨大差异，因而资本投入是引发各地经济发展差别的重要因素，

① 这里我们以建成区面积除以土地面积计算得出。

② 因为存在缺失值，因而统计描述中默认最小值为 0。

但是资本投入的地区差异是由于各地地理位置差异带来的，说明地段差异引起的地租差异是导致资本投入差异的重要原因。

劳动力投入即人均城镇就业量的水平也是正向显著影响 GDP 的，劳动力投入的弹性系数值为 2.24，表明劳动力是制约当前我国经济增长的十分重要的变量，劳动力在全部要素中对经济增长的贡献度最大，我国目前还是依赖劳动密集型的生产模式。在经济发达的地区由于劳动力的报酬高，因而吸引劳动力不断涌入经济发达地区，伴随劳动力投入的不断增加，结果带来经济更加快速的增长，而劳动力获利较低的中、西部地区，由于劳动力的流出，也使得当地劳动力的投入相对较少，经济产出规模的增长速度较低，致使各地经济发展的差距不断拉大。因而劳动力要素的投入和流动是由于各地经济发展状况的差异导致的，而各地的经济发展差异又是和各地的地理位置差异相联系的，所以地理位置差异或者地段的不同导致地租和地价的差异，仍然是造成经济差异的重要原因。

技术市场成交额也是显著且正向影响 GDP，技术市场成交额对经济增长的弹性系数值为 0.04，说明科技创新和技术进步原本应是当代经济增长和发展的巨大推动力，但是在我国的作用力不是非常明显。我国当前技术不断革新、科技创新不断涌现的现实，决定了我国经济增长应该具有持续增长的潜力和动力，但是当前我国科技创新更多地停留在高校、科研单位、实验室等部门，使得科技创新很难转化为现实的生产力，实验成果难以市场化转化的现实制约了我国当前经济的进一步发展。技术是制约当前经济发展的重要动力，但是却没有真正发挥其有效的作用。在东部沿海地区由于资源保值增值更快的特点以及便利优越的市场环境，为技术创新提供了更加优越的平台和交易场所，因而这里集聚了更多的技术资源，也带来经济更加快速的增长和发展。技术市场成交额作为科技创新的市场化衡量指标，直观表现为地段较好的区域，技术创新和转化的能力较强，经济增长和发展的状况更好；反之地段较差的地区，技术创新转化的程度相对较低，经济增长和发展的状况也相对较差，所以科学技术的创新和市场化转化也是和各地地理位置的差异相关联的。

土地城镇化率正向显著影响 GDP，土地城镇化率对经济增长的弹性值为 0.3 左右，土地城镇化率的变动反映当地经济发展中土地投入和开发建设的成果。土地是经济发展中不可替代的资源投入，不同地区的土地由于地段不同形成的级差地租导致土地价格的差异，这直接导致投入成本的差异。土地城镇化率反映了土地投入的规模，而随着城镇建设化水平的提高，通常意味着土地所处地理位置的优越性提高，地段的好坏制约了级差地租的高低和土地的价格。一般来说土地投入的建成面积越大，土地的价格就越高，而土地投入建成面积的大小正向显著影响着 GDP，说明地价的高低会正向影响经济产出的变化。这个结论和现实中经济增长与地区地价的情况是高度一致的，即地理位置较好的东部尤其是沿海地区，地租地价较高，也带来了更高的经济产出增长，反之地理位置较为偏远的中西部地区，地租地价都较便宜，同时经济产出增长也较慢。

市场化率指标对我国当前经济增长是正向影响，但是没有其他要素那么显著的作用。原本市场作为配置资源的基础手段，可以带来资源配置的高效增值和产出的提高，也可以促使经济增强活力和动力。但是由于我国以前长期政府对经济的惯性干预，很多领域还未赋予市场充分的权力，因而市场难以充分发挥那只“看不见的手”的调节作用，使得市场的作用和功效难以充分发挥出来，因而体现出市场化并没有对我国当前经济发挥重要的促进和影响作用。

四、结论及建议

根据上述的理论分析和实证检验结果，我们发现各个变量基本都是显著且正向影响各地经济增长成果的，而这些要素都会直接或者间接地受到土地因素的影响。这样土地资源投入和利用以及地租地价的变动是影响不同地区产出的重要变量，根据马克思的级差地租理论，不同地区由于土地所处地理位置的不同，土地的增值收益不同带来土地租金和价格的巨大差异。土地资源作为经济建设过程中的要素投入，也是经济建设的成本支出，理论上应该是负向影响经济产出状况的，但是现实和数据证实的结论都是正向影响经济增长的。

土地所处的地段好未来预期收益就高，地租高地价高，同时这些地区因为优越的地理位置也是保值增值更多更快的领域，这样吸引更多优质资源的流入，促成资本总量的不断增大，也给当地带来巨大的经济产出和收益。地理位置好的地区往往也会吸引更多的劳动力的转移，这样劳动力的不断聚集也创造了更多的经济产出。当然地段优越的地区，政府因为转让土地使用权可以获得更多的收益，同时由于发达地区良好的经济效益也为当地政府带来更多的税收收入，这样政府有更多的财政资金可以用于当地市政等基础设施建设，结果是所处地理位置更加优化，市场环境不断改善，经济产出效益不断提高。当代经济的发展更多的是依托于科技进步带来的效率提高和质量改进，当发达地区优越的自然环境和经济环境吸引更多的资源流入后，为这些资源的有利整合也提供了更好的政策环境，这样创新能力更强，技术的市场化转化能力也不断提高，最终促使经济增长不断增加。

因此土地资源是各地经济发展的重要推动因素，也是造成各地经济产出呈现差异的主要原因。为了有效解决和改变区域经济发展差异较大的现状，为实现区域经济均衡发展，调节土地资源投入是十分重要和关键的举措。在我国东中西部土地资源禀赋存在明显差异，土地利用效率和产出差距更是明显，因而在东部地区尤其是经济相对发达的地区应该增加土地供应投入，避免资源过度拥挤造成的负面影响，同时充分发挥资源的扩散和辐射作用，通过资源有序转移带动经济相对落后地区的发展。而在经济欠发达地区应该充分提高土地投入的利用效率和产出效能，在接受发达地区其他资源转移的时候充分实施赶超战略，发挥后起优势，不断缩小和发达地区的经济发展差异。

总之，政府可以通过土地配给和需求的相互协调，将土地资源投入带来的超额利润和产业结构的升级变迁联合起来，使得土地的所有权和使用权以及承包权相衔接，建立有利于社会主义公有制条件下社会生产关系的土地使用政策制度。在协调各地经济发展过程中，要将级差地租的形成和源泉引入城镇化建设和发展过程中，促进城乡融合发展，实现区域均衡可持续的发展目标。

参考文献：

［1］李爱，盖骁敏. 人口红利、库兹涅茨效应与区域经济增长研究：基于江苏与山东经济的供给侧视角［J］. 山东社会科学，2019（6）：88-94.

［2］SANWEI HE，FELIX HAIFENG LIAO，GUANGDONG LI. A spatiotemporal analysis of country economy and the muti－mechanism process of regional inequality in rural area［J］. Applied Geography，2019（111）：1-11.

［3］韩立达，史敦友. 城市面积与城市经济关系研究［J］. 区域经济评论，2018（1），88-96.

［4］赵可，张安录. 城市建设用地、经济发展与城市化关系的计量分析［J］. 中国人口·资源与环境，2011（1）：7-12.

［5］刘丽辉. 耕地占用对经济增长贡献的区域差异性及耦合协调性分析：以广东为例［J］. 宏观经济研究，2018（4）：110-119.

［6］张耀宇，洪方. 区域发展竞争与产业用地效率分析：基于江苏省13个地级市微观数据的检验［J］. 南京邮电大学学报（社会科学版），2018（12）：41-47.

［7］HASAN ENGIN DURAN. Asymmetries in regional development：Does TFP or capital accumulation matter for spatial inequalities?［J］. The Journal of Economic Asymmetries，2019（20）：1-11.

［8］ROBERTO EZCURRA. Regional Disparities and Within－country inequality in the European Union［J］. Revista De Economia Mundial，2019（51）：139-162.

［9］张春梅，张小林，吴启焰，等. 中国区域经济差异空间分异特征及其机理研究［J］. 统计与信息论坛，2012（5）：30-35.

资源富集区水资源利用效率评价及其与产业结构的交互响应

张黎鸣①

摘　要：本文结合 Shannon 熵理论和传统 DEA-BCC 模型，对资源富集区 2003—2017 年的水资源利用效率进行测度，并通过构建 VAR 模型，探讨其产业结构与水资源利用效率的交互响应关系。结论如下：资源富集区水资源利用总体处于 DEA 无效率状态且地区差异明显；水资源利用效率与水资源短缺程度之间存在正向关系；水资源利用效率的高低与经济发展水平不存在必然的联系；产业结构升级与水资源利用效率之间存在脉冲响应关系，产业结构调整会带来水资源利用效率不同程度的变动，但并不必然产生提升效应。在方差分解部分，产业结构升级对水资源利用效率方差分解的贡献率较高，且大多呈增长趋势，说明资源富集区产业结构升级对水资源利用效率的波动具有一定的驱动作用。

关键词：水资源效率；数据包络分析；产业结构；VAR 模型；资源富集区

资源依赖是资源富集区经济发展普遍存在的特征，依托本地资源优势，以地区矿产、森林等自然资源开采、加工为主导产业，其主导产业大多为水资源密集行业，资源富集区在发挥其资源优势带动地方经济增长的同时，对水资源的需求不断提高。中国水资源储量匮乏，人均淡水资源占有量为 2 100m^3，仅占世界平均水平的 1/4[1]，水资源短缺是中国需长期面对的主要水危机。北京国际城市发展研究院数据中心研究表明，中国约 80%的资源型城市分布在中、西部水资源匮乏地区。因此，水资源短缺对社会经济发展的制约是资源富集区面临的突出问题。水资源是社会经济发展的基础，更是绿色生态发展的重要保障[2]，要从根本上解决资源富集区水资源危机，实现对水资源的可持续利用，提高水资源利用效率是关键。

作为重要的生产、生活要素，水资源利用效率一直是学术界的研究热点。从效率测度方法来看，现有文献大多采用模糊综合评价法、指标体系评价法、数据包络分析法、随机前沿分析法等[3-5]。其中，数据包络分析法（data envelopment analysis，DEA）是一

---

① 张黎鸣，山西财经大学经济学院博士研究生，晋中学院经济管理学院副教授。

种综合考虑决策单元投入产出相对效率的评价方法，该方法直接使用原始数据，通过投入产出之间的加权和之比进行初始效率评价，无需引入主观人为变量，在决策单元效率评价方面被广泛应用[6]。例如，赵志博等、朱达等、孙才志等都在传统 DEA 或超效率 DEA 模型基础之上，对不同地域的水资源利用效率进行了评价研究[7-9]。从研究领域来看，学界对水资源利用效率的研究主要集中在农业和工业领域。如阿布都热合曼·阿布迪克然木等基于对新疆干旱缺水的棉花主产区阿瓦提县的调研，在参与式灌溉管理背景下，对棉农水资源利用效率进行了分析研究[10]。常明等分析认为农村水源建设和自然灾害程度对我国粮食水资源利用效率具有负向影响[11]。程永毅等研究表明我国工业用水效率在高用水效率地区与低用水效率地区分别存在俱乐部收敛[12]。从研究尺度来看，国内学界对水资源利用效率的研究经历了全国→流域→省域的发展过程。陈午等以中国 31 个省份为研究对象，基于改进关系法对水资源利用效率进行评估，结果表明我国水资源利用效率水平呈现西低东高的分布特征[13]。王录仓等针对石羊河流域综合治理灌区用水效率变化进行研究[14]。已有成果从不同角度对水资源利用效率进行了探究，为进一步深入研究水资源利用效率奠定了坚实的理论与实证基础，但在资源富集区可持续发展背景下，对其水资源利用效率分析研究较少，同时在资源富集区水资源利用效率与其产业结构响应关系方面的研究也微乎其微。本文选用 2003—2017 年中国 12 个主要资源富集省份的数据，利用 Shannon 熵改进传统 DEA 模型，对资源富集区水资源利用效率进行测度，并通过构建 VAR 模型，对其产业结构与水资源利用效率进行脉冲响应分析，从生态角度为资源富集区实现资源与经济社会的可持续发展提供借鉴。

一、研究方法与数据来源

（一）研究方法

1. 传统 DEA 模型

数据包络分析由 Charnes、Cooper 和 Rhodes 三位运筹学家在 1978 年首次提出，解决了距离函数的度量问题并广泛应用于生产效率的研究中，主要用来评价具有多输入、多产出的决策单元（DMU）的相对有效性[15]。以 DEA 中非常成熟的投入导向、规模报酬可变的 BCC（由 Banker R D，Charnes A，Cooper W W 提出）模型为例，假定有 n 个独立的 DUM，并且每个 DUM_j（$j=1, 2, \cdots, n$）都有 m 项投入和 s 项产出，$m \cdot n$ 为投入矩阵 X，$s \cdot n$ 为产出矩阵 Y，用它们来表示 n 个决策单元的所有数据。模型具体如下[16]：

$$\min\theta - \varepsilon(\hat{e}^T S^- + e^T S^+)$$

$$\begin{cases} \sum_{j=1}^{n} X_j\lambda_j + S^- = \theta X_0 \\ \sum_{j=1}^{n} Y_j\lambda_j - S^+ = \theta Y_0 \\ \lambda_j \geqslant 0,\ S^-,\ S^+ \geqslant 0 \end{cases}$$

其中，θ 为系数，s^+ 为松弛变量，s^- 为剩余变量。本文在计算过程中利用 Deap2.1 软件，采用 DEA-BCC 模型对资源富集区水资源利用效率进行计算。

2. 利用 Shannon 熵提高 DEA 的判别能力

Shannon 熵在信息论中起着重要作用，有时也用来对不确定性进行度量。将 Shannon 熵与 DEA 结合起来，首先对所有可能的变量组合进行 DEA 效率计算，并利用 Shannon 熵对每一种变量组合在度量中的重要程度进行分析，其次将初始效率值和重要程度结合起来，计算出综合效率得分（CES）[17]。将输入子集 M 和输出子集 S 的不同组合数目设为 $K=(2^m-1)(2^s-1)$，设第 k 个变量组合为 M_k，基于 M_k 定义 n 个决策单元的效率得分（BCC 模型条件下）为 E_{jk}。其中，$j=1, 2, \cdots, n$；$k=1, 2, \cdots, K$，计算可得到如下效率矩阵 $[E_{jk}]_{n \cdot k}$：

$$\begin{array}{c} \\ \text{DMU}_1 \\ \text{DMU}_2 \\ \vdots \\ \text{DMU}_n \end{array} \begin{array}{c} \begin{array}{cccc} M_1 & M_2 & \cdots & M_K \end{array} \\ \begin{bmatrix} E_{11} & E_{12} & \cdots & E_{1K} \\ E_{21} & E_{22} & \cdots & E_{2K} \\ \vdots & \vdots & & \vdots \\ E_{n1} & E_{n2} & \cdots & E_{nK} \end{bmatrix} \end{array}$$

综合效率得分（CES）具体计算过程如下[18-19]：

（1）基于 DEA-BCC 模型计算所有可能的变量组合的效率矩阵 $[E_{jk}]_{n \cdot k}$

（2）采用归一化法对效率矩阵 $[E_{jk}]_{n \cdot k}$ 进行标准化处理，规定

$$e_{jk} = e_{jk} = E_{jk} / \sum_{j=1}^{n} E_{jk},\ k = 1, 2, \cdots, k$$

（3）计算 Shannon 熵，$f_k = -\sum_{j=1}^{n} e_{jk}\ln(e_{jk})/\ln n,\ k = 1, 2, \cdots, K$

（4）计算 M_k 组合中的多样化程度，$d_k = 1 - f_k,\ k = 1, 2, \cdots, K$

（5）同样采用归一化法对多样化程度 d_k 值进行标准化处理，计算出每种组合多样化占所有组合中的权重，$W_k = d_k / \sum_{k=1}^{K} d_k,\ k = 1, 2, \cdots, K$，使 $\sum_{k=1}^{K} W_k = 1$

（6）计算资源富集区水资源利用综合效率得分（CES），$\theta_j = \sum_{k=1}^{K} (W_k E_{jk})$，$j=1, 2, \cdots, n$，其中，$0<\theta_j \leqslant 1$，且 θ_j 越趋近于 1，水资源利用效率越高。

3. 产业结构高级化指数

本文在产业结构分析中借用产业结构高级化指数来对产业结构演进的状态加以描述。以往的研究对产业结构升级中产业结构高级化从两个角度进行衡量：一是第三产业产值占 GDP 的比重，二是生产性服务业产值占第三产业产值的比重。考虑到资源富集区产业结构转型升级主要表现为第三产业增长率快于第二产业增长率，第一产业增加值相对稳定，因此，借鉴唐晓华等的研究方法，本文采用第三产业产值与第二产业产值之比来计算产业结构高级化指数[20]。公式如下：

$$\text{his}_{it} = \frac{h_{ift}}{h_{iwt}}$$

其中，i 表示地区，t 表示时间，f 表示第三产业，w 表示第二产业，h_{ift} 表示 i 地区第 t 期第三产业增加值，h_{iwt} 表示 i 地区第 t 期第二产业增加值。

4. VAR 模型

本文采用 VAR 模型中的脉冲响应函数和方差分解研究资源富集区产业结构与水资源利用效率响应的动态计量关系。向量自回归（VAR）模型把系统中每一个内生变量作为系统中所有内生变量的滞后值的函数来构造模型，从而将单变量自回归模型推广到由多元时间序列变量组成的“向量”自回归模型[21]。VAR 模型的数学表达形式如下：

$$y_t = \alpha_0 + \alpha_1 y_{t-1} + \alpha_2 y_{t-2} + \cdots + \alpha_k y_{t-k} + \beta_1 x_{t-1} + \beta_2 x_{t-2} + \cdots + \beta_k x_{t-k} + \varepsilon_t$$

其中，y_t是内生变量；x_t是外生变量；α_0，…，α_k 和 β_0，…，β_k 是待估参数；ε_t 是随机扰动项。由于难以直接引用 VAR 模型得到的检验对变量间的相互影响关系和影响程度进行分析，因此，往往采用脉冲响应函数和方差分解来进行分析。脉冲响应函数是分析当模型受到某种冲击时对系统的动态影响，能够解释冲击变量一个标准差的的变化对反应变量的影响程度。

（二）指标选取与数据来源

本文的研究区域覆盖中国 12 个主要资源富集省份，自东向西依次是：黑龙江、吉林、辽宁、内蒙古、山东、江西、河北、河南、山西、湖南、四川、新疆。对资源富集区水资源利用效率的测度所需指标分为投入型指标与产出型指标两类。基于可持续发展的理念，响应绿色发展的号召，在以往研究的基础之上，综合社会、经济、环境以及数据的可得性等方面的考虑，选择投入产出指标如下[22]：

（1）水资源投入。选取三次产业用水量作为水资源投入的描述，具体包括农业用水、工业用水和生活用水（本文在分析过程中采用生活用水量来替代第三产业用水量）。

（2）劳动力投入。劳动力投入指标采用各省年底城乡从业人员数量来衡量。

（3）资本投入。选取各省全社会固定资产投资总额对资本投入指标加以衡量。

（4）环境投入。需要说明的是，环境污染在绿色 GDP 核算中，属于负向产出指标，在应用 DEA 进行效率时，投入指标往往是成本型指标，此类指标值越小越好，因此，本文将环境污染作为投入型指标处理。环境投入指标采用各省废水排放总量来衡量。

为保证数据的一致性，本文所有数据均来自 2004—2018 年《中国统计年鉴》。其中部分年份各地区年底从业人员总量数据缺失，查找各省地方统计年鉴加以补充。

二、资源富集区产业结构升级背景下水资源利用效率实证分析

（一）资源富集区产业结构现状

资源富集区发展中面临的各种困境，归根到底都是由资源过度依赖、产业结构单一、产业层次不高引起的。资源富集区要实现转型可持续发展，必须推动产业结构转型，构建多元支撑的结构格局。因此，资源富集区转型背景下产业结构的动态演化就决定了其产业结构优化升级是一种必然趋势。考虑到图表的美观度，本文仅呈现 2003—2017 年单数年份的资源富集区产业结构高级化指数，以描述资源富集区产业结构动态特征，如图 1 所示。

对于资源富集区产业结构的动态分析（见图 1）结果表明：研究选取的 12 个资源富集省份产业结构高级化指数在研究期内均呈现增长趋势，与第二产业相比，第三产业增长率明显较快。在研究期末，除河北、江西、河南和吉林 4 个省份以外，其他各省产业结构高级化指数均已超过 1，其中黑龙江省的产业结构高级化指数高达 2. 19，这说明该地区第三产业增加值已远远超出了第二产业增加值，经济的资源依赖程度在减弱，已逐步实现经济增长由资源产业支撑向多元综合发展转变。

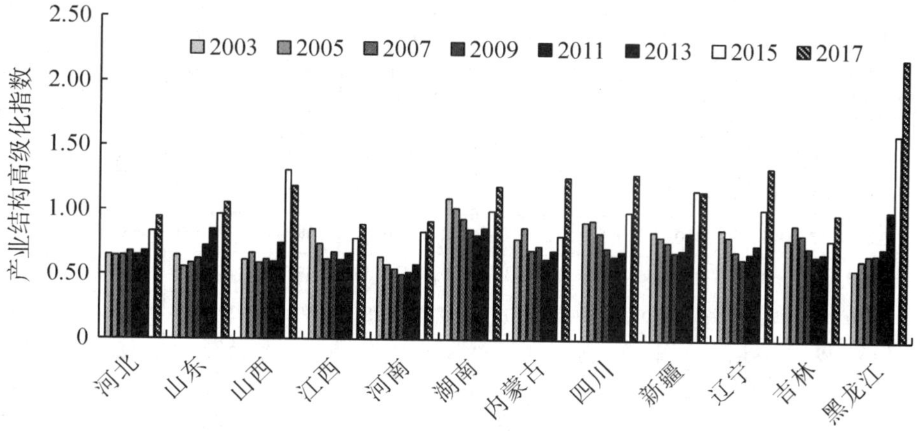

图 1　2003—2017 年资源富集区产业结构演变特征

（二）资源富集区水资源利用效率实证分析

1. 资源富集区水资源利用效率的综合评价

选择地区生产总值（GDP）作为输出指标，农业用水、工业用水、生活用水、年末城乡从业人数、全社会固定资产投资总额和废水排放总量作为输入指标，得到输入集合 M 与输出集合 S 的不同组合数为：$K=(2^1-1)(2^6-1)=63$。基于 DEA-BCC 模型，计算所有组合的初始效率值，结合 Shannon 熵指数提高 DEA 识别能力，测算出 2003—

2017 年资源富集区水资源利用综合效率得分（见表 1）。从 2003—2017 年水资源利用效率的均值来看，研究选取的 12 个资源富集区水资源利用总体处于 DEA 无效率状态。

不同区域的水资源利用效率不同。山东、辽宁处于较高水平，水资源利用效率处于 0.8~1。河南、山西、河北、内蒙古、吉林水资源利用效率处于 0.6~0.8。江西、四川、湖南、黑龙江、新疆水资源利用效率处于 0.4~0.6。12 个省份水资源利用效率的极差为 0.572。为了进一步分析水资源利用效率的区域差异，根据中国国家统计局的划分标准，中国分为东部、中部、西部和东北地区四大地带，将 12 个省份划归不同的地带，计算可得东部、中部、西部和东北地区水资源利用效率的均值分别为 0.839、0.566、0.597、0.658。这意味着中国资源富集区水资源利用效率不足且省际差异明显。

研究期内，资源富集区水资源利用效率均存在不同程度的波动。黑龙江省 2003—2017 年水资源利用效率波动幅度最大，平均变动率为 4.8%，排名为第 1 位。山东省 2003—2017 年水资源利用效率趋势平稳，平均变动率为 0.5%，排名为第 12 位。2003—2017 年资源富集区水资源利用效率平均变动率的中位数为 3.3%。结合图 1，资源富集区水资源使用效率与产业结构转型升级息息相关，产业结构调整力度大的地区，水资源利用效率的波动幅度相对较大；反之，产业结构调整力度小的地区，水资源利用效率波动幅度相对较低。资源富集区产业结构对水资源利用效率的影响将在文章第三部分进行详细阐述。

表 1　2003—2017 年资源富集区水资源利用效率

省份	2003	2004	2005	2006	2007	2008	2009	2010	2011	2012	2013	2014	2015	2016	2017	平均值	排名
河北	0.759	0.765	0.712	0.671	0.691	0.694	0.694	0.725	0.747	0.705	0.693	0.672	0.660	0.671	0.663	0.701	5
山东	0.978	0.982	0.985	0.960	0.976	0.971	0.982	0.984	0.979	0.979	0.983	0.987	0.983	0.959	0.949	0.976	1
山西	0.878	0.883	0.847	0.797	0.844	0.861	0.840	0.841	0.879	0.759	0.715	0.678	0.635	0.586	0.754	0.786	3
江西	0.431	0.432	0.407	0.375	0.390	0.391	0.383	0.395	0.381	0.383	0.393	0.405	0.440	0.448	0.412	0.404	12
河南	0.617	0.647	0.653	0.583	0.633	0.599	0.598	0.642	0.629	0.606	0.587	0.645	0.630	0.682	0.609	0.624	6
湖南	0.430	0.422	0.398	0.370	0.406	0.425	0.446	0.471	0.444	0.454	0.472	0.484	0.534	0.519	0.484	0.451	11
内蒙古	0.731	0.747	0.717	0.670	0.738	0.758	0.785	0.765	0.772	0.821	0.802	0.792	0.824	0.783	0.625	0.755	4
四川	0.513	0.499	0.465	0.462	0.483	0.496	0.493	0.527	0.533	0.529	0.540	0.542	0.545	0.520	0.513	0.511	10
新疆	0.644	0.626	0.587	0.531	0.548	0.539	0.493	0.533	0.503	0.490	0.496	0.489	0.494	0.473	0.434	0.525	9
辽宁	0.890	0.818	0.774	0.792	0.753	0.765	0.793	0.830	0.839	0.854	0.861	0.830	0.862	0.768	0.772	0.813	2
吉林	0.665	0.660	0.522	0.551	0.636	0.607	0.598	0.586	0.607	0.633	0.645	0.617	0.642	0.640	0.557	0.611	7
黑龙江	0.547	0.586	0.514	0.527	0.482	0.551	0.468	0.545	0.499	0.527	0.559	0.615	0.655	0.658	0.509	0.550	8

2. 资源富集区水资源投入产出分析

从 BCC 效率的角度来看（见表 2），2017 年共有 4 个省份的水资源投入产出达到最佳状态，处于效率的前沿面，其他非 DEA 有效的省份水资源利用效率也均在 0.7 以上。究其原因：DEA 效率值与给定的投入产出数据相关，DEA 模型中的变量个数越多，决策单元的效率值越高，从而 DEA 分析的识别能力越差，因此，理论上需要在 DEA 模型中选择尽可能少的变量，通常采取的原则是变量的数量小于决策单元的三分之一，但在实际操作中，要考虑的潜在变量过多，加之人的有限理性，很难选择出投入产出的最佳组合，从而倾向于选择尽可能多的变量，因此，利用传统 DEA 模型很难对资源富集区水资源利用效率进行合理的评估和排序。

表 2　2017 年资源富集区水资源利用效率

省份	BCC 效率	BCC 排名	CES 得分	CES 排名	水资源情况	人均 GDP 排名
河北	0. 91	2	0. 663	4	极度缺水	7
山东	1	1	0. 949	1	极度缺水	1
山西	1	1	0. 754	3	极度缺水	11
江西	0. 723	9	0. 412	12	暂不缺水	10
河南	0. 754	7	0. 609	6	极度缺水	6
湖南	0. 804	5	0. 484	10	轻度缺水	5
内蒙古	1	1	0. 625	5	暂不缺水	2
四川	0. 756	6	0. 513	8	暂不缺水	9
新疆	0. 753	8	0. 434	11	暂不缺水	8
辽宁	1	1	0. 772	2	中度缺水	4
吉林	0. 899	3	0. 557	7	轻度缺水	3
黑龙江	0. 878	4	0. 509	9	暂不缺水	12

BCC 效率：由 Banker R D，Charnes A，Cooper W W 提出的传统 DEA 模型效率值；CES：综合效率得分（Comprehensive efficiency score）。

从 CES 得分的角度来看，2017 年 12 个资源富集区水资源利用的综合效率得分大致服从正态分布，能有效地区分不同地区的水资源利用效率。其中，山东省排名第一，效率值为 0. 949。江西省排名处于末位，效率值为 0. 412。效率值的中位数为 0. 583，与 BCC 效率相比，效率值普遍下降。究其原因：CES 得分综合考虑了投入产出所有变量组合的效率值，并使用 Shannon 熵理论进行分析，其结果更具稳定性且达到 DEA 效率前沿的难度更高。因此，使用综合效率得分对资源富集区水资源利用效率进行评估和排序更为合理。

从 CES 得分与经济发展水平的角度来看，资源富集区水资源利用效率的高低与经济发展水平并不存在必然的联系。以各省人均 GDP 来衡量其经济发展水平，可以看出，2017 年资源富集区水资源利用的 CES 得分排名位于前 5 位的省份依次是山东、辽宁、山西、河北、内蒙古，其中山西、河北的人均 GDP 排名分别位于第 11 位和第 7 位。而 CES 得分排名靠后的省份中，也不乏人均 GDP 排名靠前的省份，如吉林、湖南。

从 CES 得分与水资源短缺的角度来看，水资源越丰富的地区，水资源利用效率越低。依据国际公认的标准，按照人均水资源储量将缺水状态分为四个等级：低于 3 000m^3，为轻度缺水；低于 2 000m^3，为中度缺水；低于 1 000m^3，为重度缺水；低于 500m^3，为极度缺水。考察资源富集区水资源短缺与 CES 排名情况，可以看出，极度缺水的山东、山西、河北等地，水资源利用的 CES 得分排名处于前列，而水资源相对丰富的江西、新疆和湖南，水资源利用的 CES 得分排名却处于末位，说明水资源的短缺程度与利用效率之间存在正向关系，资源富集区水资源利用效率提升的潜力巨大。

三、资源富集区产业结构升级与水资源利用效率的响应关系

根据前文研究发现，部分资源富集区产业结构升级与水资源利用效率的波动幅度趋同，因此本文欲探究资源富集区产业结构升级是否与水资源利用效率之间具有响应关系。从现实角度来说，水资源利用效率对产业结构调整的影响不大，所以本文仅分析资源富集区产业结构升级对水资源利用效率的冲击影响。

（一）脉冲响应分析

本文以资源富集区产业结构高级化指数来描述产业结构升级状况，利用 EVIEWS8.0 软件，通过构建 VRA 模型对资源富集区产业结构和水资源利用效率进行脉冲响应分析。为了消除时间序列中存在的异方差现象，降低数据的波动性，分析过程中将对产业结构和水资源利用效率的所有数据取自然对数。在建立 VAR 模型之前，为保证 VAR 模型的有效性，首先采用 ADF（augmented dickey fuller）方法对数据的平稳性进行单位根检验。由检验结果可知，资源富集区产业结构与水资源利用效率的时间序列在 1%的显著性水平上并不都是平稳的。对所有时间序列的一阶差分序列进行平稳性检验，结果如表 3 所示，满足所有的序列都是平稳的。因此，采用所有变量序列的差分序列进行分析，构建 VAR 模型，并在此基础上模拟出脉冲响应函数曲线，如图 2 所示。

（1）东部地区。由图 2（a）可知，对产业结构一个标准差信息冲击，河北省水资源利用效率在第 2 期的脉冲响应值达到正向波动最大值 0.05，第 3 期下降至 0.019，第 4 期以后趋于平稳。在第 1、3、4、5、6 期，山东省产业结构一个标准差信息的冲击会引起水资源利用效率下降，虽然第 2 期响应值为正值，但总体为负向波动，第 6 期以后基本稳定。在整个分析期内，河北省和山东省水资源利用效率对产业结构的累计响应值分别为 0.061 和-0.01，表明研究期内，河北省产业结构对水资源利用效率的影响相对较大，且总体影响为正，即产业结构升级会带来水资源利用效率的提高。山东省产业结构调整对水资源利用效率在初期呈现出负影响，随着产业结构趋于稳定，这种影响随着时间的推移逐渐消失。

（2）中部地区。由图 2（b）可知，江西省产业结构对水资源利用效率的冲击最为强烈，且呈增长趋势，其他 3 个省份的冲击相对较小。江西省水资源利用效率对产业结构一个标准差信息冲击在第 1 期的响应值为 0.126，表明产业结构升级带来水资源利用效率的正向变动，但在第 2 期变为负值，之后脉冲响应值反复波动，且波动幅度越来越大，到第 14 期出现负向波动最低值-3.411，第 15 期又变成 2.495，表明江西省产业结构升级对水资源利用效率的冲击还不稳定。在整个分析期内，山西、江西、河南和湖南

4 个省份水资源利用效率对产业结构的累计响应值分别为-0.744、0.476、0.089 和-0.174，表明研究期内山西和湖南产业结构对水资源利用效率的总体影响为负，而江西和河南产业结构对水资源利用效率的总体影响为正，即产业结构升级在不同程度上提升了水资源利用效率。

（3）西部地区。由图 2（c）可知，四川省水资源利用效率对产业结构一个标准差信息冲击的响应值在第 1 期达到负向波动最低值-0.153，此后 6 期出现小幅波动，第 8 期以后变动率基本稳定。新疆地区在第 9 期以前，产业结构对水资源利用效率的冲击较小，第 10 期以后，水资源利用效率对产业结构一个标准差信息冲击的响应值开始波动，且脉冲曲线呈现发散趋势。内蒙古地区产业结构对水资源利用效率的冲击在前 5 期较小，第 6 期开始冲击加强，水资源利用效率对产业结构一个标准差信息冲击的响应值出现大幅波动，表明新疆和内蒙古地区产业结构升级对水资源利用效率的影响呈扩大趋势。在整个分析期内，四川、内蒙古和新疆地区水资源利用效率对产业结构的累计响应值分别为-0.078、-1.719 和-0.074。表明研究期内该区域各省份产业结构对水资源利用效率的总体影响均为负，即水资源利用效率随着产业结构的调整存在不同程度的下降，其中内蒙古的累计影响作用最大。

（4）东北地区。由图 2（d）可知，黑龙江产业结构调整对水资源利用效率的冲击较大，辽宁和吉林的冲击较小。随着时间的推移，辽宁水资源利用效率对产业结构冲击的响应值波动趋于平稳，黑龙江和吉林两个省份呈现扩大趋势。对产业结构一个标准差信息冲击，黑龙江水资源利用效率的脉冲响应值在第 14 期达到正向最高值 1.738，随后在第 15 期又跌至负向最低值-2.09，表明短期内产业结构调整会引起水资源利用效率的下降。在整个分析期内，辽宁、吉林和黑龙江 3 个省份，水资源利用效率对产业结构的累计响应值分别为-0.079、0.184 和 2.169。表明研究期内东北地区 3 个省份产业结构对水资源利用效率的总体影响，辽宁为负，吉林和黑龙江为正。

表 3　数据平稳性检验结果

	产业结构					水资源利用效率				
	ADF 统计量	各显著性水平下的临界值			检验结论	ADF 统计量	各显著性水平下的临界值			检验结论
		1%	5%	10%			1%	5%	10%	
河北	-3.853	-4.058	-3.120	-2.701	在 5%水平上显著	-2.981	-4.058	-3.120	-2.701	在 1%水平上显著
山东	-4.580	-4.058	-3.120	-2.701	在 1%水平上显著	-4.339	-4.058	-3.120	-2.701	在 1%水平上显著
山西	-2.927	-4.058	-3.120	-2.701	在 10%水平上显著	-11.879	-4.420	-3.260	-2.771	在 5%水平上显著
江西	-3.215	-4.058	-3.120	-2.701	在 5%水平上显著	-3.357	-4.058	-3.120	-2.701	在 5%水平上显著
河南	-1.723	-2.755	-1.971	-1.604	在 10%水平上显著	-5.528	-4.058	-3.120	-2.701	在 1%水平上显著
湖南	-1.822	-2.755	-1.971	-1.604	在 10%水平上显著	-2.812	-4.058	-3.120	-2.701	在 10%水平上显著
内蒙古	-3.339	-4.058	-3.120	-2.701	在 5%水平上显著	-1.842	-2.755	-1.971	-1.604	在 10%水平上显著
四川	-2.422	-2.817	-1.982	-1.601	在 5%水平上显著	-3.038	-4.058	-3.120	-2.701	在 10%水平上显著
新疆	-3.259	-4.058	-3.120	-2.701	在 5%水平上显著	-4.594	-4.058	-3.120	-2.701	在 1%水平上显著

表3(续)

	产业结构					水资源利用效率				
	ADF统计量	各显著性水平下的临界值			检验结论	ADF统计量	各显著性水平下的临界值			检验结论
		1%	5%	10%			1%	5%	10%	
辽宁	-1.784	-2.755	-1.971	-1.604	在10%水平上显著	-3.970	-4.058	-3.120	-2.701	在5%水平上显著
吉林	-2.315	-2.755	-1.971	-1.604	在5%水平上显著	-4.652	-4.200	-3.175	-2.729	在1%水平上显著
黑龙江	-8.428	-4.583	-3.321	-2.801	在1%水平上显著	-3.001	-4.058	-3.120	-2.701	在1%水平上显著

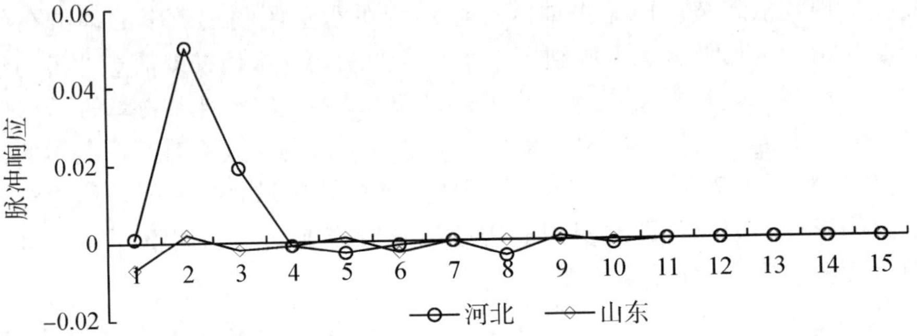

a.东部地区

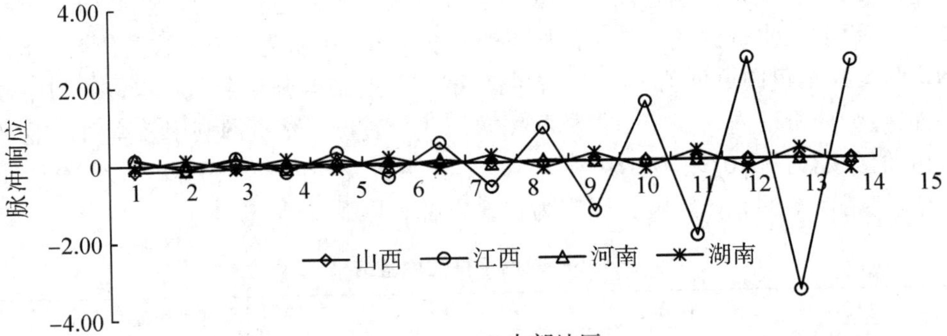

b.中部地区

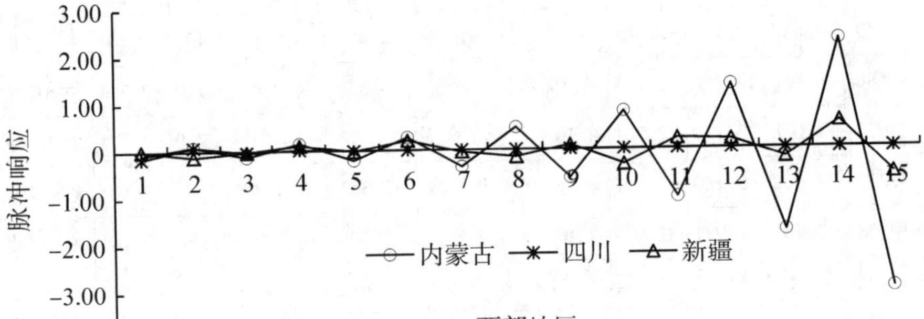

c.西部地区

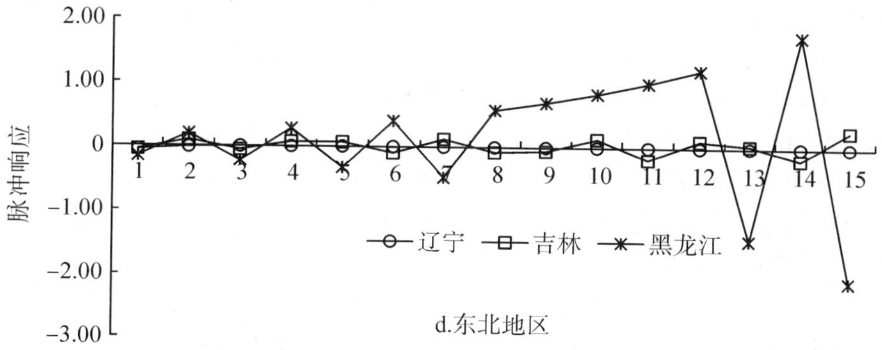

图 2　2003—2017 年资源富集区产业结构与水资源利用效率脉冲响应关系

（二）方差分解分析

为了进一步分析资源富集区产业结构升级对水资源利用效率变化的贡献度，基于 VAR 模型对水资源利用效率进行方差分解，其结果如表 4 所示。

表 4　资源富集区水资源利用效率方差分解

单位:%

	东部地区		中部地区				西部地区			东北地区		
	河北	山东	山西	江西	河南	湖南	内蒙古	四川	新疆	辽宁	吉林	黑龙江
1	10. 006	12. 657	53. 578	23. 876	14. 828	33. 519	44. 078	60. 038	0. 144	40. 520	13. 957	64. 102
2	12. 946	11. 227	55. 673	19. 765	12. 745	43. 239	41. 465	62. 953	12. 997	42. 449	20. 603	74. 471
3	14. 492	11. 211	56. 212	18. 830	12. 973	43. 750	40. 093	62. 686	13. 082	42. 123	19. 685	78. 814
4	14. 453	11. 155	56. 400	18. 286	12. 763	44. 808	39. 355	62. 854	19. 936	41. 991	24. 404	81. 097
5	14. 488	11. 152	56. 472	18. 027	12. 800	45. 172	38. 947	62. 829	10. 642	41. 968	21. 615	82. 432
6	14. 493	11. 149	56. 501	17. 883	12. 768	45. 499	38. 718	62. 842	13. 713	41. 965	19. 090	83. 260
7	14. 493	11. 148	56. 513	17. 804	12. 774	45. 696	38. 587	62. 840	13. 118	41. 965	20. 962	83. 793
8	14. 493	11. 148	56. 517	17. 759	12. 769	45. 852	38. 512	62. 841	16. 685	41. 965	22. 858	84. 144
9	14. 493	11. 148	56. 519	17. 734	12. 770	45. 966	38. 467	62. 841	11. 656	41. 965	20. 671	84. 379
10	14. 493	11. 148	56. 520	17. 719	12. 769	46. 056	38. 442	62. 841	11. 718	41. 965	18. 462	84. 539
11	14. 493	11. 148	56. 521	17. 711	12. 770	46. 126	38. 426	62. 841	11. 506	41. 965	20. 561	84. 647
12	14. 493	11. 148	56. 521	17. 706	12. 769	46. 183	38. 418	62. 841	12. 792	41. 965	22. 061	84. 721
13	14. 493	11. 148	56. 521	17. 704	12. 769	46. 229	38. 412	62. 841	11. 196	41. 965	20. 344	84. 772
14	14. 493	11. 148	56. 521	17. 702	12. 769	46. 266	38. 409	62. 841	10. 534	41. 965	18. 408	84. 807
15	14. 493	11. 148	56. 521	17. 701	12. 769	46. 298	38. 407	62. 841	10. 741	41. 965	20. 013	84. 832

（1）东部地区。该区域产业结构升级对水资源利用效率的贡献度发展比较平稳。河北的贡献率由首期的 10. 006%增长至 14. 493%，增幅约为 4%；山东的贡献率呈小幅下降趋势，由首期的 12. 657%下降至 11. 148%，下降幅度甚微。

（2）中部地区。山西的贡献率由首期的 53. 578%增长至 56. 521%，大概上升了约 3%。江西、河南的贡献率均出现了小幅下滑，江西省由首期的 23. 876%下降至 17. 701%，降幅约 6%；河南省由首期的 14. 828%下降至 12. 769%，降幅约为 2%。湖南的贡献率由首期的 33. 519%上升至 46. 298%，增幅约 13%。

（3）西部地区。内蒙古的贡献率由首期的 44. 078%下降至 38. 407%，降幅约为 6%；四川的贡献度发展比较平稳，基本在 62%左右；新疆的贡献率呈增长趋势，由首期的 0. 144%上升至 10. 074%，增幅约 11%。

（4）东北地区。该区域各省的贡献率均呈增长趋势，其中黑龙江的贡献率增幅最为明显，达到 21%左右；辽宁的贡献度发展较为平稳，基本在 41%左右；吉林的贡献率由首期的 13. 957%上升至 20. 013%，增幅约为 6%。

总的来说，资源富集省份产业结构升级对水资源利用效率方差分解的贡献度较高，且大多呈增长趋势，说明资源富集区产业结构升级对水资源利用效率的波动具有一定的驱动作用。其中贡献率最高的是黑龙江省，平均贡献率约为 82%，最低的是山东省，平均贡献率约为 11%。贡献率增幅最大的是黑龙江省，说明黑龙江省产业结构相对不稳定，产业结构升级对水资源利用效率的提升有一定的作用。贡献率降幅最大的是江西省，说明江西省产业结构升级已不足以支撑水资源利用效率的提升，环境规制的加强和节水技术的推广可能是江西省水资源利用效率提升的一种途径。

四、结论

本文结合 Shannon 熵理论和传统 DEA-BCC 模型，选取 12 个资源富集省份作为样本区域，对其 2003—2017 年的水资源利用效率进行测度，并通过构建 VAR 模型，探讨资源富集区产业结构与水资源利用效率的交互关系，得出如下结论：

（1）资源富集区水资源利用总体处于 DEA 无效率状态，不同区域水资源利用效率的极差为 0. 572，地区差异明显。资源富集区水资源利用效率与水资源的短缺程度之间存在正向关系，即水资源丰富的地区，其获取成本相对较低，从而水资源利用效率较低；反之，水资源匮乏的地区，其获取成本相对较高，从而水资源利用效率较高。资源富集区水资源利用效率的高低与经济发展水平不存在必然的联系，但与产业结构息息相关，产业结构调整力度大的年份，水资源利用效率的波动幅度相对较高。

（2）资源富集区产业结构升级与水资源利用效率之间存在脉冲响应关系，产业结构调整会带来水资源利用效率不同程度的变动，但并不必然产生提升效应。基于研究区域内各省产业结构与水资源利用效率的脉冲响应图可以得出，河北、江西、内蒙古和黑龙江 4 个省份产业结构调整对水资源利用效率的冲击呈扩大趋势，其他省份产业结构对水资源利用效率的冲击趋于平稳，主要原因在于产业结构升级趋于稳定，从而对水资源利用效率的影响越来越小。资源富集省份产业结构升级对水资源利用效率方差分解的贡献率较高，且大多呈增长趋势，说明资源富集区产业结构升级对水资源利用效率的波动具有一定的驱动作用。

参考文献：

[1] 章恒全，蔡晓莹，张陈俊. 城镇化进程对水资源利用效率影响的实证研究［J］. 管理现代化，2020（1）：49-52.

[2] 李斌，陈午，许新宜，等. 基于生态功能的水资源三级区水资源开发利用效率研究［J］. 自然资源学报，2016（11）：1918-1925.

[3] 何国华，汪妮，解建仓，等. 基于熵权的水资源配置和谐性模糊综合评价模型的建立及应用［J］. 西北农林科技大学学报（自然科学版），2016，44（2）：214-220.

[4] 闪丽洁，张利平，李薇，等. 汉江流域基于模糊物元评价和数据包络分析的水资源用水效率评价［J］. 长江流域资源与环境，2017（10）：1517-1524.

[5] 陈关聚，白永秀. 基于随机前沿的区域工业全要素水资源效率研究［J］. 资源科学，2013（8）：1593-1600.

[6] 杨国梁，刘文斌，郑海军. 数据包络分析方法（DEA）综述［J］. 系统工程学报，2013（6）：840-860.

[7] 赵志博，赵领娣，王亚薇，等. 不同情景模式下雄安新区的水资源利用效率和节水潜力分析［J］. 自然资源学报，2019（12）：2629-2642.

[8] 朱达，唐亮，谢启伟，等. 基于 DEA 方法的我国省会城市水资源利用效率研究［J］. 生态学报，2020（6）：1-11.

[9] 孙才志，姜坤，赵良仕. 中国水资源绿色效率测度及空间格局研究［J］. 自然资源学报，2017（12）：1999-2011.

[10] 阿布都热合曼·阿布迪克然木，王岩，饶芳萍. 参与式灌溉管理背景下棉农水资源利用效率影响因素研究：基于新疆阿瓦提县的调研［J］. 干旱区资源与环境，2018（9）. 183-189.

[11] 常明，陈思博，马冰然，等. 粮食水资源利用效率及影响因素分析：基于中国省际面板数据的实证研究［J］. 生态与农村环境学报，2020（2）：145-151.

[12] 程永毅，沈满洪. 要素禀赋、投入结构与工业用水效率：基于 2002—2011 年中国地区数据的分析［J］. 自然资源学报，2014（12）：2001-2012.

[13] 陈午，许新宜，王红瑞，等. 梯度发展模式下我国水资源利用效率评价［J］. 水力发电学报，2015（9）：29-38.

[14] 王录仓，陈菲. 石羊河流域综合治理灌区水效率变化研究［J］. 生态学报，2018，38（10）：3692-3704.

[15] 张子龙，薛冰，陈兴鹏，等. 中国工业环境效率及其空间差异的收敛性［J］. 中国人口·资源与环境，2015（2）：30-38.

[16] 邓波，张学军，郭军华. 基于三阶段 DEA 模型的区域生态效率研究［J］. 中国软科学，2011，1（1）：92-99.

[17] BIAN Y，YANG F. Resource and environment efficiency analysis of provinces in China：A DEA approach based on Shannon's entropy［J］. Energy policy，2010，38（4）：1909-1917.

[18] JAYARAMAN A R，SRINIVASAN M R. Performance evaluation of banks in India a Shannon-DEA approach［J］. Eurasian journal of business and economics，2014，7（13）：51-68.

[19] YANG F，LI Y，LIANG L，et al. Modelling undesirable outputs in eco-efficiency evaluation to paper mills along the Huai River based on Shannon DEA［J］. International journal of environment and sustainable development，2010，10（1）：36-47.

［20］唐晓华，孙元君. 环境规制对区域经济增长的影响：基于产业结构合理化及高级化双重视角［J］. 首都经济贸易大学学报，2019（3）：72-83.

［21］COLOGNI A，MANERA M. Oil prices，inflation and interest rates in a structural cointe grated VAR model for the G-7 countries［J］. Energy economics，2008，30（3）：856-888.

［22］KANEKO S，TANAKA K，TOYOTA T，et al. Water efficiency of agricultural production in China：regional comparison from 1999 to 2002［J］. International journal of agricultural resources，governance and ecology，2004（3）：231-251.

第七编 经济理论比较研究

企业经济学理论与学科体系构建

张圣兵①

摘　要：我国发展进入新阶段，大量新型市场主体和新型商业模式的出现，在推动经济高质量发展的同时，对经济理论发展提出了新的要求，急需构建一门新的企业经济学，以指导人们正确认识和处理企业各方面的经济关系。参考马克思科学抽象法，新企业经济学体系包括“由里而外”十二章内容，它将进一步推动理论创新，成为一门重要的经济社会学科，引领企业和谐持续发展，促进社会稳定和经济的高质量发展。

关键词：企业经济学；学科定位；体系构建

一、我国发展新阶段呼唤新的企业经济学

（一）经济发展现实呼唤新的企业经济学

《2020中国企业发展数据年报》显示，目前我国共有市场主体1.44亿家，其中企业4 457.2万家。2020年，我国新增注册市场主体2 735.4万家，同比增长12.8%。经济发展新阶段需要大量高素质的企业主体支撑高质量发展。大量网络企业的出现和新型商业模式的产生，使企业需要面对和处理更多更复杂的社会经济关系。许多企业经济关系紊乱，影响着社会经济和谐发展。现实需要理论界专门梳理和探讨企业经济关系，引领企业健康发展。我国社会主义市场经济制度更需要企业处理好内外各方的经济关系，维护社会和谐稳定，发挥治国理政中坚力量的作用。

（二）经济学需要加强对企业经济关系的探究

企业直接牵连和承载着许多重要的经济关系。企业运营状况是社会生产关系状态的集中体现。由此决定了经济学科理应对企业经济关系给予重点关注和聚焦研究。应设立专门的企业经济学来承担企业经济关系的研究和普及职能。这是实践习近平新时代中国特色社会主义思想，充实和发展马克思主义政治经济学的重要内容和途径。

---

① 作者简介：张圣兵，南京财经大学经济学院教授。

（三）我国企业经济学处于冷门状态

改革开放初期，随着我国以经济建设为中心指导思想的确立，人们开始重视企业，认识到传统体制下政府直接管理经济的弊端和企业在经济发展中的职能与地位，蒋一苇先生较早提出了“企业本位论”思想。1990 年代我国出版了多部企业经济学著作，如陈佳贵、熊胜绪等分别出版的《企业经济学》，张维迎的《企业的企业家——契约理论》，杨小凯的《企业理论的新发展》（《经济研究》1994 年第七期）等。我国也翻译引进了德姆塞茨、马尔科姆等学者的《企业经济学》，科斯的企业理论也传入国内。一些高校开设了企业经济学或企业理论课程。然而后来伴随管理学的巨大发展，企业经济学却不再那样“流行”，进入 21 世纪以来，企业经济学著作出版寥寥。笔者在国家图书馆网站以“企业经济学”搜索前 200 本著作，确切意义的企业经济学著作只有 20 本，加上企业经济活动分析的文献，总计也就 50 本。其余的则是管理类、法学类等著作。通过百度搜索“企业经济学”，只出现不到 5 本同名著作，剩下就都是管理类书籍了。由此可见本学科的遇冷状态，急切需要加强发展。

二、新企业经济学的学科定位

作为一门研究企业的经济学科，企业经济学需要处理好与企业管理学的关系，也要在经济学科内部明确自身的定位，在理论与现实的关联对照中，揭示学科的功能和意义。

（一）企业经济学明显不同于企业管理学

人们对于企业的关注更多侧重于管理学层面，而管理学发展不能替代企业经济学。企业管理学主要侧重于企业经营操作层面的经验概括，主要着眼于企业个体行动的有效性和自身目标实现程度的考察，容易忽视企业与社会诸多经济关系，远不能代替企业经济学。新企业经济学主要侧重于对经济关系的系统梳理和分析。

（二）企业经济学定位于政治经济学指导下的重要分支学科

政治经济学是对人类社会生产关系的研究探讨。企业经济学则是聚焦企业各种经济关系的研究，是政治经济学在企业层面的具体延伸。马克思政治经济学揭示出资本主义基本矛盾的两大表现：其一，生产无限扩大的趋势与劳动人民购买力相对缩小的矛盾；其二，个别企业生产的有组织性与社会生产的无政府状态之间的矛盾。该理论揭示，在市场经济条件下，企业会因为利润目标的驱动而实现其个体的较快发展；而社会整体却可能出现矛盾和无序的状态。前者显然得益于企业管理的改进，在相当程度上得益于管理学的发展；后者的无序状态显然是经济关系的矛盾所致，需要经济学的解析。可见我们需要在政治经济学总体指导下，设立专门的分支学科企业经济学，指导企业科学分析和处理各种经济关系，消解各种矛盾，维系社会经济和谐稳定发展。政治经济学还有许多原理指导着企业经济学，但它不能代替企业经济学，因为研究对象存在差异，它们处在不同的层面，发挥不同职能的作用。

（三）理论与现实的关联对照，凸显企业经济学的现实必要性

我国企业发展出现两个方面的情形。一方面，在政府大力倡导下，创新创业不断推进，新的企业和市场主体大量涌现（如前文所提）。另一方面，企业经济关系出现紊乱迹象，为了盈利，企业可以忽略劳资关系及与消费者、环境等诸多内外部关系，导致劳资关系紧张、环境资源受损、产品质量诚信缺失、外部负效应增加；导致社会矛盾纠纷甚至重大事故时有发生，制约着企业的持续发展，也影响着社会的和谐稳定。

上述企业发展的两方面现状，我们可以在高校理论教学方面看到类似的情形，并呈现相应的关联对照和逻辑关系。一方面，企业管理学科日益发展，提升了人们的企业管理认知，推动各单个企业加强组织性，企业围绕盈利目标加强管理，甚至形成全球性的战略布局。另一方面，企业经济学遭遇忽略，并呈现萎缩状态，人们对企业目标外的经济关系认知淡化，导致社会经济关系时而出现不和谐状况。两个学科发展现状和企业发展的两个方面现实都客观地摆在我们面前，形成了密切的关联对照和相应的逻辑关系。我们确实需要梳理前因后果和各方面经济关系，构建一门新的企业经济学。

三、企业经济学内容体系

企业经济学的研究对象是企业经济关系，我们需要在企业产生发展的过程中梳理和探讨企业经济关系。它大致分为内部和外部两个部分，形成相对完善的学科内容体系。

在开篇明确本学科研究对象和任务的前提下，首先探讨企业的历史起源与产生，揭示企业本质与目标。其次分析企业的构成要素，呈现企业的基本形象和要素关系。再次分析企业制度，把各种要素有机组合成企业。最后分析企业的运营，包括企业的治理约束与经营激励两个方面。在日常运营的基础上，企业获得成长，它以其所经营的产品和市场为依托，包括企业规模经济、范围经济、空间经济等多个层面。企业成长也呈现生命周期性的变化规律。在现代市场经济条件下，企业并购成为企业发展的重要途径和方式，由此也成为企业成长分析的重要内容。至此完成企业内部经济关系分析，构成上半部分内容。

从外部来看，企业必然面临市场竞争与合作关系，也离不开环境的支撑和制约，这是外部经济关系的一个基本内容。它决定了企业必须对环境承担社会责任，这是经济学责权利对等原则的逻辑体现。企业自主交易活动中，可能出现市场失灵和无序状态，需要政府介入，处理好企业与政府的关系。在社会主义经济制度下，劳动者当家作主的公有制经济成为主导性经济形态，政府协调管理也需要国有经济的支撑，所以，国有企业经济关系成为企业经济学重要内容，这也是民营企业经济关系处理中需要重点参照的。由此完成企业国内经济关系的分析。在全球化的经济条件下，企业经济活动必然拓展到全球领域，企业的国际经济关系处理成为企业必须面对的课题，从而成为企业经济学的重要内容。

企业经营的社会环境日益复杂，国际化的经营状态下，企业的文化沟通显得尤为必要，它日益成为制约企业能力，影响企业经济关系和经营发展的关键因素和力量。“企业文化与企业能力”成为企业经济学的重要内容。它是企业经济学的学科拓展，由此引导企业站在更高的人文化层面，改善企业经济关系，从而实现企业经济学的完善和升华。它将为现代经济体系提供更加宽广的理论视野和更加深厚的逻辑支撑。

至此，形成企业经济学的基本逻辑和主体构架。前后共计十二章内容，章节目录如下：

第一章　企业经济学绪论

第一节　企业的地位与企业理论

一、企业的地位　二、企业经营研究的理论渊源

三、经济学的担当与企业经济研究的缺失

第二节　企业经济学研究对象与目的

一、研究对象：与政治经济学和企业管理学的区别

二、企业经济学的学科境遇　三、研究目的

第三节　企业经济学的产生与发展

一、亚当·斯密的企业理论　二、马克思的企业理论

三、马歇尔的企业理论　四、其他部分学者的企业理论及评价

第四节　学科思路与理论概要

一、两种典型的学科思路　二、相关学科关系

三、企业经济学的基本内容与逻辑体系

第二章　企业的性质与目标

第一节　企业的性质

一、企业的本质　二、企业产生的现实逻辑

三、企业的基本特征

第二节　企业的产生

一、企业产生的历史条件　二、企业产生的理论解析

三、企业的边界

第三节　企业的创建

一、企业创建的条件　二、企业设立的程序

三、企业开办营业及其经济法律关系　四、企业创建的关键

第四节　企业的目标

一、企业目标及其多样性特征　二、利润最大化目标

三、企业的其他目标　四、企业的目标冲突与协调

第三章　企业的构成

第一节　资本：企业的特征要素

一、资本的相关概念　二、资本的表现形式

三、融资　四、资本结构优化

第三节　空间经济与企业成长
一、企业的空间经济与企业选址　　二、企业集群、企业网络、虚拟企业
三、企业并购　　四、企业生命周期
第七章　企业的市场环境
第一节　企业竞争
一、竞争及其演进　　二、行业竞争的力量分析
三、企业竞争地位与竞争战略
第二节　企业合作
一、企业合作的功能与条件　　二、企业合作的障碍及其克服
三、企业合作的主要方式
第三节　企业的进入与退出
一、进入特定市场　　二、在位企业遏制新企业进入
三、企业退出
第四节　企业的市场环境
一、企业环境及其特征　　二、企业与环境的关系演进
三、企业环境构成　　四、我国当前的营商环境
第五节　企业环境的分析与对策
一、企业环境分析的关键内容：环境威胁与市场机会
二、市场威胁与机会的分析评价　　三、企业策略
第八章　企业的社会责任
第一节　企业社会责任的界定
一、企业社会责任概念的提出与社会认同
二、企业社会责任的范围　　三、企业社会责任的层次
第二节　企业承担社会责任的原因与作用
一、企业社会责任提出的现实原因　二、企业社会责任的认识维度
三、企业社会责任的原因理论　　四、企业社会责任的作用
第三节　企业社会责任的实现
一、完善企业内部治理结构，形成责任落实的自觉机制
二、加强行业协会的自律引导与约束
三、利益相关者的监督制约
四、健全中间组织的认证约束与监督机制
五、合理完善政府的规制与引导
六、强化法制规范与裁决实施
第九章　政府与企业
第一节　政府与企业的关系
一、西方政府与企业的关系理论
二、中国政府与企业关系的发展的历史进程
第二节　政府规制理论

四、研究方法与理论创新

（一）研究方法

1. 运用科学抽象法

首先将企业发展的诸多状况和问题抽象划分为企业自身经营与关系处理两类问题，分别对应于管理学和经济学两个学科。其次撇开管理学的视角，从经济学层面，按照由抽象到具体的逻辑路线，集中分析企业经济关系，分析企业的起源、本质，到企业的构成、制度、运营成长等内部经济关系。再次拓展到竞争合作、环境等外部关系分析。最后拓展到国际化经营的关系处理和企业文化与企业能力，形成开放的学科体系。

2. 采用比较研究的方法

尝试采用管理学和经济学相互分工的学科思路。把企业管理学抽象界定为从组织谋划到实现目标的过程性研究；把企业经济学界定为企业内外部经济关系的研究。以此为前提，对管理学与经济学相关文献进行比较分析，从企业必须立足社会这一相对宏观和持续的需求层面，对照梳理出企业需要面对和处理的各方面经济关系，形成有别于企业管理学的企业经济学体系。

3. 坚持历史唯物主义，遵循历史和逻辑相一致的方法

除了在学科总体设计上注重从企业产生发展的历史进程中探寻其本质及其经济关

系。在企业构成、制度、经营成长、竞争合作与环境直至企业国际经济关系等几乎所有专题，都采取由简单到复杂的历史发展思路和视角，分析其不断丰富和拓展的经济关系。

4. 案例实证法

遵循理论与实践相结合的原则，注重搜集遴选现实案例，印证企业经济学原理。案例实证具有直接说服力和针对性，应该是社科研究中比较经典有效的方法和路径，马克思《资本论》中就引用了许多的典型案例，显示生动有力的实证效果和思想内涵。

（二）理论创新

1. 重新定位企业经济学的学科地位和功能

现有学科定位和功能比较模糊，经常与企业管理学、管理经济学相混淆，以至于削弱了自身的学科基础。我们主张理顺企业经济学与管理学的关系，明确其学科区别和界限，强调企业经济学研究企业经济关系的独特地位和功能，有利于引领学科的健康发展。

2. 科学设计企业经济学的基本内容构架

按照科学抽象法和历史逻辑相统一的思路构建了新的学科体系。囊括企业的起源与本质、构成要素、制度等内部经济关系和企业的竞争与合作、环境、社会责任直至国际化经营等外部经济关系。为企业经济分析提供框架指南。

3. 对各相关专题内容进行科学梳理和创新设计，形成比较充实合理的学科内容

（1）对企业构成的分析，逻辑上承接于企业的产生与本质，使企业经济关系得到具体展现和深化；也为后面分析企业制度、所有权问题提供铺垫。在构成要素的分析中做了由资本、劳动、企业家到产品市场的合理排序，把企业要素划分为独立要素和合成要素，有利于指导企业关系的梳理。

（2）关于企业社会责任，以往企业经济学中没有给予足够的重视。本课题依托企业受益于环境的客观事实和责权利对等的经济学原则，自然地把社会责任引入企业经济学，并着重探讨企业履行社会责任的原因。力争通过逻辑分析和学理解析，消除社会上的误解和无序。

（三）学术价值

（1）现代企业经济学体系的构建，为进一步探讨企业经济关系创设专门学科领域和学术空间。通过学科发展现状的梳理，在一个更加清晰的学科分工框架下，构建中国特色社会主义的企业经济学体系。这有利于引导更多学者参与企业经济关系研究，促进学科领域的拓展和内涵的提升，为科学分析和诊断企业提供理论指导。

（2）推动理论与实践相结合，彰显理论来源于实践又指导实践的学术功能。顺应我国经济发展新阶段的迫切需求，选择企业这一支撑经济发展、兼具实践和理论探索意义的重要节点和领域加以探索，将引导学术和实业界人士联合探索，科学认识和处理企业经济关系，改变诸多企业无序发展的状态，推动市场经济和谐健康发展。

（3）形成重要的教学载体，发挥人才培养功能的作用。密切结合课程建设和教学

过程展开探讨，本文研究建立在本校多年开设相关课程的基础之上，进一步的研究也可以直接应用于教学，通过研究生专业课程、高年级本科生创新创业课程、通识教育课程等渠道，纳入教学内容。也可以应用于 MBA 教学、经济领域及各界干部培训，发挥社会经济与文化的引导功能的作用。

（四）存在问题与改进方向

1. 学科基础相对薄弱

从学理逻辑到现实需求，企业经济学都占有重要的学科地位和学理的必要性。但在教学科研领域，本学科没有获得应有的发展。学科内容散见于经济、管理类多个分支学科，没有引起学术界的高度重视和理论聚焦，导致学科发展缓慢。一些内容由于在其他学科有所提及，而被认为没有再提的“必要”，导致学科认同度较低。例如，劳资关系，因管理学中有专门的人力资源管理，从而被替代忽视。事实上，两者的主体、视角甚至立场是都存在很大差异，后者主要从企业主的视角强调提高人力资源的利用效率，前者则从更高层次的第三者视角探讨业主与员工的关系。对此，需要加强企业经济学的学科建设和引导，在某种意义上，可谓需要“学科拓荒”。

2. 学科关系还需要进一步理清

目前提起企业经济学，很多人会把它跟企业管理学、管理经济学混为一谈，学科分界相当模糊，搜索企业经济学文献时，精准文献相当少，企业管理学、管理经济学等文献却大量出现。这更加削弱了企业经济学的学科地位和社会认同度。本文尝试对管理学与经济学进行了划分，给予不同的职能定位和内容界定，但目前还是初步的尝试，需要更多学术梳理和案例印证，也需要更多学术讨论，形成更多的共识。

3. 学科内容尚需拓展和深化

对于面广量大又错综复杂的经济关系需要更加广泛深入的探讨。例如关于企业构成，涉及劳资、技术等诸多要素主体的经济关系，需要深入分析探讨。随着研究的深入，企业文化与企业能力建设等诸多方面都有待拓展研究。

数字资本主义批判：一个综述[①]

周绍东[②] 初传凯[③]

摘　要：数字资本主义是在新科技革命的大背景下产生的，运用数字技术发现、利用和创造差异获取利润，追求持续不断的资本积累的体系。本文从政治经济学视角出发，对国内外数字资本主义批判文献进行了一个综述。在界定数字资本和数字资本主义等概念的基础上，从数字资本主义的剥削本质、数字生产引发的社会问题、数字拜物教以及数字资本全球化扩张四个方面对既有文献进行了梳理，概括了国内外学者开展数字资本主义批判的基本思路，指出了现有文献的不足之处，并对深化研究的方向进行了展望。

关键词：数字；数字资本主义；政治经济学批判；文献述评

数字资本主义是在生产力飞速发展的新科技革命大背景下产生的，“运用数字技术，通过发现、利用、创造差异来获取利润，追求持续不断积累资本的体系”[1]35。数字技术与互联网的发展为数字资本主义的诞生提供了技术支撑。有研究报告称，2016 年全球连接物联网（IOT）的设备约 80 亿台，2020 年这一数据将达到 500 亿台，2030 年将达到 1 兆台；2020 年物联网的网络价值将升至 2016 年的 39 倍，到 2030 年将达到 1.5 万倍；2000 年全年的社交网络数量仅相当于 2018 年一天的量，到 2020 年更是只等于 1 小时的量[2]3。这种带有技术优势的资本主义生产方式的新形态，一方面实现了推动了各种新科技和新业态的发展，对传统产业的转型升级也具有一定的促进作用。另一方面，数字资本的“依赖性、隐蔽性、渗透性”等特征，加重了对劳动者的剥削。批判数字资本主义并揭开其剥削实质不仅需要借助马克思主义经典的劳动价值论和剩余价值理论，还需要创新发展马克思主义政治经济学的基本原理。本文从数字资本和数字资本主义等概念的界定入手，对国内外关于数字资本主义批判的文献进行梳理，试图达到重新审视数字资本主义，解蔽数字资本主义中新型社会关系的目的。

---

① 基金项目：武汉大学人文社会科学青年学术团队项目“中国特色社会主义政治经济学学术话语体系建设”（413100060）。

② 周绍东，武汉大学马克思主义学院教授、博士生导师。

③ 初传凯，武汉大学马克思主义学院硕士研究生。

一、数字资本主义的相关概念界定

当前，新科技革命方兴未艾，网络信息技术成为先进生产力的代表，并对整个资本主义的生产方式和社会关系产生重大影响[3]。数字资本主义是以数据为本体，以数字资本为核心，以数字经济为外在表现形式的资本主义新型经济形态。理论界对数据、数字资本、数字资本主义等概念进行了界定。

（一）数据

数字资本主义的本体是数据，数据是数字资本主义赖以存在的基石和原材料。数字资本主义语境下的数据是指一种信息资源，同时更是一种数字化的商品。数据在电脑中按程序保持自身的运转，同时在云计算的装置中根据一定条件生成和演化，是一种独立于主体意识的存在。尼克·斯尔尼塞克[4]36认为，20 世纪下半叶，发达资本主义国家的发展重心，就在于提取和使用一种特殊的原材料——数据。作为一种材料介质，数据被传感器捕获，并由存储系统进行维护，因此，数据是一种被提取、被精炼并以各种方式被使用的物质，是在数字资本主义时代必须被抽象的原材料，而用户浏览网页、使用各种 App 的数字活动是这种原料的天然来源。蓝江认为，无法给出这种数据概念一个准确的定义，但可以进行特征的描述。首先，这里的数据不是某种具体的数据，而是代表所有数据的抽象层面，是所有特殊数据的一般；其次，数据是每一个用户进行数字劳动的产物，数据是数字化环境下被生产出来的产品；最后，数据成为数字资本的前提是私人占有，并从中获利，每个人的数据信息在庞大的平台上难分彼此，而这些集体性的数据被某些大公司占有并从中获利，数字劳动者没有任何回报[5]。

（二）数字资本

资本是资本主义生产的“芯”。在《资本论》中，马克思辨析了资本和货币的区别，资本在物质内容上和现象上表现为一定数量的货币和生产资料，但货币和生产资料本身并不是资本。只有当货币和生产资料用于剥削雇佣劳动者的剩余劳动而带来剩余价值时，它们才成为资本，因此，资本的本性就是要在不断的循环和周转中不断增殖。

数字资本是在一定历史条件下形成的新型资本样态。蓝江[5]认为，从资本诞生以来，总体上呈现出三种资本样态即产业资本、金融资本和数字资本。三者以时间发展的顺序依次出现，但是，这并不意味着后者一定要取代前者，三者是相互交融、密不可分的。在资本主义发展初期，产业资本家通过占据生产资料和劳动力商品，延长剩余劳动时间进行绝对剩余价值生产，从而获得利润并完成资本积累。19 世纪末 20 世纪初，随着产业资本主义的迅猛发展，资本主要集中在少数资本家手中，能否实现资本流通便成了获利的关键。于是，有剩余资本的资本家将富余资本借贷给资本短缺的资本家，这种借贷关系的产生使金融资本跃居于产业资本之上成为控制资本家命脉的关键因素。近年来，在人工智能、大数据等信息技术为代表的第三次科技革命背景下，“数字资本”这一概念应运而生。数字资本是一种基于数字、数据来获取利润的资本存在样态，即资本家通过对数据的私人占有，借助“平台”这个活动场域进行剩余价值的创造和剥削，这时数据就如同产业资本时期的生产资料一样，成为一种新型的资本样态。因此，今天的数字资本主要表现为一种“平台资本”，譬如，电子商务平台在为买卖双方提供交易平台的同时，产生了凌驾于买卖双方之上的“无形的手”，成为一种支配性力量。从这个发展过程不难看出，一方面，在数字资本阶段，劳动过程创造的价值被数字资本家分取。另一方面，高收入经济体普遍“去工业化”，工作的产物成为非物质产品，如文化内容、知识、情感和服务[4]44。

（三）数字资本主义

数字资本主义是资本主义发展的新的历史形态。在日本学者森健、日户浩之[1]35看来，资本主义就是资本家“通过发现、利用、创造差异来获取利润，追求持续不断积累资本的体系”。他们以不同历史时期的生产力水平和产业体系为标准，将资本主义大体分为三个阶段，即商业资本主义、工业资本主义和数字资本主义。资本主义的第一阶段是“商业资本主义”，对应的历史大致为新航路的开辟和三角贸易等原始资本积累时期。第二阶段是“工业资本主义”，这一形态是西方国家工业革命后产生的体系，蒸汽机技术的成熟和输送网络的健全，大规模工厂的建立标志着工业资本主义登上了历史舞台。而随着数字技术的飞速发展，原本不可能实现的价值差异创造利润的机制也成为可能，这时资本主义发展到第三阶段——“数字资本主义”。数字化信息的处理、数字化商品生产等数字劳动成为价值和剩余价值的源泉之一，虽然劳动形式发生变化，但数字资本主义作为一种新型资本主义模式，它继承了商业和工业资本主义的实质，成为资本主义体系的重要发展阶段。因而，森健、日户浩之总结道：“数字资本主义不仅是资本主义的第三阶段，还是在数字空间中，对过往资本主义历史的一次重演。”[1]142白刚的观点与此类似，他认为数字资本主义没有跳出资本主义的基本框架，“数字资本主义借助于网络技术和数字信息，实现了资本主义存在方式的数字化生存以及资本的持续积累和不断增殖”[3]。乔晓楠、郗艳萍同样认为，数字经济中依然蕴含着不可调和的资本主义基本矛盾，数字技术的应用并没有触动或者改变资本主义生产关系的本质[6]。

二、数字资本主义批判研究的若干线索

近年来，学界出现大量关于数字资本主义批判的文献，数字资本主义成为当代资本主义研究的热点问题之一。资本是资本主义生产过程和价值创造过程的“芯”，对资本的批判也就构成了政治经济学者对资本主义进行批判的“芯”。在数字资本主义时代，发生变化的只是资本主义的“外围”和“保护带”，即其具体的运转方式，通过资本增殖来攫取剩余价值为目的的资本主义内核并没有变。因此，本文对资本本身的批判不再赘述，而更多聚焦于数字、科技的资本主义应用所带来新变化的批判。具体来说，从数字资本主义的剥削本质、数字生产引发的社会问题、数字拜物教以及数字资本全球化扩

张四个方面对既有文献进行了梳理。

（一）对数字资本主义的剥削本质的批判

数字和信息技术是第三次科技革命和生产力高度发展的产物，它们和19世纪的大机器起着同样的作用——本身都不能实现价值增殖，只是改变了价值创造和增殖的形式，从而掩盖了资本主义的剥削实质。因此，对数字资本主义的资本批判不应该仅仅聚焦在信息技术、大数据技术本身，而应更多地关注数字和信息的资本主义应用。换句话来说，批判不应仅仅局限在探讨生产力层面的进步和发展，而应更多地考虑其带来的生产关系层面的变化。

正如席勒[22]170所指出的，我们正在经历一个资本主义内部的相变。生产过程的形式和位置、资本投入的构成、利润最高的商品、升值和贬值的劳动类型、商品消费的形态、资本和国家的各自作用以及社会阶级的关系，所有这些概念和范畴自20世纪70年代以来都发生了巨大改变。但矛盾的是，与此同时，不论是社会范畴还是地理范畴，利润最大化这一资本主义欲望、成本效益和劳动控制这些最基本的资本主义逻辑不仅持续发展而且得到了极大延伸。孔令全、黄再胜同样认为，数字劳动是资本剥削逻辑的延伸和强化。在资本主义社会中，随着生产力的发展和数字信息技术的应用，网络资本对人们时间、空间和活动能力的控制不断增强。虽然没有工业时代恶劣的工作环境、艰难的生存条件，但数字劳动仍是资本实现价值增殖和资本积累的手段，本质上是资本剥削逻辑在网络领域的延伸，更加深了对人的异化程度[7]。宋平认为，在数字资本主义，资本剥削剩余价值的本质依旧没有改变，但出现了很多新的剥削方式。它借助功能强大的处理器、新一代互联网、大数据、云计算、区块链等信息技术，通过创造、加工具有某种抽象意义的数据，以一种隐蔽的方式使人们产生错觉，认为数字资本本身实现了价值增殖，从而否定了活劳动在价值增殖中的决定性作用[8]。一方面，资本家不承认数字劳动能够创造价值；另一方面，又“理所当然”地剥削数字劳动者所创造的剩余价值。福克斯列举的谷歌软件工程师案例就是一种典型的数字劳动。在谷歌的案例中，公司一般会给员工提供免费的食物、运动设施、餐厅、咖啡馆以及项目、技术会谈和其他的各种福利。然而这种福利是为了鼓励工程师工作更长时间，让加班成为一种常态。同时，公司又给予他们相对灵活的上班时间，并充分利用竞争机制，提高工程师的工作效率，提升产品质量。这种绝对剩余价值生产和相对剩余价值生产结合的方式，不仅让资本家在很短的时间内获得了很高的利润，还保障了公司的稳定、员工的忠诚，往往让员工身处压榨中而不自知[9]5。

（二）对数字生产引发的社会问题的批判

资本会产生剩余价值，而剩余价值又会投入再生产而再次资本化，这就是资本积累的过程。失业和产业后备军的出现是资本积累过程中必然产生的问题。一方面，与传统的制造业劳动过程相比，数字时代的工作形式发生了很大的变化，工作时间更加灵活，工作地点更加随机。数字时代的信息技术正在深刻地改变着劳动过程，但这样做的后果最终只会限制而不是增加我们的选择。正如尼古拉斯·卡尔所说，维基百科在许多方面都是模仿《不列颠百科全书》，但因为它由无数网民创造出来的，所以供人们免费使用。而免费最后总会毁坏好的东西，因而那些靠编写百科全书的工作人员只能失业[10]14。另一方面，数字经济对技术设备提出了更高要求，随着生产过程数字化、自动化和智能化水平的提高，资本有机构成不可避免地大幅度攀升，由此带来严重的“劳动力替代”，给普通劳动力的就业带来极大压力。尽管拥有高技能水平劳动力数量的增加，一定程度上抵消了资本有机构成上升的势头，但这种高技术劳动力就业并不能完全解决数字资本主义严重的失业问题。

数字资本主义的资本积累同样也面临着利润率下降的问题，也同样会造成两极分化和劳资对立等危机，也就是说，数字资本主义的资本积累同样服从资本积累的一般规律。从最直接的影响来看，资本积累会造成两极分化，“这一规律制约着同资本积累相适应的贫困积累。因此，在一极是财富的积累，同时在另一极，即在把自己的产品作为资本来生产的阶级方面，是贫困、劳动折磨、受奴役、无知、粗野和道德堕落的积累”[10]743。数字资本主义的出现并不能解决资本主义生产方式的两极分化问题。在数字资本主义阶段，垄断更易发生，甚至会出现“数据寡头”。因为在人力、物力、财力等方面都占优势地位，数据优势自然集中到一些商业巨鳄手中，而普通民众则成为被动的数据提供方。数字资本家阶层会由于占有大量数字资本而得到巨大利润和财富，而相反被剥削的劳动者和用户阶层则只会获得微薄的收入和待遇。因此，数字资本主义时代的贫富差距非但不会缩小，还会越来越大。数字资本这种剥削性积累方式剥削了那些已然遭受剥削的人群，以造福于那些已然剥削他人的人群。

贫富差距的不断扩大和劳动者的失业使现代社会日益“分裂成为两大直接对立的阶级”[11]32。马克思认为阶级对立贯穿资本主义社会的整个历史阶段。在数字时代，一方面，工人与全球范围内社会经济活动存在日益紧密的联系，被剥削的类型、水平突破了传统的限制，资本主义生产越来越具有社会性；另一方面，数字资本这个抽象概念掩盖了资本无所不能的事实，具体形式虽然通过资本不同所有者与控制者运作，但生产完全按照资本家个人的意愿来进行，资本越来越集中于少数资本家手中，劳资之间的物质利益和经济利益更加尖锐对立。根据统计，2019 年社交媒体“脸书”（Facebook）的总净利润为 184.85 亿美元，员工总数为 44 942 人，平均每位员工创造的利润约为 41.1 万美元，而“脸书”员工平均年薪 25 万美元，员工每年平均创造的净利润是其年薪的近两倍[12]。

在这个意义上，“数字化衰退”被丹·席勒首次提出，它是指资本主义世界自 1929 年“大萧条”后又一次旷日持久的经济衰退。1991 年 3 月，美国在经历了石油危机之后，进入了十年发展的黄金期，直到 2000 年 6 月，美国经济持续增长 110 个月之久。但 2001 年 4 月 4 日，美国互联网企业的股市出现了暴跌，纳斯达克指数暴跌至 1 638.80 点，总市值从 6.7 万亿美元蒸发至 3.16 万亿美元，3.54 万亿美元不翼而飞[13]。这场维持了将近 10 年的经济增长终究只是“泡沫”，经济发展的表面下其实隐藏的是经济的崩溃。席勒将数字和信息代表着高科技和高生产力的外衣彻底剥离掉，直指经济萧条的事实，将对资本主义生产方式的批判推向了最高处[14]。陈文旭、徐天意[15]概括了“数字化衰退”的三方面特征：首先，数字化衰退表现为长期持续的次优经济活动和低于峰值的经济生产；其次，数字化衰退带来过度投资和通货膨胀；最后，企业财务危机与高失业率在数字化衰退时期破坏性地混杂在一起，导致一些国家内部的社会矛盾激化，动乱危机频现。

（三）对数字拜物教的批判

在《资本论》中，马克思第一次揭示了商品拜物教的秘密。"商品形式和它借以得到表现的劳动产品的价值关系，是同劳动产品的物理性质以及由此产生的物的关系完全无关的。这只是人们自己的一定的社会关系，但它在人们面前采取了物与物的关系的虚幻形式。因此，要找一个比喻，我们就得逃到宗教世界的幻境中去。在那里，人脑的产物表现为赋有生命的、彼此发生关系并同人发生关系的独立存在的东西。在商品世界里，人手的产物也是这样。我把这叫作拜物教。劳动产品一旦作为商品来生产，就带上拜物教性质，因此拜物教是同商品生产分不开的。"[16]89-91这些本是人所生产出来的物成为商品之后却成为独立于人之外、支配人们命运的异己力量。在身处其中的商品生产者看来，似乎这些物天然具有支配人们命运的神秘力量，从而产生了对商品的盲目崇拜。

随着资本主义私有制的发展，商品拜物教逐渐演变成货币拜物教和资本拜物教，它们是商品拜物教异化的高级形式。货币承担起衡量人类劳动价值的作用，资本的价值增殖属性仿佛成为可以支配所有人的权力，人们开始一味地追求货币与资本。如果说在前数字化时代，不同商品之间的量化关系还采取货币形态，那么，随着数字支付手段的发展，数字媒介似乎连货币这一充当一般等价物的符号都抽象掉了，它体现为智能手机中的一串数字，归属于一个数字化的账号和密码。随着物质性的外衣被剥除，人与人之间的关系彻底被计算为数值关系，形成了比商品拜物教更抽象的全新的拜物教形式：数字拜物教[17]。

在数字资本主义生产方式中，创造、收集、传递、整理数据的物质基础仍然是信息技术设备，创造和产生"数字"的仍然是受资本控制的劳动。因此，从本质上来说，"数字拜物教"也是一种资本拜物教，人们在追求数字资本带来的巨大利润的同时，人与人的关系被物与物的关系所掩盖，只不过这时的物与物的关系已不再是货币关系、资本关系，而是更加抽象的数值关系。为此，方莉[18]认为，揭开数字资本主义的神秘面纱，打破数字媒体商品虚幻的地位，重要的是在基于数字商品所创造的公共逻辑基础上，构建属于数字劳工的数字媒体，才是真正发挥数字技术在推动人类社会进步中应起的作用。

（四）对数字资本全球化扩张的批判

扩张性是资本主义的本质属性。资本积累不仅在资本主义体系内部持续不断地进行，也将不断波及资本主义生产方式以外的空间。数字资本主义凭借着更为便捷的网络联系，把越来越多的地区和人口都卷入资本逻辑。数字资本的全球化扩张速度，超过了以往所有资本主义生产方式。方莉[18]认为，新自由主义不会满足于这种国内的数字变革，他们希望的是数字资本的全球推广。电信系统以这个偏好为前提，通过政治干预手段使得数字资本突破国界和地域的限制，由此，发达资本主义国家在经济上对发展中国家的剥削更加显著。一方面，跨国数字企业利用先进的技术手段和便捷的网络传递向全球推销数字产品，配合以垄断性的商品定价，占领并控制弱势国家的数字产品市场，获取超额剩余价值。另一方面，针对别国数字技术企业的进入，发达国家采取限制、封锁和制裁策略，甚至不惜采用政治手段直接进行打压。徐宏潇[19]将数字资本的全球化扩张过程理解为发达资本主义国家强力打压其他国家数字信息技术的崛起从而主导“逆全球化”的过程。数字信息技术的资本主义应用，必然带来数字资本主义全球扩张的加剧、国际数字霸权的动态演化以及日益扩大的国际数字鸿沟。

美国打击“华为”公司便是最典型的案例。从2011年起，美国政府开始将对中兴的调查延伸至华为，随着一系列调查的展开，美国当局明确对华为提出司法指控，“华为威胁美国国家安全”的社会认知也被逐渐建构起来，并成为美国政府将华为挤出本国市场的主要理由。2019年5月15日，特朗普签署行政令，限制美国企业与“威胁美国国家安全”的企业的交易；2020年3月12日，《安全可信电信网络法案》正式生效，在法律上限制美国企业利用普遍服务基金采购“威胁美国国家安全”的企业的设备与服务。2020年6月30日，美国联邦通信委员明确将华为列入“威胁美国国家安全”的黑名单，正式禁止美国企业利用普遍服务基金购买华为的设备或服务[20]。而美国本土的企业向外扩张时却显得肆无忌惮，并在全球化浪潮中分得了最大的那杯“羹”。据统计，在2010年iPhone的利润分配中，苹果公司获得了高达58.5%的利润，日本、韩国等其他掌握次核心技术的国家，获得大约8%的利润，而富士康由于处于这条产业链的最低端，仅仅获得2%左右的利润。由于中国劳动力的低工资，仅仅从苹果产品的总价值中分得1.8%的劳动力成本[21]。

三、对现有数字资本主义批判研究的评价

从上文对文献的梳理可以发现，学界展开数字资本主义批判的基本思路是：首先，借助马克思主义经典文本所揭示的追逐利润和压榨剩余价值的资本主义基本经济规律，指出资本是“万恶之源”。其次，说明数字资本主义的核心是一种新型资本——数字资本，因此，不论信息、数据这层“外衣”有多光鲜，它的剥削本质及其造成的后果依旧没有改变。最后，阐述数字资本主义的破坏性力量不只局限在经济领域，而是影响到社会生活的各个领域。同时，数字资本主义的影响不只局限在国内，而是伴随着全球化进程影响着其他国家和地区。这是遵循从一般到特殊的论证逻辑，也是一种典型的演绎推理方式（见图1）。具体来说，数字资本主义批判包含两条路径，第一条路径是资本一般性的演进路径和学界对资本的批判思路（图1中的实线），第二条路径是数字资本特殊性的演进路径（图1中的虚线）。

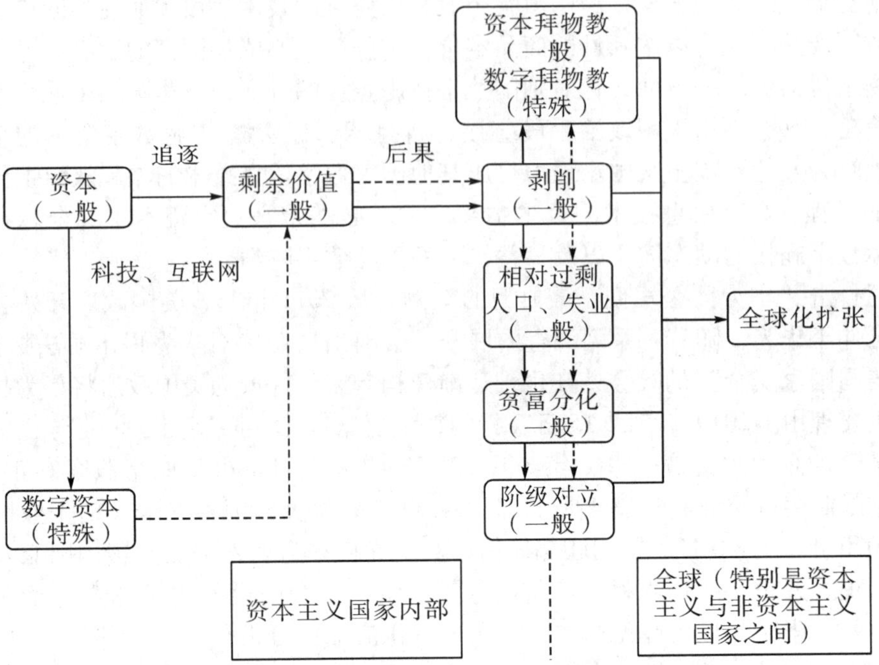

图 1　既有文献对数字资本主义进行批判的基本思路

从对既有文献的梳理来看，国内外学者对数字资本主义批判存在着以下几个方面的不足，需要进一步深化相关研究。

第一，数字资本主义批判的视角存在着一些局限。国外学者大多通过案例研究，陈述了数字资本时代并未扭转经济不断衰退的事实，论证了数字资本在解决资本主义经济问题方面并不是“灵丹妙药”。国内学者抓住资本的剥削本质及其带来的垄断、异化、阶级对立等问题，“触类旁通”地批判数字资本的剥削性。但国外学者在进行分析时，普遍的做法是罗列数字经济案例，并没有对这些案例进行明确分类并概括不同类型“数字资本”的特点。国内学者很大程度上依赖经典的马克思主义政治经济学文本，但更多的是将文本的主要观点进行简单的“平移”，使其直接用于对当代资本主义数字经济发展的分析。实际上，对于数字资本主义这一新的资本主义生产方式，经典的马克思主义政治经济学提供的是分析这一问题的方法和工具，内在细节和逻辑勾连需要结合数字资本主义的发展状况进行具体研究。

第二，数字资本主义批判的分析维度过于单一。国内学者大多聚焦剩余价值生产环节来对数字资本主义进行批判，但是，与传统资本运行模式的是，不只是数字资本家占有剩余价值，工业资本家、商业资本家也会从中分一杯羹。在分配完成后，这些领域的资本家对数字用户进行剥削，而这些数字用户与数字工人可能是同一群体，这就产生了对劳动者的二次剥削。因此，数字资本的剥削绝不像传统产业资本剥削是单线进行的，而是一个复杂的闭环模式。对于这个模式，既有研究大部分只概述了各个主体的经济行为，很少能建构一个完整的体系。实际上，资本家通过竞争胁迫等方式，促使每一个雇员用于数字劳动的总平均工作时间和无薪工作的时间增加，以此确保资本家获取更多的剩余价值。

第三，未能准确认识数字活动向数字劳动的转化。在现有研究中，大多将数字活动与数字劳动混为一谈，没有关注到二者分野与融合的过程。数字活动主要是指人们在日常生活中浏览网页以及使用各种 App 的活动，数字活动中产生了大量的数据信息。数字企业将人的数字活动纳入“劳动”范畴，无偿或以极低的价格占有人们在数字活动中创造的各种数据和信息，并以这种“非雇佣”形式把普通社会大众纳入资本主义生产方式。由于一些本不属于生产性劳动的人类实践活动转为生产性劳动，剩余价值的来源得到极大拓展。数字资本获得的剩余价值中，既有雇佣形式数字劳动创造的部分，也有“非雇佣”数字劳动（数字活动）创造的部分。

第四，部分国外学者在分析时放弃了“劳动价值论”。马克思主义政治经济学认为，生产、分配、交换、消费是社会再生产的四个环节。“生产、分配、交换、消费因此形成一个正规的三段论法：生产是一般，分配和交换是特殊，消费是个别，全体由此结合在一起。”[23]13而“劳动价值论”探讨的便是价值创造即生产性劳动的一般规律，无关社会形态与经济体制。因此，对数字资本主义的批判必须是建立在“劳动价值论”基础上的。但是，部分国外学者在对数字资本主义进行批判时，较少关注“数字劳动”的具体过程，只着重探讨剩余价值产生后的分配和剥削过程，忽视了“劳动创造价值”即“劳动价值论”的核心，这样的批判并未抓住资本剥削劳动的本质。

第五，部分国内学者对数字资本主义批判只停留在理论层面，而围绕数字技术实践层面的分析还比较薄弱。数字资本背后依靠的是数字技术，数字技术的应用不仅是一个技术问题，也关系到组织结构变革、管理方法的革新以及社会经济关系的改变，因此，围绕数字资本主义的批判应不仅仅局限于资本批判的范围，而是要注意批判地吸收和借鉴其有利于社会主义生产力发展的内容。习近平总书记在全国网络安全和信息化工作会议上强调，核心技术是国之重器，要下定决心、保持恒心、找准重心，加速推动信息领域核心技术突破。要遵循技术发展规律，做好体系化技术布局，优中选优、重点突破。同时要培育公平的市场环境，强化知识产权保护，反对垄断和不正当竞争[24]。在数字资本主义兴起的大背景下，如何既挖掘新科技和大数据的生产力潜能，同时又摒弃数字资本所带来的两极分化和社会动荡等困境，都是留给我们思考的关键问题。

参考文献：

[1] 森健，日户浩之. 数字资本主义［M］. 野村综研（大连）科技有限公司，译. 上海：复旦大学出版社，2020.

[2] 席勒. 数字资本主义［M］. 杨立平，译. 南昌：江西人民出版社，2001.

[3] 白刚. 数字资本主义：“证伪”了《资本论》？［J］. 上海大学学报（社会科学版），2018，35（4）：53-60.

[4] 斯尔尼塞克. 平台资本主义［M］. 程水英，译. 广东：广东人民出版社，2018.

[5] 蓝江. 数字资本、一般数据与数字异化：数字资本的政治经济学批判导引［J］. 华中科技大学学报（社会科学版），2018，32（4）：37-44.

[6] 乔晓楠，郗艳萍. 数字经济与资本主义生产方式的重塑：一个政治经济学的视角［J］. 当代经济研究，2019（5）：5-15，113.

［7］孔令全，黄再胜. 马克思劳动价值论之数字经济时代拓展：西方资本主义社会数字劳动价值创造研究［J］. 广东行政学院学报，2018，30（2）：14-21.

［8］宋平. 马克思主义视域下的数字资本主义［J］. 佳木斯大学社会科学学报，2019，37（1）：16-20.

［9］CHRISTIAN FUCHS. Digital labour and Karl Marx［M］. New York：Routledge Press，2014.

［10］卡尔. 数字乌托邦［M］. 姜忠伟，译. 北京：中信出版集团，2018.

［11］马克思恩格斯文集：第2卷［M］. 北京：人民出版社，2009.

［12］Facebook 2019年财报笔记. Facebook员工平均薪酬25万美元 扎克伯格2019年总薪2340万美元.［EB/OL］. https://zhuanlan.zhihu.com/p/104449739.

［13］聂鸿天. 美国互联网泡沫对中国的警示［J］. 商，2015（42）：216.

［14］席勒. 数字化衰退［M］. 吴畅畅，译. 北京：中国传媒大学出版社，2017.

［15］陈文旭，徐天意. 数字资本主义及其批判［J］. 国外理论动态，2020（1）：61-67.

［16］马克思恩格斯文集：第5卷［M］. 北京：人民出版社，2010.

［17］袁立国. 数字资本主义批判：历史唯物主义走向当代［J］. 社会科学，2018（11）：115-122.

［18］方莉. 数字劳动与数字资本主义剥削的发生、实现及其批判［J］. 国外社会科学，2020（4）：74-82.

［19］徐宏潇. 后危机时代数字资本主义的演化特征及其双重效应［J］. 马克思主义与现实，2020（2）：125-131.

［20］李巍，李玙译. 解析美国对华为的"战争"：跨国供应链的政治经济学［J］. 当代亚太，2021（1）：4-45，159.

［21］福布斯：中国代工苹果产品仅获利2%［EB/OL］. https://tech. qq. com/a/20111225/000065.htm.

［22］席勒. 信息资本主义的兴起与扩张：网络与尼克松时代［M］. 翟秀凤，译. 北京：北京大学出版社，2020.

［23］马克思恩格斯文集：第8卷［M］. 北京：人民出版社，2010.

［24］习近平. 自主创新推进网络强国建设［J］. 中国信息安全，2018（5）.

西方现代经济学走向形式主义的方法论根源探析[①]

——基于现代经济学论文范式的逻辑缺陷

武志[②]

摘　要：西方现代经济学在中国成为主流经济学，一个重要原因就是采用数学分析方法，大量运用数理模型和计量分析工具。数学分析方法的引入无疑对中国经济学的发展特别是定量研究起到一定帮助作用，但同时经济学过度数学化却导致经济理论脱离实际，形式主义泛滥。形式主义的根源在于现代经济学的方法论。方法论最直接反映在论文范式上。本文以经济学论文范式为例对现代经济学方法论科学分析后发现，用数学推导构建并严格证明的数理模型仍是一个有待证明的理论假说，计量实证既不能对理论模型进行严格证明，也无法对现实经济做出准确测量。现代经济学方法论存在结构性的逻辑缺陷，导致论文中数学和计量的大量错用滥用，经济学研究偏离科学而走向形式主义。学术界需要在反思现代经济学方法论逻辑缺陷、正确运用数学和计量工具的同时，鼓励和支持研究范式多元化和论文写作方法多样化，共同推动中国经济学的繁荣和发展。

关键词：现代经济学；形式主义；方法论；逻辑缺陷；数理模型；证明；测量

一、问题的提出与理论综述

现代经济学实际上就是西方经济学，从 20 世纪 80 年代开始传入中国到成为主流经济学，一个重要原因就是在方法论上采用数学分析方法。现代经济学论文基本都包含数理模型和计量实证。经济学研究需要定性和定量分析相结合，数理模型和计量工具的引

①　基金项目：国家社会科学基金一般项目“马克思经济学在中国特色社会主义政治经济学理论体系构建中的指导作用研究”（20BJL001）。

②　武志，山西财经大学经济学院讲师。

入某种程度上对经济学的定量研究是有益的和可借鉴的，但与此同时却出现了一种极端观点：一些主流经济学者认为只有用数学构建理论模型和计量做实证检验才能对经济理论进行严格的证明，对经济现实做出精确的测量，因而是唯一科学的经济学研究方法。甚至有些学者把现代经济学当作一门价值中立的“纯科学”，归为自然科学而否认经济学的社会科学属性。一些主流经济学期刊也对其他经济学研究方法大加排斥，甚至认为不采用模型、计量的文章不是经济学论文，不予录用、刊发。总体上，现代经济学已经主导了中国经济学教学、科研和期刊的话语权。

但我们回顾经济史却发现一个奇特的现象：西方主流经济学运用数学和计量现代工具取得的理论成果，在经济运行相对平稳时显得非常“科学”，但在经济剧烈波动特别是经济危机时却失效了，既不能准确预测危机的发生，又无法对危机的原因做出科学解释和提出有效解决办法。经济学家们不仅成为政府、社会公众和媒体指责甚至是嘲讽的对象，而且他们认真反思和严厉批评的也恰恰是经济学过度使用数理。以 20 世纪以来资本主义三次影响深刻的大危机为例，1929—1933 年大危机后，凯恩斯在提出国家干预理论的同时，对边际革命以来用数理包装却脱离现实的古典经济学提出了严厉批评：“把偏微分所简化掉的复杂关系‘储存于’几页代数的推导之中，而这几页代数的推导已经假设：这些偏微分的导数都等于零。在近来的‘数理’经济学中，只能代表拼凑之物的部分实在太多了；这些部分的不精确的程度正和它们赖以成立的假设条件是一样的。假设条件使那些作者们能在矫揉造作和毫无用处的数学符号中，忘掉现实世界的复杂性和相互依赖的性质。”[1]311 20 世纪 70 年代西方国家普遍陷入经济滞涨，新古典综合所提出失业和通货膨胀相互替代的数理模型成为许多经济学家的批评对象，萨缪尔森无奈承认“我们都不像传说中的魔法师那样，能够解决目前的问题。……是对我这一代经济学家的一大可悲的责难”[2]。供给学派、货币主义等新自由主义经济学取而代之成为主流。2008 年美国金融危机引发全球性经济危机，英国女王提出为什么全球这么多优秀经济学家却无人能准确预测到危机爆发的疑问，霍奇逊等回复女王时把原因归于经济学脱离真实的世界成为应用数学的分支，“经济学家的受训面太窄，只关注数学技术和建构不依赖经验的形式模型，这是我们这一职业失败的主要原因”[3]。事实表明，数学和计量作为经济学研究工具越来越精细和复杂的同时，经济学理论却越来越脱离实际，走向了形式主义。

国际上一些经济学家对经济学形式主义的原因进行反思。有些学者认为是数学工具的滥用。保罗·罗默[4]列举了索洛、卢卡斯等论文中出现的数学错用滥用，指出这种现象在主流经济学界普遍存在。托马斯·皮凯蒂[5]592-593批评主流经济学过度使用数学模型是自我定义的“科学”方法，指出他们把主要精力浪费在纯理论推演上，目的是占领研究领域和掩盖内容的空虚，而不是要解释经济现实和解决社会、政治问题。有些学者归因于主流经济学所采用的一般均衡和最优化分析方法。保罗·克鲁格曼[6]认为，经济学界误把经济学数学形式的美当作真理和现实，把资本主义当作一个完美的体系。朱富强[7]指出，经济学在求最大值的方法论下实际上沦为应用数学或者工程学。有些学者则认为是主流经济学对其他经济学排斥而陷入封闭。罗伯特·索洛[8]指出，主流经济学从构建经济学模型一开始就完全致力于“正确答案”框架中，对异端的经济方法、管理和组织研究以及其他社会科学学科视而不见，导致广泛采用的 DSGE 模型由于遗漏了太多的内容而无法预测到 2008 年的全球金融危机。斯蒂夫·基恩[9]11指出，新古典主义经济学的编辑和评审占据主流经济期刊，在科研上对异议者的观点进行清洗，导致学者们不知道也不会用其他方式来思考。

在国内，西方经济学被冠以现代经济学并在各种因素的共同推动下成为主流经济学[10]。这对中国经济学的发展和经济建设起到一定推动作用的同时，由于同世界“接轨”，同样不可避免地导致经济学形式主义泛滥。黄宗智、高原[11]认为，形式主义在中国经济学中占据绝对的主流地位。近几年来，经济学形式主义问题引起越来越多的学者重视和讨论。一些学者认为是经济学思想和数学工具的本末倒置导致数学的错用滥用。钱颖一[12]强调经济学不是数学，论文贡献应注重经济学想法而不是数学推导，数学和计量只是体现和执行经济想法的工具，不能用数学水平作为评判经济学家水平和论文质量高低的标准。宋小川[13]认为，经济学者过度依赖模型而忘记了数学只是研究工具，走向两种极端：或者把社会经济复杂的关系简化为简单的函数公式，从抽象的模型直接跳跃到政策结论，或者把简单问题复杂化，用复杂的模型来验证普通的常识。一些学者认为是拘泥于西方经济学范式而缺乏思想和创新。金碚[14]强调经济学需要范式变革，论文中数学建模和推导虽貌似高深，但把具体现实经济问题装入形式化模型中，无法对现实做出有效解释和应对。洪银兴[15]指出，一些学者采用现代经济学研究范式，把中国数据填入通用的数理模型做验证，实际是把中国作为西方经济学的案例，来研究和解释中国经济问题；一些学者认为是缺乏真问题研究。姚洋[16]认为，中国的经济学研究完全受英美的学术导向所引导，但主流经济学模型的预测结果却往往和现实完全相反。他建议以现实问题为研究导向、用严谨的现代经济学方法进行研究。刘俏[17]认为，经济学研究出了很多问题，但最大的问题不是换研究范式，而是缺乏问题导向，缺乏对中国经济社会发展中出现的问题进行系统研究。针对经济学论文出现的“数学化”“模型化”倾向，国内经济学一些重要期刊也做出积极回应。《管理世界》杂志社的李志军和尚增健[18]呼吁，学术研究应以问题而不是技术为导向，强调数学只是工具不是目的，提出使用数学方法应根据实际研究的需要，反对过度使用数学，不盲目崇拜数学模型。《经济研究》编辑部[19]发文，要求学者破除唯定量倾向，避免片面追求技术而采用复杂的数理模型处理简单问题，对经济变量间的关系要做理论与机制分析而不是仅做形式上的实证检验。

上述学者们针对现代经济学形式主义的原因分析和改进方法，对提高经济学研究的科学性都有及时而重要的指导作用和参考价值。本文在学者们研究成果的基础上，从现代经济学方法论的角度对此问题进行分析和补充，提出经济学形式主义现象背后的根源在于方法论存在重大的逻辑缺陷。现代经济学方法论显然命题宏大，涉及的层面、内容非常复杂，但方法论最直接反映在论文范式上。标准的现代经济学论文由问题提出、文献综述、构建理论模型、计量实证检验和结论几部分构成，方法论的核心是采用数理模型和计量实证分析。现代经济学认为数理模型和计量实证两大方法在逻辑上是严密的，得出的结论是客观的[7]。因此，本文以现代经济学的论文范式为例，科学客观分析现代经济学方法论能否做到理论模型证明的严格性和对现实经济测量的准确性。

二、数理模型只是构建而非严格证明的理论假说

现代经济学的数学化倾向集中体现在论文中运用数学和计量两大工具。我们首先对数理模型进行分析，现代经济学从假设前提出发，运用数学公式推导得出来的数理模型就是论文的理论部分。人们通常认为，数理模型既然是经过数学逻辑的推导证明，必然是正确和科学的。但实际上，现代经济学数理模型只是一个有待证明的理论假说。

（一）在方法论上，现代经济学采用假定—推论模式的数理模型只是一个构建合理但有待证伪的理论假说

从认识的方法论的发展演变来看，社会科学早期研究方法主要采用归纳法，对观察到的事实进行归纳推理形成一般规律，继而成为更广的一般性理论。借助归纳法寻找一般理论称为证实主义，后来逐渐发展为波普的证伪主义。波普认为科学理论只是一个假说，“科学理论并不是观察的汇总，而是我们的发明——大胆提出来准备加以试探的猜想”[20]。他采用“猜想和反驳”的试错法来代替归纳法，即用经验证据对理论假说进行检验，如果二者不一致，那么假说被证伪，被新的假说取代；如果二者一致，那么假说不能被证伪，被暂时接受[21]。也就是说，猜想是采用假定—推论方法大胆地提出理论，反驳是用证伪方法对理论进行实践检验。哈奇森、布劳格等学者将证伪主义引入经济学后，假定—推论就逐渐成为现代经济学理论普遍采用的模式。经济学作为一门社会科学纷繁复杂，充满很多未知的东西，对理论做大胆的假设具有一定的科学探索精神，但从方法论的本原来看，数理模型只是假定—推论模式的数学表达形式，数学严格推导和证明的过程只能说明构建数理模型是“合理的”，而非模型的成立得到严格证明，反而恰恰是需要证明的。因而，数理模型的数学形式并不能掩盖理论假说的本质。

（二）在数理逻辑上，假设前提的正确和合理的不确定，使得数理模型的成立仍有待证明

对于数理模型本身而言，问题主要不是数学推导过程有什么大的逻辑错误，即使有也是很低级的错误，关键在于假设前提是否真实、合理。众所周知，如果数学的前提假设错误，无论中间逻辑再完美、推导再严密精致、运用的数学公式再复杂高深，那么得出的结果也必然是错的。数学在经济学应用中要注意，数学推导的前提是公理和定理，而现代经济学的前提是假设，“大胆”地采用未得到验证或者事实上并不存在的假设做前提条件。凯恩斯就指出，古典经济学的错误并不是出在推导过程中逻辑的前后不一致上，而是出在前提假设缺乏明确性和一般性[1]1。正是因为前提假设的正确和合理未得到证明，因而数理模型即使是经过严格的数学推导构建的，仍是一个尚待证明的理论假说。

现代经济学数理模型对假设前提严重依赖，如果假设前提不当就会导致数学在经济学中的错用和滥用，数理模型虽然形式上科学，但偏离实际甚至出现错误。假设前提通

常存在以下问题：

第一，现代经济学数理模型严重依赖假设前提，突出表现在结论是假设的必然结果。从假设前提出发运用数学推导构建数理模型采用的是假设演绎法。陈璋指出，假设演绎的特点在于演绎推理中前提和结论之间存在必然的关系，结论不会超出假设前提的范围[22]7。例如经济增长理论的索洛模型，采用柯布-道格拉斯生产函数 $Y = K^{\alpha}(AL)^{1-\alpha}$ 作为假设前提，由此分别求出：人均产出为 $y = \frac{Y}{AL} = \frac{K^{\alpha}(AL)^{1-\alpha}}{AL} = (\frac{K}{AL})^{\alpha} = k^{\alpha} = f(k)$，$y' = \alpha k^{\alpha-1}$ 和每单位有效劳动的资本动态公式为 $\dot{K} = sf(k) - (n+g+\delta)k$。（注：$s$ 为储蓄率，n 为人口增长率，g 为技术进步率，δ 为资本折旧率）。然后数学推导：

第一步：经济达到稳态时资本存量不变，即储蓄=投资，在平衡增长路径处要求资本动态公式 $\dot{K} = 0$，得到：

$$\dot{K} = sf(k) - (n+g+\delta)k = 0 \Rightarrow s\,k^{*\alpha} = (n+g+\delta)k^{*} \Rightarrow s = (n+g+\delta)k^{*1-\alpha} \quad (1)$$

第二步：求稳态时的消费最大化。由于 $c^{*} = y^{*} - sy^{*} = k^{*\alpha} - (n+g+\delta)k^{*}$，求得

$$\frac{\partial c^{*}}{\partial k^{*}} = \alpha k^{*\alpha-1} - (n+g+\delta) = 0 \Rightarrow n+g+\delta = \alpha\,k^{*\alpha-1} \quad (2)$$

将式（2）代入式（1），求出最优储蓄率：

$$s = \alpha\,k^{*\alpha-1}\,k^{*1-\alpha} = \alpha \quad (3)$$

索洛模型的重要结论是 $s = \alpha$，即最优储蓄率等于资本的产出份额。显然推导和证明过程中的关键在于运用了数学求导 $y' = \alpha k^{\alpha-1}$，而这完全是因为前提假设柯布-道格拉斯生产函数具备齐次线性函数的特征，具有“良好”的数学性质。因此，$s = \alpha$ 是假设前提 $Y = K^{\alpha}(AL)^{1-\alpha}$ 推导后的必然结果[23]。

第二，假设前提的预设问题。假设前提应该是对现实经济认真观察和分析后的合理抽象，应该符合现实，而不能局限于经济学固有的偏见。这突出体现在中国国有企业和私营企业效率比较的研究中。不可否认国有企业在改革中存在很多问题，但许多学者在研究中往往把企业的一般问题当作国有企业的特殊问题，在构建数理模型之初就先验的假定了国有企业存在产权不清晰、委托—代理、腐败、垄断、内部人控制等特有问题，而私营企业不存在这些影响效率的因素，这就等于事先设定国有企业效率低于私营企业。而现实中，这些都是企业的一般问题，私营企业不仅同样存在，有时甚至有过之而无不及。比如委托—代理问题，国有企业固然是全民所有委托给国资委代理，但委托—代理在所有权和经营权分开的一般大公司中都会出现，与企业的所有制性质没有关系，私营企业中大量的中小股东也是委托董事会代理，因而如果说没有委托—代理问题是私营企业的高效率的原因，那只有集所有者和管理者于一体的小企业才可能存在[24]633-636。现代经济学在数理模型中预先假设国有企业存在问题而私营企业效率最优，再通过计量来检验，自然得出国有企业改革必须私有化的结论。文一指出，美国主流经济学期刊中关于中国国有企业的文章，国有企业低效率是在开始构建模型时就事先假设，而不是作为结果推导出来的。国内学术界对国有企业的负面看法主要是受新自由主义意识形态所致[25]。

第三，假设前提中的关键变量选择问题。数理模型只是经济学理论的数学表达形

式，并不会因为使用数学而变得中立、客观。数理模型由若干变量构成，显然关键变量的选择就不可避免地受到特定的经济学理论的影响，导致数理模型舍弃或遗漏掉一些关键变量，从而无法对现实经济做出正确解释。比如政府在凯恩斯宏观经济学数理模型中，是实现宏观经济均衡、拉动经济增长的关键变量，而在主张大市场和小政府组合，强调政府的守夜人功能的新自由主义宏观经济学数理模型中，政府变量被抽象掉，自然也就不会提出政府干预的政策结论。总体上，现代经济学理论上对市场规律及作用认识相对清楚，实践中市场对世界经济的发展起着巨大推动作用，改革开放后中国经济的快速发展也得益于市场化改革。但西方主流经济学却把市场“看不见的手”的作用神化和教条化，将政府和市场对立起来，否定政府作用。而问题在于现代经济学对于不需要政府并没有做出学理化的严格证明，正如萨缪尔森所指出的，“斯密从来没有证明这段话的正确性。一直到我在大学本科读书时，还没有人知道如何证明——甚至恰当地阐明——这一原理的真理内核。斯密在他的伟大著作中所做的是列举出政府所做的无数蠢事”[26]290。这从 2016 年林毅夫和张维迎关于产业政策的理论之争中可以看出，张维迎并没有对政府为何不应该参与配置资源做出学理性的论证，通篇也是列举政府在产业政策中出现的失误来作为否定政府作用的理由。这里面显然存在一个逻辑谬误：如果用政府的失误来否定政府作用，那么市场明显存在失灵等问题，是否也要主张取消或否定市场作用?

检验数理模型是否正确和科学，必须对假设前提的合理性做出严格论证。但有些学者从实用工具主义出发，认为假设和现实不符合并不影响模型的正确性，模型的目的是提供合理的、有意义的预测功能。如弗里德曼提出应把正确预言而不是假设同证实理论的相关性来作为判断模型价值的标准，他力图说服经济学家们建立抽象的模型，不必为不合理的假设而担忧[27]132。他甚至认为，对理论的假设前提进行检验是毫无必要的。虚假的假设前提不是缺点，相反是优点。萨缪尔森对此批评道，弗里德曼的方法论实际上强调缺点越多的理论就越好。他认为这是科学的堕落，任何一种精确的科学决不会采用这种方法论[28]。

总之，通过假设和数学推导来构建的数理模型只是假定—推论模式的数学表达，数学推导只是构建数理模型，而不是证明数理模型成立，因而数理模型本质上仍是有待证明的理论假说。数理模型是否成立是需要进一步证明的，现代经济学方法论是采用计量实证检验对模型的正确性进行证明，并运用模型和计量对现实经济做准确测量。我们接下来分析采用计量实证是否能做到。

三、计量实证不能对数理模型做严格证明

随着现代经济特别是信息技术的发展，经济数据在理解现代经济运行规律、指导经济建设实践中显得越来越重要，运用计量工具进行大数据分析无疑能更好地帮助研究经济问题。但是，现代经济学用计量实证检验来证明模型成立在方法论上存在逻辑缺陷。

第一，计量不能证明数理模型中变量之间存在因果关系。计量只能验证变量之间是

否具有相关性，却无法对因果关系做出判断。变量之间存在高度相关性只能说明可能存在因果关系，但因果关系是否成立则需要进一步分析。把变量之间的相关性直接等同于因果关系的证明，是计量工具的错用。伍德里奇就明确指出，“虽然简单地发现两个或多个变量之间有某种联系很诱人，但除非能得到某种因果关系，否则这种联系很难令人信服”[29]12。变量之间即使通过计量的相关性检验也不能代表因果关系成立，至少有几种情况：情况一，相关变量之间虽然具有因果关系，但有可能因果是颠倒的。如马克思在《关于自由贸易的演说》中提到，摩尔斯反对废除谷物法，他认为废除后的结果会使粮食价格上涨，依据是“每当输入外国粮食的时候，粮价总要大大上涨，而当进口减少的时候，粮价便急剧下降”。摩尔斯发现粮食进口和粮价上涨之间具有相关性，但误认为粮食进口是粮价上涨的原因，马克思对此批评道：“不是粮食进口引起粮价上涨，而是粮价上涨才刺激了粮食进口。”[30]447情况二，自变量和因变量之间互为因果关系。如供给和价格之间的关系，价格上涨时供给增加，而供给增加时价格下降。情况三，自变量和因变量只是表面的相关关系，存在偶然的“巧合”，本身不具备因果关系。如马路上的“碰瓷”，既然“碰”了肯定是相关，表演逼真相关性强，表演差相关性差，但“碰”不是“摔倒”的直接原因，除了用计量工具验证“相关”外，还要证明不是“碰瓷”。

第二，计量对模型的“实证检验”只是验证而不是证明。现代经济学采用计量对数理模型做验证来证明模型成立，但验证只是证明的必要条件，并不满足数学严格证明所必需的充分必要条件。验证法实际上是例证法或举例法，如同证明一个数学命题成立，采用几组数据代入做验证，如果成立就证明了命题成立。显然，举例法不仅不能做到严格的证明，而且根本就是错误的证明方法。计量工具采用计算机处理并分析大数据有其优点，但用计量验证数理模型成立的方法在本质上是大数据举例证明法，和传统的举例法区别仅仅是计量运用大数据举更多的例子而已。因此，用大数据举例做验证来代替严格的证明，在方法论上存在严重的逻辑缺陷。

第三，计量对模型只能证伪，不能证实。在方法论上，计量经济学基于波普的证伪主义。波普认为，理论只能被证伪不能被证实，即使一个理论在十万次经验检验中被证实，也无法保证它在十万零一次会继续被证实，只要有一次被证伪就可以证明该理论是错误的[21]。因此证伪主义要求在对理论假说进行经验检验中努力反证假说，而不是证实假说[27]4。计量对数理模型实证的基本逻辑是：建立数理模型，先假设模型不成立，即原假设为0，然后用计量实证检验推翻原假设，即原假设检验后不为0，继而证明模型成立。这就是说，在实证检验中把原假设和模型看作非对即错的关系。但实际上，用计量实证模型不成立是错的，并不能证明模型就成立，因为模型并不是非对即错的二选一，还可能存在其他可能，甚至模型假设与现实压根无关。比如盲人摸象中有人假设大象像绳子，先让原假设是错的，即大象不像绳子，然后用计量推翻原假设，得出大象像绳子的结论成立。而其他盲人认为大象不像绳子是错的，还有像扇子、柱子等选项，而事实上这些都不是大象的真实形状。因此，计量只能证明模型是错误的，不能证明模型是正确的。尽管现代经济学构建数理模型假说，用计量的大数据来对模型进行“实证”，但仍不能证实假说成立。因此，现代经济学采用计量验证模型假说成立的方法，是力图证实理论，而不是试图证伪，这是对证伪主义的错用。马克·布劳格就指出，证伪主义对结构要求非常严格，以至于现代经济学极少使用证伪主义[27]2。经济学家们从事经验研究只是满足于现实世界同理论的一致，而不是力图反驳理论，用简单的核实代替繁难的反证[27]272。

第四，计量不能越过必要的中介直接证明模型成立。模型描述的是经济现象背后的本质，而计量是对经济现象进行处理和分析。本质往往是抽象的、简单的，现象则是具体的、复杂的。本质表现为最终的现象或者用本质对现象做出合理的解释，需要借助一系列的中介或中间环节，经过层层的逻辑递进，而不能简单地用现象直接验证本质。马克思指出："如果事物的表现形式和事物的本质会直接合而为一，一切科学就都成为多余的了。"[31]925李嘉图在构建理论体系中就曾把高度抽象的经济模式直接运用于复杂的现实世界，这种方法论的缺陷被熊彼特称为"李嘉图恶习"[27]66。现代经济学跳过中间环节，用计量工具直接证明经济现象同理论模型的一致性，在方法论上陷入了李嘉图恶习。因此，现代经济学需要具体分析模型中自变量和因变量之间的作用机制，对从抽象的模型最终达到具体的经济现实做出科学解释，而不能用现实直接验证模型的正确性。正如《经济研究》编辑部所要求的，经济学论文不能仅在形式上做实证分析而缺乏对经济现象之间的关系做机制分析[19]。

综上所述，计量是一个较好的处理和分析大数据的工具，但不具有证明模型成立的功能。现代经济学用计量"实证"检验作为严格证明数理模型假说成立的方法，不仅在逻辑上不严谨，而且在方法论上是错误的，是对计量工具的错用滥用。

四、现代经济学无法对现实经济做出准确测量

现代经济学声称运用数理模型和计量工具可以对现实经济及各变量所起作用做出精确测量，从而可以对经济运行提出针对性的、具有可操作性的政策建议。但其实不然，由于现代经济学方法论存在逻辑缺陷，即使运用了现代数学工具，也无法做到测量的准确性。

第一，计量不能对模型严格证明，决定了无法对现实经济做出准确测量。现代经济学采取数理模型和计量工具主要用来做定量研究，目的是为了提高研究的准确性以更好地服务现实经济。但由于用计量对模型成立无法做出严格证明，模型既不能证伪也不能证实，这就导致运用数理模型和计量无法对现实经济做出准确测量。实践中我们经常发现，在很多经济学论文中，利用同样的数据去研究同样的问题，不同学者构建的数理模型差别有大有小，但即使模型中多一个或少一个变量，也都能被计量实证检验证实是成立的。从数学要求的严谨性和准确性来讲，n 个模型假设中，至少有 $n-1$ 个模型假设甚至 n 个模型都是不精确的。因此，如果没有正确的方法论，即便数学工具再先进，也会测量不准确甚至出现错误。比如盲人摸象，假设大象的腿像柱子，用腿的数据可以验证。假设大象是绳子，用尾巴的数据同样验证。模型虽然都有数据支持，但结果显然是错误的。计量利用数据对不同的模型做实证检验，可以得出不同甚至完全相反的结论。

马克·布劳格指出，“在经济学的许多领域，不同的经济计量研究得出了相互矛盾的结论，而当得到有用的数据时，却又常常没有决定哪个结论正确的有效方法。因而，相互矛盾的假说有时连续存在数十年甚或数百年之久”[27]277。其根源就在于用计量证明模型的成立在方法论上是错误的。

第二，计量工具分析现实数据和模型的相似性有优势，但忽略了差异性分析，无法完整描述现实经济。任何事物包括一般和特殊，是共性和个性的统一。因而对事物做到完整准确的测量既要包括相似性，也要包括差异性。经济现象背后的本质特征往往需要通过差异性研究才能揭示出来。马克思分析生产方式本质和商品经济现象时曾经指出：“商品生产和商品流通是极不相同的生产方式都具有的现象，尽管它们在范围和作用方面各不相同。因此，只知道这些生产方式所共有的、抽象的商品流通的范畴，还是根本不能了解这些生产方式的本质区别，也不能对这些生产方式作出判断。”[32]136显然，计量工具基于统计学的大数定律，用统计规律总结现象的相似性和共同点，突出事物的一般特征。因此，计量工具对于研究趋同性或一般规律有其优点，但在分析差异性方面存在局限性①。杜恂诚认为，主流经济学对普遍存在的共同特征的认同，集中于共性分析，而规避了特性和区别[33]。因此，计量工具无法对不同社会经济制度和具体国家的经济范畴做出客观全面认识和准确测量，也就削弱了对实践的指导价值。比如，社会主义市场经济在建立和完善中，我们需要学习和借鉴西方资本主义市场经济，既要对资本主义市场经济和社会主义市场经济的相似性即市场经济的一般规律做研究，更要研究二者的本质区别，防止把资本主义市场经济的特殊规律当作市场经济的一般规律，直接照搬过来指导社会主义市场经济体制改革。在所有制和市场经济的结合上，社会主义市场经济目的是实现公有制和市场经济的有机结合，而不是照搬资本主义市场经济主张的私有制和市场经济的有机结合，通过国有企业私有化来“削足适履”；在处理政府和市场关系中，社会主义市场经济的特征是强市场和强政府的统一[34]，而不是照搬资本主义市场经济强调强市场和弱政府甚至不要政府干预的组合，只要市场在资源配置中发挥决定性作用，而否定更好地发挥政府作用。

第三，计量工具要求模型中各变量互不相关，然而现实中各变量之间存在普遍联系和相互作用，这种内在的矛盾决定了计量无法对现实经济做准确测量。现代经济学运用计量工具首先要求各变量相互独立、互不影响，才能准确测量出各变量具体作用的大小，但现实经济的系统性和整体性决定了各变量之间不是孤立的，而是相互联系、相互作用。现代经济学在方法论上陷入形而上学，否认变量之间的辩证和联系，因而无法对现实经济做出准确测量。比如索洛模型中柯布-道格拉斯生产函数 $Y=K^{\alpha}(AL)^{1-\alpha}$，把推动经济增长的若干个变量简化为变量资本 K、劳动 L、技术进步 A，A 又称为全要素生产率。按照计量的要求 K、L、A 必须相互独立，而我们知道，技术进步 A，既可以体现在 K 即机器的先进上，也可以体现在 L 即劳动者的素质提高上。既然 A、K、L 之间不是独立的，那么测量出来的全要素生产率 A 就无法做到科学和准确。另外，模型中变量的作

① 计量工具用拟合优度衡量模型预测值和现实数据的差距，往往把差异归为扰动项，视为模型对现实数据拟合的偏离。

用，由于变量之间的相互作用可能是正负作用相互抵消，通常难以完整反映在现实数据上，无法用计量工具准确测量出来。既然计量工具不能准确测量出变量所起的作用，那么现代经济学声称的政策制定的科学性就难以保证，政策工具的操作就无法做到精准，政策效果也很难准确评估。

第四，计量得到的是统计规律，而数理模型假设的是经济规律，二者内在的不一致导致现代经济学无法准确测量现实经济。一方面，计量基于统计学原理对大数据分析得到的是统计规律，为进一步研究并发现经济规律提供基础数据，但统计规律不能直接等同于经济规律。统计规律是通过统计数据对现象做出的描述，而经济规律是揭示现象背后的本质，现代经济学方法论的错误在于把现象直接等同于本质，把统计规律和经济规律混为一谈。朱富强指出，计量实证将相关关系和统计规律错当作因果关系和经济规律[7]。另一方面，计量只对一段数据的统计结果负责，而经济规律或经济理论则需要更长时间的数据或历史来实证。比如众所周知的菲利普斯曲线即通货膨胀和失业率之间存在替代关系的数理模型，20 世纪五六十年代被计量“实证”检验为正确的经济理论，为当时的主流经济学家所接受，但被 70 年代出现的滞涨现象证伪了，统计规律不再支持通货膨胀率和失业率之间替代关系的成立。因此，现代经济学虽然运用了数学和计量工具，但实际上并没有太深入研究事物的本质规律，只是沉迷在现象的表面联系中兜圈子，对最粗浅的现象做出似是而非的解释[32]99。

五、结论

第一，现代经济学沦为形式主义的根源在于方法论上存在逻辑缺陷。现代经济学采用数学和计量工具的目的是做到证明的严格性和测量的精准性。然而由于现代经济学方法论存在着结构性的逻辑缺陷，用数学公式推导构建起来的数理模型仍是一个有待证明的理论假说，计量实证既不能严格证明数理模型的成立，也不能对现实经济做出准确测量。方法论的错误不可能靠技术工具来弥补，现代经济学方法论的不科学反而放大了技术工具的错误，导致数学和计量工具的大量错用滥用，使得现代经济学的研究偏离科学、脱离现实，走向形式主义。

第二，借鉴、使用和创新现代工具。现代经济学方法论的非科学，同数学和计量工具本身无关。经济学任务是通过分析经济现象来揭示出隐藏在现象背后反映本质的经济规律，用于指导现实经济。研究经济现象中变量之间的数量关系离不开数学，计量对大数据的处理和分析有其优点，因此否定现代经济学方法论的同时，借鉴和使用数学和计量工具是完全必要的。但需要注意的是，一方面，数学只是研究经济学的工具之一，不能替代经济学分析而陷入工具主义。经济学者的任务是将复杂问题简单化，而不是把简单问题复杂化。保罗·克鲁格曼指出，经济学运用的复杂数学公式，只是构建经济学大厦的辅助脚手架，经济学构建完成后完全可以去掉数理部分，采用浅显易懂的文字表述[35]VIII—IX。这同马歇尔提出的，好的经济学是经济学在运用数学后要烧掉数学步骤的做法，如出一辙[36]。另一方面，经济学处于大变革的时代，新的问题不断出现，不仅对传统理论带来更大挑战，而且对分析工具提出更高的要求。比如行为经济学、实验经济学等发展已经证明经济主体参与者的行为不是最优化，而是次优选择[37]。显然利用数学求导数或偏导数可以得到最优解，但很难求出次优解。这就需要学习和吸收数学科学取得的新成果，与时俱进创新和运用新的数学工具，来解决经济学研究中面临的新问题。

第三，鼓励和支持经济学研究方法的多元化和论文形式的多样化，共同推动中国经济学的繁荣和发展。经济学研究中不能把数学工具的使用视为唯一、正确的科学方法，而排斥其他研究方法。随着现代经济学占据国内经济学教学、科研和期刊的统治地位，甚至出现一种将思维逻辑和数学逻辑对立起来，把文字逻辑的论文视为非经济学论文大加排斥的极端观点和做法。这无疑是错误的。一方面，数学分析方法本身不能产生理论和假说，因而数理经济学同非数理经济学并无本质的区别[38]78。另一方面，经济学研究要定性和定量分析相结合，不能偏重定量分析忽视定性分析，更不能用定量分析来代替甚至排斥定性分析。现代经济学采用数学工具在定量研究中有其优势，但定性分析则不够。因此，中国经济学走向繁荣发展，必须百花齐放，鼓励研究方法多元化和论文形式的多样化。

参考文献：

[1] 凯恩斯. 就业、利息和货币通论 [M]. 高鸿业，译. 北京：商务印书馆，1999.

[2] 萨缪尔森. 经济学：上 [M]. 高鸿业，译. 北京：商务印书馆，1979.

[3] 马涛. 西方经济学的范式结构及其演变 [J]. 中国社会科学，2017 (10)：41-61.

[4] 罗默. 经济增长理论中的“数学滥用” [J]. 金融市场研究，2016 (5)：118-125.

[5] 皮凯蒂. 21 世纪资本论 [M]. 巴曙松，等译. 北京：中信出版社，2014.

[6] 克鲁格曼. 经济学家为何错得如此离谱? [J]. 银行家，2010 (7)：136-138.

[7] 朱富强. 审视现代经济学主流范式：特征、弊病及成因 [J]. 当代经济研究，2018 (1)：36-48.

[8] SOLOW ROBERT. Building a science of economics for the real world. Prepared statement for House Committee on Science and Technology [J]. Investigations and oversight. , 2010 (7).

[9] 基恩. 经济学的真相 [M]. 霍彦立，等译. 北京：电子工业出版社，2014.

[10] 科恩. 西方新古典经济学如何主导了中国的经济学教育? [J]. 海派经济学，2017 (1)：121-144.

[11] 黄宗智，高原. 社会科学和法学应该模仿自然科学吗? [J]. 开放时代，2015 (2)：158-178.

[12] 钱颖一. 剖析现代经济学 [J]. 中国经济报告，2019 (5)：132-143.

[13] 宋小川. 现代主流经济学的贫困 [J]. 南国学术，2020 (2)：190-197.

[14] 金碚. 探索推进经济学范式变革 [N]. 人民日报，2019-04-08 (9).

[15] 洪银兴. 中国特色社会主义政治经济学的体系构建及研究重点 [N]. 光明日报，2019-08-20 (11).

[16] 姚洋. 当下中国经济学的出路 [EB/OL]. (2019-04-02) [2020-11-01]. https://mp.weixin.qq.com/s/kbtwnnSLgxd-WDKrtYoszg.

[17] 刘俏. 研究真问题，而不是换范式 [EB/OL]. (2019-04-02) [2020-11-01]. https://mp.

weixin.qq.com/s/79UgGnV3ZrAPmOAErhK8gw.

［18］李志军，尚增健. 纠正学术研究和论文写作中的“数学化”“模型化”倾向［J/OL］.（2020-04-07）［2020-11-01］. http://www.cssn.cn/zx/bwyc/202004/t20200407_5110286. shtml.

［19］破除“唯定量倾向”为构建中国特色经济学而共同努力：《经济研究》关于稿件写作要求的几点说明［EB/OL］.（2020-03-26）［2020-11-01］. http://ie.cass.cn/academics/academic_activities/202003/t20200326_5106523. html.

［20］王荣江. 波普证伪主义方法论批判［J］. 科学技术与辩证法，2000（6）：22-25.

［21］吴俊杰，张国防. 对主要西方经济学方法论的研究综述［J］. 经济论坛，2018（4）：142-145.

［22］陈璋. 生产力不平衡结构下宏观经济调控方法论问题研究［M］. 北京：中国人民大学出版社，2017.

［23］武志. 对索洛模型数理逻辑与方法论的批判［J］. 马克思主义研究，2019（4）：68-79.

［24］高鸿业. 高鸿业自选集［M］. 北京：中国人民大学出版社，2007.

［25］文一. 如何正确理解国企与民企的关系：纪念中国改革开放四十周年［J］. 政治经济学季刊，2018（2）：1-43.

［26］萨缪尔森. 经济学：下［M］. 高鸿业，译. 北京：商务印书馆，1982.

［27］布劳格. 经济学方法论［M］. 黎明星，陈一民，季勇，译. 北京：北京大学出版社，1990.

［28］颜鹏飞，傅耀. 西方经济学方法论的过去、现在和未来［J］. 海派经济学，2003（1）：71-85.

［29］M. 伍德里奇. 计量经济学导论［M］. 费剑平，译. 北京：中国人民大学出版社，2010.

［30］马克思恩格斯全集：第4卷［M］. 北京：人民出版社，1958.

［31］马克思恩格斯文集：第7卷［M］. 北京：人民出版社，2009.

［32］马克思恩格斯文集：第5卷［M］. 北京：人民出版社，2009.

［33］杜恂诚. 论中国的经济史学与西方主流经济学的关系［J］. 中国经济史研究，2019（5）：5-20.

［34］洪银兴. 以创新的理论构建中国特色社会主义政治经济学的理论体系［J］. 经济研究，2016（4）：4-13.

［35］克鲁格曼. 萧条经济学的回归和2008年经济危机［M］. 北京：中信出版社，2009.

［36］KELLEY A M. Memorials of Alfred Marshall［EB/OL］. http://www. rasmusen. org/zg601/readings/marshall.htm.

［37］厉以宁. 中国经济学应加强历史研究和教学［N］. 光明日报，2017-06-13（11）.

［38］杨德明. 当代西方经济学基础理论的演变：方法论和微观理论［M］. 北京：商务印书馆，1988.

社会公平正义观及其发展：剥削和分配理论视角

万蕾[①] 谢元态[②]

摘 要：“社会公平正义”是古今中外仁人志士追求美好社会的永恒主题，也是共产党人的奋斗目标。在实然状态与应然状态的社会公平正义的分析框架上，首先分别从剥削和分配理论视角梳理社会公平正义观的理论渊源、理论形成及其发展；其次现实解读目前存在的分配制度和剥削问题及其与社会公平正义的关系；最后诠释“人类命运共同体”理念推动社会公平正义由实然到应然——在中华民族伟大复兴和世界百年未有之大变局中的深远意义。

关键词：社会公平正义；剥削；分配

“社会公平与正义”是古今中外哲学家、政治学家、思想家、经济学家共同追求的永恒主题，也是中国共产党长期的奋斗目标。从政治经济学视角看，分配和剥削直接或间接地影响着人类社会的公平与正义。当今世界各国，仍普遍存在许多社会分配不公现象，仍不同程度地存在剥削与被剥削的不平等、不正义关系。因此，以社会公平正义关系的实然与应然理念为逻辑起点，对现存在剥削和分配问题及与社会公平正义的关系作理论探讨，进而诠释“人类命运共同体”理念由实然到应然的中国意义和世界意义，是新时代中国特色社会主义政治经济学重要的历史性课题。

一、社会公平正义：人类追求美好社会的永恒主题

（一）实现社会公平正义：古今中外仁人志士共同的价值追求

自阶级产生以来，人与人之间的关系形成了极不平等、极不公平的状态。因而“追求社会公平正义”成为古今中外仁人志士共同追求的价值目标。

---

① 万蕾，江西农业大学经济管理学院硕士研究生。
② 谢元态，江西农业大学经济管理学院教授。

早在春秋末期，孔子就以“有国有家者，不患寡而患不均，不患贫而患不安。盖均无贫，和无寡，安无倾”表达对建立公平正义社会的深切向往。中国近代史上出现过三次对“空想”社会的追求。洪秀全发动的太平天国运动包含了对农业社会主义的空想追求；资产阶级维新派代表人物康有为在《大同书》通过揭露了人世间种种不合理现象和封建社会的贫困黑暗来提倡他的大同社会空想——要建立一个理想的“人人相亲，人人平等，无有阶级”的乌托邦式的“大同”社会；资产阶级革命派领袖孙中山先生一生追求“天下为公”的理念，提出过“民生主义”空想。这三种空想体现了中国仁人志士对公平正义的渴望。

古希腊柏拉图在《理想国》中强调公平即和谐，正义是个人和国家的“善德”；伊壁鸠鲁在《社会契约论》中将人们“彼此约定”的产品视为公平正义。后来伏尔泰、孟德斯鸠等人也提出对公平正义社会的独到见解。托马斯·莫尔在《乌托邦》中描绘了人人平等、没有压迫、公平正义的空想社会景象。法国空想社会主义者圣西门、傅立叶、欧文等人，把“合作社”作为未来公平正义社会的实现形式并付诸实践。但是由于对未来的社会主义社会过于理想化和细化，而陷于无法实现的空想。

（二）实现社会公平正义：共产党人的奋斗目标

实现社会公平正义是中国共产党人的政治主张和奋斗目标。中国共产党成立百年来，领导人民在促进社会公平正义上取得革命、建设和改革的重大成就。毛泽东在湖南一师撰写的《心之力》中，就表达了对建立公平正义社会的崇高理想。他通过对社会主义政治、经济、文化制度的建设和完善充分体现了对实现公平正义远大目标的追求。邓小平强调的“实现共同富裕”、江泽民提出的“三个代表”、胡锦涛提出的“和谐社会”和习近平提出的“人类命运共同体”，都把社会公平正义作为社会主义制度的基本特征和重要目标。进入新时代，习近平同志重视全方位促进社会公平正义，要求把“以人民为中心”作为一切工作的出发点和落脚点。

（三）《正义论》：西方良心学者的著名巨作

在巨作《正义论》中，美国著名的政治学家约翰·罗尔斯全面深刻地阐述了“正义”的内涵、相关制度和目的，他对于实现公平与正义的观点具有重要的学术创新价值和借鉴意义。他认为，社会制度的核心价值是“正义”。“正义”的目标是公民基本权利和义务的分配。“公平正义”有两个义务原则，即平等自由的原则和机会公正平等原则与差别原则。这两个正义原则影响着社会的基本结构[1]。他《正义论》中的“公平”侧重于利益的平等性，更体现利益分配上可见的现象与结果；而“正义”则更为偏重于伦理哲学的道义性，更体现社会深层次的本质特征。虽然“公平”与“正义”的侧重点不尽相同，但两者的内涵具有相容性——“不公平”的现象与结果肯定本质上是“不正义”的，而本质上“不正义”的制度或目的无疑是“不公平”的。在我国经济学界，长期以来比较重视“公平”的研究，而在文学、法学、哲学、伦理学界侧重于“正义”的研究。

（四）社会公平正义：实然状态与应然状态

“剥削”是商品经济的必然产物。随着社会的不断发展，虽然“剥削”形式不断转变，剥削的程度也在发生着变化，但是剥削的反正义公平本质属性并没有改变。马克思将人的“自由全面发展”具体化为以公平正义作为基本的社会价值追求。因而，创建自由平等的社会关系，不仅要追求实然状态，而且要追求应然状态。

“应然”与“实然”最早是哲学伦理学和法学的一对范畴，由于《人性论》的著名作者休谟第一次深刻分析了“应然”与“实然”的区别与矛盾，因而“应然与实然问题”又被称为“休谟问题”。从哲学范畴角度看，实然与应然还可以进一步区分为其“形式与内容”，从经济学角度看，还可以进一步区分为“微观与宏观”，但不是本文研究的重点。本文要重点研究的是公平的“应然”与“实然”状态及其关系。在现实社会中，较长时期的“应然公平”往往包含几个阶段的“实然公平”。在绝大多数情况下，在追求“应然公平”目标的过程中，首先要解决的是“实然公平”。具体而言，首先达到低层次的“实然公平”，再由较高层次的“实然公平”向“应然公平”迈进，最终达到理想目标的“实然公平”状态。

（1）实然的公平正义。实然公平即现实社会的客观公平状况。在资本主义社会，现实是不公平的，就因为资产阶级是统治者，压迫的一方，无产阶级往往是被压迫的一方，剥削的程度也决定了社会公正的深度。当社会治理面临复杂的社会问题时，既要考虑当前的现实，又要追求理想的未来即应然公平。

（2）应然的公平正义。应然公平即应该达到的社会公平状况。马克思对工人劳动异化的研究，揭示了“人与时间”的内在联系。在应然状态下，在创造丰富的生活资料、满足人们生存需要的基础上，缩短了必要的劳动时间，从而为人的“自由全面发展”提供了现实条件。然而，人类最终达到理想的公平社会状态，必须经历若干由实然到应然的阶段。

二、剥削理论视角：社会公平正义观及其发展

人类一直以来追求自由与平等的过程，就是努力消除“剥削”的过程。剥削程度反映社会的公平正义程度。一个社会的剥削程度越高，富人更富、穷人更穷的两极分化现象就会越严重，全社会就会越不公平。

（一）理论渊源：从《英国工人阶级状况》看“剥削”和公平正义

“剥削”这一现象在奴隶社会时期就已经产生。此后，“剥削”一直深刻地影响了经济、社会、政治和文化等诸多领域。就剥削理论的研究而言，正义学者们总是不断更新对“剥削”的认识，并努力寻求消除“剥削”的对策。从经济学意义上来研究剥削，在重商学派和重农学派中就已经涉及较深，而古典政治经济学派提出劳动价值论，就是对剥削有了比较全面系统的认识，大卫·李嘉图对资本主义剥削制度提出了直接的批

判。但只有马克思主义诞生以后，才有对剥削本质的深刻揭示。笔者认为，恩格斯在1845年发表的《英国工人阶级状况》是对存在于资本主义社会剥削的愤怒控诉，是马克思主义“剥削”和公平正义理论的最直接的渊源。在该书中，恩格斯根据实地考察情况，对英国阶级关系和资本主义剥削经济做了全面剖析，对资本主义剥削制度进行了无情的批判，以唤醒无产阶级站起来用革命来改变自己的命运。

当时的英国社会完全无“公平正义”可言。英国工人阶级，只有通过出卖自己的劳动力才能存活下来，一旦劳动力不能被当作商品进行出售，他们就可能走上险恶的道路或者饿死。在食物方面，工人的家庭食物质量通常都非常差，往往都是些烂掉或坏掉的蔬菜或是病畜或死畜的肉，大多数家庭都没有足够的食物，常常处于饥寒交迫的状态。在住宅方面，在全英国（除了伦敦的某些地区），穷人往往居住在比较幸福的阶级看不到的破旧不堪的区域。在那个资本家以资本为武器的“社会战争”中，英国工人阶级只是资本家用于压榨和剥削的对象——不分年龄，不论男女——劳动力成为他们财富积累的唯一来源。恩格斯深刻指出：“他们用自己的发明和自己的劳动创造了英国的伟大，他们一天天地更加意识到自己的力量，一天天地更加迫切要求取得社会财富中的自己的一份，这些人的命运应该如何，这个问题，从改革法案通过时起已成了全国性的问题。”[2]

（二）理论形成：马克思论剥削与社会公平正义

马克思主义经典作家在《英国工人阶级状况》《共产党宣言》和《资本论》深刻剖析了分配与剥削的关系，都无情地批判了资本主义制度严重的社会不公。如果说《英国工人阶级状况》是马克思主义“剥削”和公平正义理论的最直接的渊源，那么《共产党宣言》和《资本论》则是马克思主义关于剥削与社会公平正义系统化理论的正式形成。

马克思、恩格斯在1848年代表第一国际共同起草的《共产党宣言》，是对资本主义剥削制度发起全面进攻的宣言书。《中国共产党宣言》既肯定了资产阶级的历史进步性，又尖锐地指出“至今的一切社会都是建立在压迫阶级和被压迫阶级的对立之上的”，在资产阶级统治下的社会是绝对不公平的，是完全违背“正义”原则的，“资产阶级撕下了罩在家庭关系上的温情脉脉的面纱，把这种关系变成了纯粹的金钱关系”，“雇佣劳动完全是建立在工人的自相竞争之上的”；而从城乡关系角度看，它又“使农村屈服于城市的统治”[3]。

《资本论》完善了“剩余价值”剥削理论体系，是对资本主义“剥削”制度反公平反正义本质的深刻揭示，预示了公平正义社会的前景，并庄严地宣告“剥夺者就要被剥夺了”。由于这一理论是对资产阶级剥削制度的彻底否定，因而受到资产阶级经济学者的围攻，但是它唤起了沉睡混沌的工人阶级队伍，很快就成为无产阶级的“圣经”。

马克思在《资本论》中构建了完整的“剥削”理论体系。根据“生产商品劳动的二重性——只有劳动力创造价值和剩余价值”这条路径，创立了劳动价值论学说和剩余价值学说。根据劳动二重性原理，劳动力在创造新价值的同时，生产资料旧价值随之转移，因而得出商品价值公式“$C+V+M$”。从公式可知，所谓剥削就其实质而言就是剥削主体即资本家对劳动者工人在其劳动时间中对工人所创造的剩余价值的一种无偿占有。他指出剥削是一种关系，是资本家与工人之间的雇佣关系。资本家雇佣工人，并在雇佣过程中最大限度地实现工人的剩余价值向资本家的转移——这是资本主义剥削的实质及社会不公平的制度根源，劳动者被压榨、剥削的程度越高，社会就越不公平。与此同时，《资本论》进一步深刻论证了《共产党宣言》所揭示的历史唯物发展规律——资本主义生产关系必将被新的生产关系替代——只有以公有制代替私有制，只有全世界无产阶级联合起来剥夺“剥夺者”，才能建立起人类共同理想的公平正义社会。这便是马克思对剥削和社会公平正义所做的理论概括。

（三）理论发展：后人对“剥削”与社会公平正义的研究

马克思之后的不少学者都在持续地探讨“剥削”与社会公平正义的关系，提出了不少有价值的观点。列宁的《帝国主义论》研究“垄断”所导致世界范围的“剥削”，他领导人民建立的第一个社会主义国家，为人类走向公平正义的共产主义社会提供了样板。

毛泽东在《心之力》《中国社会各阶级的分析》《湖南农民运动考察报告》等一系列文章中包含着对“剥削”制度的愤怒批判和对社会公平正义的强烈追求。邓小平将“消灭剥削，消除两极分化”纳入社会主义本质要求之中。习近平要求全党“不忘初心，牢记使命”、牢记入党誓言——为建立公平正义的共产主义社会奋斗终生。

美国学者罗默在《剥削和阶级的一般理论》里把马克思关于资本主义剥削中生产资料的私人所有解释为“不平等”。在他看来，不平等关系存在于很多方面，同样也包括在经济体制或社会状态中——这与马克思的基本观点极为相似。但是罗默提出的“一般剥削理论”中却认为剩余价值的占有本身并非“不正义”的，而只有当这种占有是由财产的“初始分配”所导致的不平等时才是“不正义”的。他认为“剥削”意味着不平等，但还存在着其他方面的不平等因素，所以不能以偏概全。他甚至认为，在没有劳动力市场的经济模式中，剥削性行为同样会继续发展，换言之，不但现实的资本主义国家普遍存在不平等现象，而且在生产资料公有制下条件下也会存在一定的剥削现象。赖夫在《自由资本主义国家的剥削与经济正义》一书中认为，罗默等都是在宏观层面上讨论剥削问题，而无法解释微观领域具体的单个交易中存在的剥削问题——他自认为从微观领域可以更好地解释剥削问题，这是有价值的。但是他提出了一种基于公平价格理论的剥削理论，并将剥削定义为自愿交易中不公平的价值攫取，剥削产生于交易价格对公平价格的偏离——这一结论将“剥削”错误定位为是在流通领域产生的，这就完全背离了唯物史观。

学者布尔扎克在《埃勒曼的劳动产权理论和资本主义剥削的不正义性》中指出，剥削是非劳动者对劳动者产品的占有；剥削的“不正义性”在于它侵犯了劳动者对自己的劳动活动及其成果的“完整占有权”；为此他主张，要建立一种劳动者自我管理的民主制企业来消灭剥削——他关于剥削的不正义性的基本观点与马克思基本一致。

从“剥削”的内涵看，中国学者王明华、孙建中和胡培兆等人都认为剥削有狭义和广义之分。狭义的“剥削”是指私有制条件下无偿占有他人劳动成果的行为。广义的"剥削"往往与权力有关，它是一切以损人利己为目的的"非正义"方式占有劳动者物质利益的行为。同时在不同的社会阶段，剥削的程度与形式也会随之改变。可见，他们的观点实际上区分了两个不同的层面：狭义的剥削侧重于利益的"公平"性，而广义的剥削比较侧重于伦理哲学层面的"正义"性。

经济学诺贝尔奖得主斯蒂格列茨在《不平等的代价》一书中，深刻地剖析了美国社会不平等的真相，揭示了越来越严重的不平等发展趋势及为此付出的惨痛代价，并驳斥了各种为不平等现实辩护的谬论。虽然本书所描述的是美国社会的不平等现实，但是他同时指出在其他国家存在着不平等的"某些共同主题"——人们对于这种经济体制和政治体制深感"不公平"，而抗议者走上街头的目的就是要求变革直至推翻这种不平等的制度[4]。国内学者鲁元平《收入不平等的代价：基于幸福经济学的经验证据》一书跟随斯蒂格列茨的思路，从宏观经济因素和社会因素两个方面，比较全面系统地对收入不平等与中国居民幸福感及其关系进行分析，在论证收入不平等对中国居民幸福感的代价的基础上，提出了缓解收入不平等、提高居民幸福感的政策主张。

经济学诺贝尔奖得主阿马蒂亚·森在《正义的理念》中试图重新检验和审视数千年来不断驱使全世界前进的"那个——或那些——关于正义的理念"。他站在历史的高度认为，全世界几千年来对正义理念的基本运用并不是为了追求某种"绝对公正的乌托邦"，而是为了消除那些"可辨识"的而且能够得到解决的"不公正"；同时他高度赞同马丁·路德·金看到了全球范围内存在的大量的不公正，他认为生活在任何地方的"有理性人"都有理由去帮助世界各地那些遭受不公正、剥削和歧视的人们[5]。

被誉为"经济学良心"的阿马蒂亚·森"一生都在致力于经济底层的研究"，认为贫困与饥荒"……更多是由分配不均引起的"。他进而认为"只有建立起平等、富有政治责任感的社会氛围，饥荒才能得到避免"；同时要"消灭非物质性匮乏"，因为贫困与不自由、居无定所与安全感的确总是同时出现。所以"国家只应该在建设一个能让人民充分实现个人目标的社会环境之时施展其影响力"[6]。

法国经济学家和哲学家皮凯蒂 2014 年发表的《21 世纪资本论》，与斯蒂格列茨在《不平等的代价》的视角、方法和结论有极大的相似性，根据大样本，他描述了资本主义发达国家经济不平等的客观历史现实。从而推演了这种经济不平等将会越来越严重的发展趋势，并提出征收"全球资本税"的"乌托邦"式的政策主张。

三、分配理论视角：社会公平正义观及其发展

（一）理论渊源：资产阶级古典政治经济学的"分配"观

分配问题不仅反映一定的社会制度下各阶级之间经济利益的公平与否，而且直接影响社会的公平正义程度。因此，分配及其公平正义问题，成为经济学家长期探讨的重要课题。马克思关于分配及其与社会公平正义的关系理论，直接的理论渊源是资产阶级古典政治经济学的"分配"观。

亚当·斯密从劳动价值论出发建立了比较系统的分配理论。他认为，在早期的野蛮

社会中，生产出来的劳动成果的所有权是归劳动者所有，也可以说“劳动的全部生产物都属于劳动者本身独自享受”，劳动者付出的劳动都转化为自己的收入，因而早期社会不存在地租和利润等因素。然而，伴随着土地私有制和资本积累的出现，商品的价值分配发生了质的变化。斯密将社会分成“工人、地主、资本家”三大阶级，反复论证工资、利润、地租等形式都是劳动生产物的一部分。在斯密看来，工资是工人“全部劳动的报酬”；利润则是资本家“资本的报酬”，所以利润不仅受制于工资量，还与所投资本的价值有关；地租是租地人在扣除生产费用和普通利润后所能支付给土地所有者的最高价格，而资本家从土地中所获得的利润则是对劳动者所生产的劳动生产物的第二次扣除。

古典政治经济学的集大成者大卫·李嘉图则一以贯之地坚持了劳动价值论，并在对分配理论研究上取得与斯密不一样的成果。他将分配问题作为政治经济学的主要问题来研究，在《政治经济学及赋税原理》中说到，在工人、资本家、地主阶级之间进行分配全部的产品，各阶级所获得产品的比例肯定是不同的。他的“自然价格”概念体现了劳动价值论观点。他认为商品价值由工资和利润两部分组成，商品价格的变化与商品生产消耗的劳动量有关。拥有耕种劣等土地的农场主和生产商品的制造业者产生的商品难以承担得起地租的价格。国民财富的分配方式应当有利于生产力的发展，而工资、地租、利润这三种收入中，利润的增加会使资本积累增加，而工资和地租都与利润可能呈现反比例变化，因此工资与地租提高必然降低利润，不利于资本积累。但是，随着社会的不断发展和人口的不断增长，利润在收入分配中的份额将会呈下降趋势——利润率的自然趋势是下降的。因为在劣等地增加投资会提高谷物的价格，同时还会使货币工资和地租相应提高，从而将会导致利润率呈现下降的趋势。

李嘉图还认为，如果要促进社会生产力的发展，就必须增加利润。所以，如果分配方式要有利于国民财富的增长和社会生产力的发展，它必然要有利于资产阶级。他还认为工资是维持资本主义再生产的必要条件，所以为了维持生产，要给予工人必要的生活必需品——马克思后来继承了他这一观点。但是，李嘉图推演出维护资产阶级利益的荒谬主张，认为地租的增长最不利于利润的提高，所以土地的产品增值（马克思所说的超额利润）部分不应该分配给土地所有者，只能由农业资本家所独享，以此来维护资产阶级的利益——马克思后来批判和纠正了他这一观点，并科学地分辨了地租和农业利润的各自归属：土地所有者得到超额利润即地租——这是土地私有权在经济上的实现，而农业资本家获得与工商业资本家竞争而形成的相当于平均利润的农业利润——这是土地经营权在经济上的实现。

（二）理论形成：马克思论分配与社会公平正义

马克思论分配与社会公平正义理论，是在批判资产阶级经济学家就分配谈分配的立场和方法的基础上逐步形成的。马克思对分配及社会正义的探索上，与其对哲学发展思想的演进是一致的。早期的马克思形成了自由理性的分配正义观，构成了马克思分配正义理论的萌芽；唯物史观的确立开辟了分配正义研究的新视野和新范式；马克思主义政治经济学体系的构建，深化了分配正义理论的内涵。马克思始终坚持对分配正义的科学理解：既反对将绝对正义视为普遍而永恒的原则，又反对把分配正义作为人类一切活动的“中心”的狂热观点。

马克思分配理论的发展与完善是对古典经济学分配思想批判继承的一个过程，通过对比批判古典经济学家斯密、李嘉图思想的科学部分，在此基础上科学发展了其分配理论。斯密坚持了配第首先提出来的劳动价值论，但他在两种价值规定中摇摆不定，他认为一种商品的价值在于生产所需劳动力的数量，也认为其在于可以买到的劳动数量。斯密由此陷入了三种收入构成商品价值的误区之中，并且为后来的庸俗经济学派所继承形成了三要素创造价值的学说。对于李嘉图关于分配价值来源的观点，他在分配理论中始终贯彻劳动创造价值，马克思对此给予了高度评价。马克思认为在分配中首先要以年产品总价值的存在为前提，在资本主义私有制条件下，工资、利润和地租等不同的分配形式是由不同的所有权所决定的。但不管分配的形式如何变化，基本上都是产品年总价值的一部分。可见，只有劳动是价值的源泉，尽管劳动创造的价值分配受到资本主义私有制的影响，但其根源仍然来自劳动者的劳动。马克思突破了古典经济学的历史局限性，构建了科学的劳动价值理论。在此基础上，他的工资和分配理论中区分了劳动和劳动力，认为工资和剩余价值都是劳动者新创造的价值，二者是此消彼长的关系——由此决定着分配中的公平性和正义性程度。

马克思以劳动价值论为基点，深刻论证了剩余价值如何转化为利润，利润如何进一步转化为平均利润。由于不同行业的资本有机构成和资本周转速度不同，利润也不同。这样就会使资本在各部门之间发生转移，使利润逐步转化为平均利润，因此平均利润是在全社会各部门资本家之间剩余价值平均化的结果。在具体分配时，劳动者新创造出的价值为 $V+M$。工人的工资（V）不是“劳动的报酬”，而是可变资本（V）的转化形式，而且仅仅是工人维持自身生存、养育家人所必要满足最低的生活资料的那部分价值。剩余价值（M）同样是劳动者新创造出的价值，它转化为利润在资本家之间进行分配。资本家凭借对生产资料的占有以及资本之间的竞争、自由转移等因素使其获得平均利润，土地所有者因土地私有制的存在以超额利润的形式获得地租。由于工资、地租、利润等收入都是在商品价值总量不变的基础上进行分配的，所以在商品价值和剩余价值既定的前提下，工资与地租、利润的分配就是劳动者与剥削者之间的剥削与被剥削关系。可见，由于经济领域不公产生的制度根源是资本主义制度下人与人之间的利益分配关系，因而只有以公有制替代私有制，才能最终实现分配的公平与正义。

（三）理论发展：后人对“分配”与社会公平正义的研究

20 世纪下半叶以来，分配正义成为当今国内外学界的重要课题。需要特别关注的是，国内外学界无论是理论层面还是现实层面对分配正义的聚焦，几乎都延伸到马克思主义思想体系当中，即充分挖掘和发展马克思的分配正义理论成为经济学界的重要论域。

苏联共产党和中国共产党设计和建立的社会主义政治制度、经济制度、文化制度，都充分体现了对公平正义的目标追求。在经济领域，“按劳分配”忠实地贯彻了马克思主义构想的社会主义阶段分配原则。土地革命的“打土豪、分田地”、新中国建立后的社会主义“三大改造”、波澜壮阔的工农业经济建设和科技、教育、文化、医疗体系建设，都极大地促进全国人民享受到起点、机会、过程和结果的公平正义。指导这些伟大实践的伟大理论，高度集中于《毛泽东选集》《邓小平文选》和《中国共产党历史》（上下卷）。

在英美当代马克思主义学者中出现了值得玩味的“塔克尔-伍德命题”。1969 年，普林斯顿大学塔克尔出版的《马克思的革命理念》中得出马克思“没有认为资本主义经济制度是非正义的”“资本主义完全是正义的”观点。1972 年，斯坦福大学的伍德在《马克思对正义的批判》一文中也提出了与塔克尔完全类似的观点：“马克思实际上也没有认为资本主义是非正义的”。但真正的马克思主义学者凭《资本论》基本原理都知道，“塔克尔-伍德命题”实际上完全错误地解读了马克思关于对资本主义及其正义性的基本观点，得出了与马克思完全相反的错误结论。

国内学者对于分配理论的研究，改革开放以前主要是按劳分配理论和按需分配理论；改革开放以来增加了按要素分配理论。一个非常值得称道的现象是，自 2015 年党中央提出五大发展理念后，经济学界出现了研究“分配正义”的热潮。

首先，对马克思分配正义理论的当代价值研究方面，刘海军[7]强调马克思的分配正义理论具有不可替代的当代价值。同时，结合我国社会主要矛盾变化和发展不平衡的客观现实，论证了构建新时期分配正义模式和途径的紧迫性和重要性；史瑞杰[8]从马克思分配正义理论的基本特征、主要内容和当代意义方面进行了系统论述。

其次，在分配理论运用于社会公平正义实践方面，苏里[9]、曹依铭等[10]、梁晚香[11]都指出，中国特色社会主义建设必须全面贯彻马克思主义分配正义理论；陈光洁[12]和颜景高[13]认为，马克思分配正义理论转变为实现，最终实现广大人民群众所认可的分配正义，必要的前提条件是变资本主义私有制为社会主义生产资料公有制，而充分条件是坚持效率与公平相统一。

最后，在分配正义理论与共享发展理念相结合研究方面，刘吟霄[14]提出我国分配正义的实现必须贯彻落实共享发展理念，要通过增加公共支出、完善社会保障体系和资源配置机制等途径，从全民共享、全面共享、共建共享、渐进共享四个方面促进公平正义的全面发展。

阿马蒂亚·森一反主流经济学的研究传统，在《论经济不平等》中“为贫困呐喊”。他指出，若两人效用函数相同的假设不存在，那么功利主义将引致“反公平现象”（anti-equalitarian）。因为将个人之间合计的满足水平极大化，是不需要理会这些满足水平将如何分配的，所以效用主义在收入满足水平方面是“反公平”的。他在中国人民大学以“正义与世界”为题的演讲中，将视野扩展到了世界范围内的不公正。由于我们生活在“一个国家为重要政治体”的时代，许多的“反公平”现象都是在国家内部发生的。但是如果只是在国家层面上思考和寻求“公正”，便无法根除“反公平”现象。因为正如马丁·路德·金所说：“任何一处的不公正都是对每一处公正的威胁”，所以必须考虑到世界范围内的不公正[15]。

四、现实解读：剥削、分配与社会公平正义的关系

（一）现实存在的剥削对社会公平正义的影响

1. 资本主义国家剥削对社会公平正义的影响

在新兴于20世纪70年代的英美马克思主义研究中，剥削的不正义性却成为一个重要主题，并引发了一场涉及众多学者的广泛争论。著名的全球劳工“套利”概念中，体现为“国外低薪但同样优质的工人”是对美国和其他富裕经济体高薪工人的替代。在这里，全球劳工套利被合理化为北方企业迫于削减成本采取的一种策略手段。这是一种既寻求降低社会必要劳动力成本，又寻求剩余价值最大化的战略。以更少成本换取更多劳动力，处于中心地带的金融资本国家在此交易中受益于其他国家低成本劳动力所带来的高利润。这次新冠肺炎疫情在世界范围暴发，头号资本主义国家受资本财团的支配，忙于政治争权游戏，完全罔顾广大老年人口和最底层民众的生命安全，造成累计确诊3 440万患者及高达60多万人死亡（截至2021年6月底数据），所谓的人间“天堂”变成了社会极度不公的平民地狱。这些现象正如马克思所指出的，就一般情况而言，由于资本主义的逐利本质，资本家会不断用新科技取代人工劳动力，从而降低成本并提高产量，其结果将会带来严重的社会不公；就经济或社会危机的关头而言，危机来临必然造成大量工人失业，大量无产阶级消费能力下降，资本财团或金融寡头往往在危机中获得更高额的暴利，而平民大众却陷于危机的水深火热之中，从而更加凸显资本主义国家严重的社会不公。

学术界和全世界最高层面都得到承认的事实是，当今世界为数不多的发达资本主义国家长期以来就一直在剥削和剥削发展中国家的资源和财富。实际上形成了以美国为首的资本主义“世界剥削体系”，这种严重损害全人类的公平正义的国际性的严重不公格局亟待打破。

2. 我国目前存在的剥削对社会公平正义的影响

我国社会主义初级阶段存在着多种所有制形式，在非公有制经济中无疑存在一定程度的剥削现象。如改革开放初期日资企业和台资企业长时间低工薪的剥削农民工，近期备受各界热议的“996工作制”、富士康“10小时工作制”、拼多多员工“硬核奋斗模式”等均通过高强度的所谓“员工福利”模式来剥削员工。对于资本家或企业家，表面上看似采用的是“正激励”手段，实质上是变相地加大了对劳动者的剥削，显现出资本和资本家对社会公平正义的无视和亵渎。马克思认为“延长工作时间是人类全面发展的必要条件”。但在现实经济生活中，在明目张胆违反劳动法的“非强制”性劳动模式下，劳动者无法得到全面发展，其身心健康也会严重影响，社会公平正义也会随着发展逐渐偏离正轨。

（二）现实的分配制度对社会公平正义的影响

1. 资本主义国家的分配制度对社会公平正义的影响

资本主义国家关于分配正义的讨论始于“平等权利”，后来转入对“不平等的正义”分配的争论。资本主义的“平等权利”被学者们认为是保障人权的政治前提，但在现实中这一政治前提却被无数不平等的事实嘲弄和否定。正如马克思所说，“任何一种所谓人权都没有超出利己的人，没有超出……与共同体分离开来的个体的人。……把他们连接起来的唯一纽带就是自然的必然性，是需要和私人利益，是对他们财产和他们的利己的人身的保护”。可见，资本主义国家的“平等权利”的政治强迫必然会落实为“不平等的分配”，剩余价值的积累在资本主义的初次分配中就自然地完成了。

时至今日，现实的资本主义国家的分配制度仍然如马克思时期一样，从工人生产出产品的那一刻开始，生产资料的私有权就开始行使其政治特权，实现了价值的转换，形成不平等的分配。占有剩余价值只是“不平等分配”的现象，生产资料的私有制才是“不平等分配”并严重损害社会公平正义的根本原因。

2. 我国目前的分配制度对社会公平正义的影响

公平正义具有阶段性。社会主义初级阶段生产力水平及分配制度，与马克思的理想社会还存在较大的差距，我国依然面临着很多不公平的问题，所以不能将马克思的分配与社会公平正义理论机械地用于检验我国目前的分配制度问题。在任何社会阶段都不可能达到绝对公平。我们看到，在党中央领导下，正在不断完善和解决一系列不公平问题。党的十九大报告明确规定，深化分配制度改革的根本任务是坚持按劳分配原则，完善按要素分配的体制机制，通过分配制度改革，我们将迎来一个更加繁荣、民主、文明、公正、和谐、公平的社会。

五、人类命运共同体理念推动社会公平正义由实然到应然

（一）国内公平正义建设：人类命运共同体在中华民族伟大复兴中的壮丽画卷

中国共产党诞生以来，中华儿女为了民族独立而浴血奋战，前赴后继，推翻了“三座大山”；新中国成立以来，中国人民为了构建和巩固社会主义制度而卧薪尝胆，艰苦奋斗，谱写了中华民族的动人乐章；改革开放以来，各行各业为了发展经济增强国力而励精图治，发愤图强，创造了许多中国特色的人间奇迹；党的十八大以来，在“人类命运共同体”理念指引下，民族复兴大业取得辉煌成就，公平正义建设不断加快。党的十九大后，为了实现民族伟大复兴、建设公平正义社会的宏伟目标，“人类命运共同体”落实在“政治共同体”“经济治共同体”“科技共同体”“文化共同体”“人与生态共同体”等多个领域的具体建设上，全面推动社会公平正义由实然到应然，取得了世界瞩目的傲人成就。

（二）国际公平正义建设：人类命运共同体在世界百年未有之大变局中的深远意义

人类只有一个地球，所有国家共享一个世界。一方面，各国相互联系、相互依存日

益加深，全球治理体系不断发展，全球化趋势不断深化。在地球大家庭中，各个国家各个民族休戚与共，构成了“人类命运共同体”。另一方面，世界正处于百年未有之大变局的关键时期，世界多极化、经济全球化、文化多样化越来越成为各国的共识，一国独霸横行天下的时代已逐渐式微。但是，“人类命运共同体”要成为世界各国的共识，还有一段很长的路。因为要彻底打破“一国独霸横行天下”的格局，首先就要粉碎以美国为首的资本主义世界剥削体系，这种历史性的国际化行动在军事、外交等领域已经初试锋芒。其次要尽快推翻美元的霸主地位，这就要求加快欧元、日元和人民币等货币的国际化进程，形成国际硬通货多元化格局。

这次新冠肺炎疫情的全球暴发中，我国首先控制住了疫情扩散和恢复了正常的生产生活秩序；同时，以“人类命运共同体”理念，为许多国家提供了力所能及的人力、物力和财力支援，充分展示了社会主义大国风范。这次新冠肺炎疫情，全面检验了各国的政治经济制度的优劣，全面反映了各国社会公平正义的程度，中国社会主义制度的优越性被世界越来越多的人认可，越来越多的国家看到，世界各国只有团结合作才能取得抗击新冠肺炎疫情的全面胜利，世界各国只有相互尊重，和平共处，构建合作共赢、自由平等的新型国际关系，才能建成一个持久和平、公平正义、共同繁荣的世界。

参考文献：

［1］罗尔斯. 正义论［M］. 北京：中国社会科学出版社，2009：275-456.

［2］恩格斯. 英国工人阶级状况［M］. 北京：人民出版社，1956.

［3］马克思，恩格斯. 共产党宣言［M］. 北京：人民出版社，2015：275.

［4］斯蒂格列茨. 不平等的代价［M］. 北京：机械工业出版社，2013：490-747.

［5］森. 正义的理论［M］. 北京：中国人民大学出版社，2012.

［6］森. 贫困与饥荒：论权利与剥夺［M］. 北京：商务印书馆，2001.

［7］刘海军. 马克思分配正义理论及其当代价值研究［D］. 上海：上海交通大学，2019.

［8］史瑞杰. 马克思分配正义理论的若干思考［J］. 天津社会科学，2019（4）：30-36.

［9］苏里. 马克思主义分配理论中国化的实践历程与历史经验［J］. 沈阳师范大学学报（社会科学版），2020，44（3）：24-32.

［10］曹依铭，余丹. 基于马克思分配理论的缩小我国收入与财富分配差距研究［J］. 财政监督，2020（21）：81-84.

［11］梁晚香. 马克思正义观及其当代意义［J］. 祖国，2019（24）：189，191.

［12］陈光洁，李树文. 马克思分配正义实现的路径选择：从《1861—1863 年经济学手稿》谈起［J］. 黑龙江工业学院学报（综合版），2020，20（8）：24-28.

［13］颜景高. 马克思的分配正义理论探析［J］. 理论界，2018（2）：1-10.

［14］刘吟霄. 马克思的分配理论及其在当代的创新与发展［J］. 江苏大学学报（社会科学版），2020，22（1）：30-37.

［15］森. 论经济的不平等［M］. 北京：中国人民大学出版社，2012.

"双循环"新发展格局的马克思空间正义意蕴

张明明[①] 陈姝兴[②]

摘 要：马克思的空间正义思想内涵极其丰富，具有实践性、开放性和科学性，本文着重从差异性空间生产、空间合理公平分配和全球空间平衡发展三个方面论证了"双循环"新发展格局的马克思空间正义价值诉求。系统把握马克思空间正义思想，对于我们有效应对空间正义缺失，构建"以国内大循环为主体，国内国际双循环相互促进"的新发展格局，并探寻空间正义的实践路径，具有重要而深远的意义。

关键词：马克思空间正义；"双循环"新发展格局；实践路径

2018年美国对中国及其他国家发动贸易战以来，美国为维护自己的霸主地位，加紧对中国的技术打压，致使贸易保护主义、单边主义与日俱增。2019年年底的新冠肺炎疫情使全球经济深陷泥潭，国际政治经济格局动荡不安，加速了百年未有之大变局的演变，我国对外贸易充满不确定性。就国内而言，随着我国社会主义主要矛盾的转变，对美好生活的向往激发人们的消费欲望，故而14亿超大市场规模形成潜力巨大的消费需求。虽然我国有巨大的消费潜力，但我国产业结构亟须优化升级、地区和城乡发展不平衡等问题制约居民消费，这些问题是不容忽视的。

着眼于当前的国内外形势，中国必须要制定长远战略寻找新的经济增长点。在第十四个五年规划和二〇三五年远景目标的建议中，习近平总书记指出："加快构建以国内大循环为主体、国内国际双循环相互促进的新发展格局，实现经济行稳致远、社会安定和谐，为全面建设社会主义现代化国家开好局、起好步。"[1]构建"双循环"，是基于中国经济内卷化和世界经济不景气的现实考量，也是力图纠正当前的空间不正义，标志着我国经济进入新发展格局阶段。"双循环"新发展格局从宏观高度对国内市场空间和国际市场空间理性把握，与马克思的空间正义主张呼应。因此，立足于"双循环"新发展格局，深入挖掘马克思空间正义思想并结合国内外经济时局深入研究具有重要的理论意义和现实意义，不仅有助于实现马克思空间正义思想中国化的新拓展，还有助于推动我国经济高质量发展。

---

① 张明明，西南财经大学经济学院博士研究生。
② 陈姝兴，西南财经大学经济学院讲师。

一、理论旨趣：马克思空间正义与“双循环”新发展格局

“双循环”是产业结构优化升级、扩大内需和积极应对复杂国际形势的中国经济新发展格局，其理论框架和建构过程蕴涵着丰富的马克思空间正义思想。

（一）马克思空间正义的基本内涵

“马克思对空间正义的研究是用辩证唯物主义和历史唯物主义的基本方法对正义概念进行重构，评析与空间正义有关联的历史话题”[2]，从而形成完整的空间正义思想。当下国内主要矛盾转变和国际环境动荡所引发的空间重组的现实语境更为复杂，认真研读马克思的空间正义思想，以其理论基础指导中国经济高质量发展尤为必要。

1. 空间生产正义

马克思指出：“只要与生产方式相适应，相一致，就是正义的；只要与生产方式相矛盾，就是非正义的。在资本主义生产方式的基础上，奴隶制是非正义的；在商品质量上弄虚作假也是非正义。”[3]379 马克思空间生产正义的切入点为资本主义生产方式，在对资本主义空间生产方式内在矛盾的剖析和批判过程中，完成了对空间生产正义的系统表述。资本积累的本性不断重塑着空间生产的变迁轨迹，改变空间的样貌。空间生产趋向同质化和抽象化，目的是为了满足资本主义规模化生产，贪婪吮吸剩余价值的需要。当年马克思就曾对资本主义机械化重复的空间生产进行揭露，“在迅速发展的城市内，特别是在像伦敦那样按工厂规模生产方式从事建筑的地方，建筑投机的真正对象是地租，而不是房屋”[4]640。在资本主义的空间生产方式下，重复性、机械性、同质性生产取代了差异性和异质性。正如空间正义学者列斐伏尔所言，“资本主义和新资本主义的空间是一个愈形均质的商业化空间”[5]55，空间生产丧失了创新性，“资本主义生产方式占统治地位的社会的财富，表现为‘庞大的商品堆积’”[6]47，最终产生生产过剩，爆发危机。在马克思的空间生产正义本旨中，“维系空间适度的差异性，防止空间生产中机械性的简单复制，是空间正义本身的应有之义”[7]。马克思认为差异性空间生产符合社会主义的生产方式，激发了空间生产的创造性，释放了空间生产的活力。

2. 空间分配正义

马克思对空间分配正义的阐述是以资本逻辑维度下分配方式的批判为肇始，通过历史的长视角追溯并揭示资本主义的空间分配非正义，论述社会主义空间分配正义的应有之意。在资本主义生产关系下，资本为寻求增殖不择手段，不断将生产资料私有化并借此剥削工人。“工人生产的财富越多，他的产品的力量和数量越大，他就越贫穷。工人创造的商品越多，他就越变成廉价的商品。”[8]267 资产阶级占据大量的空间资源，却对工人的悲惨生活无动于衷，这对于广大的劳动者而言是相当不正义的。正如马克思所言：“劳动生产了宫殿，但是给工人生产了棚舍。”[9]158 在资本主义制度下，劳动者无法与资本家共享空间资源，资产阶级与无产阶级之间的空间分配差距越来越大。在此基础上，马克思主张根据劳动贡献和需求公平分配空间资源，消灭资产阶级不合理的空间分配制

度。马克思以“共产主义社会”的空间分配构想了正义的空间分配原则。“在共产主义社会高级阶段，在迫使个人奴隶般地服从分工的情形已经消失，从而脑力劳动和体力劳动的对立也随之消失之后；在劳动已经不仅仅是谋生的手段，而且本身成了生活的第一需要之后；在随着个人的全面发展，他们的生产力也增长起来，而集体财富的一切源泉都充分涌流之后——只有在那个时候，才能完全超出资产阶级权利的狭隘眼界，社会才能在自己的旗帜上写上：各尽所能，按需分配。”[10]435-436社会主义空间分配模式的终极目标是实现按需分配，但由于分配制度属于历史的范畴，其内涵会随着客观历史条件的变化而做出调整，所以空间分配制度应根据生产力的发展而不断完善，始终与生产方式相适应。但无论社会主义的分配原则如何变革，核心仍然是实现空间公平共享。据此可知，空间被合理、平等地分配是判断空间分配正义的重要标准。

3. 全球空间平衡发展

马克思的空间正义思想是站在资本主义历史运动的视角，对资本积累的必然全球地理扩张进行批判，从而具有全球空间正义的理论视野。马克思精辟地指出：“一方面资本需要摧毁常规的交往，即铲除空间的限制，将整个地球作为其掠夺的市场；另一方面，它不断用时间去消灭空间。资本越是发展，流通的地域越是广阔，构成资本空间流通的市场越大，资本也就更加强调在空间上扩大势力范围，以此来控制更多的地区，并用时空修复的方法消灭更大的空间，用时间填补空间的裂痕。”[11]33资本霸权主义“以时间消灭空间”的方式克服地理障碍，在空间不平衡发展中“把这些地点加以同化，也就是把它们变为进行资本化生产的地点或生产资本的地点”[12]541。空间被塑造成符合资本利益的形状，资本主义甚至不惜逆全球化。落后的国家和地区在资本逻辑的迫害下，只能屈服于霸权主义的威胁，陷入空间不平衡发展的弱势一端。马克思指出：“资产阶级由于开拓了世界市场，使一切国家的生产和消费都成为世界性的了。”[13]35这种世界性的生产和消费，以牺牲落后国家和地区的本国利益为代价。从实现全球空间正义的角度看，马克思所指的全球空间正义是资本得以在全球范围内自由流动，霸权主义行径覆灭，并打破不平等的空间等级体系，促进国家和地区的平等互利，实现全球空间的公平发展[2]。因此，马克思强调在交往频繁的世界市场中，以开放的心态与资产阶级进行斗争，“随着阶级差别的消失，一切由这些差别产生的社会和政治不平等也自行消灭”[14]442。

通过对马克思空间正义致思路径的分析，可以准确把握其理论内涵包含三个方面：差异性空间生产、空间合理公平分配和全球空间平衡发展。

（二）“双循环”新发展格局的提出与科学内涵

我国经济进入新发展阶段后，国内外环境的深刻变化使新机遇与新挑战并存。习近平同志辩证认识和把握国内外大势，适时提出了“双循环”新发展格局。习近平总书记在看望参加政协会议的经济界委员时强调：“面向未来，我们要把满足国内需求作为发展的出发点和落脚点，加快构建完整的内需体系，着力打通生产、分配、流通、消费各个环节，逐步形成以国内大循环为主体、国内国际双循环相互促进的新发展格局，培育新形势下我国参与国际合作和竞争新优势。”[15]正是基于国内需求旺盛、国外经济市场萎靡和逆全球化势力抬头，习近平总书记恰逢其时地提出了“双循环”新发展格局，这是马克思主义与中国具体实际情况相结合的最新理论成果。

拥有14亿人口的超大消费市场潜力和规模是保持中国经济定力的压舱石，也是应对全球经济冲击的“稳定剂”。新发展格局要求通过供给侧结构性改革，提高供给质量，迎合消费趋势，满足国内需求，使“生产、分配、流通、消费更多依托国内市场”。所以顺利实现国内大循环的核心是供给循环和需求循环的相互配合，二者缺一不可。唯有供求循环的稳定对接才能确保国内大循环的畅通。但是，以国内大循环为主体，重视经济内卷化的同时，切忌忽略国际大循环。因为国内大循环带动国际大循环，国际大循环扩展国内大循环的空间，两者相互影响、相互促进。一方面，虽然我国遭遇的国际环境不容乐观，但我国对外开放的大门永远不会关闭。我国将国内市场融入国际市场，利用国内市场盘活国际市场，为全球经济恢复贡献中国力量。另一方面，我国积极寻求全球合作新机遇和发掘竞争新手段，增强世界市场对中国市场的依赖。这样中国不仅可以扩大出口，而且能加大质优产品的进口，进一步繁荣国内市场。联通国内国际市场的双循环，有利于形成经济增长动力更加协调、稳定和可持久的新发展格局。因此，新发展格局是以国内大循环为主、国际循环为辅的两者统一体，不能将国内循环和国际循环割裂单独考察，要发挥二者相互促进的作用，共同助力我国经济的高质量发展。

（三）“双循环”新发展格局的马克思空间正义指向

“双循环”新发展格局鉴于国内国际的现实环境，旗帜鲜明地指出空间生产、空间分配和全球地理空间平衡发展遭逢的不正义，进而证实了马克思所指的空间正义是其实践指向和价值导向。一是，“双循环”新发展格局是对国内空间正义的实践指向。首先，企业资本为了追逐利润最大化，不顾市场规律，盲目生产了大量的无效和低端商品；地方政权恶意竞争，为了GDP的政绩考核，重复建设造成空间生产效率损失[16]，引发空间生产的不正义。基于此，习近平提出构建“双循环”新发展格局，继续实施供给侧结构性改革，旨在遵循人民群众的消费升级，提供品种多样的个性化商品，实现差异性空间生产。其次，中国各地区、城乡发展不平衡，使得空间资源分配不公，制约了欠发达地区和农村地区的消费需求。“双循环”新发展格局要求实现空间公平分配，调动潜在消费者的“购物欲”，故而激发国内经济活力，畅通国内大循环。二是，“双循环”新发展格局的价值导向是实现全球空间正义。受单边主义和贸易保护主义蔓延、新冠肺炎疫情的冲击，空间霸权主义趁机在全球肆虐，加剧了全球空间不平衡发展。“双循环”新发展格局则是对全球空间不正义的修正，中国继续扩大对外开放，积极参与到全球自由贸易的浪潮中，加快国内国际市场双循环，同时利用国际贸易规则与空间霸权行径做斗争，致力于营造一种公平自由贸易、国际地位平等的全球空间环境。通过上述分析可知，无论就国内市场循环还是国际市场循环而言，“双循环”新发展格局都是对当前空间非正义的反拨和取缔，并从理论意蕴和实践路径方面指明空间正义的正确语境。

二、价值诉求：马克思空间正义是"双循环"新发展格局的实然逻辑

"双循环"新发展格局的提出目的在于应对空间不正义引发的内需不足和外需疲弱，蕴含着实现马克思空间正义的价值诉求，也是助推国内经济中长期可持续高质量发展的实然逻辑。

(一) 差异性空间生产是"双循环"新发展格局的基本要求

马克思指出，在资产阶级社会，个别企业生产的有组织性和整个社会生产的无政府状态之间存在矛盾。因为在市场经济条件下，企业作为独立的经济体，受最大化利润的驱使，有生产无限扩大的趋势。当企业沉迷于产量竞争时，"在目前这种不以直接满足需要为目的而以赚钱为目的的生活资料的生产和分配的混乱制度下，当每一个人自己冒着风险去工作并使自己发财的时候，停滞现象是随时都可能发生的"[17]366。改革开放后，企业自由生产繁荣市场经济的同时，也带来生产过剩。大量积压的空间产品影响了我国经济的健康发展。"双循环"新发展格局的提出，就是要改变当前资本和权利双重驱动下造成的企业空间生产严重同质化的现状，建构一种以差异性空间生产为基本要求的经济高质量发展新格局。正如哈维所言，"社会主义事业必须像它关注某种相似条件的创造一样关注从那种乏味的同质性中解放出来，造就一个差异的、异质的生产空间"[18]79。从马克思的空间生产正义理论要求可知，社会主义所坚持的空间生产正义应该是差异的，与"双循环"新发展格局的提法不谋而合。习近平总书记在 8 月 24 日的经济社会领域专家座谈会上指出："我们要坚持供给侧结构性改革这个战略方向，扭住扩大内需这个战略基点，提升供给体系对国内需求的适配性，形成需求牵引供给、供给创造需求的更高水平动态平衡，要推动形成以国内大循环为主体、国内国际双循环相互促进的新发展格局，发展格局绝不是封闭的国内循环，而是开放的国内国际双循环。"[19]"双循环"倡导的是一种以供给侧结构性改革锻造差异性空间生产，并非漠视市场供求关系的无序资本扩张的空间生产，以及为追求短期经济利润而普遍"复制粘贴"其他地方的空间生产。供给侧结构性改革从空间生产方面充实产品多样性，继而与消费需求适配，增加中国经济的韧性。供给端发力，创新活力迸发，创造更多的经济生产空间，提供琳琅满目的空间产品，不仅能刺激消费，将更多的消费空间纳入国内经济大循环，而且能提升空间产品的贸易竞争力，增加空间产品在全球产业链和供应链中的附加值，加速空间产品在国际市场上的流通，使得中国经济更坚挺，国内大循环和国际大循环实现畅通。同时，"双循环"新发展格局将国内大循环放置首位，表明政府对扩大内需的重视，注重空间生产结构优化，赋予空间生产灵活性、选择性、创新性和异质性，以此解决人民日益增长的美好生活需要和不平衡不充分的发展之间的社会主要矛盾。另外，"双循环"新发展格局依然关注国际循环，中国努力以高端科技产品为代表的差异性空间生产增加自主可控能力，由此更高程度地参与国际循环。故而，"双循

环”新发展格局解放和发展了空间生产力[20]。总之，“双循环”新发展格局的构建意味着空间生产同质化的现象将不复存在，库存过多、产能过剩的问题得以解决，中国经济发展迎来以供给侧结构性改革为战略方向的差异性空间生产，各具特色的空间产品使消费者的个性化需求被满足，促进了马克思空间生产正义的实现。

（二）空间公平分配是“双循环”新发展格局的根本要求

马克思在《〈政治经济学批判〉导言》中指出：“分配的结构完全决定于生产的结构。分配本身是生产的产物，不仅就对象说是如此，而且就形式说也是如此。就对象说，能分配的只是生产的成果，就形式说，参与生产的一定方式决定分配的特定形式，决定参与分配的形式。”[21]36因此，生产正义是分配正义的理论“底色”，生产正义为分配正义的实现提供了物质基础，而分配的结果又会直接影响消费。扩大内需，提振居民的空间消费是当前确保我国经济中长期发展的关键点，所以“双循环”新发展格局的根本要求是实现空间的公平分配，为空间消费注入源源不断的动力。

必须把分配正义问题放到一定的历史条件下来考察，研究一定的分配正义观念所反映的社会经济关系是不是适应生产力发展的需要，是不是符合社会发展规律提出的要求[22]。在既定的空间资源分配中，具有较大分配差距的不平等空间关系，不利于中国经济的长久发展。根据对此的认知，“双循环”新发展格局倡导一种坚持各地区协调发展、加快推进城乡一体化，缩小分配差距，进而实现空间资源公平分配的全新空间分配格局。习近平总书记强调，“当前形势下，构建新发展格局面临不少新情况新问题，要善于运用改革思维和改革办法，统筹考虑短期应对和中长期发展，既要在战略上布好局，也要在关键处落好子。要加快推进有利于提高资源配置效率的改革，有利于提高发展质量和效益的改革，有利于调动各方面积极性的改革，聚焦重点问题，加强改革举措的系统集成、协同高效，打通淤点堵点，激发整体效应”[23]。“双循环”新发展格局立足我国当前严峻的经济形势，国内国际两个市场同步循环相互促进的迫切性，针对经济发展过程中出现的空间资源分配不正义，提出一系列措施积极推动空间资源的分配改革，目的在于消除空间资源配置扭曲，使不同经济水平空间的居民都有平等的机会享受所有的资源，共享发展成果。只有如此，才能“发挥内需潜力，使国内市场和国际市场更好联通，更好利用国际国内两个市场、两种资源，实现更加强劲可持续的发展”[24]。此时，空间资源分配不公的旧格局被淘汰，取而代之的是空间资源被合理、公平的分配给每个人，由此促使居民的消费空间不断扩大，国内国际大循环加速，经济充满活力。简言之，在“双循环”新发展格局的建构中，空间资源的分配将超越不同经济水平空间的限制，以一种兼顾效率与公平的分配理念印证马克思空间分配正义。

（三）全球空间平衡发展是“双循环”新发展格局的现实要求

“双循环”新发展格局以国内大循环为主体的内在逻辑是实现空间生产正义和空间分配正义，但其同样重视国际大循环，因此也具有马克思所提倡的空间平衡发展的全球空间正义视野。

马克思认为，“在国外市场方面，资本通过国际竞争来强行传播自己的生产方式。

竞争一般说来是资本贯彻自己的生产方式的手段”[25]246。为使全球空间服从自己的生产方式，资本主义打着竞争的幌子实行霸权主义。“从资本主义逻辑的视角看，霸权主义的实践以剥夺资本积累在其中发生的非均衡地理条件和利用从空间交换关系中不可避免地产生的‘非对称性’为特征。后者表现为不公平和不平等的交换，通常在完美运转的市场中所假定的平等条件被破坏，随之产生的不平等带有特定的空间和地理特点。”[26]19霸权主义国家以政治、经济、技术和军事等威胁落后的国家和地区，迫使他们接受不平等的贸易合约，全球陷入不平衡发展的空间非正义。“双循环”新发展格局是中国从支持全球自由、公平贸易，反抗全球空间霸权的角度出发，发挥经济优势为全球空间平衡发展贡献中国的一分力量。“从长远看，经济全球化仍是历史潮流，各国分工合作、互利共赢是长期趋势。我们要站在历史正确的一边，坚持深化改革、扩大开放，加强科技领域开放合作，推动建设开放型世界经济。”[24]深化对外开放水平、维护全球化以及贸易往来互惠互利，是“双循环”新发展格局的现实目标。习近平总书记在经济社会领域专家座谈会上指出：“我国在世界经济中的地位将持续上升，同世界经济的联系会更加紧密，为其他国家提供的市场机会将更加广阔，成为吸引国际商品和要素资源的巨大引力场。”[19]中国庞大的消费市场将为他国提供和创造更多的机会和条件，促进其他国家的空间产品在中国市场上的自由流动，带动世界经济的发展，而且也使得国内市场与国际市场持续对接、连续畅通。同时，中国始终以开放的心态欢迎世界各国参与中国的经济建设，不会向任何国家强加不平等条件，不搞霸权，尊重每个国家的贸易选择。另外，在“双循环”新发展格局的指导下，针对霸权主义国家对中国产品的无端打压，中国一方面积极向世界贸易组织（WTO）申诉，另一方面采取对等反制措施维护国家利益。中国也会严格把控出口产品的质量，增加产品的科技含量，增强产品的国际竞争力，勇于与霸权主义国家推行的不平等贸易做斗争。“双循环”新发展格局确保了中国市场的开放性以及中国与其他国家的平等交往、公平贸易，最后形成世界各国之间共同发展、互利共赢的空间发展格局。显然，这是一种不同于空间霸权主义主导的全球空间平衡发展的新的全球空间发展格局，与马克思的全球空间正义主张相契合。“双循环”新发展格局为全球经济的复苏和健康发展提供了中国方案，“通过畅通国内大循环，为国际大循环提供稳定‘锚’，掌握对外开放主动权，推动形成全球治理新格局”[27]。

“双循环”新发展格局强调“以国内大循环为主体，国内国际双循环相互促进”，映现了空间生产正义、空间分配正义和全球空间平衡发展等马克思空间正义内核，必然助力中国经济高质量发展。

三、实践路径：构建“双循环”新发展格局以彰显空间正义的中国举措

既然“双循环”新发展格局是马克思空间正义的价值诉求，那么构建“双循环”新发展格局是中国经济高质量发展的必然路径选择。

（一）技术创新驱动空间生产的产业结构优化升级，从提高供给端质量加速经济内循环

针对空间产品严重同质化，销售不畅造成国内大循环的淤点和堵点，“双循环”新发展格局从供给侧的技术创新驱动空间生产的产业结构优化升级，丰富产品数量、提高产品质量和提升产品竞争力、吸引力，以此打通国内大循环的阻点，畅通并加速国内经济循环。一是，调动微观主体创新的积极性。要时刻为企业排忧解难，继续推进减税减租，提供低息贷款。另外，要鼓励引导企业加强技术改造，促进数字化、智能化、绿色化转型，注重利用技术创新和规模效应形成新的竞争优势，提升产业链水平[28]。企业是创新的主体，要鼓励企业深化对5G、人工智能、物联网等前瞻技术的研发和应用，用智能技术“武装”传统低端加工制造业，逐渐实现产业链升级。同时，应设立企业技术创新奖，对于做出重大技术贡献，攻克芯片、智能机器、扫描电镜、电子元器件、核心工业软件等“卡脖子”技术的企业给予奖励；鼓励企业加强与高校的合作，充分利用高校科研资源，加快“产学研”一体化，提高科研成果转化率，使科研成果转化为实实在在能量产的市场产品。二是，要颁布相应的法律法规保护知识产权，激发科研人员的创新动力；建立健全完善的科技创新体制，重视基础研究、前沿引领技术、关键共性技术、颠覆性技术等的研究，加大科研资金投入；对于技术难度高、投入巨大的重大核心技术，政府应组织行业领域专家集中攻关。三是，技术创新下空间生产的优化升级离不开新型基础设施建设的支持，完善的新基建是空间生产优化的前提条件。要加快新基建布局，尽快在全国构成完整的、密集的、可用性强的新基建“网络图”。

党的十九大报告指出，创新是引领发展的第一动力，是建设现代化经济体系的战略支撑。要瞄准世界科技前沿，强化基础研究，实现前瞻性基础研究、引领性原创成果重大突破。在以供给侧结构性改革推动技术创新的过程中，政府和企业要各司其职。政府要为创新营造良好的社会环境，解决企业创新的后顾之忧，而企业要依据国内市场需求的变化主动创新，适应市场需求，供给更多具有竞争优势、科技含量高的空间产品，进而激发国内大循环的原力。

（二）合理公平的分配空间资源，通过扩大空间消费提升经济内循环

“要扭住供给侧结构性改革，同时注重需求侧改革，打通堵点，补齐短板，贯通生产、分配、流通、消费各环节，形成需求牵引供给、供给创造需求的更高水平动态平衡，提升国民经济体系整体效能。”[29]国内经济的高效循环不仅需要供给端发力，还需要需求侧的配合，只有供需动态匹配，才能实现持续的经济内循环。强有力的消费需求离不开对空间资源的分配，因为空间资源的分配结果径直决定了有效需求的规模，所以“双循环”新发展格局的构建必然要实现空间资源的公平分配，才能最大程度刺激空间消费行为，增加内需。

空间资源的合理分配主要包括空间公共服务资源和收入两个方面。一方面，对于花费高的教育、医疗、养老、住房等空间资源的合理分配，要加大政策倾斜力度。就教育而言，尽早实现十二年义务教育的普及，增加中低收入者子女就读高中的教育补助；支持希望工程等公益性学校扎根农村偏远地区；高等教育阶段，通过完善助学贷款、奖学

金、勤工助学等方式降低教育成本；在提高助学贷款金额的同时，灵活地调整还款期限。就医疗而言，探索建立重大疾病国家兜底，增加疾病报销种类的医疗保障制度；改造乡镇卫生院，由当地财政全额拨款支持更新医疗设施和报销医疗费用。就养老而言，提高老年人的养老保障金；加快建立农村养老院，基本养老由财政负担。就住房而言，合理调控房价，坚持贯彻“房是用来住的，不是用来炒的”；建设公租房、廉租房；对于中低收入群体发放租房津贴、购房补贴。另一方面，对于收入的合理分配，要始终坚持“提低，扩中，限高”六字方针。一是，发挥政府调节功能的作用，通过减税退税等方式增加中低收入者收入的同时，向高收入者征收比例税和财产税，并以消费券、转移支付的形式返还给中低收入者。二是，继续实施乡村振兴战略，利用农村自然资源优势，加大网络直播宣传乡村旅游、网络销售农产品的力度，加快推进电商进村全覆盖，进而扩大中低收入者的收入来源。三是，加速土地流转的过程中提高土地流转金，增加农村居民的财产性收入，并为失地的中低收入者提供就业岗位。概言之，空间资源的合理公平分配能调动消费者的空间消费积极性，内需得以扩大，国内经济循环更加流畅。

（三）坚持更高水平的开放，以全球空间平衡发展促进国内国际双循环联动

当今世界各国间的联系复杂程度加深，没有一个国家能置身全球化之外。中国对世界经济的贡献率逐年上升，以及拥有全世界最大的消费市场，注定了中国经济与世界经济有密切联系。虽然全球霸权主义横行，但中国对外开放的步伐势不可挡，中国坚定扩大对外开放的广度、深度和高度，才能促进全球空间平衡发展，进而实现国内国际双循环联动。一方面，让国际产业更加依赖中国的消费市场、供应链和产业链。继续强化工业基础，担当“世界工厂”的角色，建立完整的全产业工业体系。新冠肺炎疫情暴发后，中国凭借雄厚的工业基础向世界各国提供了大量的防疫物品，世界各国对中国的供应链依赖增强，所以中国应继续夯实其在全球产业链分工中的地位，“建立起‘以我为主’的全球化产业分工组织机制”[30]。在防范系统性风险的前提下，坚持高水平的金融开放，吸纳国际资本对中国金融市场的投资，同时按照国际金融监管的规则推动中国金融市场与国际接轨，提高中国金融市场的国际化水平。另一方面，中国积极参与经济全球化建设，力图建立一个公平竞争、自由贸易、地位平等、互利共赢、和谐相处的国际新秩序。一是，加快产业数字化布局，提高传统产业的智能化水平，以数字化技术增强中国产业的国际竞争力。普及数字化的应用程度，打造数字中国。二是，践行“一带一路”倡议，在相互尊重的基础上，深化沿线国家之间的政治、经济、文化、技术等的交流与合作。三是，认真履行区域全面经济伙伴关系协定（RCEP）的相关规定，推动多边主义和自由贸易。在 RCEP 框架下，中国发挥产业制造优势，承接日韩产业链的同时学习其先进的科学技术，用以更新本国产业设备，从而不断提高区域的开放水平。总之，全方位、多层次、高质量的对外开放体现了中国维护经济全球化和构建全球新格局的决心，为全球空间平衡发展竖立了信心，推动了国内国际双循环的协调发展。

综上，从空间正义视角出发，“双循环”新发展格局的构建必然要关注供给侧空间生产的技术创新和以空间资源的合理公平分配刺激有效内需，疏通并增速经济内循环。但由于国内国际双循环是相互促进的，所以理应在主张各国平衡发展的基础上，坚持更高水平的对外开放，联动内外循环。

四、总结

以习近平同志为核心的党中央领导集体，结合国内经济最新发展态势和复杂多变的国际形势，务实地、有针对性地提出了“双循环”新发展格局，突出强调内需对我国中长期经济发展的重要性，但“双循环”不是封闭的经济体，同样重视国际市场的大循环。只有国内国际两个循环相互促进，才能有利于中国经济的高质量发展。

“双循环”新发展格局是马克思主义中国化的最新发展，体现了马克思空间正义的价值向度。“双循环”新发展格局主张的以供给侧结构性改革为战略基点和以改革促进资源的合理配置，都与差异性空间生产正义和空间公平分配正义的理论核心相一致。另外，“双循环”新发展格局也具有全球空间正义的关怀。中国坚持扩大对外开放的心态，积极参与全球空间治理，引导全球经济驶向公平自由贸易的港湾，从而彰显空间平衡发展的全球空间正义。因此，构建“双循环”新发展格局是马克思空间正义的现实、历史和必然要求。

参考文献：

[1] 习近平. 中共中央关于制定国民经济和社会发展 第十四个五年规划和二〇三五年远景目标的建议［N］. 人民日报，2020-11-4（1）.

[2] 赫曦滢. 马克思空间正义思想及其当代价值［J］. 理论探索，2018（3）：32-37.

[3] 马克思. 资本论：第3卷［M］. 北京：人民出版社，2004.

[4] 马克思恩格斯选集：第2卷［M］. 北京：人民出版社，2012.

[5] 包亚明. 现代性与空间的生产［M］. 上海：上海教育出版社，2003.

[6] 马克思. 资本论：第1卷［M］. 北京：人民出版社，2004.

[7] 胡潇. 空间正义的唯物史观叙事：基于马克思恩格斯的思想［J］. 中国社会科学，2018（10）：4-23，204.

[8] 马克思恩格斯全集：第3卷［M］. 北京：人民出版社，2002.

[9] 马克思恩格斯文集：第1卷［M］. 北京：人民出版社，2009.

[10] 马克思恩格斯文集：第3卷［M］. 北京：人民出版社，2009.

[11] 马克思恩格斯选集：第4卷［M］. 北京：人民出版社，1995.

[12] 马克思恩格斯全集：第30卷［M］. 北京：人民出版社，1995.

[13] 马克思恩格斯文集：第2卷［M］. 北京：人民出版社，2009.

[14] 马克思恩格斯文集：第3卷［M］. 北京：人民出版社，2009.

[15] 习近平. 坚持用全面辩证长远眼光分析经济形势 努力在危机中育新机于变局中开新局［N］. 人民日报，2020-05-24（1）.

[16] 李长青，禄雪焕，逯建，等. 地方政府竞争压力对地区生产效率损失的影响［J］. 中国软科学，2018（12）：87-94.

[17] 马克思恩格斯全集：第2卷［M］北京：人民出版社，1957.

[18] 哈维. 希望的空间［M］. 胡大平，译. 南京：南京大学出版社，2006.

[19] 习近平. 在经济社会领域专家座谈会上的讲话［N］. 人民日报，2020-08-25（1）.

[20] 王志刚. 马克思主义空间正义的问题谱系及当代建构 [J]. 哲学动态，2017 (11)：18-24.
[21] 马克思恩格斯全集：第30卷 [M]. 北京：人民出版社，1995.
[22] 熊建生，张振华，等. 马克思的分配正义观及其现实启示 [J]. 马克思主义与现实，2014 (5)：76-83，160.
[23] 习近平. 推动更深层次改革实行更高水平开放 为构建新发展格局提供强大动力 [N]. 人民日报，2020-09-02 (1).
[24] 习近平. 在企业家座谈会上的讲话 [N]. 人民日报，2020-07-22 (1).
[25] 马克思恩格斯全集：第46卷 [M]. 北京：人民出版社，1980.
[26] 哈维. 新帝国主义 [M]. 付克新，译. 北京：中国人民大学出版社，2019.
[27] 董志勇，李成明，等. 国内国际双循环新发展格局：历史溯源、逻辑阐释与政策导向 [J]. 中共中央党校（国家行政学院）学报，2020 (5)：47-55.
[28] 马建堂，赵昌文，等. 更加自觉地用新发展格局理论指导新发展阶段经济工作 [J]. 管理世界，2020 (11)：1-6，231.
[29] 习近平. 分析研究二〇二一年经济工作 [N]. 人民日报，2020-12-12 (1).
[30] 凌永辉，刘志彪，等. 内需主导型全球价值链的概念、特征与政策启示 [J]. 经济学家，2020 (6)：26-34.

《21 世纪资本论》不平衡观简评
——基于《资本论》相关基本原理的分析

邹萍[①]　刘滨[②]　谢元态[③]

摘　要： 皮凯蒂《21 世纪资本论》研究的核心问题是发达资本主义国家因“资本”本性而导致财富与收入严重不平衡。该书不平衡观研究有三大特点：一是采用长时间序列的统计分析方法；二是对财富获得及两极分化结构性转变的特别发现；三是对发达国家分配与财富不平衡“不断深化”趋势进行了独家预测。国内外学者对该书既有高度的评价，也有肤浅和错误的批判。该书创新之处：一是对“私有制+市场经济”具有深化不平衡内在趋势的论证具有独特的学术价值；二是对不平衡成因的解释具有创新意义。该书突出的缺陷：一是关于财富与分配不平衡实质的观点具有明显的阶级偏见；二是以“全球资本税”克服不平衡的主张是“乌托邦”式的空想。总之，该书对资产阶级经济学具有一定的革命性意义，但它对中国等新兴经济体的借鉴意义十分有限。

关键词： 21 世纪资本论；收入与财富；不平衡观

公平与效率是自古以来许多学科共同的研究主题。经济学界也不例外，有的以追求经济效率为价值目标，有的则以追求经济与社会公平为价值目标。亚当·斯密的《国富论》的核心内容是如何通过“看不见的手”以追求经济效率，而马尔萨斯和李嘉图则更多关注经济与社会的公平问题。马克思的《资本论》深刻揭示资本主义生产关系下分配和不平衡问题。20 世纪的经济学家如库兹涅茨和阿特金森等也关注不平衡问题，并更多采用数理方法和历史研究方法。新古典主义经济学家则认为经济学偏重于分配和不平衡问题的研究传统应当纠正，如芝加哥大学罗伯特·卢卡斯等人甚至宣称，有一些“有害的趋势”存在于经济学的研究之中，甚至认为有关对分配问题的关注是当下最具有“误导性”的。然而，法国青年经济学家托马斯·皮凯蒂聚焦研究发达资本主义国家因“资本”而导致的财富与收入严重不平衡，他的巨著《21 世纪资本论》2014 年一经发表，就震动了全世界经济学界。皮凯蒂通过对资本主义主要国家收入不平衡和收入

① 邹萍，江西农业大学经济管理学院硕士研究生。
② 刘滨，江西农业大学“三农”问题研究中心研究人员。
③ 谢元态，江西农业大学经济管理学院教授。

分配问题的统计分析，发现在 1914—1945 年两极分化出现了结构性的转变，对不平衡未来趋势进行了初步推测，并对解决收入和财富分配不平衡提出了他的政策措施。该书对不平衡分配中的资本动机的深度分析受到了世界各国经济学者的广泛关注，成为近三百年来研究主要资本主义国家分配与不平衡的振聋发聩之作。

一、三大特点:《21 世纪资本论》不平衡观研究的总体评析

皮凯蒂将《21 世纪资本论》定位为“首先是一部关于收入和财富分配的历史的书”。在该书中，皮凯蒂把分配问题视为经济分析的核心，对一些发达资本主义国家在过去三百年中的财富和收入分配状况进行了大量的经验研究，这极大地改变了新古典经济学对有关财富分配的问题意识，突破了新古典经济学家的方法论局限——以往的一些经济学家主要是通过抽象的逻辑和理论推导来分析收入和财富分配问题，而皮凯蒂却采用了收集历史数据和案例及统计方法来研究财富和分配问题。

（一）统计分析：对收入分配和财富不平衡问题研究方法的突出特点

皮凯蒂突破了库茨涅茨研究的时空局限性。皮凯蒂系统地收集了从 19 世纪到 21 世纪初共接近 300 年跨度的经济数据资料，在沿用了库茨涅茨的数理研究方法的基础上，以更广阔的视角拓展到了包括法国、印度和中国在内约 20 个国家，并且建立了世界顶级收入数据库，这是关于收入不平衡演变过程的主要来源。从这些数据统计中，他得出了与库茨涅茨完全不同的结论。从长期来看，库茨涅茨得出的结论是倒“U”形的收入分配，而皮凯蒂得出的结论呈现的是“U”形收入分配。皮凯蒂还论证了经济增长并不会导致收入和财富的均等化趋势，这与马克思所揭示的资本积累趋势具有异曲同工之妙。马克思主义经济学常识认为，收入和财富的不平衡和两极分化越来越严重是资本积累所导致的必然结果。皮凯蒂经过研究也发现，进入 21 世纪以来，发达资本主义国家的收入和财富分配呈现出了越来越严重的两极分化，这种分化程度和 19 世纪极为相似。

（二）结构性转变：财富获得及两极分化的决定性因素的特别发现

皮凯蒂在《21 世纪资本论》通过统计分析获得了一个重要发现，在 1914—1945 年，发达资本主义国家的收入分配两极化问题发生了一个显著的转变，即似乎开始逐步变得更加平等，相当于收入“U”形结构的底部。在这一阶段，继承的财富似乎也不如从前那样重要，而个人能力的作用开始逐步彰显，并决定着一个人在社会中的等级地位等。

他发现，在 1914 年之前，就绝大多数发达资本主义国家而言，社会底层这一庞大的群体无论什么时候都很难从财富中获得收益。客观的统计数据显示，这一阶段的状况是，最富有的前 10%的人口再次提升了其在财富与收入中的比重。以收入为例，美国前 10%的人的收入占总收入的 90%，这相当于“一战”前欧洲几个国家的比重。可见，美国在这一阶段的不平衡扩大程度比欧洲更为严重。

在 1914—1945 年这段时期，富人所得利益遭受损失，中产阶级逐步崛起——在财富和收入分配中的比重逐步提高，是全社会收入平等程度“U”形结构的底部阶段。

但是 1945 年之后，长达六年的“二战”结束，几乎所有发达资本主义国家的经济都遭到重创，除美国之外的原发达国家经济陷入了危机当中，经济增长大幅地减缓，收入和财富的差距在增大，两极分化越来越严重，发达资本主义国家的不平等开始加剧。

（三）发展趋势：发达国家分配与财富不平衡“不断深化”的独家预测

皮凯蒂预测，进入 21 世纪之后不平衡趋势将会持续下去。发达国家的经济增长将会逐步下降，特别是随着人口增长放缓，资本回报率下降的速度会减慢。这是因为，在资本可以轻易替代劳动力的情况下（经济学家将其称为资本与劳动的高替代弹性），高资本积累率与低人口增长率、低经济增长率完美契合：更多的资本可以直接运用于单位劳动中，而资本收益率也不需要大幅度地降低。

皮凯蒂在统计分析和理性推导的基础上，预测未来的数十年间，主要发达国家的资本收益率会持续高于与经济增长率，二者的差距会持续扩大，因而必然会继续加剧财富与收入的不平衡。当前全球化的特征是富人的税收负担不断减小，这种趋势已经明显出现，并且在未来会进一步加剧收入与财富的不平衡。而这种不平衡的增长所带来的后果与民主政治是根本不相符的。为此，皮凯蒂建议提高“财富税”。但是如果只在一个国家单独行动的话，将会导致资本外逃；如若设置高的财富税，必须各国协调一致，至少要在富足的国家中统一征收。

皮凯蒂总是谨慎地阐述其结论，但在他的分析中清晰可见的是，在缺少如 1914—1945 年的冲击及谨慎的财政干预下，当代资本主义财富不平衡的趋势会增强。他认为这是由两个原因所导致的：首先，综观资本收益率与经济增长率，它们与财富不平衡的相关度比早期都增大了。换句话说，即使对任何既定的资本收益率与经济增长率比率来说，财富不平衡最终会呈现稳定化，不平衡的程度可能比早期要大，因此在转型期财富不平衡程度会增强。其次，他认为，当代资本主义国家多数年份都实施谨慎的财政政策，在缺少政府“第二只手”干预的情况下，财富不平衡状态将难于改变。他还进一步认为，尽管这种不平衡趋势的增强是资本主义自身不能承受的，但又是资本主义现行制度下必须承受的。

二、众说纷纭：国内外学者对《21 世纪资本论》不平衡观的热议

自《21 世纪资本论》发表以来，国内外学术界掀起了的研究热潮。近几年来，国内外学者对《21 世纪资本论》不平衡观众说纷纭，莫衷一是。其中有高度评价称赞其为“超越”了《资本论》的资本论，也有学者认为皮凯蒂对于马克思《资本论》的肤浅认识和错误理解，与《资本论》存在着非常大的差距。

（一）国内学者观点评述

综观国内学术界对《21 世纪资本论》的研究，不乏很有深度的评论。如杨春学等[1]在《如何看待〈21 世纪资本论〉对经济学的贡献》一文中，表示自己对这部巨作持有客观评价态度，既不赞同那些高度评价，也不赞同一些人对其的过度批评。黎宏和卞彬[2]、袁云云和谢元态[3]等学者对《资本论》与《21 世纪资本论》进行了比较研究，认为皮凯蒂在《21 世纪资本论》中开启了研究资本及财富不平衡的新视角，屈炳祥[4]、李其庆[5]、付文军等[6]评价到皮凯蒂在《21 世纪资本论》中将经济学、历史学和社会学很好地结合起来，认为皮凯蒂所得出的结论启示都有一定的启示意义和参考价值。又如余斌[7]指出，皮凯蒂在编著《21 世纪资本论》时是带着对于《资本论》的无知和小资产阶级的偏见的，并且想要在资本主义制度下去寻找民主和社会公正这样的社会机制是找错门了。再如袁志刚[8]分析了《21 世纪资本论》中的基本观点及其结论是否适用于中国。他指出，从全球产业链的角度看，中国产业资本的回报率并不比 GDP 增长率高，中国的收入和财富分配问题主要表现为城乡差距以及城市房地产和金融资产的扩张。因此，皮凯蒂《21 世纪资本论》的结论并不符合中国国情，因而其结论不能直接照搬到中国来。李稻葵教授在《理解〈21 世纪资本论〉离不开中国》一文中，肯定了《21 世纪资本论》的理论逻辑及对中国等新兴经济体借鉴意义，并认为皮凯蒂关于资本收入比的理论和财富或资本集中度不断上涨的理论及其政策建议，都对传统经济学提出了全新的挑战。同时他又非常尖锐地指出了《21 世纪资本论》的两大缺陷：一是该书的数据来源主要是欧美 20 多个发达国家，因其视野存在很大的局限性，其结论自然不具有“普适性”意义；二是该书中将两种本质属性完全不同的消费性财富和生产性资本简单相加，这种研究方法及其研究结论都是非常具有误导性的，因而他提出的政策建议便有过于简单粗暴之嫌。

（二）国外学者观点评述

美国著名的马克思主义经济学家大卫·哈维[9]一方面高度称赞皮凯蒂《21 世纪资本论》的重要学术贡献，认为该书“摧毁了人们对于自由市场资本主义的普遍观念”，但另一方面他又指出皮凯蒂对于收入和财富分配不平衡以及寡头倾向出现的解释存在的缺陷是非常严重的。他认为皮凯蒂为扭转不平衡现状而提出的建议，“就算不属于乌托邦”，也是“非常天真”的①。研究不平衡的著名经济学家 Peter Lindert 从实证研究角度出发，指出了皮凯蒂完全运用外部冲击论证解释 1910—1945 年这段时期收入和财富分配不平衡，这未免过于片面。他还认为，皮凯蒂对收入不平衡的研究仅仅通过考察顶层阶级的人员，这同样是非常局限的。因为要全面地研究不平衡问题，需要把眼光放在非高层次人员的研究。罗伯特·索罗在其论文中指出了皮凯蒂在资本与财富概念上的模糊性，甚至将资本与财富概念混为了一谈。

Warren Buffett 从阶级分析的高度评价《21 世纪资本论》，认为在富人和穷人之间存

① 大卫·哈维在《有了皮凯蒂，我们仍需要马克思》，David Harvey. After thoughts on Piketty's Capital. 2014。

在阶级斗争。透过《21世纪资本论》可以发现，是富人发起了这场资本与财富分配的战争，并注定是富人赢得这场战争的胜利。这个胜利的一个关键指标就是，百分之一的富人和其他绝大多数人之间的财富和收入差距不断扩大。Jonathan Hopkin[10]指出，《21世纪资本论》要传递给读者的主要信息是“资本回归”，并且非常明确地告诉人们“如果没有积极的政治干预，这种不平衡将持续扩大”。保罗·克鲁格曼指出，皮凯蒂试图通过不平衡问题的重新探讨，重新回到了马克思的一些传统观点。他认为，皮凯蒂最主要的观点是将经济史视为一个资本积累的过程，一个与其他增长因素相互竞争的过程，皮凯蒂将书名命名为《21世纪资本论》与马克思的《资本论》形成呼应。实际上，皮凯蒂确实也与主流经济学做出了某种了断，并试图回到早期政治经济学的某种传统中去。

三、创新之处：对不平衡趋势及成因的解释有独特的学术价值

（一）“私有制+市场经济”制度下深化不平衡内在趋势的论证具有独特的学术价值

对于“私有制+市场经济”具有深化不平衡的内在趋势，经济学说史上只有马克思的分析最为经典。他在《资本论》中通过对资本主义基本矛盾和资本有机构成的发展趋势分析，深刻揭示了资本主义制度下“资本积累”与“贫困积累”将导致“两极分化”不平衡状态越来越严重的内在趋势。

20世纪后半叶以来，西方学者关于不平衡的研究兴趣开始上升。特别是20世纪八九十年代以来，关于不平衡尤其是对不平衡加剧的成因的研究越来越多。库兹涅茨在1955年提出的“收入分配倒‘U’形曲线假说”，并解释了这一现象的原因，对收入分配理论产生了深远的影响。但需要澄清的是，库兹涅茨一方面并不认为随着经济的发展，收入分配状况必然会自动地得到改善；另一方面他又提到了税收政策在发展后期调节再分配的作用。不过他的“倒‘U’形曲线假说”仍然让人感到乐观：解决不平衡的根本途径是持续不断地发展经济；只要经济发展了，收入差距自然就缩小了。然而，皮凯蒂的《21世纪资本论》给这种乐观的假说泼了一瓢冷水，得出了与库伦涅茨恰好相反的结论。

皮凯蒂[11]指出，资本主义的财富收入不平衡不会自然消亡，因为“私有制+市场经济”体制机制并不存在什么所谓的不平衡的“自动改善”，反而具有“不断深化”财富收入不平衡的内在趋势。皮凯蒂做出这一判断是基于大量的经济案例与数据分析，并论证了资本回报率大于经济增长率这一重要观点及其作用机制。皮凯蒂还发现，税收政策对不平衡的上升和下降具有直接的影响，并以充分的数据支持这一观点。长时间序列的数据显示，英、美、法、德等国所得税和遗产税的累进程度与不平衡之间存在高度相关的反比关系：从第二次世界大战到20世纪80年代，各国所得税和遗产税最高边际税率都较高，而且这一时期的不平衡程度最低；但自20世纪80年代以来，收入和遗产税最高边际税率有所下降，不平衡程度反而再次加剧。皮凯蒂针对80年代以来不平衡不断

上升的“长期趋势”，开出的药方是世界各国必须通力合作开征“全球资本税”。因为当资本在世界各地流动时，即使单独一个国家对资本征收重税，也对世界各国没那么有效果。

对资本主义制度下财富收入不平衡状态“不断深化”的内在趋势的分析，皮凯蒂与马克思基本方法不同，但结论殊途同归。皮凯蒂是以定量分析为主，基于大量的经济案例与数据分析及资本回报率大于经济增长率的作用机制而做出的判断。马克思是以定性分析为主，通过对资本主义基本矛盾和资本有机构成的分析，深刻揭示了资本主义制度下“两极分化”将会越来越严重的内在趋势。尽管皮凯蒂与马克思的主要方法不同，但是《21 世纪资本论》中得出了与《资本论》中基本一致的结论。这是值得充分肯定的。

（二）对收入与财富不平衡成因是资本收益率大于经济增长率的解释具有创新意义

关于收入与财富分配不平衡持续扩大的成因，20 世纪 80 年代以来成为经济学研究的热点，有不少经济学家给出了不同的解释。如戈尔丁和凯兹合著的《教育和技术的竞赛》，为美国收入不平衡演变提出过一种新的解释。其基本逻辑是，从 20 世纪 80 年代之前，人们受教育提高的速度快于技术进步的速度。高技能劳动力供给将超过需求，因而高技能劳动力的工资就有被压低的趋势，因而必然会导致全社会收入差距逐渐缩小。反之，在 20 世纪 80 年代以来，教育提高的速度低于技术进步的速度，导致高技能劳动力就相对稀缺，这就提高了高技能劳动力的工资，收入差距将会逐渐扩大。可见，教育提高速度与技术进步速度之间的变化，决定着收入差距的大小。

皮凯蒂在《21 世纪资本论》首次对形成不平衡的成因给出了颇有新意的解释。他在该书中认为，尽管造成不平衡的具体原因是复杂多样的，但究其根本原因，造成资本主义不平衡的罪魁祸首还是资本收入对劳动收入的吞噬。“资本收益率 r 在长时间内都高于经济增长率 g，这是一个无可争辩的事实。”对于资本收入来讲，主要包括利润、利息以及其他金融投资等一切资本化形式的收益；对于劳动收入来讲，主要是通过雇佣劳动力所获得的包括工资薪酬奖金等一系列劳动性收入。皮凯蒂指出，资本收益率取决于技术、心理、社会、文化等因素。在这些因素的综合作用下，资本长期维持在 4%～5%的收益率。但是同期的经济增长率只有 1%上下。由此，皮凯蒂比较客观地解释了根本原因：正是资本收益率与经济增长率的巨大反差，导致了收入与财富分配不平衡持续扩大。

四、偏见与空想：对皮凯蒂不平衡实质和克服不平衡措施观点的评述

（一）阶级偏见：皮凯蒂关于财富与分配不平衡实质的观点

《21 世纪资本论》揭示的财富与分配不平衡问题，在皮凯蒂看来，不仅是以私有制为基础的资本主义市场经济发展的必然结果，而且是市场经济发展的普遍性问题。他认

为，从本质上讲，市场经济必然导致两极分化，这是不受人的意志左右的必然趋势。因而在社会主义市场经济条件下两极分化也是不可避免的。但是在《21 世纪资本论》中，皮凯蒂站在小资产阶级的立场上，为已经出现的“承袭制资本主义”作阶级辩护，其研究思路和核心观点是极为矛盾的。一方面，他承认《21 世纪资本论》从本质上来讲是“政治性”的，因而财富与分配问题及其解决的道路自然也是“政治性”的；另一方面，他实际上与其他资产阶级经济学家一样崇尚现代民主社会的精英价值观，因而他有意回避了社会主义这个“政治性”的因素。可见，由于皮凯蒂的小资产阶级偏见，所以在《21 世纪资本论》中实际上蕴含了肯定“承袭制资本主义”的“合法性”存在这一既定的前提。在这一既定前提下，虽然不可回避地触及了敏感的“政治性”，但是却找不到能够根本解决财富与分配不平衡问题的有效途径和方法。

进一步来说，按照马克思的观点，经济增长率还是因为资本集中和积累导致的现象。但是，皮凯蒂所提出资本收益率远大于经济增长率表述的不平等，从某种意义来说意味着“过去对未来的吞噬”，由此他提出“世袭中产阶级”过去所积累的财富也可以自行增长。换言之，当资本收益率远大于经济增长率时，“世袭中产阶级”只要把这些财产的一部分储蓄起来，就会出现资本增长大于经济增长的现象。但是问题在于，如果“世袭中产阶级”财富真的可以自行增长，而且不阻碍劳动者用工作来积累财富的话，那也没有充分的理由可以说明“过去可以吞噬未来”。因此，“世袭中产阶级”的财富也可以自行增长的论调，是对广大中产阶级财富“世袭”给出“合理性”的解释，是小资产阶级学者对资本主义制度的一种心灵颂歌。

在《21 世纪资本论》所分析的样本国家中，通过继承的财富在全社会财富总量重占据大半江山，而且这样的资本积聚将会无限扩张，长期维持在一个较高的水平之上。但是，这种状况相对于劳动大众而言，由于被资本吸血的贫困积累是无止境的，这终究会受到人类的生理极限、心里极限以及道德极限的制约。当达到一定的临界点之后，这种剥削与被剥削的关系将无法维持下去，这种违背当代社会公正原则的社会制度也将无法维持下去。

皮凯蒂虽然在《21 世纪资本论》看到了这种严重的社会不公，但是他对于社会公正原则的态度却是极其矛盾的。一方面他说“我不介意不公平，只要它是对大众有益的”。但是另一方面他又似乎反对极端的不公平，认为在极端的不公平下，民主体制的运行将会非常艰难。可见，他还是站在了自己小资产者的立场上看待“公平”。他深知资本主义发展的严重后果，并且表达了小资产阶级的不满。他把一切罪责归咎于精英主义的观点有一定的道理，他认为在通往精英主义的道路上，极大可能会出现高管和吞噬利益者之前的赛跑；他同时又看到了最终受到伤害的无非就是在旁的人民群众，看到了人民群众的必然命运并蕴含了一定的同情——这无疑是典型的小资产阶级知识分子情调。

（二）空想观点：皮凯蒂以“全球资本税”克服不平衡的主张

皮凯蒂针对解决长期的收入与财富分配不平衡开出的药方是征收“全球资本税”，这是非常天真的臆想！由于当今全球的贫富差距尚有逐渐恶化的趋势，实施“全球资本税”既没有具备必要的前提条件，也没有具体实施的充分条件，因而只是天真的空想。

首先，实施“全球资本税”必须具备的前提条件——有权威的国际组织。但是目前联合国缺乏实质上的权威性，所以在目前条件下只能限于空想。联合国成立 76 年来，从来就没有体现过“号令天下”实质上的权威性。反之，当个别霸权国家企图垄断发展权力，讹诈其他发展国家发展的成果，联合国竟然成为打压发展中国家发展空间的角斗场。特别是当某个霸权国家要欺凌弱小国家时，联合国往往成为“摆设”而无法干预和阻止。即便在 2020 年新冠肺炎疫情肆虐全球的严峻形势下，在联合国舞台上，个别霸权国家的政客推卸防疫责任，公然无耻地将新冠肺炎人为地演化成为“政治病毒”，从而加剧了大国冲突的风险。这也反映了多边主义与单边主义的矛盾对抗在联合国根本无法得到调和。可见，联合国并不是权威的国际组织，它在处理国际事务特别是国家争端时并不具有权威性。但是在目前条件下实施“全球资本税”并不具备这一前提条件，因此只能是一种知识分子书斋里的空想。

其次，实施“全球资本税”必须世界各国统一行动。但是目前各国经济发展水平差距很大，所以必然只是“乌托邦”式的空想。目前各国经济发展水平差距很大，从各国人均 GDP 看，根据国际货币基金组织 2020 年上半年各国人均 GDP 的统计数据，位居榜首的是人口不到 60 万的欧洲小国卢森堡，高达 11 万美元。前十五名都是欧洲国家，位居第 15 名的德国人均 GDP 为 4. 5 万美元。中大型发达经济体基本处于 16~30 名这一区间，人均 GDP 从中国香港的 4. 5 万美元到巴哈马群岛的 3 万美元。大量东欧国家包括匈牙利、波兰、克罗地亚、罗马尼亚，人均 GDP 集中在 1. 2 万~1. 8 万美元。中国以 10 580 美元位列第 64 名，超过马来西亚、俄罗斯、哈萨克斯坦等长期位居发展中国家前列的中型经济体。一些较大的发展中国家包括墨西哥、土耳其、泰国、伊朗、巴西，人均 GDP 处于 6 000~8 000 美元。近期国内动荡甚至出现战乱的部分国家人均 GDP 仅有 3 000 美元左右，其中包括乌克兰、菲律宾、利比亚、玻利维亚。缅甸人均仅有 1 300 美元，是东盟十国中最低的。世界上最穷的几个国家，大多都处于无政府甚至部落国家的状态，基本都位于非洲，人均 GDP 处于 260~580 美元这一非常低的水平。纵观世界各个国家，呈现出社会、经济、文化和科技水平的巨大差异，而且这种差距没有任何缩小的趋势，反而有扩大的趋势。在亚洲和南美，虽然一些国家在几十年前就已经达到中等收入水平，但是在一些极落后国家还有很多穷人经常饿肚子。可见，由于各国经济发展情况相差之大，同一税种在不同国家的税基和征税对象必然千差万别，因而要想实施“全球税”是异想天开的。

再次，“全球资本税”的税法差异很大，目前情况下无法全球统一税制，所以“全球资本税”缺乏最基本的可行性条件，因而必然是“乌托邦”式的空想。从世界各国的主体税看，发达国家实行以间接税（增值税）为主体，而多数发展中国家却实行以直接税（所得税）为主体。从税制结构看，根据税法的几大构成要素，不同国家的立法依据、立法目的、使用原则以及征税范围都不同，全球两百多个国家，可想而知其中的经济架构是非常复杂的，并不完全符合“利润要在经济活动发生地和价值创造征地税”的原则，而且存在不同国家的税制以及相关政策的协调和兼容问题。要想对他们征收全球税，还要考虑能够适应各国国情的税收起征点和税率。因此，在发达国家与其他国家之间经济发展水平存在巨大差距的现实背景下，根本无法设计能够适应世界各国的“全球资本税”税法。

最后，实施的“全球资本税”要求世界各国统一实施资本累进税和财产税，这就需要充满正义力量的国际合作，以规避资本的避税。但是，在当前的国际经济和政治格局下，完全缺乏能够将各国紧密团结在一起实施统一税制及规避规制的权威性组织。因此，现阶段“全球资本税”要真正落地缺乏最基本的可行性。因此，《21 世纪资本论》所主张的“全球资本税”只是“乌托邦”式的空想。

五、结语

皮凯蒂的《21 世纪资本论》之所以能引发各国学术界的普遍关注，是因为他发现了市场经济条件下收入与财富分配不平衡的阶段性变化规律，这对于正在向市场经济体制转型的国家具有重要的理论启示作用和现实反思意义。《21 世纪资本论》尽管不敌马克思的《资本论》，但是它给经济学界带来的一个重大影响是，马克思主义的问题意识和分析传统又重新回到中心位置，从而重新唤起了各国学界和政府高度重视分配和财富的不平衡问题。因此可以说，它对资产阶级经济学具有一定的革命性意义，但是它对于中国等新兴经济体的借鉴意义却是十分有限的。

首先，《21 世纪资本论》对资产阶级经济学具有一定的革命性意义。皮凯蒂在沿用库兹涅茨对分配和不平衡问题的研究思路的基础上，既指出了新古典主义经济学对于分配和不平衡问题研究在时间上的跨度、空间上的局限、数据量的有限、经济与政治等外部因素的影响等方面的重大缺失，又提出了自由市场资本主义不能自主地消除减少收入分配不平衡问题的独特观点，同时得出了自由市场资本主义对资本收益地追逐也加剧劳动力资本在发达国家之间的矛盾并且必然会深化全球财富不平衡的重要结论。

其次，《21 世纪资本论》对于新兴经济体的借鉴意义是十分有限的。由于该书主要研究的是西方资本主义国家的收入分配和不平衡问题，没有针对新兴经济体的相应问题，因而导致国内外的相关研究出现了明显的偏向：新古典主义和国外激进分子对于《21 世纪资本论》中分配不平衡原因的争论更接近该书的理论核心，因而持肯定的观点较多；而国内相关研究更多的是基于《21 世纪资本论》与《资本论》比较的角度，因而持批评的观点较多，认为对新兴经济体的借鉴意义是十分有限。

最后，《21 世纪资本论》对我国的借鉴意义是十分有限的。中国特色社会主义市场经济的分配和不平衡问题与自由资本主义市场经济的分配和不平衡问题，无论其表现还是原因都有质的不同，二者在所有制结构、分配制度、国家调控作用等方面有根本性的区别。中国特色社会主义市场经济实现了市场经济与社会主义基本制度的统一，能把市场经济的长处和社会主义制度的优越性有机结合起来，在“以人民为中心”的执政理念指导下，充分发挥社会主义制度的优越性，能够以国家宏观调控手段比较好地克服市场经济的盲目性、自发性和滞后性等弱点和消极方面，以逐步解决分配和不平衡问题，从而实现社会成员的共同富裕。

参考文献：

［1］杨春学，张琦. 如何看待《21 世纪资本论》对经济学的贡献［J］. 经济学动态，2014（9）：4-13.

［2］黎宏，卞彬.《资本论》与《21 世纪资本论》理论范式比较研究［J］. 上海行政学院学报，2017，18（2）：14-21.

［3］袁云云，谢元态.《资本论》与《21 世纪资本论》之异同比较［J］. 财经与管理，2020，4（5）.

［4］屈炳祥.《资本论》的科学性与历史创造性：基于《资本论》与《21 世纪资本论》的比较研究［J］. 当代经济研究，2017（7）：12-20.

［5］李其庆.《21 世纪资本论》是本什么样的书？《21 世纪资本论》与《资本论》若干理论问题的比较研究［J］. 政治经济学评论，2015，6（1）：181-192.

［6］付文军，刘凤立.《21 世纪资本论》："超越"《资本论》的"资本论"［J］. 社会科学论坛，2015（10）：63-72.

［7］余斌. 小资产者的哀怨、无知和偏见：评皮凯蒂的《21 世纪资本论》［J］. 政治经济学评论，2015，6（1）：193-215.

［8］袁志刚. 袁志刚谈《21 世纪的资本》：皮凯蒂的结论不能直接搬到中国［EB/OL］. https://www.thepaper.cn/newsDetail_forward_1256918.

［9］HARVEY D. After thoughts on Piketty's Capital in the Twenty-First Century［EB/OL］. https://www.tandfonline.com/doi/abs/10.2753/0577-5132570506.

［10］JONATHAN HOPKIN. The politics of Piketty: what political science can learn from, and contribute to, the debate on Capital in the Twenty-First Century［J］. The British Journal of Sociology，2014，65（4）.

［11］皮凯蒂. 21 世纪资本论［M］. 巴曙松，译. 北京：中信出版社，2014.